삼위일체 하나님과 신학

김은수 지음

삼위일체 하나님과 신학

김은수 지음

새물결플러스

차례

머리글

이 땅에 복음이 증거되고 본격적으로 신학교육이 시작된지 어언 100 년을 훌쩍 넘어가고 있다. 그 세월동안 하나님께서 베풀어주신 한량없는 은혜로 인하여 한국교회는 세계교회사상 그 유래를 찾아볼 수 없을 정도로 급성장하였고, 다방면에서 세계 교회에 큰 기여를 하고 있다. 그러나 교회가 급성장함에 따라 수많은 심각한 문제점들이 노출되고 있는 엄중한 상황 또한 지금 우리가 직면하고 있는 암울한 현실임에 틀림이 없다. 2017년 "종교개혁 500주년"을 맞이하면서 각계각층에서 쏟아진 자성의 목소리와 더불어 한국교회의 개혁과 갱신을 요구하는 절박한 외침들이 지금 한국교회가 처한 상황을 극명하게 잘 드러내 보여주고 있다 할 것이다. 그러나 참으로 "교회의 갱신"은 하나님의 말씀 위에 바로 서는 "신학의 갱신"으로부터 시작되어야 할 것이다. 나아가 이미 제3세대를 넘어 제4세대로 진입하고 있는 한국신학도 이제는 유럽과 영미신학에 대한 단순한 번역이나 소개, 그리고 그들이 제기하는 다양한 신학적 어젠더를 따라가며 추종하기보다는, 오히려 현재 한국교회와 사회가 직면하고 있는 여러 심각한 상황들에 대한 깊은 신학적인 고뇌와 더불어 이 시대와 그 문제에 적극적으로 답할 수 있는 한국신학의 자립과 부흥을 향한 보다 깊이 있는 신학적 사유와 연구 작업이 긴급하게 요청되고 있음도 우리는 잘 인식하여야 할 것이다.

한국교회와 한국신학이 처한 현재적인 상황인식을 깊이 공유하면서, 필자가 가진 일차적인 신학적 과제는 먼저 "사도적 정통개혁주의 신학"(Apostolic Orthodox Reformed Theology)을 시대적 상황 속에서 새롭게 정립해보고자 하는 것이다. 더 나아가, 만일 할 수만 있다면, 그렇게 2000년 교회역사를 통하여 전수되어온 귀한 신학적 유산들에 대한 깊이 있는 이해를 토대로 하여 이 시대에 필요한 신학적 요청에 답을 할 수 있는 신학연구 작업을 본격적으로 시도해보고자 하는 것이다. 이 책에 실린 글들은 모두 그러한 다양한 신학적 탐색작업들의 편린들이라고 할 수 있을 것이며, 이미 여러 학술지에 발표된 것들 가운데 특별히 독자들과 나누고 싶은 글들을 한데 모아서 묶은 것이다. 이러한 필자의 신학적 탐색작업의 결과들은 앞으로 출간될 『개혁교의학』(전5권)과 더불어 조직신학의 다양한 주제들에 대한 "개혁주의 조직신학 연구시리즈"로 이어져 갈 것이다. 이제 이 책에 실린 글들에 대하여 기존에 발표된 출처와 내용을 간단히 설명 드리자면 다음과 같다.

"제1장, 기독교 '신학'(θεολογία)의 정체성과 본질적 의미"는 개혁주의학술원에서 발행되는 「갱신과 부흥」 제13권 (2013.12.31), 100-39에 실린 글을 조금 수정한 것이다. 여기서는 특히 현대신학에 있어 "신학"(θεολογία)에 대한 정체성의 혼란과 그 본질에 대한 위기 문제와 관련하여 2000년 교회사를 통해 발전되어온 기독교 "신학"에 대한 공교회의 정통적인 이해에 대하여 역사적인 고찰과 더불어 개혁파 신학에서의 이해가 무엇인지를 탐구한 것이다. 우리는 지난 세기에 급변하는 시대문화 사조와 함께 명멸해간 정체모를 수많은 신학적 조류들을 목격해왔고, 그것은 지금도 유령처럼 우리의 주위를 떠돌며 그 자체로서 또는 서로 합종연횡을 통하여 계속해서 영향을 미치고 있다. 나아가 우리가 살아가는 21세기에도 이렇게 시대적 사상들과 풍조를 표방하는 "새로운 기조(基調)"의 신학들이 출현하고 있고, 또 앞으로도 계속하여 출현하며 심각한 도전을 해올 것이다. 그러나 현대신학에서의 이와 같은 신학의 정체성 혼란과 "참된 신학의 실종"(the disappearance of true theology)이라는 참담한 현상 속에서 우리는 다시금 한 시대를 풍미하고 안개처럼 흔적도 없이 사라지는 "시대사조"(Zeit-Geist)에 근거한 신학이 아니라, 영원히 살아 있고, 정확무오한 하나님의 말씀인 성경의 가르침에 따라 정립된 "사도적 정통 개혁신학"(the Apostolic-Orthodox Reformed Theology)을 깊이 있게 체계적으로 재정립해야 하는 시대적 책무를 부여받고 있다. 여기서는 그러한 시작을 위한 하나의 작은 시도로서, 정통적인 기독교 신학의 의미와 이해에 대한 역사적 고찰을 통하여, 본래적인 신학의 진정한 의미가 무엇인지 살펴봄과 동시에 개혁신학의 입장에서 신학(theologia)을 재정의함으로써 우리가 지향해 가야 할 신학적 방향을 가늠해보고자 한 것이다. 신학에 대한 이러한 역사적인 이해를 바탕으로 기독교 신학의 정체성과 본질에 대하여 다시 한번 깊이 생각해 보는 계기가 되기를 바라는 마음이 간절하다.

"제2장, '성경의 명료성' 교리와 신학적 함의들"은 「한국교회사학회지」 제44권 (2016.9.1), 109-67에 발표된 글을 수정하고 확장한 것이다. 여기서는 특히 마르틴 루터(Martin Luther)가 그의 종교개혁신학을 정초하고, 또한 이에 기초하여 종교개혁을 실제적으로 수행했던 "성경의 명료성"(*Claritas Scripturae*) 교리가 어떻게 "제일 원리"(*primum principium*)로 작동하였는지를 연구 분석한 것이다. 즉 그의 종교개혁 신학과 실천 속에서 성경의 명료성 교리가 어떻게 (1) 인식적 원리 (epistemological principle), (2) 신학적 원리(theological principle), (3) 해석 학적 원리(hermeneutical principle), 그리고 마지막으로 (4) 실천적 원리 (practical principle)로 작동하였는지 살피면서 그 실제적인 작용과 구체 적인 함의들을 구분하여 분석한 것이다. 나아가 그렇게 루터의 종교개 혁신학에서 "제일 원리"(*primum principium*)로 작동하고 있는 "성경의 명 료성" 교리가 가지는 해석학적인 실제적인 의미와 함의들이 과연 무엇 인지, 그리고 특히 근/현대 성경해석학 이론들에 의해 야기된 성경해 석학적인 위기의 상황에서 어떻게 도움을 줄 수 있을지에 대하여도 살 펴보았다. 특히 이러한 성경해석학적인 함의들은 오늘날 해석학적 위 기에 직면해 있는 현대신학이 특히 유의하여 되새겨야 할 부분일 것 이다.

"제3장, 공교회의 고전적 정통 삼위일체론의 정립과 발전의 역사" 는 2017년 10월 한국의 신학계를 대표하는 7개 학회가 처음으로 함 께 모여 공동으로 진행하였던 "종교개혁500주년기념 공동학술대회" 에서 발표한 것으로, 이때의 발표논문집인 「종교개혁과 오늘의 한국교 회」 제4권 (2017.10.20), 114-44에 실린 것을 부분적으로 교정하고 수 정한 것이다. 특히 삼위일체론은 고대교회로부터 시작된 기독교의 성 경적인 신이해의 정수를 요약하는 것이며, 나아가 하나의 전체로서 기 독교 신학의 총괄이자 신앙고백의 핵심 기초이기도 하다. 특히 20세 기 현대신학에서 삼위일체 교리는 다시금 그 자체로서, 나아가 이와 연관한 기독교 신학 전반에 있어 가장 관심을 가져야 할 핵심되는 신학적 요소로 급부상하였고, 이에 따라 다양한 현대적인 재해석과 더불어 여러 분야에서 신학적·실천적 적용이 시도되고 있다. 그러나 많은 현대 신학자들에 의한 백가쟁명(百家爭鳴)식의 다양한 삼위일체론에 대한 재해석 및 삼위일체론적 신학과 실천적 적용의 시도들을 제대로 평가하고 교정하기 위해서는 먼저 그 재해석들의 근거가 되는 고대 동/서방 교회 교부들에 의해 정립된 "공교회(보편교회)의 고전적 정통 삼위일체 교리"(the classical orthodox doctrine of the Trinity of the catholic church)에 대한 정확한 이해가 무엇보다 중요하고 선행되어야 할 선결 요건이라고 할 수 있다. 따라서 여기서는 그러한 "공교회의 고전적 정통 삼위일체론"의 형성과 발전 역사를 이레나이우스(Irenaeus)로부터 시작하여 그 완성자로서 장 칼뱅(John Calvin)의 이해까지를 집중하여 살펴본 것이다. 특히 글의 말미에서 "공교회의 고전적 정통 삼위일체론"의 핵심사항들을 요약하고 한국교회에 어떻게 적용할지를 분석한 것에 유의하며 깊이 생각해보면 많은 유익이 있을 것이다.

"제4장, 친교로서의 삼위일체 하나님"은 「한국개혁신학」 제45권 (2015.2.28), 8-43에 발표된 글이다. 현대적인 삼위일체론의 재이해와 관련하여 또 다른 중요한 축을 담당하고 있는 곳이 현대 동방 교회 신학이라고 할 수 있으나, 아직 국내에서는 이 분야에 대한 깊이 있는 연구 분석이 많이 이루어지지 않았다. 따라서 여기서는 특별히 현대 동방 교회 신학의 발전적 전개에 있어 지도적인 영향력을 가진 가장 독창적인 신학자 가운데 한 사람으로 평가되고 있는 존 지지울라스(John D. Zizioulas)의 삼위일체론 이해를 분석하고 있다. 특히 고대 동방 교회의 삼위일체론을 정립한 세 사람의 카파도키아 교부들의 신학을 발전적으로 재해석한 지지울라스의 "인격의 존재론"(ontology of person)에 근거한 삼위일체론 이해와 더불어 전체적으로 삼위일체론 중심으로 전개되는 그의 신학에 있어 본질적인 핵심 요소들과 여러 가지 특징들을 분석하였다. 나아가 그것이 가지는 다양한 신학적 적용 및 함의들과 함께 간략하나마 몇 가지 점에 있어 비평적 고찰을 제시해보았다. 이러한 지지울라스의 신학에 대한 탐구와 분석을 통하여 우리는 현대 동방 정교회 신학의 정수의 일면을 이해할 수 있는 좋은 기회를 가질 수 있을 것이다.

"제5장, '영원한 생명'으로서의 삼위일체 하나님"은 「한국개혁신학」 제23권 (2008.4.1.), 153-95에 발표된 글이다. 여기서는 성경이 가르치는 삼위일체 하나님의 가장 중요한 본질이 과연 무엇인지에 대하여 살펴본 것이다. 특별히 이 문제를 현대 기독교 신학에서 가장 뜨거운 논쟁적인 주제 가운데 하나인 "하나님의 영원과 시간"과의 관계에 대한 재인식의 문제와 연관하여 다루었다. 우리는 먼저 시간의 이해는 존재론적 이해와 따로 떼어 생각할 수 없는 것임을 잘 인식해야 한다. 그러한 인식하에, 성경적인 이해에 따르면 시간은 바로 피조된 존재로서의 우리 자신의 존재형식이며, 구체적인 신학적인 표현으로는 "생명의 형식"(the form of life)으로 이해하는 것이 보다 적절하다고 보았다. 또한 이와 같이 시간을 "생명의 존재형식"으로 이해함으로써, 하나님의 존재방식인 "영원"(eternity)과 우리 자신을 포함하여 다른 모든 피조물들의 존재방식인 "시간"(time) 사이에는 일종의 "유비적인 관계"(analogical relationship)가 있으며, 자존적인 "영원한 생명"(the Eternal Life)으로서의 삼위일체 하나님께서 그분의 존재방식으로서의 "하나님의 시간"(God's Time)을 가지신다는 점을 밝혔는데, 우리는 이것을 "영원"(Eternity)이라고 부른다. 이러한 이해는 하나님의 영원성 이해에 있어 고전신학에서의 "무시간성"(timelessness)으로서의 영원 이해와 현대 신학에서 두드러지는 "시간적 무한성"(everlastingness)으로서의 영원 이해라는 양자택일적인 논쟁을 극복할 수 있는 하나의 좋은 신학적 방안이 될 것이며, 나아가 성경적인 생명신학의 구성을 위한 신학적 패러다임에 대한 모색에 있어서도 의미 있는 하나의 기초 원리를 도출할 수 있을 것으로 기대된다.

"제6장, 관계 속에 있는 생명: 삼위일체 하나님과 구속사적 인간 이해"는 「한국개혁신학」 제24권 (2008.10.1.), 120-63에 발표된 글이다. 여기서는 앞서 분석한 성경적인 "생명으로서의 존재"를 "관계 속에 있는 생명" 이해로 확장하여 분석하였다. 이러한 접근을 통하여, 필자는 서구 사상사 전체를 통하여 끝없이 이어져온 가장 본질적인 문제인 "존재"와 "시간"(being and time)에 대한 새로운 성경적 이해의 가능성을 타진하여보았다. 즉 무엇보다 이 연구에서 필자는 인간 존재를 성경이 말하는 "하나님의 형상"(imago Dei)으로 이해함에 있어 "관계-속에-있는-생명으로서의-존재"(the being-as-life-in-relation)로 이해하고 정의했으며, 또한 시간은 다름 아니라 그러한 "관계-속에-있는-생명"이라는 존재의 실존형식으로 이해하고자 했다. 따라서 시간은 또 다른 어떤 독립적인 의미를 지닌 존재론적 실체가 아니라 "생명"으로서의 존재자체를 가능하게 하는 "존재의 집"(the home of being)으로 기능함으로써, 존재와 시간은 "생명"이라는 하나의 존재론적 실체를 서로 동시적으로 정위하는 상보적 개념임을 보이고자 시도하였다. 이것은 시간에 대한 "관계적 이해"라고 할 수 있다. 또한 인간의 창조 기사인 창세기 1:27-28에 대한 관계론적 해석에 근거하여 이러한 "관계-속에-있는-생명으로서의-존재"로서의 인간은 "삼중적인 관계"(a triple relationship) 속에서 보다 전일적으로 이해될 수 있음을 보여주고자 했다. 또한 그러한 삼중관계 속에 있는 인간의 존재를 하나님에 대한 "영적인 관계"(the spiritual relationship), 다른 인간 존재에 대한 "사회적인 관계"(the social relationship), 그리고 자연 환경에 대한 "생물리적 관계"(the bio-physical relationship)로 구분하여 살펴보았다. 나아가 그러한 삼중관계 속에 있는 인간 실존의 상태 변화를 "창조-타락-구속-완성"이라는 전통적인 개혁주의 구속사적 패러다임 속에서 파악할 때 더욱 분명하게 이해 할 수 있음을 보여주고자 시도하였다. 마지막으로, 이러한 "관계-속에-있는-생명으로서의-존재"라는 개념과 그러한 "생명"의 존재형식으로서의 시간이해는 인간에 대한 새로운 성경적 이해의 가능성뿐만 아니라 유비적 관계를 통해 새로운 삼위일체 하나님에 대한 이해와 그러한 신적 존재방식으로서의 영원(Eternity), 곧 "하나님의 시간"(God's Time)에 대한 보다 적절하고도 성경적인 이해의 가능성을 열어줄 것으로 기대할 수 있을 것이다.

"제7장, 개혁주의 기독론 이해: 연구방법론적 소묘"는 「고려신학보」 제25권 (1994.2.22.), 62-119에 발표된 글이며, 동시에 이것은 1993년 말에 필자의 석사학위논문(M.Div.)으로 제출된 것이기도 하다. 단, 여기서는 그 원형을 최대한 유지하면서 글의 가독성을 높이기 위하여 문장을 좀 더 가다듬고, 또한 독자들을 위하여 필요한 곳에 각주를 통해 최신의 자료들을 첨가하였다. 특히 이 연구에서 필자는 기독교 신앙고백의 핵심적인 교의적 요소를 다루는 그리스도론(Christology)을 "너희는 나를 누구라 하느냐"(마 16:15)라는 예수 그리스도의 물음에 대하여 진지하게 답하려는 것으로 정의했으며, 또한 그 질문과 답이 본질적으로 함축하는 바를 성경의 가르침에 근거하여 신학적으로 해석하는 것이라 보았다. 이러한 관점에 입각하여 우리는 현대 그리스도론이 제기하는 문제점들을 살펴보는 가운데, 현대 그리스도론이 시도하는 여러 가지 방법론, 특히 "위로부터의"(from Above) 방법론과 "아래로부터의"(from Below) 방법론이 가지는 한계와 문제점을 분석함과 동시에, 개혁주의 입장에서 그 대답의 시도는 "언약론적-성령론적-삼위일체론적"인 방법으로 이루어지는 것이 보다 성경적이며 신학적으로도 더욱 유익하고 적절하다는 것을 밝히려고 시도하였다.

"제8장, 개혁주의 속죄론 이해: 도르트 신앙표준의 '형벌대속적 제한속죄론'"은 「장로교회와 신학」 제11호 (2014.11.22.), 188-217에 발표된 글이다. 교회사를 통하여 예수 그리스도의 십자가에서의 죽음과 부활로 말미암는 속죄의 성격과 의미, 그리고 속죄의 범위와 의도를 이해함에 있어 다양한 신학적 견해들이 제시되어왔다. 속죄론과 관련한 첫 번째 주된 문제는 예수 그리스도께서 무엇 때문에 십자가에서 고난과 죽음을 죽으셨는가 하는 문제, 즉 "속죄의 성격과 의미에 관한 문제"이며, 두 번째 문제는 과연 누구를 위하여 십자가의 고난을 당하시고 죽으셨는가 하는 문제, 즉 "속죄의 의도와 범위에 관한 문제"이다. 특히 이 문제는 종교개혁 직후, 아르미니우스주의자들과 개혁파 신학자들 간에 심각한 신학적 투쟁의 논제로 제기되었다. 따라서 여기서는 주로 이 두 가지 문제를 중심으로 특별히 "도르트 신앙표준"(the Canons of Dort, 1618-19)에 나타난 속죄론 이해를 살펴보았다. 또한 이 속죄론과 관련한 신학적 논쟁에 대한 이해를 돕기 위해, 먼저 교회사에 나타난 속죄의 성격과 관련한 다양한 견해들을 비교하여 살펴보고, 그 연후에 16, 17세기에 속죄론과 관련하여 논쟁의 초점이 된 속죄의 범위와 관련된 논의를 중점적으로 분석하였다. 개혁신학의 3대 신앙고백문 가운데 하나인 "도르트 신앙표준"은 성경의 전체적인 가르침에 근거하여 예수 그리스도의 십자가 고난과 죽음이 가지는 속죄의 성격에 대한 문제와 관련해서는 "형벌대속론"(Penal Substitutional Theory)을, 그리고 속죄의 계획/범위 문제와 관련해서는 "제한속죄론"(Limited Atonement)을 명확하게 고백하며 가르친다. 따라서 여기서는 성경의 가르침에 기초한 정통개혁파 신학의 속죄론인 "형벌대속적 제한속죄론"(Penal Sunbstitutional Limited Atonement)을 정확하게 요약하고, 다른 견해들과 비교하며 그 의미를 분석하였다.

"제9장, 한국장로교 '조직신학'의 발전 역사"는 먼저 「성경과 신학」 제74권 (2015.4.25), 97-135; 그리고 보다 확장된 형태로 「장로교회와 신학」 제12권 (2015.11.13), 112-59에 발표된 글이다. 이 연구에서 필자는 한국장로교 신학의 발전역사를 "조직신학"분과 중심으로 분석하고 정리를 시도하고 있다. 특히 100년이 훌쩍 넘어가는 복잡다난한 한국장로교 조직신학의 역사를 되도록이면 일목요연하게 정리하기 위해 일종의 "매트릭스 방법"(matrix methodology)을 사용하여 그 전개과정을 정리하고자 시도해보았다. 또한 연구의 범위를 제한함에 있어, 먼저 일차적으로 한국장로교 신학의 근간이 된 "평양신학교"와 그것을 직접 계승하였거나 거기서 분리되어 설립된 "5개 주요 장로교단의 신학대학원"(고신/장신/총신/한신/합신[가나다순])을 중심하여 연대기적으로 그 신학적 특색에 따라 발전/전개과정을 정리하며, 동시에 각 시대별로 주요 조직신학자들과 그 저작들, 그리고 중요한 신학적 주제/이슈들과 이와 연관된 신학자들을 살펴봄으로써 그 통시적(계통적)인 발전과정을 밝히고, 또한 공시적으로 세계교회의 신학적 발전 및 한국교회

신학의 주요 주제/이슈들과의 상호 연관관계를 살피며 추적 정리하고
자 시도하였다. 이렇게 함으로써 기대하는 바는, 한국장로교를 대표하
는 각 교단신학의 계통적인 발전과정과 더불어 신학적 정체성과 특징
들을 명료하게 하고, 그것을 가능하게 한 주요 신학자들의 신학적 공
헌과 특징들을 보다 구체적으로 알 수 있도록 분석한 것이다. 즉 본 연
구를 통하여 우리는 "한국장로교 조직신학"이라는 전체적인 숲이 형성
되어온 과정과 경관을 조망하면서, 동시에 그 숲을 이루는 각각의 지
형적 특징과 그 속의 각종 나무들의 특색 있는 모습까지 가능한 한 입
체적으로 살펴볼 수 있을 것이다.

　　"제10장, 레비나스의 타자 철학에 있어 존재론적 모험"은 최근
에 「장로교회와 신학」 제14권 (2018, 출간예정)에 투고된 글이다. 여기
서는 흔히 20세기의 마지막 철학자라고 불리는 엠마뉘엘 레비나스
(Emmanuel Levinas, 1906-1995)의 철학적 사유의 핵심 얼개들을 그의 주
요 저작들과 또 다른 주요 참고문헌들에 대한 분석을 통하여 추적하면
서, 동시에 그 실천적 의미를 함께 고찰하였다. 특히 레비나스가 그의
타자를 위한 철학에서 추구한 "존재론적 모험"은 지금까지 이어져온
서구의 전통적인 동일자 중심의 존재론적 사유체계를 극복하기 위한
하나의 시도로서 기획되고 수행된 것이다. 그것은 "그저 있음"(il y a)으
로 명명된 존재일반으로부터 주체의 출현과 향유적 삶을 통한 자기 성
취, 그리고 거주, 노동, 소유, 경제활동으로 말미암은 자기성/전체성의
확장으로 진행되며, 그리고 마침내 "타자의 얼굴"의 출현을 계기로 하
여 타자를 위한 대속적 책임을 수행함으로써 자기로부터 무한으로 초
월해가는 일련의 "존재론적 모험"의 과정을 잘 보여준다. 이 과정에서
주체든 타자든 간에 그 어느 것도 소외되거나 소멸되지 않고 스스로

를 완성하며 초월한다. 이것이 레비나스가 말하는 존재 및 그 존재의 무게를 홀로 짊어진 존재자로서의 주체로부터 타자, 그리고 선을 향한 형이상학적 전환이며, 무한에로 향한 자기초월의 위대한 "존재론적 모험"의 여정이다. 레비나스는 "존재"의 깊고 무거운 어두움으로부터 시작하여 "존재자"의 주체로서의 출현 및 정립의 과정과 그 한계를 현상학적으로 치밀하게 분석함과 동시에, 결국에는 죽음에 이르고야 마는 "존재자"(주체)의 한계를 오히려 "타자"에의 사유를 통하여 마침내 그리고 궁극적으로 "주체의 초월"(혹은 '주체의 완성')에 이르는 길로서 치열하게 모색한다. 이와 같이 "존재 일반"으로부터 "존재자"(주체)로, 그리고 다시 동일자(자기) 중심적인 "존재자"(주체, 자아)로부터의 자기 바깥에 있는 "타자"에로의 형이상학적 초월의 과정이 바로 레비나스가 그의 전생애에 걸쳐 열정적으로 추구했던 철학적 사유의 기나긴 여정이며, 그의 철학 전체가 의도하는 철학적 기획의 요약이라고 할 수 있다. 본 글의 목적은 이러한 레비나스의 "존재론적 모험"의 전체 여정을 압축적으로 살펴보면서, 그 의미를 간략하게 고찰한 것이다. 이러한 레비나스의 타자를 향한 치열한 철학적 사유는 유대인으로서의 그의 성경공부와 유대랍비들의 성경해석인 탈무드에 대한 이해에 깊이 연관되어 있기 때문에, 우리가 시도하고자 하는 신학적인 새로운 방향의 모색에 있어서도 많은 도움을 줄 수 있을 것이다. 또한 바로 이것이 필자가 신학을 연구하는 여정에서 성경 및 신학 고전들과 더불어 철학 및 과학분야의 고전들을 계속하여 함께 읽으며 다양한 철학적 사유들을 연구하는 이유이기도 하다.

앞서 이미 언급하였지만, 이 땅에 복음의 씨앗이 심긴 이래 100년이 훌쩍 넘어가는 세월동안 한국교회에 부어주신 하나님의 은혜가 참으로 크다. 오직 그 크신 은혜(*sola gratia*)로 인하여 한국교회는 세계교회가 주목하는 놀라운 성장을 이루어왔다. 그러나 또 한편으로는, 교회의 급속한 성장으로 말미암아 교회의 분열과 더불어 많은 실천적인 문제점들을 노출함과 동시에 신학적으로도 심각한 도전에 직면해 있는 것이 사실이다. 이러한 위기에 처한 한국교회의 현실을 통회하는 마음으로 직시하며, 우리는 이제 사도적 신앙 및 종교개혁의 정신과 신학, 그리고 성경적인 참된 신앙으로 다시 돌아가야 할 엄중한 시대적 요청 앞에 마주 서 있음을 깊이 재인식해야 할 것이다. 또한 단순히 교회의 양적인 성장의 추구가 아니라 성경 말씀에 근거한 참된 한국신학의 발전의 토대 위에서 신앙과 삶의 실천에서 본질적이고도 깊이 있는 내적인 성찰과 성숙이 절박하게 요청되고 있음도 철저하게 자각해야 할 것이다. 그리하여 "개혁된 교회는 또한 동시에 항구적으로 계속하여 개혁되어가야 하는 교회"(*ecclesia reformata est semper reformanda*)임을 자각하고, 한국교회와 신학은 앞으로도 계속 이어질 역사 속에서 그 "본질에 있어 하나됨"과 동시에 그 "적용과 실천에 있어서의 다양성"을 관용하며, "일치 속에 있는 다양성"과 "다양성 가운데의 하나됨", 즉 "본질의 일치와 다양성의 연합"이라는 조화와 공명을 이루며, "하나님 앞에서"(*Coram Deo*) 성령 하나님의 인도하심 가운데 오직 예수 그리스도의 십자가와 부활의 복음의 진리 안에서 참으로 신실하게 스스로를 개혁하며, 그리고 항상 새롭게 스스로를 갱신하며, 우리 앞에 주어진 다음 100년의 역사를 역동적으로 힘차게 써나가야 할 것이다.

마지막으로 이 책에 실린 글들이 연구 논문의 형태로 발표되고 출간될 때에 많은 유익한 토론으로 부족한 부분들을 메꾸어 주신 선배, 동료, 후배 신학자들에게 이 자리를 빌려서 깊이 감사를 드린다. 그리고 특별히 항상 넉넉한 신앙의 인품으로 필자에게 신학적인 그리고 인간적인 교제의 기쁨과 즐거움을 마음껏 누리게 해주시는 몇 분의 신학 동역자들에게 감사의 마음을 담아 이 책을 헌정해드리고 싶다. 더불어 이 책의 출간과 관련하여, 어려운 출판 상황과 촉박한 시간적 여건 가운데서도 흔쾌히 출판을 결정하고, 또한 바쁜 일정 속에서 교정과 편집의 귀한 수고를 담당해주신 새물결플러스 출판사 대표 김요한 목사님과 그 직원들께 깊은 감사의 마음을 전하는 바이다. 아울러 여러 측면에서 미비한 점이 많은 이 책을 읽게 될 독자들에게도 미리 머리 숙여 감사의 마음을 전하면서, 앞으로도 애정어린 비평과 지도편달을 부탁드림과 동시에 "더불어 신학함"(doing theology together)의 기쁨을 마음껏 누리면서 읽는 유익함이 있기를 바라는 마음이 간절하다.

"모든 영광은 하나님께"(*Soli Deo gloria!*)!

2018년 1월 1일
새해 아침에

은둔처 벽사제[碧思諦]에서
저자 김은수 識

제1장

기독교 "신학"(θεολογία)의 정체성과 본질적 의미

역사적 고찰과 개혁신학의 이해

I. 들어가는 말

"신학이란 과연 무엇인가?"

오늘날 우리는 정체 모를 다양한 수식어가 가미된 신학들이 난무하는, 가히 "신학의 홍수" 시대에 직면하고 있다. 20세기의 한 시기를 풍미하였고, 지금도 유령처럼 우리의 주위를 떠돌며 그 자체로서 또는 서로 합종연횡을 통하여 계속해서 영향을 미치고 있는 주요 신학적 조류들의 일단만을 예를 들어 보아도 다음과 같이 다양하다: 신정통주의 신학, 실존주의 신학, 세속화 신학, 신죽음의 신학, 희망의 신학, 과정신학, 정치신학, 해방신학, 민중신학, 여성신학, 흑인신학, 제3세계 신학, 토착화 신학, 생태신학, 에큐메니칼 신학, 종교다원주의 신학, 철학적 신학, 해석학적 신학, 과학신학, 포스트모던 신학, 문화신학, 공적신학 etc. 이렇게 다양한 새로운 신학적 기도(企圖)와 기획(企劃)들이 가져다주는 풍요로움과 시사점들이 없지 않지만, 반면에 그러한 신학들이 가지는 한계와 정통적인 기독교 신학을 위협하는 심대한 여러 가지 위험 또한 우리는 분명하게 인식해야 한다. 이렇게 다양한 새로운 기조의 현대신학들이 말하는 "신학"(theology)에 대한 정의들을 몇 가지 살펴보는 것만으로도, 그 신학적 정체성의 혼란스러운 양상이 명확하게 드러난다.

- 존 맥쿼리(John Macquarrie) - "신학이란 어떤 종교적인 신앙에 대한 참여와 반성을 통하여, 그러한 신앙의 내용에 대하여 가장 분명하고 적합한 언어로 설명하기를 추구하는 것에 대한 연구로 정의된다."[1]

---

1   John Macquarrie, *Principles of Christian Theology*, 2nd ed. (New York: Charles Scribner's

- 이안 바버(Ian Barbour) - "신학은 어떤 신앙들과 관련된 규범적 공동체의 조직적인 그리고 자기-비평적인 성찰이다."[2]

- 고든 카우프만(Gordon D. Kaufman) - "기독교 신학은 인간과 세계와 하나님에 대하여 하나의 해석을 주는 것이며, 그것은 각기 인간론, 우주론, 그리고 신론으로 표현되는바, 인간과 그의 환경, 그리고 궁극적 실재에 대한 총체적인 해석이다."[3]

- 로즈메리 류터(Rosemary R. Ruether) & 엘리자베스 존슨(Elizabeth A. Johnson) - "신학은 성차별주의(sexism)에 대한 비판이며 해방이다."[4] "기독교 신앙은 [성차별에 있어 지속적 폭력성에 대한 폭로와 비판을 통하여 참된 인간성을 명징하게 고양함으로써] 여성과 남성의 해방적 실천에 기여하며, 나아가 모든 창조세계, 인류와 자연 모두의 유익을 위해 봉사하는 것이다."[5]

- 구스타보 구티에레즈(Gustavo Gutiérrez) - "역사적 실천에 대한 비판적인 성찰로서의 신학은 해방시키는 신학이며, 인류 역사의 변혁적 해방의 신학이다.…이것은 세계에 대한 성찰에 머무는 것이 아니라 세계 변혁의 과정에 있어 그 일부가 되기를 시도한다."[6]

Sons, 1977), 1.

2   Ian G. Barbour, *Myths, Models, and Paradigms: A Comparative Study in Science and Religion* (New York: Harper & Row, 1974), 176.

3   Gordon D. Kaufman, *God the Problem* (Cambridge: Harvard University Press, 1972), 17.

4   Rosemary Radford Ruether, *Sexism and God-Talk: Toward a Feminist Theology* (Boston: Beacon Press, 1993).

5   Elizabeth A. Johnson, *She Who Is: The Mystery of God in Feminist Theological Discourse* (New York: Crossroad, 1992), 8.

6   Gustavo Gutiérrez, *A Theology of Liberation*, Revised Ed. (Maryknoll, NY: Obris Books, 1988), 12.

현재 우리가 살아가는 21세기에도 이렇게 시대적 사상들과 풍조를 표방하는 "새로운 기조(基調)"의 신학들이 출현하고 있고, 또 앞으로도 계속 출현하며 심각한 도전을 해올 것이다. 그러나 이와 같은 신학의 정체성 혼란과 "참된 신학의 실종"(the disappearance of true theology)이라는 참담한 현상과 관련하여 데이비드 웰스(David Wells)는 "교회의 삶에서 신학이 실종되었으며…복음주의 세계에서 신학이 실종되었다.…교회에 신학이 없는 것만이 아니라 신학에 하나님이 없다"고 우울하게 진단한다.[7] 이러한 현상은 우리에게 다시금 참된 기독교 신학의 진정한 정체성을 재확립하여야 할 시급한 과제와 책무를 부과하고 있다. 따라서 우리는 한 시대를 풍미하고 안개처럼 흔적도 없이 사라지는 "시대사조"(Zeit-Geist)에 근거한 신학이 아니라, 영원히 살아 있고, 정확무오한 하나님의 말씀인 성경의 가르침에 따라 정립된 "사도적 정통 개혁신학"(the Apostolic-Orthodox Reformed Theology)을 깊이 있게 체계적으로 재정립하여야만 한다. 참으로 교회의 갱신은 하나님의 말씀 위에 바로 서는 신학의 갱신으로부터 시작되어야 할 것이다. 여기서는 그러한 시작을 위한 하나의 작은 시도로서, 정통적인 기독교 신학의 의미와 이해에 대한 역사적 고찰을 통하여 본래적인 신학의 진정한 의미가 무엇인지 살펴봄과 동시에 개혁신학의 입장에서 "신학"(theologia)을 재정의(re-definition)함으로서 우리가 지향해가야 할 신학적 방향을 가늠해 보고자 한다.

---

7   David F. Wells, *No Place for Truth* (Grand Rapids: Eerdmans, 1993), 김재영 역, 『신학실종』 (서울: 부흥과개혁사, 2006), 148, 151.

II. "신학"(θεολογια; *Theologia*): 용어와 개념에 대한 역사적 고찰

다시 우리의 질문으로 돌아가자면, 도대체 "신학"이란 무엇이며, 과연 무엇을 의미하는가? 먼저, 신학(θεολογία)이라는 용어는 어원적으로 "신[神]"(θεός, God)과 "말[言說]"(λόγος, word/discourse/reason, 말/언설/이성)의 합성어다. 따라서 가장 단순하게 말하자면, 일반적으로 "신학"(θεο-λογια, *theologia*)은 "하나님에 대한 언설"(God-talk, speaking about God)을 의미한다. 즉 그 어원적 의미에 따르면 일차적으로 "하나님에 대하여 말함"(*speaking* about God)이 바로 "신학"이며, 나아가 이것은 또한 "하나님에 대한 합리적이고도 체계적인 지식"(a systematic *reasoned knowledge* of God)을 의미하게 되었다.[8] 달리 말하자면, "하나님에 대한 설교" 혹은 "신적 진리에 대한 선포", 그리고 그것의 근거가 되는 "하나님에 대한 거룩한 가르침 혹은 신지식"(神知識, the knowledge of God, *sacra doctrina*)이 곧 "신학"이다.

그러나 많은 신학적 용어들과 마찬가지로 "신학"(θεο-λογία, *theologia*)이라는 용어 그 자체는 성경으로부터 직접적으로 유래한 것이 아니라 고대 이방 그리스적 용법으로부터 차용된 것이다. "신학"이라는 용어가 사용된 역사적 정황을 살펴보자면 다음과 같다.[9] 먼

---

8   Cf. Abraham Kuyper, *Principles of Sacred Theology*, trans. J. Hendrik de Vries (Grand Rapids: Eerdmans, 1954), 229-30.

9   "신학"(θεολογία, *theologia*)이라는 용어의 개념과 그것이 기독교회에서 사용된 역사적 정황과 관련해서는 F. Turretin, *Institutes of Elenctic Theology*, I.i.1-9; A. Kuyper, *Principles of Sacred Theology*, 228-47; Richard A. Muller, *Post-Reformation Reformed Dogmatics*, vol. I, *Prolegomena to Theology*, 2nd ed. (Grand Rapids: Baker Academic, 2003), 152-58; Edward Farley, *Theologia: The Fragmentation and Unity of Theological Education* (Philadelphia: Fortress, 1989), 29-48; Wolfhart Pannenberg, *Theology and the Philosophy of Science*, trans. F. McDonagh (Philadelphia: Westminster, 1976), 7-14; 228-96; 유해무, 『신학: 삼위일체 하

저 고대 그리스인들은 신(神)들에 대한 신화적 혹은 서사적 설명으로
서,[10] 나아가 후기에는 신화(*mythologia*)에 대한 철학적 인식이나 비판적
인 해석으로서 "신학"(*theologia*)이라는 표현을 사용하였다. 후자의 의미
에서 신학이라는 개념을 최초로 사용한 사람은 플라톤(Plato, 427-347
BCE)으로 알려졌으며,[11] 이후 아리스토텔레스(Aristotle, 384-322 BCE)
와 그의 제자들, 그리고 스토아 철학자들의 문헌에서 자주 사용되고
있다. 특히 아리스토텔레스의 경우 이성적인 탐구로서의 이론적 학문
(theoretical science)을 세 가지 범주로 나누었는데, 물리학(physics-자연에
대한 탐구), 수학(mathematics-수(數)에 대한 탐구), 그리고 신학(형이상학;
theology, metaphysics as the first philosophy-존재에 대한 탐구)이 바로 그것
이다.[12] 특별히 아리스토텔레스는 "감각적인 것과 분리된 영원한 부동
(不動)의 실재"(the Unmoved Mover)가 존재하며, "이 존재가 곧 신(God)"
인데, "그 신(神)의 본질적 실재성은 최상으로 선하고 영원한 생명"이
기 때문에 "그는 살아 있는 존재로서 영원성, 최고 선(善), 그리고 생명

나님을 향한 송영』 (서울: 성약, 2007), 71-133을 참조하라.

10 예를 들어, 오르페우스(Orpheus), 호메로스(Homer), 헤시오도스(Hesiod)의 서사문학
이나 신화적 작품에 "신비신학"(*theologia mystica*)라는 표현이 나온다. 아리스토텔레스
(Aristotle)는 이 세계에 대하여 신화적으로 묘사한 그들을 "신학자"(theologians)라고 불
렀고, 이와 반대로 자신처럼 이성에 근거하여 비판적 사고와 학문을 하는 사람들을 "철학
자"(philosophers)라고 했다.

11 Cf. Plato, *Republic*, 379a in *Plato: Complete Works*, ed. John M. Cooper (Indianapolis/
Cambridge: Hackett, 1997), 1017.

12 Cf. Aristotle, *Metaphysics*, II.1, 1026a, 19-22 in *The Complete Works of Aristotle*, vol. II, ed.
Jonathan Barnes (Princeton: Princeton University Press, 1984), 1620. 아리스토텔레스에
게 있어 형이상학(metaphysics)은 존재 일반에 대하여 다루는 "존재에 관한 학문"으로서의
존재론(ontology)을 의미하였다. 그리고 그러한 존재들 가운데 "최고의 존재"(the highest
reality), "부동의 동자"(the unmoved Mover: 움직여지지 않고 스스로 존재하는 것)로서의
신(God)에 대하여 다루는 것을 "제일철학"(first philosophy) 곧 "신학"(θεολογία, *theologia*)
이라고 불렀다. cf. Johannes Hirschberger, *Geschichte der Philosophie*, 강성위 역, 『서양철학
사』(상권) (서울: 이문출판사, 1983), 234ff.

은 그에게 속한다"고 했다.[13] 이와 같이 고대 그리스 철학자들에 의해 이 세계와 신들(gods)에 대한 신화를 합리적인 이성에 근거하여 비판적으로 판단하고 해석하는 학문으로서의 "신학"이 곧 존재에 대하여 탐구하는 형이상학이 되었으며, 곧 "최고의 존재"인 신(θεός)에 대하여 이성적으로(λογία) 탐구하는 신학(θεολογία)은 최상의 "제일철학"(the first philosophy)이 되었다.[14]

이 마지막 용례를 이방 선교가 본격화 되면서 그리스/로마 세계와 마주한 신학적 최전선(最前線)에서 초기 교회 변증교부들(the Apologetic Fathers)이 차용하여 기독교 신학을 변증하고 표현하는 데 사용하였다. 순교자 유스티누스(Justin Martyr, ca.100-165)는 최초로 교회 안에서 "신학"(theologia)이라는 표현을 사용한 것으로 알려졌고, 그는 기독교만이 "유일하게 확실하고 유익한 철학"이라고 했다.[15] 이러한 이해에 기초하여, 알렉산드리아의 클레멘스(Clement of Alexandria, ca.150-220)의 경우 기독교 신학이야말로 "참된 철학"(the true philosophy)이며, 이방 신화에 대비시켜 이것은 "하나님의 지혜이신 성자(the Son)에 의해서 전달된 것"으로 "영생하는 말씀(the Logos)의 신학(theologia)"이라고 하였다.[16] 클레멘스에 의하면, 철학은 그리스인들에게 필수적인 "하나님의 섭리"이며, 그것은 "하나님께서 직접적으로 그리고 우선적으로 그리스인들에게 주신 선물"이었다. 따라서 그는 유대인에게 주어진 율법과 마찬가

13   Aristotle, *Metaphysics*, XII.7, 1072b, 27-30; 1073a, 4-5 (p. 1695).

14   Aristotle, *Metaphysics*, II.1, 1026a, 20-30 (p. 1620).

15   Justin Martyr, *Dialogue with Trypho*, 8 in *Ante-Nicene Fathers* (이후 *ANF*로 인용함), vol. 1 (Peabody, Mass.: Hendrickson, 2004), 198. cf. 유해무, 『신학: 삼위일체 하나님을 향한 송영』, 83.

16   Clement of Alexandria, *The Stromata*, I.13 and 18 in *ANF*, vol. 2 (Peabody, Mass.: Hendrickson, 2004), 313, 321.

지로 그리스인들에게 주어진 철학은 예수 그리스도의 완전한 복음에 로 이끌도록 하는 하나의 준비, 곧 "초등교사"로 보았다(cf. 갈 3:24).[17]

사실 기독교 신학의 역사에 있어 초기 동방 교회 전통에서는 애 초에 신지식과 관련하여 주로 "그노시스"(γνῶσις, knowledge)라는 용어 를 사용하였으나, 이것이 초기 교회에 심각한 위협을 주었던 혼합주의 이단사상인 영지주의(Gnosticism)와 관련됨으로써 오리게네스(Origen, ca.185-254)[18]가 알렉산드리아의 클레멘스를 계승하여 성경에 계시 된 참된 삼위 하나님에 대하여 말함과 관련하여 "신학"(theologia)이라 는 용어를 기독교적 의미에서 보다 풍성하게 포괄적으로 수용하였다. 그리하여 초기 교회 역사가인 카이사레아의 에우세비오스(Eusebius of Caesarea, ca.264-349)의 시대에는 이미 이 용어가 기독교적인 의미로 완 전히 보편화되어 정착되었고, 에우세비오스는 사도 요한이 그의 복음 서에서 "말씀"(ὁ λόγος, 예수 그리스도)이 곧 하나님이심에 대하여 풍성하 게 말함으로써 하나님에 대하여 더욱 분명하게 선포하였기에 그를 "신 학자"(ὁ θεολόγος, the theologian)라고 불렀다.[19] 또한 고대 동방 교회 전

---

17   Cf. Clement, *The Stromata*, I.5, *ANF*, vol. 2, 305. 그는 말하기를, "양 언약들[옛 언약과 새 언약 / 구약과 신약]을 제공하신 바로 그 동일한 하나님(the same God)께서 그리스인들에 게 그리스 철학을 주셨던 분이라는 사실은 전능자(the Almighty)께서 그리스인들 가운데서 영광을 받으심으로써 나타내신다. 이것은 다음의 사실로부터 분명해진다. 즉 그리스 철학의 가르침을 받은 자들부터도, 율법의 가르침을 받은 자들로부터와 마찬가지로, 신앙을 받은 자들, 곧 구원받은 하나의 백성으로 불러 모으신다. 그들은 시간적으로 분리된 세 백성들이 아니다"라고 했다. *The Stromata*, VI.5, *ANF*, vol. 2, 489f.

18   그의 주요저작 가운데 하나인 "Περὶ ἀρχων"(*De Principiis*, 『원리에 관하여』)는 기독교 신학 사에서 최초의 조직신학서로 여겨진다.

19   Cf. Yves M.-J. Congar, *A History of Theology*, trans. Hunter Guthrie (Garden City, N.Y.: Doubleday, 1968), 29. 이러한 의미에서 초기 교회 때, 구약과 신약의 모든 저자들, 특별 히 예언자들과 사도들이 "신학자들"(theologians)이라고 불렸고, 그리고 사도 요한 (the apostle John)과 삼위일체 하나님에 대하여 논구한 나지안주스의 그레고리오스(Gregory of Nazianzus, c.330-389)가 "신학자"(the theologian)라는 칭호로 불렸다. cf. A. Kuyper,

통에서는 "신학"(θεολογία)이라는 용어가 이성적인 합리성(rationality)의 의미보다는 오히려 묵상(meditation) 혹은 관조/성찰(contemplation)과 관련된 신비적(mystical)인 의미를 수반하였다. 따라서 이러한 동방 교회의 전통은 인간의 이성적 이해를 초월하는 하나님의 불가해성(incomprehensibility), 하나님의 초월적이며 신비적인 측면, 즉 "부정의 신학"(*theologia negativa*)을 강조한다. 그리하여 동방 교회의 그리스 교부(Greek Fathers)에게 있어 신학(*theologia*)은 "유일하게 참된 하나님, 곧 삼위일체 하나님에 대한 참된 가르침"을 의미하게 되었다.

반면에 초기 서방 교회 전통에서는 "신학"(*theologia*)이라는 용어를 주로 이방 신화나 철학과 관련하여 부정적인 의미로 사용하였고, 기독교적인 의미로서 거의 사용하지 않았다.[20] 예를 들어, 고대 서방 교회 신학을 집대성한 아우구스티누스(Augustine of Hippo, 354-430)는 신 지식(the knowledge of God)에 대한 신학적 강설과 연구에 대하여 "신학"(*theologia*)이라는 용어 대신 *doctrina*('가르침', '교리', '학문' 등의 의미를 가짐; e.g., '*doctrina Christiana*', '*sacra doctrina*')라는 표현을 주로 사용하였다.[21] 그러나 12-13세기에 이르러 중세 대학이 본격적으로 설립되기 시작하였고, 이러한 대학에서 연구하고 가르치는 스콜라신학

Principles of Sacred Theology, 231-32.

20 Cf. 유해무, 『신학: 삼위일체 하나님을 향한 송영』, 77-82. 심지어 초기의 주요 서방 교회 교부들(the Latin Fathers; 예를 들어 Cyprian, Ambrose, Gregory the Great, Boethius)은 오늘날 우리가 이해하는 것으로의 신학적인 의미에서 *theologia*라는 용어 자체를 알지 못했다. cf. Congar, *A History of Theology*, 32. 그러나 이러한 사실이 이때 신학적 연구와 행위(doing theology)들이 전혀 없었다는 것을 말함이 결코 아니다. 오히려 풍성한 신학적 발전들이 그들에 의해 계속하여 이루어졌다.

21 Cf. Kuyper, *Principles of Sacred Theology*, 237-38. 비록 아우구스티누스가 몇 군데서 *theologia*라는 용어를 사용하고 있으나, 그것은 이방 그리스적 용법으로서의 "신학"을 지칭하고 있다. Augustine, *The City of God against the Pagans*, trans. R. W. Dyson (Cambridge: Cambridge University Press, 1998), VIII, ch. 1과 5를 보라.

(*Theologia Scholarium*; Scholasticism)이 발흥했을 때, 법학, 의학 등 다른 전문적인 학문분과와 마찬가지로 신학도 하나의 체계적인 최고 학문분과로 재정의(re-identification)될 필요가 생겨났다.[22] 이러한 필요에 따라 아벨라르두스(Peter Abelard, 1079-1142)는 단순히 "신론"(the doctrine of God)만이 아니라 기독교 교리 전체를 포괄하는 "기독교의 가르침에 대한 탐구"(an investigation of Christian teachings)라는 보다 폭넓은 의미에서 "신학"(*theologia*)이라는 용어를 확장된 개념으로 수용하여 사용하였고,[23] 특히 토마스 아퀴나스(Thomas Aquinas, 1225-1274)의 『신학대전』 (*Summa Theologiae*)은 이 용어를 일반적으로 사용하게 된 결정적인 계기가 되었다.[24] 이와 같이 서방 교회 전통에서는 중세 스콜라신학자들이 아리스토텔레스의 철학과 논리학에 기초하여 전체적인 기독교 신앙과 가르침들을 보다 명확하게 합리적으로 설명하기 위한 하나의 체계적인 학문(science)으로서 "신학"(*theologia*)이라는 용어를 사용함으로써 비로소 정착되었다. 그러나 이러한 "신학"(θεο-λογία) 이해에 있어 노출되는 문제점은 삼위일체 하나님에 대하여 말하는 본래적 의미의 "신"(θεο)학보다는 하나의 학문으로서의 신"학"(λογία)이 더 강조되는

---

22 서방 교회에서 "신학(*theologia*)이라는 용어는 대학의 "신학부"(*facultas theologica*)라는 표현과 함께 처음으로 일반적인 용법으로 정립되었다." B. Geyer, "Facultas theologica: Eine bedeuntungsgeschichtliche Untersuchung," *Zeitschrift für Kirchengeschichte*, vol. 75 (1964): 143. 여기서는 Pannenberg, *Theology and the Philosophy of Science*, 8에서 재인용.

23 기독교 교리에 대한 논리적인 설명을 시도한 그의 신학적 저작들인 *Theologia Summi Boni* (1121); *Theologia Christiana* (c. 1125); *Theologia Scholarium* (c. 1133-1134) 등을 참조하라. 특히 그의 저작에서 "스콜라신학"(*Theologia Scholarium*)이라는 명칭이 명시적으로 나타난다.

24 Cf. Alister McGrath, *Historical Theology: An Introduction to the History of Christian Thought* (Oxford: Blackwell, 1998), 소기천 외 3인 역, 『신학의 역사』 (서울: 지와 사랑, 2005), 5. 그러나 아퀴나스의 『신학대전』(*Summa Theologiae*)에서도 *theologia*보다는 거의 대부분의 경우 아우구스티누스를 따라 *sacra doctrina*라는 표현이 훨씬 빈번하게 사용되고 있다.

경향이다.

그리하여 16세기 종교개혁자들은 대체로 "신학"(*theologia*)이라
는 용어를 긍정적인 의미로 사용하기를 기피하는 경향이 있었다. 마
르틴 루터(Martin Luther, 1483-1546)는 비록 빈번하게 "신학"(*theologia*)
이라는 용어를 사용하긴 했으나, 사변적인 중세 스콜라신학을 "영광
의 신학"(*theologia gloriae*)이라 비판하며, 이에 대비시켜 "십자가의 신
학"(*theologia crucis*)을 주장하였다. 장 칼뱅(John Calvin, 1509-1564) 또한
긍정적인 의미보다는 부정적인 의미에서 이 용어를 더 많이 사용하였
으며, 대신에 아우구스티누스를 따라 "가르침"(교리, *doctrina*)이라는 용
어를 선호했다.[25] 이후 17세기 개혁파 정통주의(Reformed Orthodoxy) 신
학자들 또한 초기에는 이 용어가 성경으로부터 직접 유래하지 않았다
는 사실로 말미암아 잠시 주저하다가, 곧 이 용어의 성경적인 의미를
정당화하여 일반적으로 사용하게 되었다.[26] 예를 들어, 17세기 개혁파
정통주의 신학을 가장 원숙하게 체계화한 프란키스쿠스 투레티누스
(Francis Turretin, 1623-1687)는 비록 "신학"(*theologia*)이라는 용어가 성경
에 그 철자와 형식으로는 나타나지 않지만, 그 내용과 의미에 있어서
는 "하나님의 말씀"(*logos tou theou*, 혹은 *logia tou theou*; 롬 3:2; 벧전 4:11; 히
5:12)이라는 표현에서 분명하게 드러나므로 성경적으로 정당화될 수
있다고 보았고,[27] 이후 이 용어는 그 보편성을 확보하며 오늘에 이르기
까지 계속하여 사용되고 있다. 이러한 "신학"(*theologia*)이라는 개혁파적
사용에 대하여 투레티누스는 다음과 같이 실명하고 있다:

---

25 Cf. 유해무, 『신학: 삼위일체 하나님을 향한 송영』, 72f.

26 Cf. Muller, *Post-Reformation Reformed Dogmatics*, vol. I, 152-58.

27 Turretin, *Institutes of Elenctic Theology*, I.i.2.

그리스어로부터 유래된 "신학"(theologia)이라는 용어는 이방인들의 학파들로부터 거룩한 용법으로 전이되었다.…[그러나] 우리는 성경에 하늘의 가르침(doctrina coelestis)을 표현하는 여러 가지 동의어들이 있음을 부정하지 않는다. 그것은 "비밀한 가운데 있는 하나님의 지혜"(고전 2:7), "바른 말씀의 형식"(딤후 1:13), "경건함에 속한 진리의 지식"(딛 1:1), "[미쁜 말씀의] 가르침"(딛 1:9)이라 불렸고, 또 다른 유사한 표현들로 묘사되었다. 그러나 그럼에도 불구하고 이 용어(theologia)는 존속될 수 있고 또한 반드시 그리해야 하는데, 그것은 이 용어가 아주 오랫동안 사용되어왔을 뿐만 아니라, 이 구원하는 지식(the saving science)을 표현함에 있어 가장 적절한 것이기 때문이다.[28]

그러나 "신학"(θεο-λογία)의 어원적 용례들을 살펴보면, "θεο-"는 동시에 주격(the subject)과 목적격(the object)으로 이해될 수 있다.[29] 이것을 주격으로 취할 경우 "하나님께서 말씀하신다"(Deus dixit)는 것을 의미하며, 이것은 "하나님의 말씀"(the speaking of God, the Word of God), 곧 "신적 계시"(the divine revelation)를 말하는 것이다. 또한 이것을 목적격으로 취할 경우 "하나님에 관하여 말함"(the speaking about God)을 의미한다. 이러한 의미에서, 투레티누스는 "신학(theologia)이라는 용어가…적절하게 사용되려면, '하나님의 말씀'(Theou logon)이라는 의미와 '하나님에 관한 말씀'(logon peri tou Theou)이라는 의미 모두를 말해야 한다. 이들 두 가지는 반드시 함께 결합되어야만 하는데, 왜냐하면 우리는 하나님[의 말씀] 없이 하나님에 관하여 말할 수 없기 때문"이라고 주장

---

28 Turretin, *Institutes of Elenctic Theology*, I.i.4-5.
29 Kuyper, *Principles of Sacred Theology*, 230.

한다.[30] 그러므로 우리는 이러한 두 측면을 종합하여 "하나님께서 말씀하신 바, 하나님의 말씀(the Word of God)인 성경의 가르침에 따라, 곧 신적계시에 근거하여 하나님에 관하여 말하는 것(the speaking *about* God)"이 곧 신학(θεο-λογία)이라고 이해할 수 있다. 왜냐하면 기독교 신학(Christian theology)이 단순히 신화학(mythology-신[적인 것]들에 대하여 말함)이나 일반 종교학, 혹은 "거짓된 신학"(*theologia falsa*)이 아니라 진정 "참된 신학"(*theologia vera*)이 되려면, 반드시 하나님의 말씀(the Word of God, 곧 성경)의 가르침에 따라 하나님에 관하여 말해야만 하기 때문이다. 나아가 우리가 신학함(doing theology)에 있어 "하나님의 말씀"(성경, 곧 하나님의 계시)과 우리 자신이 "하나님에 관하여 하는 말들"은 반드시 서로 나뉠 수 없도록 결합되어야 하지만, 동시에 이 두 가지를 서로 구분해야 하고, 동일시하거나 혼동해서는 안 되며, 또한 서로 나누거나 분리해서도 안 된다. 만일 이 두 가지를 동일시하거나 혼동하게 되면, 그때 인간의 신학이 절대화 혹은 교조화(敎條化)되는 오류를 범하게 되고, 또한 서로 나뉘거나 분리되면 그 신학은 더 이상 "참된 신학"일 수가 없다. 왜냐하면 영원한 "하나님의 말씀"은 언제나 정확무오하고 불변하지만, 하나님의 말씀에 대한 해석의 결과인 "우리의 신학"(*theologia nostra*)은 언제나 부분적이고 상대적이며 도상(途上)에 있는 "순례자의 신학"(*theologia viatorum*)일 따름이기 때문이다(cf. 고전 13:12).

이러한 "신학"(θεολογία)에 대한 역사적인 용법에 따라 고대 동방 교회 전통에서는 아주 좁은 의미에 있어 신학(the theology *proper*)은 "신론"(특별히 "삼위일체론", the doctrine of Trinity)을 의미하지만, 이후 교회 역사를 통해 이해된 보다 확장된 넓은 의미로는 삼위일체 하나님과

---

30   Turretin, *Institutes of Elenctic Theology*, I.i.7.

그가 지으신 바, 인간과 우주, 즉 창조세계와 관계하시며 행하시는 모든 일들의 전(全) 영역들을 포함하는 성경적인 기독교 교리(*Doctrina Christiana*) 전체를 포괄한다.[31] 따라서 대체로 기독교 신학은 그 의미의 진폭에 따라 다음 5가지 사실들을 포함한다:

(1) 가장 좁은 의미로서 스스로를 계시하신 삼위일체 하나님(the Triune God)에 대한 참된 신지식을 말한다.

(2) 정확무오하게 영감된 성경에 주어진 신적 계시 그 자체(divine revelation itself)로서 구원에 필수적인 모든 지식의 총합을 포함한다.

(3) 직접적인 성경의 해석이나 혹은 성경의 여러 본문들로부터 추출된 결론들로서 신앙으로 수납된 지식들을 포함한다.

(4) 신앙의 설명 혹은 변증을 목적으로 합리적인 이성의 방법에 의해 신적 계시로부터 구성된 신지식(*scientia*, science) 혹은 신적 지혜(*sapientia*, wisdom)를 포함한다.[32]

(5) 마지막으로 가장 광의의 의미에서 신학은 신학교에서 교육되는 모든 교과목들, 성경언어학으로부터 시작하여 성경주석, 구약/신약신학, 교회사, 교의와 교리사, 교의학(조직신학) 뿐만 아니라 기독교 윤리, 선교, 목회, 신학교육 등 모든 실천적 분과들을 포괄하여 사용한다.[33]

---

31 Cf. Henry C. Thiessen, *Lectures in Systematic Theology*, revised by Vernon D. Doerksen (Grand Rapids: Eerdmans, 1994), 1-2.

32 Richard A. Muller, *Dictionary of Latin and Greek Theological Terms* (Grand Rapids: Baker Book House, 1993), 298-99.

33 Cf. James L. Garrett, *Systematic Theology: Biblical, Historical, and Evangelical*, vol. 1 (Grand Rapids: Eerdmans, 1990), 3.

III. "신학"에 대한 고전적인 정의와 이해

1. 고대 동방 교회 교부들의 "신학"(θεολογία)에 대한 정의와 이해

사도시대 이후 교회 안에서 기독교 신앙에 대한 변증으로서 신학적
작업이 본격적으로 시작된 2세기의 가장 중요한 변증가인 **순교자 유
스티누스**(Justin Martyr, c.100-165)는 최초로 긍정적인 의미에 있어 "신
학"(*theologia*)이라는 표현을 명시적으로 사용하였고, 그것은 기본적으
로 "어떤 이를 하나님으로 부르다, 하나님으로 선언하다"(*theologein*)라
는 의미를 가졌다.[34] 그리스철학에 정통했던 유스티누스는 그 스스로
"그리스도에 관한 철학자"(기독교 철학자)로 여겼고, 신학을 그리스철학
보다 더 우월한 "참된 철학"(true philosophy)이라고 정의했다. 그 이유는
모든 세상의 철학들이 "로고스의 씨앗"(*logos spermatikos*)에 근거하지만,
기독교는 선재하는 우주적이며 보편적인 로고스(the Logos) 자신이 사
람이 되어 오신 예수 그리스도를 하나님의 아들로 경배하고 사랑하기
때문이다.[35] 즉 철학은 "지혜를 사랑하는 것"(*philo-sophia*)이고, 기독교는
참 진리이자 지혜(the Logos) 자체이신 예수 그리스도를 사랑하고 경배
하기 때문에 "참된 철학"이며, 나아가 "성부와 함께 예수 그리스도가
곧 하나님이요(*theologein*), 주님이심을 말함(*kyriologein*)"이 곧 신학이라
고 이해하였다.

　　알렉산드리아의 클레멘스(Clement of Alexandria, ca.150-ca.220) 또한 유
스티누스를 계승하여 "지혜/진리를 사랑하는 것"으로의 철학과 신학

34　유해무, 『신학: 삼위일체 하나님을 향한 송영』, 85f.

35　Cf. Justin, *The Second Apology*, XIII, *ANF*, vol. 1, 192.

을 거의 동의어로 이해하였으며, 그 두 가지의 종합을 시도하였다.[36] 이러한 클레멘스의 신학방법론은 신학사에서 이성과 신앙, 철학과 신학을 종합하려는 "포괄적인 신학적 유형"(theological inclusivism)의 대표적인 예시를 보여주었다. 그는 이방 그리스 철학에 대하여 말하기를, 오히려 그리스 철학자들(cf. Plato, Aristotle)이 "하나님을 말함"(신학)에 있어 더 오래되고 우월했던 모세와 선지자들로부터 철학을 배웠다고 하며,[37] 특히 "모세는 신학자(theologian)이자 선지자였으며, 또한 거룩한 율법의 해석자"라고 했다.[38] 이러한 방식으로 클레멘스는 "하나님을 대신하여 하나님에 대하여 언설[선포]함이 신학"이라고 이해했다.[39] 나아가 그는 "지혜/진리 자체"이신 예수 그리스도(the Logos = the Wisdom/the Truth)에 의하여 완전한 진리가 주어진 기독교야말로 "참된 철학"(true philosophy)이라고 했으며, 또한 "영생하는 말씀의 신학

---

36 클레멘스는 알렉산드리아에서 태어나 당시 주유 철학자들과 마찬가지로 여러 곳을 떠돌며 철학을 배웠고, 알렉산드리아에서 판타이누스(Pantaenus, 200년경 사망)에게 신학을 배웠으며, 그곳의 교리문답학교(catechetical school)에서 가르치며 교양 있는 이방인들을 상대로 기독교 신앙의 변증에 주력하였다. cf. Hubertus R. Drobner, *Lehrbuch der Patrologie* (Freiburg im Breisgau: Herder, 1994), 하성수 역, 『교부학』 (왜관: 분도출판사, 2001), 215f. 크라프트(H. Kraft)는 클레멘스에 대하여 평가하기를, "[그의 목표는] 성경의 기초 위에서 그리고 과학적 방법의 도움으로 성경의 해석과 철학적 비판 아래서도 견뎌낼 수 있는 이론적인 사상의 체계를 세우는 일이다.…클레멘스는 단지 의지만이 아니라 실제로 철학과 신학을 서로 밀접하게 관련시킨 최초의 사람이라고 해도 과언이 아니다"라고 한다. H. Kraft, *Early Christian Thinkers: An Introduction to Clement of Alexandria and Origen* (New York: Association Press, 1964), 33. 여기에서는 Roger E. Olson, *The Story of Christian Theology: Twenty Centuries of tradition and Reform* (Downers Grove, IL: InterVarsity Press, 1999), 김주한/김학도 역, 『이야기로 읽는 기독교신학』 (서울: 대한기독교서회, 2009), 102에서 재인용.

37 Clement, *The Stromata*, I.21,28, *ANF*, vol. 2, 324ff, 340f.

38 Clement, *The Stromata*, I.22, *ANF*, vol. 2, 335. 클레멘스는 알렉산드리아에서 활동했던 유대인 역사가인 필론(Philo, B.C.20-A.D.50)을 따라 모세를 "신학자"로 지칭함으로 기독교회에서 "신학자"(theologian)라는 표현을 최초로 사용하였다. cf. 유해무, 『신학: 삼위일체 하나님을 향한 송영』, 92, 126 n.53.

39 유해무, 『신학: 삼위일체 하나님을 향한 송영』, 91, 92.

(theology of the Logos)", "정통 신학"(orthodox theology)이라는 표현을 사용했다.[40] 클레멘스에 의하면, 절대적 진리인 로고스(the Logos), 즉 그리스도를 아는 것이 하나님의 신비를 아는 참된 신학이다. 나아가 그는 신앙과 지식의 관계에 대하여 말하면서, "믿음이 없이는 지식이 있을 수 없고, 또한 지식이 없이는 믿음이 있을 수 없다"고 했다.[41] 그러나 구원의 길에 있어 그 출발점은 언제나 믿음(faith)이고, 최상의 것을 소망(hope)하는 가운데 지식의 길에서 연단되며, 그 목적지인 사랑(love)은 그 과정을 완성한다고 하였다(cf. 고전 13:13).[42] 클레멘스는 실로 신지식(神知識)은 오직 신앙에 의해서만 가능하며, 믿음은 모든 지식의 토대라고 하였다.[43]

신학사에서 최초의 조직신학서로 간주되는 『원리에 관하여』(Περι ἀρχων, De Principiis)와 함께 수많은 신학적 저술들을 남긴 **오리게네스**(**Origen**, ca.185-ca.254)는 비록 후대에 이단논란이 있었지만(cf. 제2차 콘스탄티노플 공의회, 553년), 고대 동방 교회의 가장 위대하고 조직적인 교부신학자로 평가된다. 그는 알렉산드리아 학파의 전통을 이어받아 철학과 신학을 종합하여 거대한 체계화를 시도하였다. 그러나 오리게네스에게 있어 철학을 공부하는 주된 목적은 하나의 기독교 철학, 즉 "신적 철학"(divine philosophy)으로서의 "신학"을 세우기 위함이며, 이것은 사색적이기도 하지만 성경계시와 사도적 신앙전통에 기초한 영적이고 복음적인 내용을 말하는 것이었다.[44] 그는 이방 철학이나 이단적

---

40   Clement, *The Stromata*, I.13,18; iv.25; v.8, *ANF*, vol. 2, 313, 321; 438; 455.

41   Clement, *The Stromata*, V.8, *ANF*, vol. 2, 444.

42   Clement, *The Stromata*, II.6, iv.7, *ANF*, vol. 2, 354, 418f.

43   Clement, *The Stromata*, II.2-3, *ANF*, vol. 2, 348-49.

44   Cf. Henri Crouzel, *Origen*, trans. A. S. Worrall (Edinburgh: T & T Clark, 1989), 161.

인 사상(영지주의)에 대하여 기독교 신앙을 변증하기 위하여 그들에 의해 제기되는 문제들에 대해 성경의 가르침에 따라 하나의 지적인 체계를 제공하고자 노력했다.[45] 이와 같이 오리게네스는 신학에 있어 철학과 이성의 중요한 역할을 인정하지만 신적 계시와 신앙의 역할 또한 더욱 강조하였다. 나아가 오리게네스는 본질적으로 "하나님에 대하여 말함"(*theologein*)이 신학이라고 규정하였으며, 이것을 성부와 성자 하나님뿐만 아니라 성령 하나님께로 확장하였고, 이로서 온전한 "삼위일체 신학"의 정립을 향한 중요한 기초를 마련하였다. 오리게네스는 하나님의 구원의 신비를 말하는 "경륜"(오이코노미아, *oikonomia*)과 하나님의 존재의 신비를 말하는 "신학"(테올로기아, *theologia*)을 구별하였고, 구원의 경륜을 통하여 알려지는 바 삼위 하나님의 내적 존재의 의미를 밝히기 위해 구별된 "세 위격들"(*treis hypostases*)이 영원부터 존재한다(coeternal)고 말했다.[46] 이와 같이 오리게네스로 말미암아 "경륜"(*oikonomia* - the economic Trinity, 경륜적 삼위일체)은 이제 "신학"(*theologia* - the immanent Trinity, 내재적 삼위일체)으로 발전하게 되었다. 뿐만 아니라 오리게네스는 "예수님, 예언자, 성경이 하나님에 대하여 말하는 것이 신학이라는 새롭고 광범위한 어법을 정착"시켰고, 찬양이나 기도를 통해 하나님에 대하여 말하는 것 역시도 신학이라고 했다.[47]

---

45 오리게네스가 기독교 신앙을 폄훼한 중기플라톤 철학자 켈수스(Celsus)를 반박하며 쓴 변증서인 『켈수스에 대한 논박』(*Contra Celsum*, ca. 248)은 2-3세기에 이루어진 기독교 신앙에 대한 변증 운동의 최고봉으로 평가된다. cf. Henry Chadwick, *Origen: Contra Celsum* (Cambridge: Cambridge University Press, 1980), IX.

46 Origen, *Commentary on St. John's Gospel*, II, 6. cf. Catherine M. LaCugna, *God for Us: The Trinity and Christian Life* (San Francisco: HarperSanFrancisco, 1991), 2, 4, 29. 오리게네스는 삼위일체론과 관련해서 "위격"을 설명하기 위하여 "휘포스타시스"(ὑποστάσις)라는 용어를 처음으로 사용하였다.

47 유해무, 『신학: 삼위일체 하나님을 향한 송영』, 93, 94f.

아타나시오스(Athanasius, ca.296-373)는 "니케아 신앙의 확고한 승리자이자 위대한 파수꾼"으로 평가되며,[48] 그는 이전의 교부들과는 달리 "기독교 철학자"가 아니라 교회의 신학자와 감독으로서 신학을 전개한 첫 번째 그리스 교부이다.[49] 또한 아타나시오스는 아리우스의 이단적인 삼위일체론을 논박함에 있어 자신의 신학을 오직 성경과 그 가르침에 부합하는 "신앙의 규범"(regula fidei) 및 "니케아 신조"(Nicene Creed)에 정초시킴으로써 정통적인 신학방법론의 중요한 모범을 보여 주었다.[50] 아타나시오스가 아리우스주의와의 신학적 투쟁에 있어 지키고자 했던 것은 바로 "성자의 완전한 신성"이며, 이것은 니케아 신조의 핵심내용인 성자께서 성부와 "ὁμοούσιος"(homoousios, 동일본질)이심을 천명함으로 나타났다. 이것을 성경적으로 증거하기 위해 그는 구약(cf. 신 6:4; 5:13; 시 119:90, 91; 146:7, 9)과 신약(요 1:1)에서 성자께서 하나님의 말씀과 지혜로서 창조와 섭리 사역에 동역하셨음을 말하는 가운데, "말씀" 곧 성자를 하나님이라 칭하는 모세와 사도 요한을 "신학자"(theologian)라고 불렀다.[51] 이와 같이 아타나시오스에게 있어 "신학은 삼위일체 하나님에 대한 언설이다.…신학은 이 [삼위] 하나님에 대한 지식이요 경배이다. 이 점에서 신학은 삼위일체론이다."[52] 그러므로 아타나시오스는 "만일 신학이 삼위일체론에서 완전하다면, 이 신학은

---

48   Quasten, *Patrology*, vol. III, 20. 그리하여 나지안주스의 그레고리오스(Gregory of Nazianzus)는 아타나시오스를 "교회의 기둥"(the pillar of the Church)이라 칭송했다(*Or.* 21,26).

49   Cf. Hans Von Campenhausen, *The Fathers of the Greek Church*, trans. L. A. Garrard (London: Adam and Charles Black, 1963), 69.

50   Cf. Athanasius, *Discourses Against the Arians*, I, 9 in *Nicene and Post-Nicene Fathers* (이후 *NPNF*로 인용함), vol. 4, 311.

51   Cf. 유해무, 『신학: 삼위일체 하나님을 향한 송영』, 98-100.

52   유해무, 『신학: 삼위일체 하나님을 향한 송영』, 101.

참되고 유일한 경건이며, 또한 선이요 진리다"라고 말한다.[53]

이와 같은 "삼위일체 하나님에 대한 언설이 곧 신학"이라는 고전적인 이해는 카파도키아 교부들(the Cappadocian Fathers)에 의하여 보다 완전하게 정립되었는데, 그들은 다음의 세 신학자들, 곧 카이사레아의 바실리오스(Basil of Caesarea, 329-ca.377/379), 바실리오스의 동역자인 나지안주스의 그레고리오스(Gregory of Nazianzus), 그리고 바실리오스의 동생인 니사의 그레고리오스(Gregory of Nyssa, ca.330-389)를 말한다.[54] 이들은 고대 동방 교회 신학의 정립과 특히 성부와 성자께서 "동일본질"(homoousios)이심을 고백한 니케아 공의회(the Council of Nicea, 325) 이후 계속된 신학적 논쟁에 참여하여 "성령 하나님의 참된 신성"을 분명히 고백함으로서 정통 삼위일체론 확립에 지대한 신학적 공헌을 하였다.

기독교회 역사를 통하여 "위대한"(ὁ μέγας, the Great)이라는 칭호를 받은 대(大) 바실리오스(Basil the Great of Caesarea)는 신학 역사에서 최초로『성령에 관하여』(On the Holy Spirit, ca.375)라는 책을 저술하였기 때문에 흔히 "성령의 신학자"로 알려졌다.[55] 그는 성령께서도 성부와 성자와 함께 "똑같이 찬양(ὁμότιμον)과 경배와 영광을 받으시는" 완전한 신성을 가지신 하나님이심을 분명히 하였고, 이전에는 거의 동의어로 혼용되던 "우시아"(οὐσία, [공통적] 본질)와 "휘포스타시스"(ὑπόστασις, [개별적] 실체)의 개념적 구분을 통하여 삼위격(τρεις ὑποστάσεις)의 명확한 구

---

53 Athanasius, *Discourses Against the Arians*, I, 18, *NPNF*, vol. 4, 317.

54 이들에 대한 간략한 입문서로는 Anthony Meredith, *The Cappadocians* (Crestwood, NY: St. Vladimir's Seminary Press, 1995); 김석환,『교부들의 삼위일체론』(서울: 기독교문서선교회, 2001)을 참조하라.

55 Cf. St. Basil the Great, *On the Holy Spirit* (Crestwood, N.Y.: St. Vladimir's Seminary Press, 1980).

별과 동시에 그 본질에 있어 하나이심(μία οὐσία)을 분명하게 했다.[56] 여기서 신학방법론과 관련하여 한 가지 특기할 만한 것은 바실리오스가 그의 저작을 통하여, 소위 교부들의 가르침을 통하여 신학적인 교리의 정통성을 논증하는 방식 즉 "교부 논증"(argumentum patristicum)의 방법을 처음으로 사용하였고, 이 방법론은 아우구스티누스와 키릴로스에 의하여 수용되었으며, 이후 신학 역사에서 계속하여 중요한 신학원리로 사용되고 있다는 점이다.[57]

나아가 사도 요한과 더불어 "신학자"(the theologian, 451년 칼케돈 공의회)라는 칭호를 받은 **나지안주스의 그레고리오스(Gregory of Nazianzus)**는 "신학"(theologia)과 "경륜"(oikonomia)을 분명히 구분하면서, 신학을 "삼위일체 하나님의 본성에 관하여 말하는 것"으로 아주 협의의 의미로 정의했다.[58] 그는 바실리오스와 동일한 입장을 유지하면서도 이를 신학적으로 더욱 심화시켜, 성령 하나님의 "동일본질"(homoousia)을 명확하게 언명함과 동시에, 삼위일체 하나님의 존재에 있어 서로 구별된 "특성"(ἰδιοτης)을 가진 "휘포스타시스"(hypostasis) 개념을 상호간의 "관계"(σχέσις, relation)로 설명하는 아주 중요한 신학적 발전을 이루었다. 즉 삼위 하나님의 "세 위격"들은 서로 구별된 특성을 가지시며, 또한 서로 다른 "세 존재들"이 아니라 "세 관계들"임을 분명히 했다.[59] 이러

---

56 Basil, *Letter*, 38, *NPNF* (2nd Series), vol. 8, 137-41.

57 Cf. Hubertus R. Drobner, *Lehrbuch der Patrologie* (Freiburg: Verlag Herder, 1994), 하성수 역, 『교부학』 (왜관: 분도출판사, 2001), 384.

58 Gregory of Nazianzus, *Orat. XLV*, iv. 그에 의하면, "신학"(theologia)은 삼위일체 하나님의 본성에 대하여 연구하는 것이며, "경륜"(oikonomia)은 삼위일체 하나님의 사역에 대하여 연구하는 것이다.

59 Gregory of Nazianzus, *Orat. XXXI*, ix. 즉 "성부", "성자", "성령"의 각 이름은 삼위일체 하나님의 "본질" 혹은 "사역"(행위)을 표현하는 것이 아니라, 삼위일체 하나님의 각 구별된 위격들의 상호관계를 나타내기 위한 이름이다. Cf. 김광채, 『교부 열전』(중권) (서울: CLC, 2005), 180.

한 "관계적 존재론"(relational ontology)에 의하면, 성부는 "출생하지 않으신 분"(ἀγεννησία)이시며, 성자는 성부에게서 "출생하신 분"(γέννησις, generation)이시고, 성령은 성부로부터 "나오신 분"(ἐκπόρευσις, procession)이시나, 세 위격이 공히 하나의 동일본질(homoousia)이시며 함께 영원하시다.

또한 "교부 중의 교부", "니사의 별"(제2차 니케아 공의회, 787년), 그리고 "우주적 박사"(고백자 막시무스)라고 불린 **니사의 그레고리오스**(**Gregory of Nyssa**)는 삼위일체 하나님은 그 본질과 모든 행위나 역할에서 항상 공유적이기 때문에 각 위격의 분명한 구별에도 불구하고 "삼신론"(tritheism)이 아님을 분명히 했다. 즉, 삼위일체 하나님의 존재론적 동일본질성을 그의 행위(사역)에까지 확장하여 그 하나 되심을 "외부를 향한 삼위일체 하나님의 사역은 분리되지 않는다"(opera trinitatis ad extra indivisa sunt)라는 원리를 주장하였으며, 이것을 세 위격간의 상호 관계성을 설명하는 "페리코레시스"(περιχώρησις, co-inherence 혹은 inter-penetration, 상호내재/침투)라는 개념으로 명쾌하게 설명함으로써 또 하나의 중요한 신학적 발전을 이루었다. 그는 비록 신학적 개념의 명증성을 위해 철학적 개념과 용어들을 사용하긴 하지만, 신학적인 논증을 위하여 항상 성경과 교부들의 전통에 의존하였다. 또한 그는 신학함에 있어 이성적인 이해보다는 신앙의 수용을 강조하는 "기독교 진리의 신비(mysterion)"를 말하는 "신비의 신학"(theologia mysterionis)을 주장했으며, 나지안주스의 그레고리오스와 마찬가지로, 삼위일체 하나님의 본질에 대하여는 우리가 이성적으로는 결코 파악할 수 없기 때문에(cf. 신적 불가해성[divine incomprehensibility]), 항상 "무엇이 아니다"라고 말하는 "부정의 방식"(via negationis)으로만 하나님에 대하여 말할 수 있다는 "부정의 신학"(theologia negativa)의 원리를 정초시켰다. 이와 같이 카파도키아의 세 신학자들의 위대한 신학적 공헌을 통해 "하나의 본질―세 위격[실체]"(μία οὐσία - τρεις ὑποστάσεις)이라는 형식으로 고대 동방 교회의 정통 삼위일체 신학이 완전히 정립되었고, 이것은 콘스탄티노플 공의회(381년)에서 교회의 정통교의(orthodox dogma)로 공식화 되었다.

2. 서방 교회 전통에서의 "신학"(theologia)의 정의와 이해

2세기경 라틴어를 사용하는 카르타고(Carthage)를 중심으로 기독교 문화가 융성하였으며, 이곳에서 테르툴리아누스, 키프리아누스, 암브로시우스, 히에로니무스, 아우구스티누스 등 위대한 서방 교회 교부들이 활동하였다.[60] 신학사에서 "서방 신학의 아버지" 혹은 "라틴 신학의 대변자"로 일컬어지는 테르툴리아누스(Tertullian, ca.160-ca.225)는 "삼위일체"(trinitas, the Trinity)와 같이 현재 우리가 상용하고 있는 수많은 신학용어들을 처음으로 도입하여 사용하였다. 특히 테르툴리아누스는 구원의 경륜과 신비를 말하는 "오이코노미아"(oikonomia)와 하나님의 존재의 본질과 신비를 말하는 "신학"(theologia)의 관계를 재설정함으로써 삼위일체 하나님을 단일신론(Monarchianism)으로 설명하려 하였다.[61] 테르툴리아누스에 의하면, "오직 한 분 하나님이 계시며, 그다음 하나님의 경륜(oikonomia) 아래에서 유일하신 한 분 하나님이 하나님으로부터 발현된 말씀 곧 아들을 가지는데, 그로부터 만물이 창조되었다.…우리가 믿는 바, 그는 성부로부터 보냄을 받은 신인(Man and God)이신 사람의 아들이자 하나님의 아들, 예수 그리스도라 불리신 분

---

60   Cf. 서요한, 『초기 교회사』 (서울: 그리심, 2010, 수정3판), 363.
61   Cf. LaCugna, God for Us, 27ff.

이다."[62] 이러한 방식으로 테르툴리아누스는 주로 "경륜"으로부터 삼위일체 "신학"을 정립하는 데 집중하였다. 그럼으로써 테르툴리아누스는 "하나의 본질―세 위격"(*una substantia―tres personae*)이라는 서방 교회 삼위일체론의 기초를 정립하였을 뿐만 아니라, 또한 성령 하나님이 "[성부] 하나님과 성자로부터"(*a Deo et Filio*) 나오신다고 함으로써 최초로 "필리오케"(*Filioque*) 개념을 제시하였다.[63] 또한 신학방법론적인 측면에서 알렉산드리아 학파와는 달리 테르툴리아누스는 대체로 이방 철학에 대하여 아주 적대적이었고, 그것을 비성경적인 것으로 이단시 하였다. 그는 "이방 철학은 이단들의 조상"이며,[64] "철학자들의 하나님"(*philosophorum Deus*)은 성경의 하나님과 아무런 상관이 없다고 주장했다.[65] 이러한 테르툴리아누스의 신학적 태도는 다음과 같은 그의 유명한 도발적 언명에서 분명하게 드러난다: "도대체 아테네와 예루살렘이 무슨 관계가 있는가? 아카데미와 교회 사이에, 이교도들과 그리스도인들 사이에 무슨 일치가 있는가?…우리의 신앙에 더하여 더 이상 추구할 믿을 만한 것은 없다. 우리의 신앙은 탁월하기 때문에, 그 외에 우리가 믿어야 할 것은 더 이상 없다."[66] 나아가 그는 기독교 신앙과 관련하여 "나는 그것이 불합리하기 때문에 믿는다"(*Credo quia absurdum est*), "나는 그것이 불가능하기 때문에 믿는다"(*Credo quia impossibile est*)라고 말했다.[67] 그의 이러한 언명들은 지식이나 이성보다 단순한 신앙을

62   Tertullian, *Against Praxeas*, II, *ANF*, vol. 3, 598.
63   Tertullian, *Against Praxeas*, VII, *ANF*, vol. 3, 603.
64   Tertullian, *On Prescription against Heretics*, VII, *ANF*, vol. 3, 246.
65   Tertullian, *Against Marcion*, II. xxvii, *ANF*, vol. 3, 319.
66   Tertullian, *On Prescription against Heretics*, VII, *ANF*, vol. 3, 246.
67   Tertullian, *On the Flesh of Christ*, V, *ANF*, vol. 3, 525.

절대적 우위에 두는 "배타적인 신학적 유형"(theological exclusivism)의 대표적인 예시다.

나아가 흔히 동방 교회의 오리게네스에 비견되고, "은총의 박사"(Doctor Gratiae)라 불리며, 고대 서방 교회 신학을 집대성한 **아우구스티누스**(**Augustine of Hippo**, 354-430)는 신학을 "신성(혹은 '신적 본질')에 대한 이해 혹은 강론"(de divinitate ratio sive sermo)이라고 정의했다.[68] 또한 그는 "믿기 위하여 이해하라"(intellige ut credas), 그리고 "이해하기 위하여 믿어라"(crede ut intelligas)[69]라는 유명한 신학적 명제를 남겼다. 또한 "신앙은 추구하고 지성은 발견한다"(fides quaerit, intellctus invenit), 그리고 "우리가 믿지 아니하면 이해하지 못할 것이다(nisi credideritis, non intelligetis, 사 7:4, LXX)"라는 언명은 그의 신학방법론을 한마디로 요약하는 것이다.[70] 이것은 이성에 대한 신앙의 우선성 및 신앙과 신학간의 역동적이며 변증법적인 관계를 간명하게 잘 표현한 것이라 하겠다. 실로 참된 신학이 없는 신앙은 맹목이며, 참된 신앙이 없는 신학은 공허하다. 이와 같이 아우구스티누스는 신학과 철학을 관계지움에 있어, 양극단인 알렉산드리아의 클레멘스와 테르툴리아누스를 동시에 비판적으로 극복하며 새로운 신학적 종합의 길을 제시했다고 볼 수 있다. 그러나 아우구스티누스는 신학을 단순히 "이론적인 지식"(scientia, science)이라기보다는 "신적 지혜"(sapientia, wisdom)로 이해하였다.[71] 따

---

68 Augustine, *The City of God*, VIII.1, *NPNF* (1st Series), vol. 2, 144.

69 Augustine, *Serm. XLIII*, c. vii; *Serm. CXXVI*, n. 1; *On the Trinity*, XV.2.2, *NPNF* (1st Series), vol. 3, 200. Yves M.-J. Congar, *A History of Theology*, 45f에서 재인용.

70 Augustine, *On the Trinity*, XV.2.2, *NPNF* (1st Series), vol. 3, 200.

71 아우구스티누스는 마르쿠스 바로(Marcus Varro)가 말하는 이방 신학의 세 가지 형태를 언급하는 가운데, "신화적 신학"(극장의 신학)과 "시민적 신학"(도성의 신학)을 배격하면서, 지혜를 사랑하는 철학자들의 "본성적 신학"(자연적 신학)을 긍정적으로 본다. 그는 "만일 만물

라서 그는 신학에 있어 지적인 방법(the *knowing* of God)도 수용하지만, 특히 영원한 진리에 대하여는 관조의 방법(*via comtemplationis*; the *seeing* of God)을 강조하였다.[72] 또한 아우구스티누스는 그 자신의 삶에 대한 자전적 저술인 『고백록』(*The Confessions*)을 통하여 죄의 심각성과 하나님의 절대적이고도 무조건적이며 불가항력적인 은혜와 사랑을 기도문의 형식으로 찬양하는 신학함의 새로운 형식을 보여주었다. 이러한 아우구스티누스의 "은총의 신학"(*theologia gratiae*)은 "오직 은혜로(*sola gratia*) 말미암는 구원"을 말하는 16세기 종교개혁의 원동력이 되었다. 나아가 그의 『신의 도성』(*De Civitate Dei*)은 기독교 역사신학/철학의 심원한 기초를 놓았으며, 이것은 두고두고 서양지성사의 토대가 되었다. 그는 오직 하나님만이 역사를 지배하는 주권자요 통치자이시라고 선언하는 한편, "두 왕국론"을 통하여 세상의 왕국은 멸망하지만 오직 하나님 나라만이 영원할 것임을 말한다. 또한 신학을 "신성에 대한 이해 혹은 강설"이라고 한 그의 정의에 따르면 『삼위일체론』(*De Trinitate*)은 아우구스티누스 신학의 정수라고 할 수 있다. 그는 이 저작에서 서방 교회의 소위 "심리적"(psychological) 삼위일체론을 확립하였는데, 먼저 그는 삼위일체 하나님을 표현하는 용어의 선택과 관련하여 "한 본질-세 위격"(*una essentia-tres personae*)이라고 말하였다.[73] 그러나 그는 "페

을 창조하신 하나님께서 지혜(Wisdom)이시라면, 철학자는 하나님을 사랑하는 사람이다"라고 말한다. Augustine, *The City of God*, VIII.1, *NPNF* (1st Series), vol. 2, 144. 그러나 아우구스티누스는 참된 신앙이 없는 이성과 이에 기초한 본성적 신학(자연신학)은 항상 잘못된 결과를 가져온다는 것을 잘 인식하고 있었다.

72 Cf. Augustine, *On the Trinity*, XII.14-15, XIII.1, IVX.1; A. Kuyper, *Principles of Sacred Theology*, 237-38.

73 아우구스티누스는 동방 신학자들의 삼위일체에 대한 표현인 μία οὐσία - τρεις ὑποστάσεις에 대한 이상적인 라틴역은 *una essentia-tres substantiae*이나, 이미 서방 신학에서 *substantia*가 "일체"의 본질을 의미하는 것으로 사용되고 있기 때문에 혼동의 우려가 있고,

르소나"(*persona*)라는 용어를 어쩔 수 없이 사용한다고 하며, 카파도키아 신학자들의 견해를 수용하여 이것을 삼위 하나님의 "관계"로 설명하였다. 나아가 아우구스티누스는 삼위일체를 설명하기 위하여 많은 "삼위일체에 대한 흔적들"(*vestigia trinitatis*)을 말하는데, 그 가운데 삼위일체에 대한 가장 대표적인 유비적 표현은 "사랑하는 자, 사랑받는 자, 사랑"(*amans, quod amatur, amor*; lover, be loved, love)[74] 혹은 "기억, 이해, 의지"(*memoria, intellegentia, voluntas*)이다.[75] 그러나 그는 삼위일체 신앙의 신비를 말하며, 이와 같은 삼위일체 하나님은 이론적 탐구의 대상이 아니라 오직 사랑과 찬양 및 경배의 대상이라고 하였다.

중세 스콜라신학(Scholasticism)의 여명을 밝힘으로써 "스콜라신학의 아버지"라 불리는 **캔터베리의 안셀무스**(Anselm of Canterbury, 1033-1109)는 아우구스티누스의 영향과 이사야 7:9의 라틴역에 근거하여 신학을 "이해를 추구하는 신앙"(*fides quaerens intellectum*)의 행위라고 정의하였다.[76] 신학에 대한 이 유명한 고전적 정의는 신학의 본질적인 한 측면을 압축적으로 잘 드러내고 있다. 실로 신학은 계시에 근거한 신앙의 이성적 행위이다. 그러므로 참된 신앙은 신학의 시작이며 필수적인 전제조건(*sine qua non*)이다. 그러므로 그는 "나는 믿기 위하여 이

또한 *ousia*에 대한 보다 좋은 번역어는 *substantia*보다 *essentia*라고 했다. Augustine, *On the Trinity*, V.10, *NPNF* (1st Series), vol. 3, 92. 나아가 그는 신성은 우리의 언어관습을 전적으로 초월하기 때문에 "삼위"를 표현할 적절한 이름을 인간의 언어에서 찾는 것은 불가능하다고 말한다(VII.7). 그럼에도 불구하고 굳이 어떤 표현을 사용한다면, 사람들은 이를 침묵하지 않기 위해서 "*tres personae*"라고 부른다고 했다(V.10; VII.11).

[74] Augustine, *On the Trinity*, VIII.14, *NPNF* (1st Series), vol. 3, 124.

[75] Augustine, *On the Trinity*, X.17-19, *NPNF* (1st Series), vol. 3, 142f.

[76] 기독교 신학을 정의함에 있어 고전적인 명제가 된 "*Fides Quaerens Intellectum*"이라는 표현은 사실 안셀무스가 신존재에 대한 논증으로 유명한 그의 저작 『프로슬로기온』(*Proslogion*)에 처음으로 붙인 책제목이다.

해를 추구하지 않고, 이해하기 위하여 믿는다"고 말한다. 이 믿음은 항상 하나님의 말씀을 새롭게 들음으로써 생겨나고(cf. 롬 10:17), 또한 그 믿음은 언제나 하나님을 참되게 알기를 추구한다. 왜냐하면 "영생은 곧 유일하신 참 하나님과 그의 보내신 자 예수 그리스도를 아는 것"이기 때문이다(요 17:3). 이 하나님의 말씀을 들음으로 말미암은 믿음이 제기하는 인식의 과제가 곧 신학의 필요성이며, 영원한 생명의 구원에 이르게 하는 "참된 신지식"을 향한 그 치열한 책무를 부과한다. 안셀무스는 그의 저작 『프로슬로기온』(*Proslogion*)에서 신학 역사에 큰 영향을 미친 그의 유명한 "신존재에 대한 존재론적 논증"(the ontological argument for the existence of God)을 시작하면서 다음과 같이 기도하고 있다.

주여, 저로 하여금 당신의 높으심에 도달하지 않게 하심은 결단코 내 지성이 당신의 그것에 비할 수 없기 때문입니다. 그러나 나의 마음이 믿고 사랑하는 당신의 진리를 얼마만큼이라도 이해하기를 사모하나이다. 나는 **믿기 위하여 이해를 추구하지 않고, 이해하기 위하여 믿나이다**(*Neque enim quaero intelligere ut credam, sed credo ut intelligam*). 왜냐하면 "내가 믿지 않으면 이해할 수 없다"는 것을 믿기 때문입니다. 그러므로 믿음에 이해를 주시는 주님이시여, 허락하시는 만큼 저로 하여금 알게 하시되, 당신은 우리가 믿는 바와 같이 존재하시며, 당신이 바로 우리가 믿고 있는 그분임을 알게 하소서.[77]

---

[77]   St. Anselm, *Proslogion: Fides Quaerens Intellectum*, trans. M. J. Charlesworth (Notre Dame: University of Notre Dame Press, 1979), 114-16.

나아가 "천사적 박사"(*Doctor Angelicus*)로 불리며 중세 스콜라신학(Scholasticism)의 정점이자 이를 집대성한 **토마스 아퀴나스**(**Thomas Aquinas**, 1225-1274)는 신학을 "거룩한 가르침"(*Sacra Doctrina*)이라 부르며, 흔히 인용되는 바, "신학은 하나님에 의해 가르침을 받아, 하나님에 대하여 가르치며, 하나님께로 인도한다"(*Theologia a Deo docetur, Deum docet, et ad Deum ducit*; Theology is taught by God, teaches of God, and leads to God)고 정의했다.[78] 그의 『신학대전』(*Summa Theologiae*)의 제1문항에서 "거룩한 가르침"에 대하여 논하면서, 아퀴나스는 "인간의 구원을 위하여 사람의 이성으로 추구되는 철학적 탐구들에 더하여 하나님께서 계시하신 것에 따라 이루어지는 가르침이 필요하다"고 말한다. 그리고 이 거룩한 가르침은 "인간의 인식을 넘어서는 것으로, 인간은 이성으로 탐구할 것이 아니라 오히려 신앙으로 하나님의 계시된 것을 받아들여야 한다"고 주장한다(Ia.I.1). 또한 아퀴나스에 따르면, "거룩한 가르침은 하나의 학문이라고 말해야 한다"(*Dicendum sacram doctrinam scientiam esse*). 하지만 그는 이 학문이 "더 높은 학문의 빛에 의해 알려진 원리들에서 출발하는 것"이며, 곧 "거룩한 가르침은 하나님에게서 계시된 원리를 믿는 것"(*sacara doctrina credit principia revelata a Deo*)이라고 했다(Ia. I.2). 따라서 "거룩한 가르침은 모든 관점에서 다른 학문들보다 우위에 있음이 명백하며"(Ia.I.5), "모든 인간의 지혜 가운데 최고의 지혜(*maxime sapientia*)이다"(Ia.I.6). 그 이유는 "거룩한 가르침은 자기 원리들을 인간

---

78 Cf. Thomas Aquinas, *Summa Theologiae* (London: Blackfriars, 1964), I. 1a, article 1-7에서 "거룩한 가르침"(*sacra doctrina*, 곧 '신학')이라는 주제에 대하여 논하고 있다. 그러나 신학에 대한 상기 정의 자체는 흔히 아퀴나스의 것으로 언급되지만, 그의 저작 어느 곳에서도 직접적으로 나타나지 않기 때문에 아퀴나스 자신의 표현이 아니라 그의 후학들이 만든 것으로 추정된다. cf. Turretin, *Institutes of Elenctic Theology*, I.i.7; Kuyper, *Principles of Sacred Theology*, 238.

적 지식에서가 아니라 신적 지식(*scientia divina*)으로부터 받기" 때문이
며(Ia,I,6), 또한 "하나님께서 참으로 이 학문의 주제(subject)"이시기 때
문이라고 한다(Ia,I,7).

IV. 종교개혁자들의 "신학"에 대한 정의와 이해

1517년 10월 31일, 마르틴 루터(Martin Luther, 1483-1546)는 "면죄부
사건"과 관련하여 당시 전통에 따라 비텐베르크성 교회 문에 신학적
공개토론을 위해 "95개조 반박문"(95 Theses)을 게시함으로써[79] 결과적
으로 종교개혁이라는 역사적 사건의 도화선에 불을 붙였다. 이후 루
터는 자신의 성경연구와 "탑의 경험"(1518/19)을 통한 "이신칭의 교리"
의 재발견과 계속적인 신학적 돌파를 통하여 사변적인 중세 스콜라
신학을 "영광의 신학"(*theologia gloriae*)으로서 "거짓 신학"이라 격렬하게
비판하면서, 이와 날카롭게 대비되는 참된 신학의 본질로서 "십자가
의 신학"(*theologia crucis*)을 주장하였다. 그는 시편강해를 통해 "오직 십
자가만이 우리의 신학이다"(*Crux sola est nostra theologia*), "그리스도의 십
자가만이 하나님의 말씀의 강요(綱要)이고 가장 순수한 신학이다"라
는 유명한 신학적 정의를 남겼다.[80] 그는 "십자가가 모든 것을 시험하
며"(*Crux probat omnia*), "오직 십자가 자체가 가리키는 것만이 진리의 증
인이다"(*Crux ipsa sola index est testisque veriatis*)라고 했다.[81] 루터에 의하면,

---

79 Cf. Kurt Aland, ed., *Martin Luther's 95 Theses* (Saint Louis: Concordia, 1967).

80 Luther, *Operationes in Psalmos* (1519-1521), *WA* 5, 176, 32; *WA* 5, 217,2-3. 유해무, 『신
    학: 삼위일체 하나님을 향한 송영』, 124, n. 9에서 재인용.

81 Luther, *AWA* 2, 325, 1; 그리고 *AWA* 2, 341, 15. cf. Bernhard Lohse, *Luthers Theologie*

오직 우리를 위해(*pro nobis*) 십자가에 달리신 예수 그리스도 안에만 참된 신학과 신지식이 있으며, 그러한 십자가의 신학은 고난을 통해 이루어지는 "순교자의 신학"이라고 했다. 그러므로 루터에게 있어 "신학은 머리만의 작업이 아니라 경건이며 십자가를 따르는 고난의 삶 자체이다."[82] 그러한 루터의 신학에 대한 이해는 다음과 같은 그의 진술에서 그 특징이 명료하게 나타난다.

> 하나님의 불가시적인 것들을 피조물들을 통하여 인식하려고 바라보는 사람은 신학자로 불려서는 안된다. 그러나 고난과 십자가를 통하여 계시된 가시적인 것과 하나님의 뒷모습을 인식하는 사람은 신학자로 불릴 만하다.[83]

알리스터 맥그라스(Alister E. McGrath)는 이 논제들에 나타난 루터의 "십자가 신학"의 특징을 다음과 같이 다섯 가지로 정리한다: "(1) 십자가의 신학은 사변적인 것에 날카롭게 대립하여 서 있는 계시의 신학이다; (2) 이 계시는 간접적인 것이며 감추어진 것으로 간주되어야만 한다; (3) 이 계시는 인간의 도덕적인 활동이나 창조 질서 안에서보다는 고난들과 그리스도의 십자가 안에서 인식되는 것이다; (4) 그의 계

---

in ihrer historischen Entwicklung und in ihrem systematischen Zusammenhang (Göttingen: Vandenhoeck & Ruprecht, 1995), 정병석 역, 『마틴 루터의 신학』 (서울: 한국신학연구소, 2002), 65, n.70.

82   유해무, 『신학: 삼위일체 하나님을 향한 송영』, 74.

83   Luther, *WA* 1, 354, 17-21. 원문은 다음과 같다: "19. Non ille dignus theologus dicitur, qui invisibilia Dei per ea, quae facta sunt, intellecta conspicit. 20. Sed qui visibilia et posteriora Dei per passiones et crucem conspecta intelligit." 이것은 요한네스 폰 슈타우피츠(Johannes von Staupitz)의 초청으로 1518년 4월 26일 하이델베르크(Heidelberg)에서 개최된 아우구스티누스 수도회의 신학 논쟁에서 루터가 발제한 신학적 명제들 가운데 일부이다.

시 안에 숨어 계신 하나님에 대한 이러한 지식은 믿음의 문제이다; (5) 하나님께서는 특별히 고난을 통하여 알려진다."[84] 그렇다고 해서 루터가 신학에서 지성의 역할을 완전히 무시한 것은 아니다. 그는 신학에서 "세례 받은 이성"(baptized reason), "신앙에 붙들린 이성"(reason in faith)의 적극적인 역할을 말한다. 신앙은 지성 안에 있지만, 또한 지성을 지배하고 교정한다. 그러므로 신앙은 가르침 또는 지식이며, 진리를 대상으로 지닌다. 따라서 신앙은 모든 신조의 이념을 파악하는 변증법이다.[85]

스위스 제네바에서 종교개혁을 주도하며 개혁신학(Reformed Theology)의 기초를 정립한 장 칼뱅(John Clavin, 1509-1564)의 조직신학적 저작이라 할 수 있는 『기독교 강요』(Institutes of Christian Religion)의 주된 내용은 "하나님을 아는 지식"(cognitio Dei), 즉 하나님을 "창조주"와 "구속주"로 아는 이중적 신지식(the twofold knowledge of God)이며, 이것은 곧 삼위일체 하나님을 아는 참된 신지식을 말한다.[86]

하나님께서는 먼저 창조세계와 성경의 일반적인 가르침에서 단순히 자신을 창조주(creator)로 나타내셨고, 다음으로 그리스도의 얼굴에서(cf. 고후 4:6) 자신을 구속주(redemptor)로 보여 주셨다. 여기에서 하나님에 대한 이

---

84 Alister E. McGrath, *Luther's Theology of the Cross: Martin Luther's Theological Breakthrough* (Grand Rapids: Baker Books, 1990), 149-50.

85 Luther, *WA* 40, 2, 26과 28; 갈 5:5의 해석. cf. Hans-Joachim Kraus, *Grundriss Systematischer Theologie*, 박재순 역, 『조직신학』 (서울: 한국신학연구소, 1986), 75, n. 7.

86 John Calvin, *Institutes of Christian Religion* (1559), trans. Ford L. Battles (Philadelphia: The Westminster Press, 1960). 칼뱅의 신지식론에 대한 자세한 논의는 T. H. L. Parker, *Calvin's Doctrine of the Knowledge of God*, 2nd ed. (Edinburgh: Oliver & Boyd, 1969); Edward A. Dowey, Jr., *The Knowledge of God in Calvin's Theology*, expanded ed. (Grand Rapids: Eerdmans, 1994)를 참고하라.

중의 지식(*duplex cognitio*)이 생겨난다(I.ii.1).

그러나 인간의 지성은 죄로 말미암아 부패하고 어두워져서 참된 신지식을 알 수가 없다. 그러므로 참된 신지식으로서의 신학은 오직 믿음에 의하여 가능하며, 그것은 하나님의 말씀으로 말미암는다(cf. 롬 10:17). 따라서 그는 "믿음은 우리에 대한 하나님의 뜻을 아는 지식이며 이 지식은 그의 말씀에서 얻는 것"이라 주장한다(III.ii.6). 나아가 "믿음은 우리에 대한 하나님의 선하심을 굳게 또 확실하게 아는 지식이며, 이 지식은 그리스도 안에서 값없이 주신 약속의 신실성을 근거로 삼은 것이고, 성령을 통해서 우리의 지성에 계시되며 우리의 마음에 인친 바가 된다"(III.ii.7). 그러므로 칼뱅에게서 참된 신지식은 단순히 감각적 지식이나 지성적 인식이 아니라 "신앙의 지식"(*notitia fidei*)에 근거한 "경건"(*pietas*)의 지식임을 분명히 한다. 그리고 칼뱅에게서 참된 경건이란 "하나님에 대한 경외와 사랑이 결합된 것"이고, 그 최종적인 목적은 "오직 하나님의 영광"(*soli Deo gloria*)이다(III.ii.14; I.ii.1). 이러한 의미에서, 칼뱅의 신학은 "경건의 신학"(*theologia pietatis*)이라고 할 수 있다.[87] 사실 칼뱅은 그의 『기독교 강요』(1536) 초판 부제(副題)를 "신학대전"(*theologiae summa*)이 아니라 "경건의 대전"(*pietatis summa*)이라고 이름 붙임으로써 그의 신학의 본질적인 측면을 더욱 분명히 드러내고 있다.[88] 그러므로 윌리엄 바커(William S. Barker)는 『기독교 강요』의 신

---

[87] Philip C. Holtrop, 『기독교 강요 연구핸드북』, 박희석/이길상 역 (서울: 크리스챤다이제스트, 1995), 13, 24, 73. cf. 유해무, 『개혁교의학』 (서울: 크리스챤다이제스트, 1997), 31.

[88] Cf. Joanne Calvino, *Christianae Religionis Institutio totam frere pietatis summan et quidquid est in doctrina salutis cognitu necessarium complectens, omnibus pietatis studiosis lectu dignissimum opus ac recens editum* (Basleae, 1536).

학적 특징을 분석하는 가운데 말하기를, "우리는 『기독교 강요』의 용도가 하나님의 말씀을 공부하는 것과 이를 통해 경건함에 이르는 것이라고 요약할 수 있겠다. 이 경건성의 특징은 하나님을 향한 감사와 사랑, 그리고 말씀을 통해 계시된 그분의 뜻을 순종함에 있다"고 한다.[89] 실제로 칼뱅에게 경건이란 여러 가지 신학적인 논의 주제 가운데 한 부분이 아니라 그의 신학 전체가 추구했던 궁극적인 관심이요 목적이라고 해야만 할 것이다. 제임스 패커(J. I. Paker)도 "칼뱅이 『기독교 강요』에서 말하고 있는 경건이란 성령을 통하여 성부와 성자에게 신실하게, 즉 충만한 믿음으로 순종하고 예배하는 것이다"라고 말한다.[90] 나아가 칼뱅에 의하면, 신학은 철저하게 "오직 성경"(sola Scriptura)의 가르침에 기초해야 하며, 성경에 계시된 신지식, 영원한 복음의 진리를 밝히 드러내는 것이다. 이러한 신학에 대한 칼뱅의 이해는 그의 다음과 같은 주장에서 분명하게 드러난다: "하나님의 거룩한 말씀 외에는 어떠한 곳에서도 하나님을 찾지 않을 것, 하나님의 말씀에 부합되는 것 외에는 하나님에 대해서 어떠한 것도 생각하지 않을 것, 혹은 하나님의 말씀으로부터 나오지 않은 것은 어떠한 것도 말하지 않도록 우리는 힘써야 하겠다."[91] 또한 칼뱅은 교회에서 자신이 맡은 직책을 "교회

---

89   William S. Barker, "신학적 작품 『기독교 강요』의 역사적 배경," in David W. Hall/Peter A. Lillback, eds., 『칼빈의 기독교강요 신학』, 나용화 외 7인 역 (서울: CLC, 2009), 41.

90   Packer, "서문," in 『칼빈의 기독교강요 신학』, 15.

91   Calvin, 『기독교 강요』(1559), I.13.21. 칼뱅이 이해한 이러한 신학의 특징에 대하여 회플 (H. M. Hoepfl)은 다음과 같이 적절하게 말하고 있다: "복음주의자들에게는 물론 오직 하나의 신학대전(summa theologica), 즉 성경만이 있을 뿐이다. 『강요』는 그 어떤 의미에서도 성경 읽는 것을 대신 하도록 의도된 것이 아니다. 오히려 그것은, 성경의 중요한 주제들의 요약으로, 성경의 일반적인 것들에 대한 간단한 설명으로(loci communes) 눈 있는 자들은 볼 수 있도록, 이를테면 성경을 어떻게 읽어야 하는지에 대한 일종의 '가르침'으로 사용되도록 하기 위한 것이다." H. M. Hoepfl, The Christian Polity of John Calvin (Cambridge: Cambridge University Press, 1982), 22. 여기서는 이승구, 『개혁신학 탐구』, 136에서 재인용.

의 교사"(*doctor ecclesiae*)로 칭하면서,[92] 신학자는 성경의 참된 경건의 교리로 교회 안에서 가르침을 수행하는 직분임을 말함과 동시에, 신학은 교회를 섬기는 학문임을 분명히 한다.

V. 정통 개혁파 신학자들의 "신학"에 대한 정의와 이해

1. 하나님에 대한 지식으로서의 신학(Theology as *the Knowledge of God*)

17세기 개혁파 정통주의 신학(Reformed Orthodox Theology)[93]의 정점이라고 볼 수 있는 프란키스쿠스 투레티누스(**Francis Turretin**, 1623-1687)는 그의 『논박신학 강요』(*Institutes of Elenctic Theology*)에서 그 저술형식을 토마스 아퀴나스로부터 의도적으로 빌려와 종교개혁 이후 그 교리적 내용에 있어 "개혁된 신학"(re-formed theology)을 철저하게 다시 체계화(re-systematization)할 뿐만 아니라, 아퀴나스의 것으로 알려진 신학에 대한 정의를 다음과 같이 교정한다: "신학은 본질적으로 하나님으로부터 말미암고, 대상으로서 하나님에 대하여 다루며, 종국에는 하나님을 향하여 바라보게 하고, 하나님에게로 인도하는 것이다"(I.i.7). 특히 투레티누스는 개혁신학의 이중원리(*duplex Theologiae principium*)를 "하나는 존재의 원리(*essendi*)로서 하나님(God)이며, 다른 하나는 인식의

---

92   Calvin, *Institutes of Christian Religion* (1559), 서문.

93   정통주의(Orthodoxy)란 단순한 의미에서 "올바른 가르침"(right teaching)을 의미하며, 종교개혁자들과 그 계승자들은 "오직 성경"(*Sola Scriptura*)이라는 원리에 따라 중세신학에 나타난 비성경적인 교리, 예전, 신앙의 관습들을 일소하고, 이 모든 것을 오직 성경적인 올바른 가르침에 따라 신학과 교회를 개혁하고자 했다.

원리(*cognoscendi*)로서 그의 말씀(his Word)"이라고 분명히 한다.[94] 나아가 '신학'(*theologia*)의 역사적인 용법을 소개하면서, 그것이 나타내는 바 신학의 가장 적절한 의미는 "하나님과 그 자신의 영광 및 인간의 구원을 위해 스스로 계시하신 거룩한 일들에 대한 교리적 체계"라고 정의한다.[95] 나아가 투레티누스에 의하면, "신학"이 존재함은 다음과 같은 사실들에 의하여 증명된다: (1) 스스로를 소통하시는 하나님의 본성과 선하심, (2) 사람들과 이 세계가 모두 본성적으로 하나님을 알기를 원한다는 사실, (3) 창조의 설계 - 하나님께서 이성적인 피조물들을 만드신 것은 그들에 의해 인식되고 경배를 받기 위함이라는 사실, (4) 사물의 본성 - 어떤 체계가 구성되기 위해서는 두 가지, 즉 지식의 대상(object)과 주체(subject)를 필요로 한다는 사실, 그리고 (5) 인간의 구원의 필요성 - 여기에는 절대적으로 신지식이 요구되는 신앙 외에 다른 것은 없다는 사실이 그것이다(I.ii.1). 이와 같이 종교개혁 이후 17세기 개혁파 정통주의 신학자들은 신학의 방법론적 측면에서는 개혁신학의 보편성과 교리적 체계화를 위하여 초기 교회로부터 면면히 이어져 온 정통신학(orthodox *theologia*)에 대한 신학적 이해와 전통 및 중세 스콜라신학의 방법론을 다시 수용하였지만, 개혁신학(Reformed theology)의 원리 및 신앙고백과 신학의 내용에 있어서는 철저하게 종교개혁자들(특히 칼뱅)의 신학을 따랐다.[96]

---

94 Turretin, *Institutes of Elenctic Theology*, I.i.7. cf. Muller, *Post-Reformation Reformed Dogmatics*, vol. I, 154.

95 Turretin, *Institutes of Elenctic Theology*, I.i.8.

96 종교개혁자들의 신학과 정통주의 신학 사이의 소위 "연속성과 불연속성에 대한 문제"(the problem of continuity and discontinuity)에 대한 체계적이며 깊이 있는 논의와 관련해서는 Richard A. Muller, *After Calvin: Studies in the Development of a Theological Tradition* (Oxford: Oxford University Press, 2003), 한병수 역, 『칼빈이후 개혁신학』 (서울: 부흥과개

19세기 말부터 20세기 초에 팽배한 자유주의인 신학적 분위기 속에서 정통 개혁신학을 발전적으로 계승하고자 노력한 **헤르만 바빙크**(Herman Bavinck, 1854-1921)는 신학은 "하나님에 관한 지식의 학문적 체계"(*scientia de Deo*)인데, 특히 "하나님께서 스스로에 관하여 그리고 자신과 관계를 맺은 모든 피조물에 관하여 자신의 말씀 가운데 교회에 계시하신 그 지식이다"라고 정의한다.[97] 나아가 바빙크가 "신학의 목적은 다름 아닌 이성적인 피조물이 하나님을 알고, 하나님을 앎으로 영화롭게 하는 것이다. 사람들이 이것을 아는 것이 하나님의 기뻐하는 뜻이다"[98]라고 말함으로써 그가 칼뱅주의적 개혁신학의 정수를 발전적으로 이어가고 있음을 알 수 있다. 바빙크는 투레티누스의 견해를 더욱 발전적으로 계승하여 개혁신학의 특징적인 "세 가지 기초 원리"를 다음과 같이 제시한다.

첫째, 신학의 본질적 기초 원리로서의 하나님. 그다음, 외적 인식의 기초 원리, 즉 하나님의 자기계시인데, 이것은 성경에 기록되어 있으며, 도구적이고 임시적인 성격을 지닌다. 마지막으로, 내적 인식의 기초원리, 성령에 의한 인간에 대한 조명이다. 이 세 가지는 하나님을 저자로 삼으며, 하나님에 대한 동일한 지식을 그 내용으로 한다는 점에서 동일하다. 신적인 자의식 가운데 있는 원형의 신학, 계시로 주어지고 성경에 기록된 모사의 신학, 그리고 계시에서 나와 사람의 의식에 들어가 수용된 주체 안에 있

혁사, 2011); Idem, "Chapter 1. The Study of Protestant Scholasticism" in *Post-Reformation Reformed Dogmatics*, vol. I, 27-84를 참조하라.

[97] Herman Bavinck, *Reformed Dogmatics*, vol. 1: *Prolegomena*, trans. J. Vriend (Grand Rapids: Baker Academic, 2003), 38.

[98] Herman Bavinck, *Gereformeerde Dogmatiek* (Kampen: Uitgave van J. H. Kok, 1928), 박태현 역, 『개혁교의학』, vol. 1 (서울: 부흥과개혁사, 2011), 302f.

는 신학인 하나님에 대한 지식, 이 세 가지 모두는 하나님으로부터 나온 것이다.[99]

그러나 또한 바빙크는 신학에 있어 "신앙과 지식의 분리는 불가능하다"고 말하면서, 신앙과 지식을 분리하는 것은 "비기독교적이며 비성경적"이고, "신앙 없이 지식이 없는 것처럼, 마찬가지로 지식이 없이는 믿음도 없다"고 한다.[100] 그는 이것에 대하여 다음과 같이 부연 설명한다: "신학의 실제적인 '내적 인식의 원리'는 신앙 그 자체가 아니라, 믿음의 사유, 기독교적 합리성(ratio christiana)이다. 신앙은 스스로를 인식하며 확신하는 것이다. 신앙은 계시에 기초한다. 신앙은 지식을 포함하며, 그 지식은 전적으로 성경적 의미의 '안다'(γινώσκειν)라는 실천적인 속성을 가진다. 그러므로 신학은 신자들 그 자체로부터 나오는 것이 아니다.…신학의 주체는 제도적 교회가 아니라 유기체, 곧 그리스도의 몸으로서의 교회다. 신학은 기독교적 사고의 열매이다."[101] 그러므로 바빙크는 기독교의 신학은 "예배의 합리적인 형식"(reasonable form of worship, λογικὴ λατρεία, 롬 12:1)이라고 한다.[102] 특별히 바빙크는 개혁신학의 "보편성을 추구한 신학자"로 평가된다.[103] 바빙크는 그의 보편적인 개혁신학을 두 가지 방향에서 정립한다. 먼저 통시적인 측면에서, 그는 역사적/종합적 접근법을 통하여 고대 교부들, 중세 스콜라

---

99   Bavinck, 『개혁교의학』, vol. 1, 303.

100 H. Bavink, "Geloofswetenschap", De Vrije Kerk VI (1880), in H. Bavink, Kennis en leven (Kampen, 1922), 1-12 특히 4, 6. Idem, "Het dualisme in de theologie", De Vrije Kerk XIII (1887, 1), 38. 여기서는 Bavinck, 『개혁교의학』, vol. 1, 26에서 재인용.

101 Bavinck, 『개혁교의학』, vol. 1, 789.

102 Bavinck, Reformed Dogmatics, vol. 1, 618.

103 Cf. 유해무, 『헤르만 바빙크: 보편성을 추구한 신학자』 (서울: 살림, 2004).

신학자들 및 종교개혁자들의 신학적 유산들뿐만 아니라 그 자신의 동시대 신학자들과 철학자들의 사상들까지 성경의 가르침에 따라 비판적으로 분석하고 대화하며 유기적으로 통합함으로써 개혁신학의 진정한 "공교회성"(catholicity)을 추구한다.[104] 다음으로, 공시적인 측면에서, 비록 신학은 특별계시에 근거하지만 그 자신의 일반은총론에 따라 신학이 관계하는 영역을 모든 학문과 문화 및 실천적 영역들과 연관 지우며, 나아가 "신학은 학문의 여왕"(Regina scientiarum)이라고 하며 신학의 "보편성"(universality)을 주장하는데, 그 이유는 다른 학문들은 창조세계의 특정영역을 그 연구 대상으로 하지만, 신학은 만물을 창조하시고 보존하시는 만유의 주 하나님을 그 대상으로 하기 때문이라고 한다.

2. 성경에 대한 학문으로서의 신학(Theology as *the Science of the Bible*)

19세기 미국의 가장 저명한 칼뱅주의 신학자이며, "프린스턴의 신학자"(Princeton theologian)라고 불리는[105] 찰스 하지(Charles Hodge, 1797-1878)는 자연과학적 방법론과 실증주의에 기초한 그 시대의 학문적 요구에 대응하면서 조금 독특한 방식으로 신학을 정의한다. 먼저 그는 모든 과학과 마찬가지로 신학을 명백한 하나의 "과학"(혹은 "학문", science)이라고 말하며, "만일 자연과학이 자연의 사실들과 법칙들에 관련된 것이라면, 신학은 성경의 사실들과 원리들에 관련된 것"이라

---

104   바빙크가 추구하는 이러한 개혁신학의 공교회성은 그의 『개혁 교의학』 "초판 서문"에 분명하게 드러나 있다.

105   Cf. W. Andrew Hoffecker, "Charles Hodge: Princeton Theologian" in *Piety and the Princeton Theologians* (Phillipsburg, N.J.: P & R, 1981), 44-94.

고 주장한다.[106] 하나님께서는 그것들이 적절하게 이해되고 정리되었을 때, 신학이라는 학문을 구성하게 되는 진리들을 성경 속에서 제공하시기 때문에, 성경은 신학자가 그 상호 내적관계 속에서 수집하고, 증명하고, 정리하여 제시해야 하는 진리들을 포함하고 있다.[107] 그러므로 신학은 "그러한 성경의 사실들을 체계화하고, 그 사실들이 포함하고 있는 원리들이나 일반진리들을 확정하는 것이다."[108] 하지는 이것을 좀 더 상술하여 말하기를, "우리가 신학을 하나님의 본질에 대한 사실들과 또 그의 피조물로서, 죄인들로서, 그리고 구속의 수혜자들로서의 우리와 하나님의 관계에 관한 사실들에 관한 학문으로 말한다면, 그것은 신적 계시의 사실들에 관한 학문으로 그 참된 영역을 제한해야 한다. 그리고 이 모든 사실들은 성경 속에 들어 있다."[109] 이와 같이 하지에 의하면, 자연과학자들이 자연 속에 들어 있는 사실들을 탐구하여 일반적 법칙이나 원리들을 찾아내는 것과 꼭 마찬가지로, 신학자들은 성경에 들어 있는 신적 계시의 사실들을 탐구하여 신학적 진리와 원리들을 찾아내는 것이다. 따라서 "자연이 과학자의 것이라면 성경은 신학자의 것이다. 성경은 신학자들을 위한 사실들의 저장소(창고)이고, 성경이 가르치는 것을 확인하는 방법은 자연과학자가 자연이 가르치는 것을 확인하기 위해 채택하는 것과 똑같은 방법이다."[110] 이와 같은 이유로 해서, 하지는 전통적인 신학의 방식으로서의 "사변적 방법"(speculative method; cf. 이신론적/합리적인 형식, 교리적 형식, 초월적 형식)

---

106 Charles Hodge, *Systematic Theology*, vol. 1 (Grand Rapids: Eerdmans, 1989 reprinted), 19.

107 Cf. Hodge, *Systematic Theology*, vol. 1, 1, 3.

108 Hodge, *Systematic Theology*, vol. 1, 19.

109 Hodge, *Systematic Theology*, vol. 1, 21.

110 Hodge, *Systematic Theology*, vol. 1, 10.

과 "신비적 방법"(mystical method)을 배격하며, 스코틀랜드의 상식철학 (Common Sense Philosophy)에 입각하여 가장 적절한 신학방법론으로서 "귀납적 방법"(inductive method)을 제시한다. 하지에 따르면, 신학자의 의무는 성경 속에 들어 있는 모든 사실들(facts), 곧 하나님께서 자기 자신에 관해, 그리고 우리와 우리 자신의 관계에 관해 계시하신 모든 사실들을 확인하고 수집하고 결합시키는 데 있다. 그뿐 아니라, 신학자는 성경에 계시된 사실들을 수집함에 있어 과학자들이 따르는 것과 똑같은 규칙들에 의하여 인도를 받아야 한다.[111] 그러므로 하지는 "신학의 참된 방법은, 자연의 사실들이 자연과학의 내용들인 것처럼, 성경이 신학의 내용들을 이루는 모든 사실들 즉 진리들을 포함하고 있다고 전제하는 귀납법"이라고 주장한다.[112]

전제주의적 변증학(presuppositional apologetics)으로 개혁주의 신학적 변증의 새로운 길을 개척한 **코넬리우스 반틸(Cornelius Van Til**, 1895-1987)은 역사적으로 기독교 신앙의 정통적인 견해(orthodox view)는 바로 "개혁신앙"(the Reformed Faith)에서 가장 일관성 있게 표현된다고 확신하며 다음과 같이 주장한다: "모든 정통적인 [신학]에 있어 근본적인 것은 선재하시는 하나님의 자기존재와 성경 안에서 인간에게 주신 그 자신의 무오한 계시에 대한 전제(presupposition)이다. 조직신학은 성경이 하나님에 대하여 가르치는 바에 대한 질서 있는 진술을 제공하려고 애쓰는 학문이다."[113] 그러므로 반틸에 의하면, "조직신학은 성경이

---

111 Cf. Hodge, *Systematic Theology*, vol. 1, 11.

112 Hodge, *Systematic Theology*, vol. 1, 17.

113 Cornelius Van Til, *An Introduction to Systematic Theology*, 2nd ed. (Phillipsburg, N.J.: P&R Publishing, 2007), 이승구/강웅산 역, 『조직신학 서론』, 24(여기서는 원문을 참조하여 번역을 교정했음).

계시하는 대로의 하나님에 관한 진리를 하나의 전체로서(as a whole) 통일된 체계로(as a unified system) 제공하려고 노력하는 학문이다."[114] 달리 말하자면, "성경 속에서 주어진 진리 전체를 하나의 체계로서 조화롭게 밝히는 것", 혹은 "성경의 내용을 취하여 그것을 하나의 체계적인 전체(a systematic whole)로 함께 드러내는 일"이 신학의 의무이다.[115] 나아가 신학의 주된 목적은 "하나님에 대하여 말하는 것"이며, 인간의 구원에 대하여 성경이 말하는 모든 것은 궁극적으로 "하나님의 영광을 위한 것"이다. 그러나 반틸은 간접적으로 과학이나 철학도 "신학적"이어야 한다고 말하며, "모든 학문분과가 하나님을 전제해야 하고, 동시에 전제(presupposition)는 최선의 증명"이라고 주장한다.[116] 그렇기 때문에 영원부터 자충족적인 존재로 존재하시는 하나님은 모든 "지식의 존재 원리"(*principium essendi*)이며, 또한 인간의 모든 신지식은 "유비적 지식"(analogical knowledge)이라고 말한다.[117]

3. 신앙의 실천/삶으로서의 "신학"(Theology as *the Practice/Life of Faith*)

"청교도 신학의 아버지"(the Father of Puritans)라고 불리며, "구원의 서정"(*ordo salutis*)에 대한 체계적인 설명과 도식으로 유명한 **윌리엄 퍼킨스**(William Perkins, 1558-1602)는 그의 『황금사슬』(*A Golden Chaine*)에서 신학의 실천적인 측면을 강조하면서, 요한복음 17:3에 근거하여 "신학은 영원토록 복되게 사는 것에 대한 학문"(theology is science of living blessedly

---

114   Van Til, 『조직신학 서론』, 25.
115   Cf. Van Til, 『조직신학 서론』, 28, 29, 30.
116   Van Til, 『조직신학 서론』, 27.
117   Cf. Van Til, 『조직신학 서론』, 42-46.

forever)이라고 정의하였다: "성경은 훌륭하게 살아가게 하기 위한 충분한 가르침이다. 그것은 많은 거룩한 지식들을 포함한다.…주요한 지식은 신학(theologie)이다. 신학은 영원히 복되게 사는 지식이다. 축복된 삶은 하나님을 아는 지식으로부터 말미암는다(cf. 요 17:3)."[118] 이와 같이 퍼킨스는 항상 계시된 말씀인 성경의 가르침을 통하여 영원히 축복된 삶을 사는 길을 추구하며 말씀에 순종하는 것을 신학의 주된 목적으로 파악함으로써 "경건주의적인 실천적 칼뱅주의"로서의 청교도 신학(the Puritan theology)의 기초를 놓은 것으로 평가된다.

퍼킨스로부터 신학적 영향을 받았고, "네덜란드의 아우구스티누스", "아르미니우스주의자들을 내려치는 망치"라고 불린 **윌리엄 에임스(William Ames**, 1576-1633)도 그의 『신학의 정수』(The Marrow of Theology)에서 신학을 다음과 같이 하나님의 뜻에 따라 사는 "참된 실천"(orthopraxis)으로 정의한다: "신학은 하나님에 대하여 살아가는 것에 대한 교리 혹은 가르침이다"(Theology is the doctrine or teaching of living to God).[119] 그리고 그러한 교리는 본래적으로 우리 안에 내재하는 것이 아니기 때문에 다른 어떤 방법으로도 불가능하고 오직 "하나님의 계

---

118 Perkins, *A Golden Chaine*, 11, col. 1, in *Works* (Cambridge, 1612-19), vol. I. 여기서는 Muller, *Post-Reformation Reformed Dogmatics*; vol. I, 155에서 재인용. 이러한 퍼킨스의 신학에 대한 정의는 16세기 프랑스 개신교 신학자이자 철학자인 페트루스 라무스(Petrus Ramus, 1515-1572)로부터 영향을 받은 것이며, 라무스는 신학의 실천적인 측면을 강조하여 "신학은 잘 사는 것에 대한 교리"(*theologia est doctrina de benne vivendo*)라고 정의하였다.

119 William Ames, *The Marrow of Theology*, trans. John D. Eusden (Durham, N.C.: The Labyrinth Press, 1983), 77. 이렇게 신학을 정의함에 있어, 에임스는 퍼킨스의 신학에 대한 정의를 다음과 같이 교정한다: "비록 행복하게 그리고 올바르게 사는 것이 모두 이러한 삶의 범위 내에 포함되지만, 그러나 올바르게 사는 것(εὐζωία)이 행복하게 사는 것(εὐδαιμονία)보다 훨씬 우월하다. 우선적으로 그리고 궁극적으로 추구되어야 할 것은 우리 자신의 즐거움과 관련된 행복이 아니라 하나님의 영광을 바라보는 선(goodness)이다. 이러한 이유로 인해, 신학은 우리가 우리 자신에 대하여 사는 행복한 삶이 아니라 우리가 하나님에 대하여 사는 선한 삶으로 더 잘 정의될 수 있다"(p. 78)

시"로 말미암은 것이다. 에임스에 의하면, 신학은 본질적으로 사변적인 것이 아니라 실천적인 것이다. 신앙은 "전인적인 행위이며, 결코 지성만의 행위가 될 수 없다. 비록 신앙이 항상 복음에 대한 지식을 전제하지만, 그럼에도 불구하고 이러한 의지의 행위를 따르고 그 행위에 의존하는 지식이 없으면, 그 누구에게도 구원하는 지식은 없다."[120] 참으로 "산다는 것이 모든 것 가운데 가장 고귀한 것"이기 때문에, 사는 것에 대한 학문은 모든 연구 가운데 가장 적절한 것이다. 그러므로 에임스에 의하면, 신학은 단순히 "하나님에 대한 지식"이 그 목적이 아니라, 하나님 앞에서(*Coram Deo*), 하나님의 뜻에 따라 참되게 살아가는 전인격의 행위로서의 믿음, 곧 "구원하는 지식"(saving knowledge)에 동반하는 하나님과의 언약 안에서의 "순종의 삶"이 목적이다.[121] 또한 그러한 "신학적 삶의 본질은 하나님에 대하여 사는 것이다. 인간은 하나님의 뜻과 하나님의 영광을 위하여, 그리고 그들 안에서 역사하시는 하나님과 동행하여 살아갈 때, 하나님에 대하여 살게 된다."[122] 이와 같이 실로 "신학의 모든 내용은 실천과 직접적으로 연관된다." 그러므로 "신학은 모든 학문 가운데 궁극적이며 가장 고귀한 것이다. 신학은 하나님으로부터 특별한 방식으로 보내졌으며, 신적인 일들을 다루고, 하나님을 지향하며 인간을 하나님께로 인도하는 것으로서, 우리의 최고 목적을 위한 지침이며 총괄 계획이다."[123]

---

[120] Ames, *The Marrow of Theology*, 80f.

[121] 에임스에 따르면, "신앙의 대상은 하나님이다. 그러나 하나님 자신으로 이해된 하나님이 아니라 우리를 올바르게 살도록 하는 하나님이 신앙의 대상이다." Ames, *The Marrow of Theology*, 81.

[122] Ames, *The Marrow of Theology*, 77.

[123] Ames, *The Marrow of Theology*, 78.

영국의 "청교도 신학의 황태자"(Prince of Puritans)라고 불리는 존 오웬(John Owen, 1616-1683)은 그의 『성경신학』(Biblical Theology)에서 여러 가지 거짓된 신학을 배격하며, 참된 신학은 "교회의 신학"(ecclesiastical theology)이라고 한다. 나아가 그것은 "지식"(scientia, science)이라기보다는 "지혜"(sapientia, wisdom)이며, 그렇기 때문에 인간의 사변이나 방법론이 아니라 오직 성령 하나님에 의하여 우리에게 계시된 것이며(cf. 고전 2:4), 또한 성경에 계시된 하나님의 뜻이라고 한다. 그러므로 오웬은 신학을 다음과 같이 정의한다: "하나님 그분 자신, 그분의 사역, 그분의 뜻에 관련된 신론과 우리에게 요구되는 순종, 우리에 대한 장래의 보상과 처벌에 관련된 것, 그리고 하나님의 이름의 영광을 위해 하나님 자신에 의해 계시된 모든 것. 이것이 하나님의 말씀이며, 이것이 바로 신학이다!"[124] 그리고 오웬에 의하면, "바로 그 하나님의 말씀은 성경 속에 있기 때문에 성경(the Scripture)이 바로 우리의 신학(nostra theologia)이며, 그러한 만큼 우리는 성경의 모든 부분에 이르기까지, 성경에 포함된 각각의 그리고 모든 진리에 대하여 완전한 권위를 부여한다."[125] 이와 같이 청교도 신학자들은 칼뱅주의 신학을 그 기초로 하여, 체험적이고 실천적인 경건에 기초한 하나님과 동행하는 삶을 강조함으로써 그것을 "교리와 삶"을 통합하는 경건의 삶으로서의 신학으로 발전시켰다. 이러한 신학에 대한 이해에 근거하여, 청교도들은 철저하게 하나님의 말씀에 따라 매일 매일의 일상적인 삶의 모든 영역에서 오직 하나님의 영광을 위하여 모든 열정을 다해 경건하게 살아가기를

---

124 John Owen, *Biblical Theology*, trans. Stephen P. Westcott (Pittsburgh, PA: Soli Deo Gloria Publications, 1994), 16f.

125 Owen, *Biblical Theology*, 17.

추구하였으며, 이것이 곧 청교도들의 "신학"(*theologia*)이었다. 또한 그
들에게 있어 신학은 바로 "하나님의 말씀"(the Word of God)인 성경(the
Scripture)이며, 그리고 그 말씀에 따라 순종하여 "하나님에 대하여 사는
것"(living to God), 곧 "말씀에 순종하는 경건한 삶"이 곧 신학이었다.

VI. 나가는 말

우리는 지금까지 기독교회에서 "신학"(*theologia*)이라는 용어가 사용된
역사적 정황들과 그것이 의미하는 본질적인 개념 및 "신학"에 대한 정
의와 이해에 대한 역사적 고찰과 더불어 개혁파 신학에서의 "신학"에
대한 다양한 이해에 대하여 간략하게 살펴보았다. 이제 우리는 이러한
신학에 대한 역사적 고찰에 근거하여 "우리가 추구하는 신학"(*theologia
nostra*)으로서의 "사도적 정통 개혁신학"(the apostolic-orthodox reformed
theology)의 입장에서 "신학"을 다음과 같이 삼위일체론적으로 정의하
고자 한다: 참된 신학(*theologia vera*)은 오직 하나님께서 스스로 계시하
신 성경말씀의 가르침에 따라서(*sola Scriptura*), 오직 예수 그리스도를
통하여 온전히(*solus Iesus Christus*), 그리고 오직 성령 하나님의 인도하심
으로 말미암아(*solus Spiritus Sanctus*), 유일하게 살아 계신 참된 하나님,
곧 우리 주(the Lord), 우리의 창조주이시자 구속주이신 삼위일체 하나
님의 존재와 그분께서 행하신 모든 일들(삼위일체 하나님의 사역들)을 오
직 믿음으로(*sola fide*) 참되게 아는 경건의 거룩한 가르침(*sacra doctrina*)
이다. 이러한 거룩한 신지식이 우리에게는 영원한 생명이며(cf. 요 17:3;
히 1:1-3), 그것은 오직 은혜(*sola gratia*)로 우리에게 주어진 것으로서 참
된 은혜의 거룩한 진리(*sacra veritas gratiae*)이다. 또한 이러한 신지식은

우리로 하여금 영원한 생명이 약속된 구원에 이르게 하며 우리의 신앙(*fides*)과 삶(행위/실천, *opera/praxis*)을 바르게 하고, 궁극적으로 오직 삼위일체 하나님을 영화롭게 함과 동시에 그에게 온전한 경배와 찬양으로 영광 돌리는 것이다(*soli Deo gloria*). 따라서 생명의 구원에 이르게 하는 참된 경건의 신지식으로서의 신학은 오직 말씀을 들음으로 말미암는 신앙의 이성적인 행위이며, 전인격적(全人格的)인 지식과 실천, 곧 삶이기 때문에 우리의 신앙과 모든 삶의 기초가 된다.

　　나아가 신학은 특별계시인 성경과 일반계시인 자연을 통하여 말씀하시는 삼위일체 하나님과 인간을 비롯한 그의 창조세계와의 관계 속에서 일어나는 모든 문제를 다루며, 모든 학문과 문화, 그리고 세계의 모든 영역들에 직간접적으로 관련을 갖기 때문에, 신학은 하나님과 인간의 구원 및 창조세계에 관련한 모든 관계를 역동적(力動的)으로 다루는 것이다. 이 시대의 일반 과학과 학문들은 각각의 해당 연구주제와 영역들에 있어 하나의 단편적이고도 잠정적인 "진리 주장"(truth-claim)과 연관되어 있으나, 신학은 오히려 그러한 측면에 있어 참되고 완전한 진리이신 하나님(시 31:5; 사 65:16)과 예수 그리스도의 진리 주장(요 14:6), 그리고 진리의 영이신 성령 하나님의 인도하심(요 16:13)을 따르는 것으로서, 총체적이며 영원한 진리(total-and-eternal truth)임과 동시에 우리를 구원하는 진리(saving-truth, 요 8:32)에 대하여 진리의 말씀(잠 22:21, 엡 1:13)을 따라 이를 깊이 탐구하고 따르며 전파하는 "참된 학문"으로 규정될 수 있다. 왜냐하면, 참으로 성경에 이름과 같이, 참된 신학은 "[거짓된] 모든 이론을 무너뜨리며 하나님 아는 것을 대적하여 높아진 것을 다 무너뜨리고 모든 생각을 사로잡아 그리스도에게 복종하게" 하는 것이기 때문이다(고후 10:5). 그러므로 성경의 표현을 빌려 말하자면,

"오직 참된 신학은

하나님에게서 나오고,

하나님으로 말미암고,

하나님에게로 돌아감이라.

모든 영광이 삼위일체 하나님께 세세토록 있으리로다.

아멘!"(cf. 롬 11:36).

Soli Deo gloria!

참고 문헌 (Bibliography)

Aland, Kurt. Ed. *Martin Luther's 95 Theses*. Saint Louis: Concordia, 1967.

Ames, William. *The Marrow of Theology*. Trans. John D. Eusden. Durham, N.C.: The Labyrinth Press, 1983.

St. Anselm. *Proslogion: Fides Quaerens Intellectum*. Trans. M. J. Charlesworth. Notre Dame: University of Notre Dame Press, 1979.

Aquinas, Thomas. *Summa Theologiae*. Vol. I. London: Blackfriars, 1964.

Aristotle. *The Complete Works of Aristotle*, 2 Vols. Ed. Jonathan Barnes. Princeton: Princeton University Press, 1984.

Augustine. *The City of God against the Pagans*. Trans. R. W. Dyson. Cambridge: Cambridge University Press, 1998.

Barbour, Ian G. *Myths, Models, and Paradigms: A Comparative Study in Science and Religion*. New York: Harper & Row, 1974.

St. Basil the Great. *On the Holy Spirit*. Crestwood, N.Y.: St. Vladimir's Seminary Press, 1980.

Bavinck, Herman. *Reformed Dogmatics*, Vol. 1: *Prolegomena*. Trans. J. Vriend. Grand Rapids: Baker Academic, 2003.

_____. *Gereformeerde Dogmatiek*. Vol. 1. Kampen: Uitgave van J. H. Kok, 1928. 박태현 역. 『개혁교의학』. Vol. 1. 서울: 부흥과개혁사, 2011.

Calvin, John. *Institutes of Christian Religion* (1559). Trans. Ford L. Battles. Philadelphia: The Westminster Press, 1960.

Campenhausen, Hans Von. *The Fathers of the Greek Church*. Trans. L. A. Garrard. London: Adam and Charles Black, 1963.

Chadwick, Henry. *Origen: Contra Celsum*. Cambridge: Cambridge University Press, 1980.

Clement of Alexandria. *The Stromata*. ANF, Vol. 2. Peabody, Mass.: Hendrickson, 2004.

Congar, Yves M.-J. *A History of Theology*. Trans. Hunter Guthrie. Garden City, N.Y.: Doubleday, 1968.

Crouzel, Henri. *Origen*. Trans. A. S. Worrall. Edinburgh: T & T Clark, 1989.

Dowey, Edward A. Jr. *The Knowledge of God in Calvin's Theology*. Expanded ed. Grand

Rapids: Eerdmans, 1994.

Drobner, Hubertus R. *Lehrbuch der Patrologie*. Freiburg: Verlag Herder, 1994. 하성수역. 『교부학』. 왜관: 분도출판사, 2001.

Farley, Edward. *Theologia: The Fragmentation and Unity of Theological Education*. Philadelphia: Fortress, 1989.

Garrett, James L. *Systematic Theology: Biblical, Historical, and Evangelical*. Vol. 1. Grand Rapids: Eerdmans, 1990.

Gutierrez, Gustavo. *A Theology of Liberation*, Revised ed. Maryknoll, NY: Obris Books, 1988.

Hall, David W. and Peter A. Lillback. Eds. 『칼빈의 기독교강요 신학』. 나용화 외 7인역. 서울: CLC, 2009.

Hirschberger, Johannes. *Geschichte der Philosophie*. 강성위 역. 『서양철학사』(상권). 서울: 이문출판사, 1983.

Hodge, Charles. *Systematic Theology*. Vol. 1. Grand Rapids: Eerdmans, 1989, Reprinted.

Hoepfl, H. M. *The Christian Polity of John Calvin*. Cambridge: Cambridge University Press, 1982.

Hoffecker, W. Andrew. *Piety and the Princeton Theologians*. Phillipsburg, N.J.: P & R, 1981.

Holtrop, Philip C. 『기독교 강요 연구핸드북』. 박희석/이길상 역. 서울: 크리스챤다이제스트, 1995.

Johnson, Elizabeth A. *She Who Is: The Mystery of God in Feminist Theological Discourse*. New York: Crossroad, 1992.

Justin Martyr. *Dialogue with Trypho*. Ante-Nicene Fathers Vol. 1. Peabody, Mass.: Hendrickson, 2004.

Kaufman, Gordon D. *God the Problem*. Cambridge: Harvard University Press, 1972.

Kraft, H. *Early Christian Thinkers: An Introduction to Clement of Alexandria and Origen*. New York: Association Press, 1964.

Kraus, Hans-Joachim. *Grundriss Systematischer Theologie*. 박재순 역. 『조직신학』. 서울: 한국신학연구소, 1986.

Kuyper, Abraham. *Principles of Sacred Theology*. Trans. J. Hendrik de Vries. Grand Rapids: Eerdmans, 1954.

LaCugna, Catherine M. *God for Us: The Trinity and Christian Life*. San Francisco: HarperSanFrancisco, 1991.

Lohse, Bernhard. *Luthers Theologie in ihrer historischen Entwicklung und in ihrem systematischen Zusammenhang*. Göttingen: Vandenhoeck & Ruprecht, 1995. 정병석 역.『마틴 루터의 신학』. 서울: 한국신학연구소, 2002.

Macquarrie, John. *Principles of Christian Theology*, 2nd ed. New York: Charles Scribner's Sons, 1977.

McGrath, Alister E. *Luther's Theology of the Cross: Martin Luther's Theological Breakthrough*. Grand Rapids: Baker Books, 1990.

_____. *Historical Theology: An Introduction to the History of Christian Thought*. Oxford: Blackwell, 1998. 소기천 외 3인 역.『신학의 역사』. 서울: 지와 사랑, 2005.

Meredith, Anthony. *The Cappadocians*. Crestwood, NY: St. Vladimir's Seminary Press, 1995.

Muller, Richard A. *Dictionary of Latin and Greek Theological Terms*. Grand Rapids: Baker Book House, 1993.

_____. *Post-Reformation Reformed Dogmatics*, Vol. I, *Prolegomena to Theology*. 2nd ed. Grand Rapids: Baker Academic, 2003.

_____. *After Calvin: Studies in the Development of a Theological Tradition*. Oxford: Oxford University Press, 2003. 한병수 역.『칼빈이후 개혁신학』. 서울: 부흥과개혁사, 2011.

Olson, Roger E. *The Story of Christian Theology: Twenty Centuries of Tradition and Reform*. Downers Grove, IL: InterVarsity Press, 1999. 김주한/김학도 역.『이야기로 읽는 기독교신학』. 서울: 대한기독교서회, 2009.

Owen, John. *Biblical Theology*. Trans. Stephen P. Westcott. Pittsburgh, PA: Soli Deo Gloria Publications, 1994.

Pannenberg, Wolfhart. *Theology and the Philosophy of Science*. Trans. F. McDonagh. Philadelphia: Westminster, 1976.

Parker, T. H. L. *Calvin's Doctrine of the Knowledge of God*. 2nd ed. Edinburgh: Oliver & Boyd, 1969.

Plato. *Plato: Complete Works*. Ed. John M. Cooper. Indianapolis/Cambridge: Hackett, 1997.

Ruether, Rosemary Radford. *Sexism and God-Talk: Toward a Feminist Theology*. Boston:

Beacon Press, 1993.

Thiessen, Henry C. *Lectures in Systematic Theology*. Revised by Vernon D. Doerksen. Grand Rapids: Eerdmans, 1994.

Turretin, Francis. *Institutes of Elenctic Theology*. Trans. George M. Giger. Phillipsburg, N.J.: P & R Publishing, 1992.

Van Til, Cornelius. *An Introduction to Systematic Theology*. 2nd ed. Phillipsburg, N.J.: P&R Publishing, 2007.

Wells, David F. *No Place for Truth*. Grand Rapids: Eerdmans, 1993. 김재영 역.『신학실종』. 서울: 부흥과개혁사, 2006.

김광채.『교부 열전(중권)』. 서울: CLC, 2005.

김석환.『교부들의 삼위일체론』. 서울: CLC, 2001.

서요한.『초기 교회사』. 서울: 그리심, 2010, 수정3판.

유해무.『개혁교의학』. 서울: 크리스챤다이제스트, 1997.

_____.『신학: 삼위일체 하나님을 향한 송영』. 서울: 성약, 2007.

_____.『헤르만 바빙크: 보편성을 추구한 신학자』. 서울: 살림, 2004.

제2장

"성경의 명료성" 교리와 신학적 함의들

마르틴 루터(Martin Luther)의 종교개혁 신학의 기초

I. 들어가는 말

"오직 성경만으로"(*Sola Scriptura*)!

이 표어는 종교개혁의 중심원리 가운데 하나로서 흔히 종교개혁 신학의 "질료적 원리"(material principle)라고 불리는 "오직 믿음만으로 (*sola fide*) 말미암는 칭의" 교리와 더불어 "형식적 원리"(formal principle) 혹은 "인식적 원리"(*principium cognoscendi*)라고 불린다.[1] 먼저, "오직 성경만으로"라는 신학적 원리는 "규정하는 규범"(*norma normans*)으로서 "오직 성경"만이 기독교회의 신앙과 실천에 대한 모든 교리적 가르침과 진리의 원천에 있어 궁극적이고도 절대적인 권위(absolute authority)를 가짐을 천명하는 것이며, 다른 모든 신학적 원리들의 가장 기초가 되는 원리(*primum principium*)이다. 왜냐하면 생명의 구원에 이르는 모든 "거룩한 가르침"(*sacra doctrina*)들이 성경으로부터 나오기 때문이며, 또한 만일 이 신학적 원리가 무너지면 다른 모든 종교개혁신학의 원리와 내용 전체가 무너지기 때문이다. 사실 종교개혁은 루터와 여러 다른 종교개혁자들의 성경에 대한 새로운 이해와 그에 따른 치열한 성경연구 및 해석으로 말미암아 시작되었고,[2] 또한 그것의 진정한 결과라고

---

[1] "오직 성경만으로(*Sola Scriptura*)"라는 표어가 가지는 역사적 의미와 다양한 현대적 함의에 대하여는 George H. Tavard, *Holy Writ or Holy Church* (New York: Harper and Brothers, 1959); Don Kistler, ed., *Sola Scriptura: The Protestant Position on the Bible* (Morgan, PA: Soli Deo Gloria Publications, 1995); 김은수, "칼빈 신학에 있어 성경과 성령의 관계성에 관한 고찰", 「성경과 신학」 45 (2008): 72-111을 참조하라.

[2] 루터 연구에서 최상의 입문서 가운데 하나로 평가되는 그의 저작에서, 베른하르트 로제 (Bernhard Lohse)는 "'오직 성경'(*Sola Scriptura*)이라는 원리는 루터 이전에는 결코 주창되지 않았다. 이 사실은 아주 중요하다. 즉, 루터 이전까지는 전반적인 성경의 권위가 교회 내에서 절대적으로 당연시 되었고 성경과 전통 사이의 관계는 아직 문제로서 규명되지 않았다"고 한다. 이것은 루터 이전에는 성경과 전통이 당연히 조화된다고 보았기 때문에, 그 누구도 성경에 근거하여 교회의 전통을 비판적으로 재고찰 하지 않았다는 것을 의미한다.

할 수 있다. 그러나 종교개혁기의 다양한 논쟁적 상황에서 볼 때, "오직 성경만으로"라는 이 표어가 가지는 보다 구체적이고 명확한 신학적, 실천적 의미들은 더욱 세분하여 정확하게 논구되고 이해될 필요가 있다.

마르틴 루터(Martin Luther, 1483-1546)와 장 칼뱅(John Calvin, 1509-1564)을 비롯한 종교개혁자들이 "오직 성경"을 주장한 반면, 로마 가톨릭은 프로테스탄트 종교개혁운동에 대응하기 위한 자체적인 반종교개혁(counter-reformation)의 결과물인 "트리엔트 공의회"(the Council of Trent, 1546)를 통하여 성경(the Sacred Scripture)만으로는 불충분하며, 여기에 덧붙여 "전통(the Sacred Tradition)과 교회의 교도권(Teaching Magisterium of the Church)"을 동시에 주장하였다.[3] 이러한 논쟁적 대치 상황에서 우리는 "오직 성경만으로"라는 종교개혁의 원리는 신학적으로 다음과 같은 두 가지의 세부적인 교리로 구성됨을 알 수 있는데, 그것은 바로 (1) "성경의 충분성(sufficientia)" 교리와 (2) "성경의 명

아래 각주

Bernhard Lohse, *Martin Luther: An Introduction to His Life and Work* (Edinburgh: T & T Clark, 2001), 이형기 역, 『루터 연구 입문』(고양: 크리스챤다이제스트, 2013), 212.

3   Cf. W. Robert Godfrey, "What Do We Mean by *Sola Scriptura?*," in Don Kistler, ed., *Sola Scriptura*, 2. 더불어 이 주제와 관련한 "트리엔트 공의회" 문건의 라틴어 원문은 Henricus Denzinger et Adolfus Schönmetzer, *Enchiridion Symbolorum: Definitionem et Declarationum de Rebus Fidei et Morum,* 33rd ed. (Barcinone: Herder, 1975): 364-66을 참조하고, 이것에 대한 영문 번역은 Philip Schaff, *The Creeds of Christendom: With A History and Critical Notes*, vol. II (Grand Rapids, MI: Baker Books, 1993), 79-83; John H. Leith, ed., *Creeds of the Church: A Reader in Christian Doctrine from the Bible to the Present*, 3rd ed. (Louisville: John Knox Press, 1982), 401-5; Joseph Ratzinger, *Catechism of the Catholic Church* (Liguori, MO: Liberia Editrice Vaticana, 1994), 26-27을 참조하라. 참고로 트리엔트 공의회의 제4차 회기의 결론(1546.4.8.)은 다음 5가지 사항을 결의했다: (1) 성경만이 아니라 교회의 살아 있는 전통도 계시의 원천으로서 동일한 권위를 가진다. (2) 정경의 목록은 외경을 포함한다. (3) 라틴역 불가타(Vulgata)만이 신뢰할 수 있는 성경으로서의 권위를 가진다. (4) 오직 교회만이 올바른 성경해석의 권위를 가진다. 따라서 (5) 성경해석과 관련된 서적은 오직 교회의 가르침과 합치 승인을 받은 것만 출판할 수 있다.

료성(*claritas*, or *perspicuitas*)" 교리이다.[4] 이 가운데 먼저 "성경의 충분성"
교리는 로마 가톨릭의 "성경과 전통"이라는 계시의 "이원적인 공통
원천"(dual common source of the revelation)에 대한 주장에 반대하여 "오
직 성경만"으로 충분하다는 것이다.[5] 그리고 두 번째 교리는 성경의
의미가 모호하고 불확실하기 때문에 성경해석에 있어 "교회의 교도
권"(*magisterium*, 해석하고 가르치는 권위)이 반드시 필요하다는 로마 가톨
릭의 주장에 반대하여, 종교개혁자들은 성경은 그 자체로서 "명료성"

4　이 당시에 "성경의 무오성"(the infallibility or inerrancy of the Scripture) 교리는 특별한 논
　쟁의 주제가 아니었다. 그것은 종교개혁자들 뿐만 아니라 로마 가톨릭도 다같이 "성경의 무
　오성"을 분명하게 인식하고 있었기 때문이다. "성경의 무오성"이 신학적 논쟁의 전면에 부
　상하게 된 것은 근대 계몽주의의 이성주의에 근거한 역사적-고등비평 이후의 일이다. 이
　러한 "성경의 무오성" 논쟁과 관련한 역사적, 신학적 논의들과 관련해서는 다음의 문헌들
　을 참조하라: Harold Lindsell, *The Battle for the Bible* (Grand Rapids: Zondervan Publishing
　House, 1976); Jack B. Rogers and Donald K. McKim, *The Authority and Interpretation of
　the Bible: An Historical Approach* (New York: Harper & Row, 1979); Norman L. Geisler,
　ed., *Inerrancy* (Grand Rapids: Zondervan Publishing House, 1980); John D. Hannah,
　ed., *Inerrancy and the Church* (Chicago: Moody Press, 1984); Gordon Lewis and Bruce
　Demarest, eds., *Challenges to Inerrancy* (Chicago: Moody Press, 1984), Henning Graf
　Reventlow, *The Authority of the Bible and the Rise of the Modern World*, trans. John Bowden
　(Philadelphia: Fortress Press, 1985), etc.

5　"성경과 전통"(Scripture and Tradition)의 관계 및 "전통"의 의미에 대한 논쟁점 역시 아
　주 중요한 것이나, 여기서는 헤이코 오버만(Heiko A. Oberman)의 다음과 같은 "전
　통"(tradition)에 대한 의미 있는 구분을 언급하는 데 그치기로 한다. 오버만은 기독교 신학
　역사 속에서 "전통"의 의미를 크게 두 가지로 구분하여, 첫 번째 "전통(I)" 개념은 "초기 교
　회 이후 역사적으로 계속된 전통적인 성경해석의 방법"으로서의 "성경으로부터 나온 교리
　적 전통"을 의미하며, 두 번째 "전통(II)" 개념은 "14-15세기에 독특하게 발전된 개념으로
　서 성경과 분리되어 성경에 더해진 기록되지 않은 또 다른 계시의 원천으로서의 전통"을 의
　미한다고 말한다. 이 가운데 종교개혁자들이 격렬하게 반대한 것은 또 다른 계시의 원천
　으로서의 "전통(II)"의 개념이며, "전통(I)"의 개념은 결코 거부된 적이 없다. 만일 "전통(I)"
　의 개념마저 거부되면 성경의 해석은 극단적으로 자의적인 것이 되고 말 것이다. cf. Heiko
　A. Oberman, *"Quo Vadis, Petre?* Tradition from Irenaeus to *Humani Generis*," in *The Dawn
　of the Reformation: Essays in Late Medieval and Early Reformation Thought* (Grand Rapids:
　Eerdmans, 1992), 269-96; Sinclair Ferguson, "Scripture and Tradition," in *Sola Scriptura*,
　ed. Don Kistler, 184-220.

을 가지며 누구나 구원의 진리를 분명하게 알 수 있다는 것을 강력하게 주장한다. 여기서는 이러한 몇 가지 중요한 논점들 가운데, 특히 두 번째의 "성경의 명료성" 교리가 가지는 실제적이고도 중요한 의미들을 루터의 신학을 중심으로 살펴보고자 하며, 또한 이것이 그의 종교개혁신학의 정립 과정과 성경해석 원리 및 여타 다른 종교개혁 원리들에 어떻게 상호작용하며 구체적으로 구현되고 작동되었는지 좀 더 들어가 깊이 살펴보고자 한다.

성경해석학 분야에서 탁월한 학문적 성취를 보여준 앤서니 티슬턴(Anthony C. Thiselton)은 그의 저작에서 루터와 칼뱅을 비롯한 종교개혁자들이 주장한 "성경의 명료성" 교리가 가지는 구체적인 함의와 관련하여, 그것은 당시의 여러 가지 신학적 논쟁의 맥락 가운데서 논구되어야 함을 적절하게 언급하면서 다음과 같은 의견을 제시하고 있다.

> 종교개혁가들의 "성경 명료성" 교리는 적어도 세 가지 [논쟁적] 전선의 배경을 가진다. 첫째,…알렉산드리아의 클레멘스 등과 같이 성경의 의미를 원리상 애매하다거나 또는 다중적이라고 보는 사람들에 대해서는 이것이 하나의 "해석학적 원리"(hermeneutical principle)로 자리매김 된다. 둘째, 성경이 오직 교회 교도권의 지도 아래서만 해석되어야 한다는 주장에 맞서서는 이것이 하나의 "기독론적, 교회론적, 그리고 비평적 원리"(Christological, ecclesiological and critical principle)로 작용한다. 셋째, 그 어떤 지식도 충분히 확신하지 않기 때문에 신학적 판단이 급진적 행동으로 이어질 수 없다고 주장하는 것에 대해서는 이것이 하나의 "인식론적 원리"(epistemological principle)로 작용한다.[6]

---

6   Anthony C. Thiselton, *New Horizons in Hermeneutics: The Theory and Practice of Transforming*

이와 같이 티슬턴은 종교개혁을 위해 루터가 감당해야 했던 수많은 신학적 논쟁과 투쟁 속에서 "성경의 명료성"에 대한 그의 주장과 확신이 그러한 논쟁들 속에서 작용했던 다양한 기능적 역할들을 적절하게 잘 파악하고 있다.[7] 이러한 그의 견해를 참조하면서,[8] 여기서 우리는 먼저 마르틴 루터의 종교개혁신학에 있어 특별히 "성경의 명료성" 교리와 관련하여, (1) **인식론적 원리**(epistemological principle), (2) **신학적 원리**(theological principle), (3) **해석학적 원리**(hermeneutical principle), 그리고 마지막으로 (4) **실천적 원리**(practical principle)로서의 그 실제적인 작용과 구체적인 함의들을 구분하여 분석하고자 한다. 나아가 그 연후에, 이러한 루터의 종교개혁신학에 있어 "제일 원리"(*primum principium*)로 작동하고 있는 "성경의 명료성" 교리가 가지는 해석학적인 함의들이 특히 근/현대 성경해석학 이론들에 의해 야기된 성경해석학적 위기의 상황에서 어떻게 도움을 얻을 수 있을지에 대하여 살펴보고자 한다.

Biblical Reading (Grand Rapids, MI: Zondervan Publishing House, 1992), 180; [한역] 『해석의 새로운 지평: 변혁적 성경 읽기의 이론과 실제』, 최승락 역 (서울: SFC, 2015), 258.

7   이러한 이해에 있어 티슬턴(Thiselton)은 루터의 신학에서 "성경의 명료성" 교리가 가지는 다양한 함의들에 대한 보다 깊이 있고 조직적인 연구를 보여준 Friedrich Beisser, *Claritas scripturae bei Martin Luther* (Göttingen: Vandenhoeck & Ruprecht, 1966)에 의존하고 있다.

8   이것은 루터의 종교개혁신학이 구체적으로 형성되고 발전되어 가는 과정에서 "성경의 명료성" 교리가 여러 가지 측면에 있어 아주 중요한 역할을 하고 있다는 한 바이서(Friedrich Beisser)와 티슬턴(Thiselton)의 분석적 관점과 주장을 중요하게 참고한다는 의미이며, 본 연구에 있어 실제적인 분석과 구성, 그리고 그 결과는 필자에 의해 전혀 독립적으로 이루어졌음을 언급해 두고자 한다.

II. "인식론적 원리"(epistemological principle)로서의 성경의 명료성

종교개혁자 마르틴 루터는 무엇보다 성경학자로 훈련을 받은 신학자였고, 자신의 신학을 오직 성경의 가르침에 따라 정립하고자 한 교회 역사상 가장 걸출한 성경주석가 가운데 한 사람이었다. 이러한 견지에서, 알트하우스(Paul Althaus)는 "루터 신학의 요체"를 다음과 같이 간결하게 요약한다: "루터의 모든 신학적 사고는 성경의 권위를 전제로 하고 있다는 것이다. 그의 신학은 성경을 [올바로] 해석하고자 하는 하나의 시도에 다름 아니다. 그것의 형태는 근본적으로 주석이다."[9] 따라서 루터는 종교개혁기에 일어난 수많은 신학적 논쟁들을 통하여 그 스스로의 주장과 관련하여 그 무엇보다 먼저 오직 성경 본문으로부터 듣기를 원하였고, 그러한 자신의 성경 주석의 결과에 대하여 깊은 확신을 가지고 순종하며 나아갔다. 이러한 성경의 가르침에 대한 확신은 그의 젊은 시절 중세적 신앙 환경 속에서 그 무엇으로도 구원의 확신을 갖지 못하고 죽음의 공포와 두려움 속에서 몸부림쳤던 경험과 또한 수도원에서의 끝없는 고행과 수없이 반복되었던 고해성사를 통해서도 결코 얻지 못했던 영적 실존의 두려움과 엄청난 시련(Anfechtung) 가운데서,[10] 그리고 교황청과의 목숨을 건 "면죄부 반대 투쟁"(1517)의

---

9 Paul Althaus, *The Theology of Martin Luther*, trans. Robert C. Schultz (Philadelphia: Fortress Press, 1966), 3; [한역] 『루터의 신학』, 이형기 역 (고양: 크리스챤다이제스트, 2001), 19. 이점과 관련하여 로제(Bernhard Lohse) 또한 루터신학의 중심주제와 관련하여 "루터가 무엇을 하였던 간에 그는 일차적으로 성경의 기본적인 내용을 그 본래의 의미대로 표현하는 데 관심을 가졌다"고 평가한다. Lohse, 『루터 연구 입문』, 171.

10 루터의 삶속에서의 이러한 극적인 신앙적인 경험들에 대하여는 Roland H. Bainton, *Here I Stand: A Life of Martin Luther* (Nashville: Abingdon Press, 1950), 21-51; [한역] 『마틴 루터의 생애』, 이종태 역 (서울: 생명의말씀사, 1996), 25-62; James Atkinson, *Martin Luther and the Birth of Protestantism* (Atlanta: John Knox Press, 1968), 17-81. 특히 청년기 루터의

과정에서 치열하게 진행된 일련의 성경연구와 강의를 통하여 비로소 이루어졌다.[11]

그리고 그러한 치열한 성경연구를 통하여 마침내 그의 "하나님의 의"(iustitia Dei; cf. 롬 1:17)에 대한 놀랍고도 새로운 "성경해석학적 재발견"이 이루어졌다. 그것은 곧 하나님께서 "죄인을 심판하는 의"가 아니라 "그리스도 안에서 죄인을 구원하시는 은혜의 의"이며, "믿음의 의"(iustitia fidei, ex gratia)에 대한 재발견이었다. 루터는 이러한 참된 "복음"(the Gospel)의 재발견에 대한 놀라움을 다음과 같이 표현하고 있다.

> 이것은 의에 대한 아주 놀랍고도 새로운 정의이다! 이것은 보통 다음과 같이 진술된다: "의는 각자에게 마땅히 주어져야 할 몫에 따라서 주는 덕이다"[iustitia est virtus reddens unicuique quod suum est]. 하지만 여기서 이 구절은 말한다: "의는 예수 그리스도를 믿는 믿음이다"[fides Jhesus Christi].[12]

영적 시련에 대한 임상심리학적인 관점에서의 깊이 있는 분석으로는 Erik H. Erikson, *Young Man Luther: A Study in Psychoanalysis and History* (New York: W. W. Norton & Company, 1993); [한역] 『청년 루터』, 최연석 역 (고양: 크리스챤다이제스트, 1997)를 참조하라.

11 루터는 비텐베르크(Wittenberg) 대학교에서 요한 폰 슈타우피츠(Johann von Staupitz)의 지도 아래 1512년 박사학위를 취득한 후, 동 대학의 성경학 정식교수로 취임하였고, 이후 계속하여 성경을 연구하고 강의하였다: "첫 번째 시편 강의"(1513-15), "로마서 강의"(1515-16), "갈라디아서 강의"(1516-17), 그리고 "히브리서 강의"(1517-18), 그리고 "두 번째 시편 강의"(1519) etc. cf. Bengt Hägglund, *History of Theology*, 2nd ed., trans. Gene J. Lund (Saint Louis: Concordia Publishing House, 1968), 213; [한역] 『신학사』, 박희석 역 (서울: 성광문화사, 1989), 295.

12 Martin Luther, WA 57. 69. 14-16. 여기서는 Alister E. McGrath, *Luther's Theology of the Cross: Martin Luther's Theological Breakthrough* (Grand Rapids: Baker Books, 1990), [한역] 『루터의 십자가 신학: 마르틴 루터의 신학적 돌파』(개정판), 김선영 역 (서울: 컨콜디아사, 2015), 211에서 재인용. 맥그라스(McGrath)는 루터의 『첫 번째 시편강해』에 나타나는 이러한 "믿음의 의"(iustitia fidei)의 특징을 다음과 같이 요약한다: "1. 이것은 하나님에게 속한 의라기보다는, 하나님이 준 선물로서의 의이다. 2. 이것은 비록 인간 앞에서는 유효하지

그리고 역사적으로 흔히 루터의 "탑의 경험"(Turmerlebnis, 1515/17) 혹은 "종교개혁적 발견"(reformatorische Entdeckung)이라고 불리는 이 사건은 먼저 그 자신의 신학 안에서 종교개혁을 야기시켰고, 나아가 마침내 종교개혁을 향한 크나큰 역사의 물꼬를 열어젖힌 위대한 "신학적 돌파"(theological breakthrough)의 계기와 지칠줄 모르는 신학적 투쟁의 원동력이 되었다.[13] 그러므로 진정한 종교개혁신학의 시작이라고 볼 수 있는 루터의 "탑의 경험"(Tower Experience)은 그 본질적인 측면에서 하나의 결정적인 **"성경 해석학적 사건"(the decisive event of biblical hermeneutics)**이라고 할 수 있다.[14] 이런 의미에서 우리는 종교개혁의 역사적 사건에는 원리적인 측면에서 볼 때 "교회의 개혁"(ecclesiastical Reformation)에 선행하는 "성경해석학적 개혁"(hermeneutical Reformation)과[15] 그리고 그에 따른 신학 전반에 걸친 철저한 "신학적 개혁"(theological

---

않을지라도, 하나님 앞에서는 유효한 의이다. 3. 이것은 그리스도를 믿는 믿음으로서의 의이다"(p. 219).

13 특별히 루터가 이러한 "종교개혁적 발견"을 통하여 "신학적 돌파"에 이르게 되는 이 시기에 대한 집중적인 연구에 대하여는 McGrath, *Luther's Theology of the Cross,* [한역] 『루터의 십자가 신학: 마르틴 루터의 신학적 돌파』; Marilyn J. Harran, *Luther on Conversion: The Early Years* (Ithaca & London: Cornell University Press, 1983); W. D. J. Cargill Thompson, "The Problem of Luther's 'Tower Experience' and Its Place in His Intellectual Development," in *Studies in the Reformation: Luther to Hooker,* ed. C. W. Dugmore (London: The Athlone Press, 1980): 60-80을 참조하라.

14 베르너 진론드(Werner G. Jeanrond)는 종교개혁의 이러한 측면을 다음과 같이 잘 조명해 주고 있다: "16세기 유럽의 개신교 종교개혁은 일종의 해석학적 사건이었다고 말할 수 있다. 그러나…종교개혁은 언어학적 혹은 해석학적 이론의 새로운 출발을 보여주기보다는 하나의 새로운 해석적 실천의 결과를 보여주었다. [종교개혁은] 성경을 새롭게 읽는 이 실천은 당대의 인문주의 정신에 따라 철저히 교육받은 신실한 교인들이 성경 [원어]본문을 재해석하면서부터 출현하였다." Werner G. Jeanrond, *Theological Hermeneutics: Development and Significance* (New York: Crossroad, 1991), 30; [한역] 『신학적 해석학: 해석학의 역사와 특징』, 최덕성 역 (서울: 현장과 본문 사이, 1997), 55f.

15 Cf. Bernard Ramm, *Protestant Biblical Interpretation: A Textbook of Hermeneutics,* 3rd ed. (Grand Rapids: Baker Book House, 1970), 52; [한역] 『성경해석학: 프로테스탄트 성경 해

Reformation)이 있었다고 말할 수 있다.

이러한 "신학적 돌파" 이후 루터는 수많은 신학적 논쟁과 이에 따른 교황주의자들에 의한 살해 협박과 시련, 그리고 신앙의 투쟁 가운데서도 결코 흔들리지 않는 확신을 가지고 앞으로 나아갈 수 있었다. 그렇다면 루터에게 있어 과연 그러한 "믿음과 구원의 확신" 및 "신학적 인식의 확실성"은 도대체 어디에 근거하는 것인가? 루터에게 있어 그것은 바로 "성경이라는 반석"이었다. 이러한 사실을 롤란드 베인톤 (Roland H. Bainton)은 다음과 같이 잘 요약하고 있다.

언제나 그리고 무엇보다도 루터에게 있어 유일하고도 위대한 객관적인 도움의 수단은 바로 성경이었다. 그 까닭은 성경이 그리스도 안에 있는 하나님의 계시가 기록된 것이기 때문이다. [그러므로] "그리스도인의 참된 순례지는 로마나 콤포스텔라(Compostela)가 아니라 예언서들, 시편 그리고 복음서들이다." 성경이 루터에게 엄청난 의미를 지녔던 것은 그것이 단순히 교황에게 반대하는 논쟁의 자료(a source book)였기 때문이 아니라, 바로 [신앙과 신학, 그리고 그에 따른 실천을 위한] 유일한 확실성의 근거 (the one ground of certainty)였기 때문이다.[16]

그러나 우리는 이러한 루터의 "신학적 인식의 확실성" 문제에 대하

석학의 교과서』, 정득실 역 (서울: 생명의말씀사, 2009), 85.

16 Bainton, *Here I Stand*, 367. 말하자면, "루터에게는 교회의 전통이나 관습도 아니고 비(非) 객관적이며 탈(脫) 이성적인 신비주의도 아닌 이성적이며 객관적인 성경이 하나님의 계시를 알 수 있는 근거가 된다. 그러기에 그가 내세운 '오직 성경으로만'(*sola scriptura*)이라는 주장은 진리의 타당성을 제공하는 객관적 근거가 된다. 그 어느 것도 아닌 오직 성경만이 신앙의 합리성을 제공할 수 있다는 각성은 루터로 하여금 더욱더 성경 연구에 몰두하게 [하였]다." 이성림, 『복음과 개혁: 루터의 정치윤리』 (서울: 대한기독교서회, 2011), 59.

여 보다 깊은 질문을 던져 보아야 할 필요가 있다. 그것은 바로 성경해석에 관한 문제이다. 즉, 루터는 자신의 성경해석의 결과에 대하여 과연 어떻게 그와 같이 확신을 가질 수 있었는가 하는 것이다. 그리고 이 질문에 대한 루터의 대답이 바로 **"성경의 명료성"**(*Claritas Scripturae*) **교리**이다. 루터는 먼저『라토무스에 대한 반박』(*Against Latomus*, 1521)에서 교황주의자들이 성경의 본질적인 모호성을 주장하면서 교부들이나 교회의 성경해석에 따라야 한다는 주장에 반대하며, 오직 "성경 자체의 명료성"에 근거하여 자신의 신학적 인식과 성경해석의 정당성을 주장하면서 다음과 같이 말한다: "오! 아직도 성경과 믿음에 있어 인간의 억지 해석에 의존하고 그들의 설명을 기다리는 그리스도인들은 얼마나 비참한가! 이러한 것들은 너무나 무가치하고 신성 모독적이다. 성경은 우리 모두에게 공통이며[cf. 공통으로 주어졌으며], 그리고 구원을 위해 필요한 모든 것에 있어 충분히 명료하다."[17] 그러므로 루터에게는 "전통"이 오히려 모호하고 모순과 오류가 가득차 있는 것으로 보였던 반면, 성경은 너무나 명료하였기 때문에 "오직 성경"만이 모든 신앙과 실천을 위한 유일하게 확고한 권위와 토대일 수밖에 없었다.[18] 따라서 그는 "어떤 그리스도인도 오직 하나님의 권위로 주어진 성경을 넘어서는 어떤 권위도 인정하도록 강요당해서는 안된다"고 선언하였다.[19]

---

17 Martin Luther, "Answer to Latomus," in *Luther: Early Theological Works*, ed. T. F. Torrance (Philadelphia: Westminster Press, 1962), 343, 344; [한역]『루터: 초기 신학 저술들』, 유정우 역 (서울: 두란노아카데미, 2011), 412, 413.

18 다음 각주 (21)번에서 인용하고 있는 1521년 보름스(Worms) 의회의 역사적인 현장에서 이루어진 루터의 확신에 찬 진술을 보라.

19 Luther, *WA* 2, 279. 여기서는 F. F. Bruce, "신약연구의 역사", I. Howard Marshall, *New Testament Interpretation*, 이승호/박영호 역, 『신약해석학』 (고양: 크리스챤다이제스트, 1997), 41에서 재인용.

이러한 신학적 인식의 근거로서의 "성경의 명료성"에 대한 루터의 주장은 에라스무스(Erasmus, ca.1469-1536)의 『의지의 자유』(The Freedom of the Will, 1524)에 대한 그의 반론서인 『의지의 속박』(The Bondage of the Will, 1526)에서 더욱 명확하게 제시되고 있다.[20] 부패했던 당대의 로마 가톨릭 교회에 대하여 그 역시 "온건한 개혁자"였던 에라스무스는 신학적 인식론에 있어서도 "온건한 회의주의자"로 자처하였다. 그리하여 루터의 종교개혁신학과 행보에 대하여 초기에는 환영과 동지애로 대하였지만, 1520년 루터가 교황의 칙서와 교령을 불태우고, 1521년 보름스(Worms) 의회에서 자신의 입장을 굳건히 견지하고 관철했을 때부터 에라스무스는 루터를 너무 급진적이라고 경계하며 거리를 두기 시작하였다.[21] 특히 에라스무스와 루터 사이의 근본적인 차이점은 "하나는 지식의 정초와 관련하여 루터가 주장하는 만큼 그 확실성에 대하여 자신감을 가지지 못하였다는 점이고, 또 하나는 루터의 [급진적인] 죄와 은혜, 인간의 본성교리에 전적으로 동의하지 못하였다는 것이다."[22]

---

20 에라스무스의 "의지의 자유"와 이에 대한 루터의 반박문인 "의지의 속박"은 E. Gordon Rupp, ed., *Luther and Erasmus on Free Will and Salvation* (Philadelphia: Westminster Press, 1969); [한역] 『루터와 에라스무스』, 이성덕/김주한 역 (서울: 두란노아카데미, 2011)을 참조하라.

21 Cf. James Atkinson, *The Great Light: Luther and the Reformation* (Grand Rapids: Eerdmans, 1968), 80. 바로 이 보름스(Worms) 의회의 청문회(1521.4.18.)에서 루터는 역사에 깊이 아로새겨진 다음과 같은 유명한 말을 남겼다: "나는 성경의 증거나 명백한 이유에 의해서만 확신을 가질 수 있습니다. 나는 교황들과 교회 회의만의 권위를 인정하지 않겠습니다. 왜냐하면 그들은 종종 오류를 범해왔고 그들 스스로 모순되었기 때문입니다. 나는 성경에 붙들려 있고, 나의 양심은 하나님의 말씀에 의해 사로잡혀 있습니다. 나는 그 어느 것도 철회할 수도 없고, 철회하지도 않을 것입니다. 나는 달리 어찌할 도리가 없습니다. 내가 여기에 서 있나이다. 하나님이여 나를 도우소서! 아멘(I cannot do otherwise, Here I stand. May God help me, Amen)." Luther, "Luther at the Diet of Worms, 1521," trans. Roger A. Hornsby, *LW* 32, 112f.

22 Thiselton, *New Horizons in Hermeneutics*, 180; [한역] 『해석의 새로운 지평』, 259.

지적 인식론에 있어서도 에라스무스는 본질적으로 "인간의 일들은 너무나 불분명하고 다변적이어서 어느 하나도 명확하게 알 수 없다"는 회의주의적 입장을 견지하였다.[23] 나아가 그는 『의지의 자유』에서 심지어 성경조차도 "모호성"을 그 본질적 특징으로 가지기 때문에 "그 누구도 성경의 모호성을 결정적으로 해결할 수는 없다"고 주장한다. 그러므로 에라스무스는 말하기를, 성경은 명료성이 결핍되어 있고, 일반인들은 알 수 없는 진리들이 있기 때문에 교회의 해석(magisterium, 교도권 - 가르치는 권위)을 반드시 필요로 한다고 주장한다.[24] 에라스무스는 개인적인 성경해석과 교회의 입장이 서로 부합하지 않을 때에는 스스로 교회의 교도권에 순종하겠다는 의지를 다음과 같이 피력하였다. "성경의 범할 수 없는 권위와 교회의 결정에 의해서 그것이 허락될 때에는…교회가 무엇을 규정하는지를 내가 지금 이해하고 있거나 이해하지 못하고 있거나 간에 나는 언제나 나의 확신을 기꺼이 교회의 권위에 굴복시키고자 한다."[25]

이러한 에라스무스의 회의주의적 입장을 격렬하게 반박하면서, 루터는 그의 『의지의 속박』에서 "성경의 명료성"(claritas Scripturae)에 대하여 보다 분명하고도 조직적으로 제시하고 있다. 그는 이렇게 외친다: "에라스무스여, 성경이 당신에게 그렇게 모호하다면 왜 당신은 우리에

---

23   Desiderius Erasmus, *The Praise of Folly* (Chicago: Packard, 1946), 84; [한역] 『우신예찬』, 강민정 역 (서울: 서해문집, 2008). 여기서는 Thiselton, *New Horizons in Hermeneutics*, 181; 『해석의 새로운 지평』, 260을 참조함. cf. Richard H. Popkin, *The History of Scepticism from Erasmus to Spinoza* (Berkeley: University of California Press, 1979), 5.

24   Desiderius Erasmus, "On the Freedom of the Will," in *Luther and Erasmus on Free Will*, ed. E. Gordon Rupp, 38, 39; [한역] 『루터와 에라스무스: 자유의지와 구원』, 73, 75.

25   Erasmus, "De libero arbitrio Diatribe," I.a.4. 여기서는 Peter Stuhlmacher, *Vom Verstehen des Neuen Testaments Eine Hermeneutik* (Göttingen: Vandenhoeck & Ruprecht, 1979), 전경련/강한표 역, 『신약성서 해석학』 (서울: 한국기독교출판사, 1990), 103에서 재인용.

게 기독교의 본질에 관해 자세히 설명하는가?…성경이 매우 분명하고 명백하다는 사실을 부인하는 자들은 우리를 칠흙같은 어둠 속에 내버려두는 것에 다름 아니다."[26] 이와 같이 루터는 회의주의자 에라스무스에게 "당신은 루키아노스(Lucian)나 에피쿠로스(Epicurus) 학파의 소굴에 속해 있는 돼지들과 같은 사상을 품고 있다는 것을 보여줄 뿐"이라고 힐난하며, "성령은 회의론자가 아니며, 성령이 우리의 마음속에 아로새긴 것은 의심이나 단순한 의견이 아니라 모든 경험과 생명 그 자체보다 더욱 분명한 확신에 찬 주장들"이라고 말한다.[27]

물론 루터 역시 성경 안에 우리가 이해하기 어려운 모호하고 난해한 본문들이 있음을 부정하지 않는다. 그러나 그는 그러한 모호성이 성경 자체의 모호성 때문이 아니라, 오히려 "성경 본문의 어휘와 문법에 대한 우리의 무지" 및 "성경의 가장 명확한 진리를 바로 보려고 수고하지 않는 사람들의 나태함과 맹목성" 때문이라고 분명히 한다.[28] 그리고 루터에 의하면, 그럼에도 불구하고 "그러한 것들로 인하여 성경의 모든 '내용'을 우리가 분명히 이해함에 있어 결코 방해하지 못하는데", 그것은 성경의 진리는 매우 분명하고 우리가 명료하게 알 수 있도록 계시되어 있기 때문이다.[29] 이러한 사실들에 대하여 루터는 다음과 같이 설명하고 있다:

> 그러므로 성경의 주제는 비록 일부 본문들이 그 용어들에 대한 우리의 무지 때문에 여전히 모호하지만 충분히 접근이 가능하다고 본다. 따라서

---

26 Luther, "On the Bondage of the Will," 162-63; [한역] 『루터와 에라스무스』, 226-27.

27 Luther, "On the Bondage of the Will," 109; [한역] 『루터와 에라스무스』, 156-57.

28 Luther, "On the Bondage of the Will," 109; [한역] 『루터와 에라스무스』, 158-59.

29 Luther, "On the Bondage of the Will," 110; [한역] 『루터와 에라스무스』, 158.

참으로 성경의 내용이 [우리가 이해하기에] 가능한 만큼 명백하다는 것을 당신이 잘 알고 있음에도 불구하고 단지 극소수의 모호한 단어들 때문에 성경이 모호하다고 선언하는 것은 어리석을 뿐만 아니라 불경한 짓이다. 성경의 단어들이 한곳에서는 모호하다면 다른 곳에서는 분명하다. 성경은 전 세상을 향해 매우 분명하게 선포된 책으로서 일관된 주제로 되어있다.…성경 안에는…최상의 장엄함과 가장 심오한 신비들이 더 이상 감추어져 있지 않고 문 밖으로 드러나 공개적으로 볼 수 있도록 전시되어 있다. 왜냐하면 그리스도께서 우리가 성경을 이해할 수 있도록 우리의 마음을 열어주셨고(눅 24:4), 복음이 모든 피조물을 향해 설교되었기 때문이다(막 16:15).…그들은 눈을 가리거나 햇빛을 피하여 어둠 속으로 들어가 거기에 숨어서 자기들이 볼 수 없다고 하여 태양이나 낮의 어두움을 탓하는 사람과 같다. 따라서 비참한 사람들로 하여금 자기 자신의 마음의 어둠을 탓하지 말게 하고, 너무나 분명한 하나님의 성경을 탓하는 신성모독적인 왜곡을 중단하게 하라.[30]

나아가 루터는 "성경의 명료성"을 주장함에 있어 (1) **"외적 명료성"**(external clarity)과 (2) **"내적 명료성"**(internal clarity)을 보다 상세하게 구분하여 말한다.

간단히 말해서 모호성에 두 가지 종류가 있는 것처럼, 성경의 명료성에도 두 가지 종류가 있다: 첫 번째는 외적인 것으로 말씀의 사역과 관련되어 있고, 두 번째는 마음의 이해에 놓여 있다. 당신이 **"내적인 명료성"**(internal clarity)에 관하여 말한다면, 하나님의 영의 도움이 없이는 그 누구도 성경

---

30   Luther, "On the Bondage of the Will," 110-11; [한역] 『루터와 에라스무스』, 158-60.

에 있는 것의 단 하나라도 이해하지 못한다. 모든 사람들은 자신의 마음이 어두워져서 그들이 성경에 있는 모든 것을 암송하고 인용할 때조차도 그것을 이해하거나 실제로 깨닫지 못한다. 그들은 하나님을 믿지 않으며 그들 자신이 하나님의 피조물이라는 것도 생각하지 않고, 그 밖의 다른 것들도 믿지 않는다.…성령은 성경 전체와 성경의 각 부분을 이해하는 데 필요하다. 반면에 당신이 "**외적인 명료성**"(external clarity)에 관하여 말하는 것이라면, 성경에는 그 어떤 것도 애매하거나 모호한 것이 남아 있지 않다. 오히려 성경 안에 있는 모든 것은 말씀을 통하여 가장 분명하게 빛 가운데 드러나 있으며, 온 세상에 선포되어 있다는 것이 나의 입장이다.[31]

그러나 루터는 또 다른 곳에서 이 논점에 대하여 보다 자세히 언급하는 가운데, "영"들(the spirits)은 반드시 분별되고 증명되어야(to be tested and proved)만 하는데, 첫째는 "성경의 내적 명료성"[32]에 의해 그리해야 하지만 보다 더 중요한 것은 "성경의 외적 명료성"이라고 하면서, 이것이 바로 모든 것을 판단하는 "**제일 원리**"(the first principle)라고 주장한다.

그러므로 또 하나의 판단, 즉 외적인 판단이 있어야 한다. 우리는 이것을

---

31 Luther, "On the Bondage of the Will," 112; [한역] 『루터와 에라스무스』, 161; 더불어 루터의 "외적 명료성"과 "내적 명료성"에 대한 보다 자세한 논의에 대하여는 "On the Bondage of the Will," 158-69; [한역] 『루터와 에라스무스』, 221-36을 참조하라.

32 루터에게 있어, "성경의 내적 명료성은 신자의 마음과 생각에 역사하시는 성령의 활동에 의존한다. 성령께서는 신자의 마음을 조명하시어 성경의 진리를 하나님의 진리로 깨닫게 하신다. 과학적 언어학(scientific pilology)의 도움과 성령의 조명(the illumination of the Spirit)을 통해 우리는 성경의 명료성에 도달할 수 있고, 이로써 제도적 교회의 해석학적 권위(cf. '로마 가톨릭교회의 교도권')에 의존할 필요가 없게 된다." Ramm, *Protestant Biblical Interpretation*, 98; [한역] 『성경해석학』, 143f.

통하여 우리 자신뿐만 아니라 다른 사람들과 그들의 구원을 위해 모든 사람들의 교리와 그 의견을 가장 확실하게 판단한다.…우리는 신앙이 약한 사람들을 강하게 하고 적대자들을 반박하고자 할 때 이런 판단을 사용한다. 이것은 우리가 앞에서 "성경의 외적 명료성"(the external clarity of the Holy Scripture)이라고 불렀던 것이다. 그러므로 우리는 모든 영들이 교회의 현장에서 성경을 법정으로 하여 검토되어야 한다고 말한다. 왜냐하면 무엇보다도 성경은 특별히 구원에 필수적인 것들과 관련하여 태양 자체보다도 훨씬 더 밝은 영적인 빛이라는 사실이 그리스도인들 사이에 확립되어야 하기 때문이다.…[그리고 이것이] 우리가 다른 일체의 모든 것을 증명하는 데 사용할 우리의 "제일 원리"(the first principle)이다.[33]

이와 같이 "인식론적 원리"(epistemological principle)로 작동하는 "성경의 명료성" 교리와 관련하여 루터가 공격하는 것은, 바로 우리가 에라스무스에게서 보는 것처럼, "성경의 바탕위에서 분명한 진리 주장을 할 수 있는 가능성 자체를 부정하는 회의주의적 입장"이다. 루터에게 성경의 가르침은 언제나 명료하고, 또한 우리가 그것을 분명하게 이해하고 알 수 있도록 계시되어 있기 때문에, 성경은 명확한 진리인식의 근원적인 토대가 된다. 그러므로 티슬턴의 분석에 의하면, "에라스무스에게는 성경해석의 비최종적인 성격이 강조됨으로써 부드러운 회의주의가 강화되는 특징이 나타나는 반면, 루터에게는 성경이 그 전체적인 맥락에

---

33 Luther, "On the Bondage of the Will," 159; [한역] 『루터와 에라스무스』, 223. 또한 루터에 의하면, 이러한 "성경의 외적 명료성은 그 문법적 명료성에 있다. 만일 해석자가 소위 '언어의 법칙들' 또는 '언어의 권리들'(rights of language)을 적절히 따르게 되면, 그는 성경이 구체적으로 의미하는 바가 무엇인지 분명히 알게 된다는 것이다. 이것은 인문주의의 언어학적 방법을 성경해석에 적용하는 것을 의미한다." Ramm, *Protestant Biblical Interpretation*, 98; [한역] 『성경해석학』, 143.

서 원리적으로(in principle) 이해가능한 문맥적 의미를 가진다는 사실이 강조됨으로써 이를 바탕으로 신앙과 행위의 확고한 프로그램으로 더욱 강화되는 특징이 나타나고 있다."[34] 이와 같이 루터의 종교개혁 신학에서 성경의 명료성은 모든 신학적 인식과 그에 근거한 신앙과 실천을 위한 인식의 "제일 원리"로 작동하고 있음을 잘 알 수 있다.

III. "신학적 원리"(theological principle)로서의 성경의 명료성

루터의 신학방법론과 관련하여, 스콜라신학자들과 확연히 다른 결정적인 차이점은 철학적 원리나 존재론적 사변에 기초한 신학이 아니라, 성경주석가로서 우선적이고도 본질적으로 오직 성경에 따라 사고하며 신학하고자 하는 그의 철저하고도 의식적인 의도와 추구에 있었다.[35] 그리고 항상 오직 성경말씀 앞에 무릎 꿇고 기도(oratio)하며, 그 말씀에 따라 깊이 숙고하며 묵상(meditatio)하고, 나아가 오직 그 말씀에 순종하여 시련(tentatio) 앞에서도 담대하고도 치열하게 행동하며 살기를 원했던 루터의 신학은[36] 중세신학에 대한 일대 "코페르니쿠스적인 혁명"이었고, 결과적으로 모든 것을 결정적으로 변화시키는 종교개

---

34 Thiselton, *New Horizons in Hermeneutics*, 182; [한역] 『해석의 새로운 지평』, 261.

35 Cf. Althaus, *The Theology of Martin Luther*, 4; [한역] 『루터의 신학』, 20. 루터는 신학적 질문들을 논증함에 있어 원칙적으로 철학적 개념과 논증들을 신뢰하지 않았고, 또한 사용하기를 원치 아니하였다. 그는 외치기를, "나는 신학에서 그것들을 조금도 사용하고 싶지 않다"고 하였다. WA 39. 1, 228. 철학은 "신학에 해롭고 불리한 결과를 가져왔으며, 지금도 여전히 가지고 있다."WA 39. 1, 228. "철학은 본성상 이성에게 아첨한다. 반면에 신학은 모든 인간적 이해를 훨씬 넘어서 있는 것이다." WA 39. 1, 229. 여기에서는 Althaus, *The Theology of Martin Luther*, 4, n.1; [한역] 『루터의 신학』, 20, n.1에서 재인용.

36 루터는 시편119편을 강해하면서 "참된 신학방법"으로서 다음과 같은 "세 가지 규율"을 말하

혁으로 나아가게 했다. 더 나아가 루터에 의하면, 성경을 해석함에 있어 구체적인 각 성경 본문들은 항상 "전체 성경"(tota Scriptura)의 중심적인 주제와 연관하여 해석되어야 한다고 보았다. 그리고 루터는 그러한 성경 전체의 중심주제는 바로 "예수 그리스도"라고 주장한다.[37] 루터에

는바, 그것은 바로 "**기도**(oratio), **묵상**(meditatio), **시련**(tentatio)"인데, 루터에게 있어 이 모든 것은 바로 성경말씀을 중심으로 돌아가고 있다. 이 가운데 먼저 기도(oratio)는 신학함에 있어 무릎 꿇고 성경 말씀을 깨닫게 하시는 성령의 조명과 하나님의 인도하심을 구하는 것이며, 묵상(meditatio)은 끊임없이 성경 말씀을 읽고 이해하는 가운데 그 말씀에 따라 깊이 숙고하고 행하는 것이다. 마지막으로 시련(tentatio)은 그 말씀을 삶 가운데서 순종하며 사는 것을 말하는 것인데, 그렇게 말씀에 따라 사는 삶 속에서의 고난의 시련이 신학자와 그의 신학을 비로소 참되게 한다. 이와 관련하여 루터는 말하기를, "먼저 너는 성경 외에 그 어떤 책에서도 영원한 생명을 가르치지 않기 때문에, 성경이 모든 다른 책들 중의 지혜를 어리석은 것으로 만드는 그런 책이라는 사실을 알아야 한다. 그러므로 너는 너의 감각과 이성에 대해서는 지체 없이 포기해야 한다. 왜냐하면 이것을 가지고서는 영원한 생명에 도달할 수 없을 뿐 아니라, 그러한 오만함으로는 너 자신과 다른 사람을 너와 함께 하늘에서 떨어뜨려 지옥의 심연에 빠지게 하기 때문이다. 오히려 너의 작은 방에서 무릎을 꿇고 그분께서 너를 일깨우며 이끌며 이성을 주실 그의 거룩한 영을 자신의 사랑스런 아들을 통해 네게 주시기를 옳은 겸손과 진지함으로 하나님께 **기도**(oratio)하라.…다른 한편 너는 **묵상**(meditatio)해야만 한다. 이것은 단지 마음으로만이 아니라 또한 외적으로는 구술된 말들과 성경에 쓰인 말씀들을 행하고 닦는 것이며, 읽고 또다시 읽는 것이며, 거룩한 영께서 의도하신 것이 무엇인지를 성실히 파악하고 또다시 생각하는 것을 말한다. 그리고 싫증나지 않도록 그리고 한 번, 두 번 읽고 듣고 말하고 나서는 이것 모두를 철저하게 이해했다고 생각하지 않도록 조심하라. 거기서는 결코 어떤 특출한 신학이 나올 수가 없다. 이것은 마치 아직 반쯤 익기도 전에 떨어져 버린 제철 아닌 채소와 같다.…셋째는 바로 **시련**(tentatio)이다. 이는 시금석으로 네가 무언가를 단순히 알고 이해하게끔 할 뿐 아니라, 하나님의 말씀, 모든 지혜 위에 지혜가 얼마나 옳고 얼마나 참되고 얼마나 달콤한지, 얼마나 사랑스러운지, 얼마나 강한지, 얼마나 위로가 되는지 경험하게 한다." 이와 같이 루터에게 있어 신학함이란 철저히 하나님과 그의 말씀 앞에 무릎 꿇고 기도하며 성경 말씀을 통해 들려오는 하나님의 말씀을 경청하는 일임과 동시에, 오직 성경말씀을 따라가는 깊은 사유의 끊임없는 운동이며, 또한 그 말씀을 따라 순종하며 살아감으로써 동반하는 시련(Anfechtung)을 경험하는 순례자의 삶의 일이다. Martin Luther, "Preface to the Wittenberg Edition of Luther's German Writings (1539)," trans. Robert R. Heitner, in Luther's Works, vol. 34 (Philadelphia: Fortress Press, 1960), 283-88. 또한 Gerhard Ebeling, The Study of Theology, trans. Duane A Priebe (Philadelphia: Fortress Press, 1978), 167-69; Willem van 't Spijker, Bidden om te Leven, 황대우 역, 『기도, 묵상, 시련: 루터와 칼빈이 말하는 참된 신앙의 삼중주』(서울: 그책의 사람들, 2012)를 참조하라.

37 성경의 "그리스도 중심성"과 관련하여 심지어 루터는 다음과 같이 말하기도 한다: "그리

의하면, "분명히 모든 성경은 그리스도만을 가리키고 있고," 또한 "성경은 어디서나 그리스도를 다루고 있다."[38] 성경은 오직 이 하나의 내용을 가지며, 그것을 증거함에 있어 성경 전체는 하나의 위대한 "통일성"(unity)을 가진다. 이와 같이 루터에게 성경은 그리스도를 증거하며, 드러내고, 선포하기 때문에 진정한 의미에서 하나님의 말씀, 곧 "성경"이다. 그러므로 구약과 신약의 성경 전체, 곧 "율법과 복음으로서의 성경은, 직접적으로든 간접적으로든 그리스도를 증거한다. 이러한 의미에서 그리스도는 성경의 유일하면서도 전체적인 내용이다."[39] 루터에 의하면, "따라서 복음이란 그의 죽으심과 부활로 말미암아 우리를 위하여 죄와 죽음, 그리고 그를 믿는 모든 사람들의 지옥을 극복하신 하나님의 아들 그리고 다윗의 자손, 곧 참 하나님이시자 참 인간이신 예수 그리스도에 대한 선포에 다름 아니다."[40] 그러므로 루터에 의하면,

---

스도를 가르치지 않으면, 아무리 베드로나 바울이 가르쳤다 할지라도, 사도적인 것이 아니다. 다시 말하자면, 유다, 한나, 빌라도 혹은 헤롯이 했다 할지라도, 그리스도를 선포하는 그것은 사도적이다." Luther, *WA DB* 7, 384, 29-32; 여기에서는 Hans-Martin Barth, *Die Theologie Martin Luthers: Eine kritische Würdung* (München: Gütersloher Verlagshaus, 2009), 정병식/홍지훈 역, 『마르틴 루터의 신학: 비평적 평가』 (서울: 대한기독교서회, 2015), 197에서 재인용. 이러한 루터의 진술은 성경의 중심인 "그리스도"와 "복음"에 부합하지 않을 경우, 소위 로마 가톨릭 교황의 권위의 원천으로서 "사도직"의 계승과 또한 이에 근거한 교회의 "교도권"에 대한 주장이 아무런 권위나 근거가 없는 하나의 날조일 뿐이라는 것을 의미한다.

38 Luther, *WA* 10, 73; *WA* 46, 414. 여기에서는 Althaus, *The Theology of Martin Luther*, 74; [한역] 『루터의 신학』, 92에서 재인용.

39 Althaus, *The Theology of Martin Luther*, 74; [한역] 『루터의 신학』, 92f. 이 점과 관련하여 우드(A. Skevington Wood)에 따르면, 루터에게 있어 그리스도는 성경의 심장임과 동시에, 성경의 모든 문자적, 영적인 의미는 그리스도 안에서 새롭게 그리고 역동적으로 하나가 된다. 그리고 그리스도 안에서 비로소 성경의 신적, 인적 요소가 조화를 이루며, 이것이 해석학에 있어 모든 근본적인 문제들을 해결한다. cf. A. Skevington Wood, *Luther's Principled of Biblical Interpretation* (London: Tyndale Press, 1960), 34f.

40 Luther, "Preface to the New Testament"(1522/1546), in *LW* 35, 360.

성경은 항상 그리스도를 중심으로 이해되고 해석되어야 한다.

루터는 비록 그의 초기 "첫 번째 시편 강의"(1513-15)에서 여전히 중세적 성경해석 방법론을 사용하고 있으나, 내용적으로는 완전히 새로운 것, 즉 "그리스도 중심"의 해석방법으로 나아갔다. 이러한 성경에 대한 "그리스도 중심적인 해석방법"은 당시 루터가 여전히 사용하고 있던 중세의 성경해석 방법과 중첩되어 나타나고 있으나, 이후 그의 "로마서 강의"(1515-16)에서는 확고한 "해석학적 원리"와 "신학적 기초"로 자리 잡게 되었다. 루터에 의하면, 성경은 오직 그 증거 대상인 그리스도에 비추어 해석되어야 하고, 이점에서 성경의 계시는 너무나도 명료하다.[41] 이러한 "루터의 그리스도 중심적인 주해는 마침내 교회 비판으로 이어졌고, 여기에는 성경의 명료성이 전제되고 있다."[42] 나아가 "성경의 명료성"과 전체 성경의 중심주제인 그리스도와의 관계와 관련하여 루터는 다음과 같이 주장한다.

봉인이 벗겨지고 무덤 입구의 돌이 굴러 떨어졌다는 것(마 27:66; 28:2), 그리고 하나님의 아들 그리스도께서 인간이 되셨고, 하나님은 삼위이시자 동시에 하나이시며, 그리스도께서 우리를 위해 고난을 당하시고 영원히 다스릴 것이라는 최고의 장엄한 신비가 분명히 드러난 이상, 이보다

41 　루터는 그의 "신약성경의 서문"(Prefaces to the New Testament)에서 다음과 같이 말하고 있다. "이것은 오직 한 분 그리스도가 계신 것과 마찬가지로 오직 하나의 복음만이 있다는 것을 입증해 준다. 왜냐하면 '유앙겔리온'(euangelion), 즉 복음은 다름 아닌 하나님의 아들이자 다윗의 자손이며 참 하나님이자 인간이신 그리스도를 선포하는 것이기 때문이다." John Dillenberger, ed., *Martin Luther: Selections from His Writings* (New York: Doubleday & Company, 1961), 이형기 역, 『루터 저작선』 (고양: 크리스챤다이제스트, 2013), 54.

42 　Bernhard Lohse, *Luthers Theologie in ihrer historischen Entwicklung und in ihrem systematischen Zusammenhang* (Göttingen: Vandenhoeck & Ruprecht, 1995), 정병석 역, 『마틴 루터의 신학』 (서울: 한국신학연구소, 2002), 78, 275, n. 29.

더 고상한 것이 여전히 성경에 숨겨져 있을 수 있는가? 이러한 사실들은 명백하게 밝혀져 있고, 또 길거리 [아이들]에게서조차 노래되고 있지 않은가? 그리스도를 성경에서 제거해보라. 그러면 당신은 성경에서 무엇을 발견할 수 있겠는가?[43]

앞서 언급한 바와 같이, 물론 성경에는 여러 가지 이해하기 어려운 난해한 본문들이 있음을 루터도 잘 알고 있다. 그러나 루터에 의하면, 성경 전체가 계시하는 진리는 우리 모두가 분명하게 알 수 있도록 명료하게 계시되어 있다는 사실은 너무나 확실한 것이어서 그 누구도 부인할 수 없다. 그리하여 루터는 "[신앙의] 모든 항목의 조항들은 성경 안에서 충분히 확증되었다. 그러므로 이것들을 넘어서 그 어떤 것으로 확증하는 것은 불필요하다"고 말한다.[44] 그리고 성경은 예수 그리스도에 대한 사도적 증언의 기록이기 때문에 그 자체로 교회에서 결정적인 권위를 가지며, 그 어떤 것도 그러한 사도적 권위와 동등할 수 없다.[45] 이러한 이유로 루터는 "그리스도가 바로 신학의 최고의 주제(subject matter)"라고 천명한다.[46] 이 신학적 원리로서의 성경의 명료성에 대한 한스 바르트(Hans-M. Barth)의 설명은 유의하여 살펴볼 필요가 있다.

---

43 Luther, "On the Bondage of the Will," 110; [한역] 『루터와 에라스무스』, 158.

44 Luther, *WA* 30, 420. 여기에서는 Althaus, *The Theology of Martin Luther*, 5, n.6; [한역] 『루터의 신학』, 21, n.6에서 재인용.

45 Cf. *WA* 39, 184, 185; 이러한 루터의 주장은 "[오직] 성경만이 신앙의 조항을 세울 수 있고, 구체화 할 수 있다는 것을 의미한다. 성경은 구원에 필요한 모든 것을 제공한다. 그리스도인들은 구원을 위해서 성경에 선포된 것 이상의 다른 진리가 필요하지 않다. 이것은 윤리적 교훈뿐만 아니라 신앙의 조항에도 적용된다.…왜냐하면 오직 '성경만이 이 땅 위에서 모든 문서와 교리의 참된 주인이자 지배자'이기 때문이다. 오직 성경만이 교리 논쟁에서 결정할 수 있는 권위이다." Althaus, *The Theology of Martin Luther*, 5f; [한역] 『루터의 신학』, 21f.

46 Luther, *WA*, TR 2, 1868. 여기에서는 Althaus, *The Theology of Martin Luther*, 9; [한역] 『루터의 신학』, 26에서 재인용.

종교개혁자 루터에게 성경은 명료하며, 게다가 외적으로뿐만 아니라 내적인 의미에서도 명료하다. 그는 외적인 명료성을 그리스도론적으로 설명했다. 즉 "그리스도는 원의 중심이며, 이 중심으로부터 전체 원이 그려진다. 그에게 향하는 자는 또한 그에게 속한다." 이 중심과 직접 관련이 되면, 성경의 진술들은 명료해진다.…그리스도를 바라볼 때에 불명료한 것이 밝혀진다. 어둡고, 처음에 불명료하게 들리는 성경의 진술들은 밝고 명료한 구절들로부터 그 빛과 명료성을 얻는다. 이러한 방식으로 성경은 스스로를 해석한다. 즉 성경은 자기 자신을 통하여 쉽고 명료하고, 완전히 공개적으로 그리고 전적으로 신뢰할 만한 "그 자신의 해석자"(*sui ipsius interpres*)가 되는 것이다.…[이와 같이] 성경은 그리스도에 관한 증거를 명료하게 표현한다는 점에서 자신을 해석한다. 그리스도는 "말하자면, 인격 속에 있는 성경의 내용"이다.[47]

그리하여 "성경의 명료성" 교리에 기초한 "그리스도 중심의 성경해석"에 따른 루터의 치열한 성경연구는 마침내 "탑의 경험"(1515/17)을 통한 예수 그리스도 안에 있는 복음에 대한 "종교개혁적 발견", 곧 "이신칭의 교리"(justification by faith alone)의 재발견과 계속적인 신학적 돌파를 통해 마침내 중세 스콜라신학과는 전혀 다른 새로운 형태의 종교개혁신학으로 정립되게 된다. 즉, 루터는 아리스토텔레스의 철학과 "존재의 유비"(*analogia entis*)에 기초한 사변적인 중세 스콜라신학을 "영광의 신학"(*theologia gloriae*)으로서 "거짓 신학"(*theologia falsa*)이라고 격렬하게 비판하면서, 이와 날카롭게 대비되는 "참된 신학"(*theologia vera*)의 본질로서 오직 "믿음의 유비"(*analogia fidei*)에 근거한 "십자가의 신

---

47   H.-M. Barth, 『마르틴 루터의 신학: 비평적 평가』, 216f.

학"(theologia crucis)을 정립하였다(1518).[48] 이미 언급한 바와 같이, 이러한 루터의 "십자가 신학"은 가히 신학에 있어 "코페르니쿠스적인 전환"이라고 할 수 있을 것이다. 루터는 그의 시편강해를 통해 "오직 십자가만이 우리의 신학이다"(Crux sola est nostra theologia) 그리고 "그리스도의 십자가만이 하나님의 말씀의 강요(綱要)이고 가장 순수한 신학이다"라는 유명한 신학적 정의를 남겼다.[49] 그는 오직 "십자가가 모든 것을 시험하며"(Crux probat omnia), "오직 십자가 자체가 가리키는 것만이 진리

---

48 루터의 중세 스콜라신학에 대한 비판은 1517년 "스콜라신학에 반대하는 논쟁"(Disputation against Scholastic Theology)에서 본격적으로 이루어졌고, "십자가의 신학"(theologia crucis)이란 개념이 명시적으로 제시된 것은 1518년 "하이델베르크 논쟁"(Disputation Held at Heidelberg)에서다. cf. Martin Luther, Luther: Early Theological Works, ed. T. F. Torrance (Philadelphia: Westminster Press, 1962); [한역] 『루터: 초기 신학 저술들』, 유정우 역 (서울: 두란노아카데미, 2011). 루터에 의하면, "영광의 신학은 '우리에게 아버지를 보여주소서' 하는 요한복음 14:8의 빌립의 질문과 일치한다. 그러나 예수님은 다른 곳에서 하나님을 찾는 이 사람에게 이렇게 말씀하신다. '나를 본 자는 아버지를 보았느니라.' 이런 이유로 참된 신학과 참된 하나님에 대한 인식은 십자가에 달린 그리스도에게서만 발견될 수 있다. 영광의 신학은 하나님의 창조 사역을 통해 하나님을 알고자 한다. [그러나 타락 이후에는 이것은 전혀 불가능해졌다]. 반면에 십자가의 신학은 고난을 통하여 하나님을 안다.…창조 사역을 통하여 하나님을 알고자 하는 [영광의 신학]인 자연신학과 사색적 형이상학은 도덕주의자들의 행위의 의와 동일한 범주에 있다.…[반면에] 십자가의 신학은 영광의 신학의 기준과 정반대되는 기준으로 일하고, 그것을 하나님에 관한 인간의 지식과 인간의 자기이해 및 하나님과 인간의 관계에 대한 이해에 적용시킨다. 이 기준은 바로 '십자가'이다. 즉 '영광의 신학'은 하나님의 분명한 신적 능력, 지혜, 영광을 통하여 직접 하나님을 알고자 하고, 반면에 '십자가의 신학'은 바로 하나님이 자신을 감추시는 곳에서, 그의 고난 가운데서, 영광의 신학이 약하고 어리석다고 간주하는 모든 곳에서 역설적으로 하나님을 인식한다.…루터는 종교적 지성주의와 도덕주의의 내적관계와 심지어 양자의 일치를 인식한다. 그는 이 두 가지가 십자가에 반대된다는 것을 분명하게 보여준다. [그리고 바로] 이 두 가지가 십자가에 반대된다는 것은 루터의 십자가 신학의 가장 중요한 통찰력에 속한다." Althaus, The Theology of Martin Luther, 26-28; [한역] 『루터의 신학』, 42-44. 루터의 "십자가의 신학"에 대한 논의와 관련해서는 다음의 자료도 참조하라: Alister E. McGrath, Luther's Theology of the Cross: Martin Luther's Theological Breakthrough. Grand Rapids: Baker Books, 1990. 김선영 역. 『루터의 십자가 신학: 마르틴 루터의 신학적 돌파』(개정판). 서울: 컨콜디아사, 2015; 조병하, "마르틴 루터의 '십자가 신학'에 대한 재고", 「성경과 신학」 76 (2015): 245-74.

49 Luther, Operationes in Psalmos (1519-1521), WA 5, 176, 32; WA 5, 217,2-3. 유해무, 『신학: 삼위일체 하나님을 향한 송영』 (서울: 성약, 2007), 124, n.9에서 재인용.

의 증인이다"(*Crux ipsa sola index est testisque veriatis*)라고 주장한다.[50]

이처럼 루터에 의하면, 오직 "우리를 위하여"(*pro nobis*) 십자가에 달리신 예수 그리스도 안에 참된 신학과 신지식이 있으며, 그러한 십자가의 신학은 고난을 통해 이루어지는 "순교자의 신학"이라고 했다. 그러므로 루터에게 "신학은 머리만의 작업이 아니라 경건이며 십자가를 따르는 고난의 삶 자체이다."[51] 그러한 루터의 "십자가 신학"의 특징들은 다음의 그의 진술에서 명료하게 나타난다.

19. 하나님의 불가시적인 것들을 피조물들을 통하여 인식하려고 바라보는 사람은 신학자로 불리어서는 안된다.

20. 그러나 고난과 십자가를 통하여 보여진 가시적인 것과 하나님의 뒷모습을 인식하는 사람은 신학자로 불릴만 하다.

21. 영광의 신학자는 나쁜 것을 좋다고 말하고 좋은 것을 나쁘다고 말한다. 그러나 십자가의 신학자는 사안을 바로 직시한다.[52]

---

50 Luther, *AWA* 2, 325, 1; 그리고 *AWA* 2, 341, 15. 여기서는 Lohse, 『마틴 루터의 신학』, 65, n.70를 참조함. cf. 김은수, "'신학'(θεολογια): 역사적 고찰과 개혁파적 이해", 「갱신과 부흥」 13 (2013): 124-26. 나아가 알트하우스(Althaus)에 따르면, "십자가의 신학은 루터의 신학적 사고의 전반에 깊이 스며들어 퍼져 있다. 모든 참된 지식은 '십자가의 지혜'이다. 이것은 그리스도의 십자가가 모든 참된 신학적 지식을 판단하는 기준이고 하나님의 실재성, 은혜, 구원, 그리스도인의 삶, 그리스도의 교회를 평가하는 기준이라는 의미이다." Althaus, *The Theology of Martin Luther*, 30; [한역] 『루터의 신학』, 46.

51 유해무, 『신학: 삼위일체 하나님을 향한 송영』, 74.

52 Luther, *WA* 1, 354, 17-21. 원문은 다음과 같다: "19. *Non ille dignus theologus dicitur, qui invisibilia Dei per ea, quae facta sunt, intellecta conspicit.* 20. *Sed qui visibilia et posteriora Dei per passiones et crucem conspecta intelligit.* 21. *Theologus gloriae dicit, Malrum bonum, (et) bonum malum, Theologus crucis dicit, id qoud res est.*" 이것은 요한네스 폰 슈타우피츠 (Johannes von Staupitz)의 초청으로 1518년 4월 26일 하이델베르크(Heidelberg)에서 개최된 아우구스티누스 수도사회의 신학 논쟁에서 루터가 발제한 신학적 명제들 가운데 일부이다. 여기서는 Lohse, 『마틴 루터의 신학』, 63f, n.67를 참조함. 루터는 특히 21번째 테제 다음에 다음과 같은 해설을 덧붙이고 있다: "이것은 분명하다. 그리스도를 모르는 자는 고

베른하르트 로제(Bernhard Lohse)는 이 논제들에 나타난 루터의 "십자가 신학"의 함의와 특징을 다음과 같이 평가한다: "영광의 신학과 십자가의 신학의 날카로운 대립을 [통하여]…루터는 신 인식의 문제를 철학과 신학의 귀속 문제(das Problem der Zuordnung)로 이해하고 있다. 영광의 신학(theologia gloriae)은 창조를 근거로 하나님을 인식하는 것이다. 이에 반하여 십자가의 신학(theologia crucis)은 창조로부터 신을 인식하고자 하는 시도(영광의 신학)를 죄와 하나님의 심판과는 상관없이 하나님을 인식하려는 [잘못된] 노력이라고 비판한다. 십자가의 신학은 하나님께서 숨어 계신 동시에 또한 자신을 계시하시는 십자가만을 오로지 중요하게 여긴다. 이러한 영광의 신학 및 십자가의 신학이라는 개념의 사용은 구원의 문제를 신학의 중심테마가 되게 만들었다."[53]

요약하자면, 루터에게 있어 참된 기독교 신학의 본질은 철학적 사

난 속에 감추어진 하나님도 알지 못한다. 그렇기 때문에 그는 고난보다 행위를, 십자가보다 영광을, 연약함보다 힘을, 어리석음보다는 지혜로움을, 나아가 대체로 나쁜 것보다는 좋은 것을 선호한다. 이러한 자들이 바로 사도 바울이 '그리스도의 십자가에 대적하는 자들'(빌 3:18)이라고 부른 자들이다. 그들은 십자가와 고난을 증오하며, 행위들과 그 행위(공로)들의 영광을 사랑한다.…그러나 이미 말한 것처럼, 하나님은 오직 십자가와 고난 속에서 발견될 수 있을 뿐이다." Luther, *LW* 31, 53.

53 Lohse, 『마틴 루터의 신학』, 64. 이와 더불어, 알리스터 맥그라스(Alister E. McGrath)는 루터의 "십자가 신학"의 특징을 다음과 같이 정리하고 있다. "(1) 십자가의 신학은 사변적인 것에 날카롭게 대립하여 서 있는 계시의 신학이다; (2) 이 계시는 간접적인 것이며 감추어진 것으로 간주되어야만 한다; (3) 이 계시는 인간의 도덕적인 활동이나 창조 질서 안에서 보다는 고난들과 그리스도의 십자가 안에서 인식되는 것이다; (4) 그의 계시 안에 숨어 계신 하나님에 대한 이러한 지식은 믿음의 문제이다; (5) 하나님께서는 특별히 고난을 통하여 알려진다." McGrath, *Luther's Theology of the Cross*, 149-50. 그렇다고 해서 루터가 신학에서 지성의 역할을 완전히 무시한 것은 아니다. 그는 신학에서 "세례 받은 이성"(baptized reason), "신앙에 붙들린 이성"(reason in faith)의 적극적인 역할을 말한다. 신앙은 지성 안에 있지만, 또한 지성을 지배하고 교정한다. 그러므로 신앙은 가르침 또는 지식이며, 진리를 대상으로 지닌다. 따라서 신앙은 모든 신조의 이념을 파악하는 변증법이다. cf. Luther, *WA* 40, 2, 26과 28; 갈 5:5의 해석. cf. Hans-Joachim Kraus, *Grundriss Systematischer Theologie*, 박재순 역, 『조직신학』 (서울: 한국신학연구소, 1986), 75, n.7.

변에 근거한 복잡하고 모호한 것이 아니라, 하나님의 말씀인 성경에 명료하게 계시된 "그리스도 중심의 십자가 신학"으로 파악되고 정립된다. 이렇게 우리는 루터에게서 "성경의 명료성" 교리는 "그리스도 중심"의 성경해석을 통하여 마침내 중세 스콜라신학의 영광의 신학(*theologia gloriae*)을 혁파하고 "십자가의 신학"(*theologia crucis*)이라는 종교개혁을 위한 하나의 완전히 새로운 총체적인 신학적 프로그램(theological program)을 정립하는 기초 원리로 작동하고 있음을 알 수 있다.

IV. "해석학적 원리"(hermeneutical principle)로서의 성경의 명료성

1. "성경은 스스로를 해석한다"(*sacra scriptura sui ipsius interpres*)

로마 가톨릭은 교회가 공의회를 통하여 성경의 정경목록을 결정하였고, 교회에 성경이 맡겨져 보존되었으며, 또한 오직 교황의 사도적 교도권(apostolic *magisterium*)만이 성경을 바르게 해석할 수 있기 때문에 개인은 성경을 해석할 수 있는 권한이 없고 항상 교회로부터 성경과 그 해석, 즉 올바른 가르침을 받아야 한다고 주장한다. 여기서 먼저 다루어야 할 첫 번째 논점은, 루터에게 있어 **"성경은 스스로가 성경 됨을 확증"**(성경의 자증, *autopistia Scripturae*)하는데, 그것은 성경이 증거하는 전체 내용이 바로 **"그리스도"**이기 때문이다. 즉, 성경은 그것이 증거하는 내용에 의하여 스스로 성경[cf. 정경]됨을 확증한다.[54] 그러므로 교회의 결정과 증거가 성경을 비로소 권위 있게 하는 것이 아니라, 교회는 오

---

54 루터에게 "성경의 자증원리"(*autopistia Scripturae*)는 아주 중요한 신학적인 문제로 인식되었

직 성경 그 자체가 스스로 하나님의 말씀임을 증거하는 성경의 자증적인 권위를 순종하며 수납하여 그것을 증거할 뿐이다. 따라서 성경이 참된 권위를 가지는 것은 교회가 그 권위를 부여하기 때문이 아니라, 오히려 반대로 성경이 교회에게 참된 교회의 속성과 그 타당성을 부여하기 때문이다. "복음은 교회가 확증했기 때문에 믿어지는 것이 아니라, 하나님의 말씀이기 때문에 사람들이 인정하는 것이다."[55] 그러므로 오직 성경이 모든 것 위에 최종적인 권위를 가지며, 모든 것을 판단하고 심판하는 최종적인 재판관이다.

이와 같이 "성경은 스스로 권위 있는 하나님의 말씀임을 확증한다"는 "성경자증의 원리"(the self-authentication of the Scripture)는 동시에 "성경의 자기해석 원리"(the self-interpretation of the Scripture)를 곧바로 도출한다. 즉 "그 자체 안에 근거하고 있고, 그 자체가 증거하는 최종 권위로서 성경의 특징은, 성경의 해석 기준이 성경 외부로부터 올 수 있다는 가능성을 [원천적으로] 배제한다."[56] 그러므로 이제 두 번째 논점인 성경의 해석과 관련한 "교황의 교도권"(*magisterium*)에 대한 주장에 대항하여 루터는 오직 **"성경은 스스로를 해석한다"**(*sacra scriptura sui ipsius interpres*)**는 원리**를 주장하였고,[57] 이 원리는 종교개혁신학을 위한 성경

고, "그리스도 중심의 성경 이해"는 그의 "정경론" 이해의 기초가 된다. 그러므로 소위 "정경 안의 정경"(canon in canon) 문제와 관련하여, 후대의 시각과 관점으로 루터를 과도하게 비판하는 것은 적절하지 않다. 즉 종교개혁 당시의 역사적 상황에서 "새로운 종교개혁신학(개신교, the Protestants)을 위한 정경"의 문제는 이미 결정되고 "닫힌 문제"(closed question)가 아니라 하나의 "열린 문제"(open question)로 인식되었음을 우리는 기억해야 한다. 그러므로 루터는 성경에 대한 그의 새로운 신학적 이해에 따라 "새로운 정경 이해" 곧 "그리스도 중심의 정경 이해"를 말하고 있는 것이다.

55 Luther, *WA* 30, 687. 여기에서는 Althaus, *The Theology of Martin Luther*, 75; [한역] 『루터의 신학』, 94에서 재인용.

56 Althaus, *The Theology of Martin Luther*, 76; [한역] 『루터의 신학』, 94.

57 Luther, *WA* 7. 97. 23f.

해석의 가장 중요한 원리가 되었다. 이러한 "성경의 자기해석 원리"와 관련하여, "루터는 특정 성경 본문에 대한 해석이 치열한 탐구와 논의를 필요로 한다는 사실과 또한 이것을 풀기 위해서는 많은 노력이 필요하다는 사실을 부인하지 않는다. 다만 그가 강력하게 거부하는 것은 "교회의 교도권(magistrium)이 그러한 문제들을 [자신의] 권위에 의거하여 해결할 수 있다"는 잘못된 인식이다. 이것은 마치 하나님의 말씀을 "가감하는 일"(신 4:2)과 같다. 루터가 경계하였던 것은 한편으로는 교회의 교직이 자기수호적 해석을 견지하려는 것이었고, 다른 한편으로는 선택된 특정 개인에게 성령의 계시로 말미암아 의미의 비밀한 열쇠가 주어졌다고 주장하는 것이었다."[58] 이러한 로마 가톨릭의 교도권 주장에 대하여 루터는 다음과 같이 격렬하게 반대한다.

교황의 왕국에서는 성경이 애매모호하기 때문에 성경을 해석할 수 있는 영은 사도적 교구인 로마 교황청에서 찾아야 한다는 생각 외에는 일상적으로 말해지고 일반적으로 인정된 것은 그 아무것도 없다. 그러나 이보다 더 악한 생각은 아무것도 없을 것이다. 왜냐하면 이런 생각은 불신자들에게 스스로를 성경 위에 올려놓게 만들어 성경을 마음대로 날조해 마침내 완전히 짓밟아 버리고 우리에게 한낱 미친 사람들의 환상을 믿도록 가르치려 하기 때문이다. 한마디로 그와 같은 말은 인간이 창안해낸 것이 아니라 모든 악마들의 대장의 믿을 수 없는 악의로 인해 세상에 보내진 바이러스이다.[59]

---

58   Thiselton, *New Horizons in Hermeneutics*, 182; [한역] 『해석의 새로운 지평』, 261-62.
59   Luther, "On the Bondage of the Will," 158-59; [한역] 『루터와 에라스무스』, 222.

루터는 성경해석의 원리로서의 성경의 명료성에 대하여 다음과 같이 강력하게 주장한다. "성경은 본질상 그 자체로 가장 확실하며, 가장 접근하기 쉽고, 명료하다. 성경은 스스로를 해석하며, 모든 다른 것을 시험하고 판단하며 분명하게 드러내준다."[60] 그렇다면 이와 같이 로마 가톨릭이 주장하는 교황의 교도권에 대항하여 루터가 제시하는 "성경은 스스로가 해석한다"(sacra scriptura sui ipsius interpres)는 "성경의 자기해석 원리"는 성경의 이해 및 해석 문제와 관련하여 무엇을 전제하고 함축하는가? 여기서 가장 먼저 기억되어야 할 것은 이 원리에는 바로 "성경의 명료성"이 전제되어 있다는 사실이다. 즉, 루터에게 "성경은 스스로가 해석한다"는 "성경의 자기해석 원리"는 바로 "성경의 명료성" 교리가 성경해석학적으로 적용된 가장 본질적이고 중요한 원리라고 할 수 있다.

또한 루터는 로마 가톨릭의 교도권뿐만 아니라 또 다른 논쟁의 전선인 토마스 뮌처(Thomas Müntzer, ca.1490-1525)와 같은 급진적 열광주의자들에 반대하여 "성경의 필요성"과 더불어 동일한 "성경의 명료성" 교리를 주장한다. 왜냐하면 로마 가톨릭이 "기록된 성경" 외에 전승된 계시로서의 "살아 있는 전통"과 더불어 교회 안에 있는 성령의 역할, 즉 교회의 교도권(성경을 해석하고 가르치는 권위)을 강조하였다면, 열광주의자들(급진적 종교개혁자들)은 "기록된 성경" 외에 신자 개인 안에 내주하시며 직접적인 새로운 계시, 곧 "내적 음성"(내적인 말씀)을 주시는 성령의 역할(cf. 현재적인 새로운 계시)과 성경해석에 있어 개인의 "사적

---

60 Luther, WA 7. 97. 23f. (Assertio omnium articulorum..., 1520). "...ut sit ipsa per sese certissima, facilllaima, apertissima, sui ipsius interpres, omnium omnia probans, iudicans et illuminans." 여기서는 Lohse, 『마틴 루터의 신학』, 269 및 Lohse, 『루터 연구 입문』, 215를 참조하여 재인용.

삼위일체 하나님과 신학

판단"의 우위성을 말하기 때문이다. 뮌처는 말하기를, "사람이 그 자신의 전 생애를 통하여 성경을 듣지도 보지도 못했다 하더라도, 어떠한 책도 없이 성경을 기록한 사람들처럼 그는 성령의 [직접적인] 가르침을 통해서 미망을 깨우쳐주는 [참된] 기독교 신앙을 가질 수 있다"고 주장했다.[61] 이러한 주장에 대하여, 루터는 "기록된 성경" 외에 그 어떤 새로운 계시는 없으며, 또한 진리는 성경 안에 명료하게 계시되어 있고 오직 성령께서는 말씀과 함께하시기 때문에 말씀 뒤에서, 그리고 말씀 밖에서 진리를 찾을 필요가 없다고 하였다. 루터에게 "외적 말씀"(문자, Buchstaben)과 "내적 말씀"(영, Geist)은 서로 나누어질 수 없도록 긴밀히 결합되어 있다.[62] 나아가 이미 앞에서 살펴본 것처럼, 루터는 오히려 "영들"(the spirits)을 분별하고 판단하는 기준은 오직 "기록된 성경"과 그 성경 말씀의 "외적 명료성"임을 강조한다. 그렇다면 "성경은 스스로가 해석한다"(sacra scriptura sui ipsius interpres)는 원리는 실제적인 성경 해석방법론에 있어 구체적으로 무엇을 의미하는가? 이것은 흔히 보다 분명한 의미로 "성경은 성경으로 해석한다"(Scriptura Scripturae interpres)는 원리로 표현되며, 루터에게 있어 다음 네 가지의 중요한 성경 해석원리들을 함의한다.

(1) "성경의 유비"(analogia Scripturae)에 따른 성경 해석방법을 말한다. 루터에게 이 해석 원리는 먼저 성경은 쉽고 명확한 본문으로부터 이것

---

61   Thomas Müntzer, *The Collected Works of Thomas Müntzer*, trans. & ed., Peter Matheson (Edinburgh: T & T Clark, 1994), 257. cf. Gordon Rupp, *Patterns of Reformation* (Philadelphia: Fortress Press, 1969), 216.

62   Cf. Lohse, 『마틴 루터의 신학』, 270-71. 나아가 우리는 루터의 신학에서 소위 "문자와 영"(letter & spirit)의 문제가 어떻게 유기적으로 결합되어 신학적으로 새롭게 이해되었는지 잘 인식해야 할 필요가 있는데, 이 문제와 관련하여 진론드(Werner Jeanrond)는 다음과 같은 의미 있는 분석과 견해를 제시하고 있다: "지금까지 성경의 이중 의미(twofold sense)

과 연관된 어렵고 난해한 본문을 이해하고 해석해야 함을 말하는 것
이다. 이것은 성경 속에 있는 불분명하고 이해하기 어려운 난해 본문
들은 인간의 억측이나 철학적 원리 및 사상, 혹은 성경 밖의 그 어떤
다른 무엇에 의해서가 아니라, 오히려 성경 안에서 동일한 가르침이
나 사건에 대한 보다 분명하고 쉽게 이해 가능한 다른 성경 본문에 따
라 적절하게 이해해야 할 뿐만 아니라, 또한 한 본문의 말씀은 항상 그
것과 연관되는 다른 본문들과 비교하여 올바르게 해석되어야 함을 말
한다. 예를 들어 루터는 로마서를 "한 밝은 빛, 성경 전체를 비추기에
아주 충분한 것"으로 이해하였으며,[63] 이러한 복음의 빛 아래서 전체
성경을 해석해야 한다고 보았다.

(2) **"믿음의 유비"**(*analogia fidei*)**에 따른 성경 해석방법**을 말한다. 루터
에 의하면, 성경은 전체적으로 그 중심되는 주제("그리스도")가 명료하
고, 또한 그 내용의 본질적인 것("복음")은 명확하게 계시되어 있다. 나
아가 성경은 전체로서 하나의 "유기적인 통일체"이기 때문에 모든 본

를 지칭했던 기술적 용어인 '문자'(letter)[cf. 문자적 의미]와 '영'(spirit)[cf. 알레고리, 도덕
적, 신비적 의미]이 이제 루터에 의해서 신학적 용어로 사용되었다. '영'은 코람데오(*coram
Deo*), 즉 하나님의 자기계시의 빛과 예수 그리스도의 십자가의 비밀 안에서 이해되는 모
든 것이다. 루터신학의 이 기독론적 집중은 이제 본문의 '영적 의미'라는 용어로 표현되게
된다. 그러나 이 영적 의미는 주석이나 설교가 시행되는 동안 성경 본문의 문자적/역사적
의미에 의해 일깨워질 때만 하나의 실재가 된다.···루터는 이러한 기독론적 기초 위에서 심
지어 [구약의 많은 본문들에 대하여] 자유로운 알레고리적 해석조차도 가능하다고 생각
하였다. 그러나 루터가 알레고리적 해석을 적용시킨 방식과 이전의 알레고리적 해석 방식
은 아주 다르다. 그것은 더 이상 신학적인 결론의 기초가 아니라 새로운 신학적, 즉 기독론
적 기초에서 도출된 결론이다. 아마도 이러한 차이가 16세기의 신학적 해석학의 새로운 출
발을 가장 잘 보여준다고 할 것이다. 모든 성경의 해석은 '성경이 기독론적인 일관성을 갖
고 있다'는 강한 신학적 신념에 의해 인도함을 받는다." Jeanrond, *Theological Hermeneutics:
Development and Significance*, 30, 34; [한역] 『신학적 해석학: 해석학의 역사와 특징』, 58f,
60.

63 Luther, *WA*, DB 7, 2. 15. 여기서는 H.-M. Barth, 『마르틴 루터의 신학: 비평적 평가』, 214
를 참조함.

문은 항상 성경 전체의 주제 및 메시지와의 상호연관 속에서, 그리고 신학적인 유기적 통일성, 즉 교리적 가르침의 상호조화 속에서 적절하게 이해될 때 비로소 올바로 해석될 수 있다. 이것은 성경 전체의 교리적 가르침은 항상 신학적으로 서로 조화가 이루어져야 한다는 것을 의미하고, 한 부분의 해석은 성경의 전체적인 진리체계에 상호 부합되도록 해석되어야 한다는 원리이다. 이와 같이 루터는 성경의 명료성에서 출발하여, 성경의 전체 컨텍스트 속에서 각 부분의 텍스트를 해석하며, 또한 이때 그리스도와 그의 십자가의 복음이 모든 해석의 기준이 되고 있다. 그 이유는 복음, 곧 구원의 메시지를 선포하고 말하기 위해서이다.[64] "이것은 성경의 어떤 한 구절에 대한 해석이 성경 전체의 [교리적인] 가르침 혹은 [신학적 체계]와 모순되어 나타날 수 없다는 것을 의미한다. 이것이 바로 "성경이 성경을 해석한다"는 것 이외에 다른 어떤 말이 아니다."[65]

(3) "부분과 전체"의 유기적인 통일성과 연관성의 성경 해석방법을 말한다. 루터는 성경의 모든 부분은 항상 "성경 전체"(tota scriptura)와 연관하여 통일성 있게 해석해야 하고, 각 부분의 특정 장, 절이나 어떤 특수한 단어나 문자에 너무 치우쳐 해석하는 오류를 범하지 말아야 한다고 주장한다.[66] 루터의 견해에 의하면, 성경의 각 세부적인 부분들의 해석에서 성경 전체의 중심적인 내용과 메시지(전체의 맥락)는 결정적인 요소이다. 특히 버나드 램(Bernard Ramm)은 루터의 "성경은 성경으로 해

---

64 Cf. 박해경, "루터의 신학적 해석학", 안명준 편, 『신학적 해석학 (상)』 (서울: 이컴비즈넷, 2005), 134; 안명준, "Martin Luther's Hermeneutical Principles as Reflected in His Cathechisms," 「사회과학연구」 3 (평택대학교 사회과학연구소, 1999): 161-76; Ramm, *Protestant Biblical Interpretation*, 56, [한역]『성경해석학』, 90.

65 Ramm, *Protestant Biblical Interpretation*, 107; [한역]『성경해석학』, 154.

66 Cf. 박해경, "루터의 신학적 해석학", 133.

석한다"는 원리의 이러한 측면을 다음과 같이 강조하여 설명한다: "여기서 '성경'이라는 표현은 두 가지 의미로 사용되었다. 위의 공식에서 첫 번째 나오는 성경은 '성경 전체'를 말하고, 두 번째 나오는 성경은 '성경의 다른 부분들', 곧 절이나 장을 가리킨다. 따라서 이 원리를 조금 다르게 옮겨놓으면 이렇게 될 것이다. '전체 성경은 성경의 특정 구절들을 이해하기 위한 문맥이요 지침이다.' 이것이 옳다면 우리는 '교회의 교도권'(teaching magisterium)에 호소할 필요가 없어진다."[67] 이러한 성경해석의 원리는 현대 해석학적인 표현에 의하면 곧 전체와 부분의 "해석학적 순환의 원리"(hermeneutical circle)라고 할 수 있다.

(4) "율법과 복음"의 성경해석 방법을 말한다. 루터에게 성경은 항상 "율법과 복음의 변증법적 원리"에 따라 이해되고 해석되어야 한다. 이것은 하나님의 말씀이 우리에게 구약과 신약의 형태로 주어졌기 때문에, 루터는 전체 성경을 이해함에 있어 이것을 "율법과 복음"의 변증법적 관계 속에서 이해하고 해석해야 한다고 말한다. 율법과 복음을 서로 혼동하는 것이나, 또는 그 어느 한쪽을 거부하는 것 모두가 잘못된 것이다. 그러므로 복음을 하나의 새로운 율법으로 만든 로마 가톨릭의 율법주의도, 그리고 열광주의자들의 율법폐기론이나 신앙지상주의 모두 잘못된 것이다.[68] 루터에 의하면, 비록 정도의 차이는 있지만 구약과 신약에는 모두 율법과 복음이 계시되어 있다. 따라서 구약에는 압도적으로 더 많은 율법과 더불어 복음이 계시되어 있고, 신약에는 압도적으로 더 많은 복음과 더불어 율법이 동시에 계시되어 있긴 하지만, 구약과 신약은 모두 "그리스도"를 증거하고 있기 때문에 긴밀한 상

---

67   Ramm, *Protestant Biblical Interpretation*, 105; [한역] 『성경해석학』, 151.

68   Ramm, *Protestant Biblical Interpretation*, 56-57; [한역] 『성경해석학』, 91.

호관계 속에서 이해되고 해석되어야 한다.[69] 율법과 복음은 서로를 근거 짓고 제한하며, 그 의미를 밝히며 드러낸다. 즉 율법은 죄를 드러내고 양심을 책망하며 심판하나, 복음은 은혜와 죄의 용서를 선포하기 때문에 율법이 없이는 복음도 그 의미를 상실한다. 그러므로 한스 바르트(Hans-M. Barth)는 "율법과 복음의 변증법은 루터에게 성경 전체를 여는 열쇠"라고 말한다.[70] 실제로 루터에게 율법과 복음의 구분과 변증법적 상호기능은 그의 성경해석과 신학에서 가장 중요한 주제 가운데 하나이다. 따라서 로제(Bernhard Lohse)는 "율법과 복음 사이의 구분은 다른 주제들에 덧붙여진 하나의 가르침이 아니다. 오히려 그것은 우리의 성경해석 방법과 절대적으로 모든 교리에 대한 신학적 작업을 위하여 의미 있는 것"이라고 말한다.[71] 나아가 루터는 "신약은 구약의 계시이다. 그것은 마치 누군가가 문자를 숨겼다가 나중에 열어 보인 것과 같은 것"이라고 말한다.[72] 이것은 일종의 구약과 신약의 상호관계적 해석방법이라고 할 수 있을 것이다.[73] 루터 신학에 있어 이러한 원리는 "그리스도 중심"의 예표적(모형적, typological) 해석의 기초가 된다. 실제

---

69 Cf. Luther, "Prefaces to the Old Testament (1523/1545)," *LW* 35, 237. "하나님의 계시로서의 예수 그리스도의 십자가…이 계시가 신학적 성경이해를 인도해야 하고, 이것이 곧 성경 본문 전체의 통일성과 일관성을 보장해 주는 관점이다." Jeanrond, *Theological Hermeneutics*, 33; [한역] 『신학적 해석학: 해석학의 역사와 특징』, 60.

70 H.-M. Barth, 『마르틴 루터의 신학: 비평적 평가』, 214.

71 Lohse, 『루터 연구 입문』, 217.

72 Luther, *WA* 10 I 1, 181, 24 (주현절 설교, Kirchenpostille 1522). 여기서는 Lohse, 『마틴 루터의 신학』, 272에서 재인용.

73 성경을 전체적으로 이해하고 해석함에 있어 구약과 신약의 유기적인 관계를 어떻게 파악할 것인가 하는 것은 아주 중요한 주제이다. 이 주제와 관련하여 베이커(David L. Baker)는 역사적, 신학적, 성경신학적인 연구를 통하여, 그동안 시도된 중요한 "이해 모형"으로, "기독론"(Christology), "구속사"(Salvation History), "모형론"(Typology), "약속과 성취"(Promise and Fulfillment), "연속성과 불연속성"(Continuity and Discontinuity), "언약"(Covenant) 등의 모델들을 제시하고 있다. cf. David L. Baker, *Two Testaments, One Bible: The Theological*

로 신약은 그 자체로서 구약을 이해하고 인용하며, 해석하고 있다. 그러므로 현대적인 의미에서 보자면, 구약은 항상 완성된 계시로서의 신약의 빛 아래서 해석되어야 하고, 또한 동시에 신약은 항상 구약의 배경과 약속의 전망 속에서 해석되어야 함을 잘 알 수 있다.

2. 성경 본문의 "문자적 의미의 우선성"(the Priority of the Literal Sense)

루터에게 "성경의 명료성" 교리가 함의하는 또 다른 중요한 해석학적 원리는 성경 본문의 "문자적 의미의 우선성"(the priority of the literal sense)이라고 할 수 있다. 중세에 정립된 전통적인 성경해석 방법론은 이른바 성경의 "사중의미론"(Quadriga; the four-fold senses of the Scripture)이다. 로마 가톨릭의 "사중의미론"의 기원은 고대 동방 교회 알렉산드리아 학파의 오리게네스(Origen, ca.185-254)가 정립한 성경의 "삼중의미론"이며, 그는 모든 성경의 단어와 본문은 "육체에 비교되는 문자적 의미, 영혼에 비교되는 도덕적 의미, 정신에 비교되는 영적 의미를 가진다"고 하였다.[74] 이러한 오리게네스의 성경 해석방법을 계승하여 로마 가톨릭의 중세적 "사중의미론"을 완성한 사람은 교황 그레고리우스 1세(Gregory of the Great, ca.540-604)이다. 이렇게 정립된 성경의 "사중의미

Relationship between the Old and New Testaments, 3rd ed. (Downers Grove, IL: InterVarsity Press, 2010).

[74] Anthony C. Thiselton, *Hermeneutics: An Introduction* (Grand Rapids, MI: Eerdmans, 2009), 김동규 역, 『성경해석학 개론: 철학적/신학적 해석학의 역사와 의의』 (서울: 새물결플러스, 2012), 171. cf. Origen, *De Principiis*, 4.2.4. in *Ante-Nicene Fathers*, vol. 4 (Peabody, Mass.: Hendrickson Publishers, 2004). 그리고 오리게네스의 이러한 "삼중해석법"의 기원은 알렉산드리아의 필론(Philo of Alexandria, 20 BCE-50 CE)이며, 그는 유대교적 알레고리 해석의 주창자이다(p. 116).

론"은 "문자적, 풍유적, 도덕적, 그리고 신비적 의미"를 말한다.

첫 번째 의미는 문자적(literal) 의미이다. 여기에는 비유적 언어나 은유도 포함된다. 이 문자적 의미는 텍스트의 역사적 정황과 문맥에서 도출된다. 두 번째로 알레고리적(allegorical) 의미는 역사적 의미의 신학적, 기독론적 목적의 파악으로서나 경건적 의미확대 또는 의미전환의 일환이다. 세 번째 도덕적(moral) 의미는 현 상황에서의 행동을 위한 실제적 적용의 일환이다. 네 번째 신비적(anagogical) 의미는 미래완성의 지평 속으로의 의미의 확대이다.[75]

이 문제와 관련하여, "성경의 명료성"은 앞서 언급한 "성경은 스스로가 해석한다"(*sacra scriptura sui ipsius interpres*)는 원리에 따라 성경의 텍스트는 본질적으로 "문자적 의미"(literal sense)를 우선하여 해석되어야 함을 뜻한다.[76] 왜냐하면 성경의 명료성 교리는 원리적으로 본문 자체가 말하는 "문자적", "자연적" 의미로 이해되어야 함을 요구하기 때문이다. 그러나 중세신학과 성경주석 방법론으로 신학교육을 받은 루터 또한 『첫 시편강의』(1513-15)에서는 로마 가톨릭 신학자들과 마

---

75 Thiselton, *New Horizons in Hermeneutics*, 183; [한역] 『해석의 새로운 지평』, 263. 이러한 '사중의미'에 있어, "문자적 의미는 과거에 일어난 사건을 당신에게 가르친다. 알레고리적 의미는 믿어야 하는 것을, 도덕적 의미는 행해야하는 것을, 신비적 의미는 (미래의 삶 속에서) [종말론적으로] 소망해야 하는 것을 가르친다." Thiselton, 『성경해석학 개론』, 189, 197f.

76 Cf. Lohse, 『마틴 루터의 신학』, 270. 성경해석학에 있어 "문자적 의미"라는 용어의 자세한 의미와 관련해서는 Ramm, *Protestant Biblical Interpretation*, 113-27; [한역] 『성경해석학』, 161-76을 참조하라. "문자적 의미"라는 표현은 대체로 그 언어의 사용에 있어 '기본적, 관습적, 그리고 사회문화적으로 지시된 의미'를 가리키며, 그 강조점이 '자연스러운', '적절한', '명백한', 그리고 '정상적인'(normal) 의미를 말한다. 또한 성경의 "문자적 의미의 우선성"을 말하는 종교개혁적 의미는 주로 "알레고리적 의미"에 대립되는 것이다 (pp. 169-71).

찬가지로 페트루스 롬바르두스(Peter Lombard, ca.1100-1161)의 주석 방법에 따라 대체로 "사중의미론"을 따르면서도 한편으로는 인문주의의 영향으로 문자적 의미를 또한 강조하기도 하였다. 그러나 『로마서 주석』(1516-17)과 『갈라디아서 주석』(1517) 이후로는 전통적인 중세적 성경해석 방법론을 완전히 탈피했으며, 문맥상 특별한 경우가 아니면 오직 성경의 "문자적 의미"를 특히 강조하였다.[77] 그리하여 루터는 『교회의 바벨론 포로』(1520)에서 성경해석에서의 "문자적 의미"의 우선성과 중요성을 강조하여 다음과 같이 말하고 있다.

그리스도인 독자는 문자적 의미를 찾는 것을 자신의 일차적 과제로 삼아야 한다. 오직 그것만이 기독교 신앙과 신학의 전부이기 때문이다. 그리고 오직 그것만이 시련과 시험의 때에 그 신앙과 신학의 기초가 되기 때문이다.[78]

루터는 그의 『탁상담화』(Table Talk)에서 "나는 설교를 할 때 [항상] 성경의 문자적 의미에 토대를 둡니다." 그러나 또한 동시에 "성경은 이성만 가지고 비평하고 설명하고 판단해서는 안 되고, 기도하는 마음으로 근실하게 묵상하여 그 뜻을 찾아야 합니다. 성령께서 이 일에 우리

---

77 Cf. Thiselton, 『성경해석학 개론』, 204-6.
78 Luther, *LW* 9, 24. 여기서는 Thiselton, *New Horizons in Hermeneutics*, 184; [한역] 『해석의 새로운 지평』, 264에서 재인용. 또한 루터는 『교회의 바벨론 포로』(1520)에서 이것과 관련하여 다음과 같이 말하고 있다: "무엇보다도 하나님의 말씀은 사람에 의해서든지 천사에 의해서든지 결코 억지로 해석되어서는 안 된다. 오히려 하나님의 말씀은 가장 분명한 의미로 이해되지 않으면 안 된다. 그리고 문맥으로 인해 우리가 분명히 달리 할 수 없는 경우 이외에는, 하나님의 말씀은 그 고유의 문자적 의미와 동떨어지게 이해되어서는 안 된다. 이는 우리의 적들에게 모든 성경을 회피할 기회를 주지 않기 위해서이다. 이것이 오리게네스가 오래 전에 배척을 받은 것이 옳은 이유이다." Luther, "The Babylonian Captivity of the Church" (1520). 여기서는 Dillenberger, 『루터저작선』, 333을 참조함.

삼위일체 하나님과 신학

의 유일한 스승과 안내자가 되어주어야 합니다"라고 말한다.[79] 루터에 의하면, 성경의 의미가 복잡하거나 모호하지 않아서 그 의미를 결정하기 위하여 성경 외적인 권위에 의존하지 않고 오직 성경 자체의 권위로서 해석되려면, 가장 먼저 성경 언어의 명료성이 전제되어야 하고, 그것은 또한 성경의 자연스러운 문자적 의미에 의해 담보된다. 그러므로 루터에 의하면, "[성경 해석자는] 문법과 하나님께서 사람들 가운데 창조하셨던 언어의 용법에 일치하도록, 말씀이 가진 단순하고 순수하고 자연스러운 의미를 추구하여야 한다."[80] 루터 및 종교개혁자들이 "성경의 명료성" 교리에 근거하여 "문자적 의미"를 강조하는 것은 현대 해석학적 관점에서 볼 때, 그것은 무엇보다 성경 본문의 의미의 "단순성"(simplicity)/"단일성"(uniqueness)을 말하는 것이며, 이에 대립하는 것은 "알레고리적 의미" 곧 의미의 "다의성"(multiplicity)/"다양성, 다원성"(diversity, pluralism)이다. 이와 같이 루터는 성경은 단순하고 자연스러운 역사적-문법적 이해에 따른 오직 하나의 본래적이고 정확한 "문자적 의미"만을 가진다는 것을 강조하였기에, 로마 가톨릭이 가장 권위 있는 성경으로 주장하는 히에로니무스의 라틴역인 불가타(Vulgata) 성경보다 그 "근원으로 돌아가"(*ad fontes*) 본래 언어인 히브리어 및 그리스어 원전 성경을 연구하는 일의 중요성을 아주 강하게 강조하였다.[81] 버나드 램(Bernard Ramm, 1916-1992)은 이러한 "문자적 원리"(the literal principle)에 대한 루터의 함의를 다음과 같이 "세 가지 파생적 원

---

79 Luther, "Table Talk," *LW* 55; 이길상 역, 『탁상담화』 (고양: 크리스챤다이제스트, 2005), 37, 41.

80 Luther, *WA* 18, 700f. 여기서는 H.-M. Barth, 『마르틴 루터의 신학: 비평적 평가』, 217f 및 F. F. Bruce, "신약연구의 역사", 43을 참조하여 재인용.

81 신약의 그리스어 성경은 1516년에 에라스무스에 의하여 최초로 인쇄됨으로써 이러한 원어 성경연구에 획기적인 계기를 가져다 주었다. 이러한 유럽에서의 인쇄술의 발견이 종교개혁

리"로 요약한다.

1. **루터는 알레고리를 배격했다.** 그는 알레고리 해석을 "쓰레기", "찌꺼기", "해어져 버리게 된 누더기"라고 불렀으며, 알레고리 해석을 창녀나 원숭이 게임에 비유했다. 그러나 루터의 이러한 우화적 해석에 대한 배격은 대체로 로마 가톨릭에 대한 것이며, [물론 이것은 성경 자체에서 알레고리로 사용된 본문까지 거부하는 것은 아니다].

2. **루터는 원어의 우월성을 받아들였다.** 그는 하나님의 본래적 계시가 히브리어 성경과 그리스어 성경으로부터 회복되기 전에는 참되게 회복될 수 없다고 보았다.

3. **성경은 역사적-문법적 원리에 따라 해석되어야 한다.** 이것은 문자적 원리와 불가분의 관계에 있다. 해석자는 문법, 시대, 환경 및 성경 저자의 조건, 그리고 구절의 문맥에 주의를 기울여야만 한다.[82]

그러나 우리가 여기서 오해를 피하기 위해 한 가지 유의해야 할 것은 루터가 오직 성경 본문에 대한 "문자주의적 해석"을 주장하는 것은 아니라는 것이다. 다만 그가 주장하는 것은 지나치게 자의적인 "알레고리적 해석"이나 "영적 해석"의 폐해를 막고 올바른 성경해석을 정초하기 위하여 성경의 "문자적 의미의 우선성"(the priority of the literal sense)을 말하고 있다는 것이다. 또한 그것이 "성경의 명료성 교리"가 요구하며 전제하는 것이기도 하다. 실제로 루터 또한 많은 성경 본문

에 미친 중요한 영향에 대하여는 Alister E. McGrath, *Reformation Thought: An Introduction*, 3rd ed. (Oxford: Blackwell Publishers, 1999), 최재건 역, 『종교개혁사상』 (서울: CLC, 2006), 38-43을 참조하라.

82 Ramm, *Protestant Biblical Interpretation*, 54-55: [한역] 『성경해석학』, 88-89.

들을 주석함에 있어 그리스도 중심적인 알레고리적 해석을 하고 있는데, 이것은 우리가 앞서 살펴본 바와 같이 일종의 "그리스도 중심"의 예표적(모형적, typological) 해석이라고 할 수 있을 것이다.[83] 그러므로 루터의 성경해석 방법론은 "성경의 명료성" 교리에 근거하여 앞서 언급된 여러 가지 성경해석 원리들이 종합적으로 적용된 것으로 보아야 할 것이다.

V. "실천적 원리"(practical principle)로서의 성경의 명료성

1. 성경의 명료성과 "말씀의 선포(설교)와 성례전의 개혁"

여기서 먼저 살펴볼 실천적 문제는 "**성경의 명료성**"과 "**하나님의 말씀의 선포, 곧 설교와 성례전의 개혁**"에 관한 문제이다. 루터와 종교개혁자들은 그 무엇보다 "말씀의 선포" 곧 설교의 중요성을 인식하였고, 그것이 곧 기독교 예배의 중심이 되도록 했다. 루터는 참된 "교회의 표지들"(notae ecclesiae)에 대하여 말하면서 "하나의 영원하고 오류 없는 교회의 표지는 말씀이며, 또한 항상 그래왔다"고 주장한다.[84] 루터는 그의 "로마서 강의"(1515/16)에서 "말씀의 공적인 선포" 곧 설교에 대하여

---

83 이러한 논의와 관련해서는 이 글의 각주 (62), (76), 그리고 (78)를 참조하라. 즉 루터에게는 성경 본문의 문자적 의미가 항상 우선하지만, 필요한 경우에 있어 알레고리를 포함한 "영적 의미"는 기독론적 해석을 의미한다.

84 Luther, LW 16, 32. "오직 말씀에 의하여 교회는 인식되며, 그리스도의 통치는 말씀의 영광 가운데서만 묘사된다." 루터가 말하는 교회의 표지들의 목록들은 다음과 같다: "(1) 말씀, (2) 세례, (3) 성만찬, (4) 권징의 시행, (5) 목사와 주교의 소명과 안수, (6) 하나님께 드리는 기도와 찬미와 감사, (7) 영적 시험과 십자가를 견디는 것" 등을 말하며, 또 다른 곳에서

다음과 같이 말하고 있다. "교회 지도자의 입에서 나오거나 또는 경건하고 거룩한 사람의 입에서 나오는 모든 말씀은 '너희 말을 듣는 자는 곧 내 말을 듣는 것이요'라고 누가복음 10:16에서 말씀하시는 그리스도의 말씀이다."[85] 그러므로 루터에게 설교는 곧 "하나님의 말씀"으로 인식되었고, 설교 자체는 세례와 성찬과 마찬가지로 "성례전"으로 이해되었다. 이와 같이 루터에게서 인간의 설교가 곧 "하나님의 말씀"이 되는 것은 성경의 가르침이 그만큼 명료하기 때문이다. 그러므로 설교자는 항상 성경의 명료한 말씀에 근거하여 설교해야만 한다. "한스 보르스트를 반박하여"(1541)라는 글에서 루터는 목사의 설교와 관련하여 심지어 다음과 같이 말한다.

[목사는 그가 설교한 것에 대하여 용서를 구해서는 안 되며, 오히려 다음과 같이 말해야 한다.] 주께서 친히 말씀하셨다(Haec dixit dominus). 이 설교에서 나는 사도이며, 예수 그리스도의 선지자이다. 여기서 마치 잘못 가르친 듯이 죄의 용서를 구하는 것은 불필요하다. 그 이유는 그것이 하나님의 말씀이며, 내 말이 아니기 때문이다.[86]

이와 같이 루터가 설교를 그렇게 중요한 것으로 인식한 것은 "말씀은 하나님의 영의 선적장이며, 하나님과 인간이 만나는 장소이기 때문"이며, 그리고 "결정적인 것은 직접적인 설교와 청취에서 일어나기

는 더욱 다양한 표지들에 대하여 말하고 있다. 그러나 그 가운데 무조건적으로 가장 우선되는 것은 "하나님의 말씀"이다. Luther, "공의회들과 교회에 관하여", in LW 41, 150-66. 여기서는 로제(Loshe), 『마틴 루터의 신학』, 396-98을 참조함.

85 Luther, "로마서 강의", WA 56, 251f. 여기서는 로제(Loshe), 『마틴 루터의 신학』, 403을 참조함.

86 Luther, WA 51, 517. 여기서는 로제(Loshe), 『마틴 루터의 신학』, 403에서 재인용.

삼위일체 하나님과 신학

때문"이다.[87] 그리고 그러한 설교의 중심은 항상 성경이 명료하게 증거하는 "예수 그리스도" 그리고 그의 율법과 복음에 대한 선포이기 때문이다. 따라서 루터는 성경이 증거하는 "그리스도 외에는 아무것도 설교할 것이 없다"고 하였다.[88] 그렇다면 그러한 설교를 통하여 실제로 무슨 일이 일어나는가? 루터는, 예수 그리스도께서는 오로지 선포되는 말씀 안에 현존하고 있다고 하며 다음과 같이 말한다. "나는 그리스도에 관한 복음을 전하고, 당신이 그를 닮도록 육성으로 그리스도를 당신의 가슴에 넣는다. [이와 같은 방식으로] 우리는 그와 더불어 저기 위에 머물고, 그는 우리와 함께 여기 아래에 있다. 그는 설교를 통해 내려오고, 우리는 믿음을 통해 그에게로 나아간다."[89] 그러므로 루터에 의하면, 설교는 언제나 성경의 명료한 가르침에 기초해야 하고, 또한 성경이 증거하는 "예수 그리스도"를 선포하는 한, 그것이 바로 "하나님의 말씀"이 된다. 이와 같이 루터에게 설교는 너무나 중요하고 특별한 우선적 위치를 가지고 있으며, 그는 "[설교] 말씀을 성례전적으로 이해함과 동시에 성례전을 말씀에 의해 이해하며, 그를 통해 말씀의 중요성을 부각시킨다."[90]

또한 루터는 그의 성만찬에 대한 설교인 "새 언약에 대한 설교"(1519)와 "교회의 바벨론 포로"(1520)에서 로마 가톨릭의 성례전 교리를 공격하며, 모든 성도들이 "예수 그리스도의 몸과 피"에 참여해야하기 때문에, 일반 성도들에게 "떡"만을 분여했던 중세의 성찬예식을 폐기하고,

---

87 Cf. H.-M. Barth, 『마르틴 루터의 신학: 비평적 평가』, 495.

88 Luther, WA 16, 113.

89 Luther, WA 19, 489; WA 12, 565. 여기서는 H.-M. Barth, 『마르틴 루터의 신학: 비평적 평가』, 494f에서 재인용.

90 H.-M. Barth, 『마르틴 루터의 신학: 비평적 평가』, 505.

모든 성도들에게 "떡과 포도주"를 함께 분여하여 나눔으로써 진정한 성찬에 모두가 다 함께 참여하도록 했다.[91] 이때 루터가 의지하는 것은 다음과 같은 그의 진술에서 보듯이 오직 성경의 명료한 가르침이다.

만일 교회가 평신도들에게서 한 가지 요소인 포도주를 빼앗을 수 있다면, 역시 다른 한 가지 요소인 떡도 빼앗을 수 있다는 결과가 된다. 그러므로 교회는 평신도들에게서 전 제단의 성례를 빼앗고 또 그들에 관한 한 그리스도의 제도를 완전히 무효화할 수 있을 것이다. 무슨 권위로 그렇게 할 수 있는지 묻고 싶다. 만일 교회가 떡이나 두 요소를 빼앗을 수 없다면 포도주도 빼앗을 수 없을 것이다. 이것은 결코 부인할 수 없는 것이다.…나에게 가장 중요하고 결정적인 것은 그리스도께서 다음과 같이 말씀하시는 것이다. 곧 "이것은 너희와 많은 사람들의 죄사함을 위하여 흘린 내 피이다." 여기서 당신은 [그리스도의] 피가 모든 사람들의 죄를 위하여 흘려지는 것을 명료하게 본다.…[또한] 그리스도께서는 말씀하시기를 "너희가 다 이것을 마시라"(마 26:27)고 하신다.…그러나 성경에 의거하여 우리에게 대항하는 사람들은 성경에 의거하여 반박 받지 않으면 안 되는 것이다.[92]

나아가 루터는 로마 가톨릭의 "7성례론"을 반박하면서 오직 성경이 명료하게 가르치고 분명한 성례의 표지가 있는 "세례"와 "성찬"만을 참된 성경적인 성례로 인정하였다.[93] 이와 같이 루터는 성경의 명료한 가

---

91 특별히 루터는 그의 "교회의 바벨론 포로"에서 제일 첫 번째 포로된 사항이 바로 로마 가톨릭에 의한 일반 성도들에 대한 "떡"만의 성찬이라고 하며, 이를 폐기하고 "떡과 포도주"의 온전한 성찬의 회복을 주장하였다. cf. Luther, "교회의 바벨론 포로", 『종교개혁 3대 논문』, 170-83.

92 Luther, "교회의 바벨론 포로", 『종교개혁 3대 논문』, 175-76.

93 루터는 그의 "교회의 바벨론 포로"에서는 '세 가지 성례', 곧 '세례, 성만찬, 그리고 참회'에

르침에 근거하여 말씀의 선포, 곧 설교의 중요성을 특별히 강조하였고, 나아가 성례를 성경적으로 올바르게 개혁함에 있어서도 오직 성경의 명료한 가르침에 근거하여 그렇게 하였음을 분명하게 확인할 수 있다.

2. 성경의 명료성과 "전(全)성도의 제사장직 및 교회 직분의 개혁"

다음으로 살펴볼 실천적 문제는 "**성경의 명료성**"과 소위 "**전(全)성도의 제사장직과 교회 직분의 개혁**"과의 관계 문제이다. 성경은 그 자체로 명료하며, "성경은 스스로를 해석"하고, 또한 항상 말씀과 함께하시는 성령의 인도하심이 있기 때문에, 루터에게 있어 성경의 명료성은 "성도의 제사장직"과 곧바로 연결되어 있었으며, 그 결과 성경은 특정 성직자만의 독점적인 것이 아니라 모든 그리스도인의 소유물이 되어야 한다. 루터에 의하면, "모든 경건하고 유능한 그리스도인은 성경의 참된 의미를 이해할 수 있으며, 따라서 로마 가톨릭 교회가 제시하는 해석에 대한 공적 지침이 전혀 필요하지 않다. 성경은 명료한 책이다 [cf. 성경의 명료성].⋯따라서 유능한 그리스도인은 성경을 해석하기에 충분한 자격이 있다. 또한 성경은 신자들에게 내용상 그 의미를 전달함에 있어 충분히 명료하다. 더욱이 성경은 그 자체의 세계를 가지고 있으므로, 성경은 성경으로 해석해야만 한다."[94] 이와 같이 루터에

대하여 다음과 같이 말하고 있다: "먼저 나는 일곱 성례가 있다는 것을 부인하지 않으면 안된다. 그리고 현재[cf. 1520년]로서는 세 가지 곧 세례와 참회와 떡[cf. 성찬]만이 있음을 주장하지 않으면 안 된다. 이 세 가지는 다 로마 교황청에 의하여 비참하게 감금되어 왔으며, 또한 교회는 모든 자유를 박탈당해왔다. 그러나 만일 성경의 규례에 따라 말하자면 나는 단 한 가지의 성례, 즉 세 가지 성례적인 표지가 있는 성례만을 가져야 한다." Luther, "교회의 바벨론 포로", 『종교개혁 3대 논문』, 168f. 그러나 또한 루터는 "참회"의 경우 성례가 되는 절대 요건인 표지가 없기 때문에 성례로 간주될 수 없다고 하였다. cf. 로제(Loshe), 『마틴 루터의 신학』, 198.

게서 "성경의 명료성"은 "모든 성도의 제사장직"을 위한 기초로서 작동하고 있음을 알 수 있다. 루터는 그의 "독일 크리스천 귀족에게 보내는 글"(1920)에서 로마 가톨릭 교회가 불법적으로 쌓아놓은 "세 가지 담"[95]의 철폐를 요구하는 가운데, 그 "첫 번째 담"과 관련하여 성경의 명료한 가르침(cf. 고전 12:12)에 근거해 다음과 같이 천명하고 있다.

> 먼저 첫째 담에 대하여 비판을 가하자. 교황, 주교들, 사제들 및 수도사들을 "영적 계급"이라 부르고 군주들, 영주들, 직공들 및 농부들을 "세속적 계급"이라고 부르는 것은 전혀 조작된 것이다. 실로 이것은 순전한 거짓과 위선이다. 아무도 여기에 놀라서는 안된다. 이것은 말하자면, 모든 그리스도인들은 참으로 "영적 계급"에 속하며, 그들 가운데는 직무상의 구별 이외에 아무것도 없다.…그것은 우리가 다 한 세례와 한 복음과 한 신앙을 가지고 있고, 또 다 같은 그리스도인들이기 때문이다. 그리고 세례와 복음과 신앙만이 우리를 "영적으로" 되게 하고 [모두 같은] 그리스도인이 되게 하기 때문이다.[96]

---

94 Ramm, *Protestant Biblical Interpretation*, 55; [한역] 『성경해석학』, 89.

95 루터가 교회 개혁을 위하여 무엇보다 먼저 반드시 철폐되어야 할 것으로 주장하는 "세 가지 담"은 다음과 같다: "첫째 담, 세속적 계급위에 있는 영적 계급", "둘째 담, 성경해석자인 교황과 교황무오설", "셋째 담, 교황과 공의회). cf. Luther, "독일 크리스천 귀족에게 보내는 글", 『종교개혁 3대 논문』, 28-46.

96 Luther, "독일 크리스천 귀족에게 보내는 글", 『종교개혁 3대 논문』, 29-30. 이와 더불어 루터는 그의 "그리스도인의 자유"(1920)에서 "모든 성도들의 제사장 됨과 그 존엄성"에 대하여 더욱 분명하게 다음과 같이 천명하고 있다: "우리는 왕 중에서 가장 자유로울 뿐만 아니라 또한 영원히 제사장들이기도 하다. 이것은 왕이 되는 것보다도 훨씬 더 훌륭한 일이다. 그것은 우리가 제사장으로서 하나님 앞에 나아가 다른 사람들을 위하여 기도하고 거룩한 일들을 서로 가르칠 자격이 있기 때문이다. 이것은 제사장들의 직무이며 이 직무는 불신자들에게는 주어질 수 없는 것이다. 이와 같이 그리스도께서는 우리가 그를 믿기만 하면 그의 형제와, 공동 상속인과, 동료 왕이 되게 하실 뿐만 아니라, 그의 동료 제사장이 될 수도 있게 하셨다." Luther, "그리스도인의 자유", 『종교개혁 3대 논문』, 312-13.

따라서 이를 위해 루터는 온 힘을 다해 성경을 독일어로 번역하여 출간하였다(신약성경/1522년; 구약성경/1534년). 그리하여 마침내 로마 가톨릭이 금하였던 성경을 모든 사람들의 손에 들려주었고, 누구나 성경을 읽을 수 있게 하였다. 루터는 모든 그리스도인들은 하나님의 말씀인 성경을 읽고 해석할 권한과 더불어 의무가 있음을 다음과 같이 선언한다:

성경을 해석하거나 어떤 특정한 해석을 확정하는 것이 교황만의 권한이라고 주장하는 것은 이를 밑받침할 수 있는 성경의 증거를 한 획도 들 수 없는 악하고 파렴치한 조작이다. 그들이 이 권한 자체를 강탈하였다. 비록 그들은 이 권한이 베드로에게 열쇠가 주어질 때에 주어졌다고 주장하기는 하나, 그 열쇠는 홀로 베드로에게 주어진 것이 아니라 모든 그리스도인들에게 주어진 것이 너무나 분명하다.…이에 대하여 스스로 생각해 보라. 당신은 우리 가운데 참된 믿음, 성령, 이해, 말씀, 그리스도의 마음을 지닌 선한 그리스도인들이 있다는 것을 인정하여야 한다. 그런데 왜 그 사람들의 의견과 판단을 거부하고 믿음도 성령도 없는 교황의 의견과 판단을 받아들여야 하는가? 그것은 신앙 전체와 그리스도의 교회 자체를 폐기하는 것이 될 것이다.…우리는 다 하나의 믿음, 하나의 복음, 하나의 동일한 성찬을 가지고 있기 때문에 우리는 모두 다 각자가 사제들이다. 그렇다면 왜 우리는 신앙에 있어서 옳고 그른 것을 시험하고 판단할 자격을 가져서는 안 되는가?…우리는 자유의 영이 이 교황들의 날조된 선언들로 인하여 위협을 당하도록 허용해서는 안 된다.…예전에 하나님께서 나귀를 통하여 선지자 발람에게 [책망의] 말씀을 하신 것처럼…신앙이 내포하고 있는 의미를 받아들이고 그것을 이해하고 변호하며 모든 그릇된 것들을 책망하는 것은 모든 그리스도인들의 의무이다.[97]

이와 같이 루터는 로마 가톨릭이 주장하는 교도권(*magisterium*), 즉 "성경해석에 대한 교회의 독점적인 권위"를 부인하며, 모든 성도들이 제사장직을 가지고 있기 때문에 스스로 성경을 읽고 해석할 권리를 본 래적으로 가지고 있음을 분명히 하였다.[98] 뿐만 아니라, 모든 신자들은 스스로의 성경해석에 근거하여 교회의 가르침이나 전통 및 관습들이 성경의 가르침과 부합하지 않을 때에는 언제나 그것을 비판하며 의문 을 제기할 권리와 의무를 가지고 있음을 천명하였다. 루터에게 이 모 든 것을 가능하게 하는 기초는 바로 "성경의 명료성" 교리이다. 왜냐하 면 성경은 평범한 그리스도인들도 충분히 읽고 그 의미를 분명하게 이 해할 수 있을 만큼 명료하기 때문이다.[99] 이러한 측면에서 루터의 신학 사상은 "성직자와 평신도"라는 비성경적인 위계적 제도로서의 잘못된 교회개념과 질서를 무너뜨리고, "성도의 교제"로서의 성경적이고도 초 기 교회의 가장 중요한 특징인 참된 교회의 본질을 다시 회복하기 위 한 부패한 교권주의자들에 대한 저항운동이었고, 이후 교회 안팎으로

---

[97] Luther, "Address to the German Nobility(1520)." 여기서는 Dillenberger, 『루터저작선』, 492-93을 참조함.

[98] 그러나 루터가 "전(全)성도의 사제직"을 주장하면서, 그것이 말씀의 설교와 가르침을 맡은 "목사" 및 다른 교회의 임명에 따른 직분과 구분하고 있음 또한 분명히 해야 한다. 그는 "전 성도의 사제직"을 언급할 때는 *sacerdos/sacerdotes*라는 용어를 사용하지만, "목사"를 언급할 때는 *minister/ministri*라는 용어를 달리하여 사용할 뿐만 아니라, 또한 그 구분에 대하여 다 음과 같이 분명하게 말하고 있다. "사제는 장로 또는 집사와 같은 것이 아니다. 사제는 물과 성령을 통한 세례로 태어나며, 장로와 집사는 직임에 대한 소명으로 되는 것이다." WA 12, 178-9f. 또한 "모든 그리스도인들이 제사장인 것은 사실이지만, 모두가 목사는 아니다. 목 사가 된다는 것은, 그가 그리스도인이요 목사일 뿐만 아니라 직임과 그에게 위임된 사역의 장이 있어야만 한다. 이런 소명과 명령이 목사와 설교자를 만드는 것이다." WA 31 I, 211, 17-20(시편 28편 주해, 1530).

[99] Cf. Alister E. McGrath, *Christianity's Dangerous Idea: The Protestant Revolution - A History from the Sixteenth Century to the Twenty First* (New York: HarperCollins Publishers, 2007), 박규태 역, 『기독교, 그 위험한 사상의 역사』 (서울: 국제제자훈련원, 2009), 92-93.

비성경적이고 불법적인 "위계적인 질서"를 타파함으로써 근대 시민사회의 민주주의를 크게 고양하는 계기가 되었다.

3. 성경의 명료성과 "그리스도인의 소명 및 일상의 삶의 개혁"

앞서 살펴본 바와 같이, "성경의 명료성" 교리와 "전(全)성도의 제사장직"에 대한 루터의 신학사상은 중세의 "성직자와 평신도"라는 위계구조를 타파하였을 뿐만 아니라 "성과 속", "거룩한 것과 세속에 속한 것"의 구분의 벽을 허물어버렸다. 나아가 특히 이것은 그의 "그리스도인의 소명론"과 "일상의 삶의 개혁"을 통하여 구체적인 현실의 삶의 모든 현장에서 더욱 역동적으로 적용되고 실천되었다. 종교개혁은 더 이상 교회와 수도원의 고립된 영성이 아니라 구체적인 삶의 현실에서 이루어지는 삶의 영성에 관심을 가졌다. 모든 그리스도인들은 제각기 거룩한 제사장(성직자)으로 부름을 받았고, 그러한 부르심은 일상의 전체적인 삶의 세계로 확장된다. 그들은 모두가 이 세상으로 파송된 제사장들이며, 각자의 삶의 구체적인 현장에서 일상의 삶을 거룩한 것으로 회복해야 하는 소명(부르심)을 받았다. 이렇게 하여 성경의 명료한 가르침에 따라 각자의 부르심에 합당하게 믿음의 소명에 따라 섬김으로써 가정의 회복과 더불어 평범한 일상의 일터가 헌신해야 할 제사장직의 구체적이고도 실제적인 실천의 영역으로 회복되었다.

    이러한 개혁의 일환으로 루터는 성직자의 결혼의 정당성을 주장하며, 그 스스로 수도원을 해방시켜 수녀였던 카타리나 폰 보라(Katharina von Bora)와 결혼하여 행복한 가정을 꾸렸다(1526년 6월). 이것은 "이신칭의 교리"의 구체적인 실천으로서, 더 이상 수도원에서의 고행과 수도생활에 의한 공로가 구원을 가져올 수 없다는 것을 그 자신이 친히 삶의 실천으로 천명한 것이다. 이와 같이 "성경의 명료성"에 근거한 "교리의 개혁"은 곧바로 성도들의 모든 구체적인 "삶의 개혁"으로 나아갔다. 루터에 의하면, 모든 그리스도인들은 이 세상에서 하나님을 섬기도록 부르심을 받은 사람들이기 때문에 세상으로부터 나와 수도원으로 도피할 수도 없고, 도피해서도 안 된다. 그리스도인들은 타락했음에도 불구하고 여전히 하나님의 창조세계인 이 세상에서, 그러나 또한 이 세상과는 구별되게 하나님을 섬기도록 부름받은 자들이다. 이 점과 관련하여 루터는 다음과 같이 말한다.

모든 세계가 하나님을 섬기는 것으로 채워질 수 있다. 비단 교회뿐만 아니라 가정, 부엌, 지하실에 있는 포도주 저장고, 일터 그리고 들판까지도…세속의 일처럼 보이는 것들이 사실은 하나님을 찬양하는 것이며, 그분을 너무나 기쁘시게 하는 순종이다.…시대 시대마다, 성도들은 세상 속에서 이런 방식으로 살아간다. 그들은 가정의 일과 일상 세계를 가까이 하면서 공무를 수행하고 가정을 꾸리며 밭을 갈고 나아가 상업이나 다른 종류의 직업에 종사한다. 그러나 그들은 조상들처럼, 자신들이 이 땅에 유배된 이방인임을 깨닫고 있다. 그들은 이 세상을 그저 거쳐가는 장소로 이용할 뿐이다.[100]

---

100 여기서는 Alister E. McGrath, *Root that Refresh: A Celebration of Reformation Spirituality*, 박규태 역,『종교개혁 시대의 영성』(서울: 좋은 씨앗, 2006), 214, 231, 234에서 순서를 바꾸어 재인용. 나아가 루터는 가사노동의 거룩한 가치를 다음과 같이 칭송하였다: "그것이 거룩함을 잘 드러내 주는 명백한 겉모습은 없지만, 그럼에도 불구하고 가정에서 이루어지는 바로 이러한 허드렛일이야말로 수도사와 수녀들이 하는 그 모든 일보다 더 가치 있는 것으로 간주되어야 한다"(p. 231).

VI. 현대 해석학적 위기와 "성경의 명료성" 교리의 함의

1. 근대 "역사비평 이론"과 현대 "해체주의적 포스트모더니즘"의 도전과 성경해석학

지금까지 우리가 살펴본 것과 같이 "오직 성경만으로(*sola scriptura*)"의 원리 위에서 종교개혁신학은 이제 완전히 새로운 형태로 재정립되었다. 윌리엄 칠링워스(William Chilingworth, 1602-1644)는 이러한 특징을 한마디로 요약하여 "성경, 오직 성경만이 개신교의 종교"라고 천명한 바 있다.[101] 그러나 17세기 정통주의 신학의 위대한 "신앙고백의 시대" 이후 근대 합리주의와 경험주의, 그리고 비판철학에 근거한 18세기 "이성의 시대"(계몽주의)가 도래하였고, 이러한 철학적 기초 위에서 "역사비평적 실증주의"에 따라 구축된 성경에 대한 철저한 **역사비평 방법**(historical-critical method)은 또다시 모든 상황에 대하여 급격하고도 전체적인 변혁을 야기시켰다. 무엇보다 먼저 이러한 변혁은 다시 한번 "권위"(authority)의 본질적인 기준을 바꾸어놓았다. 우리가 살펴본 바와 같이, 종교개혁은 로마 가톨릭의 "교회와 전통"의 권위로부터 "오직 성경"의 권위로의 회복과 변혁이었다면, 계몽주의는 "전통"(로마가톨릭)뿐만 아니라 "성경"(개신교)의 권위를 모두 인간의 합리적/경험적 준칙에 근거한 과학적 "이성"의 권위로 대체시켰다. 예를 들면, 18세기 영국의 이신론자(Deist)였던 존 톨랜드(John Toland)는 그의 『신비적이지 않은 기독교』(*Christianity not Mysterious*)에서 "모든 확실성의 유일한 토대는 이성이다. 비록 계시된 것이라 할지라도, 그것의 형식이든

---

101 William Chilingworth, *The Religion of Protestants the Safe to Salvation* (1637). 여기에서는 McGrath, 『기독교, 그 위험한 사상의 역사』, 317에서 재인용.

혹은 존재에 대한 것이든 간에, [이성적] 탐구로부터 그 어느 것도 전혀 예외가 될 수 없다.…모든 확신의 토대는 오직 이성적 판단이다"라고 주장했다.[102]

뿐만 아니라 성경에 대한 역사비평적 연구는 종교개혁자들의 "성경의 명료성" 교리의 토대를 약화시키고 그 기초부터 무너뜨리고자 하였다. 이러한 성경에 대한 "역사비평 방법"의 실제적인 창시자로 평가되는 인물인 **제믈러**(Johann S. Semler, 1725-1791)는 할레 대학교의 루터파 신학교수였는데, 그는 크리스티안 볼프(Christian Wolf)의 견해를 더욱 발전시켜 성경해석학은 모든 신학 및 교의학적 관심과는 독립하여 철저하게 성경을 하나의 인간적인 역사적 문헌 혹은 세속적인 문학작품으로서 연구해야 한다고 주장하였다.[103] 나아가 제믈러의 제자인 그리스바하(Johann J. Griesbach, 1745-1812)는 이러한 비평적 연구방법론을 더 발전시켜 신약의 공관복음서에 대한 문학비평적(literary criticism) 관점에서 "자료비평"(source criticism) 문제를 제기함으로써[104] 성경에 대한 본격적인 비평적 연구의 시대를 열었다. 나아가 **가블러**(Johann P. Gabler, 1753-1826)는 제믈러를 따라 교의학으로부터 독립된 역사적인 탐구분야로서의 "순수한"(rein) 성경신학의 독립을 주장하였다. 이러한 성경에 대한 역사비평 방법론에 의해 구약신학 분야에서는 아스트릭(Jean Astruc), 아이히혼(Johann G. Eichhorn), 데 베테(W. M. L. De Wette), 벨하우젠(Julius Wellhausen) 등에 의해 소위 "J, E, D, P"라는 4문

---

102 Henning Graf Reventlow, *The Authority of the Bible and the Rise of Modern World*, trans. john Bowden (Philadelphia: Fortress Press, 1985), 297에서 재인용.

103 Johann Salomo Semler, *Abhandlung vom freien Grbrauch de Kanon* (정경의 자유로운 사용에 대한 연구, 1771-75). cf. Thiselton, 『해석의 새로운 지평』, 281 & Thiselton, 『성경해석학 개론』, 200, 222.

104 Cf. Bruce, "신약연구의 역사", 52-54.

126   삼위일체 하나님과 신학

서설(Documentary Theory)이 정립되었다.[105] 또한 신약신학 분야에서는 라이마루스(H. S. Reimarus), 파울루스(H. E. G. Paulus), 슈트라우스(D. F. Strauss), 바우어(Bruno Bauer), 르낭(E. Renan), 브레데(William Wrede) 등에 의해 소위 고전적인 "역사적 예수 탐구"(the Quest of the Historical Jesus) 운동이 활발하게 진행되었다.[106] 이후 전체적으로 성경신학 분야에서는 다양한 형태의 성경비평(Biblical Criticism) 이론들이 제기되어왔으며, 가히 비평이론의 백가쟁명 시대를 구가하며 오늘에 이르고 있다.[107] 고펠트(Leonhart Goppelt)는 "이러한 [역사비평 방법론에 근거한] 성경 해석학적 프로그램은 종교개혁의 해석학적 원칙과의 완전한 결별을 의미하는 것으로, '믿음의 유비'(analogia fidei)와 '성경의 유비'(analogia scriptuae sacrae)를 거부하며 오직 '역사의 유비'(analogia historica)에 따른 것"이라고 적절하게 평가한다.[108]

그러나 20세기 후반에 들어와 한 시대를 특징짓는 지적, 문화적 상황은 또다시 급변하였고, 이 시대를 우리는 흔히 "포스트모더니즘의

---

105 Cf. Gleason L. Archer, Jr., *A Survey of Old Testament Introduction*, Revised ed. (Chicago: Moody Press, 1977), 81-104.

106 Albert Schweitzer, *The Quest of the Historical Jesus: A Critical Study of Its Progress from Reimarus to Werde*, trans. W. Montgomery (New York: MacMillan Publishing Co., 1961).

107 성경에 대한 역사비평적 방법론 이후 제기된 다양한 성경비평 이론들 가운데 대표적인 것으로는 "자료비평"(Source Criticism), "양식비평"(Form Criticism), "전승사비평"(Traditional-Historical Criticism), "편집비평"(Redaction Criticism), "사회과학적 비평"(Social-Scientific Criticism), "정경비평"(Canonical Criticism), "수사학적 비평"(Rhetorical Criticism), "구조주의 비평"(Structural Criticism), "설화비평"(Narrative Criticism), "독자-반응 비평"(Reader-Response Criticism) 등이 있다. cf. Steven L. McKenzie & Stephen R. Haynes, *To Each Its Own Meaning: An Introduction to Biblical Criticisms and Their Applications*, Revised and Expanded ed. (Louisville: Westminster John Knox Press, 1999).

108 Leonhart Goppelt, *Theology of the New Testament*, vol. 1: *The Ministry of Jesus in Its Theological Significance*, trans. John E. Alsup (Grand Rapids: Eerdmans, 1981), 258.

시대"(the era of postmodernism)라고 부른다. 포스트모더니즘은 특별히 19세기 후반을 장식하였던 "의심의 세 대가"(three masters of suspicion)[109] 라고 불리는 마르크스(Karl Marx, 1818-83), 니체(Friedrich W. Nietzsche, 1844-1900), 그리고 프로이트(Sigmund Freud, 1856-1939)의 사상적 배경과 철학적 모티브들을 그 자양분으로 하여 하이데거(Martin Heidegger), 데리다(Jacques Derrida), 로티(Richard Rorty), 푸코(Michel Foucault), 리오타르(J.-F. Lyotard), 비트겐슈타인(Ludwig Wittgenstein), 가다머(H.-G. Gadamer), 리쾨르(Paul Ricoeur), 하버마스(J. Harbermas) 등의 현대 철학자들에 의해 다양한 모습으로 제시되어왔다.

이렇게 아주 다양한 분야에서 복합적인 형식으로 발전되어온 오늘날의 포스트모더니즘은 그 특징과 성격을 한마디로 규정짓고 일반화하기가 대단히 어려운 아주 복잡다단한 하나의 시대사조(Zeit-Geist)이긴 하지만(어떻게 보면 스스로를 특정하게 규정하는 것 자체를 거부하는 모호성과 다양성이 그 본질적 특징이라고 할 수 있을 것이다), 데이비드 하비(David Harvey)는 이것을 규정하기를 "일반적으로 실증주의적이고, 기술관료 중심적이며, 합리주의적인 보편적 모더니즘"에 대한 반작용이라고 한다.[110] 그러므로 대체로 **포스트모더니즘의 특징**은 모더니즘이 강조하는 가치들인 "합리적 이성에 근거한 [과학적] 지식의 표준화, 가치중립적인 객관성, 합리적 보편성, 자율적 주체성, 토대주의, 메타내러티브(cf. 모든 것을 하나로 체계화하려는 거대담론들)" 등을 철저하게 거부하는 반면, "우연성, 무질서, 부재, 허무주의, 해체, 반명제, 주관적 개체성,

---

Paul Ricoeur, *Freud and Philosophy: An Essay on Interpretation*, trans. Denis Savage (New Haven: Yale University Press, 1970), 33.

110 David Harvey, *The Condition of Postmodernity* (Oxford: Blackwell, 1989), 9; [한역] 『포스트모더니티의 조건』, 구동회/박영민 역 (서울: 한울, 1994), 25.

아이러니, 불확정성, 타자/타자성, 비토대주의, 특수 담론, 모호성, 다양성, 다원주의" 등과 같은 일련의 가치들을 강조하여 표상하는 경향이 있다.[111]

포스트모더니즘의 이러한 전도된 가치지향성을 기독교 신학 및 성경해석학적 관점에서 보자면, 한편으로는 근대 역사비평 방법론에서 나타난 것처럼 파괴적이고도 패권적인 과학적 이성주의와 비판적 이성의 "규범적 권위"(*norma normans*) 자체를 해체시킨다는 점에서 일견 아주 긍정적인 측면이 있다. 그러나 성경해석학적인 측면에서 볼 때, 급진적인 "해체주의적 포스트모더니즘"은 다음과 같은 심각한 문제점과 위기적 상황을 야기시킨다.[112] 먼저, (1) 하나의 "정경"으로서의

111　Cf. Harvey, *The Condition of Postmodernity*, 43; [한역] 『포스트모더니티의 조건』, 67; Thiselton, 『성경해석학 개론』, 494-523; Myron B. Penner, ed., *Christianity and the Postmodern Turn: Six Views* (Grand Rapids: Brazos Press, 2005); [한역] 『기독교와 포스트모던 전환』, 한상화 역 (서울: CLC, 2013).

112　포스트모더니즘이 기독교신학과 성경해석학에 미치는 다양한 영향들에 대한 분석과 대응에 대해서는 다음의 자료들을 참조하라: Thomas C. Oden, *Agenda for Theology After Modernity … What?* (Grand Rapids: Zondervan Publishing House, 1990); Anthony C. Thiselton, *Interpreting God and the Postmodern Self: On Meaning, Manipulation and Promise* (Edinburgh: T & T Clark, 1995); Davis S. Dockery, ed., *A Challenge of Postmodernism: An Evangelical Engagement* (Wheaton, IL: A BridgePoint Book, 1995); Brian D. Ingraffia, *Postmodern Theory and Biblical Theology: Vanquishing God' Shadow* (Cambridge: Cambridge University Press, 1995); Terrence W. Tilley, *Postmodern Theologies: The Challenge of Religious Diversity* (Maryknool, N.Y.: Orbis Books, 1996); Stanley J. Grenz, *A Primer on Postmodernism* (Grand Rapids: Eerdmans, 1996); Nancy Murphy, *Anglo-American Postmodernity: Philosophical Perspectives on Science, Religion, and Ethics* (Boulder, CO: Westview Press, 1997); Paul Lakeland, *Postmodernity: Christian Identity in a Fragmented Age* (Minneapolis: Fortress Press, 1997); Kevin J. Vanhoozer, *Is There a Meaning in this Text?: The Bible, the Reader, and the Morality of Literary Knowledge* (Grand Rapids: Zondervan Publishing House, 1998); Merold Westphal, ed., *Postmodern Philosophy and Christian Thought* (Bloomington and Indianapolis, IN: Indiana University Press, 1999); Kevin J. Vanhoozer, ed., *The Cambridge Companion to Postmodern Theology* (Cambridge: Cambridge University Press, 2003), etc.

전체 성경(*tota scriptura*)의 통전성과 유기적 통일성이 거부됨으로써 텍스트로서의 "성경"이 단순히 하나의 다양한 자료들의 묶음으로 해체되어버린다.[113] 따라서 전통적으로 인식되어왔던 성경 전체의 서사구조 혹은 거대담론(meta-narrative)적인 해석학적 체계들(cf. '구속사[신학]', '언약[신학]', '하나님 나라[신학]' 등)이 거부되고 다양하고도 특수한 소담론적 묶음으로 "의미의 체계"가 해체되어버리는 것이다. (2) 더 나아가 이것은 성경의 단일 저자로서의 "신적 저자성"(divine authorship)의 해체로 이어지게 되고, 마침내 "하나님의 존재" 자체를 부인하는 무신론적 상황을 야기하면서, 결과적으로 "신적 저자의 죽음"으로서의 또 다

---

113 밴후저(Vanhoozer)가 "급진적인 문학 비평가들('포스트모더니스트들')은 더 이상 개별 복음서가 단 한 사람의 저자에 의해 형성되었다고 혹은 개별 복음서들이 하나의 통일된 단일한 목적을 드러낸다고 가정하지 않는다. 포스트모던 독자는 안정된 의미에 대한 환상에서 깨어났다"고 말할 때, 이것은 바로 포스트모던 해석학에 있어 "정경"으로서의 성경, 곧 "텍스트의 해체" 현상을 지적하는 것이다. Vanhoozer, *Is There a Meaning in this Text?*, 87; [한역] 『이 텍스트에 의미가 있는가』, 김재영 역 (서울: IVP, 2003), 139. 참고로 데리다(Jacques Derrida)는 다음과 같이 주장한다. "[텍스트는] 더 이상 그 내용이 하나의 책이나 그 빈자리에 가두어져 있는 완성된 한 묶음의 글이 아니다. 오히려 그것은 하나의 차연적 그물망(a differential network)이요 흔적들의 직조물로서 끊임없이 그 자체 외의 다른 것, 또 다른 차연적 흔적들(differential traces)을 지시한다." Jacques Derrida, "Living On"/"Border Lines," in Harold Bloom, Paul de Man, Jacques Derrida, et al., *Deconstruction and Criticism* (London: Routledge/Kegan Paul, 1979), 84. 나아가 롤랑 바르트(Roland Barthes)는 "텍스트는 복수적이다. 텍스트는 의미의 복수성을 이루는데, 그것은 환원 불가능한(irreducible) 복수태 자체를 구현한다.…성경의 일부 '텍스트들'은 신학적(역사적 혹은 교훈적) 단일론(monism)에 의해 전통적으로 통제되어 왔지만, 그 자체로서는 의미의 분절(diffraction of meaning)을 지향하고 있다"라고 주장한다. Roland Barthes, "From Work to Text," in Josué V. Harari, ed., *Textual Strategies: Perspectives in Post-Structuralist Criticism* (Ithaca: Cornell University Press, 1979), 76, 77f. 바르트(Barthes)는 그의 "저자의 죽음"이라는 제목의 글에서 또한 다음과 같이 말한다. "우리는 이제 텍스트가 하나의 유일한 의미, 즉 〈신학적인〉(저자-신의 〈메세지〉인) 의미를 드러내는 단어들의 행으로 이루어진 것이 아니라, 그중 어느 것도 근원적이지 않은 여러 다양한 글쓰기들이 서로 결합하며 반박하는 다차원적인 공간이라는 것을 알게 되었다. 텍스트는 수많은 문화의 온상에서 온 인용들의 짜임이다." Roland Barthes, *Le Plaisir du texte/Leçon*, 김희영 역, 『텍스트의 즐거움』 (서울: 동문선, 1978), 32.

른 차원의 "신죽음의 신학" 혹은 "반(反)신학"을 초래한다.[114] 마지막으로 (3) "독자−반응 비평이론"(Reader-response Criticism)에서 보는 것처럼, 텍스트의 결정적인 "의미결정 요소"가 저자(the author) 혹은 텍스트(the text) 자체가 아니라 **"독자"(the reader)**에게로 결정적으로 전이된다.[115] 이것은 텍스트의 의미가 일의성을 상실하고 독자의 관심과 의도에 따른 해석행위에 의해 유동화 및 상대화되면서, 극단적으로 "의미"(meaning)의 아나키즘(anarchism)과 다원주의(pluralism)를 초래하게 된다는 것

---

114 밴후저(Vanhoozer)에 따르면, "해체주의가 '기호의 우상들'을 쓰러뜨리는 한, 해체주의는 '하나님'에 대해서도 적대적인 것으로 보인다. '기호와 신성은 같은 장소, 같은 시간에 태어났다. 기호의 시대는 본질적으로 신학적이다.' 브라이언 인그라피아(Brian Ingraffia)는 데리다의 사상이 '하나님과 하나님의 자리를 차지하는 모든 것을 배제한다'고 진술한다.…데리다(Derrida)는 의미와 진리의 자의성을 축하하면서 신의 무덤 위에서 춤추고 있는 허무주의적이며 무정부적인 사상가이다.…[포스트모던적] 저자의 죽음은 [근대] 주체의 죽음을 뒤따른다.…[그리고 나아가] 이 두 죽음은 제3의 죽음, 바로 '하나님의 죽음'(the death of God)에 연결된다." Vanhoozer, *Is There a Meaning in this Text?*, 50, 66; [한역] 『이 텍스트에 의미가 있는가』, 76, 104f; 다음과 같은 바르트의 주장은 더욱 직접적이다: "이렇게 해서 문학(글쓰기)은 텍스트에 (그리고 텍스트로서의 세계에) 하나의 〈비밀〉을, 최종적인 의미를 부여하기를 거부하면서, 이른바 반(反)신학적이라고 할 수 있는 활동을, 진정으로 혁명적인 그런 활동을 분출시킨다. 왜냐하면 의미를 고정시키기를 거부하는 것은, 결국 신과 그 삼위일체 위격인 이성/과학/법칙을 거부하는 것이기 때문이다.…독자의 탄생은 저자의 죽음이라는 대가를 치러야 한다." Barthes, 『텍스트의 즐거움』, 34, 35. cf. Jacques Derrida, *Of Grammatology*, trans. Gayatri C. Spivak (Baltimore & London: The Johns Hopkins University Press, 1976), 14, [한역] 『그라마톨로지』, 김성도 역 (서울: 민음사, 2010), 54; Ingraffia, *Postmodern Theory and Biblical Theology*, 224; 또한 급진적 포스트모던 '신죽음의 신학'/'반(反)신학'적인 해체에의 시도에 대하여는 Mark C. Taylor, *Erring: A Postmodern A/theology* (Chicago: The University of Chicago Press, 1984)을 보라.

115 이러한 관점과 관련하여, 밴후저(Vanhoozer)는 피쉬(Fish)의 견해를 분석, 인용하면서 다음과 같이 말한다: "독자의 해석은 텍스트의 의도들에 준하지 않고 오히려 텍스트의 의도들이 독자의 해석에 순응한다는 것이다. '나는 나의 해석 원칙들이 나에게 보도록 허용해주는 것 혹은 가리켜주는 것을 보았다. 그리고 내가 돌아서서 내가 **보았던** 것을 텍스트로, 그리고 의도로 여겼다.' 이것이 바로 피쉬의 '코페르니쿠스적 혁명'이다. 즉, **해석이 텍스트에 따르는 것이 아니라 텍스트가 해석에 따른다**"(강조는 저자의 것임). Vanhoozer, *Is There a Meaning in this Text?*, 110; [한역] 『이 텍스트에 의미가 있는가』, 173; Stanley Fish, *Is There a Text in This Class?: The Authority of Interpretive Communities* (London & Cambridge, Mass.: Harvard University Press, 1980), 163.

을 말한다.[116] 따라서 이러한 상황은 해석학적인 관점에서 볼 때, "의미의 실재성"(reality of meaning)이 거부되면서 또다시 극단적 회의주의(skepticism) 혹은 허무주의(nihilism)로 귀결될 수밖에 없다. 이와 같이 "의미의 실재성"이 거부된다는 것은 단순히 해석학적인 문제로 끝나는 것이 아니라 "진리의 확실성"(인식론, epistemology), "존재의 토대"(존재론, ontology), 나아가 "올바른 행위의 실천적 기저"(윤리론, ethics)의 궁극적인 해체(deconstruction)를 가져옴으로써, 모든 것은 "급진적 모호성"(radical ambiguity)과 "급진적 다원성"(radical plurality)에 기반한 상대주의와 다원주의로 귀결될 것이다.[117] 즉, 결과적으로 이것은 "모든 것은 나(독자)에게 좋은 것이 옳은 것이다"(포스트모던 실용주의, 상대주의, 다원주의)라는 것을 함축한다.[118]

---

116 밴후저(Vanhoozer)의 다음과 같은 진술을 참조하라: "해체주의적 문학 비평은 무정부적이다. 즉 기원도 없고, 통제도 없다. 그렇지만 이러한 '무정부 상태는 모든 권위의 허무주의적인 파괴가 아니라 권위의 다원성에 대한 신념이다." Vanhoozer, *Is There a Meaning in this Text?*, 138; [한역] 『이 텍스트에 의미가 있는가』, 220.

117 포스트모더니즘을 분석하고 그 성격을 특징화함에 있어 "급진적 모호성"(radical ambiguity)과 "급진적 다원성"(radical plurality)의 개념과 관련해서는 David Tracy, *Plurality and Ambiguity: Hermeneutic, Religion, Hope* (Chicago: The University of Chicago Press, 1987; [한역] 『다원과 모호성: 해석학/종교/희망』, 윤철호/박충일 역 (서울: 크리스천헤럴드, 2007)을 참조하라.

118 아네트 반즈(Annette Barnes)의 다음과 같은 진술은 바로 이러한 측면을 요약적으로 보여준다: "문학 텍스트가 독자들이 그 텍스트에 관하여 경험하는 내용에 대하여 책임을 지는 자기 보전적인 의미의 저장소가 아니라면,…문학 텍스트는 읽기 경험의 최종 생산물이다. 텍스트는 읽기 경험에 의해 구성되는 대상이며, 읽기 경험보다 앞서지 않는다." Annette Barnes, *On Interpretation: A Critical Analysis* (Oxford: Basil Blackwell, 1988), 86-87. 여기서는 Vanhoozer, *Is There a Meaning in this Text?*, 110; [한역] 『이 텍스트에 의미가 있는가』, 172에서 재인용.

2. 근/현대 성경해석학 이론과 "성경의 명료성" 교리의 해석학적 함의

그렇다면 이 연구에서 우리의 주된 관심주제인 "성경의 명료성" 교리는 근대 "역사비평 이론"과 현대 "해체주의적 포스트모더니즘"의 해석학 이론들과 관련하여 어떠한 해석학적 함의를 가지는가? 이 논점과 관련하여, 먼저 근/현대 해석학 이론들의 논쟁적 상황들이 그 주된 강조점은 서로 다르지만 종교개혁 당시 종교개혁자들이 투쟁했던 "두 가지 서로 다른 논쟁의 전선"(로마 가톨릭과 급진적 열광주의자들)과 아주 묘하게 닮아 있다는 사실을 우리는 매우 주의 깊게 성찰해야 할 필요가 있다. 또한 보다 구체적으로 그것은 다시 다음과 같은 두 가지 핵심 논점으로 집약되는데, (1) "해석학적 권위"(hermeneutical authority)의 문제와 (2) "텍스트(성경) 의미의 해체" 문제가 바로 그것이다.

즉, "성경의 명료성" 교리와 관련하여 이 두 가지 핵심 논점에 있어 종교개혁 당시 논쟁적 상황 속에서 로마 가톨릭과 급진적 열광주의자들은 모두 (1) "해석학적 권위" 문제에 있어 그 최종적 권위를 성경 '밖'에다 두었는데, 로마 가톨릭은 성경 텍스트 위에 있는 "교회의 교도권"에 두었고, 급진 열광주의자들은 "개인에게 주어지는 성령의 현재적인 내적 계시"에 두었다는 것이다. 그리고 (2) "텍스트(성경)의 의미 해체" 문제와 관련하여 로마 가톨릭은 "사도적인 살아 있는 구두전승"(the apostolic living oral tradition)에 근거하여 성경의 의미를 "더욱더 잘" 그리고 보다 더 정확하게 해석할 수 있다고 주장하였다. 그리고 이것에 근거하여 성경 텍스트의 영적인 의미들을 더 강조하는 "사중의 미론"(*Quadriga*)을 주장함으로써 본문의 본질적인 "문자적 의미"를 해체시켜버렸다. 반면에, 급진적 열광주의자들은 개인의 "주관적인 사적 해석과 판단"에 맡김으로써 마찬가지로 성경 텍스트의 "살아 있는 현재적인 영적 의미"(cf. 그들은 '문자'는 죽은 것이고 '영'은 살아 있는 것이라 보았음)를 알 수 있다고 주장하면서 역시 "문자적 의미"를 해체시켜버 렸다.

이러한 해석학적인 핵심 논점과 관련하여 근/현대 성경해석학적 이론들과 비교하자면, 먼저 근대 "역사비평 이론"은 로마 가톨릭의 입 장과 아주 유사한데, 그들은 성경위에 있는 인간의 "비판적 이성"의 권 위로 성경 텍스트의 진위뿐만 아니라 성경 텍스트의 의미에 대한 모 든 것을 보다 정확하게 판단하고자 시도하였다. 또한 텍스트의 의미 를 "파악"(grasping, 把握)하기 위하여 성경 텍스트를 헤집고 그 배후로 들어가 저자의 역사적 배경과 상황, 그리고 저자의 심리상태 등을 면 밀하게 파악함으로써 본문의 의미를 "저자보다도 더욱더 잘 이해하고 정확하게 결정할 수 있다"고 보았으나(cf. 슐라이어마허[F. Schleiermacher, 1768-1834]의 해석이론),[119] 결과적으로는 텍스트의 의미를 해체시켜버 렸다. 그러나 이후 해석학에 대한 보다 진전된 연구들을 통하여 이것 은 결국 도저히 도달 불가능한 목표로 판명이 났다. 이것의 단적인 예 는 바로 고전적 "역사적 예수 탐구 운동"이며, 그들은 성경 텍스트 배 후의 역사적 상황 및 예수의 직접적인 어록과 자의식 등에 대하여 주 도면밀한 비평적 연구를 통하여 교리에 착색되지 않은 "본래적인 있는 그대로의 역사적 예수"를 찾기 위하여 시도하였으나, 결국 그 결과는

---

119 슐라이어마허(Schleiermacher)에 의하면, "해석학의 과제는 저자를 저자 자신의 자기이해나 자기 작품의 이해에 있어 '저자만큼 잘' 그리고 더 나아가서 '저자보다 더 잘' 이해하는 것' 이다. 어떻게 이것이 가능할 수 있는가? 그렇게 할 수 있는 방편은 해석자가 역사적 연구를 통하여 '텍스트의 배후(behind)로 들어가서', 그리고 '텍스트가 발생한 저자의 내적인 삶의 전체적인 재구성'을 통하여 텍스트의 문법적 요소뿐만 아니라 저자의 개별적인 특성과 심 리적 요소에 이르기까지 저자 자신도 미처 다 알지 못하였던 모든 관련 요소들을 전체적으 로 파악할 수 있기 때문이다. cf. Thiselton, *New Horizons in Hermeneutics*, 221-28; [한역] 『해석의 새로운 지평』, 311-21.

연구자마다 그들의 특정한 관심과 의도에 따라 저마다의 아주 "다양한 역사적 예수의 허상"들을 그려내었을 뿐이었다.

반면에 현대 "포스트모더니즘"의 해체주의적 성경해석은 종교개혁기 "급진적 열광주의자"들과 아주 유사하다고 할 수 있다. 해체주의적 성경해석은 먼저 성경텍스트를 "저자"로부터 독립시켜 "자율적 텍스트"로 만든 다음, 텍스트를 독자가 마음대로 가지고 노는 하나의 놀이 도구로 만듦으로써 텍스트 자체를 해체시켜버린다.[120] 그러므로 "성경의 저자"도 "성경 텍스트" 자체도 더 이상 의미의 결정요소가 아니며, 오히려 "독자"가 그의 "읽기 행위"를 통하여 텍스트의 의미를 새롭게 창조해낸다. 그러므로 해체주의적 성경해석 이론에 있어 해석학적 권위, 곧 의미의 결정권자는 바로 **"독자"**(the Reader)다. 그리고 롤랑 바르트가 주장하듯이, 이러한 **"공저자로서의 독자의 탄생은 저자의 죽음"**을 전제한다.[121] 결과적으로, 해석과정에서 "의미의 창조자"로서의 독자가 가지는 "관심 혹은 의도"가 결정적인 "의미의 결정요소"가 되며, 독자는 항상 자신을 위해 새로운 의미를 만들어낸다. 이러한 현대 해체주의적 포스트모던 성경해석 이론은 성경 텍스트 자체보다 개인 안에 내재하는 성령의 "사적인 내적 계시"에 따라 의미에 대한 "사적 판단"을 우선시했던 급진적 열광주의자들이 가졌던 잘못된 신념의 "화려한 재

---

120 이 점과 관련하여, 롤랑 바르트(Roland Barthes)의 다음과 같은 진술을 참조하라: "우선 텍스트는 그 자체로서 유희한다(놀이가 가능한 문이나 기구처럼). 그리고 독자는 두 번 유희한다. 그는 텍스트를 가지고 유희하며(놀이의 의미에서), 그리하여 그것을 재생산할 실천을 추구한다. 그러나 이 실천이 수동적/내적인 모방이 되지 않기 위해서(텍스트는 바로 이러한 축소에 저항한다) 그는 텍스트를 연주한다(jour).⋯연주자는 일종의 공저자로서, 악보를 〈표현한다기보다는〉 악보를 완성하는 자이다. 텍스트도 이러한 새로운 종류의 악보와 유사하다. 그것은 독자에게 실질적인 협동을 요구한다. 이것은 아주 중대한 변화이다." Barthes, 『텍스트의 즐거움』, 45, 46.

121 Barthes, 『텍스트의 즐거움』, 35. "독자의 탄생은 저자의 죽음이라는 대가를 치러야 한다."

등장"혹은 "현대적 구현"이라고 볼 수 있을 것이다.

　이러한 근대 "역사비평적" 성경해석 이론과 현대 "해체주의적 포스트모더니즘" 성경해석 이론의 도전이 기독교 신학에 얼마나 위험하고 파괴적인 영향을 끼쳐왔는지 우리는 역사를 통하여 이미 전율할 만큼 충분히 경험해왔고, 또한 그러한 위기는 아직도 여전히 그 충격의 진폭을 더해가며 진행중이다. 그렇다면 이러한 도전과 위기 상황에 대하여 기독교 신학과 성경해석학은 과연 어떻게 대응해야 하는 것인가? 그러나 너무나 다행스러운 사실은 이러한 위기 상황 속에서 우리가 결코 무방비 상태의 빈손으로 지금 여기 처참하게 무너져 내린 폐허위에 마냥 허망하게 서 있지만은 않다는 것이다. 바로 이것이 본 연구를 통하여 우리가 배우고 얻어야 하는 가장 중요한 종교개혁 신학의 귀중한 유산이다. 이미 우리가 살펴본 것처럼, 종교개혁기에 마르틴 루터와 또 다른 많은 종교개혁자들이 우리가 직면해 왔거나 직면하고 있는 것과 동일한 도전과 위기에 직면하여 치열한 성경 연구와 신학적 투쟁을 통하여 오늘도 살아 계셔서 그의 말씀을 통하여 그의 언약 백성들과 소통하시며 역사하시는 "신적 저자성"(divine authorship; cf. 영감론)과 그의 살아 역사하는 말씀으로서의 통일된 "정경"으로서의 성경 자체의 "신적 권위"(divine authority; cf. 성경의 자증원리)를 천명하였다. 나아가 해석학적인 관점에서 볼 때, 그것은 특별히 **"성경의 자기해석 원리"**(the self-interpretation of the Scripture)를 말하는 **"성경의 명료성"**(*Claritas Scripturae*) 교리의 정립으로 나타났고, 그 모든 것은 바로 **"성경은 스스로를 해석한다"**(*sacra scriptura sui ipsius interpres*)**는** 해석학적 원리에 집약되어 있다. 그러므로 우리는 종교개혁신학의 해석학적 유산을 더욱 창조적으로 복원하고 발전시켜 이 혼란스러운 시대적 상황 속에서 우리에게 주어진 신학적/해석학적 싸움을 담대하고도 충성스럽게 감당해야 할 것이다.

나아가 그의 말씀에 의해 부르심을 받고 언약백성이 된 우리 모두는 근대 "역사비평 이론"에서처럼 역사의 언어적 유적들과 폐허더미를 파헤치며 뒤적이는 교만하고도 냉혹한 "비평적 탐사자"(the critical Explorer)들도 아니고, 또한 "해체주의적 포스트모던 해석이론"에서처럼 텍스트 자체가 말하는 "참된 의미"를 포기해버리고 오히려 우리 스스로의 관심과 의도에 따라 "창조적인 읽기 행위"(creative reading activity)를 통하여 스스로의 해석학적 쾌락과 유희를 즐기며 새로운 의미들을 마음대로 창출해내는 "의미 결정권자"로서의 자기도취적인 "창조적 독자"(the creative Reader)도 아님을 분명하게 인식해야 한다. 오히려 우리는 그의 말씀에 의해 부르심을 받았고, 그리하여 항상 성경 말씀 앞에 겸손하게 무릎 꿇고 그 말씀을 통하여 지금도 말씀하시는 성경의 참된 저자이신 "하나님의 음성"을 귀기울여 들어야 하는 말씀의 청지기로서 "신실한 수용자/청취자"(the faithful Hearer)이며, 또한 순종함으로 그 말씀에 따라 충성스럽게 살아야 하는 "말씀의 종이자 증인"(the minister and witness of the Word)들임을 분명하게 재인식해야 할 것이다.[122] 그러므로 우리는 루터의 "십자가 신학"이 제시하는 신학적 모티브를 해석학적으로 전용하여, 역사비평 이론의 "해석학적 교만"과 더불어 해체주의적 포스트모던 해석이론의 "해석학적 태만"에 반대하여, 겸손하고도 신실한 "십자가의 해석학"(hermenutica crucis)을 그 대안으로 제시할 수 있을 것이다.

---

[122] 이러한 관점에서 밴후저(Vanhoozer) 또한 다음과 같이 말하고 있다: "해석자의 고유한 소명은 텍스트의 의미에 대한 참되고 충실한 증인이 되는 것이다.…[그러므로] 성경해석자는 단지 성경의 의미를 지적하는 것이 아니라 그것을 구현하는 것—그 말씀이 가는대로 따라가는 것이다. 우리는 '예수 그리스도'의 이름에 관여함으로써, 우리 자신의 실존에 관한 증언

기독교가 해석학에 제공하는 것은 "십자가의 해석학"과 "영광의 해석학" 사이의 대조이다. 영광의 해석학에 따라서 읽는 자들은 자기 자신의 [다양한] 해석 기술을 드러내고, 텍스트에 대한 자신의 해석 이론을 부과하여 텍스트 자체의 의미를 가리고, [오히려 자신의 해석을 만들어낸다]. 물론 그러한 "영광"은 생명이 아주 짧다. 이와는 달리 겸손의 [십자가의 해석학]에 따르면, 우리 스스로는 뒤로 물러나서 우리의 해석 이론들을 텍스트의 검증에 맡길 경우에만 [참된] 이해에 이를 수 있다.[123]

[표] 성경해석의 3가지 모형: 해석학적 유형별 구분과 특징

유형	구분	해석학적 권위	의미의 결정 요소
(1) '저자'(the Author) 중심 모형	중세 로마 가톨릭	교회의 교도권	사도적(성경 저자) 구두전승
	근대 역사비평이론	합리적/비판적 이성	텍스트 배후의 저자의 역사적 상황/심리적 상태
(2) '독자'(the Reader) 중심 모형	급진적 열광주의자들	개인의 내적게시	사적 판단 (유동성/다원적 의미)
	현대 해체주의적 포스트모던 해석이론	독자의 반응	독자의 관심과 의도 (유동성/다원적 의미)
(3) '텍스트'(the Text) 중심 모형	종교개혁자들/ 정통 종교개혁 신학	성경텍스트 자체	문자적 의미/텍스트 안에 구현된 저자의 의도 (단순성/일의적 의미)

마르틴 루터는 보름스(Worms) 의회 앞에서 담대하고도 확신에 찬 목소리로 다음과 같이 고백하였다: "내가 여기에 서 있나이다. 하나님

에 대하여 응답한다. 이 메시지를 해석하는 것은 궁극적으로 스스로—텍스트의 의미와 의의와 진리에 대한—증인이 된다는 의미이다. 그러한 것이 바로 '삶의 순교'(martyrdom of life)이다." Vanhoozer, *Is There a Meaning in this Text?*, 440; [한역] 『이 텍스트에 의미가 있는가』, 709.

123 Vanhoozer, *Is There a Meaning in this Text?*, 465; [한역] 『이 텍스트에 의미가 있는가』, 743.

이여, 나를 도우소서!"(Here I stand. May God help me!) 그렇다면 지금 우리 자신들은 과연 어디에 서 있는가? 성경 텍스트를 절단하고 파헤치며 해부하기 위하여 날카로운 비판적 이성의 칼날 앞에 서 있는가? 아니면 단순히 의미론적 쾌락과 언어해석의 유희를 즐기기 위하여 성경 텍스트의 놀이터 앞에 서 있는가? 우리는 근대적 "역사비평 이론"의 협박과 "해체주의적 포스트모던 해석이론"의 유혹에 대하여 "아니오! Nein!"라고 분명하고도 담대하게 응답해야 할 것이다. 그렇게 함에 있어 우리도 루터처럼, 항상 "그의 앞에"(Coram Deo), 그리고 "그의 말씀과 함께"(Cum Scriptura) 겸손하게 그러나 믿음의 확신을 가지고 담대하게 서 있어야 할 것이다. 또한 우리는 "말씀 안에, 말씀 곁에, 말씀 아래에, 말씀과 더불어, 그리고 말씀을 위하여" 신실한 섬김의 종으로서 "지금 여기에"(here and now) 우리가 반드시 서 있어야 할 자리에 항상 "서 있어야"(be standing)만 할 것이다.

VII. 나가는 말

우리는 본 연구를 통하여, 마치 데카르트(René Descartes, 1596-1650)에게 "나는 생각한다, 그러므로 존재한다"(cogito, ergo sum)라는 방법론적 회의의 결과가 마침내 고대-중세철학으로부터 근대철학에로의 인식론적 전환을 가져온 의심할 수 없는 "제일 원리"(the first principle)로 작동하였던 것과 꼭 마찬가지로, 마르틴 루터에게는 "성경의 명료성"(claritas Scripturae) 교리가 중세의 "영광의 신학"(theologia gloriae)으로부터 "십자가의 신학"(theologia crucis)으로의 인식론적 전환, 즉 완전히 새로운 종교개혁 신학을 정립함에 있어 의심할 수 없는 "진리의 기둥과 터"곧 "제일 원리"(*primum principium*)로 작동하였음을 확인할 수 있었다.

또한 우리는 "성경의 명료성" 교리가 루터의 십자가 신학과 그의 종교개혁운동이 진전되는 과정에서 이루어진 여러 신학적 논쟁과 신앙적인 투쟁의 국면들에서 다양한 역할과 함의들을 함축하고 있음을 살펴보았다. 본 연구의 분석에 따르면, 루터에게 그것은 먼저 (1) 신학적 인식과 실천을 위한 명확한 확실성을 담보하는 근원적인 "인식론적 원리"(epistemological principle)로 작용하고 있으며, (2) "십자가 신학"의 정립을 위한 "그리스도와 복음 중심"의 성경해석의 "신학적 원리"(theological principle)로서 기능함과 동시에, 마지막으로 (3) 종교개혁 신학의 체계화를 위한 구체적인 성경해석 방법론을 구축하는 "해석학적 원리"(hermeneutical principle)로 작동하고 있음을 알 수 있었다. 그리고 오늘날의 성경해석 방법론과 관련하여 복원되어야 할 "성경의 명료성" 교리가 함축하는 실제적이고 중요한 성경해석 원리들은 다음과 같이 몇 가지로 정리할 수 있을 것이다.

1. 성경은 항상 성경으로 해석해야 한다(*sacra scriptura sui ipsius interpres*).
2. 성경은 본질적으로 "문자적 의미"(literal meaning, 역사적-문법적 원리와 언어학적 규칙)를 우선하여 해석되어야 한다.
3. "성경의 유비"(*analogia Scripturae*)에 따라 해석해야 한다.
4. "믿음의 유비"(*analogia fidei*)에 따라 해석해야 한다.
5. "해석학적 순환의 원리"(hermeneutical circle)에 따라 해석해야 한다.

근대 합리주의(modern rationalism)와 "역사-비평적"(historical-critical)

삼위일체 하나님과 신학

성경해석은 종교개혁기의 로마 가톨릭의 교권적 권위와는 전혀 다른 "규범적 이성"(authoritative reason)의 권위 아래 "역사적 고등비평"(historical higher criticism)에 의해 성경을 무참하게 짓밟고 갈기갈기 찢어버렸다. 또한 오늘날 포스트모더니즘(post-modernism)의 "해체주의적"(deconstructive) 성경해석은 전혀 다른 관점에서 성경의 본질적인 모호성(ambiguity)과 의미의 다원성(plurality)을 주장하며 성경을 하나의 해석학적인 놀이의 도구로 전락시킴으로써 또다시 성경에 대하여 파괴적으로 "해석학적인 해체"(hermeneutical deconstruction)를 시도하고 있다.

이러한 현대 성경해석학적인 위기 상황 속에서 루터를 비롯한 종교개혁자들이 그들의 종교개혁신학을 정립함에 있어 가장 중요한 기초원리(primum principium)로 삼았던 "성경의 명료성"(claritas Scripturae) 교리와 그것이 함축하는 올바른 성경해석 원리들을 창조적으로 복원하여 더욱 발전적이며 체계적으로 적용하는 깊이 있는 연구가 더없이 중요하고 긴급하게 필요하다 할 것이다. 왜냐하면, 오래전 루터가 선언하였듯이, 모든 그리스도인들에게 하나님께서 오고 오는 모든 세대들의 언약 백성들을 위해 기록하여 주신 성경을 읽고 해석할 "권리"와 "의무"가 함께 주어졌기 때문이다! 그리고 종교개혁기의 신학적 혼란의 상황과 꼭 마찬가지로, 오늘날의 성경해석학과 기독교 신학 전반에 있어 포스트모던적인 총체적 위기상황 속에서 "우리도 그들처럼" 다시 "근원인 성경으로 돌아가서"(ad fontes, Scripturam) 그 스스로를 해석하는 "성경의 명료성" 위에 우리의 신학을 확고하게 재정립해야 할 시대적 사명을 신실하고도 충성스럽게 감당해야 할 것이다! 그러므로 우리 모두는 언제 어디서나 무엇을 하든지 항상 말씀 앞에 무릎 꿇고 성령 하나님의 깨닫게 하심과 인도하심을 위하여 기도하며(oratio), 오직 그 말씀을 따라 깊이 묵상함(*meditatio*)과 동시에 그 말씀을 진정으로 청종하며 기쁨과 즐거움으로 고난을 견디며 살아가는(*tentatio*) 참된 신앙인, 참된 신학자, 그리고 "겸손하고도 확신에 찬" 참된 성경해석자가 되어야 할 것이다. 마지막으로, 우리 모두는 마르틴 루터가 보름스(Worms) 의회 청문회장(1521년)에서 하였던 다음과 같은 고백을 반드시 기억하고, 이를 오늘날 우리 자신의 고백으로 끊임없이 되뇌이도록 하자! "나는 아무것도 하지 않았습니다.…오직 주의 말씀이 이 모든 것을 다 이루었습니다!"[124] *Soli Deo gloria!*

"내 눈을 열어 주의 말씀에서 놀라운 것을 보게 하소서!
주의 말씀은 내 발에 등불이요 내 길에 빛이니이다!"(시 119:18, 105).

---

[124] Cf. Gordon Rupp, *Luther's Progress in the Diet of Worms, 1521* (London: SCM, 1951), 99; James Atkinson, *Martin Luther and the Birth of Protestantism* (London: Penguin Books, 1968), 32-33.

삼위일체 하나님과 신학

참고 문헌 (Bibliography)

Althaus, Paul. *The Theology of Martin Luther*. Trans. Robert C. Schultz. Philadelphia: Fortress press, 1966. 이형기 역.『루터의 신학』. 고양: 크리스챤다이제스트, 2001.

Archer, Gleason L., Jr. *A Survey of Old Testament Introduction*. Revised ed. Chicago: Moody Press, 1977.

Atkinson, James. *Martin Luther and the Birth of Protestantism*. London: Penguin Books, 1968.

_____. *The Great Light: Luther and the Reformation*. Grand Rapids: Eerdmans, 1968.

Bainton, Roland H. *Here I Stand: A Life of Martin Luther*. Nashville: Abingdon Press, 1950. 이종태 역.『마틴 루터의 생애』. 서울: 생명의말씀사, 1996.

Baker, David L. *Two Testaments, One Bible: The Theological Relationship between the Old and New Testaments*. 3rd ed. Downers Grove, IL: InterVarsity Press, 2010.

Barnes, Annette. *On Interpretation: A Critical Analysis*. Oxford: Basil Blackwell, 1988.

Barth, Hans-Martin. *Die Theologie Martin Luthers: Eine kritische Würdung*. München: Gütersloher Verlagshaus, 2009. 정병식/홍지훈 역.『마르틴 루터의 신학: 비평적 평가』. 서울: 대한기독교서회, 2015.

Barthes, Roland. *Le Plaisir du texte/Leçon*. 김희영 역.『텍스트의 즐거움』. 서울: 동문선, 1978.

_____. "From Work to Text." In Josué V. Harari, ed. *Textual Strategies: Perspectives in Post-Structuralist Criticism*. Ithaca: Cornell University Press, 1979.

Beisser, Friedrich. *Claratis scripturae bei Martin Luther*. Göttingen: Vandenhoeck & Ruprecht, 1966.

Bruce, F. F. "신약연구의 역사." In *New Testament Interpretation*, I. Howard Marshall, 이승호/박영호 역.『신약해석학』. 고양: 크리스챤다이제스트, 1997: 27-86.

Denzinger, Henricus / Adolfus Schönmetzer. *Enchiridion Symbolorum: Definitionem et Declarationum de Rebus Fidei et Morum*, 33rd ed. Barcinone: Herder, 1975.

Derrida, Jacques. *Of Grammatology*. Trans. Gayatri C. Spivak. Baltimore & London: The Johns Hopkins University Press, 1976. 김성도 역.『그라마톨로지』. 서울: 민음사, 2010.

_____. "Living On"/"Border Lines." In Harold Bloom, Paul de Man, Jacques Derrida, et al. *Deconstruction and Criticism*. London: Routledge/Kegan Paul, 1979.

Dockery, Davis S. ed. *A Challenge of Postmodernism: An Evangelical Engagement*. Wheaton, IL: A BridgePoint Book, 1995.

Ebeling, Gerhard. *The Study of Theology*. Trans. Duane A Priebe. Philadelphia: Fortress Press, 1978.

Erasmus, Desiderius. *The Praise of Folly*. Chicago: Packard, 1946. 강민정 역. 『우신예찬』. 서울: 서해문집, 2008.

Erikson, Erik H. *Young Man Luther: A Study in Psychoanalysis and History*. New York: W. W. Norton & Company, 1993. 최연석 역. 『청년 루터』. 고양: 크리스챤다이제스트, 1997.

Fish, Stanley. *Is There a Text in This Class?: The Authority of Interpretive Communities*. London & Cambridge, Mass.: Harvard University Press, 1980.

Geisler, Norman L. ed. *Inerrancy*. Grand Rapids: Zondervan Publishing House, 1980.

Goppelt, Leonhart. *Theology of the New Testament*, Vol. 1: *The Ministry of Jesus in Its Theological Significance*. Trans. John E. Alsup. Grand Rapid: Eerdmans, 1981.

Grenz, Stanley J. *A Primer on Postmodernism*. Grand Rapids: Eerdmans, 1996.

Hägglund, Bengt. *History of Theology*. 2nd ed. Trans. Gene J. Lund. Saint Louis: Concordia Publishing House, 1968. 박희석 역. 『신학사』. 서울: 성광문화사, 1989.

Hannah, John D. ed. *Inerrancy and the Church*. Chicago: Moody Press, 1984.

Harran, Marilyn J. *Luther on Conversion: The Early Years*. Ithaca/London: Cornell University Press, 1983.

Harvey, David. *The Condition of Postmodernity*. Oxford: Blackwell, 1989. 구동회/박영민 역. 『포스트모더니티의 조건』. 서울: 한울, 1994.

Ingraffia, Brian D. *Postmodern Theory and Biblical Theology: Vanquishing God' Shadow*. Cambridge: Cambridge University Press, 1995.

Jeanrond, Werner G. *Theological Hermeneutics: Development and Significance*. New York: Crossroad, 1991. 최덕성 역. 『신학적 해석학: 해석학의 역사와 특징』. 서울: 현장과 본문 사이, 1997.

Kistler, Don, ed. *Sola Scriptura: The Protestant Position on the Bible*. Morgan, PA: Soli Deo Gloria Publications, 1995.

Kraus, Hans-Joachim. *Grundriss Systematischer Theologie*. 박재순 역. 『조직신학』. 서울: 한국신학연구소, 1986.

Lakeland, Paul. *Postmodernity: Christian Identity in a Fragmented Age*. Minneapolis:

삼위일체 하나님과 신학

Fortress Press, 1997.

Leith, John H. ed. *Creeds of the Church: A Reader in Christian Doctrine from the Bible to the Present.* 3rd ed. Louisville: John Knox Press, 1982.

Lewis, Gordon and Bruce Demarest. eds. *Challenges to Inerrancy.* Chicago: Moody Press, 1984.

Lindsell, Harold. *The Battle for the Bible.* Grand Rapids: Zondervan Publishing House, 1976.

Lohse, Bernhard. *Luthers Theologie in ihrer historischen Entwicklung und in ihrem systematischen Zusammenhang.* Göttingen: Vandenhoeck & Ruprecht, 1995. 정병석 역. 『마틴 루터의 신학』. 서울: 한국신학연구소, 2002.

_____. *Martin Luther: An Introduction to His Life and Work.* Edinburgh: T & T Clark, 2001. 이형기 역. 『루터 연구 입문』. 고양: 크리스챤다이제스트, 2013.

Luther, Martin. *Three Treatises.* Philadelphia: The Muhelenberg Press, 1947. 지원용 역. 『마르틴 루터의 종교개혁 3대 논문』. 서울: 컨콜디아사, 2012.

_____. *Luther's Works.* Vol. 31. Ed. Harold J. Grimm. Philadelphia: Fortress Press, 1957.

_____. *Luther's Works.* Vol. 32. Ed. George W' Forell. Philadelphia: Fortress Press, 1958.

_____. *Luther's Works.* Vol. 33. Ed. Philip S. Watson. Philadelphia: Fortress Press, 1972.

_____. *Luther's Works.* Vol. 34. Ed. Lewis W. Spitz. Philadelphia: Fortress Press, 1960.

_____. *Luther's Works.* Vol. 35. Ed. E. Theodore Bachmann. Philadelphia: Fortress Press, 1960.

_____. *Luther's Works.* Vol. 36. Ed. Adel Ross Wentz. Philadelphia: Fortress Press, 1959.

_____. "Table Talk." *Luther Works.* Vol. 54. Philadelphia: Fortress Press, 1960. 이길상 역. 『탁상담화』. 고양: 크리스챤다이제스트, 2005.

_____. *Martin Luther: Selections from His Writings.* Ed. John Dillenberger. New York: Doubleday & Company, 1961. 이형기 역. 『루터 저작선』. 고양: 크리스챤다이제스트, 2013.

_____. *The Bondage of the Will.* Trans. James I. Packer and O. R. Johnston. Grand Rapids: Fleming H. Revell, 1957.

_____. *Luther: Early Theological Works*. Ed. T. F. Torrance. Philadelphia: Westminster Press, 1962. 유정우 역. 『루터: 초기 신학 저술들』. 서울: 두란노아카데미, 2011.

_____. *Luther and Erasmus on Free Will and Salvation*. Ed. Rupp, E. Gordon. Philadelphia: Westminster Press, 1969. 이성덕/김주한 역. 『루터와 에라스무스』. 서울: 두란노아카데미, 2011.

_____. 『독일 기독교 귀족에게 고함』. 원당희 역. 서울: 세창미디어, 2010.

McGrath, Alister E. *Luther's Theology of the Cross: Martin Luther's Theological Breakthrough*. Grand Rapids: Baker Books, 1990. 김선영 역. 『루터의 십자가 신학: 마르틴 루터의 신학적 돌파』(개정판). 서울: 컨콜디아사, 2015.

_____. *Reformation Thought: An Introduction*. 3rd ed. Oxford: Blackwell Publishers, 1999. 최재건 역. 『종교개혁사상』. 서울: CLC, 2006.

_____. *Christianity's Dangerous Idea: The Protestant Revolution - A History from the Sixteenth Century to the Twenty First*. New York: HarperCollins Publishers, 2007. 박규태 역. 『기독교, 그 위험한 사상의 역사』. 서울: 국제제자훈련원, 2009.

McKenzie, Steven L. & Stephen R. Haynes. *To Each Its Own Meaning: An Introduction to Biblical Criticisms and Their Applications*. Revised and Expanded ed. Louisville: Westminster John Knox Press, 1999.

Müntzer, Thomas. *The Collected Works of Thomas Müntzer*. Trans. & Ed. Peter Matheson. Edinburgh: T & T Clark, 1994.

Murphy, Nancy. *Anglo-American Postmodernity: Philosophical Perspectives on Science, Religion, and Ethics*. Boulder, CO: Westview Press, 1997.

Oberman, Heiko A. *The Dawn of the Reformation: Essays in Late Medieval and Early Reformation Thought*. Grand Rapids: Eerdmans, 1992.

Oden, Thomas C. *Agenda for Theology After Modernity ... What?* Grand Rapids: Zondervan Publishing House, 1990.

Origen. *De Principiis. Ante-Nicene Fathers*, Vol. 4. Peobody, Mass.: Hendrickson Publishers, 2004. 이성효 외 3인 역. 『원리론』. 서울: 아카넷, 2014.

Penner, Myron B. ed. *Christianity and the Postmodern Turn: Six Views*. Grand Rapids: Brazos Press, 2005. 한상화 역. 『기독교와 포스트모던 전환』. 서울: CLC, 2013.

Popkin, Richard H. *The History of Scepticism from Erasmus to Spinoza*. Berkeley: University of California Press, 1979.

Ramm, Bernard. *Protestant Biblical Interpretation: A Textbook of Hermeneutics*. 3rd ed.

Grand Rapids: Baker Book House, 1970. 정득실 역.『성경해석학: 프로테스탄트 성경 해석학의 교과서』. 서울: 생명의말씀사, 2009.

Ratzinger, Joseph. *Catechism of the Catholic Church*. Liguori, MO: Liberia Editrice Vaticana, 1994.

Reventlow, Henning Graf. *The Authority of the Bible and the Rise of the Modern World*. Trans. John Bowden. Philadelphia: Fortress Press, 1985.

Ricoeur, Paul. *Freud and Philosophy: An Essay on Interpretation*. Trans. Denis Savage. New Haven: Yale University Press, 1970.

Rogers, Jack B. and Donald K. McKim. *The Authority and Interpretation of the Bible: An Historical Approach*. New York: Harper & Row, 1979.

Rupp, Gordon. *Luther's Progress in the Diet of Worms, 1521*. London: SCM, 1951.

_____. *Patterns of Reformation*. Philadelphia: Fortress Press, 1969.

Schaff, Philip. *The Creeds of Christendom: With a History and Critical Notes*. Vol. II. Grand Rapids: Baker Books, 1993.

Schweitzer, Albert. *The Quest of the Historical Jesus: A Critical Study of Its Progress from Reimarus to Werde*. Trans. W. Montgomery. New York: MacMillan Publishing Co., 1961.

Spijker, Willem van 't, *Bidden om te Leven*. 황대우 역.『기도, 묵상, 시련: 루터와 칼빈이 말하는 참된 신앙의 삼중주』. 서울: 그 책의 사람들, 2012.

Stuhlmacher, Peter. *Vom Verstehen des Neuen Testaments Eine Hermeneutik*. Göttingen: Vandenhoeck & Ruprecht, 1979. 전경련/강한표 역.『신약성서 해석학』. 서울: 한국기독교출판사, 1990.

Tavard, George H. *Holy Writ or Holy Church*. New York: Harper and Brothers, 1959.

Taylor, Mark C. *Erring: A Postmodern A/theology*. Chicago: The University of Chicago Press, 1984.

Thiselton, Anthony C. *New Horizons in Hermeneutics: The Theory and Practice of Transforming Biblical Reading*. Grand Rapids, MI: Zondervan Publishing House, 1992. 최승락 역.『해석의 새로운 지평: 변혁적 성경읽기의 이론과 실제』. 서울: SFC, 2015.

_____. *Interpreting God and the Postmodern Self: On Meaning, Manipulation and Promise*. Edinburgh: T & T Clark, 1995.

_____. *Hermeneutics: An Introduction*. Grand Rapids: Eerdmans, 2009. 김동규 역.『성

경해석학 개론: 철학적/신학적 해석학의 역사와 의의』. 서울: 새물결플러스, 2012.

Thompson, W. D. J. Cargill. "The Problem of Luther's 'Tower Experience' and Its Place in His Intellectual Development." In *Studies in the Reformation: Luther to Hooker*, ed. C. W. Dugmore (London: The Athlone Press, 1980): 42-80.

Tilley, Terrence W. *Postmodern Theologies: The Challenge of Religious Diversity*. Maryknool, N.Y.: Orbis Books, 1996.

Tracy, David. *Plurality and Ambiguity: Hermeneutic, Religion, Hope*. Chicago: The University of Chicago Press, 1987. 윤철호/박충일 역.『다원과 모호성: 해석학/종교/희망』. 서울: 크리스천헤럴드, 2007.

Vanhoozer, Kevin J. *Is There A Meaning in This Text?: The Bible, the Reader, and the Morality of Literary Knowledge*. Grand Rapids: Zondervan Publishing House, 1998. 김재영 역.『이 텍스트에 의미가 있는가』. 서울: IVP, 2003.

_____. ed. *The Cambridge Companion to Postmodern Theology*. Cambridge: Cambridge University Press, 2003.

Westphal, Merold. ed. *Postmodern Philosophy and Christian Thought*. Bloomington and Indianapolis, IN: Indiana University Press, 1999.

Wood, A. Skevington. *Luther's Principle of Biblical Interpretation*. London: Tyndale Press, 1960.

김은수. "칼빈 신학에 있어 성경과 성령의 관계성에 관한 고찰."「성경과 신학」45 (2008): 72-111.

박해경. "루터의 신학적 해석학." 안명준 편.『신학적 해석학 (상)』(서울: 이컴비즈넷, 2005): 121-43.

안명준. "Martin Luther's Hermeneutical Principles as Reflected in His Cathechisms."「사회과학연구」3 (평택대학교 사회과학연구소, 1999): 161-76.

유해무.『신학: 삼위일체 하나님을 향한 송영』. 서울: 성약, 2007.

이성림.『복음과 개혁: 루터의 정치윤리』. 서울: 대한기독교서회, 2011.

제3장

공교회의 고전적 정통 삼위일체론의 정립과
발전의 역사

이레나이우스(Irenaeus)로부터 장 칼뱅(John Calvin)까지

I. 들어가는 말

초기 교회 이후 "삼위일체 교리"(the Doctrine of the Trinity)는 기독교의 성경적인 신이해의 정수를 요약하는 것이며, 나아가 하나의 전체로서 기독교 신학의 총괄이자 신앙고백의 핵심 기초가 되어왔다. 여러 세기 동안의 치열한 신학적 교리논쟁을 거쳐 정통적인 삼위일체 교리는 기독교 공교회 신앙고백의 핵심인 "사도신경"(the Apostles' Creed),[1] "니케아-콘스탄티노플 신경"(the Nicene-Constantinopolitan Creed, 325 & 381),[2] 그리고 아타나시오스 신경(the Athanasian Creed, 6/7세기)[3]으로 정립되었고,

---

[1] 서방 교회의 공적 신앙고백의 기초인 "사도신경"(the Apostles" Creed)의 원문 전승의 역사는 Heinrich Denzinger and Petrus Hünermann, eds., *Enchiridion symbolorum definitionum et declarationum de rebus fidei et morum*, 38th ed. (Friburgi Brisgoviae: Herder, 1999), 21-52 [cf. 최근 이 저작의 제44판(2014년)이 라틴어-한글 원문대역본으로 번역 출간되었다: 『신경, 신앙과 도덕에 관한 규정/선언 편람』(서울: CBCK, 2017); Philip Schaff, ed., *The Creeds of Christendom: With a History and Critical Notes*, vol. 2 (Grand Rapids, MI: Baker Books, 1993), 45-55를 참조하라.

[2] 고대 삼위일체 교리의 정식화와 더불어 동방 교회와 더불어 공교회의 공적 신앙고백의 기초가 된 "니케아-콘스탄티노플 신경"(the Nicene-Constantinopolitan Creed, 325년 & 381년)의 원문은 Denzinger and Hünermann, *Enchiridion*, 62-64, 82-85; Schaff, *The Creeds of Christendom*, vol. 2, 57-61을 참조하라. 그리고 이와 관련된 교리논쟁의 역사와 관련해서는 Leo Donald Davis, *The First Seven Ecumenical Councils (325-787): Their History and Theology* (Wilmington, Del.: M. Glazier, 1983, Reprint, 1990); Frances M. Young, *From Nicaea to Chalcedon: A Guide to the Literature and Its Background* (London: SCM Press, 1983); J. Stevenson & W. H. C. Frend, eds., *Creeds, Councils and Controversies: Documents Illustrating the History of the Church, AD 337-461*, New Revised ed. (Cambridge: Cambridge University Press, 1989); J. N. D. Kelly, *Early Christian Doctrines*, 5th ed. (New York: HarperCollins Publishers, 1978; London: Bloomsbury Academic, 2014 Reprinted); R. P. C. Hanson, *The Search for the Christian Doctrine of God: The Arian Controversy 318-381* (Edinburgh: T&T Clark, 1988); Peter L'Huillier, *The Church of Ancient Councils* (Crestwood, NY: St. Vladimir's Semia, 1996); William G. Rusch, ed., *The Trinitarian Controversy* (Philadelphia: Fortress Press, 1980); John Behr, *The Nicene Faith*, 2 vols. (Crestwood, NY: St. Vladimir's Semia, 2004); Lewis Ayres, *Nicaea and Its Legacy: An Approach to Fourth-Century Trinitarian Theology* (Oxford: Oxford University Press, 2004)를 참조하라.

이후 잇따르는 모든 확장된 신앙고백서들의 기초가 되었다. 그러한 삼위일체 교리는 이성과 경험에 근거한 근대 계몽주의 철학의 영향에 의해 불합리한 것으로 치부되어 심지어 신학적 논의에 있어서도 뒷자리로 밀려나 쇠퇴하였다. 그러나 20세기 들어 칼 바르트(Karl Barth) 이후 또다시 삼위일체 교리는 그 자체로서, 나아가 이와 연관한 기독교 신학 전반에 있어 가장 관심을 가져야 할 핵심되는 신학적 요소로 급부상하였고, 다양한 현대적 재해석과 더불어 여러 분야에서 신학적, 실천적 적용이 시도되고 있다. 현대신학에서 삼위일체론에 대한 새로운 해석과 적용과 관련하여 슈뵈벨(C. Schwöbel)은 "삼위일체 신학의 르네상스"가 도래하였다고 적절하게 평가한 바 있다.[4] 그러나 수많은 현

---

3   흔히 그 첫 단어를 따서 *"symbolum quicunque"*라고 불리는 "아타나시오스 신경"의 원문은 Denzinger and Hünermann, *Enchiridion*, 50-52; Schaff, *The Creeds of Christendom*, vol. 2, 66-71을 참조하라. 또한 이에 대한 상세한 연구는 J. N. D. Kelly, *The Athanasian Creed* (London: Adam & Chales Black, 1964)를 보라.

4   Christoph Schwöbel, "Introduction: The Renaissance of Trinitarian Theology-Reasons, Problems and Tasks," in *Trinitarian Theology Today*, ed. Christoph Schwöbel (Edinburgh: T & T Clark, 1995), 1-30. 여기서 슈뵈벨은 "삼위일체론에 대한 성찰은 필연적으로 기독교 신학의 전반적인 기획과 그것의 시대 문화적 상황과의 관계를 반영하는 것이다. 따라서 삼위일체론적 신학은 신학뿐만 아니라 인접한 다른 학문 분야들과의 연관 속에서 다양한 신학적 기획의 형식들에 영향을 미치는 하나의 요약적 표지가 되고 있다"고 평가한다(p. 1). 사실 이와 같은 특징적인 양상들은 기독교 조직신학의 한 교리적인 요소로서의 "삼위일체론"에 대한 신학적인 관심뿐만 아니라 기독교적 신이해에 대한 근본적인 재이해를 추구함과 동시에 조직신학의 주요 주제들 전반과 실천신학의 많은 부분들에 이르기까지 기독교신학 전체를 새롭게 조명하고 재구성하는 방향으로 나아가고 있다. 뿐만 아니라 이러한 삼위일체론적인 신학적 관심은 다양한 간학문적인 대화를 통하여 인간과 사회학, 심지어 자연과학 및 예술의 영역에 이르기까지 확대되고 있다. 특히 이러한 삼위일체론에 대한 신학적 관심과 다양한 간학문적인 대화와 관련하여 다음의 자료들을 참조하라: Christoph Schwöbel, ed., *Trinitarian Theology Today: Essays on Divine Being and Act* (Edinburgh: T & T Clark, 1995); Miroslav Volf, *After Our Likeness: The Church as the Image of the Trinity* (Grand Rapids: eerdmans, 1998); Stephen T. Davis, Daniel Kendall, and Gerald O'Collins, eds., *The Trinity: An Interdisciplinary Symposium on the Trinity* (Oxford: Oxford University Press, 1999); John Polkinghorne, *Science and the Trinity: The Christian Encounter with Reality* (New Haven, N.Y.: Yale University Press, 2004); Stanley J. Grenz, *Rediscovering the Triune*

대 신학자들에 의한 백가쟁명(百家爭鳴)식의 다양한 삼위일체론에 대한 재해석 및 삼위일체론적 신학과 실천적인 적용의 시도들을 제대로 평가하고 교정하기 위해서는 먼저 그 재해석들의 근거가 되는 고대 동/서방 교회 교부들에 의해 정립된 "공교회(보편교회)의 고전적 정통 삼위일체 교리"(the classical orthodox doctrine of the Trinity of the catholic church)[5]에 대한 정확한 이해가 무엇보다 중요하고 선행되어야 할 선결 요건이라고 할 수 있을 것이다.

따라서 여기서는 우선적으로 그러한 "공교회의 고전적 정통 삼위일체론"의 형성과 발전 역사를 고대 동/서방 교회의 정통 교부신학자들을 중심으로 집중적으로 탐구하며 살펴보고자 한다. 특히 고대 동/서방 교회에 있어 "공교회의 고전적 정통 삼위일체 교리"에 대한 신학적 이해와 발전, 그리고 확립에 있어 위대한 신학적 기여는 다음과 같은 주요 교부신학자들에 의해 이루어졌다. 먼저, 동방 교회 교부들에는 리용의 이레나이우스(Irenaeus of Lynons, ca.130-200), 오리게네스(Origen, ca.185-254), 아타나시오스(Athanasius, ca.296-373), 그리고 3명의 "카파도키아 신학자들"로 불리는 카이사레아의 바실리오스(Basil of Caesarea, ca.330-379), 나지안주스의 그레고리오스(Gregory of Nazianzus,

---

God: The Trinity in Contemporary Theology (Minneapolis: Fortress Press, 2004); John D. Zizioulas, *Communion & Otherness* (New York: T & T Clark, 2006); Peter C. Phan, ed., *The Cambridge Companion to the Trinity* (Cambridge: Cambridge University Press, 2011), etc.

5   "공교회의 고전적 정통 삼위일체 교리"(the classical orthodox doctrine of the Trinity of the catholic church)라는 표현은 동/서방 교회의 고대 교부신학자들에 의하여 시작되어 중세 스콜라신학을 거쳐 발전되어 온 삼위일체 교리에 대한 일련의 공통된 신학적 이해를 가리키며, 20세기 초반 현대 신학에서 바르트(Karl Barth), 라너(Karl Rahner), 판넨베르크(Wolfhart Pannenberg), 몰트만(Jürgen Moltmann), 보프(Leonardo Boff), 지지울라스(John D. Zizioulas) 등의 수많은 신학자들에 의하여 새롭고 다양하게 이해되며 또다시 기독교 신학의 중심으로 부활한 이후의 다양한 논의들과 구별하기 위하여 필자가 만든 것이다.

ca.329-389), 니사의 그레고리오스(Gregory of Nyssa, ca.335-395)가 있으며, 서방 교회 교부들에는 테르툴리아누스(Tertullian, ca.160-225), 그리고 히포의 아우구스티누스(Augustine of Hippo, 345-430)가 특히 중요한 기여를 하였다. 이후 중세교회에 있어 삼위일체론의 이해 및 발전과 관련해서는, 특히 성령 하나님의 "이중 나오심"(the *Filioque*) 문제와 관련하여 동방 교회의 포티우스(Photius, 810-895)와 서방 교회의 안셀무스(Anselm of Canterbury, 1033-1109) 사이의 논쟁,[6] 그리고 스콜라신학의 정점이라고 평가되는 토마스 아퀴나스(Thomas Aquinas, 1224/1225-1274) 등의 중요한 신학적 기여가 있었다.[7]

다음으로 우리가 집중적으로 살펴보고자 하는 것은 특별히 종교개혁기에 있어 삼위일체론과 관련하여 가장 독창적인 신학적 기여를 한 신학자인 장 칼뱅(John Calvin, 1517-1564)의 삼위일체론에 대한 이해이다. 그동안 일부 칼뱅 신학 연구자들 가운데서 그의 삼위일체론 이해와 관련하여 별다른 독창성이나 신학적 기여를 전혀 찾아

---

6   삼위일체론 논쟁과 관련하여 특히 "성령의 이중 나오심"(the *filioque*) 문제와 관련한 역사적 연구 및 현대적 논의를 위해서는 A. Edward Siecienski, *The Filioque: History of a Doctrinal Controversy* (Oxford: Oxford University Press, 2010); World Council of Churches, *Spirit of God, Spirit of Christ: Ecumenical Reflections on the* Filioque *Controversy* (London: SPCK, 1981)를 참조하라.

7   삼위일체 교리에 대한 이해의 전체적인 역사적 탐구와 관련해서는 Edmund J. Fortman, *The Triune God: A Historical Study of the Doctrine of the Trinity* (Philadelphia: Westminster Press, 1972); Bertrand de Margerie, *The Christian Trinity in History*, trans. Edmund J. Fortman (Petersham, Mass.: St. Bede's Publications, 1982); Catherine M. LaCugna, *God for Us: The Trinity and Christian Life* (SanFrancisco: HaperCollins Publishers, 1991); Basil Studer, *Trinity and Incarnation: The Faith of the Early Church*, trans. Matthias Westerhoff (Collegeville, MN: The Liturgical Press, 1993); Robert Letham, *The Holy Trinity: In Scripture, History, Theology, and Worship* (Phillipsburg, NJ: P & R Publications, 2004); Franz Dünzl, *A Brief History of the Doctrine of the Trinity in the Early Church*, trans. John Bowden (London: T & T Clark, 2007); 역사신학연구회, 『삼위일체론의 역사』 (서울: 대한기독교서회, 2008) 등을 참조하라.

볼 수 없다는 견해가 있어왔다. 예를 들어, 칼뱅의 신학에 대한 개관적인 분석을 제시하는 그의 저작에서, 프랑수아 방델(François Wendel)은 칼뱅이 그의 초기 신학에서 특히 삼위일체론과 관련하여 불충분한 설명을 함으로써 가톨릭 신학자 카롤리(Caroli)로부터 "아리우스주의자"라는 비난을 받았으며, 이후 그러한 여러 비난들과 특히 세르베투스(Servetus)와의 논쟁을 통하여 보다 상세하게 발전시키긴 하였으나 철저하게 아우구스티누스를 추종하는 가운데 일부 동방 교부들의 견해를 참조하면서 전통적 견해를 진술하는 데 그침으로써 대체로 "독창성이 결여"되었다고 평가한다. 그럼에도 불구하고 그는 삼위일체 교리가 칼뱅신학의 "기본적인 핵심" 부분을 구성하며, 또한 그 특징은 그리스도의 신성을 특히 강조하는 데 역점을 두었다고 하였다.[8] 비슷한 연장선상에서 로저 올슨(Roger Olson)과 크리스토퍼 홀(Christopher Hall)은 "대체로 개신교 종교개혁자들은 삼위일체 교리를 이미 잘 정립된 교리로 여겼기 때문에 니케아 신조와 아우구스티누스의 저작들에서 수행된 삼위일체론의 본질적인 내용들을 재고하는 것을 거부하였으며," 이를 대체로 무시하고 간과하였는데, 이 점에 있어 칼뱅 또한 예외가 아니라고 평가한다.[9]

그러나 또 한편, 칼뱅의 삼위일체론 이해에 대하여 깊이 있는 분석을 제시하는 자신의 글에서 워필드(B. B. Warfield)는 "칼뱅은 기독교 신학에 대하여 지대한 공헌을 하였는데, 그것은 삼위일체 하나님의 제2위격, 제3위격에 대하여 "자존성"(αὐτόθεότης)을 확고하게 주장한 것

---

8 Cf. François Wendel, *Calvin: Origins and Development of His Religious Thought*, trans. Philip Mairet (Grand Rapids, MI: Baker Books, 1997), 165-69.

9 Cf. Roger E. Olson & Christopher A. Hall, *The Trinity* (Grand Rapids, MI: Eerdmans, 2002), 67.

에 놓여 있다"고 강조하였다. 또한 이렇게 "칼뱅이 그리스도에 대하여 "자존하시는 하나님"(αὐτόθεος)이라는 위대한 표현으로 주장한 것을 배운 것은 개혁파 교회의 특징적인 [신학적] 유산의 일부가 되었다"고 평가했다.[10] 심지어 워필드는 기독교 삼위일체 교리의 발전사에서 큰 분수령을 만든 세 사람의 위대한 신학자들(테르툴리아누스, 아우구스티누스, 그리고 칼뱅)을 거명하면서, 그 중 한 사람이 바로 칼뱅이라고 평가하였다.[11] 최근에 제럴드 브레이(Gerald Bray)는 칼뱅의 삼위일체론 이해의 특징들을 분석하면서 말하기를, 종교개혁 신학은 하나의 철저한 신학적인 "인식의 전환"이며, 로마 가톨릭 신학과 엇비슷한 것이 아니라 수많은 중요한 특징들에서 구별된다고 주장하였다.[12] 심지어 브레이는 현대 역사신학자들이 "칼뱅의 삼위일체론의 혁명적인 특징"(the revolutionary character of Calvin's trinitarianism)을 제대로 인지하지 못한 것은 하나의 큰 비극이라고 한탄하고 있다.[13] 로버트 레담(Robert Retham) 역시 『기독교 강요』(1559)에서 칼뱅의 삼위일체론을 읽는 사람들은 그것이 아퀴나스의 삼위일체론과 얼마나 다른지 알고는 큰 충격을 받게 된다고 말한다.[14]

---

10   Benjamin B. Warfield, "Calvin's Doctrine of the Trinity," in *Calvin and Augustine* (Philadelphia, NJ: P & R Publishing Co., 1956), 273-74.

11   Cf. Warfield, "Calvin's Doctrine of the Trinity," 284. 이와 관련된 그의 진술을 그대로 옮기자면 다음과 같다: "만일 우리가 삼위일체의 위대한 신비에 대하여 받아들일 만한 설명들을 위한 교회의 노력들의 역사를 일견한다면,…우리는 그 목표를 향한 진전에 있어 큰 분기점을 만든…세 명의 돋보이는 이름들이 서 있음을 알게 되는데, 그것은 곧 테르툴리아누스, 아우구스티누스, 그리고 칼뱅이다." 워필드의 이러한 평가는 아마도 그가 서방 교회 전통만을 고려한 것으로 판단된다.

12   Cf. Gerald Bray, *The Doctrine of God* (Downers Grove, IL: InterVarsity Press, 1993), 197, 199.

13   Gerald Bray, "The *Filioque* Clause in History and Theology," *TynBul* 34 (1983): 143, 여기서는 Letham, *The Holy Trinity*, 252를 참조함.

요약하자면, 우리는 먼저 앞에서 언급한 고대 정통 교부신학자들로부터 종교개혁 시기에 이르기까지 "공교회의 고전적 정통 삼위일체 교리"가 정립되는 핵심과정을 간략하게 살펴볼 것인데, 이러한 과정은 특히 칼뱅이 그의 삼위일체론 정립을 위하여 비판적으로 계승한 신학적 배경이 과연 무엇인지를 확인하기 위하여 반드시 필요하다 하겠다. 또한 칼뱅의 삼위일체론 이해에 있어 앞서 언급한 여러 가지 상반된 평가들을 고려하면서, 16세기 반(反)삼위일체론자들과의 논쟁 속에서 칼뱅의 신학적 이해가 어떻게 발전되어갔는지를 살펴보고, 나아가 그의 교의학적 주저인 『기독교 강요』(Institutes of the Christian Religion) 최종판(1559)[15]에 나타난 삼위일체론 이해에 대한 집중적인 탐구를 통하여 그의 신학적 이해에서 공교회적 핵심 요소들에 대한 비판적 계승과 중요한 신학적 특징들, 그리고 그의 독창적인 공헌들에 대하여 분석하며 살펴볼 것이다. 이와 관련하여 먼저 결론적으로 말하자면, 실로 고대 정통 교부신학자들과 니케아-콘스탄티노플 공의회를 통하여 정립된 "공교회의 고전적 정통 삼위일체 교리"는 바로 장 칼뱅의 이전의 정통적 견해들에 대한 비판적인 계승과 더불어 그 자신의 독창적인 이해와 신학적 기여에 의하여 비로소 온전하게 완성되었음이 보다 분명하게 드러나게 될 것이다. 그러한 연후에, 여기서의 우리의 또 다른 중요한 목적은 그러한 분석에 근거하여 "공교회의 고전적 정통 삼위일체론"의 핵심사항들과 더불어 현대 삼위일체론 이해에 있어 공유되어야

---

14   Cf. Letham, *The Holy Trinity*, 252.

15   John Calvin, *Institutionis christianae religionis* (1559), *Opera Selecta* vol. III (Monachii in Aedibus: Chr.Kaiser, 1967); [영역] *Institutes of the Christian Religion*, trans. Ford L. Battles (Philadelphia: The Westminster Press, 1960); [한역] 김종흡 외 역, 『기독교강요』 (서울: 생명의말씀사, 1992). cf. 본 논문에서는 라틴어 원본과 더불어 여러 가지 번역본을 참조하여 분석하고 인용할 것이다.

할 본질적인 요소들을 보다 명료하게 제시함과 동시에, 나아가 그러한 이해가 오늘날 한국교회의 다소 왜곡된 삼위일체론 이해를 올바로 교정함에 있어 어떻게 도움을 줄 수 있는지를 살펴보는 데 있다.

II. "공교회의 고전적 정통 삼위일체 교리"의 형성과 이해의 역사

1. 고대 동방 교회 교부들의 삼위일체론 이해와 특징들

고대 교회는 성경적인 "참된 신이해"와 관련하여 두 가지 명백한 도전에 직면해 있었다. 하나는 신약교회에도 지속적인 영향을 미치고 있었던 "유대교적 단일신론"이며, 또 다른 한 가지는 그리스-로마 문화권으로 광범위하게 선교가 이루어지면서 직면하게 된 "종교다원주의적 다신론"이 그것이다. 이러한 상황에서 기독교회에는 신약성경이 분명하게 가르치는 예수 그리스도의 "주"(κύριος, the Lord) 되심의 신앙고백(cf. 마 16:16; 요 20:28; 행 10:36; 고전 1:2; 빌 2:11, etc.)[16]과 더불어 예배와 세례 형식문에서 나타나는 성부, 성자, 성령 하나님의 관계(cf. 마 28:19; 고후 13:13, etc.)에 대한 보다 명료한 신학적 이해의 문제가 불가피하게 그리고 긴급하게 대두하였다.

이러한 상황 속에서, 먼저 이 문제를 보다 합리적으로 이해하고자

---

16 구약성경의 그리스어 역본인 LXX 이후 신약성경에서도 κύριος라는 용어가 하나님께 적용될 때, 이것은 구약의 "테트라그라마톤"(tetragrammaton, יהוה/adonai)의 번역어로 사용되었다. 그러므로 예수 그리스도를 "주님"(κύριος이시라고 부르며 고백하는 것은 곧 그의 참된 "하나님 되심"(the true God), "신성"(the divinity)을 언명하는 것이다. cf. H. Bietenhard, "κύριος," in *New International Dictionary of New Testament Theology*, vol. II, ed. Colin Brown (Grand Rapids: Zondervan, 1986): 510-20.

시도한 이단 사상들은 크게 두 가지 종류의 해결방법, 곧 (1) "역동적 단일신론"(Dynamic Monarchianism)과 (2) "양태론적 단일신론"(Modalistic Monarchianism)의 형태로 나타났다. 이 가운데 역동적 단일신론은 또다시 다양한 형태로 나타났는데, 기독론과 관련해서는 "양자론"(adoptionism)으로, 삼위일체론적으로는 "종속론"(subordinationism)으로 귀결되며, 그 최고의 형태가 4세기 아리우스주의(Arianism)로 나타났다. 또한 "양태론"은 기독론과 관련해서는 주로 "가현설"(docetism)의 형태로 나타났고 "성부고난설"(Patripassianism; cf. 프락세아스, 노에투스, 에피고누스, 클레오메네스, etc.)이라고도 불리며,[17] 그 대표적인 주장자가 사벨리우스(Sabellius)였기에 사벨리우스주의(Sabellianism)라고도 불린다. 삼위일체 교리와 관련하여 교회역사를 통하여 시대마다 여러 가지 다양한 형태로 거듭하여 출몰해온 양극단을 대표하는 두 가지 이단사상인 "양태론"과 "종속설"의 공통적인 핵심요점은 결과적으로 "(성부)단일신론"을 관철하고자 하는 것이다. 따라서 실로 지금 우리가 물려받은 성경의 가르침에 근거한 참된 신이해의 요체인 "공교회의 정통 삼위일체 교리"는 그저 자연스럽게 획득된 것이 아니라, 교회를 그 근저로부터 무너뜨리는 대표적인 이단사상들과의 지난한 교리 논쟁과 그것을 극복하려는 치열한 성경해석 및 신학적 탐구 과정을 통하여 비로소 쟁취한 것이라고 할 수 있을 것이다.

(1) 리용의 이레나이우스(Irenaeus of Lynons, ca.130-200)

초기 속사도 교부들(the Apostolic Fathers) 이후 변증 교부들(the Apologetic

---

[17] 예를 들어, 프락세아스는 말하기를 "성부 자신이 동정녀에게로 내려오셨고, 그 자신이 그녀로부터 나셨으며, 수난을 당하셨고, 최종적으로 그 자신이 예수 그리스도가 되셨다"고 했다. cf. Kelly, *Early Christian Doctrines*, 121.

Fathers)에 의해 신학적 작업이 본격적으로 시작된 2세기의 가장 뛰어난 신학자로 평가되는 이레나이우스는 특히 이 시대 교회의 가장 큰 도전과 위협이었던 "영지주의"(Gnosticism)를 논박하며 정통 기독교 신앙을 수호하려고 노력하였다.[18] 그는 특히 구약의 신(데미우르고스, 율법의 신, 물질적 세계의 조물주)과 신약의 신(은혜의 신, 구원자)을 이원론적으로 구분하는 기독교 영지주의를 대표하였던 마르키온(Marcion, ca.85-160)의 오류를 논박하며, 구약의 창조자와 신약의 구원자는 동일한 오직 참된 "한 분 하나님"임을 분명히 하였다. 특히 삼위일체론과 관련하여, 후대를 위한 이레나이우스의 중요한 신학적 기여는 하나님의 존재방식과 관련하여 "내재적인 존재"(ontological aspect-영원 안에서의 하나님의 존재방식)와 "경륜적 존재"(economical aspect-창조와 구속 역사 속에서 나타난 하나님의 존재방식)를 처음으로 명확하게 개념적으로 구분하였다는 것이다: "그의 존재의 현존과 능력에 따르면 한 분이신 하나님이 계신다. 그렇지만 구속의 과정과 성취에 따르면 아버지와 아들이 있다."[19] 이레나이우스에 따르면, 그 자신 안에서 하나님은 "한 분"(the One Personal God)이시지만, 자신 안에 그의 "말씀"(Logos, the Son)과 "지혜"(Wisdom, the Spirit)를 가지고 계시며, 하나님께서는 이 "두개의 손"(Two Hands, Logos & Spirit: cf. "the Two Hands theory")으로 이 세상을 창조하시고 다스리신다고 하였다.[20] 이와 같이 이레나이우스의 이론은 당대에 가장 대표적이며 진전된 삼위일체 하나님에 대한 이해를 보여주긴 하지만, 그는 아직 유대교적 단일신론의 경향을 완전히 벗어나지

---

18   Cf. Kelly, *Early Christian Doctrines*, 104.

19   Irenaeus, *Demonstration of Apostolic Preaching*, 2.1.47. 여기서는 Kelly, *Early Christian Doctrines*, 105; 이은혜, "2-3세기 삼위일체 교리", 『삼위일체론의 역사』, 44를 참조함.

20   Irenaeus, *Against Heresies*, Ante-Nicene Fathers(ANF), vol. I (Peabody, Mass.: Hendrickson

못하고 있음을 알 수 있다. 이러한 이레나이우스의 삼위일체론 형식 (trinitarian formula)은 다음과 같이 요약된다:

> 로고스(말씀)와 성령(지혜)을 가지신 한 인격[위격]적 존재이신 하나님 [One divine person(the Father) with rationality(Logos, the Son) and wisdom(the Spirit)].

(2) 오리게네스(Origen, ca.185-254)

3세기 교회의 가장 중요한 신학자요 최초의 조직신학자로 평가되며, 동방 교회의 신학의 발전을 위한 기초를 놓음으로써 "동방 신학의 아버지"로 불리는 오리게네스는 "알렉산드리아 학파"를 대표하는 신학자이다. 이전 시기의 대표적인 유대교 신학자이자 철학자였던 필론 (Philo, ca.30 BCE-ca.45 CE)이 유대교 성경과 신앙을 플라톤 철학으로 재해석하여 종합하려고 시도했던 것처럼, 오리게네스는 동일한 방법으로 당대의 주류 철학이었던 "신플라톤주의"(Neo-platonism; cf. Ammonius Saccas, ca.175-ca.242; Plotinus, 204-270)의 철학과 개념적 체계로 기독교 신학을 종합하고 체계화하려고 시도하였다. 따라서 그의 전반적인 신학체계뿐만 아니라 삼위일체론을 이해하려면 신플라톤주의의 핵심개념과 형이상학적 체계를 반드시 이해해야 할 필요가 있다. 오리게네스는 신플라톤주의를 기독교적으로 원용하여 그의 로고스-기독론에 있어 "영원출생설"(eternal generation)과 성부에 대한 성자의 종속설(subordinationism)을 동시에 주장하였으며, 영혼선재설과 보편구

Publishers, 2004), iv.40.4. 이렇게 "합리적 이성(정신)과 지혜를 가지신 단일한 인격체(a single personage)로서의 성부 하나님"이라는 삼위일체론적 표상은 2세기 교회의 대표적인 것이었다. cf. Kelly, *Early Christian Doctrines*, 105, 107f.

원론(인간과 사탄을 포함한 모든 피조물의 구원)을 주장하고, 육체의 부활을 부정하는 이단적인 사상도 가르쳤으므로 후대에 그에 대한 신학적 평가가 양면적으로 나타났다.[21] 그러한 신학적 체계 속에서, 이후 삼위일체론 대논쟁에 큰 영향을 미치게 되는 오리게네스의 삼위일체론의 요체는 다음의 세 가지 핵심개념과 주장에 놓여있다.

① **위격(ὑποστάσις, hypostasis)의 구별**: 오리게네스는 신플라톤 철학의 "존재의 유출" 개념을 원용하여 성부(the One, the Father)로부터 성자(the Logos)와 성령(the Spirit)이 차례로 나왔고, 따라서 각각은 분명하게 존재론적으로 구별되는 실재라고 하였다.[22] 이러한 존재론적 실재의 구별을 표현하기 위하여 "ὑποστάσις"(hypostasis, 구별된 존재론적 위격)라는 용어를 사용하였다. 그러므로 오리게네스에 의하면, 성부와 성자, 그리고 성령은 서로 분명하게 구별된 존재론적 실재(hypostasis)들이다.

---

21 Harold O. J. Brown, *Heresies: Heresy and Orthodoxy in the History of the Church*, 라은성 역, 『교회사 안에 나타난 이단과 정통』 (서울: 그리심, 2001), 161. 오리게네스는 "제2차 콘스탄티노플공의회"(533년)에서 이단으로 정죄되었다.

22 Cf. "*hypostasis*"는 신플라톤주의의 대표적인 철학자인 플로티노스(Plotinus)의 철학에서 개체 사물 속에 현존하는 구별된 실제적 존재들을 의미하는 용어이다. 이 철학 체계에서 "궁극적 일자"(the One)는 모든 존재의 근원이며, 다른 모든 존재론적 실재들은 이 "일자"로부터 차례로 유출되어 나오는데, 그 위계적 순서는 다음과 같다: "일자(the One) – 정신(the Intellect) – 우주적 영(the World Spirit) – 개별적 영혼(the individual spirits) – 물질세계(the material world)." 이러한 존재론적 실재 가운데 "일자(the One) – 정신(the Intellect) – 우주적 영(the World Spirit)"이 오리게네스의 기독교 신학체계에서는 삼위일체 하나님, 곧 "성부-성자-성령"으로 표현되었다. 플로티노스의 신플라톤주의 철학체계에 대하여는 다음의 자료들을 참조하라: Plotinus, *The Enneads*, trans. Stephen MacKenna (Burdett, NY: Larson Publications, 1992); William R. Inge, *The Philosophy of Plotinus*, 2 vols., 3rd ed. (Greenwood Press, NY, 1968); Brine Hines, *Return to the One: Plotinus's Guide to God-Realization* (Bloomington, ID: Distributing Publisher, 2004); Plotinus, 『영혼-정신-하나: 플로티노스의 중심개념』, 조규홍 역 (파주: 나남, 2008); R. T. Wallis, *Neoplatonism*, 박규철/서영식/조규홍 공역, 『신플라톤주의』 (서울: 누멘, 2011), etc.

② 본질의 동일성(όμοούσιος, *homoousios*): 그러나 제2의 위격인 성자(the Logos)는 단순히 창조된 존재가 아니라 성부(the Father)의 존재로부터의 "영원 출생"(eternal generation; cf. 시간적 행위가 아니라 영원한 관계 속에서 계속적인 출생을 의미함)하였기에 "신적 본질의 동일성"을 유지한다. 즉, 성자는 성부의 본질에서 나왔기 때문에("본질에서 나온 본질"), 성부와 동일본질의 신성을 가짐을 주장하였으며 이를 위해 "동일본질"(όμοούσιος)이라는 용어를 처음으로 사용하였고, 이것은 이후 니케아 공의회(325년)에서 채택된 정통 삼위일체론의 정립에서 가장 핵심적인 용어로 부각되었다.[23]

③ 위격 간의 존재론적 위계구조(종속설, subordinationism): 마지막으로 오리게네스에 의하면, 오직 성부만이 "자존적 존재"(αὐτόθεος)로서 참된 하나님(ἀληθινός θεός)이며, 구별된 제2의 위격인 성자(로고스, the Logos)는 신적 본질에서 나왔기 때문에 "동일본질"을 가지나 성부와는 명확하게 구별되는 제2의 하위 등급의 "제2의 하나님"(δεύτερος θεός)으로서 성부(the One God)와 모든 다른 피조물들 사이의 중개원리(a mediation principle)라고 하였다.[24] 그는 또한 성령의 구별된 위격을 말하나, 마찬가지로 성령이 성자에게 종속됨과 열등한 등급을 가진다고 말함으로써, 세 구별된 위격 간의 분명한 종속설(각 위격 간에 분명한 존재론적 위계와 등급이 있음)을 주장하였다.

---

23   Brown, 『교회사 안에 나타난 이단과 정통』, 167.
24   Cf. 김광채, 『교부열전: 니케아 이전 교부』(상) (서울: 정은문화사, 2002), 383.

(3) 아타나시오스(Athanasius, ca.296-373)

앞서 살펴본 바와 같이, 오리게네스의 삼위일체론의 핵심은 긍정적인 측면으로는 신플라톤주의 철학의 개념을 원용하여 처음으로 "분명한 위격(*hypostasis*)들의 구별"과 더불어 "신적 본질의 통일성"(*homoousios*)을 설득력 있게 주장하고 강조하였다는 것이다. 그러나 부정적으로는 세 구별된 존재론적 실재인 각 위격들 간에 분명한 존재론적 위계구조인 종속설을 주장하였다는 것이다. 사실 그의 후대인 4세기에 벌어진 아리우스(Arius, ca.250/260-336)와 아타나시오스(Athanasius) 사이의 삼위일체론과 관련한 신학적 대논쟁은 바로 알렉산드리아 학파 내에서 그러한 오리게네스의 삼위일체론을 신학적으로 어떻게 이해하고 또 어떤 측면을 더 본질적인 것으로 수용하느냐의 치열한 싸움이었다고 할 수 있다.

먼저 "오리게네스 좌파"(the Left of Origen)라고 할 수 있는 아리우스는 신학적으로 그리스도의 인성을 강조하며 기독론에 있어 "양자론"(adoptionism)을 주장했던 사모사타의 바울, 안디옥의 루키아노스로부터 신학적인 영향을 크게 받았다. 이러한 영향으로 인해 삼위일체론과 관련하여, 그는 앞서 언급한 오리게네스의 세 가지 핵심요소 가운데 "위격 간의 분명한 구별"과 "종속설"을 본질적인 것으로 취하여, 아예 성자를 비록 창조 이전이긴 하나 성부에 의하여 창조된 존재로 이해함으로써 극단적인 "종속설"로 나아갔다. 따라서 그는 성자의 "영원발생설"을 부인하고, 그리스도를 만물 이전에 창조된 초자연적 존재(만물의 "장자", "먼저 나신 자", 시간적 기원을 가지는 존재)이며 성부에 종속된 것으로 이해하여 그리스도의 완전한 신성(*homoousios*, 동일본질)을 부인하였다. 특히 양태론에 반대하여, 종속론적 단일신론을 유지하며 로고스를 신인 중간적인 영적 존재로 인식하였고, 성부와 성자를 구별하려다 아예 창조된 종속적 존재로 만들어버리는 오류를 범하였다. 16세기 종교개혁기에 세르베투스(1509-1553)도 그 나름의 조금 독특한 형태이긴 하지만 이와 같은 아리우스의 견해를 다시 부활시켜 큰 물의를 일으켰다.

이러한 아리우스의 주장에 대하여 "오리게네스 우파"(the Right of Origen)라고 할 수 있는 아타나시오스는 위격의 구별과 동시에 세 위격들 간의 완전한 "동일본질"(ὁμοούσιος)을 보다 본질적인 것으로 주장함으로써 성자의 "완전한 신성"을 확립하였다. 동시에 본질의 유출이나 의지의 행위의 결과가 아니라 "성부의 본질로부터 성자의 영원출생"(eternal generation)의 교리를 확고히 함으로써, 이전 시기의 성자에 대한 "유출된 이등급의 신"(유스티누스 등의 변증교부들, 오리게네스, etc.) 혹은 "창조된 존재"(아리우스)라는 잘못된 신학적 인식을 온전히 불식시켰다.[25] 특히 아타나시오스가 성자의 "완전한 신성"에 대한 확고한 신앙을 지치지 않고 강조한 것은 성경이 가르치는 인간의 구원에 대한 지대한 신학적 관심 때문이었다. 즉, 성자께서 완전한 참된 하나님이 아니시라면 우리의 궁극적 구원이 결코 담보될 수 없기 때문이다. 이 논쟁의 결과는 결국 "니케아 공의회"(the Council of Nicaea, 325년)에서 아타나시오스로 대표된 "동일본질"(homoousios)파가 승리함으로써 공교회의 삼위일체론과 기독론에 대한 정통적인 신학과 교리표준을 정립하는 기초를 제공하게 되었다(cf. "니케아 신경"). 따라서 그는 "니케아 신앙의 확고한 승리자이자 위대한 파수꾼"으로 평가되며,[26] 이전의 교부

---

25 Cf. Kelly, *Early Christian Doctrines*, 101f.

26 Johannes Quasten, *Patrology: The Golden Age of Greek Patristic Literature*, vol. III (Westminster, ML: Christian Classics, 1994), 20. 그리하여 나지안주스의 그레고리오스 (Gregory of Nazianzus)는 아타나시오스를 "교회의 기둥"(the pillar of the Church)이라 칭

들과는 달리 "기독교 철학자"가 아니라 교회의 신학자와 감독이라는 분명한 인식을 가지고 신학을 전개한 첫 번째 헬라 교부이기도 하다.[27] 아타나시오스에 의하면, "신학은 [본질적으로] 삼위일체 하나님에 대한 언설이다.…신학은 이 [삼위] 하나님에 대한 지식이요 경배이다. 이 점에서 신학은 삼위일체론이다."[28] 그러므로 아타나시오스는 "만일 신학이 삼위일체론에서 완전하다면, 이 신학은 참되고 유일한 경건이며, 선이요 진리"라고 주장했다.[29] 그러나 아타나시오스를 비롯한 니케아 공의회는 삼위격의 구별된 존재론적 실재를 표현하는 용어인 "위격"(hypostasis)의 개념을 오리게네스로부터 수용하여 사용하였으나, 아직 삼위격간의 동일본질의 통일성(the Unity)을 표현하는 적절한 개념적 용어를 가지지 못하였고, 제3의 위격인 성령에 대한 분명한 신학적 언명도 표명하지 않는 신학적인 문제를 남겨 놓았다.

(4) 3인의 카파도키아 신학자들(the Three Cappadocians)

① 카이사레아의 바실리오스(Basil the Great of Caesarea, ca. 330-379)

니케아 공의회 이후, 교회는 다시 교회 정치적으로 부활한 "온건 아리우스파"와 "유사본질파"(homoi-ousios, semi-arianism)에 의한 격렬한 신

송했다(*Orat.* 21,26).

27 Cf. Hans Von Campenhausen, *The Fathers of the Greek Church*, trans. L. A. Garrard (London: Adam and Charles Black, 1963), 69. 따라서 아타나시오스는 아리우스의 이단적인 삼위일체론을 논박함에 있어 자신의 신학을 오직 성경과 그 가르침에 부합하는 "신앙의 규범"(*regula fidei*) 및 "니케아 신조"(Nicene Creed)에 정초시킴으로서 정통적인 신학방법론의 중요한 모범을 정립시켰다. cf. Athanasius, *Discourses Against the Arians*, I, 9 in *Nicene and Post-Nicene Fathers* (이후 *NPNF*로 인용함), vol. 4, 311.

28 유해무, 『신학: 삼위일체 하나님을 향한 송영』 (서울: 성약, 2007), 101.

29 Athanasius, *Discourses Against the Arians*, I, 18, *NPNF*, vol. 4, 317.

학적 도전과 더불어 마케도니우스(Macedonius)파와 "성령배척론자들"(Pneumatomachians)에 대항하여 미완의 과제로 남겨진 제3의 위격인 성령 하나님에 대한 신학적 논의가 본격화되었다. 이러한 상황에서 위대한 신학적 기여를 통해 동방 교회의 정통 삼위일체 교리의 표준을 정립한 인물들이 곧 "3인의 카파도키아 신학자들"(the three Cappadocians)이라고 불리는 카이사레아의 바실리오스, 나지안주스의 그레고리오스, 그리고 니사의 그레고리오스다.

먼저, 기독교회 역사를 통하여 "위대한"(ὁ μέγας, the Great)이라는 칭호를 받은 대(大)바실리오스(Basil the Great)는 특히 신학 역사에서 최초로 『성령에 관하여』(On the Holy Spirit, ca.375)라는 책을 저술하여 제3의 위격인 성령 하나님에 대한 신학을 본격적으로 전개하였기에, 그는 흔히 "성령의 신학자"로 알려졌다.[30] 바실리오스는 마케도니우스파와 성령배척론자들을 신학적으로 논박하며, 성령께서도 성부와 성자와 함께 "똑같이 찬양(ὁμότιμον)과 경배와 영광을 받으시는" 완전한 신성을 가지신 하나님이심을 분명히 함과 동시에, 니케아공의회까지 사실 거의 동의어로 혼용되던 "우시아"(οὐσία, [공통적/총체적] 본질; 종[種, general]적 개념)와 "휘포스타시스"(ὑπόστασις, [개별적] 실재; 유[類, particular]적 개념)라는 두 용어에 대한 개념적 구분을 통하여 세 위격(τρεις ὑποστάσεις)과 하나의 본질(μία οὐσία) 사이의 구별을 명확하게 함으로써 "세 위격[실재] 안의 하나의 본질"(μία οὐσία ἐν τρισίν ὑποστάσεσίν)이라는 동방 교회의 삼위일체 형식(trinitarian formula)을 명확하게 정립하였다.[31] 이로써 보편적 정통교회는 비로소 삼위일체 하나님에 대한 교

---

30   Cf. St. Basil the Great, *On the Holy Spirit* (Crestwood, N.Y.: St. Vladimir's Seminary Press, 1980).

리적 표현에서, 구별된 삼위격성(trinity)과 더불어 각 위격 간의 한 동일본질의 통일성(unity)을 올바로 구분하면서도 동시에 서로 분리할 수 없는 상호관계를 온전하게 표현할 수 있는 표준적인 신학적 개념어를 획득하게 되었다.

② **나지안주스의 그레고리오스**(Gregory of Nazianzus, ca.329-389)

사도 요한과 함께 "신학자"(the theologian, 451년 칼케돈 공의회)라는 명예로운 칭호를 받은 나지안주스의 그레고리오스는 "신학"(*theologia*)과 "경륜"(*oikonomia*)을 분명히 구분하는 가운데, "삼위일체 하나님의 본성에 관하여 말하는 것"이 곧 신학이라고 정의했다.[32] 그는 대체로 바실리오스와 동일한 신학적 입장을 유지하면서도 이를 신학적으로 더욱 심화시켜, 니케아 공의회(325년)에서 "성자의 참된 신성"을 언명하기 위하여 부여했던 "호모우시아"(동일본질, ὁμοούσια/*homoousia*)라는 용어를 교회 역사상 처음으로 제3의 위격인 성령 하나님에 대하여 직접적으로 명확하게 적용함으로써 성령 하나님의 "참된 신성"을 확보하였고, 이로써 비로소 동방 교회의 정통 삼위일체 교리가 전체적으로 분명하게 확보되었다. 나아가 그는 삼위일체 하나님의 존재에 있어 서로 구별된 "특성"(ἰδιοτης)을 가진 "휘포스타시스"(ὑποστάσις/*hypostasis*, 개별적인 고유한 특성을 가진 실재) 개념을 보다 분명하게 신학적으로 규명하여 이를 구별된 세 위격(three *hypostaseis*) 상호간의 "기원"(origin)과 "관계"(σχέσις, relation)로 설명하는 아주 중요한 신학적 발전을 이루었다. 즉 삼위일

---

31 Basil the Great, *Letter*, 38, *NPNF* (2nd Series), vol. 8, 137-41.

32 Gregory of Nazianzus, *Orat.* XLV, iv. 그에 의하면, "신학"(*theologia*)은 삼위일체 하나님의 본성에 대하여 연구하는 것이며, "경륜"(*oikonomia*)은 삼위일체 하나님의 사역에 대하여 연구하는 것이다.

체 하나님의 "세 위격"들은 서로 구별된 고유한 특성을 가지시며, 그럼에도 불구하고 서로 다른 "세 존재들"이 아니라 "세 관계들"임을 말함으로써 이것이 삼신론(tritheism)이 아님을 분명히 하였다.[33]

이러한 나지안주스의 그레고리오스의 "관계적 존재론"(relational ontology)에 의하면, 성부는 "출생하지 않으신 분"(ἀγεννησία)이시며, 성자는 성부에게서 "출생하신 분"(γέννησις, generation)이시고, 성령은 성부로부터 "나오신 분"(ἐκπόρευσις, procession)이시나, 세 위격이 공히 하나의 동일본질(homoousia)이시며 함께 영원하시다고 하였다. 이때 삼위격 간에는 "본질의 교류"(cf. 본질의 연합)에 의한 위격 간의 관계에 의해 통일성(하나됨, μία οὐσία)을 이루며, 각 위격의 구별을 "나심"(generarion)과 "나오심"(procession)으로 규정함으로써, 성부, 성자, 성령 하나님을 "나시지 않으신 자"(agennesia), "나신 자(출생)"(genesis), "나오신 자(발출)"(ekporeusis)로 구별하였다. 이로써 비로소 "정통 삼위일체 교리"의 근간이 되는 명확한 개념적/논리적 신학문법(theological grammar)이 확고하게 정립되었다.

③ 니사의 그레고리오스(Gregory of Nyssa, ca.335-395)

바실리오스의 동생으로 니사의 감독이었으며 역사적으로 "교부 중의 교부", "니사의 별"(제2차 니케아공의회), 그리고 "우주적 박사"(고백자 막시무스)라고 불린 그레고리오스는 오리게네스와 신플라톤주의 철학의 영향으로 신비적 신학을 전개하였으며, 특히 삼위일체론 이

---

33 Gregory of Nazianzus, *Orat.* XXXI, ix. 즉 "성부", "성자", "성령"의 각 이름들은 삼위일체 하나님의 "본질" 혹은 "사역"(행위)을 표현하는 것이 아니라, 삼위일체 하나님의 각 구별된 위격들의 상호관계를 나타내기 위한 이름이다. cf. 김광채, 『교부 열전: 4세기의 교부(중권)』(서울: CLC, 2005), 180.

해와 관련하여 각 위격의 관계에 있어 "페리코레시스"(περιχώρησις, circumincessio/circuminsessio; 상호침투/상호내재) 개념과 위격들 간에 "전유"(appropriation)교리를 제시함으로써 또 다른 위대한 신학적 진전을 이루었다. 니사의 그레고리오스에 의하면, 삼위일체 하나님은 그 신적 본질과 모든 행위나 역할에 있어 항상 "상호공유적"이기 때문에 각 위격의 분명한 구별에도 불구하고 "삼신론"(tritheism)이 아님을 분명히 했다. 즉 삼위일체 하나님의 존재론적 동일본질성을 그의 행위(사역)에까지 확장하여 그 하나 되심을 "외부를 향한 삼위일체 하나님의 사역은 분리되지 않는다"(opera trinitatis ad extra indivisa sunt)라는 중요한 신학적 원리를 주장하였으며, 이것을 세 위격 간의 상호관계성을 설명하는 "페리코레시스"(περιχώρησις, mutual co-inherence/inter-penetration, 상호공재/상호침투)라는 개념으로 명쾌하게 설명하였다. 이것은 구별된 "세 위격"(τρεις ὑποστάσεις)이 각각의 고유한 독특성과 개별성을 유지하면서도 동시에 각 위격이 나뉠 수 없는 "상호적 관계"(σχέσις, mutual relation) 속에서 서로 다른 두 위격의 존재와 삶에 침투/참여하는(περιχώρησις) 독특한 존재방식에 의해 그 "본질에 있어 하나 됨"(μία οὐσία)을 이룬다는 것이다. 그는 비록 신학적 개념의 명증성을 위해 철학적 개념과 용어들을 사용하긴 하였지만, 신학적인 논증을 위하여 항상 성경과 앞선 교부들의 전통에 의존하였다.

또한 그는 신학함에 있어 이성적인 이해보다는 신앙의 수용을 강조하면서 "기독교 진리의 신비(mysterion)"를 말하는 "신비의 신학"(theologia mysterionis)을 주장했으며, 나지안주스의 그레고리오스와 마찬가지로 삼위일체 하나님의 "본질"(ousia)에 대하여는 우리가 이성적으로는 결코 파악할 수 없기 때문에(cf. 신적 불가해성[divine incomprehensibility]), 항상 "무엇이 아니다"라고 말하는 "부정의 방식"(*via negationis*)으로만 하나님에 대하여 말할 수 있다는 "부정의 신학"(*theologia negativa*) 원리를 정초시켰다. 그러나 니사의 그레고리오스는 삼위일체 하나님의 신성에 있어 "성부의 위격"(*hypostasis*)이 삼위일체의 최고 원천(principle), 혹은 최고의 근원(origin)으로 간주되어야만 한다고 주장하였다. 즉, 삼위일체 안에서의 신성의 단일성의 궁극적인 배경은 "성부의 위격"(the hypostasis of the Father)이라는 것이다: "세 위격은 하나의 본질을 갖고 있는데, 그 세 위격의 일체성의 배경은 바로 성부이다." 이와 같이 "하나의 본질을 공유하는 세 구별된 위격들"에 대하여 분명히 말하지만 신성의 기원을 "성부의 위격"에 둠으로써, 카파도키아 교부들의 삼위일체론은 아직 성부(the Father) 중심의 일말의 "단일신론적/종속론적 경향"을 완전히 벗어나지 못하고 있다. 이러한 동방 신학의 특징은 현대 동방 신학자들의 삼위일체론에 대한 재해석에 있어서도 계속되고 있다.[34]

이와 같이 카파도키아 교부들의 삼위일체 하나님에 대한 특징적인 해석방법은 삼위일체 교리의 기본적인 표현으로서 "하나의 본질(μία οὐσία), 세 위격(τρεις ὑποστάσεις)"을 말함과 동시에, 그 논리적 전개에 있어서는 하나의 본질보다 세 위격의 "우선성"(priority)을 말하며, 이로부터 세 위격의 통일성에 대한 신학적 발전을 모색하였는데, 그것은 "관계의 존재론"(ontology of relation)으로 구체화되었고, 위격 간의 "본질의 교류" 혹은 "상호공재"(περιχώρησις)에 의하여 "본질의 하나됨"(μία οὐσία, *homoousia*)이 확보된다. 즉 "서로 구별된 세 위격으로 존재하시는 하나님은 나뉠 수 없는 하나의 동일한 신적본질을 공유하신다"

---

34 Cf. John D. Zizioulas, *Being as Communion* (Crestwood, NY: St. Vladimir's Seminary Press, 1985); 김은수, "지지울라스(John D. Zizioulas)의 관계적 삼위일체론에 대한 이해: "친교로서의 삼위일체 하나님"과 그 신학적 함의." 「한국개혁신학」 45 (2015): 8-43.

는 것이다. 이러한 카파도키아 교부들에 의해 정식화된 표준적인 삼위일체론의 형식(trinitarian formula)은 다음과 같다:

μία οὐσία, τρεις ὑποστάσεις(*mia ousia, treis hypostaseis*;
one ousia, three hypostases; 하나의 본질, 세 위격).

2. 고대 서방 교회 교부들의 삼위일체론 이해와 특징들

(1) 테르툴리아누스(Tertullian, ca.160-225)

흔히 "라틴신학(서방 신학)의 아버지"라고 불리는 테르툴리아누스는 라틴어로 저작활동을 한 첫 번째 교부이며, 이를 통하여 많은 신학적 용어(라틴어 신학용어 명사 509개/ 형용사284개/ 동사 161개)들을 새로이 정립하여 사용하였고, 특별히 서방 교회의 삼위일체 교리의 기초를 놓았다.[35] 그 가운데 삼위일체론과 관련하여 특별히 중요한 개념적 용어는 "트리니타스"(*trinitas*), "페르소나"(*persona*), "수브스탄티아"(*substantia*)이다. 그는 영지주의적 다신론에 대항하여 신적 존재의 유일성(통일성, unity)을 강조하였고, 동시에 프락세아스(Praxeas)의 양태론적 삼위일체

---

[35] 신학방법론적인 측면에서 알렉산드리아 학파와는 달리 테르툴리아누스는 대체로 이방철학에 대하여 아주 적대적이었고, 그것을 비성경적인 것으로 이단시 하였다. 그는 "이방 철학은 이단들의 조상"이며, "철학자들의 하나님"(*philosophorum Deus*)은 성경의 하나님과 아무런 상관이 없다고 주장했다. Tertullian, *On Prescription against Heretics*, VII, *ANF*, vol. 3, 246; idem, *Against Marcion*, II. xxvii, *ANF*, vol. 3, 319. 나아가 그는 기독교 신앙과 관련하여, "나는 그것이 불합리하기 때문에 믿는다"(*Credo quia absurdumm est*), "나는 그것이 불가능하기 때문에 믿는다"(*Credo quia impossibile est*)라고 말했다. Tertullian, *On the Flesh of Christ*, V, *ANF*, vol. 3, 525. 그의 이러한 모든 언명들은 오리게네스의 신학방법론과는 전혀 다른 것으로, 교회역사에서 지식이나 이성보다 성경의 가르침에 근거한 단순한 신앙을 절대적 우위에 두는 "배타적인 신학적 유형"(theological exclusivism)의 전형을 제시하는 것이었다.

론을 논박하며 세 위격 간의 분명한 구별을 강조하였다. 나아가 테르툴리아누스는 구원의 경륜과 신비를 말하는 "오이코노미아"(oikonomia, 경륜)와 하나님의 존재의 본질과 신비를 말하는 "테올로기아"(theologia, 신학)의 관계를 재설정하였다. 즉 삼위일체 하나님은 경륜(오이코노미아)에 있어 위격간의 구별과 질서가 있으나, 존재에 있어서는 하나이심(신학, 테올로기아)을 설명하려 하였다.[36] 테르툴리아누스에 의하면, "오직 한 분 하나님이 계시며, 그다음 하나님의 경륜(oikonomia) 아래에서 유일하신 한 분 하나님이 하나님으로부터 발현된 말씀 곧 아들을 가지는데, 그로부터 만물이 창조되었다.…우리가 믿는 바, 그는 성부로부터 보냄을 받은 신인(Man and God)이신 사람의 아들이자 하나님의 아들, 예수 그리스도라 불리우신 분이다."[37] 이러한 방식으로 테르툴리아누스는 주로 "경륜"으로부터 삼위일체 "신학"을 정립하는 데 집중하였다. 또한 테르툴리아누스는 동방 교회의 카파도키아 신학자들과는 달리 삼위일체를 "성부의 위격"이 아니라 하나님의 "존재 자체"로부터 이끌어내며, 이로부터 세 위격을 구별함과 동시에 하나 됨을 말하는데, 이러한 사유 방식은 항구적으로 서방 교회 삼위일체론의 고유한 특징이 되었다.

테르툴리아누스에 따르면, 성부와 성자는 동일한 본질(una substantia, consubstantia)을 가지시며, "로고스"(Logos)와 "지혜"(Wisdom)는 서로 구별된 위격들이시고, 동시에 성부와 성자는 "한 인격이 아니라 한 본성"이라고 하였다. 로고스는 영원부터 아버지 안에, 아버지와

---

36 Cf. LaCugna, God for Us, 27-29. 이러한 테르툴리아누스의 삼위일체 이해는 이레나이우스의 삼위일체론과 4세기 정통 삼위일체론의 중간적 위치에 있음을 알 수 있다.

37 Tertullian, Against Praxeas, II, ANF, vol. 3, 598.

함께 결합되어 있으나 창조 때에 아버지로부터 나왔고, 이것을 아들의 "출생"이라고 했다. 이로써 그는 "아버지 안에 있는 로고스"와 "아버지로부터 나온 로고스"를 구분한다. 또한 성령 하나님이 "[성부] 하나님과 성자로부터"(a Deo et Filio) 나오신다고 함으로써 최초로 서방 교회에서 "필리오케"(Filioque) 개념을 제시하였다.[38] 즉 성령은 "아버지로부터 아들을 통해"(a Patre per Filium) 나왔고, 교회 안에 머무신다. 흔히 인용되는 삼위일체와 관련한 그의 유명한 진술은 다음과 같다: "세 위격은 존재(status)에서가 아니라 등급(gradus)을 통하여, 본질(substantia)에서가 아니라 그 형식(forma)을 통하여, 권능(potestas)에서가 아니라 출현 양식(species)을 통하여 그러하며, 본질이 하나(unis substantiae)이고, 존재가 하나(unis status)이며, 권능이 하나(unis potestatis)이다."[39] 요약하자면, 삼위일체 하나님은 "하나의 신적 실체(una substantia), 세 개의 구별된 인격들(tres personae)"이라는 것이다. 이와 같이 세 위격들은 구별되지만 나뉘지 않으며(distincti non divisi), 구분되지만 분리되지 않는다(discreti non separati). 이로써 테르툴리아누스는 다음과 같은 삼위일체 형식(trinitarian formula)으로 요약되는 서방 교회 삼위일체론의 기초를 정립하였다:

"una substantia, tres personae"

(one substance, three persons; 하나의 실체[본질], 세 위격).

---

38   Tertullian, *Against Praxeas*, VII, *ANF*, vol. 3, 603.

39   Tertullian, *Against Praxeas*, VII, *ANF*, vol. 3, 598.

(2) 아우구스티누스(Augustine of Hippo, 345-430)

서방 교회의 가장 위대한 교부신학자라고 할 수 있는 아우구스티누스는 흔히 동방 교회의 오리게네스에 비견되고, "은총의 박사"(doctor gratiae)라 불리우며, 그보다 앞선 고대 교부신학을 종합하는 동시에 중세신학으로의 길을 활짝 열어준 신학자이다. 따라서 이후 서방 신학의 역사는 아우구스티누스 신학에 대한 재해석과 확장, 그리고 주석의 역사라고 해도 과언이 아닐 것이다.[40] 특히 아우구스티누스는 그의 『삼위일체론』(De Trinitate)[41]을 본격적으로 시작하면서 그가 수용한 "삼위일체에 대한 보편교회의 신앙"을 다음과 같이 언명하는데, 이후의 모든 논의들은 바로 이것에 대한 신학적 설명이다:

> 성부와 성자와 성령은 단일한 실체(unius substantiae)의 불가분한 동등성으로 신적 단일성을 보여주신다. 그러므로 세 신들(tres dii)이 아니고 한 하나님(unus Deus)이시다.…성부이신 분은 성자가 아니시며,…성자이신 분은 성부가 아니시며, 성령은 성부도 성자도 아니고 오직 성부와 성자의 영이시므로 그분도 성부와 성자와 함께 영원하고 삼위의 일체에 속하신다.…

---

40 가장 널리 알려진 아우구스티누스 신학 삼부작(trilogy)은 그의 『고백록』(Confessiones), 『신의 도성』(De civitate Dei), 그리고 『삼위일체론』(De Trinitate)이라고 할 수 있다.

41 Augustine, The Trinity, trans. Edmund Hill (Brooklyn, NY: New City Press, 1991); [라틴어-한글 대역] 아우구스티누스, 『삼위일체론』, 성염 역 (왜관: 분도출판사, 2015). 특히 이 저작은 그의 신학적 완숙기에 저작된 것으로, 논쟁적이라기보다는 "니케아-콘스탄티노플 신경"(381)으로 이미 정립된 보편교회의 삼위일체 신앙을 신학적으로 깊이 성찰한 대작(magnum opus)으로 중간에 집필을 쉬었던 기간을 포함하여 약 20년이 넘는 긴 세월에 걸쳐 쓰였졌다(399-420/426년). cf. 성염, "해제", in 아우구스티누스, 『삼위일체론』, 37-39. 전체 15권으로 이루어진 이 저작은 크게 두 부분으로 나뉘며, 전반 1부(1-7권)는 성경과 신학자들의 견해들을 중심으로 삼위일체 하나님의 신비를 다룬 것이고, 후반 2부(8-15권)는 "하나님의 형상"(imago Dei)으로 지음 받은 인간 내면에 깃든 다양한 형태의 "삼위일체의 모상"(vestigia trinitatis)들에 대하여 탐구하였는데, 이로 인하여 흔히 아우구스티누스의 삼위일체론은 "심리적 모델"(psychological model)로 평가되어왔다.

성부와 성자와 성령은 불가분한 분들이시므로 또한 불가분하게 사역하신다. 이것이 보편신앙이므로 바로 이것이 나의 신앙이다.[42]

먼저 아우구스티누스는 동/서방 신학 사이에 삼위일체를 표현하는 기본적인 용어상의 혼란으로 인하여 야기된 신학적인 오해를 잘 인식하여, 테르툴리아누스가 제시하였던 "수브스탄티아"(substantia)를 보다 적절한 "에센티아"(essentia)로 대체하여[43] "하나의 본질(una essentia), 세 위격(tres personae)"으로 표현하였다.[44] 나아가 아우구스티누스는 그러한 자신의 삼위일체 형식(trinitarian formula)을 해석함에 있어 "하나의 본질"(una essentia)이신 성부, 성자, 성령 하나님께서는 "세 구별된 위격"(tres personae)으로 존재하시며, 이때 "위격"은 결코 나뉠 수 없는 동등한 상호적 "관계"(relatio)임을 강조한다. 즉 구별된 세 위격으로 존재하

---

42 아우구스티누스, 『삼위일체론』, 1.4.7(pp. 121-23).

43 4세기에 동방 신학에서 구별된 "세 위격"을 표현하기 위하여 사용된 그리스어 "ὑποστάσις"를 라틴어로 번역하면 "substantia"가 가장 적절하게 상응하지만, 이 용어는 서방 신학에서는 "본질의 하나됨"(una substantia)을 나타내는 용어로 사용되고 있었고, 오히려 "ὑποστάσις"를 "persona"라고 번역하였다. 이러한 용어상의 혼란으로 인하여 서방 신학자들은 동방 신학자들을 곧잘 "삼신론자"들로 오해하였고, 동시에 동방 신학자들은 서방 신학자들을 "양태론자"들로 오해하였다. 이것은 명백히 서로 다른 언어를 사용함으로써 생긴 용어상의 혼란과 오해로 인해 야기된 불필요한 논쟁과 상호비난이었다. 따라서 아우구스티누스는 동방 신학자들의 삼위일체에 대한 표현인 "μία οὐσία - τρεις ὑποστάσεις"에 대한 적절한 라틴어 번역은 "una essentia-tres substantiae"이나, 이미 서방 신학에서 테르툴리아누스에 의해 도입된 substantia가 "일체"의 본질을 의미하는 것으로 사용되고 있었기 때문에 많은 혼란이 있고, 또한 οὐσία에 대한 보다 적절한 번역어는 "substantia" 보다는 "essentia"라고 했다. Augustine, The Trinity, 5.10. 나아가 그는 신성은 우리의 언어관습을 전적으로 초월하기 때문에, "삼위"를 표현할 적절한 용어를 인간의 언어에서 찾는 것은 불가능하다고 말한다(7.7). 그럼에도 불구하고 굳이 어떤 표현을 사용해야 한다면, 단지 침묵하지 않기 위해서 "tres personae"라고 부른다고 하였다(5.10; 7.11). 그러므로 아우구스티누스에 의하면, persona는 "상호관계"를 언표하는 용어이다(7.6.).

44 아우구스티누스, 『삼위일체론』, 5.8.10; 5.9.[10](p. 527-29).

시는 성부와 성자와 성령은 결코 분리될 수 없는 상호적 "관계" 속에서 하나의 동일본질이시며, 한 하나님이시다. 이러한 방식으로 아우구스티누스는 삼위일체론과 관련하여 양대 이단인 사벨리우스주의 양태론과 아리우스주의 종속론을 동시에 배격하고 극복함으로써 항구적인 서방 교회 삼위일체 교리를 정립하는 데 큰 기여를 하였다.

나아가 아우구스티누스는 "세 위격"(three persons)의 구별은 결코 "삼신들"(three gods)이 아니라 한 하나님이시며, 그 하나님이 삼위로 계시지만 본질의 단일성은 결코 나뉘지 않는다고 강조한다. 아우구스티누스에 의하면 아버지와 아들은 "하나"(cf. 요 10:30)이시지만, 그것은 "위격의 하나"가 아니라 오직 "본질의 하나"임을 말한다. 즉 영원 가운데 계신 하나님(cf. 내재적 삼위일체)은 위격에 있어서는 구별되시지만 (tres personae), 그 신적 본질은 "하나"(una essentia)이시라는 것이다. 그러나 아우구스티누스는 아버지와 아들과 성령의 구별된 위격적 관계를 수용하여 인정하면서도, 카파도키아 교부들이 참된 신성의 기원으로 "성부의 위격"을 말하는 것을 거부하며, 오히려 테르툴리아누스의 접근방식을 더 발전시켜 삼위일체의 출발점을 "신성의 단일한 본질"로부터 출발하여 세 위격의 관계를 설명하는 것으로 나아간다. 이것이 "필리오케"(the Filioque, 성부와 성자로부터 성령의 이중 나오심) 교리와 더불어 서방 교회 삼위일체론 이해에서 가장 중요한 특징 가운데 하나가 되었다.[45] 즉 영원 속에서 내재적으로 그 존재와 신성과 영광에 있어 하나이신 삼위격의 하나님께서는 그 위격적 존재에 있어서뿐만 아니

---

45 아우구스티누스의 "필리오케"(filioque) 교리에 대한 이해는 특히 그의 『삼위일체론』, 5.14.15(p. 541-45)에서의 논의를 참조하라. 그는 "성부와 성자께서 한 분 하나님이시고, 피조계에 대해서 한 분 창조주이시고 한 분 주님이시듯, 성령께 연관해서는 한 원리(unum principium)이시다"라고 언명한다(p. 543f).

라, 모든 외적인 경륜의 사역에 있어서도 삼위일체 하나님께서는 나누일 수 없도록 상호적 관계 속에서 하나이심을 증거하며, 항상 함께 사역하신다. 그러므로 아우구스티누스에게 그 무엇보다 우선하여 성경의 하나님은 오직 "하나이요 유일하고 참된 하나님, 곧 삼위일체이시다."[46]

다음으로, 아우구스티누스는 그의 삼위일체론에서 한 신적 본질의 하나님은 오직 한 하나님이심을 주장하지만, 동시에 그는 분리될 수 없고 결코 양태론적으로 이해될 수 없는 세 위격의 분명한 구별성과 더불어 동등한 상호관계성을 강조한다. 먼저, 아우구스티누스는 구별된 세 위격 간의 완전한 동등성을 강조한다.[47] 또한 아우구스티누스에 의하면 한 신적 본질 혹은 한 하나님이라는 말은 곧 성부와 성자와 성령의 상호 관계성을 떠나서 존재할 수 없다. 다시 말해서 하나님은 성자(아들) 없이 성부(아버지)라 불릴 수 없고, 성부 없이 성자라 불릴 수 없으며, 성부와 성자 없이 성령(아버지의 영, 아들의 영)으로 불릴 수 없다.[48] 이와 같이 아우구스티누스는 삼위일체 하나님께서 본질적

---

46   아우구스티누스, 『삼위일체론』, 1.6.10(p. 131). 이것을 아우구스티누스는 다음과 같이 언명하기도 한다: "저 삼위일체는 한 분 하나님이라고 일컫고 또 그렇게 존재하며, 한 분 하나님 안에 저 삼위일체가 존재한다기 보다는 삼위일체가 곧 한 분 하나님이다"(illa unus deus et dicatur et sit, nec in uno deo est illa trinitas, sed unus deus, 15.23.43, p. 1299); "바로 이 삼위일체가 한 분이고 유일하고 선하고 위대하고 영원하고 전능하신 하나님이시며, 바로 그 하나님이 유일하시고 신격이시고 위대하시며 선하시고 영원하시며 전능하시다"(5.11.12, p. 535).

47   아우구스티누스는 삼위일체의 각 위격 간의 완전한 동등성에 대하여 다음과 같이 설명하고 있다: "삼위일체 안에서 완벽한 동등성이 있어서 그 신성에 관한 한 성부가 성자보다 더 위대하지 않을뿐더러, 성부와 성자가 함께라고 해서 성령보다 더 위대한 무엇일 수도 없다. 아울러 이 셋 중의 어느 개별위격이든 간에 삼위일체 자체보다 더 못한 무엇이 아니다…[그러므로], 이 삼위일체에서는 두 위격이나 세 위격이 그중 한 위격보다 결코 더 위대하지 않다." 아우구스티누스, 『삼위일체론』, 8.1.1-2(p. 661).

48   Cf. 아우구스티누스, 『삼위일체론』, 5.11.12-14.15(p. 531-45).

으로 하나이시면서 불가분의 위격적 관계 속에 존재함을 설명하기 위하여 카파도키아 신학자들의 "관계" 개념을 수용하여 자신의 "관계의 신학"을 전개하는데,[49] 이를 위해 유명한 "사랑의 유비"를 그의 삼위일체론에 도입하였다. 아우구스티누스에 의하면, "사랑"(*caritas*)은 하나님의 본질(cf. 요일 4:16)임과 동시에, 성부와 성자를 하나로 묶어 주는 끈(*vinculum*)이자 친교(*communio*)이며, 바로 성령이시다.[50] 그러므로 사랑 안에서 성부와 성자는 서로 분리될 수 없으며 "사랑하는 성부"(*amans*)와 "사랑 받는 성자"(*quod amatur*)는 "제3의 위격인 성령 곧 사랑"(*amor*)의 연합관계 안에서 위격적으로 구별됨과 동시에 그 신적 본질에 있어 하나이시다.[51] 따라서 아우구스티누스는 다음과 같은 유명한 말을 남겼다: "그대가 사랑을 본다면 그대는 바로 삼위일체를 뵙는 것이다!"(*vides trintatem, si caritatem vides*).[52]

---

49   Cf. William J. Hill, *The Three-Personed God: The Trinity as a Mystery of Salvation* (Washington, D.C.: The Catholic University of America Press, 1988), 56f.

50   이 점과 관련하여, 아우구스티누스는 "성경에서 '하나님은 사랑이시다'라고 공언하듯이,… 사랑은, 성부께서 성자를 사랑하고 성자께서 성부를 사랑하는 사랑이므로, 두 분 사이의 친교를 불가형언하게 보여주는 것이 사랑이라면, 두 분에게 공통되는 영이 사랑이라고 일컬어지는 것보다 적절한 말이 또 어디에 있겠는가?"라고 반문한다. 아우구스티누스, 『삼위일체론』, 15.19.37(pp. 1281-83). 그러나 이와 같이 아우구스티누스가 성부와 성자 간의 연합으로서의 "사랑"으로 제3의 위격이신 성령을 정위한 것은, 비록 그가 결코 의도하지 않았던 것이지만, 흔히 성령의 구별된 "인격적 실재"(인격성) 자체를 위협하는 것으로 평가되어 왔다.

51   아우구스티누스의 표현을 빌리자면, "사랑은 사랑하는 어떤 이의 것이고 사랑으로 어떤 것이 사랑받는다. 여기 셋이 있다. 사랑하는 이, 그리고 사랑받는 것, 그리고 사랑. [대저] 사랑이란 무엇인가? 두 가지 사물을 결합시키는, 아니 결합시키려 애쓰는, 사랑하는 이와 사랑받는 것을 결합시키려는 모종의 생명이 아니고 무엇인가?"(*Amor autem alicuius amantis est, et amore aliquid amatur. Ecce tria sunt, amans et quod amatur et amor. Quid est ergo amor nisi quaedam uita duo aliqua copulans uel copulari appetens, amantem scilicet et quod amatur?*). 아우구스티누스, 『삼위일체론』, 8.10.14(p. 719).

52   아우구스티누스, 『삼위일체론』, 8.8.12.(p. 709).

마지막으로, 그는 삼위일체 하나님을 표현하는 용어의 선택과 관련하여 "하나의 본질, 세 위격"(*una essentia, tres personae*)이라고 말하였다. 그러나 "위격"을 표현하는 용어와 관련하여 그는 "페르소나"(*persona*)라는 용어를 어쩔 수 없이 사용한다고 하며, 이것이 의미하는 바를 사벨리우스주의 이단자들이 생각하듯이 어떤 유명론적인 명칭이 아니라 "인격의 [자립적] 실재"(*subsistentia personarum*)라고 이해하면서,[53] 카파도키아 신학자들의 견해를 수용하여 이것을 삼위 하나님의 "관계"(*relatio*)로 설명하였다. 나아가 아우구스티누스는 삼위일체를 설명하기 위하여 수많은 "삼위일체에 대한 흔적"(*vestigia trinitatis*)들을 말하는데, 그 가운데 가장 대표적인 삼위일체에 대한 유비적 표현은 "사랑하는 자, 사랑받는 자, 사랑"(*amans, quod amatur, amor*; lover, be loved, love)[54] 혹은 "기억, 이해, 의지"(*memoria, intellegentia, voluntas*)이다.[55] 그러나 그는 삼위일체 신앙의 신비를 말하며, 삼위일체 하나님은 이론적 탐구의 대상이 아니라 오직 사랑과 찬양 및 경배의 대상이라고 하였다. 결론적으로 아우구스티누스의 삼위일체 형식(trinitarian formula)은 다음과 같이 요약된다:

"*una essentia, tres personae*"

(one essence, three persons; 하나의 본질, 세 위격)

---

53   Cf. 아우구스티누스, 『신국론(제11-18권)』 (왜관: 분도출판사, 2010), 11.10.1 (p. 1163).

54   Augustine, *The Trinity*, 8.14.

55   Augustine, *The Trinity*, 10.17-19.

(3) 토마스 아퀴나스(Thomas Aquinas, 1224/1225-1274)

아퀴나스는 그의 위대한 신학적 업적으로 말미암아 흔히 "천사적 박사"(doctor angelicus)로 불리며, 중세 스콜라신학(Scholasticism)의 정점이자 이를 집대성한 신학자이다. 그는 신론/삼위일체론을 그의 『신학대전』(Summa Theologiae)에서 다루면서,[56] 특징적이게도 "하나님의 존재와 본질"을 먼저 다루는 아우구스티누스의 전통과 디오니시오스의 논의구조를 수용하고 이를 더욱 체계적으로 발전시켜 "한 분 하나님"(De Deo Uno, qq. 2-26, vols. 2-5)과 "삼위의 하나님"(De Deo Trino, qq. 27-43; vols. 6-7)으로 나누어 설명한다.[57] 이것은 "이성과 계시(신앙)"/"자연과 은총"이라는 구조 속에서 철학과 신학을 통합하여 종합하려는 그의 신학적

---

[56] 토마스 아퀴나스(Thomas Aquinas)의 삼위일체론 이해는 특히 그의 Summa Theologiae, vol. 6 & 7 (London: Blackfriars, 1963)과 Christopher Hughes, On a Complex Theory of a Simple God: An Investigation in Aquinas' Philosophical Theology (Ithaca & london: Cornell University Press, 1989); Douglas C. Hall, The Trinity: An Analysis of St. Thomas Aquinas' Expositio of the De Trinitate of Boethius (Leiden, the Netherlands: E. J. Brill, 1992); Gilles Emery, Trinity in Aquinas (Ypsilanti, MI: Sapientia Press, 2003); D. Stephen Long, The Perfectly Simple Triune God: Aquinas and His Legacy (Minneapolis: Fortress Press, 2016) 등을 참조하라.

[57] 아퀴나스의 『신학대전』(Summa Theologiae)에서 "한 분 하나님"(De Deo Uno)과 "삼위의 하나님"(De Deo Trino)에 대한 이중적 논의구조는 다음과 같다:

한 분 하나님(De Deo Uno)		삼위의 하나님(De Deo Trino)	
qq. 2-11	존재하시는 하나님 (the divine to be)	qq. 27-28	관계하시는 하나님 (the divine to-be-related)
qq. 12-13	하나님을 인식하고 이름함 (knowing and naming God)	qq. 29-32	하나님의 위격들을 이름하고 인식함 (naming and knowing divine persons)
qq. 14-26	하나님의 사역들 (divine operations)	qq. 33-43	하나님의 위격들 (the divine persons)

Cf. LaCugna, God for Us, 147; [한역] 이세형 역, 『우리를 위한 하나님: 삼위일체와 그리스도인의 삶』(서울: 기독교서회, 2008), 221; 이러한 논의구조에 대한 또 다른 자세한 분석은 Lucas F. Mateo-Seco, Dios uno y trino, 윤주현 역, 『삼위일체론』(서울: 가톨릭출판사, 2017), 510-13을 참조하라.

방법론의 특징을 그대로 반영하는 것이기도 하다.[58] 이렇게 먼저 아리스토텔레스의 철학적 체계에 근거하여 자연적 이성으로 하나님의 존재와 본질을 다루는 "신론"과 다음으로 계시(신앙)에 근거하여 "삼위일체론"을 다루는 이중적인 논의구조는 이후 로마 가톨릭 신학의 중요한 규범적 특징이 되었으며,[59] 이후 개신교 정통주의 신학(Protestant Scholasticism)에서도 그 형식에 있어 대체로 이러한 구조를 수용하였고 또한 지속적인 영향을 미치고 있다.[60] 칼 라너(Karl Rahner)는 그러한 신론/삼위일체론에 대한 이중구조의 분리와 가르침의 순서는 아퀴나스의 신학에서 처음으로 분명하게 나타났으며, 이것은 삼위일체론에 대한 심각한 고립을 야기시킬 뿐만 아니라, 신학적 관심을 저하시키는 지속적인 위험을 초래한다고 비판한다.[61] 그러나 이러한 아퀴나스의 논의구조를 상호보완적이고도 종합적인 관점에서 이해하려는 견해도 있다.[62]

---

58 Cf. Olson & Hall, *The Trinity*, 63.

59 Cf. Josepho M. Piccirelli, *De Deo Uno et Trino: Disputationes Theologicae in 1.ᵃᵐ P.ᵉᵐ D. Thomae QQ. II-XLIII* (Neapoli: Typis Michaelis D'Auria, 1902); Reginaldus Garrigou-Lagrange, *De Deo Uno: Commentarius in Primam partem S. Thomae* (Paris: Desclee de Brouwer & C, 1938) & idem, *De Deo Trino et Creatore: Commentarius in Summam theologicam S. Thomae* (Torino: Marietti, 1951), etc. 그러나 이러한 아퀴나스의 이중구조에 대하여, 칼 라너(Karl Rahner), 콩가르(Yves Congar), 체누(M.-D. Chenu), 카스퍼(Walter Kasper) 등 현대 로마 가톨릭 신학자들의 비판 또한 상당하다는 것을 동시에 주목하여야 할 것이다.

60 Cf. Francis Turretin, *Institutes of Elenctic Theology*, vol. 1, trans. George M. Giger (Phillipsburg, NJ: P&R Publishing, 1992).

61 Cf. Karl Rahner, *The Trinity*, trans. Joseph Donceel (New York: Crossroad, 1997), 16f. 이 문제에 대한 라쿠냐의 보다 세밀한 비판적 요점들은 LaCugna, *God for Us*, 145-50을 참조하라.

62 예를 들면, 아퀴나스의 그러한 이중적 논의구조에 대하여 윌리엄 힐(William J. Hill)은 "본질적 단일성"(*essential* unity, qq. 3-26)과 "간위격적 단일성"(*interpersonal* unity, qq. 27-43)의 상호보완적인 것으로 이해한다. cf. Hill, *The Three-Personed God*, 63.

아퀴나스는 그의 『신학대전』 Q. 27에서 삼위일체론에 대한 본격적인 논의를 시작하면서 자신의 논의구조를 다음과 같이 설명한다:

> 하나님의 본질의 단일성(unity)에 대한 논의 후에 우리에게 남은 것은 하나님 안에 있는 위격들의 삼위성(trinity)에 대한 논의이다. 그리고 신적 위격들 사이의 구별은 기원의 관계에 기초해 있기 때문에 체계적인 설명은 반드시 다음과 같은 문제들을 다루어야 한다: 첫째, 기원 혹은 발현(q. 27); 둘째, 기원의 관계들(q. 28); 셋째, 위격들(qq. 29-43).[63]

먼저, 아퀴나스에게 하나님은 그 존재의 단일성에 있어 "존재-자체"(ipsum esse, 존재하는 것 그 자체)이며, 그의 존재(esse, to-be)는 그의 행위와 정확히 일치하기에 "순수-존재"(ipsum esse)로서의 하나님은 항상 "순수-행위"(actus purus, "순수 현실태")이시다. 이러한 방식으로 아퀴나스는 고대 교부들이 천명한 바와 같이 "하나님의 존재와 사역(행위)의 일치"를 논증한다. 나아가 아퀴나스는 하나님을 "자립적인 실재로서의 존재 자체"(ipsum esse subsistens)로 이해하며, 이것은 본질적으로 성경에서 "야웨"(I AM who I AM)라고 불리는 하나님 자신의 계시적 언명에 기초한다. 나아가 그는 하나님의 본질에 있어 "단순성"(simplicitas)을 그 무엇보다 강조하며 신론의 기초로 삼고 완전성, 선하심, 무한성, 불변성, 영원성 등 다른 모든 신적 본성들을 이에 연관시켜 이끌어낸다. 이와 같이 "한 분 하나님"(De Deo Uno) 안에서 정립된 신적 단순성의 원리는, 다시금 "삼위 하나님"(De Deo Trino) 안에서 하나님의 무한한 관계성에 있어 동일본질의 기초가 되어 통합된다.[64]

---

63 Aquinas, *Summa Theologiae*, Ia.27.

아퀴나스에게 "한 분 하나님"의 본질에서 가장 중요한 요소가 "단순성"(simplicity)이라면, "삼위 하나님"에게 있어서 핵심요소는 "관계성"(relatedness)이다. 즉 하나님의 "순수-존재"는 존재내적인 "신적 발현"(processio divina)을 통하여 이제 "관계 속의 존재"(esse in relationis)로 확장되어 이해된다. 아퀴나스에 의하면, 하나님의 존재 안에는 오직 두 가지의 서로 구별되는 발현만이 있는데, 곧 "지성의 발현으로서의 말씀"(generatio verbi, the Son)과 "사랑의 발현으로서의 성령"(processio amoris, spiratio; the Holy Spirit)이 그것이며, 그 발현의 근거는 기원되지 않고 출생하지 않는 성부(the Father)이시다.[65] 나아가 아퀴나스는 이 실제적인 구별로서의 세 인격들 사이의 "관계"(relatio)는 하나님의 존재 내적인 것임과 동시에 단순히 논리적/관념적 관계(relatio rationis)가 아니라 "실제적 관계"(relationes reales)이며, 또한 삼위격의 "관계는 하나님의 본질과 하나"(cf. 동일본질, identitate naturae, homoousios)이심, 곧 "본질의 존재"(esse essentiae)와 "관계의 존재"(esse relationis)는 하나이며 동일한 것임을 분명히 함으로써[66] "양태론"과 "종속설"의 위험을 동시에 극복하고자 시도한다. 즉 만일 단일한 하나님의 존재에 있어 서로 구별된 삼위격의 관계가 "실제적"이지 않다면 그것은 곧 사벨리우스주의의 양태론적 단일신론(monarchianism)이 되고, 동시에 그 관계가 본질과 동일하지 않다면 그것은 곧 아리우스주의의 종속설(결과적으로 각기 다른 본질의 삼신론, tritheism)이 되어버리기 때문이다.[67]

---

64 Cf. LaCugna, *God for Us*, 151.

65 Cf. Aquinas, *Summa Theologiae*, Ia.27.1-5.

66 Cf. Aquinas, *Summa Theologiae*, Ia.28.2. "그러므로 하나님 안에서 관계와 본질은 두 가지로 실재하는 것이 아니라, 하나이며 동일한 것임이 분명하다"(Patet ergo quod in Deo non est aliud esse relationis et esse essentiae, sed unum et idem).

아퀴나스에 의하면, 이렇게 하나님의 존재내적인 두 발현(*duae processiones in Deo ad intra: generatio, spiratio*)에 근거한 세 가지 실제적 관계[cf. *tres relationes reales in Deo*: 아버지 → 아들(*paternitas*); 아들 → 아버지(*filiatio*), 성령 → 아버지와 아들(*spiratio*)]에 의해 구별된 세 인격(three persons)이 구성되기 때문에, 이러한 인격의 세 관계가 곧 삼위일체의 존재론적 구성원리이다.[68] 그렇다면 하나님의 존재내적인 관계 속에서 구성되는 "인격"(*persona*)은 과연 무엇을 의미하는가? 아퀴나스는 "인격"(*persona*)에 대한 보에티우스(Boethius, 470-524)의 다음과 같은 정의―"이성적 본성을 가진 하나의 개별적 실체"(*naturae rationalis individuam substantiam hypostaseos*, an individual being of rational nature)―를 비판적으로 수용하여 다음과 같이 교정한다: "위격(*persona*)은 모든 본질에 있어 가장 완전한 것, 즉 이성적 본성 안에서 자립하는 것"(*subsitens in rationali natura*)을 의미하며, 모든 완전성은 하나님께 속하는 것이기 때문에 "위격"(*persona*)이라는 용어는 참으로 하나님께 사용되어야 한다고 주장한다.[69]

즉 아퀴나스에 의하면 "위격"(*persona*)은 "휘포스타시스"(*hypostasis/substantia*)와 동일한 용어이며, 그 본질적 의미는 "자립하는 실재"(*subsistentia*)다.[70] 또한 하나님은 "이성적 본성"(*rationalis naturae*)을 가

---

67   Cf. Aquinas, *Summa Theologiae*, Ia.28.1. 삼위일체론에 대한 대표적인 두 가지 오류인 아리우스주의와 사벨리우스주의에 대한 아퀴나스의 보다 자세한 비판적 논의는 Aquinas, *Summa Theologiae*, Ia.31.2를 참조하라.

68   Cf. Aquinas, *Summa Theologiae*, Ia.28.4.

69   Aquinas, *Summa Theologiae*, Ia.29.2.

70   아퀴나스는 "위격"(*persona*)에 대응하는 그리스어 "*hypostasis*"에 대한 올바른 번역어는 "*substantia*"(실체)가 아니라 "*subsistentia*"(자립적 실재)라고 본다. cf. Aquinas, *Summa Theologiae*, Ia.29.2.

186   삼위일체 하나님과 신학

지시는 것은 분명하지만, 결코 "물질적 개체화의 원리"(*individuationis principium in materia*)에 따라서 "개별적"(individual)이라고 부를 수 없기 때문에 오직 "비공유적"(*incommunicabilitatem*)이라는 의미에서만 사용할 수 있다. 그리고 "실체"(*substantia*)는 "자립하는 존재자"(*existere per se; cf. subsistentia*)라는 의미로만 하나님께 적용될 수 있다. 따라서 그는 성 빅토르의 리샤르(Richard of St. Victor)의 "신적 본성의 비공유적 존재자"(*divinae naturae incommunicabilis existentia*)라는 위격에 대한 교정적 정의를 적극 수용한다.[71] 결론적으로 아퀴나스의 견해에 따르면, 신적 "위격"(persona)은 "신적 본성 안에 자존하는 것으로의 관계"(*relationem ut rem subsistentem in natura divina*)를 의미한다.[72] 다음으로 세 위격은 함께 동등하시며(*co-aequalitas*), 함께 영원하시고(*co-aeterna*), 그 위엄과 권능에 있어 동일하심(*aequalis dignitatem et potentiam*)과 더불어, 본성에 있어서는 기원의 순서(*ordo naturae et orginis*)가 있음과 위격 간의 상호내재성(*circumincessio*)을 논증한다.[73] 마지막으로, 그는 신적 본질의 단일성을 나타내는 용어인 "우시아"(*ousia*)의 의미를 아우구스티누스의 견해를 수용하여 "본질"(*essentia*)로 보았다.[74] 따라서 아퀴나스의 삼위일체 형식 (trinitarian formula)은 다음과 같이 요약된다:

"*una essentia, tres personae*[*subsistentiae*]"

(one essence, three persons[subsistences]; 하나의 본질, 세 위격[실재])

---

[71]   Aquinas, *Summa Theologiae*, Ia.29.3.

[72]   Aquinas, *Summa Theologiae*, Ia.30.1.

[73]   Aquinas, *Summa Theologiae*, Ia.43.1-5.

[74]   Cf. Aquinas, *Summa Theologiae*, Ia.29.2.

III. 칼뱅의 "공교회의 고전적 삼위일체론"에 대한 비판적 계승과 독창적 공헌

1. 칼뱅의 삼위일체론 이해의 형성과정

제2세대에 속하는 종교개혁가로서 스위스 제네바에서 종교개혁을 주도하며 개혁신학(Reformed Theology)의 기초를 정립한 장 칼뱅(John Clavin, 1509-1564)은 그의 신학자로서의 여정에서 가장 먼저 출판한 신학적 저술인 『기독교 강요』(1536)에서 특히 "사도신경"을 네 부분으로 나누어 해설하는 가운데 성경적 증거에 근거하여, 또한 고대 정통 교부들을 언급하며 비교적 간단하게 삼위일체 하나님, 곧 "거룩하신 삼위 하나님의 인격, 영원하시며 전능하신 한 하나님이신 성부, 성자, 그리고 성령", "세 인격 가운데 한 하나님" 등의 표현을 사용하며 다음과 같이 설명하고 있다:[75]

---

[75] 칼뱅의 삼위일체론에 대한 논의와 관련해서는 다음의 자료들을 참조하라: Benjamin B. Warfield, "Calvin's Doctrine of the Trinity," in *Calvin and Augustine* (Philadelphia, NJ: P & R Publishing Co., 1956), 189-284; Jack Rogers, "Calvin and the Italian Anti-Trinitarians (A.D. 1558)," in *Articles on Calvin and Calvinism*, vol. 5, ed. Richard C. Gamble (New York: Garland Publishing, 1992): 123-32; Gerald Bray, *The Doctrine of God* (Downers Grove: InterVarsity Press, 1993); Philip W. Butin, *Revelation, Redemption and Response: Calvin's Trinitarian Understanding of the Divine-Human Relationship* (New York: Oxford University Press, 1995); Paul Helm, *John Calvin's Ideas* (Oxford: Oxford University Press, 2004); 한철하, "Calvin의 삼위일체론", 「성경과 신학」 17 (1995): 162-75; 유해무, "삼위일체론", in 『칼빈신학 해설』, 한국칼빈학회 편 (서울: 대한기독교서회, 1998): 133-53; idem, "삼위일체론: 동방 신학과 관련하여", in 『칼빈신학과 목회』, 한국칼빈학회 편 (서울: 대한기독교서회, 1999): 7-31; 현광철, "칼빈의 공교회적 삼위일체론", 「고려신학보」 29 (1998): 242-69; 김재성, "칼빈의 삼위일체론, 그 형성과정과 독특성", 「신학정론」 20/1 (2002): 118-68; 이오갑, "칼빈의 삼위일체론", 「신학사상」 134 (2006): 217-47; 박경수, "삼위일체론에 대한 칼뱅의 공헌", in 『교회의 신학자 칼뱅』 (서울: 대한기독교서회, 2009): 169-89; 최윤배, "칼뱅의 관계적 삼위일체론", in 『관계 속에 계신 삼위일체 하나님』, 웨슬리신학연구소 편 (서

그들은 셋으로 불리고, 셋으로 기술되며, 셋으로 구별된다. 그러므로 한 분이시며 셋이시다. 그분께서는 한 하나님, 한 본질이시다. 어떻게 셋인가? 세 하나님이 아니시고 세 본질이 아니시다. 고대 정통 교부들이 말했듯이 한 본질(οὐσίαν) 세 위격(ὑποστάσεις); [그리고] 한 실체(substantiam unam), 한 실체 안에 세 자립적 실재(tres subsistentiae in una substantia)이시다.…하나의 신적 본질 안에 인격들의 삼위일체가 존재한다(in una Dei essentia personarum esse trinitatem).[76]

칼뱅은 이후 종교개혁자로서의 사역을 본격적으로 수행하는 가운데 로마 가톨릭 신학자들 및 16세기 반(反)삼위일체론자(anti-trinitarians)들과의 수많은 논쟁을 통하여 자신의 삼위일체 교리에 대한 보다 깊고 견고한 신학적 이해와 독창적인 기여를 성취하게 된다.[77] 칼뱅에 대한 최초의 명백한 도전은 스위스 로잔에서 목회를 하던 피에르 카롤리(Pierre Caroli, 나중에 로마 가톨릭으로 다시 전환함)가 제기한 것인데(1537년 2월 17일), 그는 아주 부당하게도 칼뱅을 반(反)삼위일체주의자 혹은 아리우스주의자라고 비난하며 삼위일체 교리와 관련된 고대 신경들(사도신경, 니케아 신경, 아타나시오스 신경)에 서명을 요구하였으나, 칼뱅은 자신의 입장을 개진하며 이러한 요구에 응하지 않았다. 그러나 앞에서 인용한 본문에서 우리가 확인한 바와 같이 칼뱅은 그의 『기독교 강요』(1536) 초판에서 간략하지만 이미 자신의 정통적인 삼

울: 아바서원, 2015): 131-56; 이승구, "칼빈의 신론: 일관성을 지닌 실천적 하나님 이해", 「신학정론」 34/2 (2016): 258-84, etc.

76 John Calvin, 『기독교 강요』(1536) [라틴어-한글 대역], 문병호 역 (서울: 생명의말씀사, 2009), 145, 151, 161.

77 삼위일체론과 관련한 칼뱅의 논쟁의 역사에 대하여는 김재성, "칼빈의 삼위일체론, 그 형성 과정과 독특성", 135-45; Warfield, "Calvin's Doctrine of the Trinity," 189-284를 참조하라.

위일체에 대한 이해를 명백하게 제시하였다. 또 그러한 삼위일체론에 대한 칼뱅의 이해는 그의 신학적 원숙기의 저작인 『기독교 강요』 최종판(1559)에서 충분하고도 풍성하게 개진한 것과 비교하더라도 사실상 그 본질적 내용에 있어 별반 차이가 없다. 따라서 카롤리의 칼뱅에 대한 신학적 도전과 비난은 애초에 전혀 사실에 기반하지 않았고 단지 칼뱅의 명성에 흠집을 내려는 비열한 것이었지만, 결과적으로 제네바에서의 칼뱅의 초기 사역 실패에 큰 영향을 미친 한 가지 원인이 되었다.

나아가 더 심각한 도전은 스페인 출신의 의사로서 신학을 공부한 후 고대의 주요 양대 이단인 아리우스주의와 사벨리우스주의를 교묘하게 종합하여 새로운 형태의 삼위일체론을 주장하였던 세르베투스(Michael Servetus, 1511-1553)와의 논쟁이었고,[78] 그 불행한 결과(이단죄로 화형됨, 1553년 10월 27일)로 인하여 칼뱅은 오랫동안 도덕적 책임에 대하여 불명예스러운 오해를 받아왔다.[79] 또한 1557년 이후 이탈리아에서 넘어온 여러 "비신학자" 반(反)삼위일체론자들(cf. 이성적/논리적 신앙을 추구했던 초기 유니테리언들 - Matthew Gribaldi, Giorgio Biandrata, Giovanni Paolo Alciati, Mattias Gribaldi, Giovanni Valentine Gentile, etc)을 상대로 하여 지속적으로 진행된 여러 논쟁들은[80] 결과적으로 칼뱅의 삼위일체론 이

---

78 세르베투스는 자신의 신학적 견해를 『삼위일체에 대한 오류들에 관하여』(*De Trinitatis Erroribus*, 1531), 『삼위일체에 대한 두 권의 대화록』(*Dialogorum de Trinitate libri duo*, 1532)이라는 저작으로 출판하였다. 이에 대하여 칼뱅은 "세르베투스의 오류에 대한 정통신앙의 수호"(*Defensio orthodoxae fidei contra Michaelis Serveti*)라는 장문의 신랄한 비판의 글을 써서 반박하였다. cf. John Calvin, "세르베투스의 오류에 대한 논박", in 『종교개혁사상 선집』(개정판), 박건택 편역 (서울: 솔로몬, 2009), 553-641.

79 Cf. G. Coleman Luck, "Calvin and Servetus," in *Articles on Calvin and Calvinism*, vol. 5, ed. Richard C. Gamble (New York: Garland Publishing, 1992): 330-35.

80 Cf. Rogers, "Calvin and the Italian Anti-Trinitarians (1558)," 123-32.

해를 더욱 성경적으로 깊이 있고 첨예하게 만드는 데 크게 일조했다고 볼 수 있다.[81]

2. 칼뱅의 삼위일체론 이해의 특징들: "공교회의 고전적 정통교리"의 비판적 계승

(1) 칼뱅의 신학 속에서의 삼위일체론에 대한 논의 구조

칼뱅의 삼위일체론에 대한 가장 원숙한 형태의 신학적 논의는 그가 평생에 걸친 신학적 여정에서 성경적 진리를 드러내는 올바른 "가르침의 순서"(ordo docendi)에 대한 깊은 숙고 아래 수차례 개정/증보한 『기독교 강요』 최종판(1559)에 가장 잘 드러나 있다고 볼 수 있다.[82] 여기서 칼뱅은 신론/삼위일체론의 논의구조와 관련하여, 아퀴나스에 의해 대표되는 중세 스콜라신학의 이중적 논의구조를 따르지 않고 페트루스 롬바르두스의 『명제집』(Sentences)과 마찬가지로 삼위일체론을 신론 자체로서 곧바로 다루고 있다.[83] 이것은 신학적으로 볼 때, "성경적인 하나님 이해"(신론)는 바로 "삼위일체 하나님에 대한 신지식"이라는 신학적

---

81 이러한 여러 가지 신학적 논쟁들이 그의 신학뿐만 아니라 삶과 목회에 있어 어떤 영향들이 있었는지, 그리고 그 배경역사를 위해서는 T. H. L. Paker, *John Calvin: A Biography* (Philadelphia: The Westminster Press, 1975); Willem van 't Spijker, 『칼빈의 생애와 신학』, 박태현 역 (서울: 부흥과개혁사, 2009)을 참조하라.

82 칼뱅의 『기독교 강요』의 여러 개정/증보판들에 있어 "올바른 가르치는 순서"(*Ordo recte docendi*)에 따른 변화와 발전의 의미에 대한 연구와 관련해서는 특히 Richard A. Muller, *The Unaccommodated Calvin: Studies in the Foundation of a Theological Tradition* (Oxford: oxford University Press, 2000)를 참조하라.

83 그러나 앞서 언급한 바와 같이 이후 개신교 정통주의 신학(Protestant Scholasticism)에서 다시 신론의 논의 구조와 형식에 있어 아퀴나스의 이중구조를 재수용하였고, 지금도 계속하여 지속적인 영향을 미치고 있다. 이 점에 있어서는 프란키스쿠스 투레티누스(Francis Turretin)와 개혁파 후예들인 찰스 하지(Charles Hodge), 헤르만 바빙크(Herman Bavinck), 루이스 벌코프(Louis Berkhof) 등도 마찬가지이다.

인 재천명이며, 참된 신학(θεολογία)은 곧 "삼위일체론"(cf. 삼위일체 하나님에 대한 성경적 가르침 혹은 교설)이라는 고대 교부들의 "신학"(theologia)에 대한 이해를 계승하는 것이라고 볼 수 있다.[84] 또한 신학방법론의 측면에서 볼 때, 이것은 칼뱅이 아퀴나스의 "이성과 계시"/"자연과 은총"의 구조 및 어떤 철학적 개념이나 체계 혹은 "존재의 유비"(analogia entis)에 근거한 "자연신학"(natural theology)이 아니라, "오직 성경"(Sola Scriptura)이라는 종교개혁의 신학원리에 근거하여 "계시 중심"의 신학을 전개하였음을 명확하게 드러내는 것이기도 하다.[85]

칼뱅은 『기독교 강요』(1559) 제1권 제13장에서 성경적인 신론으로서의 "삼위일체론"을 본격적으로 전개하는데, 그 논의의 순서는 다음과 같이 이루어진다: (1) 한 하나님의 본성의 특징과 삼위격의 존재(1-2절); (2) 삼위일체론과 관련한 용어의 문제(3-6절); (3) 성자의 참된 신성(7-13절); (4) 성령의 참된 신성(14-15절); (5) 하나님의 일체성과 삼위성(구별과 관계), 그리고 결론적 종합(16-20절); (6) 삼위일체론과 관련된 여러 이단적 교설들을 분석하여 논박하며, 정통적 삼위일체론의 특징들에 대하여 논설함(21-29절).[86] 이러한 칼뱅의 삼위일체론의 논의

---

84 "신학"(θεολογία)의 개념적 이해의 역사에 대하여는 김은수, "'신학'(θεολογια, Theologia): 역사적 고찰과 개혁파적 이해", 「갱신과 부흥」 13 (2013): 100-39; Gerhard Ebeling, *The Study of Theology*, trans. Duane A. Priebe (Philadelphia: Fortress, 1978); Edward Farley, *Theologia: The Fragmentation and Unity of Theological Education* (Philadelphia: Fortress, 1983)을 참조하라.

85 Cf. Gerald J. Postema, "Calvin's Alleged Rejection of Natural Theology," in *Articles on Calvin and Calvinism*, vol. 7, ed. Richard C. Gamble (New York: Garland Publishing, 1992): 135-46; John N. Thomas, "The Place of Natural Theology in the Thought of John Calvin," in *Articles on Calvin and Calvinism*, vol. 7, ed. Richard C. Gamble (New York: Garland Publishing, 1992): 147-76, etc.

86 여기서 본문분석을 위해 사용한 텍스트는 John Calvin, *Institutionis Christianae religionis* (1559), *Opera Selecta* vol. III (Monachii in Aedibus: Chr.Kaiser, 1967); [영역] *Institutes*

구조를 잘 살펴보면, 깊은 신학적인 숙고와 주제들의 구성 순서에 대한 저술전략 아래 대단히 치밀하게 짜여져 있고 논리적이며 설득력이 있음을 잘 알 수 있다. 이제 칼뱅의 견해에 대한 여러 억측과 다양한 분석보다는, 되도록이면 칼뱅의 논의의 순서를 따라가면서 그의 삼위일체론에 대한 그의 핵심 주장과 의미, 그리고 이에 대한 신학적 배경 및 독창적인 요소들에 대하여 살펴보기로 하자.

(2) 성경의 하나님: "하나의 본질(*una essentia*)과 세 위격(*tres personae*)"

칼뱅은 그의 『기독교 강요』(1559) 제1권 제13장을 시작하며 그 표제어에서 "성경은 창조이래로 하나님의 한 본질에 세 위격이 존재함을 가르쳐왔다"(*Unicam dei essentiam ab ipsa creatione tradi in Scripturis, quae tres in se personas continet*)고 천명한다.[87] 이것은 "삼위일체 교리"가 고대 교회 혹은 교부들이 만들어낸 것도 아니요, 또한 신약성경에서 비로소 나타난 것도 아니며, 이미 성경이 가르치는 참된 하나님께서는 스스로를 "삼위일체 하나님"으로 계시하셨다는 것을 강조하는 것이다. 다음으로 칼뱅은 특히 "하나님의 본질(*essentia Dei*)은 무한하시며 영적"이라는 두 가지 본성적 특징을 강조하면서, 하나님의 본질에 대한 근원적인 "불가해성"(divine incomprehensibility)을 말한다. 이것은 인간의 유한한 지성으로 무한하시고 영적인 하나님의 본질에 대하여 결코 알 수 없다는 고대 교부들의 "부정의 신학"(*theologia negativa*)을 긍정함과 동시에, 중세 스콜라신학의 "존재의 유비"에 근거한 그 어떤 이성적인 자연신학도

---

　　　of the Christian Religion, vol. 1, trans. Ford L. Battles (Philadelphia: The westminster Press, 1960); [한역] 『기독교 강요』 (상), 김종흡 외 공역 (서울: 생명의말씀사, 1988)이다.

87　　Calvin, *Institutionis Christianae religionis* (1559), *OS*, vol. III, I.xiii.(p. 108).

거부함을 의미한다.[88]

칼뱅은 그러한 "하나님의 본질은 단순하여 분할할 수 없다"(*nam quum simplex et indiuia sit essentia Dei*)고 하면서, 동시에 "하나님 안에는 세 위격이 존재하신다"(*tres in Deo esse hypostases*)고 말한다(I.xiii.2). 그의 다른 표현들을 참조하자면, 성경에서 "하나님께서는 스스로 유일하게 존재하신다(*unicum esse*)는 것과 동시에 명백하게 세 위격으로 구별된다(*distincte in tribus personis*)는 것으로 제시하셨다"는 것이다(I.xiii.2). 또한 그는 이것을 역순으로 표현하여 "세 위격이 존재하신다는 것과 이 삼위의 각자가 바로 완전한 하나님이시라는 것, 그러면서도 하나님은 여럿이 아니라 오직 한 하나님께서 존재하신다"(I.xiii.3)고 말한다. 이러한 칼뱅의 여러 언명들을 간단히 요약하자면, 그는 먼저 삼위일체 하나님에 대하여 성경이 가르치는 가장 본질적인 두 가지 기본명제를 분명하게 제시하고 있다: (1) "하나님의 본질은 하나이다"; (2) "하나님은 서로 구별된 세 위격으로 존재하신다." 그리고 이것에 대한 종합명제는 (3) "한 하나님 안에, 혹은 하나님의 단일한 본질 안에 삼위께서 실재한다"는 것이다(*in uno Deo subsistere, seu in Dei unitate subsistere personarum Trinitatem*, I.xiii.4). 삼위일체론과 관련한 이러한 핵심 명제들은 고대 공교회 신조들과 더불어 동/서방 교회의 교부들(동방의 아타나시오스와 카파도키아 교부들, 그리고 서방의 테르툴리아누스, 아우구스티누스, 아퀴나스 등)

---

[88] 참고로 이 점과 관련하여, 루터는 사변적인 중세 스콜라신학을 "영광의 신학"(*theologia gloriae*)으로서 "거짓 신학"이라 격렬하게 비판하면서, 이와 날카롭게 대비되는 참된 신학의 본질로서 "십자가의 신학"(*theologia crucis*)을 주장하였다. 그는 시편강해를 통해 "오직 십자가만이 우리의 신학이다"(*Crux sola est nostra theologia*), "그리스도의 십자가만이 하나님의 말씀의 강요(綱要)이고 가장 순수한 신학이다"라는 유명한 신학적 정의를 남겼다. Martin Luther, *Operationes in Psalmos* (1519-1521), *WA* 5, 176, 32; *WA* 5, 217; cf. 김은수, "'신학'(θεολογία, *Theologia*): 역사적 고찰과 개혁파적 이해", 124f.

모두가 천명한 정통신앙임을 칼뱅이 공히 수용하고 계승함을 말하는 것이다.

(3) 삼위일체와 관련한 신학적 용어들의 문제

칼뱅은 성경이 가르치는 "삼위일체 하나님"을 인간의 언어로 보다 분명하게 설명하기 위하여 고대 동/서방 교회 교부들이 차용한 성경외적인 여러 핵심되는 개념적 용어들의 필요성에 대하여 언급한다. 그리고 이는 여러 이단적인 견해들의 교묘한 함정들과 오류들을 명징하게 노출시키고 정통신앙의 내용을 보다 분명하게 표현하기 위해 불가피하게 사용한 것이라고 하며 그 정당성을 분명히 한다.[89] 예를 들어 고대 교부들과 신조는 성부와 성자께서는 "*homoousios*"(동일본질)라는 용어를 사용하여 그리스도의 참된 신성을 부인한 아리우스파의 교활함과 불신앙의 진면목을 명확하게 노출시킴과 더불어, "한 하나님(*uno Deo*) 안에는 서로 구별된 세 위격들"(*treis hypostases*)이 존재한다고 확증함으로써 사벨리우스의 사악한 이단성을 명백하게 드러내었다(I.xiii.4). 또한 그는 동/서방 교회의 언어적인 차이 때문에 많은 혼란이 있었음을 지적함과 동시에, 그러한 용어들이 가지는 언어적 한계성을 분명하게 잘 인식하고 있다(cf. I.xiii.3-6). 따라서 칼뱅은 우리의 신앙이 성경의 가르침에 따라 "한 하나님 안에 세 구별된 위격, 곧 성부, 성자, 성령 하나님의 구별되심과 하나이심"을 올바로 고백할 수만 있다면, 심지어 "이 용어들은 잊혀도 좋다"고 말한다(I.xiii.5).

---

89 이와 관련하여 칼뱅은 "생각하는 것과 말하는 것의 확실한 규범을 성경에서 찾고, 마음의 생각과 입으로부터 나오는 일체의 말을 여기에 순응시켜야 한다는 것이다. 그러나 우리가 이해하기 어렵고 난해한 성경의 내용들을 명백한 말로 설명하는 것을 누가 못하게 하겠는가?"라고 반문한다. Calvin, 『기독교 강요』(1559), I.xiii.4.

이와 같이 칼뱅은 고대 교부들의 신학적 용어들을 기꺼이 수용하여 성경의 가르침에 따라 삼위일체 하나님을 "한 본질, 세 위격들"[una essentia (=οὐσία), tres personae (=ὑποστάσεις / πρόσωπα)]이라고 표현한다. 특히 동/서방 교회 교부들이 사용한 용어들과 관련하여 칼뱅은 "본질"(οὐσία)이라는 용어는 테르툴리아누스가 제안했던 라틴어 "substantia"(실체)보다는 아우구스티누스를 따라 "essentia"(본질)가 더 적절하다고 본다. 또한 상호 구별된 "위격"(ὑπόστασις, 히 1:3; =πρόσωπα/persona)에 대하여는 다음과 같이 정의한다: "내가 위격(persona)이라고 부르는 것은 하나님의 본질(essentia) 안에 있는 [자립적] 실재(subsistentia)를 의미한다. 그것은 다른 실재(subsistentia)와 관계(relata) 속에서 존재하나, 또한 서로 전달(교통)할 수 없는 고유한 특성(proprietas)을 통해서 구별된다."[90] 여기서 특히 칼뱅은 각 위격간의 실제적인 구별을 강조하기 위해 아우구스티누스를 거쳐 아퀴나스가 강조하여 사용하였던 "실재"(subsistentia = persona)라는 용어를 의도적으로 차용해서 사용하는데, 그렇다면 이것은 과연 무엇을 의미하는가? 칼뱅은 이 용어의 의미를 다음과 같이 설명하고 있다:

우리가 의미하는 실재(subsistentia)라는 말은 본질(essentia)이라는 말과는 다른 무엇을 뜻하는 말이다.…실재는 본질과 나누어질 수 없도록(individuo) 밀접하게 결속되어 있어 본질로부터 분리될 수는 없지만(nec potest separari), 그러면서도 본질과 구별되는 특수한 표지(specialem tamen)를 가지고 있는 것이다. 그래서 나는 세 실재는 상호관계를 맺고 있으면서도 각자의 특

---

90 Calvin, *Institutionis Christianae religionis* (1559), I.xiii.6 (p. 116): "Personam igitur voco subsistentiam in Dei essentia, quae ad alios relata, proprietate incommunicabili distinguitur."

성에 의하여 서로 구별된다(*proprietate distingui*)고 말하는 것이다. 이 "관계"(*relatio*)는…언제나 각자의 특성에 의해 상호 구별되며, [또한] 각자에게 고유한 것은 그 어떤 것이라도 상호전달(교통, *incommunicabile*)될 수 없는 것이라고 나는 주장한다. 왜냐하면, 성부에게 속한 구별의 표지는 성자에게 속하거나 성자에게 결코 옮겨질 수 없기 때문이다.[91]

(4) 하나님의 하나되심(Unity), 그리고 삼위 하나님(Trinity)의 구별과 관계

칼뱅은 영원한 성자의 참된 신성(I.xiii.7-13)과 성령의 참된 신성 (I.xiii.14-15)을 성경의 다양한 증거들을 통하여 논증한다. 먼저 칼뱅은 하나님의 "말씀"(성자)의 영원한 참된 신성을 말하며(cf. 요 1:1-3), "이 말씀은 불변하시며 하나님과 영원히 동일하시고 바로 하나님 자신"이시라고 한다(I.xiii.7). 그리고 성자는 창조된 존재로서 그 시작이 있다고 주장한 아리우스의 주장을 논박하면서, "말씀"은 시간 안에서 그 "시작이 없으며", "시간의 시작 저편에서 이미 하나님과 함께 계셨고 영원토록 그와 더불어 존재하신다"고 천명한다. 나아가 칼뱅은 구약성경의 여러 증거들을 들어 "그리스도께서 참되신 여호와시요, 참된 의의 원천"이심(cf. 렘 23:5-6; 33:16; 사 25:9)과 동시에 "그는 참 하나님이시요 영생"(요일 5:20; cf. 빌 2:6-7)이시라는 사도들의 증거를 들어 성자의 참된 신성을 논증한다. 마찬가지로, 칼뱅은 성경적 증거들을 통하여 성령이 영원히 "참된 하나님"이심을 증거하는데, 먼저 성경은 하나님의 창조 사역에서 "하나님의 영"이 함께 사역하셨으며(창 1:2), 또한 온 우주에 편재하시며 만물에게 생명을 주시며, 유지하시고, 소생케 하시는 성령께서는 참으로 하나님이시다. 나아가 우리의 구원과 관련하여 거

---

91 Calvin, *Institutionis Christianae religionis* (1559), I.xiii.6 (p. 116).

듭남(중생), 칭의와 성화, 그리고 하나님과 교통케 하시며, 모든 선함과 은사들의 원천이신 성령께서는 "그 어떤 피조물의 범주에도 속하지 않으며", 그는 바로 "하나님 안에 존재하는 실재"(*in Deo subsistens*)이시다(I.xiii.14). 또한 성경은 선지자들과 사도들을 통하여 주신 "하나님의 말씀"이 곧 "성령의 말씀"이라고 하기 때문에 "모든 예언의 저자이신 성령이야 말로 참되신 여호와"시라고 선언한다(I.xiii.15). 이와 같이 칼뱅은 특징적으로 어떤 철학적인 "존재" 혹은 "본질"의 개념이나 체계에 근거해서가 아니라, 오직 성경에서 참 하나님의 언약적 징표로 주어진 "여호와/야웨"(יהוה/*adonai*/κύριος)라는 성호가 성부뿐만 아니라 성자와 성령에게도 똑같이 동일하게 적용되고 있음을 보임으로써, 성자와 성령께서도 성부와 함께 완전히 "동등"한 참된 신성을 가지시며, 영원한 "참된 하나님"이심을 명확하게 논증하고 있다. 이러한 성경의 명백한 증거에 근거하여 칼뱅은 성부와 꼭 마찬가지로 성자와 성령께서도 그 신적 본질에 있어 "자존하시는 분"(*ipsum a se esse, autotheos*)이시라고 강조하여 언명한다(I.xiii.19).[92]

이렇게 칼뱅은 성자와 성령의 "참된 신성"을 성경적으로 논증한 뒤에, 곧바로 하나님의 "하나 되심"을 성경적으로 논증하는 것으로 나아간다. 특별히 세례 명령문(cf. 마 28:19)을 주석하면서, "하나님의 본질 안에 한 하나님으로 알려진 삼위가 존재한다"고 말한다(I.xiii.15). 이점에 있어 칼뱅은 특히 성자의 신성을 거부했던 아리우스파(니케아 공의회에서 정죄됨, 325년)와 성령의 신성을 거부했던 마케도니우스파(콘스탄

---

92 이 점과 관련하여 칼뱅은 또 다른 곳에서 다음과 같이 말하고 있다: "여호와라는 성호가 어디서나 그리스도께 적용되어 있으므로, 그리스도의 존재는 신성에 관한한 자존하시는 분이시다"(*Nam quum ubique ponatur nomen Iehovae, sequitur deitatis respectu ex se ipso esse*). Calvin, *Institutionis Christianae religionis* (1559), I.xiii.23 (p. 141).

티노플 공의회에서 정죄됨, 381년)의 오류를 논박하고 배격하면서, "오직 한 하나님만 계시며(*Deum unum esse*), 그 이상이 아니라는 것이 확고한 원리이기 때문에, 우리는 말씀과 성령은 하나님의 본질 그 자체에 지나지 않는다(*Verbum et Spiritum non aliud esse quam ipsam Dei essentiam*)라고 결론짓는다"고 주장한다(I.xiii.16). 또한 칼뱅은 사벨리우스주의를 논박하며 성부, 성자, 성령을 "[자립적] 실재"(*subsistentia*)로 구별한다. 즉 이에 대한 아퀴나스의 견해를 적극 수용하여, 이러한 구별은 그냥 이름만의 유명론적인 구별이 아니라 "실제적인 구별"(*certe distinctionem*)을 말하는 것이며, 동시에 이것이 결코 단일한 본질의 "분할" 혹은 각 위격 간의 "나뉨"(*divisionem*)이 아님을 강조한다. 이렇게 하나님의 "하나이심"(Unity/oneness)과 삼위의 "실제적인 구별"(Trinity/threeness)을 동시에 강조하면서, 칼뱅은 나지안주스의 그레고리오스의 다음과 같은 유명한 진술을 인용하면서 자신의 입장을 다시 한번 더 강조한다: "나는 즉시 삼위의 광채에 둘러싸이지 않고는 단일성을 상상할 수 없다. 또한 곧바로 단일성을 상기하지 않고는 삼위를 분별할 수도 없다"(I.xiii.17).[93]

나아가 칼뱅은 "삼위일체 하나님"의 독특한 존재방식을 설명하기 위하여 아우구스티누스가 사용한 다양한 "삼위일체에 대한 흔적들"(*vestigia trinitatis*)에 대하여는 그 신학적, 실천적인 부적절성을 언급하며 거부하면서, 오직 성경은 "성부는 만물의 시초/기초/원천"이시며, "성자는 지혜/계획/질서를 부여하시는 분"이시고, "성령은 모든 행동의 능력/효력이 있게 하시는 분"으로 구별한다고 하였다. 그러나 동시에 성부와 성자, 그리고 성령은 함께 영원하시다(I.xiii.18). 즉 여기서 칼뱅이 강조하고자 하는 것은 세 위격 상호간의 실제적인 구별과 더불어

---

93 Gregory of Nazianzus, *On Holy Baptism*, *NPNF* (2nd ser), vol. 7, 375.

각 "위격"에 있어 어떤 순서와 질서가 있음을 성경이 분명히 말하고 있지만, 또한 동시에 성자와 성령은 성부와 함께 영원하시기 때문에 그 본질에 있어 하나(동일본질)이심과 더불어 영원한 참된 하나님 되심(신성)에 있어 "상호동등"하다는 것이다. 따라서 칼뱅은 참 하나님 되심에 있어 각 위격은 그 신성에 있어서는 상호 "동일본질"(*homoousios*)과 더불어 상호동등(*co-aequalitas*)되게 "자존적 존재"(*autotheos*, 자기 기원/원천)이시나(cf. 내재적 삼위일체, the immanent Trinity, *theologia*), 오직 각 위격 상호간의 관계를 고려할 때에만 기원과 정당한 질서 및 순서를 말할 수 있으며(cf. 경륜적 삼위일체, the economic Trinity, *oikonomia*), 이때에도 상호전달이 불가한 비공유적인 각 위격의 특성이 있다고 주장한다.

이러한 삼위일체 하나님의 존재의 구성원리에 대한 본질적 이해에 기초하여, 칼뱅은 성자와 성령을 구별하기 위하여, 그 경륜의 질서에 있어 "성자는 오직 성부에게서만 발생되며, 동시에 성령은 성부와 성자에게서 발생된다"고 하면서 서방 교회의 고유한 전통인 성령의 "이중 나오심의 교리"(the doctrine of *Filioque*)를 제한적으로 수용하고 계승한다(I.xiii.18). 다음으로, 칼뱅은 각 위격이 서로 구별되는 "비공유적" 특성을 유지하면서도 "성부가 전적으로 성자 안에, 성자가 전적으로 성부 안에 거하신다"(cf. 요 14:10)고 하면서 카파도키아 교부들이 도입한 각 위격 상호간의 "페리코레시스"(περιχώρησις, mutual co-inherence/inter-penetration, 상호내재/상호침투) 개념을 적극 수용한다. 그리고 이러한 동방 교부들의 각 위격 간의 "상호공재" 개념은 아우구스티누스가 위격을 구별하기 위해 이해한 "상호관계성"(cf. 관계의 실체, *relationes subsistentes*)이라는 개념과 서로 잘 부합하는 것이라고 이해하면서, 이를 적극 수용하여 다음과 같이 아우구스티누스를 인용한다:

그리스도는 자신에 대하여는 하나님이라 불리며, 성부와의 관계에서 생각될 때는 성자라고 불린다. 그리고 성부는 자신에 대하여는 하나님이라고 불리고 성자와의 관계에서 생각될 때에는 성부라고 불린다. 성자에 대하여 성부라고 불리는 한 그는 성자가 아니며, 성부에 대하여 성자라고 불리는 한 또한 그는 성부가 아니다. 그리고 자신에 대하여 아버지라고 불린 분과 자신에 대하여 아들이라고 불린 분은 동일하신 하나님이시다(I.xiii.19).

칼뱅의 언명들이 의미하는 바를 요약하자면, 삼위일체 하나님의 각 위격들 사이에는 "분할 불가능한 단일한 동일본질의 상호공유"와 동시에 "상호 교통될 수 없는 비공유적인 고유한 특성에 의해 실제적으로 구별되는 분리 불가능한 관계의 실재"가 있다는 것이다. 만일 전자가 부인된다면 아리우스주의 종속설로 빠지게 되고, 후자가 거부된다면 사벨리우스주의 양태론으로 전락하게 될 것이다.

마지막으로, 칼뱅은 성경이 가르치는 "삼위일체 하나님"에 대한 이제까지의 설명을 요약하면서 자신의 삼위일체 교리의 종합명제를 다음과 같이 요약하여 제시한다: "우리가 한 하나님(*unum Deum*)을 믿는다고 고백할 때, 이 하나님의 명칭은 유일하시며 단일하신 본질(*unicam et simplicem essentiam*)로 이해된다는 것이며, 이 본질 안에 세 인격 또는 세 실재가 존재한다(*tres personas vel hypostaseis*)는 사실이다"(I.xiii.20). 이러한 칼뱅의 언명을 다시 한마디로 요약하자면, 그의 삼위일체 형식(trinitarian formula)은 다음과 같다:

"*una essentia, tres personae[hypostaseis]*"

(one essence, three persons[subsistences]; 하나의 본질, 세 위격[실재])

3. 칼뱅의 삼위일체론 이해에서 독창적인 신학적 공헌

우리가 "공교회의 고전적 정통 삼위일체론"의 정립과 이해의 발전 역사와 더불어 특별히 칼뱅의 삼위일체론 이해에 대하여 보다 상세하게 살펴보면서, 가장 먼저 주의를 집중하고 관심을 가져야 할 부분은 기독교 신학의 본질 및 전체적인 논의 구조와 관련하여 칼뱅이 고대 정통 교부들이 이해한 "신학의 본질"을 다시 회복시켰다는 것이다. 나아가 삼위일체론 자체의 이해에 있어서도 고대의 두 정통적인 삼위일체론 이해의 근원들, 즉 동방 교회의 카파도키아 교부들의 이해와 서방 교회의 아우구스티누스의 이해에 있어 그들의 이해에 내재해 있는 다소 해소되지 않은 불분명한 점과 고유한 약점들을 동시에 극복하고자 시도했다는 것이다. 이를 위해 칼뱅은 고대의 두 정통적인 이해들을 통합하면서, 각각의 장점을 통하여 각각이 가지는 약점을 극복할수 있는 온전하게 통합된 "공교회적 삼위일체론 이해"를 제시하고자 시도하였고, 바로 이점에 그의 삼위일체론 이해의 혁혁한 신학적 공헌과 핵심적인 기여가 놓여 있다고 할 것이다. 이러한 관점에서 보자면, 그리고 우리가 그의 삼위일체론의 진정한 의도와 특징들을 제대로 이해한다면, 칼뱅이야말로 진정한 의미에서 고대 동/서방 교회의 "공교회의 고전적 정통 삼위일체론"을 비판적으로 계승했을 뿐만 아니라 그자신의 독창적인 신학적 공헌을 통하여 "공교회의 고전적 정통 삼위일체론"을 완성한 인물이라고 평가할 수 있을 것이다. 여기서는 그러한 칼뱅의 신학적 공헌 가운데 가장 중요한 세 가지 측면을 좀 더 깊이 살펴보기로 하자.

삼위일체 하나님과 신학

(1) 성경적인 "신학"(θεολογία/신론)으로서의 삼위일체론의 회복

중세 스콜라신학의 발흥과 전개 과정 속에서 당대에 새롭게 부각된 "학문"적 기준에 맞게 신학의 방법론과 내용 구조에도 많은 변화와 발전이 있었다. 이러한 중세 스콜라신학의 특징들은 먼저 기독교 신앙에 대하여 합리적인 이해를 추구하는 새로운 신학적 방법론의 유형을 제시함으로써(cf. *fides quaerens intellectum*, 이해를 추구하는 신앙) "중세 스콜라신학의 아버지"라 불리는 안셀무스로부터 시작하여 특히 "이성과 계시(신앙)"/"자연과 은총"이라는 이중구조 속에서 아리스토텔레스 철학과 신학을 통합하여 다시금 기독교 신학 전체를 종합하려고 시도한 아퀴나스의 신학 속에서 절정을 이루었다. 그러나 칼뱅은 기독교 신학의 본질을 철저하게 다시 성경의 가르침에 근거시키고자 하였고(cf. "오직 성경"[*sola Scriptura*]-종교개혁의 형식적 원리), 그 전체적인 신학의 논의 구조 또한 기본적으로 공교회 신앙고백의 기초인 "사도신경"의 구조로 개편하면서 교회가 목회와 성도들의 삶에 있어 반드시 필요로 하는 실천적인 요소들을 강조하여 재구성하였다.[94] 또한 신론/삼위일체론 자체의 논의구조도 중세 스콜라신학의 이중적 논의구조—"한 하나님"(*De Deo Uno*)과 "삼위의 하나님"(*De Deo Trino*)—를 거부하며, 삼위일체론을 신론 자체로서 곧바로 다룸과 동시에 그 논증방식과 내용에 있어서도 철저하게 성경의 계시에 근거시킴으로써 고대 교부들이 이해한 "참된

---

94 칼뱅의 『기독교 강요』는 전체적으로 삼위일체론적 구조 안에서 삼위일체 하나님의 존재와 사역에 대하여 논설하고 있다. 또한 칼뱅은 의도적으로 아퀴나스의 『신학대전』(*Summa Theologiae*)에 대비시켜 처음부터 그의 『기독교 강요』를 "경건의 대전"(*Pietatis Summam*)이라고 불렀으며, 경건에 힘쓰는 사람들을 위한 저술임을 분명하게 밝히고 있다. 또한 칼뱅이 말하는 이 경건성의 특징은 "하나님을 향한 감사와 사랑, 그리고 말씀을 통해 계시된 그분의 뜻을 순종함"에 있으며, 이것은 그가 강조했던 종교개혁신학의 목적이자 원리였던 "오직 하나님의 영광"(*Soli Deo gloria*)과도 일맥상통한다. cf. 김은수, 『칼빈과 개혁신앙』 (서울: SFC, 2011), 33-36.

신학"(θεολογία)의 본질을 올바로 회복하고자 하였다. 나아가 삼위일체론에 대한 논의들이 종교개혁 신학이 강조한 다양한 구원론/교회론적 주제(cf. "이신칭의 교리"[*sola fide/gratia*―종교개혁의 내용적 원리])들과 유리된 사변적인 형이상학적 논의로 전락하는 위험을 피하면서, 오히려 상호유기적인 전망과 통합관계 속에서 다룸으로써 고대 교부들이 이해했던 "테올로기아"(*theologia, Deo in se*)와 "오이코노미아"(*oikonomia, Deo pro nobis*)의 상호적인 관계를 다시 재통합하고 발전시켰다는 것이다.

(2) 양태론(Modalism)의 항구적인 극복을 위한 신학적 모색

먼저, 삼위일체론과 관련하여 가장 오래된 이단사상 가운데 하나인 "양태론"(Modalism/ Sabelianism)은 공교회 교부들에 의하여 이단사상으로 정죄되었지만, 교회 역사를 통하여 계속하여 생명력을 유지하며 시대마다 돌출하고 있다. 이와 관련하여, 칼뱅은 삼위 하나님의 분명한 실제적인 구별을 강조하기 위해 아퀴나스의 용법을 수용하여 동방 교부들이 사용한 "위격"(ὑπόστασις)을 [자립적] 실재"(*subsistentia*)로 표현하였는데, 여기서 그의 의도는 이것이 단순히 공허한 유명론적 칭호가 아니라, 혹은 아우구스티누스의 표현대로 "*persona*"가 단순히 위격의 개념적인 "관계"가 아니라 삼위 하나님의 "실제적인 구별"(*certe distinctionem*)임을 강조하려는 것이며, 그 연후에 삼위 간의 동일한 신적 "본질"(*essentia, homoousia*)의 상호공유와 "상호내재적"(*perichoresis*) 관계를 통하여 세 위격의 한 하나님 되심을 강조하는 것이다.

　　이것은 고대 서방 교회 삼위일체론의 집대성자인 아우구스티누스가 단일한 신적 본질의 존재론적 "일체성"을 우위에 두고 강조함과 동시에, "페르소나"(*persona*)를 단순히 각 위격 간의 "관계"를 나타내는 하나의 개념적 표현으로 인식함으로써 각 위격의 실제적 구별에 다소 모호함이 있었던 것(어떤 양태론적 경향 및 "사랑의 유비" 속에서의 성령의 실제적인 인격성의 확보 문제 등)을 동방 교회의 카파도키아 신학자들이 각 구별된 "위격"의 존재론적 우선성을 강조하며 실제적인 구별을 강조하는 "휘포스타시스"(*hypostasis/prosopon*) 개념과 이에 기초한 각 위격간의 "상호공재성"(*perichoresis*)이라는 관계의 개념을 차용함과 동시에 라틴어로 보다 실제적인 구별을 분명하게 표현하는 "[자립적] 실재"(*subsistentia/persona*)라는 용어를 사용하여 교정하고자 하는 것이다. 이렇게 함으로써 칼뱅은 "단일한 신적 본질의 완전한 공유"와 "세 위격간의 상호전달 혹은 상호교류 불가능한 비공유적 특성에 의한 실제적인 구별"을 함께 강조함으로써 정통 삼위일체론을 완성하고자 시도하였다.

(3) 종속론(Subordinationism)의 항구적인 극복을 위한 신학적 모색

다른 한편으로, 칼뱅은 아리우스적인 종속론(Arianism/Subordinationism)적 경향을 극도로 경계하며 삼위일체 하나님의 "하나 되심"(Unity)을 확보하기 위해 하나님의 "한 본질"(*una essentia*)을 동일하게 강조한다. 특별히 이를 위해 칼뱅은 성부, 성자, 성령 각 위격에 공통적인 참된 신성과 동일본질(*homoousia*)을 강조한다. 사실 고대 동방 교회 교부들은 성자의 참된 신성(cf. 아타나시오스, 니케아 공의회, 325년)과 성령의 참된 신성(cf. 나지안주스의 그레고리오스, 콘스탄티노플 공의회, 381년)을 확보하기 위하여 오리게네스가 사용하였던 "ὁμοούσιος"(동일본질)라는 용어를 가장 핵심적인 개념어로 수용하였다. 그러나 이미 앞에서 살펴본 바와 같이, 오리게네스의 신학체계에서 사실 이 용어는 성자가 단순히 창조된 존재가 아니라 "성부의 본질에서 나온 본질"이라는 개념(cf. 플로티노스의 유출적 개념의 원용)만 확보할 뿐, 엄격한 의미에서 성자와 성령의 "완전한 참된 신성"을 확보하는 것은 아니었다. 왜냐하면 실제로 오리게네스는 성부만이 자존적 존재로서의 완전한 "참된 하나님"이심을 표현하기 위하여 "자존적 하나님"(αὐτόθεος; "참 하나님" / ἀληθινός θεός)이라는 용어를 사용하였고, 로고스(성자)에게는 "제2의 하나님"(δεύτερος θεός)이라는 용어를 사용함으로써, 각 위격 간에 분명한 위계구조를 가진 종속론을 동시에 주장하였기 때문이다.

칼뱅은 고대 교부신학자들에 대한 직접적인 연구를 통하여, 그러한 신학적 논의과정과 행간의 의미를 잘 파악하여 알고 있었기 때문에, 성자와 성령의 완전한 참된 신성을 확보하기 위하여 오리게네스가 성부의 "참된 신성"을 표현하기 위하여 사용한 용어인 "αὐτόθεος"(자존적 하나님)를 차용하여 성자와 성령에게도 직접적으로 동일하게 적용하여 사용하였다. 이렇게 하여 칼뱅은 성자와 성령께서도 성부와 꼭 마찬가지로 완전한 동일본질의 "참된 신성"과 더불어 완전히 동등한 "자존성"(aseitas)을 가지심을 동시에 천명함으로써, 진정한 의미에서 "세 구별된 위격"(τρεις ὑποστάσεις) 간에 그 "신성"(deity)에 있어 완전한 "본질동일성"(ὁμοούσιος)뿐만 아니라 "위격동등성"(세 위격 모두 αὐτόθεος 되심)이 완전하게 확보됨으로써 이제 더 이상 그 어떤 위계적인 종속설도 발붙일 곳이 없도록 만들어버렸다. 따라서 "니케아-콘스탄타노플 공의회"가 "동일본질"(ὁμοούσιος)이라는 용어를 사용하여 성자와 성령의 "참된 신성"을 확보하면서 추구하였던 삼위일체론에 남아 있던 일말의 신학적 모호성을, 칼뱅은 "자존적 하나님"(αὐτόθεος)이라는 보다 명백한 한 용어를 사용하여 극복하면서 삼위격의 참된 신성에 있어 "동일본질/상호동등"의 진정한 공교회적 삼위일체론을 완성하고자 하였다. 따라서 고대의 공교회가 성경적인 가르침에 기초한 삼위일체론의 정립을 통하여 추구하고자 했던 진정한 의도와 신학적 의미는 칼뱅에 와서야 비로소 신학적으로 완성되었다고 보아야 할 것이다. 그리고 이것이 칼뱅이야말로 "공교회의 고전적 정통 삼위일체론"의 진정한 완성자로 평가되어야 하는 이유이기도 하다.

나아가 여기서 우리가 다시 한번 주목해야 할 사실은, 이렇게 칼뱅이 성자와 성령의 완전한 자존성(αὐτόθεος)을 천명함에 있어, 그가 어떤 철학적 체계 혹은 존재론적 개념이나 형이상학적 원리에 의존한 것이 아니라 오직 성경의 계시, 곧 성경에서 참 하나님의 언약적 징표로 주어진 "여호와/야웨"(יהוה-adonai/κύριος-the Lord)라는 성호가 성부뿐만 아니라 성자와 성령에게도 항구적으로 동일하게 적용되고 있음을 밝혀 보임으로써 성자와 성령께서도 성부와 함께 "동등"한 참된 신성을 가지시며, 영원한 "참된 하나님"(αὐτόθεος)이심을 명확하게 논증하고 있다는 사실이다. 이것은 그가 정립한 삼위일체론이 "공교회적"임과 동시에 "성경적"인 "정통 삼위일체론"임을 말한다.

그렇다면 이와 같이 칼뱅이 성부, 성자, 성령 하나님의 "하나의 본질"(una essentia; cf. 이것은 아우구스티누스의 독창적인 표현이다)을 강조하고, 또한 각 위격을 "아우토테오스"(αὐτόθεος)라고 강조하는 이유는 과연 무엇인가? 이것은 동방 교회의 카파도키아 교부들이 삼위일체 하나님의 "신성" 자체의 원천을 "성부의 위격"에 둠으로써 그 존재의 기원에 있어 일종의 단일신론(monarchianism)적 질서를 주장하는 것(이것은 여전히 또 다른 종속론으로 빠질 위험이 있다)에 대한 비판이자 신학적인 극복이라고 할 수 있다. 그렇게 함에 있어 칼뱅은 특히 서방 교회의 아우구스티누스가 삼위격 간의 관계에 있어 "위격동등성"(consubstantiality/co-equality)과 본질(essentia)에 있어 하나이심(homoousia)을 강조한 것을 적극 수용하여, 삼위일체 하나님의 신적 "본질"(essentia)에 있어서는 삼위격 각각이 공히 함께 신성의 원천(기원, origin)이시고, 또한 그 위격의 신성에 있어서는 완전히 상호동등한 "자존적인 하나님"(*autotheos*)이심을 강조한 것이다. 그리고 삼위격 간의 내재적인 "관계"에 있어 성부는 "신성의 기원[원천]"이 아니라, 단지 "위격들 간의 관계와 질서에 있어서만" 성자의 위격에 대한 기원임과 동시에 성부와 성자는 성령의 공동기원(*filioque*)임을 강조함으로써, 동방 교회 교부들이 이해한 삼위일체 하나님의 존재론적 구성원리에 있어 본질적으로 내재되어 있던 일말의 단일신론적/종속론적 경향성을 깨끗하게 말소시키며 이를 극복하고자 시도한 것이다. 만일 삼위격 간의 관계 구성에 있어 "필리오케"(*filioque*, "그리고 아들로부터")가 인정이 되지 않으면, 이것은 위격 간의 "상호동등성"뿐만 아니라 위격 간의 "상호관계성" 자체에서 문제가 발생하게 될 것이다.

이렇게 하여 칼뱅은 고대 동/서방 교회 교부들이 전개하였던 "공교회의 고전적 정통 삼위일체 교리"를 비판적으로 계승함과 동시에, 당대의 반(反)삼위일체론자들과의 치열한 논쟁을 통하여 오랫동안 교회를 괴롭히며 안으로부터 무너뜨리려 위협해왔던 "양태론"과 "종속론"의 이단적 오류들을 항구적으로 말끔히 걷어낼 수 있는 신학적 토대를 세움으로써, 공교회를 위한 "성경적인 정통 삼위일체론"을 집대성하고 완성한 신학적 공헌을 성취하였다.

IV. 나가는 말: 한국교회의 "공교회적 정통 삼위일체론"의 정립을 위하여

우리는 지금까지 "공교회의 고전적 정통 삼위일체 교리"의 형성과정과 이해의 역사를 살펴보면서 동/서방 교회가 공히 함께 고백하며 공

삼위일체 하나님과 신학

유하는 삼위일체론의 핵심 내용과 정확한 형식이 무엇인지를 확인하였다. 또한 그 자세한 내용과 설명의 방식에 있어 일련의 차이점과 다양성이 무엇인지도 간략하게 살펴보았다. 또한 16세기 종교개혁가들 가운데 특별히 삼위일체론 이해에 있어 큰 신학적 공헌을 한 칼뱅이 그에 앞선 고전적 정통 삼위일체론을 어떻게 비판적으로 계승하면서 종합적으로 완성하였는지, 나아가 양대 이단사상인 아리우스주의 종속설과 사벨리우스주의 양태론을 극복하기 위한 그의 독창적이고도 핵심적인 신학적 기여가 무엇인지를 살펴보았다. 이제 그 마지막 결론으로서, 고대 동/서방 교회의 정통 교부들과 종교개혁가들이 정립하여 천명하였던 그러한 "공교회의 정통 삼위일체론"의 이해에 대한 면밀한 분석에 기초하여 한국교회의 "공교회적 정통 삼위일체론"의 올바른 정립과 정확한 이해를 위하여 그 핵심사항들과 내용들을 다음과 같이 정리하여 제시하고자 한다.

1. "공교회의 정통 삼위일체 교리"의 표준형식(Standard Trinitarian Formula)

이제까지의 분석을 통하여, 고대 동/서방 교회 정통교부들과 칼뱅에 이르기까지 그들이 이해한 삼위일체론을 단순명료하게 표현하기 위하여 정식화하여 제시한 여러 가지 형식의 삼위일체 형식(trinitarian formula)들을 살펴보았다. 이제 그러한 형식들을 종합적으로 정리하기 위하여 "공교회의 정통 삼위일체 교리"의 핵심 내용을 단순화한 "공교회의 정통 삼위일체 교리의 표준형식"(standard trinitarian formula)을 다시 확인하자면 다음과 같다:

- [Greek]: μία οὐσία, τρεις ὑποστάσεις(*mia ousia, treis hypostaseis*)

- [**Latin**]: *una essentia, tres personae* [*subsistentiae*]
- [영어]: **one essence, three persons** [**subsistences**]
- [한글]: 하나의 본질, 세 위격 [인격/실재]

2. "공교회의 정통 삼위일체 교리"의 종합명제(Trinitarian Synthetic Axiom)

우리는 위에서 정리한 "성경적이며 공교회적인 정통 삼위일체 교리의 형식"(a biblical orthodox trinitarian formula)의 분명한 의미를 살피면서 삼위일체 하나님에 대한 **"종합명제"**(trinitarian synthetic axiom)를 다음과 같이 정리하여 제시하고자 한다:

> "유일하시며 단일하신 신적 본질(*unicam et simplicem essentiam*)에
>
> 서로 구별된 세 위격[인격](*tres personas vel hypostaseis*)이 실재하신다."

3. "공교회의 정통 삼위일체 교리"의 열가지 핵심 분석명제(10 Analytic Propositions)

마지막으로, 고대 동/서방 교부들의 이해를 참조하면서 성경적인 "공교회의 고전적인 정통 삼위일체 교리"가 가르치는 본질적인 내용과 현대적인 삼위일체론의 이해와 재해석에서 공유되어야 할 핵심적인 사항들을 보다 명확하게 드러내기 위하여 다음과 같이 **"열 가지 핵심 분석명제"**(10 core analytic trinitarian propositions)로 알기 쉽게 체계화하여 제시하고자 한다:

(1) 성경에서 삼위일체 하나님(*trinitas Deus*)으로 스스로를 계시하신 "여호와/야웨"(יהוה-*adonai*/κύριος) 하나님만이 오직 유일하시고 참된 하

나님(*solus et verus Deus*)이시다.

(2) 삼위일체 하나님은 서로 구별된 세 위격[인격/실재]들(τρεις ὑποστάσεις/*tres personas* [subsistences])로 존재하시는데, 곧 성부(*Pater*)와 성자(*Filius*)와 성령(*Spiritus Sanctus*)이시다.

(3) 하나님의 세 위격들의 본질은 하나(μία οὐσία/*una essentia*)이시며, 완전히 동일(ὁμοούσιος)하시다.

(4) 하나님의 세 위격들은 그 참된 신성에 있어 영원히 함께 자존적(αὐτόθεος)이시며, 완전히 동등(*co-equalitas*)하시다.

(5) 하나님의 세 위격들은 상호공재(περιχώρησις)/상호관계(mutual-relation/communion) 속에 존재하시기 때문에, 결코 그 단일한 본질이 분할되지 않으며(*individua*), 또한 그 구별된 위격이 서로 분리되지 않는다(*inseparata*).

(6) 하나님의 세 위격들은 하나의 본질을 온전히 상호공유(*consubstantiality*)하시지만, 각 위격의 고유한 비공유적 특성들은 결코 상호전달[교통](*incommunicabile*)되지 않는다.

(7) 삼위일체 하나님의 본질(οὐσία/*essentia*)과 위격(ὑποστάσεις/*personas*)은 서로 구별되어야 하지만, 나누어질 수 없도록 결합되어 있기에 결코 서로 분리되거나 나뉘지 않는다.

(8) 삼위일체 하나님께서는 그 신성에서가 아니라 오직 그 위격들(ὑποστάσεις/*personae*)의 질서(*ordo*)에 있어서만, 성부께서는 성자의 기원[원천](origin/*principium*)이 되시고, 성부와 성자는 함께 성령의 기원[원천]이 되신다.

(9) 삼위일체 하나님께서는 함께 영원하시고 영화로우시며(*co-aeterna et co-gloriosa*), 그 단일한 신적 본질은 단순하시며 무한하시고 영적이시기(*simplex, immensa et spirituali Dei una essentia*) 때문에, 우리에게는 온

전히 불가해(*imcomprehensibilis*)하시다.

(10) 삼위일체 하나님께서는 항상 함께 사역(*semper co-operatio*)하시며, 또한 모든 경륜의 사역들에 있어 결코 분리되지 않는다(*opera trinitatis ad extra indivisa sunt*).

4. "공교회 정통 삼위일체 교리"를 위한 핵심용어 및 표준형식

(1) "공교회 정통 삼위일체 교리"에 있어 핵심용어와 의미

	동방 교회	서방 교회		의미
일체/Unitas (Oneness)	οὐσία	*substantia*	substance	실체
		essentia	essence	본질
삼위/Trinitas (Threeness)	ὑποστάσις	*hypostasis*	hypostasis	위격
		subsistentia	subsistence	실재
	πρόσωπον	*persona*	person	인격
위격의 관계 (Relation)	περιχώρησις	*circumincessio*	inter-penetration	상호침투
		circuminsessio	co-inherence	상호내재

(2) "공교회 정통 삼위일체 교리"의 표준형식(Trinitarian Standard Formula)

동방 교회	카파도키아 교부들 (the Cappadocians)	μία οὐσία, τρεῖς ὑποστάσεις	하나의 본질, 세 위격[실재]
서방 교회	테르툴리아누스 (Tertullian)	*una substantia, tres personae*	하나의 실체[본질], 세 인격
	아우구스티누스 (Augustine)	*una essentia, tres personae*	하나의 본질, 세 인격
	아퀴나스 (Thomas Aquinas)	*una essentia, tres personae [subsistentiae]*	하나의 본질, 세 인격[실재]
	장 칼뱅 (John Calvin)	*una essentia, tres personae [hypostaseis = subsistentiae]*	하나의 본질, 세 인격[실재]
보편형식	공교회 형식의 종합	μία οὐσία, τρεῖς ὑποστάσεις *una essentia, tres personae [hypostaseis = subsistentiae]*	하나의 본질, 세 위격[인격/실재]

삼위일체 하나님과 신학

5. 한국교회의 삼위일체론 이해에 있어 시급하게 교정되어야 할 문제들

그렇다면 한국교회의 삼위일체론 이해에 있어 실천적인 문제는 과연 무엇인가? 그동안 한국교회 안에서도 삼위일체론에 대한 보다 정확한 이해를 위하여 수많은 신학적 연구가 이루어졌고, 많은 가치 있는 연구 결과물들이 출판/간행되어왔다. 그러나 한국교회의 목회일선에서 이루어지는 설교나 교육현장에서 전달되는 삼위일체론에 대한 설명들에는 아직도 여전히 심각한 문제점들이 노출되고 있는 실정이다. 여기서는 그러한 오류들 가운데 가장 시급하게 교정되어야 할 대표적인 사례 세 가지를 언급하면서 "공교회의 정통 삼위일체론"의 이해에 근거하여 이를 올바로 교정하고자 한다.

(1) 목회자들의 설교나 교육현장에서 흔히 제기되는 질문 가운데 한 가지는 하나님에 대한 성호인 "여호와/야웨"는 오직 성부에게만 적용되는 것이며, 성자와 성령에게는 해당되지 않는다고 주장하는 것이 당연시되고 있다. 그러나 이미 살펴본 바와 같이 이것은 대표적인 종속론적 견해 가운데 하나이다. 우리가 이미 칼뱅의 삼위일체론 이해에서 확인한 바와 같이, 성경에서 참 하나님의 언약적 징표로 주어진 "여호와/야웨"(יהוה-adonai/κύριος-the Lord)라는 성호는 성부뿐만 아니라 성자와 성령에게도 항구적으로 동일하게 적용되고 있다. 우리는 이러한 성경적 진리를 올바로 가르침으로써, 성자와 성령께서도 성부와 함께 "동일본질"의 참된 신성을 가지시며, 또한 서로 동등하게 영원하시고 자존적인 "참된 하나님"(αὐτόθεος)이심을 가르쳐야 할 것이다.

(2) 또한 삼위일체 하나님을 설명하는 방법으로서 흔히 범하는 실

천적인 오류 가운데 한 가지가 예컨대, "한 사람이 집에서는 아버지, 교회에서는 말씀을 설교하는 목사, 학교에서는 가르치는 교수의 역할을 하는 것"(한 존재의 세 역할론), 혹은 "한 삼각형의 세 가지 측면"(한 존재의 세 기능론) 등이다. 이것은 양태론적 견해를 설명하는 것이다. 공교회의 정통 신앙은 "하나의 본질 안에 실제적으로 구별된 세 위격[인격/실재]"이 존재함을 명확하게 말한다.

(3) 마지막으로 시급하게 교정되어야 할 것은 한국교회 내에서 사용하는 "삼위일체"(三位一體)라는 용어 자체에 대한 일반적인 이해의 문제이다. 이 용어는 초기 중국선교 과정에서 로마 가톨릭 선교사들이 라틴어 *tres personae, una substantia*를 한문으로 직역하여 사용한 것에서 기원한다. 여기서 문제는 우리가 이 용어를 한글로 풀 때에, 흔히 "체(體)"를 "몸 체(體)"로 새김과 동시에 "위(位)"를 "자리 위(位)"로 새김으로써, "삼위일체"(三位一體)를 "몸(本體, 본체/실체)이 하나인데 세 가지 서로 다른 위치(位置, 모습/역할)를 가진 것"으로 이해함으로 일종의 양태론적 이해가 일반화되는 데 큰 영향을 미치고 있다는 것이다. 이러한 문제와 관련하여, 우리가 비록 간단명료한 표현의 유용성 때문에 이 "삼위일체"(三位一體)라는 용어를 계속하여 사용한다 하더라도, "체(體)"를 "본질[근본] 체(體)"로 새김과 동시에 "위(位)"를 "분 위(位)"로 올바로 새긴다면, "하나의 본질 안에 있는 세 인격" 혹은 "세 인격 안에 있는 하나의 본질"이라는 공교회의 정통 삼위일체 형식(trinitarian formula)에 정확하게 부합하는 의미를 담아낼 수 있을 것이다.

우리가 본 연구를 통하여 살펴본 바와 같이, 공교회의 정통 교부들은 언제나 성경이 가르치는 참된 삼위일체 하나님을 올바로 적확하게 표현하기 위하여 가장 적절한 용어와 또한 그에 상응하는 정확한 번역어 및 보다 적합한 설명방식을 찾기 위해 부단한 노력을 경주하였다. 이 점과 관련하여, 이제 한국교회도 보다 성경적이며 공교회적인 정통 삼위일체 교리를 올바로 다시 정립하고 가르치기 위하여 정확하고 적합한 용어의 사용과 더불어 그 의미를 올바로 해석하여 가르침에 있어 더욱 부단한 노력을 다해야 할 것이다. *Soli Deo gloria!*

참고 문헌 (Bibliography)

Aquinas, Thomas. *Summa Theologiae*. Vols. 6 & 7. London: Blackfriars, 1963.

Athanasius. *Four Discourses against the Arians*. Nicene and Post-Nicene Fathers(NPNF). 2nd Series. Vol. 4. Peabody, Mass.: Hendrickson Publishers, 2004: 303-447.

Augustine. *The Trinity*. Trans. Edmund Hill. Brooklyn, NY: New City Press, 1991.

_____. 『삼위일체론』[라틴어-한글 대역]. 성염 역. 왜관: 분도출판사, 2015.

_____. 『신국론』(제11-18권)[라틴어-한글 대역]. 성염 역. 왜관: 분도출판사, 2010.

Ayres, Lewis. *Nicaea and Its Legacy: An Approach to Fourth-Century Trinitarian Theology*. Oxford: Oxford University Press, 2004.

Basil the Great. *On the Holy Spirit*. Crestwood, N.Y.: St. Vladimir's Seminary Press, 1980.

_____. *The Letters*. NPNF (2nd Series). Vol. 8. Peabody, Mass.: Hendrickson Publishers, 2004: 109-327.

Behr, John. *The Nicene Faith*. 2 Vols. Crestwood, NY: St. Vladimir's Seminary, 2004.

Bietenhard, H. "κύριος." In *New International Dictionary of New Testament Theology*. Vol. II. Ed. Colin Brown. Grand Rapids: Zondervan, 1986: 510-20.

Bray, Gerald. *The Doctrine of God*. Downers Grove: InterVarsity Press, 1993.

Brown, Harold O. J. *Heresies: The Image of Christ in the Mirror of Heresy and Orthodoxy from the Apostles to the Present*. Garden City, NY: Doubleday, 1984.

_____. 『교회사 안에 나타난 이단과 정통』. 라은성 역. 서울: 그리심, 2001.

Butin, Philip W. *Revelation, Redemption and Response: Calvin's Trinitarian Understanding of the Divine-Human Relationship*. New York: Oxford University Press, 1995.

Calvin, John. *Institutionis christianae religionis* (1559), *Opera Selecta*. Vol. III. Monachii in Aedibus: Chr.Kaiser, 1967.

_____. *Institutes of the Christian Religion*. Vol. 1. Trans. Ford L. Battles. Philadelphia: The Westminster Press, 1960.

_____. 『기독교 강요』(상). 김종흡 외 공역. 서울: 생명의말씀사, 1988.

_____. 『기독교 강요』(1536)[라틴어-한글 대역]. 문병호 역. 서울: 생명의말씀사, 2009.

_____. "세르베투스의 오류에 대한 논박." In 『종교개혁사상 선집』(개정판). 박건택 편역. 서울: 솔로몬, 2009: 553-641.

Campenhausen, Hans von. *The Fathers of the Greek Church*. Trans. L. A. Garrard. London: Adam and Charles Black, 1963.

Congar, Yves. *I Believe in the Holy Spirit*. Trans. David Smith. One Volume Ed. New York: Crossroad Publishing Co., 1997.

Davis, Leo Donald. *The First Seven Ecumenical Councils (325-787): Their History and Theology*. Wilmington, Del.: M. Glazier, 1983, Reprint, 1990.

De Margerie, Bertrand. *The Christian Trinity in History*. Trans. Edmund J. Fortman. Petersham, Mass.: St. Bede's Publications, 1982.

Denzinger, Heinrich & Petrus Hünermann (Eds.). *Enchiridion symbolorum definitionum et declarationum de rebus fidei et morum*. 38th ed. Friburgi Brisgoviae: Herder, 1999.

_____. 『신경, 신앙과 도덕에 관한 규정/선언 편람』(제44판/2014). 서울: CBCK, 2017.

Dünzl, Franz. *A Brief History of the Doctrine of the Trinity in the Early Church*. Trans. John Bowden. London: T & T Clark, 2007.

Ebeling, Gerhard. *The Study of Theology*. Trans. Duane A. Priebe. Philadelphia: Fortress, 1978.

Emery, Gilles. *Trinity in Aquinas*. Ypsilanti, MI: Sapientia Press, 2003.

Farley, Edward. *Theologia: The Fragmentation and Unity of Theological Education*. Philadelphia: Fortress, 1983.

Fortman, Edmund J. *The Triune God: A Historical Study of the Doctrine of the Trinity*. Philadelphia: Westminster Press, 1972.

Garrigou-Lagrange, Reginaldus. *De Deo Uno: Commentarius in Primam partem S. Thomae*. Paris: Desclee de Brouwer & C, 1938.

_____. *De Deo Trino et Creatore: Commentarius in Summam theologicam S. Thomae*. Torino: Marietti, 1951.

Gregory of Nazianzus. *Orations*. NPNF (2nd ser.). Vol. 7. Peabody, Mass.: Hendrickson Publishers, 2004: 203-434.

Gregory of Nyssa. *Selcted Writings and Letters*. NPNF (2nd ser.). Vol. 5. Peabody, Mass.: Hendrickson Publishers, 2004.

Gunton, Colin E. *The Promise of Trinitarian Theology*. Edinburgh: T & & Clark, 1991.

Hall, Douglas C. *The Trinity: An Analysis of St. Thomas Aquinas' Expositio of the De Trinitate of Boethius*. Leiden, the Netherlands: E. J. Brill, 1992.

Hanson, R. P. C. *The Search for the Christian Doctrine of God: The Arian Controversy 318-381*. Edinburgh: T&T Clark, 1988.

Helm, Paul. *John Calvin's Ideas*. Oxford: Oxford University Press, 2004.

Hill, William J. *The Three-Personed God: The Trinity as a Mystery of Salvation*. Washington, D.C.: The Catholic University of America Press, 1988.

Hines, Brine. *Return to the One: Plotinus's Guide to God-Realization*. Bloomington, ID: Distributing Publisher, 2004.

Hughes, Christopher. *On a Complex Theory of a Simple God: An Investigation in Aquinas' Philosophical Theology*. Ithaca & London: Cornell University Press, 1989.

Inge, William R. *The Philosophy of Plotinus*. 2 Vols. 3rd ed. Greenwood Press, NY, 1968.

Irenaeus. *Against Heresies*. Ante-Nicene Fathers. Vol. I. Peabody, Mass.: Hendrickson Publishers, 2004: 309-578.

Kelly, J. N. D. *The Athanasian Creed*. London: Adam & Chales Black, 1964.

_____. *Early Christian Doctrines*, 5th ed. New York: HarperCollins Publishers, 1978; London: Bloomsbury Academic, 2014 Reprinted.

LaCugna, Catherine M. *God for Us: The Trinity and Christian Life*. SanFrancisco: HaperCollins Publishers, 1991.

_____.『우리를 위한 하나님: 삼위일체와 그리스도인의 삶』. 이세형 역. 서울: 대한기독교서회, 2008.

Letham, Robert. *The Holy Trinity: In Scripture, History, Theology, and Worship*. Phillipsburg, NJ: P & R Publications, 2004.

L'Huillier, Peter. *The Church of Ancient Councils*. Crestwood, NY: St. Vladimir's Semia, 1996.

Long, D. Stephen. *The Perfectly Simple Triune God: Aquinas and His Legacy*. Minneapolis: Fortress Press, 2016.

Luck, G. Coleman. "Calvin and Servetus." In *Articles on Calvin and Calvinism*. Vol. 5. Ed. Richard C. Gamble. New York: Garland Publishing, 1992: 330-35.

Mateo-Seco, Lucas F. *Dios uno y trino*. 윤주현 역.『삼위일체론』. 서울: 가톨릭출판사, 2017.

Muller, Richard A. *The Unaccommodated Calvin: Studies in the Foundation of a Theological Tradition*. Oxford: oxford University Press, 2000.

삼위일체 하나님과 신학

Olson, Roger E. & Christopher A. Hall. *The Trinity*. Grand Rapids, MI: Eerdmans, 2002.

Paker, T. H. L. *John Calvin: A Biography*. Philadelphia: The Westminster Press, 1975.

Piccirelli, Josepho M. *De Deo Uno et Trino: Disputationes Theologicae in 1.*^{am} *P.*^{em} *D. Thomae QQ. II-XLIII*. Neapoli: Typis Michaelis D'Auria, 1902.

Plotinus. *The Enneads*. Trans. Stephen MacKenna. Burdett, NY: Larson Publications, 1992.

_____. 『영혼-정신-하나: 플로티노스의 중심개념』. 조규홍 역. 파주: 나남, 2008.

Postema, Gerald J. "Calvin's Alleged Rejection of Natural Theology." In *Articles on Calvin and Calvinism*. Vol. 7. Ed. Richard C. Gamble. New York: Garland Publishing, 1992: 135-46.

Origen. *Contra Celsum*. Trans. Henry Chadwick. Cambridge: Cambridge university Press, 1953.

_____. *De Principiis*. 이성효 외 역. 『원리론』. 서울: 아카넷, 2014.

Quasten, Johannes. *Patrology: The Golden Age of Greek Patristic Literature*. Vol. III. Westminster, ML: Christian Classics, 1994.

Rahner, Karl. *The Trinity*. Trans. Joseph Donceel. New York: Crossroad, 1997.

Rogers, Jack. "Calvin and the Italian Anti-Trinitarians (A.D. 1558)." In *Articles on Calvin and Calvinism*. Vol. 5. Ed. Richard C. Gamble. New York: Garland Publishing, 1992: 123-32.

Rusch, William G. (Ed.). *The Trinitarian Controversy*. Philadelphia: Fortress Press, 1980.

Schaff, Philip (Ed.). *The Creeds of Christendom: With a History and Critical Notes*. Vol. II. Grand Rapids, MI: Baker Books, 1993.

Siecienski, A. Edward. *The Filioque: History of a Doctrinal Controversy*. Oxford: Oxford University Press, 2010.

Spijker, Willem van 't. 『칼빈의 생애와 신학』. 박태현 역. 서울: 부흥과개혁사, 2009.

Stevenson, J. & W. H. C. Frend (Eds.). *Creeds, Councils and Controversies: Documents Illustrating the History of the Church, AD 337-461*. New Revised ed. Cambridge: Cambridge University Press, 1989.

Studer, Basil. *Trinity and Incarnation: The Faith of the Early Church*. Trans. Matthias Westerhoff. Collegeville, MN: The Liturgical Press, 1993.

Tertullian, *Selected Works*. Ante-Nicene Fathers(ANF). Vol. 3. Peabody, Mass.: Hendrickson Publishers, 2004.

Thomas, John N. "The Place of Natural Theology in the Thought of John Calvin." In *Articles on Calvin and Calvinism*. Vol. 7. Ed. Richard C. Gamble. New York: Garland Publishing, 1992: 147-76.

Torrance, Thomas F. *Trinitarian Perspectives: Toward Doctrinal Agreement*. Edinburgh: T & T Clark, 1994.

Turretin, Francis. *Institutes of Elenctic Theology*. Vol. 1. Trans. George M. Giger. Phillipsburg, NJ: P&R Publishing, 1992.

Wallis, R. T. *Neoplatonism*. 박규철/서영식/조규홍 공역. 『신플라톤주의』. 서울: 누멘, 2011.

Warfield, Benjamin B. "Calvin's Doctrine of the Trinity." In *Calvin and Augustine*. Philadelphia, NJ: P & R Publishing Co., 1956: 189-284.

Wendel, Francois. *Calvin: Origins and Development of His Religious Thought*. Trans. Philip Mairet. Grand Rapids, MI: Baker Books, 1997.

World Council of Churches. *Spirit of God, Spirit of Christ: Ecumenical Reflections on the* Filioque *Controversy*. London: SPCK, 1981.

Young, Frances M. *From Nicaea to Chalcedon: A Guide to the Literature and Its Background*. London: SCM Press, 1983.

Zizioulas, John D. *Being as Communion*. Crestwood, NY: St. Vladimir's Seminary Press, 1985.

김광채. 『교부열전: 니케아 이전 교부』(상권). 서울: 정은문화사, 2002.

_____. 『교부 열전: 4세기의 교부』(중권). 서울: CLC, 2005.

김은수. 『칼빈과 개혁신앙』. 서울: SFC, 2011.

_____. "'신학'(θεολογια, Theologia): 역사적 고찰과 개혁파적 이해." 「갱신과 부흥」 13 (2013): 100-39.

_____. "지지울라스(John D. Zizioulas)의 관계적 삼위일체론에 대한 이해: "친교로서의 삼위일체 하나님"과 그 신학적 함의." 「한국개혁신학」 45 (2015): 8-43.

김재성. "칼빈의 삼위일체론, 그 형성과정과 독특성." 「신학정론」 20/1 (2002): 118-68.

박경수. 『교회의 신학자 칼뱅』. 서울: 대한기독교서회, 2009: 169-89.

유해무. "삼위일체론." In 『칼빈신학 해설』. 한국칼빈학회 편. 서울: 대한기독교서회, 1998: 133-53.

_____. "삼위일체론: 동방 신학과 관련하여." In 『칼빈신학과 목회』. 한국칼빈학회 편. 서울: 대한기독교서회, 1999: 7-31.

_____. 『신학: 삼위일체 하나님을 향한 송영』. 서울: 성약, 2007.

이승구. "칼빈의 신론: 일관성을 지닌 실천적 하나님 이해." 「신학정론」 34/2 (2016): 258-84.

이오갑. "칼빈의 삼위일체론." 「신학사상」 134 (2006): 217-47.

역사신학연구회. 『삼위일체론의 역사』. 서울: 대한기독교서회, 2008.

최윤배. "칼뱅의 관계적 삼위일체론." In 『관계 속에 계신 삼위일체 하나님』. 웨슬리신학연구소 편. 서울: 아바서원, 2015: 131-56.

한철하. "Calvin의 삼위일체론." 「성경과 신학」 17 (1995): 162-75.

현광철. "칼빈의 공교회적 삼위일체론." 「고려신학보」 29 (1998): 242-69.

제4장

친교로서의 삼위일체 하나님

현대 동방 정교회의 삼위일체론 이해

– 지지울라스(John D. Zizioulas)의 관계적 삼위일체론 –

I. 들어가는 말: 지지울라스의 생애와 주요 저작들

아마도 20세기 이후 현대 기독교 신학에서 가장 관심을 가져야 할 중요한 요소들 가운데 한 가지는 바로 "삼위일체론"에 대한 신학적 관심의 급부상 및 이것과 관련한 "삼위일체론적 신학"(Trinitarian Theology)의 부흥이라고 할 수 있을 것이다. 그러나 사실 이러한 현상은 기독교 조직신학의 한 교의적 요소로서의 "삼위일체론"에 대한 관심뿐만이 아니라 성경적/기독교적 신이해에 대한 근원적인 재이해를 추구함과 동시에 신학적 해석학으로부터 시작하여 조직신학 전반과 실천신학의 제영역에 이르기까지 기독교 신학 전체를 재조명하고 재구성하는 방향으로 진행되고 있다. 나아가 이러한 삼위일체에 대한 신학적 관심은 심층적인 간학문적 대화를 통하여 인간학, 사회과학, 자연과학, 예술 등 다양한 인접학문 분과로까지 확대되고 있는 양상을 보여 왔다.[1] 이러한 현상과 관련하여 일찍이 크리스토퍼 슈뵈벨(C. Schwöbel)은 이른바 "삼위일체 신학의 르네상스"(the renaissance of Trinitarian theology)가 도래하였다고 적절하게 주장한 바 있다.[2] 이러한 신학의 세계적 흐름

---

1   특히 최근의 삼위일체론에 대한 신학적 부흥과 다양한 간학문적 대화(interdisciplinary dialogues)에 대하여 일별하려면 다음의 자료들을 참조하라: Christoph Schwöbel, ed., *Trinitarian Theology Today: Essays on Divine Being and Act* (Edinburgh: T & T Clark, 1995); Stephen T. Davis, Daniel Kendall, and Gerald O'Collins, eds., *The Trinity: An Interdisciplinary Symposium on the Trinity* (Oxford: Oxford University Press, 1999); Stanley J. Grenz, *Rediscovering the Triune God: The Trinity in Contemporary Theology* (Minneapolis: Fortress Press, 2004); John Polkinghorne, *Science and the Trinity: The Christian Encounter with Reality* (New Haven, N.Y.: Yale University Press, 2004); Miroslav Volf and Michael Welker, eds., *God's Life in Trinity* (Minneapolis: Fortress Press, 2006); Peter C. Phan, ed., *The Cambridge Companion to the Trinity* (Cambridge: Cambridge University Press, 2011), etc.

2   Christoph Schwöbel, "Introduction: The Renaissance of Trinitarian Theology-Reasons, Problems and Tasks," in *Trinitarian Theology Today*, ed. Christoph Schwöbel (Edinburgh: T & T Clark, 1995), 1-30. 슈뵈벨은 "삼위일체론에 대한 성찰은 불가피하게 기독교 신학의

과 연관하여, 한국 신학계에서도 그동안 삼위일체론에 대한 다양한 연구 논문들과 저서들이 발표되고 출간되어왔으나, 특별히 삼위일체론 이해에서 중요한 하나의 축을 담당하는 현대 동방 교회 신학에 대한 연구는 그렇게 풍성하게 이루어지지 않은 측면이 있다. 특히 여기서 우리가 분석하며 살펴보고자 하는 존 지지울라스(John D. Zizioulas, b.1931)는 현대 동방 교회 신학의 발전적 전개에서 지도적 영향력을 가진 가장 독창적인 신학자 가운데 한 사람으로 평가되고 있지만, 국내에서는 아직 그에 대한 소개나 깊이 있는 연구가 이루어지지 않은 상황이다.[3] 따라서 여기서는 고대 동방 교회의 삼위일체론을 정립한 세 사람의 카파도키아 교부들[4]의 신학을 발전적으로 재해석한 지지울라스의 "인격의 존재론"(ontology of person)에 근거한 삼위일체론 이해와 더불어 또한 전체적으로 삼위일체론 중심으로 전개되는 그의 신학

전체적인 기획과 그것의 시대 문화적 상황과의 관계를 반영하는 것 같다. 그러므로 삼위일체론적 신학은 신학함에 있어 다양한 학문 분야들과의 연관 속에서 신학적 기획의 모든 양상들에 영향을 미치는 하나의 요약적인 표지가 되는 것으로 나타나고 있다"고 말한다(p. 1).

3   존 지지울라스(John D. Zizioulas)의 삼위일체 신학에 대한 본격적인 연구결과는 외국에서는 비교적 활발하게 이루어지고 있으나, 국내에서는 아직 전무한 것으로 나타난다. 그동안 영어권에서 출간된 지지울라스의 삼위일체론에 대한 연구자료와 관련해서는 다음을 참조하라: Miroslav Volf, *After Our Likeness: The Church as the Image of the Trinity* (Grand Rapids: Eerdmans, 1998), 77-123; Grenz, *Rediscovering the Triune God*, 131-47; Aristotle Papanikolaou, *Being with God: Trinity, Apophaticism, and Divine-Human Communion* (Notre Dame, IN: University of Notre Dame Press, 2006); Veli-Matti Kärkkäinen, *The Trinity: Global Perspectives* (Louisville: Westminster John Knox Press, 2007), 88-99; Patricia A. Fox, *God as Communion: John Zizioulas, Elizabeth Johnson, and the Retrieval of the Symbol of the Triune God* (Collegeville, Minnesota: The Liturgical Press, 2001), etc.

4   고대 동방 교회의 정통 삼위일체 교리의 표준을 정립한 인물들이 곧 "3인의 카파도키아 신학자들"(the three Cappadocians)이라고 불리는 카이사레아의 바실리오스(Basil the Great of Caesarea, ca.330-379), 나지안주스의 그레고리오스,(Gregory of Nazianzus, ca.329-389) 그리고 니사의 그레고리오스(Gregory of Nyssa, ca.335-395)이다. 이들에 대한 간략한 해설은 Anthony Meredith, *The Cappadocians* (Crestwood, NY: St. Vladimir's Seminary Press, 1995)를 참조하라.

에서 그 주장의 본질적 핵심 요소들과 여러 가지 특징에 대하여 분석하고자 한다. 나아가 그것이 가지는 다양한 신학적 적용과 함의들에 관하여 간략하게 살펴봄과 동시에, 몇 가지 비평적 고찰을 제시하고자 한다. 이러한 지지울라스의 신학에 대한 분석을 통하여 우리는 현대 동방 정교회 신학의 핵심적인 정수를 이해할 수 있는 좋은 기회를 가질 수 있을 것이다.[5]

동방 정교회 전통에서 자라난 지지울라스는 독특하게도 그 시작부터 계속하여 서방 신학과 활발하게 대화하며 그의 신학작업을 수행하였고, WCC(World Council of Churches)를 통하여 동/서방 교회의 에큐메니칼 운동에도 지속적으로 적극 참여해왔다.[6] 그리하여 이미 언급한 바와 같이, 지지울라스는 이 시대의 가장 독창적이며 영향력 있는 동방 정교회(Eastern Orthodox Church) 신학자 가운데 한사람으로 평가되고 있다. 로마 가톨릭 신학자인 이브 콩가르(Yevs Congar)는 지지울라스를 "우리 시대 가장 독창적이며 심오한 신학자 가운데 한 사람"이라고 극찬한 바 있으며,[7] 또한 데이비드 피셔(David A. Fisher)는 그

---

5 현대 동방 정교회의 신학에 대하여 일별하려면 다음의 자료들을 참조하라: Vladmir Lossky, *The Mystical Theology of the Eastern Church* (Crestwood, NY: St. Vladimir's Seminary Press, 1976)/[한역: 『동방 교회의 신비신학에 대하여』, 박노양 역 (서울: 한국장로교출판사, 2010)]; John Meyendorff, *Byzantine Theology: Historical Trends and Doctrinal Themes*, 2nd ed. (New York: Fordham University Press, 1979); Daniel B. Clendenin, ed., *Eastern Orthodox Theology: A Contemporary Reader*, 2nd ed. (Grand Rapids: Baker Academic, 2003)/[한역: 『동방 정교회 신학』, 주승민 역 (서울: 은성, 2012)]; idem, *Eastern Orthodox Christianity: A Western Perspective*, 2nd ed. (Grand Rapids: Baker Academic, 2003), etc.

6 지지울라스의 생애와 경력에 대한 간략한 소개에 대하여는 Fox, *God as Communion*, 3-6을 보라. 그리고 그에 대한 보다 상세한 전기(biography)에 대하여는 Gaëtan Baillargeon, *Perspectives orthodoxes sur l'Eglise-communion: L'oeuvre de Jean Zizioulas* (Motréal: Editions Paulines, 1989)를 참조하라.

7 Yves Congar, "Bulletin d´ ecclésiologie," *Revue des sciences philosophiques et théologiques* 66 (1982), 88. 여기서는 Fox, *God as Communion*, 6에서 재인용. cf. Kärkkäinen, *The Trinity*, 88.

를 비잔틴 지적 전통(the Byzantine intellectual tradition)의 현대적 구현에 있어 지도적인 인물이라고 찬사를 보냈다.[8] 먼저 그의 생애와 주요저작들에 대하여 살펴보자면, 그는 1931년 그리스의 코자니(Kozani)에서 태어나 테살로니카 대학교(University of Thessalonika)와 아테네 대학교(University of Athens)에서 신학공부를 시작하였다(1950-54). 이후 일년 동안(1954-55) 대학원생 신분으로 스위스 제네바 근교에 있는 "보세이 에큐메니칼연구소"(the Eucumenical Institute of Bossey)에서 연구하며 처음으로 서방 신학을 접하였는데, 이 경험은 그로 하여금 일생동안 동/서방 신학 간의 대화와 에큐메니즘에 천착하게끔 한 결정적인 계기가 되었다. 다음으로, 그는 1955년에 미국으로 건너가 하버드 대학교(Harvard University)에서 석사 및 박사과정을 밟으며 계속하여 신학을 공부하였다. 여기서 러시아 정교회 출신의 교부신학자 게오르게 플로로프스키(Georges Florovsky)에게서 교부신학을, 폴 틸리히(Paul Tillich)에게서 철학과 조직신학을 배웠다. 그는 플로로프스키의 지도로 하버드 대학교에서 박사과정 연구를 진행하면서(1960-64), 동시에 아테네 대학교에서의 박사학위를 위한 연구를 진행하여 최종적으로 아테네 대학교에서 박사학위를 받았다(1966).[9] 이후 아테네 대학교에서 한동안 교회사를 가르쳤으며, 에딘버러 대학교(University of Edinburgh, 1970-

---

8   Cf. David A. Fisher, "Byzantine Ontology: Reflections on the thought of John Zizioulas," *Diakonia* 29/1 (1996): 57. 여기서는 Grenz, *Rediscovering the Triune God*, 134를 참조함.

9   이 박사과정 동안에 지지울라스는 두 가지 연구를 동시에 진행하였는데, 하나는 플로로프스키의 지도하에 고백자 막시무스(Maximus the Confessor)의 기독론에 대한 연구였고, 다른 하나는 아테네 대학교의 박사과정을 위하여 하버드 대학교의 교회사 교수였던 윌리암스(A. G. Williams)의 지도하에 초기 교회에서의 감독과 성찬 안에서 교회의 일치에 대한 문제를 연구하였다. Baillargeon, *Perspectives orthodoxes sur l'Eglise-communion*, 29. 여기서는 Fox, *God as Communion*, 4를 참조함.

73)에서는 교부신학 교수로, 글래스고우 대학교(University of Glasgow)
와 런던의 킹스 칼리지(King's College of London)에서는 조직신학을 가
르쳤다. 1986년에 그는 그리스 페르가몬의 명의 총대주교(the titular
metropolitan of Pergamon)로 선출되었고, 또한 테살로니카 신학대학원의
교의학 교수로 섬기며 활발하게 신학 작업을 수행하는 가운데 개신교
와 로마 가톨릭 및 영국 성공회와 지속적으로 신학적 에큐메니칼 활동
을 하고 있으며, 나아가 WCC를 통하여 환경문제와 사회 정치적인 이
슈에도 적극 참여하고 있다.[10]

　지지울라스의 근본적인 신학적 사유의 지평은 교회론, 특히 "성만
찬적 교회론"(eucharistic ecclesiology)에 자리하고 있다.[11] 이러한 그의 신
학적 관심은 그리스어로 쓰인 그의 박사학위 논문인, **"영원하신 삼중
성에 따른 성스러운 성찬식과 감독직에 근거한 교회의 통일성"**(University of
Athens, 1965)[12]에서 일차적으로 구체화되어 나타나며, 나아가 그로 하

10　Cf. Fox, *God as Communion*, 6.

11　지지울라스에 의하면, 성만찬(Eucharist)은 교회에서 "사용"되거나 "집례"되는 어떤 객관적
　　행위 혹은 "은총의 수단"(은혜의 방편)으로서의 여러 성례들 가운데 하나가 아니라, "가장
　　탁월한 통일성의 성례이며, 따라서 교회 그 자체의 신비에 대한 표현이다." John Zizioulas,
　　"The Bishop in the Theological Doctrine of the Orthodox Church," *Kanon* 7 (1985): 25.
　　여기서는 Volf, *After Our Likeness*, 73에서 재인용 [한역:『삼위일체와 교회』, 황은영 역 (서
　　울: 새물결플러스, 2012)]. 또 다른 곳에서, 그는 "성찬이 선재하는 교회의 행위가 아니라,
　　교회를 존재하게(to be) 하고, 교회를 구성하는(constitutive) 사건이었다. [즉], 성찬이 교회
　　의 존재를 **구성했다**"고 말한다. John Zizioulas, *Being as Communion: Studies in Personhood
　　and the Church* (Crestwood, NY: St. Vladimir's Seminary Press, 1985), 21 (강조는 저자 자
　　신의 것임). 이와 같이 지지울라스에게, 교회의 역사적 실존과 구조를 형성하는 성만찬은
　　하나님의 존재뿐만 아니라, 그의 형상으로 창조된 인간의 참된 형상을 이해하는 근본 토대
　　이다. 나아가 참으로 성만찬을 통한 이러한 "교회적 존재방식"(ecclesial way of being)은 인
　　간이 삼위일체 하나님과, 그 자신과 이 세계가 온전한 형태로 누릴 종말론적 친교를 예기
　　(anticipation)하는 것으로 이해된다.

12　애초에 그리스어로 쓰인 지지울라스의 이 박사학위 논문은 그 연구 주제와 관련된 최근의
　　논의들을 반영하여 다음과 같이 영어로도 출판되었다. John D. Zizioulas, *Eucharist, Bishop,*

여금 현대 신학적 논의에 있어 세계적인 주목을 끌게 만든 가장 중요한 저작(*magnum opus*)인 『친교로서의 존재』(*Being as Communion*, 1985)[13]에서 더욱 확장된 형태로 발전된다. 이 저작에서 그는 "**인격의 존재론**"(ontology of person)을 통하여 그 근원을 "**교회적 존재**"(ecclesial being)로서의 인간과 교회의 존재방식을 하나님의 형상(*imago Dei*)으로 이해하며, 이것을 하나님의 존재방식, 즉 삼위일체 하나님(the Triune God)에 정위시킨다. 지지울라스에 따르면, 이러한 새로운 신학의 체계에서 그 "인식의 순서"(*ordo cognoscendi*)에 있어서는 교회의 친교(교제/연합)의 경험을 통하여 신적 친교(교제)에 대한 올바른 이해로 나아가지만, 그러나 그 "존재의 순서"(*ordo essendi*)에 있어서는 삼위일체 하나님의 친교가 교회적 친교에 선행하며 또 그것을 가능하게 한다. 그것은 인간의 올바른 존재방식으로서의 교회가 바로 삼위일체 하나님의 형상(*imago trinitatis*)으로 이해되기 때문이다. 이렇게 인격적 존재론에 근거한 관계적 존재로서의 인간의 교제와 삼위일체 하나님의 교제는 "교회적"(ecclesial) 존재방식을 통하여 상호 연관되고, 연합된다.

이러한 지지울라스의 신학사상의 발전은 더욱 심화된 형태로 그

Church: *The Unity of the Church in the Divine Eucharist and the Bishop During the First Three Centuries* (Holy Cross Orthodox Press, 2001).

13 지지울라스의 이 저작은 먼저 프랑스어로 *L'être ecclésial*, Perspective Orthodoxe 3 (Geneva: Labor et fides, 1981)의 형태로 출판되었으며, 나중에 두 개의 챕터를 추가하여 영어로 된 *Being as Communion: Studies in Personhood and the Church* (Crestwood, NY: St. Vladimir's Seminary Press, 1985)로 출판되었다 [한역: 『친교로서의 존재』, 이세형/정애성 역 (춘천: 삼원서원, 2012)]. 이 책은 그가 글래스고우 대학교(University of Glasgow)에서 교수로 재직하던 시기에 출판한 것이며, 엄격히 말하여 삼위일체론에 관한 것이 아니라 교회론이 그 중심 주제이며, 특별히 기독교적 "인격의 존재론"(ontology of person)에 근거한 "성만찬적 교회론"(eucharistic ecclesiology)을 다루는 것이긴 하나, 그 모든 논의의 근저에 삼위일체 하나님에 대한 이해가 기초하고 있기 때문에 특히 중요하다. 여기서 지지울라스가 사용하는 "communion"이라는 용어는 "친교", "교제", "연합", "공동체" 등 여러 가지로 번역될 수 있으나, 본 논문에서는 주로 "친교"로 번역하며, 상호교환적 동의어로 "교제"로도 표현되었다.

의 다음 저작인 『친교와 타자성』(*Communion and Otherness*, 2006)[14]에 편집되어 수록된 다양한 신학논문들을 통하여 제시되었으며, 여기서 그는 본질적으로 그리고 전체적으로 삼위일체론적 신학의 중심성과 통합적 구조 및 전망 속에서 삼위일체 하나님의 존재방식, 그리고 하나님의 형상으로서의 인간의 인격성과 교회의 본질, 나아가 세계와의 관계성을 더욱 일관성 있게 통합하는 방향으로 나아가고 있다. 지지울라스는 그의 이러한 신학 작업, 곧 그가 "신교부적 종합"(neo-patristic synthesis)이라고 명명한 신학적 과업을 통하여 특별히 동방과 서방 교회(the Eastern and the Western Church)의 신학적 전통을 보다 서로 밀접하게 결합시키는 데 기여하고자 시도한다.[15] 나아가 실로 이러한 저작들에서 드러나는 지지울라스의 창의적인 신학적 사유의 근간은 서로 밀접하게 연관된 두 개념, 즉 **"인격의 존재론"**(ontology of person)과 **"친교로서의 존재"**(being as communion) 개념이라고 할 수 있으며, 이것은 모두 삼위일체 하나님(the Triune God)에 대한 그의 이해에 그 근거를 두고 있기 때문에 그의 삼위일체론에 대한 이해는 그의 신학적 사유의 뿌리와 핵심골격을 파악함에 있어 필수적인 것이라고 할 수 있다. 따라서 여기서는 특별히 지지울라스의 모든 신학적 사유의 기초토대라 할 수 있는 삼위일체론에 대한 이해와 그것이 미치는 신학적 함의들을 중심으로 그의 신학에서의 특징적 요소들을 살펴보고자 한다.[16] 그리

---

14 John D. Zizioulas, *Communion and Otherness: Further Studies in Personhood and the Church*, ed. Paul McPartlan (London/New York: T & T Clark, 2006).

15 Cf. Zizioulas, *Being as Communion*, 20, 26.

16 지지울라스의 삼위일체론 이해와 관련하여 특히 중요한 저작들은 위에서 언급한 단행본 외에 다음을 참조하라: John D. Zizioulas, "Human Capacity and Human Incapacity: A Theological Exploration of Personhood," *Scottish Journal of Theology* 28 (1975): 401-48; "On Being a Person: Towards an Ontology of Personhood," in *Persons, Divine and Human:*

고 마지막 결론에서 그의 관계적 삼위일체론 이해의 특징을 요약함과 동시에, 그의 이러한 관계적 삼위일체론에 근거한 신학적 사유에서 아직 해소되지 않은 한계와 본질적인 문제점들이 무엇인지 간략하게 언급하고자 한다.

II. 인격의 존재론(Ontology of Person)과 삼위일체 하나님

지지울라스는 먼저 고대 그리스 철학에서의 정태적이며 일원론적인 "실체의 존재론"(ontology of being, substance)을 비판하면서,[17] 이것과는 달리 기독교적, 성경적 존재론의 특징적 요소를 "관계적 존재론"(relational ontology)이라고 하며, 이것을 "인격의 존재론"(ontology of person)으로 구체화한다. 그는 "아마도 이러한 존재론을 만든 것이 교부사상의 가장 위대한 성취"라고 할 수 있으며, "교부들의 **교회적** 경험(ecclesial experience)은 하나님과 세계 사이의 존재론적 일원론(ontological monism)을 깨뜨림과 동시에 영지주의적[이원론적] "심연"(gnostic gulf)

King's College Essays in Theological Anthropology, eds. Christoph Schwöbel and Colin Gunton (Edinburgh: T & T Clark, 1991): 33-46; "The Doctrine of God the Trinity Today: Suggestions for an Ecumenical Study," in *The Forgotten Trinity*, ed. Alasdair I. C. Heron (London: BCC/CCBI, 1991): 19-32; "The Doctrine of the Holy Trinity: The Significance of the Cappadocian Contributions," in *Trinitarian Theology Today: Essays on Divine Being and Act*, ed. Christoph Schwöbel (Edinburgh: T & T Clark, 1995): 44-60. 이러한 신학논문들은 대부분 재편집되어 그의 *Communion and Otherness: Further Studies in Personhood and the Church*, ed. Paul McPartlan (London/New York: T & T Clark, 2006)에 수록 되었다.

17   고대 그리스 철학(플라톤, 아리스토텔레스, 플로티노스, etc.)과 로마 철학사상에서 궁극적으로 일원론적인 존재론에 근거한 개별적 정체성으로서의 "인간"에 대한 비인격적인 "가면"(프로소폰)과 "역할"(페르소나)로서의 존재이해와 그 영향을 받은 서구사상의 비극적 한계에 대한 지지울라스의 보다 상세한 비판적 고찰에 대하여는 Zizioulas, *Being as Communion*, 27-35를 보라.

을 피함에 있어 결정적인 역할을 했다"고 평가한다.[18] 이러한 교회 공동체, 즉 "교회적 존재"의 체험을 통하여 하나님의 존재를 이해한 것이 곧 동방 교회 교부들의 위대한 성취인데, 그들이 바로 안디옥의 이그나티우스(Ignatius of Antioch), 이레나이우스(Ireaeus), 아타나시오스(Athanasius), 특히 세 사람의 카파도키아 신학자들인, 바실리오스(Basil the Great), 나지안주스의 그레고리오스(Gregory of Nazianzus), 그리고 니사의 그레고리오스(Gregory of Nyssa)이다.[19]

이들의 이해에 따르면, 삼위일체는 하나의 "시원적인 존재론적 개념"(primodial ontological concept)이지, 한 하나님(one God)의 실체(substance)에 덧붙여지거나 뒤따라오는 그 어떤 것이 아니다. 따라서 관계 속에 있는 인격적 존재방식으로서의 친교를 떠나서는 하나님의 실체(substance)뿐만 아니라, "하나님"에게 있어 그 어떤 존재론적 내용이나 참된 존재는 없다. 오히려 "하나님의 존재는 오직 인격적 관계성과 인격적 사랑을 통하여 알려진다. 존재는 생명을 의미하고, 생명은 친교(communion)를 의미한다."[20] 그러므로 그는 "하나님의 존재는 관계적 존재이다. 친교의 개념이 없이는 하나님의 존재에 대하여 말하는 것이 불가능할 것"이라고 강조하여 말한다.[21] 지지울라스에 의하면, "이러한 방식으로 친교(communion)는 교부사상에서 하나의 존재론적 개념이 되었다." 이러한 이유로 해서 그는 "친교가 없이는 아무것도, 심지어 하나님조차도 존재하지 않는다"라고 강력하게 주장한다.[22]

---

18   Zizioulas, *Being as Communion*, 15.

19   Cf. Zizioulas, *Being as Communion*, 16f.

20   Zizioulas, *Being as Communion*, 16.

21   Zizioulas, *Being as Communion*, 17.

22   Zizioulas, *Being as Communion*, 17.

나아가 여기서 반드시 언급해야 하는 더 중요한 사실은 이러한 "친교"(communion)는 하나의 궁극적인 존재론적 개념으로서 역할을 하는 "본성"(nature)이나 "실체"(substance)를 대신하는 비인격적이고 비공유적인 개념으로서의 어떤 "관계성"(relationship)을 의미하는 것이 아니라는 사실이다.[23] 즉 "'친교'는 스스로 존재하는 것이 아니다. 성부(the Father)가 바로 그 "원인"(cause)이다."[24] 카파도키아 교부들의 삼위일체 하나님에 대한 이해의 방식에 있어 가장 중요한 개념과 원리로서, 친교가 그 자체로서 존재하는 어떤 구조나 실체적인 개념이 아니라 바로 "인격"(person)의 결과라는 사실이다. 지지울라스에 따르면, "[삼위일체] 하나님(God)이 성부(the Father)로 인하여 존재한다는 사실은 곧 하나님의 실존, 그의 존재가 한 자유로운 인격의 결과라는 것을 보여준다. 이것은 최종적인 분석에 있어, 그의 자유로운 인격[cf. 성부의 인격]이 참된 존재를 구성한다는 의미이며, 이것은 친교뿐만 아니라 자유 또한 마찬가지다. 참된 존재는 오직 자유로운 인격으로부터, 자유로이 사랑하는 인격으로부터 오는데, 다른 인격들과의 친교 사건을 통하여 자신의 존재, 자신의 정체성을 자유로이 확정하는 인격이다."[25] 이렇게 이해된 고대 동방 교회 카파도키아 교부들의 사상은 다음과 같은 두 가지 명제로 요약될 수 있다.

(a) 친교 없이는 참된 존재는 없다. 그 자체로 인식될 수 있는, 하나의 "개별자"(individual)로 존재하는 것은 없다. 친교는 하나의 존재론적 범주이다.

---

23   Zizioulas, *Being as Communion*, 17.

24   Zizioulas, *Being as Communion*, 17.

25   Zizioulas, *Being as Communion*, 18.

(b) 하나의 "휘포스타시스"(*hypostasis*) 곧 구체적이고 자유로운 한 인격으로 부터 비롯되어 "휘포스타세스"(*hypostases*) 곧 구체적이고 자유로운 인격들로 나아가지 않는 친교는 하나님의 존재의 "형상"(image)이 아니다. 인격은 친교 없이 존재할 수 없다. 그러나 [동시에] 인격을 부정하거나 억누르는 그 어떤 친교의 형태도 용납될 수 없다.[26]

이와 같이 지지울라스는 성부(the Father)의 한 인격으로부터 말미암는 카파도키아 교부신학자들의 삼위일체론 이해에 기초하여, "자유로운 인격"(free person)이 참된 존재(true being) 곧 "친교로서의 존재"(being as communion)를 구성한다고 주장한다. 오늘날 삼위일체 논쟁과 더불어 인간의 존재 이해에 대한 신학적·철학적 논쟁에서 핵심적인 쟁점으로 부각되고 있는 이 "인격"(person)의 개념은 그가 가장 심혈을 기울여 논증하고자 노력한 것인데, 이것에 기초하여 전개한 것이 곧 "인격의 존재론"(ontology of person)이며 "인격의 신학"(the theology of person)이다.[27]

지지울라스의 분석에 따르면, 고대 그리스 철학에서의 "프로소

---

26 Zizioulas, *Being as Communion*, 18.
27 현대 신학에서 특별히 관계적 측면을 강조하는 "인격"(person)에 대한 다양한 논의와 관련하여 다음의 자료들을 참고하라: John Macmurray, *Persons in Relation* (New York: Harper & Brothers, 1961); Alistair I. McFadyen, *The Call to Personhood: A Christian Theory of the individual in Social Relationships* (Cambridge: Cambridge University Press, 1990); Christoph Schwöbel and Colin Gunton, eds., *Persons, Divine and Human: King's College Essays in Theological Anthropology* (Edinburgh: T & T Clark, 1991); John F. Crosby, *The Selfhood of the Human Person* (Washington, D.C.: The Catholic University of America Press, 1996); Alan J. Torrance, *Persons in Communion: An Essay on Trinitarian Description and Human Participation* (Edinburgh: T & T Clark, 1996); Philip A. Rolnick, *Person, Grace, and God* (Grand Rapids: Eerdmans, 2007); Najib George Awad, *Persons in Relation: An Essay on the Trinity and Ontology* (Minneapolis: Fortress Press, 2014), etc.

폰"(*prosopon*-극장에서 연극배우들이 썼던 가면, the mask), 혹은 로마 철학 사상에서의 "페르소나"(*persona*-사회적 혹은 법적 관계에 있어서의 역할, the role)는 인간과 세계(우주) 상호간에 필연적으로 결합된 존재론적 통일성과 조화의 문제(cf. "일원론적 존재론") 때문에 결코 영속적으로 하나의 독립된 자유로운 "인격"(person)의 정체성으로 정당화될 수 없었다.[28] 뿐만 아니라, 그리스-로마 철학사상에서는 "인격"(*persona*)을 타인과의 관계에 있어서 한 본질적 존재(*ousia* 혹은 *hypostasis*)에 "덧붙여진 그 어떤 것"(additional something)으로 이해하였다. 그러므로 참으로 고유하고 영속적인 "인격"에 대한 존재론적 이해가 가능하기 위해서는 "(a) 존재론적 필연성으로부터 이 세계와 인간을 자유롭게 할 수 있는 우주론에 있어서의 혁신적인(radical) 변화, (b) 인간의 존재와 그의 영속적이고도 지속적인 실존, 그리고 그의 참되고 절대적인 정체성과 인격을 결합시키는 인간에 대한 어떤 존재론적 관점이 필연적이다."[29] 그런데 이 두 가지 과제를 결합시켜 고대 그리스 철학, 즉 존재론적 이해에서 하나의 혁명적인 변화를 일으킨 사람들이 바로 동방 교회의 카파도키아 교부들이었다. 그리고 교회의 삼위일체 하나님 신앙—하나님이 **성부**, **성자, 성령**이심과 동시에 **한**(one) 하나님이심—을 존재론적으로 표현하려는 그들의 불굴의 노력으로 말미암아 하나의 "절대적이고 존재론적 내용을 가진 인격 개념"이 비로소 역사적으로 출현하게 되었다. 지지울라스에 의하면, 이것은 철학의 역사에서 가히 하나의 "철학적 이정표"(philosophical landmark)였으며, "그리스 철학에 있어 하나의 혁명"(a

---

28   Cf. Zizioulas, *Being as Communion*, 27-35.

29   Zizioulas, *Being as Communion*, 35.

revolution of Greek philosophy)적인 사건이었다.[30] 그리고 바로 "이러한 혁명은 역사적으로 "휘포스타시스"(*hypostasis*)와 "인격"(person)을 동일화함으로써 표현되었다."[31]

사실 고대 교부신학에서 삼위일체론과 관련하여 논쟁이 극심했던 중요한 이유들 가운데 한 가지가 바로 동/서방 교회 간에 사용했던 용어 및 그 의미의 혼란과 더불어 상호간의 이해의 차이에 놓여 있었다. 즉 서방 교회 삼위일체론의 기초를 놓은 테르툴리아누스(Tertullian)의 "*una substantia, tres personae*"라는 형식문에 대하여, 동방 교회는 "*persona*"가 그 존재론적 의미가 불충분하며, 이는 사벨리우스(Sabellius)의 "세 역할"을 의미하는 단일신론적 양태론(modalism)으로 해석될 여지가 있다고 보았다. 반면에 오리게네스(Origen) 때부터 공식화한 동방 교회의 "*mia ousia, treis hypostases*"이라는 형식문에서 "휘포스타시스"(*hypostasis*)는 라틴어 "수브스탄티아"(*substantia*)와 거의 동의어로 사용되었었고, 이것은 이미 존재론적으로 하나의 구체적인 "실체"를 의미하였기에,[32] 동방 교회의 삼위일체 하나님에 대한 형식문은 삼신론(tri-theism)으로 해석될 여지가 있었다. 이러한 여러 가지 존재론적인 어려움(cf. 양태론, 삼신론, 종속론, etc.)을 카파도키아 교부들은 이제까지 "우시아"(*ousia*)와 동의어로 이해되었던 "휘포스타시스"(*hypostasis*)를 그

---

30 Zizioulas, *Being as Communion*, 36.

31 Zizioulas, *Being as Communion*, 36.

32 그리스 철학과 스토아 철학에서 이러한 "*substantia*," 그리고 "*hypostasis*"와 같은 철학적 용어들의 존재론적 의미의 변화와 관련하여 Zizioulas, *Being as Communion*, 38, n.31을 참조하라. 보다 상세한 분석과 논의에 대하여는 Harry A. Wolfson, *The Philosophy of the Church Fathers* (Cambridge, Mass.: Harvard University Press, 1976, 3rd ed., Revised); Christopher Stead, *Divine Substance* (Oxford: Clarendon Press, 1977); Clement C. J. Webb, *God and Personality* (London: G. Allen & Unwin Ltd.; New York: The Macmillan, 1918; Reprinted at Nabu Press, 2010)를 참조하라.

개념적인 구분을 통하여 "인격"(*persona*)과 동일화함으로써 돌파하였다 (the identification: *hypostasis* = *persona*). 지지울라스에 따르면, 이것은 단순히 용어의 사용과 의미를 정리하는 차원에 머무르는 것이 아니라, 실로 존재론에 있어 하나의 근본적인 혁명을 야기한 것이다. 삼위일체 하나님의 존재를 성경적 원리에 따라 올바로 이해하고 표현하려는 그 지난한 노력을 통해 하나의 존재론적인 혁명을 가져온 이 역사적 사건의 본질적인 의미에 대하여 지지울라스는 다음과 같이 두 가지 명제로 요약한다.

> (a) 인격(person)은 더 이상 존재의 어떤 부가물, 즉 먼저 어떤 구체적인 실재(a concrete entity)의 존재론적 휘포스타시스를 증명한 다음 그것에 부가된(added) 범주가 아니다. **인격이 곧 존재의 휘포스타시스 그 자체이다(It is itself the hypostasis of the being).**
>
> (b) 실재들(entities)의 존재는 더 이상 존재 자체—존재는 그 자체로 하나의 절대적인 범주가 아니다—가 아닌 인격에서 파생되는데, 정확히 하자면, 인격은 존재를 **구성하고**(constitutes) 실재들을 실재들이 되게 하는 것이다. 다시 말해서, 부가물에서 존재(일종의 가면)에 이르기까지 인격은 존재 자체가 되는 동시에—가장 중요한 것으로—존재들의 구성 요인[the constitutive element of beings; "원리"(principle) 혹은 "원인"(cause)]이다.[33]

고대 교부신학의 존재론에 있어 이와 같은 혁명적인 변화는 다음 두 가지의 성경적이며 신학적인 "발효"(leavening) 작용에 의해 가능했다. 첫째로, "무로부터의 창조"(*creatio ex nihilo*)를 가르치는 성경의 창

---

[33] Zizioulas, *Being as Communion*, 39.

조교리는 고대 그리스 철학의 근본원리였던 "존재론적 일원론"을 깨뜨림과 동시에 이 세계의 존재론적 필연성을 제거함으로써 "존재, 곧 세계, 실존하는 것들의 실존을 하나의 자유의 산물로 만들었다(a product of freedom)." 즉 성경의 가르침에 따라, 교부들은 존재론에 질적인 차이를 도입함과 동시에 이 세계의 원인을 세계 밖의 자유로운 독립적 존재인 하나님께 정위시킴으로써 비로소 세계존재를 그 존재론적 필연성으로부터 해방시켰고, 또한 세계의 "기원"(αρχή)을 자유의 영역(a sphere of freedom)으로 바꾸었다.[34]

둘째로, 보다 더 중요한 사항으로서, 고대의 삼위일체론과 서방 신학에서 지속적으로 이해되어 온 것처럼 "하나님은 먼저 하나님(그의 실체[substance] 혹은 본질[nature], 그의 존재[*ousia*, being])으로 존재한 다음에 삼위일체(the Trinity) 곧 인격(person)으로 존재한다"[35](cf. "실체론적 존재원리": One God[the Unity, substance, or nature] → the Trinity)는 실체(substance, nature, ousia, 혹은 being) 중심의 존재론적인 신학적 사유와 교리적 가르침을 다음과 같이 혁명적으로 뒤집는다. 즉 카파도키아 교부들(특히 바실리오스)의 이해에 따르면, 삼위일체 하나님의 존재에 있어 "하나님의 통일성"(unity), "한 하나님"(one God), 하나님의 존재와 삶의 존재론적 "원리"(principle) 혹은 "원인"(cause)이 하나님의 한 실체(one *substantia* or *ousia*)에 있는 것이 아니라, 오히려 "휘포스타시스(*hypostasis*), 곧 성부의 인격(the *persona* of the Father)"에 있다는 것이다.[36] 그러므로 삼위일체

---

34 Zizioulas, *Being as Communion*, 39f.

35 Zizioulas, *Being as Communion*, 40. 여기서 "먼저"(first) 그리고 "다음에"(then)라는 말은 어떤 시간적 순서 혹은 우선성이 아니라, 단지 논리적, 존재론적 우선성(priority)을 말한다(p. 40, n.33).

36 Cf. Zizioulas, *Being as Communion*, 40.

삼위일체 하나님과 신학

하나님, 즉 하나님의 존재는 "하나의 신적 실체"(one divine substance)가 아니라 하나의 특별한 존재 곧 "성부의 인격"(the person of the Father)에 기인하고, 따라서 "한 하나님은 [바로] 성부이시다"(The one God is the Father).[37] 그리고 성부께서는 그 자신의 인격적 자유함 속에서 삼위일체를 구성한다(cf. "인격적 존재원리": One Person [of the Father] → the Trinity). 이것은 하나님의 존재를 어떤 존재론적 "필연성"(necessity) 혹은 하나님을 위한 "실체"(substance) 혹은 "실재"(reality)에 귀속시키는 것이 아니라, 하나님의 존재를 성부의 인격(*persona*)과 그의 인격적 자유(personal freedom)에 귀속시키는 것이다. 카파도키아 교부들이 제시한 "삼위일체 하나님의 존재론적인 원리"에 있어 혁신적(radical) 변화를 지지울라스는 다음과 같이 설명한다.

한 하나님(one God)은 하나의 실체(one substance)가 아니라 성부(the Father)를 말하며, 성부는 성자를 낳고(generation) 성령을 발현(procession)하는 "원인"(cause)이다. 결과적으로, 하나님의 존재론적 "원리"(principle)는 다시금 인격(person)으로 돌아간다.…성부는 사랑으로—즉 자유로이—성자를 낳고 성령을 내쉰다. 하나님께서 존재하신다면, 그것은 바로 성부께서 존재하시기 때문이다. 즉 성부께서는 사랑으로 자유로이 성자를 낳고 성령을 내쉰다. 그러므로 인격(person)—성부의 휘포스타시스(the *hypostasis* of the Father)—이신 하나님께서 한 신적 실체(one divine substance)로 하여금 존재하도록, 한 하나님(one God)으로 존재하게끔 만든다.…실체는 "벌거벗은"(naked) 상태로, 즉 휘포스타시스 없이, "실존 양태"(a mode of existence) 없이 존재하지 않는다. 그리고 하나의 신적 실체는 오직 세 실존의 양태

---

37   Zizioulas, *Communion and Otherness*, 106.

를 가지기 때문에 하나님의 존재가 있고, 그것은 실체가 아니라 하나의 인격, 곧 성부로 말미암는다. 이와 같이 하나님의 존재론적 "원리"가 성부이기 때문에, 삼위일체 밖에는 하나님, 곧 신적 실체는 없다. 하나님의 인격적 실존(성부)이 하나님의 실체를 구성하고, 그것을 휘포스타시스로 만든다. 하나님의 존재는 인격과 동일하다(The being of God is identified with the person). 그러므로 삼위일체론에 있어 중요한 것은 하나님은 실체에 의거해서가 아니라 인격, 곧 성부에 의거하여 "존재한다"는 사실이다.[38]

나아가 이러한 "인격의 존재론"(ontology of person)에서 다음으로 언급해야 할 중요한 것은 오직 하나님만이 유일한 "참된 인격"(the authentic person)이라는 사실이다. 이것을 이해하기 위해서 우리는 "인격"의 진정한 의미를 알아야 한다. 지지울라스에 의하면, 인격에 있어 가장 중요한 것은 "자유"(freedom)이며 이것에 대한 궁극적인 도전은 "실존적 필연성"(the necessity of existence)이다.[39] 그리고 이러한 자유의 도덕적 의미는 "선택의 자유"로 이해되었다. 그러나 인간에게, 그러한 선택은 언제나 필연성으로 속박되어 있기 때문에, 결국 그 필연성에 속박되는 것이 인간의 실존 자체이며, 그 근원은 그의 피조성에 있다. 이와 같이 "피조물로서의 인간은 그의 실존의 "필연성"에서 벗어

---

38   Zizioulas, *Being as Communion*, 40-42. 지지울라스는 카파도키아 교부들의 이러한 "인격의 존재론"(ontology of person)을 다음과 같이 부연 설명한다: "어떤 실체나 본성도 인격이나 휘포스타시스, 또는 실존 양태 없이 존재하지 않는다. [또한] 어떤 인격도 실체나 본성 없이 존재하지 않지만, 존재의 존재론적 "원리"나 "원인" - 즉, 사물을 존재하게 만드는 것은 실체나 본성이 아니라 인격 또는 휘포스타시스이다. 그러므로 존재는 실체가 아니라 인격에서 비롯된다"(p. 42, n.37). 다른 곳에서 그는 또한 다음과 같이 주장한다: "하나님 안에서 최종적인 존재론적 주장은 한 하나님의 본질(ousia)이 아니라 성부에, 즉 휘포스타시스 혹은 인격(person)에 속한다는 것이다"(p. 88).

39   Cf. Zizioulas, *Being as Communion*, 42.

날 길이 없다. 결과적으로, [인간의] 인격은 세계 내적, 혹은 완전한 인간적 실재로서 실현될 수 없다.…[그러므로], 절대적인 존재론적 자유로서의 참된 인격은 "피조되지 않은" 것, 즉 자기 실존을 포함한 그 어떤 "필연성"에도 속박되지 않은 것이어야 하기 때문에…만일 하나님이 존재하지 않는다면, 인격도 존재하지 않는다."[40] 따라서, 엄밀히 말하자면, 인격성은 오직 하나님께만 귀속시킬 수 있다.[41] 볼프의 분석에 따르면, 지지울라스가 "하나님의 존재는 인격과 동일하다"(The being of God is identified with the person)고 말함에 있어 그 본질적인 의미는 하나님에게 그의 인격성은 그의 존재와 일치함을 말하기 때문에, 그것은 곧 "하나님은 인격이시다"라는 것을 언명하는 것이며, 또한 "인격이곧 하나님이다"라고 표현될 때 그 진정한 의미가 드러난다.[42] 그러므로 존재론적 필연성에 속박된 피조물로서의 인간은 오직 그러한 하나님의 "참된 인격성"에 참여함으로써만이 비로소 진정한 "인격"이 될 수 있다.

III. 관계속에 있는 "친교로서의 삼위일체 하나님"
(the Trinity as Communion)

이미 언급한 바와 같이 지지울라스의 견해에 의하면 그 본성상 피조되지 않은 존재, 즉 "자존적"(aseitic)인 존재로서 절대적인 존재의 자유를

---

40   Zizioulas, *Being as Communion*, 42f.

41   Cf. Volf, *After Our Likeness*, 78.

42   Volf, *After Our Likeness*, 78.

향유하시는 하나님만이 오직 "참된 인격"이실 수 있다. 그러나 그러한 "하나님의 존재론적 자유의 근거는 하나님의 본성이 아니라 그의 인격적 실존, 즉 하나님을 신적 본성으로 실존하게(subsists)하는 "실존 양태"에 있다."[43] 달리 말하자면, 하나님께서는 그 어떤 "존재의 필연성"(존재할 수밖에 없기 때문에 존재하시는 것) 때문에 존재하시는 것이 아니라 오히려 신적 생명의 자유로운 인격으로서 자신의 실존을 삼위일체 하나님으로 영원토록 구성(constitutes)하신다. 그리고 "이러한 [존재 방식의] 확정을 구성하는 것은 정확히 그의 삼위일체적 실존이다."[44] 이러한 지지울라스의 언명들이 삼위일체론과 관련하여 구체적으로 의미하는 바는 다음과 같다.

하나님이 자신의 [절대적인] 존재론적 자유를 행사하는, 보다 정확히는 하나님을 존재론적으로 자유롭게 만드는 방식은 하나님이 성자를 "낳고"(begets) 성령을 "내쉬는"(brings forth) 성부 하나님이 됨으로써 실체의 존재론적 필연성을 초월하고 폐기하는 것이다. 이러한 하나님의 탈아적(ecstatic; 脫我的, 자기초월적) 속성, 곧 하나님의 존재가 친교 행위(an act of communion)와 동일하다는 사실은 하나님의 실체가―만일 그 실체가 하나님의 일차적인 존재론적 술어라면―요구했을 법한 존재론적 필연성의 초월을 보증하고, 나아가 이 필연성을 자유로운 신적 실존의 자기 확증으로 대체시킨다. 이 친교(communion)는 하나님의 실체의 결과가 아니라

---

43 Zizioulas, *Being as Communion*, 44. 지지울라스에 따르면, "하나님의 본성은 "벌거벗은" 상태로, 즉 휘포스타시스 없이 존재하지 않는다. [그러므로], 하나님의 본성을 자유롭게 만드는 것이 휘포스타시스이다. 존재로서의 존재(being *qua* being)를 말하는 "벌거벗은" 본질 또는 "우시아"(*ousia*)는 자유가 아니라 오히려 존재론적 필연성을 적시한다"(p. 44, n.39).

44 Zizioulas, *Being as Communion*, 41.

삼위일체 하나님과 신학

한 인격, 성부의 결과이므로 성부가 삼위일체적인 것은…신적 **본성**(divine nature)이 자기초월적이기 때문이 아니라 하나의 **인격**(person)으로서 성부 (the Father)께서 이 친교를 자유로이 의도하시기 때문이다.[45]

이 중요한 진술의 의미를 요약하자면, 삼위일체 하나님의 존재의 구성 문제와 관련하여 그 논리적인 순서에 있어 먼저 한 하나님의 "실체"(substance, nature, 혹은 *ousia*)가 존재하고, 그다음에 비로소 세 인격으로 존재하는 것이 아니다. 이렇게 되면, 지지울라스가 거듭 강조하여 주장하듯이, 그리스 철학의 "존재론적 일원론"(ontological monism)의 함정에 다시 빠져들게 된다. 그러므로 성경적 존재론 곧 "인격의 존재론"(ontology of person)에 따르면, 먼저 성부 하나님(God the Father)의 구체적이고도 유일하신 "휘포스타시스"(*hypostasis*)가 존재하는바, 이 휘포스타시스는 바로 그의 "인격"(person)이며, 이 성부 하나님의 자유로운 인격이 성자 하나님과 성령 하나님의 존재론적 "근원"(source)일 뿐만 아니라 인격적 "원인"(cause)이심을 말하는 것이다.

그리하여 성부 하나님께서는 자기-고립이 아니라 오히려 자기초월적(ecstatic) 친교의 구성행위, 곧 성자 하나님 및 성령 하나님과의 구성적 관계를 통하여 자신의 존재방식에 대하여 확정한다. 다시 말하자면, 참된 자유로운 인격이신 성부께서 자신의 "엑스타시스적"(ekstatic; 자기초월적, 탈아적) 성품을 통하여 스스로의 실존을 "성부"로서 확정함과 동시에 "성자"와 "성령"을 실존케 함으로써 삼위일체 하나님을 구성한다.[46] 즉 "한 구체적인 인격으로서의 하나님"(the one personal God)

---

45 Zizioulas, *Being as Communion*, 44.

46 여기서 언급되는, "엑스타시스"(*ekstasis*)는 지지울라스의 "인격의 존재론"에 있어 아주 중

께서는 그의 "아버지 되심"의 자유로운 확정을 통하여 자신의 존재를 "**성부**"(the Father)로 취하되, 이러한 확정은 곧바로 "**성자**"(the Son) 및 "**성령**"(the Spirit)과의 신적 친교(divine communion, 즉 the Trinity)를 구성함으로써 발생하는 것이다.[47] 이것이, 앞서 언급한 바와 같이, 지지울라스가 "이러한 확정을 구성하는 것은 정확히 그의 삼위일체적 실존"이라고 거듭 강조하여 주장하는 것이다.[48] 이와 같이 하나의 "인격"(person)이신 성부의 자유로운 본성에 의하여 하나님이 실존하는 방식은 곧 성부, 성자, 성령 하나님의 "신적 친교"(divine communion)이며, 이것이 자유로운 신적 사랑의 관계 속에서 "**친교로서의 삼위일체 하나님**"(the Trinity as communion)의 존재를 구성한다.[49] 그러므로 이제 "**존재한다**(to be)는 것은 **관계 안에서 존재한다**(to be in relation)는 것과 동일해진다."[50] 따라서 실로 "하나님은 관계적 존재이다. [그러므로 관계 속에

요한 하나의 본질적인 개념이다. 그는 이것에 대하여 다음과 같이 설명한다: "**엑스타시스**(*ekstasis*) 관념은 하나님이 사랑이시고, 그러므로 하나님은 **자기 밖에서**(outside Himself) 내재적인 사랑의 관계를 만든다는 의미이다. "자기 밖에서"라는 말이 특별히 중요하다. 그것은 엑스타시스로서의 사랑이 신플라톤주의적인 유출(emanation)을 생성하는 대신, 존재의 원초적 원인에 응답하고 귀환하는 것으로 보이는 존재의 **타자성**(otherness)을 생성한다는 말이기 때문이다." Zizioulas, *Being as Communion*, 91.

47 Cf. Volf, *After Our Likeness*, 78.

48 Zizioulas, *Being as Communion*, 41.

49 바로 여기에 지지울라스가 그의 저작인 *Being as Communion*(『친교로서의 존재』) 전체를 통하여 말하고자 하는 "인격의 존재론"에 기초한 "삼위일체론적 존재론"(trinitarian ontology)의 핵심주장이 놓여 있다. 스탠리 그렌츠(Stanley J. Grenz)는 이것을 삼위일체론 이해에 있어 "칼 라너의 규칙"(Karl Rahner's Rule)에 비견하여 "지지울라스의 경구"(the Zizioulas' Dictum)라고 명명하기를 제안한다. Grenz, *Rediscovering The Triune God*, 135. 참고로 "칼 라너의 규칙"이란, 삼위일체론 이해에 있어 경륜적 삼위일체와 내재적 삼위일체의 통일성(unity)을 말하는 것으로, "경륜적(economic) 삼위일체가 곧 내재적(immanent) 삼위일체이며, 또한 내재적 삼위일체가 곧 경륜적 삼위일체이다"라는 것이다. Karl Rahner, *The Trinity*, trans. Joseph Donceel (New York: Crossroad, 1997), 22.

50 Zizioulas, *Being as Communion*, 88.

삼위일체 하나님과 신학

있는 인격적 존재로서의] 친교라는 개념이 없이는 하나님의 존재를 말할 수 없다."[51] 나아가 이렇게 인격이신 하나님께서 존재론적으로 자유를 행사하는 유일한 방식이 곧 "사랑"(love)이다. 실로 성경에서 "하나님은 사랑이시다"(God is love; 요일 4:16)라고 정형화(identification)하는 것은 다름 아니라 바로 "하나님께서 삼위일체로, 즉 실체가 아니라 인격으로 '실존'한다는 것을 드러낸다."[52] 이러한 의미에서 "하나님의 본질은 인격이시다"라는 언명은 곧 "하나님은 사랑이시다"라는 것과 동일한 것이다. 그리고 그 사랑의 하나님은 자신의 자유함 속에서 신적 관계, 곧 삼위일체 하나님의 교제(communion)를 창설하심으로 자신의 존재방식을 그와 같이 영원히 구성하고 확증하신다.

사랑은 하나님의 실체의 유출 혹은 "속성"이 아니라 하나님의 실체를 구성하는 것, 즉 하나님을 하나님 자신, 한 하나님으로 만드는 것이다. 그럼으로써 사랑은 존재의 한정적인―즉 부차적인―속성이 아니라 최고의 존재론적 술어가 된다. 하나님의 실존 양태인 사랑은 하나님을 "휘포스타시스화"하고, 하나님의 존재를 구성한다. 그러므로 사랑의 결과로서 하나님의 존재론은 실체의 필연성에 종속되지 않는다. 사랑은 곧 존재론적 자유이다.[53]

---

51 Zizioulas, *Being as Communion*, 17.

52 Zizioulas, *Being as Communion*, 46.

53 Zizioulas, *Being as Communion*, 46. 그러나 지지울라스의 해석에 따르면, 이 존재론적 자유로서의 "사랑"은 삼위일체 하나님의 공동본성이 아니라 **성부**(the Father)와 동일한 것이라고 한다: "하나님을 "휘포스타시스화"(hypostsizes)하는 이 사랑이 세 인격에 "공통된" 어떤 것, 즉 하나님의 공동 본성(common nature)과 같은 것이 아니라 **성부**(the Father)와 동일한 것이라는 점이다. 우리가 "하나님은 사랑이시다"라고 말할 때, 그것은 성부 곧 하나님을 "휘포스타시스화"하고 하나님을 세 인격들로 만드는 바로 그 인격을 가리킨다. 요한1서를 면밀하게 연구해 보면, "하나님은 사랑이시다"는 구절이 **성부**를 지시한다는 것이 드러난다. "하나

나아가 지지울라스에 의하면, "인격"은 단순히 "영원히 존재함" 즉 어떤 존재론적인 내용의 획득만을 의미하는 것은 아니다. 오히려 "인 격은 그 이상의 것, 곧 구체적이고(concrete), 유일하고(unique), 반복될 수 없는(unrepeatable) 실재로 실존함을 원한다. 인격을 실체의 "엑스타 시스"(*ekstasis*, 탈아/자기초월)로만 이해해서는 안 된다. 그것은 또한 실체 의 휘포스타시스, 구체적이고 유일한 정체성으로 간주되어야 한다. 유 일성은 인격에 있어 절대적인 어떤 것이다.…즉 인격은 그 자체가 목 적이며, 인격성(personhood)은 존재의 총체적인 성취이고, 존재의 본성 에 대한 보편적인 표현이다."[54] 그러므로 인격의 유일성의 생존, 즉 휘 포스타시스는 실체나 본성의 어떤 성질로 간주되거나 환원될 수 없다. 인격은 본래적으로 하나님의 존재방식으로서 오직 그에게만 고유한 것이고, 그것은 그 하나님의 삼위일체적 실존으로 말미암아 그 정체성 을 가지며, "인격으로서의 존재"(being as person)는 곧 **삼위일체 하나님의** **"사랑의 친교"**(communion of love)이다. 지지울라스는 이것을 다음과 같 이 설명한다.

하나님의 인격적 정체성이 존속될 수 있는 것은 하나님의 실체 때문이 아 니라 하나님의 삼위일체적 실존 때문이다. 만일 성부께서 불멸하다면, 그 것은 그의 유일하고도 반복될 수 없는 아버지로서의 정체성, 곧 그를 "아 버지"라 부르는 성자와 성령의 정체성으로부터 영원히 구별되기 때문 이다. 성자가 불멸하다면, 그것은 먼저 그의 실체 때문이 아니라 그의 "독 생자" 됨(only-begotten, 여기서 유일성이 강조된다)과 그가 성부의 "기뻐하는

___

님"은 곧 "그의 독생자를 보내신" 성부이다(요일 4:7-17)"(p. 46, n.41).

54 Zizioulas, *Being as Communion*, 46f.

자"라는 사실 때문이다. 마찬가지로 성령이 "생명을 주시는" 것은 그가 "친교"(고후 13:13)인 까닭이다. 하나님의 생명이 영원한 것은 그것이 인격적이기 때문이다. 말하자면, 그것이 자유로운 친교의 표현으로, 사랑으로 실현되기 때문이다. 생명과 사랑은 인격을 통해 동일해진다. 인격은 오직 사랑받고 사랑할 때 죽지 않는다. 사랑의 친교 밖에서 인격은 그것의 유일성을 잃고 다른 사물들과 마찬가지로 어떤 존재, 절대적인 "정체성"(identity)과 "이름"(name)이 없는, 얼굴이 없는 한 "사물"이 된다. [그러므로], 인격에 있어 생명은 사랑에 의해 확증되고 유지되는 휘포스타시스의 유일성의 생존을 의미한다.[55]

고대 교리사의 발전과정에서, 아리우스(Arius)와의 삼위일체론 논쟁을 통하여 아타나시오스(Athanasius)는 하나님의 본성(substance)과 의지(will)를 구분함과 동시에 성자의 존재를 하나님의 의지가 아니라 실체(본성)와 연관시킴으로써, 그 신적 실체에 있어 "동일본질"(homoousia)성을 확정하였다. 또한 성자가 성부의 실체(ousia/substantia)에 속한다는 것은 정의상 "관계적 특성"(relational character)을 소유한다는 것을 말한다.[56] 이와 같이 "만일 하나님의 존재가 본성적으로 관계적이라면, 그리고 그것이 "본성"(substance)이라는 말의 의미라면, 모든 존재론에 대한 하나님의 궁극적 특성에서 볼 때, 본성이 존재의 궁극적인 특성

---

55 Zizioulas, *Being as Communion*, 48-49.

56 Cf. Zizioulas, *Being as Communion*, 84. 지지올라스에 따르면, "아타나시오스가 기독교 존재론의 발전에 끼친 중요한 공헌이 바로 이것이다. 아타나시오스는 존재에 대한 성찬론적 접근 안에서, 그리고 그것을 통하여 존재론적 의미를 획득한 친교 개념에 힘입어 **친교가 의지와 행위의 차원이 아닌 실체의 차원에 속한다**는 관념을 전개한다. 그리하여 친교의 관념 자체가 하나의 존재론적 범주로 세워진다"(p. 85f).

을 가리키는 한, 본성은 곧 친교(communion)로만 인식될 수 있다."[57]

　이러한 존재에 대한 관계론적 이해는 카파도키아 교부들에 의해 더욱 구체화되었는데, 그것은 그때까지 어떤 본질(*ousia*)의 "구체적인 개별성"(concrete individuality)을 의미했던 "휘포스타시스"라는 용어의 의미를 "우시아"(*ousia*; 본질)로부터의 개념적인 분리를 통하여 바로 "프로소폰"(*prosopon*; 인격)과 동일시함으로써 이루어졌다. 즉 아리우스주의자들은 성부의 원인적 특성("비발생", ungeneration / "나시지 않음", "unbegottenness")은 그의 본질(*ousia*)에 속하는 것이기 때문에, "낳으신 바"(begottenness)된 성자와는 그 본질(*ousia*)에 있어 다르고, 이것은 곧 두 위격 사이에 존재론적인 차별과 동시에 종속론(subordinationism)을 필연적으로 야기시킨다고 보았다. 그러나 카파도키아 교부들은 하나님의 "본질"(*ousia*)과 "인격"(*hypostasis*)을 구별한 다음, 성자의 "발생"(generation)과 성령의 "발현"(spiration)은 "신적 본질"(*ousia/substantia*)에 속한 것이 아니라 "인격"(*hypostasis/persona*)의 행위에 속한 것이기에, 삼위격은 그 본질(*ousia, substantia*)에 있어 완전히 동일함을 주장하였다(*homoousia*). 나아가 각 "인격"의 고유한 특성은 다른 두 인격에 의하여 공유되지 않음을 분명히 하였는데, 왜냐하면 한 인격(person)의 인격성(personhood)은 그 환원 불가능한 고유성(uniqueness)에 근거하기 때문이다.

　이와 같이 "휘포스타시스"(*hypostasis*)를 "인격"(*persona*)과 동일시하는 존재론적 혁신(ontological innovation)을 통하여 카파도키아 교부들은 고대 삼위일체론에 있어 이단적인 사상들인 양태론(modalism), 삼신론(tri-theism), 그리고 종속론(subordinationism)이 가지는 존재론적인 위험

---

[57]　Zizioulas, *Being as Communion*, 84.

과 장애물들을 돌파하고, 세 인격의 온전한 구별(three distinct persons)과 동시에 하나의 동일본질(one *ousia, homoousia*)을 말함으로써 성경의 가르침에 온전히 부합하는 동방 교회의 정통 삼위일체론을 확립하였다. 또한 "인격의 존재론"에 근거하여 볼 때 "프로소폰"(*prosopon*)이라는 용어는 본래적으로 "관계"를 의미하였기에, 이제 휘포스타시스가 "실체"의 존재론적 범주로부터 "관계적인 실존"의 범주로 이해되었음을 말한다. 그러므로 이제 "존재한다"(to be)는 것은 본질적으로 "관계 안에서 존재한다"(to be in relation)는 것을 의미하게 되었다.[58] 이렇게 하여 "본질(*ousia*)의 존재론적 성격을 찬탈함으로써 인격(person/*hypostasis*)은 이제 궁극적인 의미에서 하나님의 존재를 가리킬 수 있게 되었다."[59] 그러므로 삼위일체 하나님의 존재방식에 있어 가장 중요한 사실은, 친교가 존재에 부가된 어떤 것이 아니라 **존재 자체가 관계 속에 있는 친교로서 구성된다**는 것이다(being is *constituted* as communion).[60] 그러므로 이제까지의 지지울라스의 논의를 한마디로 요약하자면, "인격이 곧 존재"(being as person)이며, 또한 인격으로서의 "존재는 곧 [관계 속에 있는] 친교"(being as communion)이기 때문에 "인격이신 삼위일체 하나님은 곧 친교"(the Trinity as communion)로서 존재하신다는 것이다.

---

58   Cf. Zizioulas, *Being as Communion*, 88.

59   Zizioulas, *Being as Communion*, 88.

60   Cf. Zizioulas, *Being as Communion*, 101.

IV. 인격(Person)으로서의 인간과
친교(Communion)로서의 교회의 존재방식

지지울라스는 그의 "인격의 존재론"(ontology of person)에 기초한 삼위일체 하나님에 대한 이해에 근거하여 인간의 인격성(human personhood)에 대한 이해에 있어서도 전혀 다른 새로운 해석과 신학적 정립을 시도한다. 교부신학은 성경의 가르침에 따라 전통적으로 인간을 "하나님의 형상과 모양"(the image and likeness of God)으로 이해하였다. 그러므로 지지울라스의 인간 이해에서도 "실체"(substance)보다는 "인격"(person)이 우선한다. 그러나 이러한 인간의 인격성은 그가 "하나님의 형상"으로 지음 받음으로 인하여 말미암은 것이다. 인간의 인격은 그 영혼, 의식(정신), 혹은 육체적인 몸과 동일시되지 않고, 또한 그 단순한 결합도 아니다. 오히려 그의 인격성이 그 전인적 존재를 하나님의 형상(imago Dei)으로서의 "인간"으로 실존하게 한다.[61] 즉 인격으로서의 인간은 하나의 "전인적 존재"를 말하며, 또한 자기폐쇄적인 "실체적 존재"가 아니라 "관계 속에 있는 존재"로 이해된다. 그러한 인간은 결국 두 가지 "실존양식"(mode of existence)을 가지는데, 곧 (1) "생물학적 실존의 휘포스타시스"(hypostasis of biological existence)와, (2) "교회적 실존의 휘포스타시스"(hypostasis of ecclesial existence)가 바로 그것이다. 먼저, 모든 인간은 생물학적인 잉태와 출산이라는 과정을 통하여 그 자신의 생물학적 실존의 휘포스타시스를 가진다. 애초에 이것은 두 사람의 에로스적인 사랑(erotic love)의 창조적 행위, 곧 가장 깊은 친교의 산물로서 "개별성의 자기초월적(ecstatic) 특성을 드러내는 놀라운 실존적 신비이다."[62] 그러

---

61   Cf. Volf, *After Our Likeness*, 81.

나 이러한 생물학적인 인간의 휘포스타시스의 구성은 두 가지의 "정념"(passion)에 의해 결국에는 인격성이 파괴되는 비극적 결과를 초래하게 된다. 그 첫 번째 정념은 그의 생물학적 생존본능에 기초한 "존재론적 필연성"으로 인하여 자유가 아니라 필연성으로 실존하게 되는데, 이것은 궁극적으로 그의 피조성에 근거한다.[63] 두 번째 정념은 그 결과로서의 "개인주의"(individualism), 곧 "분리"(separation)의 정념이다. 인간의 휘포스타시스들은 부모와의 관계를 비롯한 모든 관계성으로부터의 분리를 통하여 자신의 독립된 인격을 확증하고자 하지만, 그것은 결과적으로 관계의 단절로 이어져 마침내 "인간의 마지막 최대의 정념인 휘포스타시스의 분해, 곧 죽음"으로 허무하게 끝난다.[64] 그러므로 지지울라스에 따르면, 인간의 죽음은 어떤 도덕적 잘못(범죄)의 결과가 아니라 생물학적 휘포스타시스의 "자연스러운 발전"(natural development)으로서, 시간과 공간을 또 다른 개별 휘포스타시스들에게 양도하는 것이며, 한 개인으로서의 휘포스타시스를 봉인하는 것이다.[65]

이 모든 것은 생물학적 휘포스타시스로서 인간은 본질적으로 비극적 형상임을 가리킨다. 인간은 탈아적 사실(ecstatic fact)—에로틱한 사랑—의 산물이지만 이 사실은 자연적 필연성과 서로 얽히고 그로 인하여 존재론

---

62 Zizioulas, *Being as Communion*, 51.

63 지지울라스는 인간이 필연적으로 가질 수밖에 없는 "존재론적 필연성"에 대하여 다음과 같이 설명한다. 즉 생물학적 출생이라는 하나의 탈아적 행위에 의해 실존하게 되지만, 그는 곧 생물학적 본성이 인격에 앞서고 본능의 법에 따르게 됨으로써 인격으로서의 고유한 특성인 자유를 상실하게 된다. "결과적으로 창조된 실존은 휘포스타시스의 구성에 있어 존재론적 필연성을 피할 수가 없다. "필연적" 본성의 법없이, 곧 존재론적 필연성 없이 인간의 생물학적 휘포스타시스는 존재할 수 없다." Zizioulas, *Being as Communion*, 53f.

64 Zizioulas, *Being as Communion*, 50f.

65 Cf. Zizioulas, *Being as Communion*, 51.

적 자유를 결여하게 된다. 인간은 하나의 휘포스타시스적 사실(a hypostatic fact)로, 하나의 육체(a body)로 태어나지만, 이 사실은 개별성 및 죽음과 뒤얽혀 있다. 인간이 자기초월에 이르고자 시도하는 바로 그 에로틱한 행위에 의해 인간은 개인주의로 이끌린다. 인간의 육체는 타자들과 사귀고, 손을 내밀고, 언어를 창조하며, 말, 대화, 예술, 입맞춤을 만들어 내는 비극적 도구이다. 그러나 그것은 위선적인 "가면", 개인주의의 요새, 최종적인 분리인 죽음의 매체이기도 하다.…이러한 인간적 휘포스타시스의 생물학적 구성의 비극은 그로 인해 인간이 인격이 되지 못한 데 있는 것이 아니라, 인간이 그것과 실패를 통해 인격이 되려고 한다는 데 있다, 이 실패가 곧 죄이다. 그리고 그 죄는 인격만이 가지는 비극적 특전이다.[66]

그렇다면 이렇게 본질적으로 죽음으로 향한 인간의 생물학적 휘포스타시스의 비극적 운명을 극복하는 것, 즉 휘포스타시스의 영속적인 실존을 가능하게 하는 것으로서의 구원은 어떻게 이루어지는가? 이것은 곧 인간의 인격적 엑스타시(ecstasy, 자기초월) 및 그의 휘포스타시스의 표현인 에로스(eros)와 그의 육체(body)가 더 이상 죽음의 담지자가 되지 않도록 하는 방법은 무엇인가에 대한 질문이다. 지지울라스에 의하면, 이것을 위하여 다음의 두 가지가 전제되어야 하는데, "(a) 생물학적 휘포스타시스의 두 기본적인 요소들인 에로스와 몸이 파괴되지 않아야 하고; (b) 휘포스타시스의 구성적 조성이 변화되어야 하며, 이것은 단순히 어떤 도덕적인 변화 혹은 개선이 아니라 일종의 거듭남(new birth)이 되어야 한다."[67] 이러한 극적인 거듭남(중생)은 그의 휘포스타

---

66 Zizioulas, *Being as Communion*, 52.

67 Zizioulas, *Being as Communion*, 53.

시스를 죽음으로 이끌어 가는 모든 행위를 배제하고, 그의 인격을 사랑, 자유, 생명으로 만드는 것으로 이루어지는데, 그것은 곧 "교회적 실존의 휘포스타시스(hypostasis of ecclesial existence)를 구성하는 것",[68] 즉 하나의 관계적 공동체의 구성으로 이루어진다.

필연적인 본성의 법, 곧 존재론적 필연성에 얽힌 인간의 "생물학적 실존방식의 휘포스타시스"를 극복하는 것으로서의 이러한 "교회적 실존방식의 휘포스타시스"는 인간의 거듭남 곧 "세례"(baptism)로 말미암아 구성된다. "거듭남으로서의 세례는 [하나의 새로운 실존방식으로서의] 휘포스타시스를 구성하는 행위이다. 잉태와 출산이 인간의 생물학적인 휘포스타시스를 구성하듯이, 세례는 새로운 실존방식, 새로 태어남으로 이끌고(벧전 1:3, 23), 그것으로 인하여 새로운 휘포스타시스에 이르게 된다."[69] 그러므로 지지울라스에 따르면, 예수 그리스도께서 참으로 "구원자"(the Savior)이신 것은 그 어떤 다른 이유 때문이 아니라, 그가 "[참된] 인격의 실재 자체를 역사 안에서 실현하고 그것을 모든 사람을 위해 인격의 토대와 "휘포스타시스"를 만들기 때문이다."[70] 교부신학에서 예수 그리스도의 동정녀 탄생교리(the virgin-

---

68 Zizioulas, *Being as Communion*, 53. 또 다른 곳에서 지지울라스는 이러한 교회적 휘포스타시스의 특성을 다음과 같이 설명한다. "교회적 휘포스타시스의 특성은 배타성 없이 사랑하는 인격의 능력인데, 이것은 도덕적 계명("네 이웃을 사랑하라" 등)에 순응하여 행하는 것에서 비롯되는 것이 아니라, 인간의 "휘포스타시스적 구성"으로부터, 곧 인간이 교회의 자궁으로부터 새롭게 출생하여 모든 배타성을 초월하여 관계의 네트워크의 한 부분이 된다는 사실에서 나온다. 이것은 인간이 오직 교회 안에서만 한 보편적 인격으로서 그 자신을 표현할 수 있는 능력을 가지게 된다는 것을 의미한다"(p. 57f).

69 Zizioulas, *Being as Communion*, 53. 이러한 맥락에서 지지울라스는 교부신학에서의 "어머니로서의 교회"(the Church as mother) 개념을 적극 수용하며 다음과 같이 말한다: "이 이미지의 정신은 정확하게 교회 안에서 출산이 일어나며, 인간이 "휘포스타시스"로서, 즉 인격으로서 태어난다는 것이다"(p. 56).

70 Zizioulas, *Being as Communion*, 54.

birth doctrine)가 본질적으로 말하는 것이 그가 다른 인간과는 달리 그 어떤 "존재론적 필연성"에 얽매이지 않는다는 것을 의미하는 부정적(negative) 표현이라면, 그리스도의 인격이 삼위일체 하나님의 한 인격, 곧 성자와 하나이고 동일하다는 칼케돈 교리(Chalcedonian doctrine)의 가르침은 그 긍정적(positive) 표현이다. 이와 같이 동방 교회 교부들의 기독론이 언명하는 바, "그리스도 안에서 두 본성, 즉 신성과 인성의 휘포스타시스적 연합(hypostatic union)"에 있어 최대의 특징적인 요소와 출발점은 "실체"(substance) 혹은 "본질"(nature)이 아니라 또다시 "인격"(person)이라는 사실이다. 실로 예수 그리스도는 가장 탁월한(par excellence) "인격"이시다. 그는 한 개인으로 존재하는 것이 아니라, 교부 기독론의 "두 본성 교리"(신-인, *vere Deus vere homo*)가 말하는 바, 한편에서는 성부와의 연합(성자의 참된 신성)과 또 다른 한편에서는 그의 몸된 교회의 머리(참된 인성)로서의 연합관계 안에서 참된 인격으로 존재한다.[71] 따라서 인간의 인격성의 회복은 오직 "참된 인격"이신 예수 그리스도의 인격에 연합함으로써 비로소 이루어진다. 이러한 사실이 최대한 강조되어야 하는 이유는 다음과 같다.

[이러한 신-인(divine-human)이신 예수 그리스도의 역사적 실존으로 말미암아], 이제 하나님에게만 아니라 인간에게도 존재론적 토대가 인격이라는 점이 강조되기 때문이다. 하나님께서 오직 인격으로서 본성적 그 자신,

---

[71] 이러한 지지울라스의 견해를 볼프(M. Volf)는 다음과 같이 요약한다: "[영원 속에서] 성자께서 홀로 서 있지 않고 오히려 성부와의 관계 속에서 존재하시는 것과 같이, 성육신한 성자이신 예수 그리스도께서는 단순히 자기 홀로 선 개인이 아니다. 예수의 자기 이해와 초기 교회의 기독론 모두에서, 그리스도는 많은 이들을 그 자신에게 연합시키는(incorporates) 집단적 인격성이다.…이와 같이 그리스도는 참된 인격이시며, 그 자신의 특수성 속에서 인간 본성의 보편성을 담지하시는 새로운 아담이시다." Volf, *After Our Likeness*, 84f.

곧 "완전한 하나님"(perfect God)이신 것과 마찬가지로, 그리스도 안의 인간 역시 오직 휘포스타시스(인격), 즉 자유와 사랑으로 "완전한 인간"(perfect man)이다. 결과적으로 완전한 인간은 오직 하나의 참된 인격으로서만 존재한다. 하나님께서 존재로 실존하시는 것과 정확히 동일한 방식으로 그는 존재로서 구성되는 "실존의 방식"을 가지며 실존한다. 이것이 곧 인간의 실존의 언어로 "휘포스타시스적 연합"(hypostatic union, [cf. "위격적 연합"])이 의미하는 것이다.[72]

성령에 의한 세례의 본질은 바로 하나님께서 인간을 예수 그리스도 안에서 그의 자녀 삼음, 곧 인간의 휘포스타시스를 하나님의 아들의 휘포스타시스와 같게 만드는 것이다.[73] 왜냐하면 인간의 인격성은 그 자신의 본래적인 것이 아니라 오직 하나님의 인격성에 참여함으로써 주어지는 것이기 때문이다.[74] 이러한 방식으로 인간은 자신의 생물학적 휘포스타시스에 필연적으로 얽혀 있는 "존재론적 필연성"에 의한 본능의 법칙이 아니라, 참된 인격이신 그리스도, 곧 성자께서 자유와 사랑 안에서 성부와 나누는 것과 동일한 하나님과의 관계에 기초하여 비로소 자신의 실존을 "인격"으로서 확증할 수 있다.[75] 이와 같이 인간은 예수 그리스도의 참된 인격에 연합함으로써 그 근원인 인격적 하나님과의 교제 안에서만 비로소 인격성을 회복하게 된다. 지지울라스에 의하면, 구원은 인간이 그 생물학적인 개인적 실존으로부터 "존재론적 탈개인화"를 통하여 인격적 존재로 거듭남이다. 예수 그리스도 안에서

---

72 Zizioulas, *Being as Communion*, 55f.

73 Cf. Zizioulas, *Being as Communion*, 56.

74 Cf. Volf, *After Our Likeness*, 78, 87.

75 Cf. Zizioulas, *Being as Communion*, 55f.

인간의 자기초월(엑스타시)적 "인격화"(personalization)야말로 존재론적 측면에서 구원의 본질적 의미이다. 인간의 인격성은 한 개인(실체 혹은 주체)으로서가 아니라 관계 속에서, 한 공동체 안에서 대체 불가능하게 존재함으로써 구성된다. 나아가 이러한 인간의 인격성은 그 근원에 있어 오직 홀로 인격적 존재이신 하나님과의 교제 관계 속에서 비로소 가능해진다. 즉 예수 그리스도와의 연합을 통하여, 그리스도 안에서 이제 인간들은 성자께서 성부와 가지는 관계, 즉 하나님의 자녀가 됨으로써 비로소 그와 동일한 인격성을 획득하고(이것은 홀로 인격이신 성부에 대한 성자의 관계 방식과 동일한 것이라는 의미이다), 하나의 인격으로 구성된다. 이미 언급한 바와 같이, 이것이 예수 그리스도의 구속사역의 본질적인 의미이다.[76]

　　이러한 지지울라스의 "인격의 존재론"은 인간의 인격화를 위한 기독론적 기초를 넘어 이제 성령론적으로 그 구체적인 실존의 구성을 향하여 확장된다. 그는 "성령은 그리스도의 사건을 역사 속에서 현실화하는 동시에, 그리스도의 인격적 실존을 한 몸 또는 공동체로 실현한다"고 말한다.[77] 지지울라스에 따르면, 생물학적 실존으로서의 한 인

76　볼프(Volf)에 따르면, 인간의 인격화에 대한 지지울라스의 이러한 이해는 종교개혁자들의 칭의 이해와 유사한 측면이 있다고 할 수 있다. 즉, 칭의에 있어 그것이 인간의 의에 근거한 것이 아니라 그리스도와의 연합에 의한 예수 그리스도의 "의의 전가"(예수 그리스도의 의를 자신의 것으로 획득함)에 의해 이루어지듯이 우리의 "인격화" 역시 우리 자신의 "인격화"에 의한 것이 아니라 오직 예수 그리스도의 안에서 "인격"으로 구성됨을 말하기 때문이다. cf. Volf, *After Our Likeness*, 86f. 그러나 필자가 보기에는, 종교개혁자들의 칭의 이해와 이러한 볼프의 비교는 몇 가지 측면에서 제한을 두어야 할 것 같다. 그것은 먼저 그러한 인격화의 방법적인 측면이고, 두 번째는 그 범주와 범위에 대한 것이다. 먼저 방법론적인 측면에 있어 종교개혁자들의 칭의 이해에 있어서는 믿음이 그 도구가 되나, 지지울라스에 있어서는 성례를 그 도구로 하여 이루어진다는 것이며, 칭의는 그 법적인 상태를 말하는 것이나, 인격화는 존재론적 상태를 말하며, 또한 종교개혁자들은 "제한 속죄"를 말하나, 지지울라스에게 있어서는 "보편적 현상"으로 이해된다.

77　Zizioulas, *Being as Communion*, 111.

간 개인의 엑스타시(자기초월)적 인격화(휘포스타시스화)가 이루어지는 구체적이며 실제적인 자리는 바로 "교회"이다. 그리고 교회는 성령 하나님에 의해 그리스도와 연합함으로 인하여 구성된 "그리스도의 몸"으로서 인격으로 실존하게 된다. 인간은 세례를 통하여 그리스도와 연합함으로써 인격이 될 수 있고, 또한 성만찬을 통하여 계속하여 인격으로 실존하게 되는데, 그것이 바로 교회이다. 따라서 교회는 무엇보다도 하나의 "실존의 양식"(a mode of existence)으로 이해되어야 하며, 이것은 곧 인간의 하나님과의 관계성, 곧 친교(communion)가 가장 분명하게 구현된 것으로서 "삼위일체 하나님의 형상"(imago trinitatis)이다. 이러한 교회에 대한 이해를 그는 다음과 같이 설명한다. 교회의 신비는 바로 하나님의 존재 자체와 깊이 연관되어 있으며, 친교(communion)와 타자성(otherness) 사이의 관계에 대한 가장 적절한 모형이 바로 관계 속에 있는 존재, 곧 "친교로서의 삼위일체 하나님"(the Trinity as communion)의 존재방식이다. 나아가 지지울라스의 이러한 견해는 다음과 같은 그의 진술 속에서 집약적으로 표현된다.

> 교회는 단순히 하나의 제도(institution)가 아니다. 그것은 하나의 "실존양식"(mode of existence), 즉 하나의 **존재방식**(a way of being)이다. 교회의 신비는, 심지어 그 제도적 차원에서도, 인간의 존재, 세계의 존재, 그리고 나아가 하나님의 존재 자체와 깊이 연관된다.…먼저 교회적 존재는 하나님의 존재 자체와 연관되어 있다. 인간이 교회의 구성원이라는 사실로부터 그는 "하나님의 형상"이 되고, 하나님 자신처럼 존재하고, 하나님의 "존재방식"을 가지게 된다. 이러한 존재의 방식은 어떤 도덕적 성과, 즉 인간이 **성취하는** 어떤 것이 아니다. 그것은 세계와 타인들, 그리고 하나님과의 **관계**(relationship)의 방식이며, 친교(communion)의 사건이다. 그것은 한 개인

의 성취물이 아니라 오직 **교회적**(ecclesial) 사실로서 실현될 수밖에 없기 때문이다. 그러나 교회가 이러한 실존의 방식을 드러내기 위해서는, 교회 자체가 하나님께서 존재하는 방식의 형상이 되어야만 한다.[78]

이와 같이 예수 그리스도의 인격에 참여함으로써 구성되는 인간의 인격화가 구체적으로 역사 속에서 구성되는 것은 "교회 안에서" 발생하며, 그것은 성령 안에서의 세례를 통하여 이루어진다. 이미 언급한 바와 같이, "인간의 잉태와 출생이 그의 생물학적 휘포스타시스를 구성하는 것처럼, 세례는 그를 새로운 실존의 방식으로, 즉 다시 새롭게 태어남으로 이끌며(벧전 1:3, 23), 결과적으로 새로운 휘포스타시스", 곧 "교회적 휘포스타시스"를 구성하게 한다.[79] 이와 같이 인간의 인격화는 하나의 존재론적 사건이며, 세례를 통하여 예수 그리스도와 연합함으로써 생물학적 실존으로서의 한 "개인"(생물학적 실존의 휘포스타시스)은 죽고 새로운 "공동체적 인격"(교회적 실존의 휘포스타시스)으로 거듭난다. 그러므로 인간의 인격화, 즉 인간이 인격으로 실존하게 되는 것은 성령 안에서 그리스도와 연합되는 세례를 통하여 주어지는 삼위일체 하나님의 인격적 교제에 참여함으로써 이루어진다. 성령 안에서의 세례는 그리스도와 연합되는 사건일 뿐만 아니라 또한 그의 몸(교회), 곧 공동체로의 통합을 말하는 "교회적 사건"이다. 그것은 세례를 통하여 관계성의 네트워크에 편입됨을 말하고, 개인은 관계 속의 공동체 안에서 인격으로 구성된다.

그와 같이 세례에 의하여 구성된 개인의 인격화는 이제 성만찬을

---

78 Zizioulas, *Being as Communion*, 15 (강조는 저자 자신의 것이다).

79 Zizioulas, *Being as Communion*, 53.

통하여 하나의 공동체로 구체화되고, 역사적으로 현실화된다. 그러므로 성만찬은 삼위일체 하나님과의 생명의 교제를 육화하고 실현시키는 가장 탁월한 공동체적 사건이다.[80] 지지울라스에 따르면, 성만찬은 단순히 하나의 은혜의 방편이 아니라 오히려 그것은 "무엇보다도 하나의 회집(synaxis), 공동체, 그리고 관계의 네트워크이며, 그 속에서 인간은 생물학적인 혹은 사회적인 모든 배타성을 초월하는 한 몸의 지체로서 생물학적 존재와는 [전혀] 다른 방식으로 "실존한다"(subsist)."[81] 성만찬은 "그리스도의 몸"으로서의 교회를 구성하며, 다시 교회와 그리스도가 하나의 몸 즉 "그리스도의 몸"이 되는 자리이다. 성찬 공동체(eucharistic communion)에서 이제 인간 인격의 생물학적 휘포스타시스의 부분적인 표현으로서의 몸(body)은 개인주의와 자기중심성에서 해방되고 초월하여 "공동체(community)의 숭고한 표현" 즉 "그리스도의 몸"(the Body of Christ)이 되며, 더 이상 개인적이고 배타적인 것이 아니라 오히려 "친교와 사랑"(communion and love)의 개념으로 변화되며, 이 "교회적 휘포스타시스"를 통하여 "생물학적인 휘포스타시스"의 자체적 분해 곧 죽음까지도 넘어서게 된다.[82] 이렇게 하여, 지지울라스에 의하면 성만찬 속에서 "인간은 하나의 보편적 인격의 실존형식을 통하여 세계와 관계하며, 세계 안에서 보편적 현존, 곧 개인이 아니라 참된 인격인 휘포스타시스를 표현하고 실현한다. 그러므로 인간의 실존 안에서 교회는 그리스도 자신이 되고, 또한 교회의 모든 지체들은 그리스도와 교회가 된다."[83]

80　Cf. Zizioulas, *Being as Communion*, 61, 115.

81　Zizioulas, *Being as Communion*, 60.

82　Zizioulas, *Being as Communion*, 64.

83　Zizioulas, *Being as Communion*, 58.

그러나 동시에 지지울라스는 이러한 "성만찬적 휘포스타시스"의 초월적이며 미래에 완성될 종말론적 특성을 강조한다.[84] 그것은 비록 우리가 "성만찬적 휘포스타시스"의 실존으로 존재한다 할지라도 아직은 여전히 "생물학적인 휘포스타시스"에 따른 출생과 죽음을 경험하고 있기 때문이다.[85] 그러므로 성만찬은 "이미 그러나 아직 아니"(already but not yet)라는 변증법 속에서 "인간의 종말론적 실존의 역사적 실현과 표지일 뿐만 아니라, 또한 그것의 실현을 위한 운동이며 전진이다."[86] 그리하여 지지울라스에 따르면, "인간의 교회적 실존, 성찬의 방식에 의한 인간의 휘포스타시스화는 인간의 죽음에 대한 최후 승리의 담보이며, 그 "전조"가 된다. 이러한 승리는 본성(nature)이 아니라 인격(person)의 승리이며, 그리하여 인간이 그 자신 안에서 누리는 자기-충족적인 승리가 아니라 하나님과의 휘포스타시스적인 연합(hypostatic union, 위격적 연합)으로 인한 승리, 곧 교부 기독론에 있어 인간으로서의 그리스도의 승리이다."[87]

V. 나가는 말: 비판적 고찰과 함의

지금까지 우리는 고대 동방 교부, 특히 카파도키아 신학자들의 삼위일체론을 존재론적으로 재해석하여 그의 독특한 "인격의 존재론"(ontology of person)을 정립한 지지울라스의 "친교로서의 삼위일체"(the Trinity as

---

84 Zizioulas, *Being as Communion*, 61.

84 85 Zizioulas, *Being as Communion*, 59.

86 Zizioulas, *Being as Communion*, 61, 62.

87 Zizioulas, *Being as Communion*, 64.

삼위일체 하나님과 신학

communion) 이해의 주요 내용과 그 본질적 특징들 및 그것이 가지는 다양한 신학적 적용과 함의들에 관하여 간략하게 분석하며 살펴보았다. 지지울라스가 자신의 "신교부적 종합"(neo-patristic synthesis)을 통하여 재정립하고자 하는 "인격" 중심의 존재 이해와 신학은 불가피하게 서로 나뉠수 없도록 연결된 삼위일체 하나님과 인간, 그리고 교회의 이해에 있어 분명히 새로운 신학적 사유의 지평을 열어주며, 많은 중요한 신학적 함의들을 함축하고 있고, 또한 이미 지지울라스 스스로 그러한 신학적 적용을 조직신학적 주제들 전반에 걸쳐 다양하게 시도하고 있음을 살펴보았다. 즉 그러한 "인격의 존재론" 중심의 신학적 기획을 통하여 그는 고대의 실체(substance) 중심의, 그리고 근대의 개별적 주체(the self) 중심의 철학에 근거한 삼위일체 하나님 이해와 인간이해의 한계와 문제점들을 초극하고자 시도한다. 그것은 배타적으로 자기중심적이며, 개인주의적인 "실체" 혹은 "주체" 중심의 폐쇄적이고 자기-파괴적인 존재이해가 아니라, 자유함과 사랑 속에서 철저하게 자기 초월(엑스타시)적인 관계 중심의 공동체적인 "인격" 중심의 존재 이해로 나아간다. 그리고 그러한 인격적 존재론 이해가 가져오는 신학적 함의들은 놀랍도록 풍성하고, 또한 신학의 제영역에 있어 다양하게 적용되고 확장된다. 여기에 그의 신학적 기획의 독창성과 중요하고도 명확한 여러 장점들과 혁혁한 기여가 있다.

그러나 이러한 "인격의 존재론"에 근거한 지지울라스의 신학적 기획에는 그 독창적 공헌과 많은 장점들에도 불구하고, 적어도 개혁파 신학을 따르는 우리 입장에서 보기에는 여러 가지 문제점들이 여전히 해소되지 않고 있으며, 다양한 측면에서 한계가 노출되고 있음 또한 분명해 보인다. 지면의 한계로 인하여 그 가운데 몇 가지만 간략하게 적시해 보자면, 먼저 지지울라스의 삼위일체론 이해에 있어 가장 큰 문제는 삼위일체 하나님의 존재론적 구성에 있어 분명하게 드러나는 "일종의 종속론"적 성향이다. 그는 이것을 시간적인 차서의 문제가 아니라 단지 논리적이며 존재론적인 질서일 뿐이라고 거듭 주장하지만, 명확하고도 엄격한 성부의 군주성(monarch, 단일기원)을 주장하며 계속하여 삼위격 간의 명백하고도 해소될 수 없는 존재론적 "비대칭성"을 주장한다. 즉 삼위일체 하나님의 비대칭적-상호적 관계 속에서 성부는 성자와 성령에 의해 "조건지워진 존재"(성부의 정체성의 전제조건)이지만, 성자와 성령은 성부에 의하여 "구성된 존재"라고 한다. 그는 삼위일체 하나님의 존재방식에 있어 성부의 인격이 유일한 "구성 원리" 혹은 "원인"이기 때문에, 이러한 존재론적 비대칭성은 위격 간의 구분을 위하여 반드시 필요한 전제조건이라고 주장한다. 이러한 지지울라스의 삼위일체론 이해는 고대 동방 교회의 이해를 비교적 충실하게 반영하는 것이긴 하나, 성자와 성령의 위격(인격)의 존재를 성부에게 종속시킴으로써, 그 실체론적 존재와 삼위일체 구성에 있어 일종의 종속론적 경향을 여전히 해소시키지 못하고 오히려 강화시키는 경향이 있다. 즉 "내재적 삼위일체"(the immanent Trinity)에 있어 성자 하나님과 성령 하나님의 존재론적 "자존성"(aseity)에 문제를 야기하는 것 같다. 지지울라스의 삼위일체론 이해에 있어 야기되는 이러한 문제는 "내재적 삼위일체"(the immanent Trinity)와 "경륜적 삼위일체"(the economic trinity)를 개념적으로 그리고 존재론적으로 적절하게 구분하지 아니하고, 경륜상에서 나타나는 삼위일체 하나님의 위격적 질서와 차서를 그의 "인격의 존재론"을 통하여 그대로 내재적 삼위일체의 존재론적 질서와 차서에 적용함으로써 일어나는 문제이다. 또한 그의 "인격의 존재론"에서 관계와 공동체성에 지나치게 집중함으로써 "실체의 일식현상"(인격에 의해 실체가 실종되는 경향)이 일어나며, 더불어 철저하게 존재를 "인격"으로만 이해할 경우, 인간을 제외한 여타 피조물들의 존재론적 특징을 어떻게 이해하여야 하는가라는 문제가 발생한다. 나아가 오랫동안 동/서방 교회의 삼위일체론 논쟁 가운데 중요한 논점인 "필리오케(*filioque*) 문제"가 여전히 해소되지 않고 남아 있다.

나아가 "인격의 존재론"에 근거한 지지울라스의 신학적 기획에 있어 "인격의 존재론"이 마치 하나의 블랙홀처럼 작용함으로써, 성경이 가르치는 다른 많은 중요한 신학적 요소들이 간과되거나 왜곡되는 경향이 있다. 즉 지지울라스의 "인격적 존재론"에 근거한 신학적 사유는 삼위일체 하나님과 인간에 대한 이해 및 기독론과 성령론, 나아가 교회론에 이르기까지 철저하게 존재론적으로만 경도되어 있기 때문에 다양한 인식론적 측면과 윤리적 행위의 측면이 철저하게 도외시 되고 있다. 그리하여 그의 신학에서 "원죄 문제"는 더 이상 존재하지 않으며, "죄"는 하나님 앞에서의 어떤 윤리적인 범죄행위의 문제가 아니라 단순히 인간이 인격적인 존재가 되지 못하는 상태의 문제일 뿐이다. 따라서 성경이 가르치는 가장 중요한 복음의 핵심인 예수 그리스도의 십자가와 부활사건에서 말하는 구속사역과 구원의 문제도 더 이상 우리의 죄에 대한 대속적인 구속사역이 아니라, 오직 성육신을 통한 그의 인격적 존재의 역사적 실현 속에서만 그 의의를 발견하며, 구원이란 존재론적으로 우리의 존재를 "인격"으로 구성하는 것으로 환원되어버리고 만다. 나아가 그러한 지지울라스의 "존재론적 집중"은 신학에 있어 다양한 인식론적 측면들, 계시와 말씀의 선포, 그리고 신앙(믿음)의 역할 등에 관련된 성경의 가르침들뿐만 아니라, 하나님과 인간의 행위의 측면들, 인간의 죄, 회개, 칭의, 성화, 기도 등에 대하여 아무런 긍정적인 역할이 제시되고 있지 않다. 예를 들어, 그의 신학에서 믿음(신앙)은 그 어떠한 역할도 하지 못하며, 실제로 그의 저작들에서 신앙에 대한 언급이 거의 없다.

　이러한 지지울라스의 새로운 신학적 사유에 있어 "인격"으로 이해된 존재론적 측면의 부각은 충분히 중요한 의미가 있는 것이긴 하지만, 항상 어느 한쪽으로 지나치게 경도됨은 전체적인 성경의 가르침을 왜곡할 수도 있다는 것을 우리는 늘 분명하게 인식해야 한다. 즉 성경은 언약적 관계 속에서 하나님과 인간의 관계를 말하며, 이러한 관계는 분명히 인격적 관계로서의 존재론적인 참여를 말하는 것이기도 하지만, 또한 언약의 대상에 대한 인식론적 관계(신앙의 문제; cf. 호 4:6; 요 17:3)와 윤리적 책임의 관계(언약관계 속에서 주어지는 행위에 대한 윤리적 책임의 문제; cf. 레 11:45; 벧전 1:16; 요 13:34)를 분명히 말하고 있다. 나아가 우리는 성경이 인격적인 하나님과 그러한 하나님의 형상으로서의 인간, 그리스도와의 연합, 그리고 그리스도의 몸으로서의 교회 등에 대하여 말하고 있지만, 또한 계시(말씀)하시는 하나님, 인간의 범죄행위, 그리스도의 십자가와 부활의 구속사역, 믿음으로 말미암는 칭의와 성화, 성령의 다양한 사역들, 그리고 교회의 다양한 측면들과 사역들에 대하여도 말하고 있음을 잘 알고 있다. 따라서 우리는 "인격적 존재론"에 기초한 지지울라스의 새로운 신학적 기획이 아직 전체적으로 완성의 단계에 이르지 못하고 있음을 충분히 고려하면서, 그의 독창적인 신학적 기여와 장점들을 적절하게 수용하면서도, 성경의 가르침에 따라 그 한계와 문제점들을 교정하고 더욱 깊이 있게 보완해 나가야 할 것이다. *Soli Deo gloria!*

참고 문헌 (Bibliography)

Awad, Najib George. *Persons in Relation: An Essay on the Trinity and Ontology.* Minneapolis: Fortress Press, 2014.

Clendenin, Daniel B. ed. *Eastern Orthodox Theology: A Contemporary Reader.* 2nd ed. Grand Rapids: Baker Academic, 2003. 주승민 역.『동방 정교회 신학』. 서울: 은성, 2012.

_____. *Eastern Orthodox Christianity: A Western Perspective.* 2nd ed. Grand Rapids: Baker Academic, 2003.

Crosby, John F. *The Selfhood of the Human Person.* Washington, D.C.: The Catholic University of America Press, 1996.

Davis, Stephen T., Daniel Kendall, and Gerald O'Collins, eds. *The Trinity: An Interdisciplinary Symposium on the Trinity.* Oxford: Oxford University Press, 1999.

Fox, Patricia A. *God as Communion: John Zizioulas, Elizabeth Johnson, and the Retrieval of the Symbol of the Triune God.* Collegeville, Minnesota: The Liturgical Press, 2001.

Grenz, Stanley J. *Rediscovering the Triune God: The Trinity in Contemporary Theology.* Minneapolis: Fortress Press, 2004.

Heron, Alasdair I. C., ed. *The Forgotten Trinity.* London: BCC/CCBI, 1991.

Kärkkäinen, Veli-Matti. *The Trinity: Global Perspectives.* Louisville: Westminster John Knox Press, 2007.

Lossky, Vladmir. *The Mystical Theology of the Eastern Church.* Crestwood, NY: St. Vladimir's Seminary Press, 1976. 박노양 역.『동방 교회의 신비신학에 대하여』. 서울: 한국장로교출판사, 2010.

Macmurray, John. *Persons in Relation.* New York: Harper & Brothers, 1961.

McFadyen, Alistair I. *The Call to Personhood: A Christian Theory of the individual in Social Relationships.* Cambridge: Cambridge University Press, 1990.

Meredith, Anthony. *The Cappadocians.* Crestwood, NY: St. Vladimir's Seminary Press, 1995.

Meyendorff, John. *Byzantine Theology: Historical Trends and Doctrinal Themes.* 2nd ed. New York: Fordham University Press, 1979.

Papanikolaou, Aristotle. *Being with God: Trinity, Apophaticism, and Divine-Human*

Communion. Notre Dame, IN: University of Notre Dame Press, 2006.

Phan, Peter C., ed. *The Cambridge Companion to the Trinity*. Cambridge: Cambridge University Press, 2011.

Polkinghorne, John. *Science and The Trinity: The Christian Encounter with Reality*. New Haven, N.Y.: Yale University Press, 2004.

Rahner, Karl. *The Trinity*. Trans. Joseph Donceel. New York: Crossroad, 1997.

Rolnick, Philip A. *Person, Grace, and God*. Grand Rapids: Eerdmans, 2007.

Schwöbel, Christoph, ed. *Trinitarian Theology Today: Essays on Divine Being and Act*. Edinburgh: T & T Clark, 1995.

_____ and Colin Gunton, eds. *Persons, Divine and Human: King's College Essays in Theological Anthropology*. Edinburgh: T & T Clark, 1991.

Stead, Christopher. *Divine Substance*. Oxford: Clarendon Press, 1977.

Torrance, Alan J. *Persons in Communion: An Essay on Trinitarian Description and Human Participation*. Edinburgh: T & T Clark, 1996.

Volf, Miroslav. *After Our Likeness: The Church as the Image of the Trinity*. Grand Rapids: Eerdmans, 1998. 황은역 역. 『삼위일체와 교회: 하나님의 형상으로서의 교회에 대한 가톨릭/동방 정교회/개신교적 이해를 찾아서』. 서울: 새물결플러스, 2012.

_____ and Michael Welker, eds. *God's Life in Trinity*. Minneapolis: Fortress Press, 2006.

Webb, Clement C. J. *God and Personality*. London: G. Allen & Unwin Ltd.; New York: The Macmillan, 1918; Reprinted at Nabu Press, 2010.

Wolfson, Harry A. *The Philosophy of the Church Fathers*. Cambridge, Mass.: Harvard University Press, 1976, 3rd ed., Revised.

Zizioulas, John D. "Human Capacity and Human Incapacity: A Theological Exploration of Personhood." *Scottish Journal of Theology* 28 (1975): 401-48.

_____. *Being as Communion: Studies in Personhood and the Church*. Crestwood, NY: St. Vladimir's Seminary Press, 1985. 이세형/정애성 역. 『친교로서의 존재』. 춘천: 삼원서원, 2012.

_____. "On Being a Person: Towards an Ontology of Personhood." In *Persons, Divine and Human: King's College Essays in Theological Anthropology*, eds. Christoph Schwöbel and Colin Gunton (Edinburgh: T & T Clark, 1991): 33-46.

_____. "The Doctrine of God the Trinity Today: Suggestions for an Ecumenical

Study." In *The Forgotten Trinity*, ed. Alasdair I. C. Heron (London: BCC/CCBI, 1991): 19-32.

_____. "The Church as Communion." *St. Vladimir's Theological Quarterly* 38 (1994): 3-16.

_____. "The Doctrine of the Holy Trinity: The Significance of the Cappadocian Contributions." In *Trinitarian Theology Today: Essays on Divine Being and Act*, ed. Christoph Schwöbel (Edinburgh: T & T Clark, 1995): 44-60.

_____. *Eucharist, Bishop, Church: The Unity of the Church in the Divine Eucharist and the Bishop During the First Three Centuries*. Holy Cross Orthodox Press, 2001.

_____. *Communion and Otherness: Further Studies in Personhood and the Church*. Ed. Paul McPartlan. London/New York: T & T Clark, 2006.

제5장

"영원한 생명"으로서의 삼위일체 하나님

개혁주의 생명신학에 대한 신학적 소묘

– 시간과 영원의 이해를 중심으로 –

I. 들어가는 말

여기서 우리는 성경이 말하는 삼위일체 하나님의 본질이 무엇인지 살펴보고자 하는데, 특별히 이 문제를 현대 기독교 신학에서 가장 뜨거운 논쟁적 이슈 가운데 하나인 하나님의 영원과 시간과의 관계에 대한 재인식의 문제와 연관하여 다루고자 한다. 이 문제와 관련하여 현대신학에서 하나님의 영원과 시간과의 관계를 이해함에 있어 "무시간성"(timeless view)으로서의 영원 이해와 "시간적 영속성"(시간적 무한성, everlasting view)으로서의 영원 이해라는 두 가지 상반된 견해가 서로 격렬하게 논쟁하고 있다. 이러한 논쟁은 또 한편으로 "시간"에 대한 이해와 본질적으로 상호 연관되어 있다. 그러나 성경적인 이해에 따르면, 하나님의 영원과 우리의 시간 사이에는 어떤 "무한한 질적인 차이성"(an infinitive qualitative difference)뿐만 아니라 어떤 "실제적 혹은 적극적인 관계성"(a real or positive relationship)이 있음이 분명하다.[1] 그러하다면 이제 우리에게 남은 핵심적인 문제는 시간과 영원 사이에 존재하는 그러한 "질적인 차이성"과 "관계성"을 동시에 적절하게 설명할 수 있는 어떤 새로운 신학적 패러다임을 찾아내는 것이라 할 수 있을 것이다.

---

1   여기서 하나님의 세계와 시간에 대한 관계를 말함에 있어, 고전신학에서처럼 "이성 안에서의 관계"(relation in reason, 관념상의 관계)가 아니라 진정한 의미에서의 "실제적인 관계성"(real relationship)을 말하고자 한다. 브루스 웨어(Bruce A. Ware)에 따르면, "고전신학의 대부분은 하나님의 절대적인 불변성(God's absolute immutability)을 너무 강조함으로써 우연적이고 변화 가운데 있는 이 세상에 대한 그의 관계성을, 만일 그런 것이 있다면, 어떤 이성의 관계(a relation of reason)로서 이해했는데, 그것은 하나님 안에 있는 하나의 실제적(real) 관계가 아니라 오직 영원 속에서 피조물들이 그에게 관계될 것이라는 것을 안다(knows)는 의미에서의 관계이다." Bruce A. Ware, "An Evangelical Reformulation of the Doctrine of the Immutability of God," *Journal of the Evangelical Society* 29 (1986): 431, n. 1. cf. W. J. Hill, "Does the World Make a Difference to God?," *Thomist* 38 (1974): 146-64.

이러한 문제를 해결하기 위한 신학적인 시도를 추구함에 있어 우리는 먼저 시간에 대한 이해는 존재론적 이해와 따로 떼어 생각할 수 없는 것임을 잘 인식해야 한다. 즉 성경적인 이해에 따르면 시간은 바로 창조된 존재로서의 우리 자신의 존재형식이며, 보다 구체적인 신학적인 표현으로는 "생명의 형식"(the form of life)으로 파악되는 것이 적절하다. 또한 이와 같이 시간을 "생명의 존재형식"으로 이해함으로써, 우리는 하나님의 존재방식인 영원과 우리 자신과 다른 모든 피조물들의 존재방식인 시간 사이에는 일종의 "유비적인 관계"(analogical relationship)가 있음을 보여주고자 한다. 그리고 이러한 이해는 하나님의 영원성 이해에서 "무시간성"으로서의 영원 이해와 "시간적 무한성"으로서의 영원 이해라는 양자택일적인 논쟁을 극복할 수 있는 하나의 좋은 방안이 될 것이며, 나아가 이것은 성경적인 생명신학을 위한 신학적 패러다임에 대한 모색에 있어서도 의미 있는 하나의 기초를 도출할 수 있을 것이다.

II. 하나님의 영원과 시간의 이해에 대한 현대신학의 논쟁

1. 하나님의 영원성 이해에 대한 현대신학의 논쟁

성경적 가르침에 따라서 기독교 신학은 보편적으로 "하나님은 영원하시다"(God is eternal)라는 사실을 분명히 해왔고, 누구도 이를 부인하지 않는다. 그러나 영원과 시간의 관계성을 고려할 때, 이미 언급한 바와 같이, 하나님의 영원성은 본질적으로 서로 다른 두 가지 방법으로 이해되고 있다. 먼저 고전신학에서 하나님의 영원성은 철저하게 "무시간성"(timelessness)으로 인식되어 왔으며, 그것이 의미하는 바는 하나님은 전적으로 시간의 범주 바깥에 존재하며 어떠한 시간적 위치(temporal position)나 시간적 지속(temporal duration)을 점하지 않는 존재라는 것이다. 그 이유는 전통적으로 시간은 어떤 변화(change) 혹은 운동(movement)의 범주로 파악되었기 때문에, 그것은 "가장 완전한 존재"(the most perfect Being)인 하나님께는 적용될 수 없다고 생각되었기 때문이다. 그러므로 하나님은 필연적으로 시간의 바깥에 존재하며, 시간성이 가지는 모든 한계들을 초월한다고 보았다.[2] 하나님의 영원성에 대한 이러한 무시간적인 해석은 다음과 같은 두 가지 독특한 주장을 내포하는데, (1) 하나님의 무시간적 존재성(God is the-Being-outside-of-time)과, (2) 하나님의 동시성(one eternal now)이 그것이다. 논리적으로 하나님의 무시간성은 신적 완전성과 단순성의 본질로부터 유래하며, 다시 그것은 신적 불변성(immutability)과 불감성(impassibility)의 기초가 된다. 그리고 신적 동시성은 전지성(omniscience)과 편재성(omnipresence)의 논리적 기초이다.[3] 고전신학에서 그러한 모든 신적 본

2 　이러한 무시간으로서의 영원 개념은 아우구스티누스(Augustine), 보에티우스(Boethius), 안셀무스(Anselm), 아퀴나스(Aquinas) 그리고 대부분의 고전 신학자들에 의해 받아들여졌다. 현재 이 견해를 주장하는 대표적인 학자들로는 폴 헬름(P. Helm)과 브리안 렙토우(B. Leftow)를 들 수 있다. cf. Paul Helm, *Eternal God: A Study of God without Time* (Oxford: Clarendon, 1988), 그리고 Brian Leftow, *Time and Eternity* (Ithaca: Cornell University Press, 1991).

3 　파인버그(John S. Feinberg)는 안셀무스의 신속성론에 대하여 분석하면서 고전신론에 있어 여러 신적본성들 사이에 다음과 같은 논리적인 연관관계가 있다고 주장한다: 신적 완전성(divine perfection)-자존성(aseity)-단순성(simplicity)-무시간적 영원성(timeless eternity). 그러나 영원성(eternity)과 불변성(immutability) 사이의 논리적 연관성은 다음과 같은 두 가지 방법으로 생각될 수 있다고 한다: 단순성(simplicity)-영원성(eternity)-불변성(immutability), 또는 단순성(simplicity)-불변성(immutability)-영원성(eternity). Idem, "New Dimensions in the Doctrine of God," in *New Dimensions in Evangelical Thought*, ed. David S. Dockery (Downers Grove, Ill.: InterVarsity, 1998), 250-51; idem, *No One Like*

　　　　　　　　삼위일체 하나님과 신학

질에 대한 교리들은 상호 불가분의 신적 본성들로 파악되었다. 결과적으로, 이러한 하나님의 무시간적 영원성은 시간적인 창조세계에 대한 하나님의 절대적 초월성을 강조하게 된다.

그러나 하나님의 영원성의 개념을 이해함에 있어 고전신학과는 전혀 다른 견해가 있는데, 그것은 영원을 "무한한 시간성"(everlastingness) 즉 시간의 "영원한 지속"(the everlasting duration of time)으로 이해하며, 시간이 앞뒤 양방향으로 무한히 확장된다고 보는 것이다. 최근의 경향을 살펴보면, 과정신학자들뿐만 아니라 보수주의 신학자들 가운데서도 이와 같은 무한한 시간으로서의 하나님의 영원성 개념을 주장하는 학자들이 점증하고 있다.[4] 이러한 시간적 무한성으로서의 영원 개념에는 다음 두 가지 중요한 주장이 함축되어 있는데, (1) 하나님의 시간성 (God's temporality)과, (2) 하나님의 시간적 지속성(God's everlastingness, 즉 시간의 무한한 지속, the infinite duration of time)이 바로 그것이다. 그러므

Him: the Doctrine of God (Wheaton, Ill.: Crossway, 2001), 385-86.

[4] 이러한 의미에서 렙토우(B. Leftow)는 최근의 경향을 다음과 같이 비교적 정확하게 관찰하고 있다. "신적 무시간성의 교리는 아타나시오스(Athanasius)로부터 둔스 스코투스(Duns Scotus)에 이르기까지 거의 천 년 동안이나 도전받지 않았던 정통 교리였다. 그러나 오늘날에 와서는 하나님이 시간적인 존재라는 주장은 비단 철학자들뿐만 아니라 신학자들에게 이르기까지 널리 받아들여지는 거의 보편적인 학설이 되었다." Idem, *Time and Eternity*, 2-3. "무한한 시간의 확장"(everlasting)으로서 하나님의 영원성을 주장하는 현대적 주창자들은 과정신학자들[cf. 찰스 하트숀(C. Hartshorne), 오그덴(S. Ogden), etc.]과 오스카 쿨만(O. Cullmann), 파이크(N. Pike), 스윈번(R. Swinburne), 월터스토프(N. Wolterstorff), 피녹(C. Pinnock), 그리고 해스커(W. Hasker) 등을 대표적으로 들 수 있다. 하나님의 시간성에 대한 관련 자료를 위해서는 다음을 참고하라: Oscar Cullmann, *Christ and Time: The Primitive Christian Conception of Time and History*, trans. F. V. Filson (Philadelphia: Westminster, 1949); Nelson Pike, *God and Timelessness* (New York: Schocken Books, 1970); Nicholas Wolterstorff, "God Everlasting," in *God and the Good*, ed. C. Orlebeke and L. Smedes (Grand Rapids: Eerdmans, 1975), 181-203; Richard Swinburne, *The Coherence of Theism* (Oxford: Clarendon, 1977); William Hasker, *God, Time, and Knowledge* (Ithaca: Cornell University Press, 1989) C. H. Pinnock, "Systematic Theology," in *The Openness of God* (Downers Grove, Ill.: InterVarsity, 1994), 101-25.

로 하나님을 "무시간적으로 영원하고, 절대적이며, 자기 독립적이고, 또한 불변하는" 존재로 이해했던 전통적인 고전신학의 하나님 이해를 추상적인 존재(an abstract Being)라고 비판하며, 과정신학자들은 신은 "시간내적이고, 관계적이며, 상호의존적인 동시에 항구적인 변화 가운데" 있는 실제적인 생성(a concrete Becoming) 가운데 있는 존재라고 주장한다.[5]

2. 시간의 본질에 대한 논의들

앞서 살펴본 바와 같이, 하나님의 영원성에 대한 이와 같은 첨예한 이해의 갈등은 또 다른 한편으로 우리의 시간을 어떻게 이해하느냐 하는 문제와 직결되어 있다. 우리가 잘 알다시피, 이 세계 안에 존재하는 모든 것은 본질적으로 시간과 관계한다. 시간의 바깥에서는 아무 일도 일어나지 않는다. 그러므로 시간은 이 세계 내 모든 존재들을 포괄하는 지평이다. 이러한 시간은 우리의 존재(또는 실존) 방식임과 동시에 한계 조건이다. 무일렌버그(J. Muilenburg)가 말하듯이, 우리가 "산다는 것은 시간 안에서 산다는 것이며, 우리의 의식과 사고는 시간의 움직임과 아주 뒤섞여 있고, 그것의 흐름에 즉각적으로 관련되어 있기 때문에 시간의 변화, 그 냉혹함은 평온과 고요함을 추구하는 우리를 위협하기를 결코 멈추지 않는다."[6] 따라서 시간의 문제가 철학과 자연과학을 비롯하

---

5   Cobb and Griffin, *Process Theology*, 47. 그러나 "시간적"(temporal) 신개념을 주창하는 신학자들이 모두 과정신학자에 국한되는 것은 아니다 (열린 신론의 주창자들, 오스카 쿨만, 월터스토프 같은 신학자들도 하나님의 시간성을 주장하고 있다). 예를 들어, 보수적인 복음주의 조직신학자인 파인버그는 과정신학자들과 자신의 신학의 입장을 첨예하게 구분하면서도 "시간적"인 신개념을 복음주의적 입장에서 잘 드러내고 있다. cf. Feinberg, *No One Like Him*, 375-436.

여 신학, 역사, 사회과학, 문학, 윤리학 등 거의 모든 학문들에서 하나의 핵심주제라는 사실은 그리 놀라운 일이 아니다. 참으로 시간은 우리가 존재함에 있어 공통적으로 조우하게 되는 미스터리들 가운데서도 가장 본질적인 그 무엇이다.[7] 그러므로 인류는 역사의 여명기로부터 시간의 본질과 의미에 대하여 열정적으로 탐구해왔다.[8] 그러나 20세기 신과학 혁명의 세기를 넘어 지식정보 혁명의 시대인 21세기를 사는 지금 우리들도 아직 시간에 대하여 완전히 이해하지 못하며, 그것은 여전히 우리에게 일종의 "친숙한 이방인"(the familiar stranger)으로 남아 있을 뿐이다.[9]

그렇다면 도대체 시간이란 무엇인가? 비록 시간이 인간뿐만 아니라 이 세계 내 모든 피조물들을 위한 존재형식이긴 하지만, 바로 그러한 것으로서의 시간 이해의 방식들은 거의 모든 문화와 영역들마다

---

6   J. Muilenburg, "The Biblical View of Time," *Harvard Theological Review* 54 (1961): 226.

7   Muilenburg, "The Biblical View of Time," 225.

8   이러한 의미에서 피터 코브니(Peter Coveney)와 로저 하이필드(Roger Highfield)는 적절하게 지적하기를, "시간은 인류에게 있어 가장 거대한 미스터리 가운데 하나이다. 인류는 그 모든 역사를 통하여 시간의 심오하고도 불가해한 본질에 대하여 간단없이 추구해왔다. 그것은 실로 매시대마다 시인들과 작가들 그리고 철학자들을 사로잡아 온 주제이다"라고 한다. Idem, *The Arrow of Time: A Voyage through Science to Solve Time's Greatest Mystery* (New York: Fawcett Columbine, 1990), 23. 시간 이해의 역사를 위해서는 다음 문헌들을 참고하라: Milic Capek, "Time," in *Dictionary of the History of Ideas*, vol. 4, ed. P. P. Wiener (New York: Charles Scribner's Sons, 1973), 389-98; Richard Sorabji, *Time, Creation and Continuum: Theories in Antiquity and the Early Middle Ages* (Ithaca: Cornell University Press, 1983); Philp Turetzky, *Time* (London: Routledge, 1998); 그리고 Kristen Lippincott, et al., *The Story of Time* (London: Merrell Holberton, 1999). 시간 연구에 대한 최근의 유용한 참고문헌 목록을 위해서는 다음을 보라: J. T. Fraser and M. P. Soulsby, "The Literature of Time," in G. J. Whitrow, *What Is Time? The Classic Account of the Nature of Time* (Oxford: Oxford University Press, 2003), 145-60.

9   Cf. 다음 책의 제목을 참고하라: J. T. Fraser, *Time: The Familiar Stranger* (Amherst: University of Massachusetts Press, 1987).

아주 상이하다.[10] 참으로, 우리가 시간에 대하여 더 깊이 생각하면 할
수록 그것은 더욱더 하나의 불가해한 미스터리요 수수께끼로 나타
난다. 그러므로 종종 인용되는 바와 같이, 시간에 대한 아우구스티누
스의 다음과 같은 자조적인 한탄은 그 이해의 어려움을 극명하게 보
여주고 있다 하겠다: "아무도 나에게 묻지 않을 때 나는 시간이 무엇인
지를 안다. 그러나 어떤 질문자가 있어 그에게 그것을 설명하고자 하
면, 나는 더 이상 그것에 대해 알지 못한다."[11] 비록 그러한 난해하고
도 당혹스러운 어려움에도 불구하고 만일 우리가 용감하게 시간의 본
질에 대한 이해를 시도하려 한다면, 우리는 먼저 그것의 다양한 국면
들(multi-aspects), 즉 시간의 복잡성(the complexity of time)을 먼저 이해하
여야만 할 것이다.[12] 따라서 우리가 시간에 대하여 연구를 할 때, 우선
그것은 아주 다양한 의미들, 기능들, 그리고 여러 관점들에서의 다양
한 국면들이 있다는 사실을 잊어서는 안 된다.[13] 시간의 다양한 측면들
은 그것에 대한 다음과 같은 여러 가지 이해와 의미들에서 아주 잘 드

---

10   다음의 저작들에서 우리는 세계 여러 문화권과 영역에서 다양한 시간 이해들을 찾아볼 수
      있다: L. Gardet, et al., *Cultures and Time* (Paris: Unesco Press, 1976); A. N. Balslev and J.
      N. Mohanty, eds., *Religion and Time* (Leiden: E. J. Brill, 1993); 그리고 J. T. Fraser, ed., *The
      Voices of Time*, 2nd ed. (Amherst, Mass.: University of Massachusetts Press, 1981).

11   St. Augustine, *Confessions*, trans. F. J. Sheed (Indianapolis: Hackett, 1993), xi.14.

12   이 점과 관련하여 W. L. 크레이그 (W. L. Craig)의 다음과 같은 진술에 유의할 필요가 있다.
      "많은 철학자들과 과학자들 가운데 시간의 본질과 관련하여 종종 너무 설익은 대답을 내
      놓는 경우가 있는데, 그것은 그들 자신의 전문 분야 바깥에서 이루어지는 적절한 논의들
      을 대체로 무시하기 때문이다." Idem, *The Tenseless Theory of Time: A Critical Examination*
      (Dordrecht: Kluwer Academic Publishers, 2000), ix.

13   Cf. John Boslough, "The Enigma of Time," *National Geographic* 177 (1990): 109-32. 왜
      시간은 이처럼 끊임없이 곤혹과 당혹스러움의 근원이 되는가? 리차드 게일(R. Gale)은 그
      이유를 다음과 같이 말하고 있다: "시간의 문제는 진리, 사건들, 사물들, 지식, 인과성, 정체
      성, 행위, 그리고 변화와 같은 근본적인 개념들의 본질과 즉각적으로 연관되어 있는 문제
      의 덩어리이기 때문이다." Richard M. Gale, ed., *The Philosophy of Time: A Collection of Essays*
      (Garden City: Doubleday, 1967), vii.

러난다: "형이상학적 시간"(metaphysical time), "물리적 혹은 측정된 시간"(physical or measured time), "우주적 시간"(cosmological time), "생물학적 시간"(biological time), "심리학적 시간"(psychological time), "역사적 시간"(historical time), "사회경제적 시간"(socio-economic time) 등.[14] 이와 같이 시간에는 아주 다양한 이해와 개념들이 함께 게재되어 있기 때문에 과연 그것의 "본질"(the nature of time)이 무엇이냐에 대한 이해와 설명에 대하여 여러 이론들이 서로 경쟁하고 있다. 이러한 의미에서, 로우 (E. J. Lowe)는 "시간은 이 세상에서 가장 의아스럽고 역설적인 무엇"이라고 적절하게 말하고 있다.[15] 그럼에도 불구하고 지금 우리가 다루고자 하는 주제인 하나님의 영원성과 시간과의 관계를 적절히 이해하고자 한다면, 먼저 시간의 본질 그 자체에 대한 적절한 이해가 선행되어야 할 것이다.

그렇다면 시간의 본질은 과연 무엇인가? 먼저, 고대 그리스 철학 이후로, 시간은 대체로 운동, 변화, 그리고 생성(becoming)의 관념들과 함께 이해되었다. 우리의 견해로는, 현대신학에서 하나님의 영원성에 대한 이해에 있어 신학자들과 철학자들 사이에 벌어지고 있는 그러한 격렬한 논쟁은 아마도 이와 같이 시간의 본질을 "변화"(change)라고 인식하는 데 기인하는 것 같다. 그러나 우리의 견해에 있어, 시간 그 자체는 하나의 실체(substance)로서 어떤 독립적인 존재나 사물이 아니라 그것은 무엇보다 하나의 "존재의 형식"(a form of existence)으로 이

---

14 시간에 대한 다양한 측면에서의 이해 방식과 관련하여 다음의 자료들을 참조하라. G. J. Whitrow, *The Natural Philosophy of Time*, 2d ed. (Oxford: Clarendon, 1980); Errol E. Harris, *The Reality of Time* (Albany: State University of New York Press, 1988); Tibor Horvath, "A New Notion of Time," *Science et Esprit* 40 (1988): 35-55.

15 E. J. Lowe, *The Possibility of Metaphysics: Substance, Identity, and Time* (Oxford: Clarendon, 1988), 84.

해되어야 한다고 본다.[16] 말하자면, 우리의 시간은 이 세상에서 우리의 존재를 가능하게 하는 형식이다. 예를 들어, 마르틴 하이데거(M. Heidegger)는 그의 역작인 『존재와 시간』(Sein und Zeit)에서 현실에 존재하는 인간을 "세계-내-존재"(In-der-Welt-Sein) 곧 "현존재"(Dasein)로 파악하고 있다. 그러나 하이데거에 따르면, 존재와 시간은 불가분의 관계에 있기 때문에 인간의 "현존재"는 또한 "시간-내-존재"(In-der-Zeit-Sein)이다.[17] 이와 같이 존재와 시간에 대한 이해, 즉 존재와 시간은 서로 불가분리적으로 연관되어 있기 때문에 서로 분리되어서는 적절하게 이해될 수 없다.

III. 생명의 존재형식으로서의 시간

1. 시간의 본질: 변화(Change)인가 생명(Life)인가?

이미 언급한 바와 같이, 비록 고대 그리스 철학에서는 시간이 이 세계 안에서의 변화의 현상들과 불가분리적으로 연관되어 있는 것으로 이해되었지만, 그럼에도 불구하고 시간이 "변화"(change) 그 자체인 것은 아니다.[18] 플라톤(Plato)의 이해에 따르면, 시간은 현상세계를 위한 존재의 형식임과 동시에 시간 그 자체는 연속하는 생성과 변화의 전체

---

16 Yakov F. Askin, "The Philosophic Concept of Time," in *Time and the Philosophies*, ed. H. Aguessy, et al. (Paris: Unesco Press, 1977), 128.

17 Martin Heidegger, *Being and Time*, trans. John Macquarrie and Edward Robinson (San Francisco: Harper San Francisco, 1962).

18 예를 들어, 몇몇 철학자들은 변화가 없는 시간의 개념에 대하여 논하고 있다. cf. Sydney Shoemaker, "Time without Change," *Journal of Philosophy* 66 (1969): 363-81을 참고하라.

삼위일체 하나님과 신학

과정을 포괄하는 무엇이다. 그러므로 하나의 전체로서의 시간은 변화 그 자체는 아닌 것이다. 바로 이러한 점 때문에 플라톤은 시간을 "영원의 움직이는 모상"(a moving image of eternity)이라고 정의한다.[19] 심지어 아리스토텔레스(Aristotle)의 견해에 있어서도, 시간은 변화나 혹은 운동 그 자체는 아닌 것으로 이해되었다. 즉 그는 시간은 운동도 아니며 그렇다고 해서 운동과 독립된 어떤 것도 아니라고 한다.[20] 그의 이해에 따르면, 시간은 운동이나 움직이는 것에 대한 측정이며, 이때 전체적인 운동을 가늠하는 하나의 움직임을 측정함으로써 운동을 측정한다.[21]

나아가 신플라톤주의자인 플로티노스(Plotinus)는 시간을 "영혼의 생명의 형식"(the form of life of the soul)이라고 정의하고 있다. 그의 이해에 따르면, 영원의 모상(the image of eternity)으로서의 시간은 이 우주적 영혼의 생명(the life of the world soul)이다.[22] 그러므로 그는 시간을 정

---

19 Plato, *Timaeus*, 37d. in *Plato: Complete Works*, ed. John M. Cooper (Indianapolis: Hackett, 1997), 1241. 트레츠키(P. Turetzky)에 따르면, 플라톤의 이해에 있어, "비록 시간이 항성의 운동과 밀접하게 연관되어 있지만, 그것이 단순히 그 운동과 동일화될 수는 없다. 영원의 모상으로서 시간은 영원한 세계의 형상들의 질서와 불변의 실재와 변화하는 현실세계의 질서를 연결시킨다. 이러한 연결이 창조된 우주로 하여금 가능한 한 아름답고 선하게 만들려는 그 조물주인 데미우르고스(Demiurge)의 목적을 실현하게끔 하는 하나의 합리적이며 지적인 조화를 가능하게 한다.…시간은 천체 운동에 지성을 부여하는 영원의 움직이는 모상(the moving image of eternity)이다. 이러한 운동들은 그것을 나눔으로써 그것을 측정하는 시간의 부분들이다. 그러므로 플라톤은 시간을 천체들의 운동, 그 전체로서의 지속을 시간이라고 보았고, 전체들의 운동들은 문자적으로 시간의 부분이라고 보았다." Philip Turetzky, *Time* (London: Routledge, 1998), 15-16.

20 Aristotle, *Physics*, IV.11.219a1, in *The Complete Works of Aristotle*, ed. Jonathan Barnes, vol. 1 (Princeton: Princeton University Press, 1984), 371.

21 Aristotle, *Physics*, IV.11.221a1 (p. 374).

22 플로티노스(Plotinus)는 그에 앞선 플라톤의 영원한 이데아의 세계와 시간적인 변화 속에 있는 현실세계를 구분함과 동시에, 다시 이것을 "데미우르고스"(Demiurge)라는 가상의 존재를 통하여 다소 임의적으로 결합시켜 놓은 "이원론적 존재론"(ontological dualism)의 불

의하여 말하기를, 시간은 "영혼의 생명이 (양적인 형식으로) 팽창된 어떤 것"(a certain expanse [a quantitative phase] of the Life of the Soul)이라고 했다.[23] 그러므로 플로티노스에 의하면, 영혼의 활동 즉 그것의 생명이 곧 시간의 본질이다.[24] 이에 대한 판넨베르크(W. Pannenberg)의 다음과 같은 해설은 우리가 주의해서 살펴볼 만한 것이다.

> 아리스토텔레스와 마찬가지로 플로티노스는 운동으로부터 시간을 구별하는데, 그 이유는 운동이 작동하고 있거나 또는 조용히 멈추어 있을 동안에도 시간 안에 머물러 있기 때문이다. 그러나 플로티노스에 의하면 시간과 운동은 아리스토텔레스가 생각한 것처럼 완전히 상호적인 방식으로 규정할 수도 없는데, 그 이유는 모든 측정은 이미 시간을 전제하고 있

안한 체계를 극복하기 위해 "존재론적 유출설"(ontological emanationism)을 주장하여 "존재론적 일원론"(ontological monism)의 세계관을 제시한 신플라톤주의(neo-platonism)의 대표적인 철학자이다. 그의 철학체계 속에서 구체적인 존재론적 실재(hypostasis)들의 구성은 다음과 같이 이루어진다. 먼저 "궁극적 일자"(the One)는 모든 존재의 근원이며, 다른 모든 존재론적 실재들은 바로 이 "일자"로부터 차례로 유출되어 나오는데, 그 위계적 순서는 다음과 같다: "일자(the One) - 정신(the Intellect) - 우주적 영혼(the World Spirit) - 개별적 영혼(the individual spirits) - 물질세계(the material world)." 이러한 존재론적 실재 가운데 "일자(the One) - 정신(the Intellect) - 우주적 영혼(the World Spirit)"이 오리게네스의 기독교 신학체계에서는 삼위일체 하나님, 곧 "성부-성자-성령"으로 표현되었다. 여기서 플로티노스는 시간을 존재론적으로 가장 가운데 있는 세 번째 단계의 실재인 "우주적 영혼"의 존재형식으로 이해한 것이다. 플로티노스의 신플라톤주의 철학체계에 대하여는 다음의 자료들을 참조하라: Plotinus, *The Enneads*, trans. Stephen MacKenna (Burdett, NY: Larson Publications, 1992); William R. Inge, *The Philosophy of Plotinus*, 2 vols., 3rd ed. (Greenwood Press, NY, 1968); Brine Hines, *Return to the One: Plotinus's Guide to God-Realization* (Bloomington, ID: Distributing Publisher, 2004); Plotinus, 『영혼-정신-하나: 플로티노스의 중심개념』, 조규홍 역 (파주; 나남, 2008); R. T. Wallis, *Neoplatonism*, 박규철/서영식/조규홍 공역, 『신플라톤주의』 (서울: 누멘, 2011), etc.

23 Plotinus, *The Enneads*, trans. Stephen MacKenna (New York: Larson, 1992), III.7.12 (p. 266).

24 Cf. Turetzky, *Time*, 51.

기 때문이다. 그렇다면 도대체 시간의 본질은 어떤 자료로부터 결정되어야 하는가? 플로티노스는 플라톤을 따라서 시간을 영원의 모상(the image [Abbild] of eternity)이라고 생각한다. 그러나 그는 플라톤이 그러했던 것처럼 원운동을 포함하여 어떤 운동의 특별한 형태로부터 시작하지 않는다. 왜냐하면 그것이 무엇이든지 간에 시간은 모든 운동에 선행하는 것으로 생각되어야만 하는 것이기 때문이다. 이것이 왜 플로티노스가 시간을 영원 그 자체의 총체성에 관련시킴으로써 그것에 대한 하나의 모상(image)으로서 그의 시간이론을 발전시키는가 하는 이유이다. 그는 그 매개체로서 영혼에 호소하는데, 그 이유는 영혼은 영원적인 것에 연결되어 있음과 동시에 시간의 흐름 속에서 생명의 다양한 움직이는 순간들(생명의 펼쳐짐 혹은 연장; the *diastasis⋯zoes* or "spreading out of life")을 생성 혹은 야기시키기 때문이다.[25]

다음으로, 우리가 아우구스티누스(Augustine), 칼 바르트(Karl Barth), 폰 발타자르(H. U. von Balthasar), 그리고 많은 다른 신학자들의 주장에서 볼 수 있는 바와 같이, 성경적인 관점에 의하면 시간은 어떤 영원한 실체가 아니라 피조물의 존재형식(혹은 존재방식, the form of the creature's existence)으로서 하나님에 의해 창조된 것이다. 이것이 바로 아우구스티누스가 말하는 바, "시간과 동시적인 무로부터의 창조 교리"(the doctrine of *creatio ex nihilo et cum tempore*)가 의미하는 것이다. 우리의 시간 그 자체는 영원한 것이 아니다. 왜냐하면 그것은 다른 피조물들과 마찬가지로 창조된 것이기 때문이다. 심지어 그것은 어떤 독립적인 존재

---

25 Wofhart Pannenberg, *Metaphysics and the Idea of God*, trans. Philip Clayton (Grand Rapids: Eerdmans, 1990), 76.

(혹은 사물이나 실체)가 아니다. 그것은 이 세계가 "무로부터"(ex nihilo) 존재에로 창조될 때 창조세계의 존재형식으로서 동시적으로 출현한 것이다. 실제로 바르트는 시간은 인간을 포함하여 다른 모든 피조물들의 존재형식일 뿐만 아니라 하나님의 세계창조의 형식이라고 이해한다. 이점과 관련하여 바르트는 다음과 같이 말하고 있다. "시간은 다른 피조물들과 나란히 함께 창조된 어떤 피조물 혹은 어떤 것(something)이 아니라, 그것은 하나님과 구별되는 모든 실재들의 (존재)형식이며, 그것들과 함께 정위되는, 즉 그것의 존재와 본질의 실제적인 형식이다."[26]

그러므로 시간은 하나님의 창조와 창조된 세계 및 그에 속한 생명 전체를 위한 존재형식이라고 볼 수 있을 것이다. 뿐만 아니라, 시간은 창조세계를 향한 살아 계신 하나님의 섭리적 행위와 피조물들과의 교제를 위한 수단으로 작동한다. 말하자면, "카이로스"(kairos)로서의 시간과 그것의 확장된 형태인 "크로노스"(chronos)로서의 시간, 곧 역사의 과정은 하나님의 창조와 섭리 그리고 구속 행위를 위한 영역으로 기능한다. 따라서 성경적인 관점에서 시간에 대하여 보다 적절하고도 능동적으로 이해하자면, 시간은 하나님께서 창조하신 피조물의 "존재의 형식"(the form of existence) 혹은 "생명의 형식"(the form of life)으로 정의할 수 있을 것이다. 이와 같이 시간은 하나님에 의해 우리에게 우리의 생명을 위한 형식(the form) 혹은 방식(the mode)으로 주어진 것이다. 따라서 플로티노스의 이해와 용어를 빌려 판넨베르크가 말하는 것처럼 시간은 "생명의 확장 혹은 펼쳐짐"(diastasis zoes, the spreading out of life)이다.[27] 또는 로버트 젠슨(Robert Jenson)은 그것을 달리 표현하여 시간은 "살아

---

26   Barth, *Church Dogmatics*, III/2, 438.

27   Pannenberg, *Metaphysics and the Idea of God*, 76-77 and 81.

움직이는 모든 것들 안에 있고 또 자신의 존재를 소유하는 모든 것들 안에 있는 것으로의 생명의 내적 지평"(the inner horizon of the life of that one in whom all things live and move and have their being)이라고 정의하고 있다.[28]

그러므로 고대 그리스 철학이나 현대 분석철학에서 시간의 본질을 "변화"(change) 또는 그것과 연관하여 정의하거나 설명하는 것에 반하여, 여기서 우리는 성경적 및 신학적 관점에서 볼 때 시간의 본질은 "생명"(life)으로 정의되어야 한다고 제의하고자 한다. 즉, 시간의 본질은 "변화"(change)가 아니라 "생명"(life)이라는 것이다. 이렇게 시간의 본질을 "생명"으로 정의함으로써, 변화 혹은 운동은 경이로운 사건으로 충만한 우리의 생명 (혹은 "삶")[29] 속에서 시간의 흐름을 측정하거나 시간을 인식하는 하나의 계기일 따름이며, 결코 시간의 본질일 수는 없다는 것이다. 달리 말하자면, 변화라는 것은 시간의 흐름에 대한 현상적 기술일 뿐, 시간의 본질 혹은 그 내용이 아니라는 것이다. 반면에 그것은 시간 안에 있는 존재, 혹은 시간적 존재로서의 "생명"이다. 따라서 우리의 견해로는, 철학자들은 시간의 현상으로서의 "변화"를 추구하다가 그것의 내용인 "생명"을 간과해왔다고 볼 수 있다. 즉 존재하는 모든 것들은 그 자신의 생명을 가지며, 또 그럼으로 해서 그 "생명의 형식"으로서 그 자신의 시간을 가진다. 비록 존재와 시간(being and time)은 존재론적으로 동일한 범주는 아니지만, 시간은 우리의 생명의

---

28   Robert Jenson, *Unbaptized God: The Basic Flaw in Ecumenical Theology* (Minneapolis: Fortress, 1992), 144.

29   우리는 영어 단어 "Life"를 "생명"으로 인식함과 동시에, 또한 그 팽창된 형태인 "삶"으로 새겨도 무방할 것이다. 사실 영어단어 "life"는 그러한 여러 가지 의미들을 동시에 내포하고 있다.

형식으로서 주어진 것이라는 점에서 둘 사이에는 불가분리의 상관성이 있다.

　바로 이러한 의미에서 다음과 같은 발타자르의 진술은 납득할 만한 것이다. "시간은 실재하는 존재를 위한 영역을 만들며(makes room), 또한 그것은 하나의 사건으로서 그것을 인식할 수 있도록 활동의 영역(an acting area)을 창조한다."[30] 우리는 살아 계신 하나님께서 우리 자신의 생명의 형식으로서 우리에게 주신 우리 자신의 시간을 소유한다.[31] 그러므로 성경이 선언하는 바와 같이, 여호와/야웨 하나님은 "나의 생명의 하나님"(the God of my life, 시 42:8)이시요, "생명의 주님"(the Lord of life; cf. 신 30:19-20, 32:39)이시다. 예를 들어, 이스라엘 왕이었던 히스기야의 생명을 연장시켜주시며 하나님께서는 "내가 네 생명에 십 오년을 더할 것"(I will add fifteen years to your life, 왕하 20:6; cf. 창 25:7, 47:28; 신 32:39; 시 39:4)이라고 말씀하신다. 즉 히스기야가 여호와께 자신의 생명을 연장시켜달라고 기도했을 때, 하나님께서는 그에게 15년의 시간을 더 허락하심으로 그의 생명을 연장시켜주셨다. 그러므로 시간이란 생명이 담긴 그릇, 생명으로서의 존재의 형식이라고 이해할 수 있을 것이다. 바로 이러한 의미에서 시간은 우리의 "생명의 존재형식"으로 정의될 수 있으며, 또한 시간은 우리가 삶을 영위하는 생명으로서의 "존재의 집"(the home of being as life)이라고 할 수 있을 것이다.

30　Hans Urs von Balthasar, *Theo-Drama*; vol. 5, *The Last Act*, trans. Graham Harrison (San Francisco: Ignatius, 1998), 92.

31　링크(H.-G. Link)는 지적하기를, "생명에 대한 히브리인들의 사상은 어떤 자연적이고 과학적인 형상이 아니라, 근본적으로 생명의 주님이신 야웨에 의하여 각 사람에게 부여된 한 사람의 생명의 날들, 곧 그 지속이라고 보았다"고 한다. Idem, "Life," in *The New International Dictionary of New Testament Theology*, ed. Colin Brown, vol. 2 (Grand Rapids: Zondervan, 1986), 478.

2. 생명의 존재형식으로서의 시간

이미 살펴본 것과 같이, 시간은 인간뿐만 아니라 모든 피조물들이 그 각각의 생명으로서 존재하는 바의 그 존재형식이며, 또한 하나님께서 부여하신 그 자신의 생명을 영위하기 위한 본질적인 조건이다. 이러한 견지에서 볼 때, 바르트가 올바르게 지적하듯이 시간의 문제는 바로 "모든 인간학의 문제"(a problem of all anthropology)이다.[32] 이러한 사실을 반영하여 바르트는 다음과 같이 주장하고 있다. "만일 사람이 시간을 소유하고 있지 않다면, 즉 그의 존재가 무시간적(timeless)이라면, 그는 생명을 가지지 못할 것이다.…그러므로 시간은 그의 생명을 위하여 없어서는 아니되는 필수적인 조건(the *conditio sine qua non*)이다. 만일 시간이 없다면, 인간이 그 육체의 영혼으로서 그의 존재와 본성을 완성할 수 없을 것이다. 그는 반드시 시간을 필요로 하며, 그것을 가져야만 한다."[33] 그러므로 인간은 그 자신의 생명의 형식으로서 하나님으로부터 부여된 그 자신의 시간 안에서 살아가며, 또한 그럼으로써 그것으로부터 도피할 수도 없다. 그러므로 시간은 "살아 있는 존재"("생명"/"생령", a living being; cf. 창 2:7)의 구성체이며, 존재와 시간은 상호 불가분리적이다. 즉 시간의 형식에 담긴 존재, 그것이 곧 "생명"(life)이다. 따라서 생명은 언제나 시간을 전제한다. "인간은 그 자신의 시간 속에서 생명을 영위한다. 이 단순한 진술은…인간 존재의 구성을 드러낸다."[34]

---

32 Barth, *CD*, III/2, 439.

33 Barth, *CD*, III/2, 437.

34 Barth, *CD*, III/2, 437. 바르트는 계속하여 다음과 같이 설명하고 있다: "만일 사람이 살아 있다면, 그는 그의 시간 안에서 산다. 그의 생명은 그 자신의 운동, 의도함, 그리고 움직임의 행위들의 연속이다. 하나의 전체로서 혹은 그 세밀한 부분으로서 이것이 가능하다는 사실은 사람이 이러한 행위들을 성취하기 위한 시간이 필연적으로 전제되어야 한다. 달리 말하

모든 개개인들은 그들 자신의 시간을 가지며, 따라서 모든 피조물들의 시간의 총체는 하나의 전체로서의 역사, 곧 연대기적 시간을 구성하고 계속하여 연장된다. 그리고 이러한 이해는 최종적으로 하나의 전체로서의 세계, 즉 창조세계 전체를 포괄하는 우주적 시간으로 확장된다.

그러나 비록 시간이 우리의 존재형식이라고 할지라도, 우리는 그것을 우리 자신의 것으로 소유하지 못한다. 이것은 우리가 시간을 마음대로 통제할 수 없다는 점에서 명확하다. 우리는 시간을 임의로 연장 또는 단축시키거나, 또는 그것으로부터 도피할 수가 없다. 적극적인 측면에서 볼 때, 시간은 우리의 생명을 위한 하나님의 선물이다. 따라서 생명의 주인이신 살아 계신 하나님은 시간의 주인(the Lord of time)이시다. 하나님께서는 우리에게 생명을 주시기 위하여 우리에게 시간을 주신다. 그러나 소극적인 의미에서 볼 때, 우리의 생명이 본질적으로 그것의 창조자이신 하나님께 의존한다는 점에서 그것은 언제나 유한하고 조건적인 것이다. 바로 그렇기 때문에 우리의 시간은 그 자체로서 영원(eternal)한 것도 아니며 무한(everlasting)한 것도 아니다. 그것은 언제나 유한하고 조건적인 것이다. 심지어 타락사건 이전에도 그리고 종말론적인 구속 이후에도 우리의 영원한 생명(eternal life)은 하나님께 의존하며, 시간의 주인이신 하나님과 관계없이 그 자체적으로 "영원한 생명"이 되는 것은 아니다.

성경에서 하나님에 대한 우리의 생명의 절대적인 의존성은 바로 "생명나무"(the tree of life; cf. 창 2:9)에 의하여 상징되고 있다. 성경에서 생명나무의 실과를 먹는다는 것은 영원히 산다는 것, 즉 영원한 생명

자면, 그는 그 자신의 과거로부터 현재를 통하여 그 자신의 미래로 정확하게 움직이는 위치를 점해야만 한다. 그럼으로써 그 모든 변화 가운데서 또한 항상 그 자신의 개인적인 정체성을 유지하면서 그러한 행위들을 성취하여야 한다"(ibid.).

삼위일체 하나님과 신학

을 누리는 것을 의미한다. 워커(L. L. Walker)에 의하면, 성경적 관점에서 생명나무는 "생명의 충만함"(the fullness of life)을 의미한다고 한다.[35] 그러나 그것이 우리 자신의 것으로서의 영원한 생명의 조건은 아니다. 이것은 인간의 타락 사건 이후에 하나님께서 "이제 이 사람이 우리들처럼 선과 악을 알게 되었으니, 손을 내밀어 생명나무 열매까지 따먹고 영원히 살게 되어서는 안 되겠다"고 말씀하신 것에서 분명하게 알 수 있다(창 3:22). 그리고 하나님께서는 인간을 낙원으로부터 추방하셨고, "그룹들과 두루 도는 화염검"으로 생명나무에 이르는 길을 막으셨다(창 3:24). 그러나 생명나무는 종말론적으로 완성될 새 하늘과 새 땅에서 다시 우리에게 주어질 것으로 약속되었다. 요한계시록 22:1-2 에는 "또 그가 수정 같이 맑은 생명수의 강을 내게 보이니 하나님과 및 어린 양의 보좌로부터 나와서 길 가운데로 흐르더라. 강 좌우에 생명나무가 있어 열두 가지 열매를 맺되 달마다 그 열매를 맺고 그 나무 잎사귀들은 만국을 치료하기 위하여 있더라"고 기록되어 있다.

그러므로 마지막 종말론적 심판 이후에는, 비록 우리에게 있어 "더 이상 죽음이 없지만"(계 21:4)―직설적으로 말해서 죽음은 곧 시간의 끝이다―우리에게 주어진 영원한 생명은 계속하여 하나님께 의존하는 것이며, 우리의 본질적인 속성에 속한 것이 아니다. 그것은 "생명수의 강이 하나님과 어린양의 보좌로부터 흘러나오는 것"으로 상징화되고 있다(계 22:1). 우리가 누릴 영원한 생명은 하나님의 "절대적인" 영원한 생명에 의존하는 것이라는 점에서 "상대적이며 조건적인" 것이다. 성경에서 언급된 "생명나무"는 바로 이러한 우리의 한계 조

---

[35] Cf. Larry L. Walker, "Tree of Life," in *New International Dictionary of Old Testament Theology and Exegesis*, ed. Willem A. VanGemeren, vol. 4 (Grand Rapids: Zondervan, 1997), 1260.

건 속에서 "상대적인" 영원한 생명에 대한 "형식적인 조건"(the formal condition) 혹은 "본질적인 한계 조건"을 상징하는 그 무엇이라고 할 수 있을 것이다. 구속함을 받은 하나님의 백성들은 "생명나무에 나아갈 권세를 얻을 것"이나(계 22:14) 다른 이들은 허락되지 않을 것인데, 그 결과는 영원한 죽음이다(cf. 계 22:18). 성령께서는 "이기는 그에게는 내가 하나님의 낙원에 있는 생명나무의 열매를 주어 먹게 하리라"고 약속하고 있다(계 2:7). 로버트 마운스(Robert H. Mounce)는 이 구절을 다음과 같이 해석하고 있다:

> 요한은 다가오는 영광과 영원한 시대의 하나님의 백성들을 묘사하기 위하여 위대한 도성에 대한 상상을 사용하고 있다.…[이 구절들은] 또한 회복된 에덴동산의 영원한 상태를 묘사함으로써 기독교 성경을 끝맺고 있다. 창세기에서 우리는 동산 중앙에 심긴 생명나무로 인도함을 받았다(창 2:9). 그 실과를 먹는 것은 곧 영원히 사는 것을 의미했다(창 3:22). 그러나 아담의 범죄로 말미암아 인류의 첫 부부는 동산으로부터 쫓겨나 가시와 엉컹퀴로 가득한 땅을 경작하는 저주를 받았다(창 3:17-18). 지금 우리는 요한계시록에서 동산으로 돌아와 다시 생명나무 실과를 먹을 수 있는 구속함을 받은 인류를 본다(22:1-2). 저주는 제거되었고(cf. 22:3 그리고 창 3:14-24), 하나님의 백성들은 다시 "그의 얼굴을 뵈오며"(cf. 22:4 그리고 창 3:8) 그를 예배하는 특권을 누릴 것이다. 하나님과 그 어린양과 함께하는 영원한 교제보다 더 좋고 더 기쁜 진리를 어찌 상상할 수 있으리오! 참으로, 상상할 수 없는 에덴동산의 축복이 다시 회복된 것이다.[36]

---

36 Robert H. Mounce, *The Book of Revelation*, revised ed. (Grand Rapids: Eerdmans, 1998), 398.

아담의 타락 이후에 인간의 시간은 이제 "죽음의 시간"(the time of death)으로 특징지어진다. 비록 바르트와 발타자르가 그들의 시간 이해에 있어 "창조된 본래적 시간"(the original created time)과 "타락한 시간"(sinful time) 혹은 "상실의 시간"(the lost time)을 구분하긴 하지만, 그 특별한 차이가 무엇인지는 말하지 않고 있다. 필자의 견해로는, 우리가 이미 살펴본 바와 같이, 그 형식적 차이(the formal difference)는 "생명나무"(the tree of life)이다. 그러나 그 질료적 차이(the material difference)는 바로 "생명의 영"(the Spirit of life)이다. 즉 생명나무의 상실은 "육적인 죽음"을 의미하지만, 인간으로부터 성령의 떠나가심의 결과는 바로 우리의 진정한 죽음 곧 "영적인 죽음"을 초래했다. 하나님께서는 "나의 영이 사람과 함께 영원히 머물지 아니하리라. 왜냐하면 그들이 죽을 존재가 됨이라"(창 6:3; cf. 욥 34:14-15)고 말씀하셨다. 성경이 선언하는 바와 같이 "죄의 삯은 사망" 곧 죽음이다(롬 6:23; cf. 겔 18:20-"범죄하는 그 영혼은 죽을지라"). 참으로, 죽음은 타락한 우리의 생명의 형식으로서 시간의 끝이다. 하이데거가 분명하게 보여주는 것과 같이 "세계-내-존재" 그리고 "시간-내-존재" 즉 "현존재"로서의 인간의 본질은 항상 "죽음으로 향한 존재"(being-towards-death) 혹은 "종말을 향한 존재"(being-towards-the-end)일 뿐이다. 그러므로 항상 "죽음은 우리 앞에 서 있는 어떤 것, 곧 임박한 어떤 것"이다.[37]

그러나 인간의 죄는 그 자신의 운명뿐만 아니라 창조세계 전체에 영향을 미쳤다(cf. 창 3:17-19; 롬 8:22). 따라서 타락 사건 이후에 창조세계의 총체적 시간, 즉 연대기적 시간(chronological time) 전체 또한 각개로서의 피조물의 시간과 마찬가지로 하나의 무한한 시간이 아니라 죽

---

[37] Heidegger, *Being and Time*, 294; cf. 274-311.

음으로 향한 시간이 되었으며 "죽음의 시간" 혹은 "상실의 시간"이 되어 버렸다. 실제로 현대물리학의 빅뱅 우주론(the Big-Bang cosmology)에 따르면, 창조된 우주 전체는 무한한 시간을 가지는 영원한 것이 아니라 최초의 "빅뱅"(the big-bang)으로부터 시작하여 마지막에는 "대파국"(the big-crunch)으로 끝나는 그 자신의 한계지어진 시간, 즉 "우주적 죽음의 시간"(cosmological mortal time)을 가진다.[38] 말하자면, 창조세계에서 가장 큰 시간단위라고 볼 수 있는 우주적 시간 역시 결국에는 하나의 죽음으로 향한 시간일 뿐이라는 것이다.

시간은 살아 생동하는 사건들로 충만한 모든 생명의 형식이기 때문에, 발타자르가 주장하듯이 하나님으로부터 버림받은 자들을 위한 지옥(the Hell)이야말로 영원한 죽음의 "무시간의 장소"(the timeless place)라고 할 수 있을 것이다. 발타자르는 고전신학에서처럼 하나님의 영원이 "무시간적"인 것이 아니라 성경이 말하는 지옥의 시간이야말로 "영원한 무시간성"(eternal timelessness) 그리고 "비시간"(non-time)으로 이해되어야 한다고 주장한다. 그리고 그것은 하나님의 영원한 생명으로부터 절대적인 분리를 의미하는 버림받은 자들의 시간, 곧 영원한 죽음을 의미한다. 그러므로 발타자르는 그것을 "제한없는 영원한 죽음"(the limitless, eternal death)의 시간이라고 말한다.[39] 성경은 하나님께서는 "죽은 자들의 하나님이 아니라 산 자의 하나님"이라고 선언하고 있다(마 22:32). 또한 하나님 나라에 들어가는 것은 곧 하나님의 생명에 들

---

38   Cf. Stephen W. Hawking, *A Brief History of Time: From the Big Bang to Black Holes* (Toronto: Bantam Books, 1988); Paul Davies, *About Time: Einstein's Unfinished Revolution* (New York: Touchstone, 1996). 또한 Willem B. Drees, *Beyond the Big-Bang: Quantum Cosmologies and God*(LaSalle, Ill.: Open Court, 1990)를 참조하라.

39   von Balthasar, *The Glory of the Lord*, VII, 172-73 and his *Theo-Drama*, V, 305-6 and 310-11.

어가는 것이며, 그것은 정확하게 지옥으로 들어가는 것에 반대되는 것이다.[40]

> 만일 네 손이 너를 범죄하게 하거든 찍어버리라. 장애인으로 **영생**에 들어가는 것이 두 손을 가지고 지옥 곧 꺼지지 않는 불에 들어가는 것보다 나으니라.…만일 네 발이 너를 범죄하게 하거든 찍어버리라. 다리 저는 자로 **영생**에 들어가는 것이 두 발을 가지고 지옥에 던져지는 것보다 나으니라.…만일 네 눈이 너를 범죄하게 하거든 빼버리라. 한 눈으로 **하나님의 나라**에 들어가는 것이 두 눈을 가지고 지옥에 던져지는 것보다 나으니라 (막 9:43-47).

유비적으로 생각하여 볼 때, 현재 우리가 이해하는 자연과학적 패러다임에 의하면 "블랙홀"(the Black Hole)은 하나의 실제적인 의미에서 "무시간적 장소"(a timeless place)로 간주되고 있다. 즉 블랙홀 내에서 시공간(space-time) 영역의 경계인 사건지평(the event horizon)을 넘어서면, 무한한 중력 때문에 그것으로부터 그 어떤 것도 심지어 빛까지도 빠져나올 수 없는 철저한 암흑지대, 곧 아무런 사건도 일어나지 않고 따라서 시간까지도 사라지는 죽음의 골짜기가 된다. 그러므로 유명한 우주물리학자인 스티븐 호킹(S. W. Hawking)은 말하기를, "블랙홀의 사건지평에 대하여 잘 설명하고 있는 것은 지옥의 입구에서 시인 단테가 말한 것인 바, "여기에 들어가는 당신은 모든 희망을 포기하라!" 사건지평을 통하여 그 안으로 떨어지는 그 어떤 것이나 그 누구라도 곧 무한

---

40   Cf. Gustavo Gutiérrez, *The God of Life*, trans. Matthew J. O'Connell (Maryknoll, N.Y.: Orbis, 1991), 14.

한 중력지대와 시간의 끝에 도달할 것이다."[41] 이론 물리학자인 폴 데 이비스(P. Davies)도 말하기를, "블랙홀의 중심은 하나의 시공간 특이점 이다.…만일 그 특이점이 존재한다면, 그것은 시간 그 자체의 경계, 곧 시간이 존재하기를 멈추는 곳으로서 그 너머에는 아무것도 없는 무한 의 경계일 것"이라고 한다.[42]

IV. 삼위일체 하나님의 존재 형식으로서의 영원

1. 성경적 하나님 이해 - "생명"이신 삼위일체 하나님

지금까지 우리는 성경적 관점에 따르면 시간이란 "생명의 존재형식" 으로 이해되는 것이 적절하다는 점을 살펴보았다. 따라서 여기서는 시 간의 상대적인 개념인 하나님의 영원성이 과연 어떻게 이해되어야 할 것인지 살펴보고자 한다. 그러기 위해서는 우리는 먼저 성경적인 하나 님의 존재와 그 존재형식에 대하여 어떻게 이해해야 할 것인가를 살 펴보아야만 한다. 하나님의 존재론적인 정체성에 대한 성경의 여러 가 지 정의 가운데 가장 본질적인 것 하나는 야웨 하나님 바로 오직 그 분만이 참으로 "살아 계신 하나님"(the Living God)이라는 것이다. 이것 으로 하나님께서는 스스로를 다른 신들, 곧 죽은 우상들로부터 철저 하게 구별하신다(cf. 시 115:4-8; 렘 10:3-16). 예레미야 10:10에서 "오 직 여호와는 참 하나님이시요 살아 계신 하나님이시요 영원한 왕"이

---

41   Hawking, *A Brief History of Time*, 89.

42   Davies, *About Time*, 121.

시라고 했다. 이와 같이 하나님께서는 그의 창조세계와 구속역사, 그리고 그의 백성과의 언약관계 속에서 특별히 "살아 계신 하나님"으로 스스로를 계시하신다. 시내산에서 하나님께서는 독특하게 스스로를 "YHWH"(야웨, *Yahweh*)로서 계시하셨다: "하나님이 모세에게 이르시되 '나는 스스로 있는 자이니라'(I AM who I AM, YHWH). 또 이르시되 '너는 이스라엘 자손에게 이같이 이르기를 스스로 있는 자가 나를 너희에게 보내셨다' 하라"(출 3:14). 또한 모세에게 스스로를 "야웨"(YHWH)라고 계시하신 하나님께서는 그 자신이 바로 그의 조상들의 하나님이시라고 하셨다. "너희 조상의 하나님 여호와 곧 아브라함의 하나님, 이삭의 하나님, 야곱의 하나님께서 나를 너희에게 보내셨다 하라"(출 3:15; cf. 6:2-3). 성경에 따르면, "야웨"(*Yahweh*)는 하나님의 가장 특별하고도 고유한 성호이다: "하나님 여호와…이는 나의 영원한 이름이요 대대로 기억할 나의 칭호니라"(출 3:15; cf. 사 42:8, "나는 여호와이니 이는 내 이름이라, I am Yahweh; that is my name!"). 따라서 하나님께서는 계속하여 "나는 여호와라, 나 외에 다른 이가 없나니 나 밖에 신이 없느니라"(사 45:5; cf. 46:9-10)고 선언하신다.

그러므로 가장 고유한 하나님의 성호인 야웨(YHWH)는 구약에서 이스라엘의 참 살아 계신 하나님으로서의 자기-정체화(self-identification)이다. 현대 성경신학의 연구에 따르면, 이 독특한 하나님의 성호인 신성4문자(tetragrammaton), "YHWH"(출 3:14)는 다음과 같은 여러 가지 의미로 번역된다: "I AM who I AM", "I am he who is", "I will be who I am / I am who I will be" 혹은 "I will be who I will be."[43] 먼저 이것은 하나님의 자존성(aseity), 즉 절대적인 자존적 존재로

---

43 Cf. Terence Fretheim, "Yahweh," in *New International Dictionary of Old Testament Theology*

서의 하나님의 언명으로 "나는 존재한다"(I AM)는 것의 천명이다. 그는 영원히 존재하시며, 따라서 시작도 끝도 없는 그 자신의 본질적 생명을 소유하는 "절대적인 자존자"(the absolute self-existent Being)이시다(cf. 시 102:27).[44] 그것은 또한 구속역사의 전개 가운데 그의 백성과의 언약 관계 속에서 그의 전능한 역사하심의 임재를 의미하는 바, 곧 "내가 너희와 함께하리라"(출 3:12; cf. 마 1:23, "임마누엘")는 의미이다.

> **나는 여호와라.** 내가 애굽 사람의 무거운 짐 밑에서 너희를 빼내며 그들의 노역에서 너희를 건지며 편 팔과 여러 큰 심판들로써 너희를 속량하여 **너희를 내 백성으로 삼고 나는 너희의 하나님이 되리니,** 나는 애굽 사람의 무거운 짐 밑에서 너희를 빼낸 너희의 하나님 여호와인 줄 너희가 알지라. 내가 아브라함과 이삭과 야곱에게 주기로 맹세한 땅으로 너희를 인도하고 그 땅을 너희에게 주어 기업을 삼게 하리라. **나는 여호와라** 하셨다 하라(출 6:6-8).[45]

야웨 하나님과 그의 백성인 이스라엘과의 언약 형식은 다음과 같다: "너희를 내 백성으로 삼고 나는 너희의 하나님이 되리라"(출 6:7). 이러한 언약은 이스라엘 역사를 통하여 계속해서 새롭게 갱신되고 있다. "너의 하나님 여호와가 너의 가운데에 계시니 그는 구원을 베푸실 전능자이시라"(습 3:17). 이러한 의미에서, 야웨는 언약의 하나님 곧

---

and Exegesis, ed. Willem A. VanGemeren, vol. 4 (Grand Rapids: Zondervan, 1997), 1296; John M. Frame, The Doctrine of God (Phillipsburg: P & R Publishing, 2002), 36-46.

44   Cf. Wayne Grudem, Systematic Theology: An Introduction to Biblical Doctrine (Grand Rapids: Zondervan, 1994), 169; Walther Eichrodt, Theology of Old Testament, vol. 1, trans. J. A. Baker (Philadelphia: Westminster, 1961), 190-92.

45   Cf. John M. Frame, The Doctrine of God, 39-40 and 95; Otto Weber, Foundations of Dogmatics, vol. 1, trans. Darrell L. Guder (Grand Rapids: Eerdmans, 1981), 417-18.

구속자 하나님의 성호이다. "나는 여호와 네 하나님이요 이스라엘의 거룩한 이요 네 구원자임이라"(사 43:3, 11; 44:6, 24; 48:17; 49:7, 26).[46]

그러므로 필자는 여기서 "야웨"(YHWH)의 본질적인 의미를 "살아 계신 하나님"(*the Living God*)이라고 해석하는 것이 보다 성경적이라는 것을 제의하고자 한다. 즉 살아 계신 하나님께서는 영원토록 "자존"(YHWH, "I AM")하시는 생명의 하나님이실 뿐만 아니라, 또한 그럼으로써 구속역사 가운데 항상 "우리와 함께 하시는"(I AM / I Will Be with you) 구속자 하나님이시다.[47] 따라서 성경이 증거하는 유일하게 참된 하나님은 곧 "살아 계신 하나님", 야웨(*Yahweh*)—곧 "생명의 하나님"(the God of Life, *chai elohim, theo zontos*; cf. 삼상 17:26; 시 42:2; 마태 16:16) 이시다. 하나님은 그 스스로 생명(Life), 곧 참되시고 "영원한 생명"(the eternal Life)이시다(cf. 렘 10:10; 살전 1:9; 히 12:22; 계 7:2). 생명의 하나님이시자 생명의 주인이신 야웨 하나님께서는 "생명의 창조자"(the Creator of life; cf. 창 1:1; 요 1:1-4)이시며, 또한 "생명의 구원자"(the Savior of life)이시다.

그토록 많이 논의된 하나님의 이름인 야웨(*Yahweh*)는 다음과 같이 번역되는 것이 아주 가능성이 있다: "내가 곧 너와 함께한 그로라. **나는 생명이다**"(I am he who is with you; I am life). 신적 임재는 즉각적인 창조이며 해방이다. "나는 생명이다"(곧 "나는 스스로 있는 자니라"): 그러한 분이 곧 야웨

---

46 Frame, *The Doctrine of God*, 40.

47 토마스 오딘(Thomas C. Oden)에 따르면, "이 신성4문자(tetragrammaton, YHWH)는 비교할 수 없는 하나님의 생명성을 극단적으로 드러낸다.…하나님은 살아 계실 뿐만 아니라 우리의 생동하고 지칠줄 모르는 생명의 근원이시다(사 40:28; 시 121:4)." Idem, *The Living God: Systematic Theology*, vol. 1 (San Francisco: Harper San Francisco, 1992), 65.

(*Yahweh*)이시다. 우리는 여기서 다시 한번 생명의 기원 혹은 원천에 대한 생각을 만난다.[48]

하나님의 존재는 본질적으로 **생명**에 의해, 그리고 **살아 있는 존재**로 특징지어진다.…하나님이 죽으실 수 있다는 것은 적절한 생각이 될 수 없다. 왜냐하면 생명은 하나님께 본질적인 것이며, 신적 본질에 속하는 속성이기 때문이다. 심지어 우리가 생명에 대하여 절망 가운데 있을 때에도(욥 9:21; 고후 1:8), 하나님께서는 계속하여 우리에게 생명을 주신다.…살아 계심은 하나님의 고유한 본성이기 때문에 하나님께서는 살아 있는 모든 것들의 생명의 근원으로 적절하게 인식되어야 한다.…요한복음에서 성부 하나님은 "그 자신 안에 있는 생명을 주는 권세를 가지고 계신다"(요 5:26).…**하나님의 생명은 영원한 생명이다.** 하나님의 생명은 시작도 없고 또한 끝도 없다. 살아 있는 그 어떤 것도 존재하기 이전에 오직 하나님만 살아 계셨다(창 1:1ff). 그리고 이 세상이 없어진 그때에도 살아 계실 것이다(눅 1:33; 히 7:3).[49]

이와 같이 구약성경에서 스스로를 "야웨"(YHWH, "I AM")로 계시하신 하나님을 "살아 계신 하나님"(the Living God) 혹은 "생명의 하나님"(the God of Life)으로 이해하는 것은 신약성경에서 예수 그리스도께서 스스로를 다음과 같이 자기-정체화(self-identification)하는 것에서 다시 적극적으로 확증된다. "나는 생명이다"(I AM the Life, 요 14:6) 그리고 "나는 살아 있는 자라"(I AM the Living One, 계 1:18). 요한복음에 자주 등장하는 예수님의 "I AM"(*ego eimi*) 형식문은 바로 구약에서의 하나님의 절대언명인 "야웨"(YHWH, "I AM")의 반영이다(예. 요 6:48—"나

---

48 Gutiérrez, *The God of Life*, 12.
49 Oden, *The Living God*, 64-65.

는 생명의 떡이라"[I AM the bread of life]; 8:12, 9:5―"나는 세상의 빛이라"[I AM the light of the world]; cf. 10:7, 14, 11:25, 14:6, 15:1, 5, etc.). 성자 하나님이신 예수 그리스도께서는 곧 영원한 "생명의 말씀"(the Word of Life, 요일 1:1-2; cf. 요 1:1-4)이시다. 그러므로 그는 "생명의 주"(the author of life, 행 3:15)이시다. 참으로 예수께서는 말씀하시기를, "아브라함이 나기 전부터 내가 있느니라(I AM)"고 하셨다(요 8:58). 바로 이러한 의미에서, "그는 참 하나님이시요 영원한 생명이시다"(요일 5:20). 그리고 이것은 바로 예레미야 10:10의 "오직 여호와는 참 하나님이시요 살아 계신 하나님이시요 영원한 왕이시라"는 선언의 직접적인 반복이다. 따라서 존 프레임(J. M. Frame)은 "그리스도는 일반적인 의미에 있어 신이 아니라, 바로 구약의 언약의 하나님 곧 야웨(Yahweh)이시다"라고 적절하게 지적하고 있다.[50] 이것은 성자 하나님이신 예수께서 "나와 아버지는 하나"(I and the Father are One)라고 선언하심에서 분명해진다(요 10:30). 성경이 말하듯이, 정확하게도 "그는 하나님의 영광의 광채시요 그 본체의 형상이시다"(히 1:3; cf. 골 1:15-17).

그러므로 성경이 밝혀 말하는 바와 같이, "아버지께서 자기 속에 생명이 있음 같이 아들에게도 생명을 주어 그 속에 있게 하셨다"(요 5:26). 그리고 그 영원한 하나님의 말씀이 곧 육신이 되셨다(요 1:14; cf. 빌 2:6-8). 이것은 영원한 생명 곧 영원(eternity)이 육신의 생명 곧 인간의 시간(human time)이 되셨음을 말한다. 그는 그의 백성들을 죄에서 구원할 "예수"(Jesus; cf. Joshua)라는 이름으로 불리었고, 이것은 구약에서 선언된 구속의 하나님 야웨(YHWH)의 신약적 성취의 반향이다(마 1:21).[51] 그러므로 가이사랴 빌립보에서 시몬 베드로는 "너희는 나를 누

---

50   Frame, *The Doctrine of God*, 42.

구라 하느냐"는 예수의 질문에 대하여 고백하기를, "주는 그리스도시요 살아 계신 하나님(*the Living God,* i.e., *Yahweh*)의 아들"이시라고 했다(마 16:16). 베드로의 이 고백은 기독교 기독론의 정화요, 기초석의 역할을 한다. 예수는 약속의 메시아 곧 그리스도시요, "임마누엘"(God with us) 곧 우리에게 자신 안에 있는 생명을 주시기 위해서 "하나님이 우리와 함께 하신다"는 언약의 성취이다(마 1:23; cf. 사 7:14; 야웨[*Yahweh*]는 "내가 너와 함께 한다"[I AM with you]는 언약이다). 따라서 우리를 위한 살아 계신 하나님의 복음, 곧 모든 성경 메시지는 다음의 한 구절에 집중되고 요약된다:

> 하나님이 세상을 이처럼 사랑하사 독생자를 주셨으니 이는 그를 믿는 자마다 멸망하지 않고 영생을 얻게 하려 하심이라(요 3:16).

성자 하나님이신 예수 그리스도는 "참 하나님이시요 영원한 생명"(요일 5:20)이시기 때문에, 그는 바로 "생명의 길"(the path of life)이시다(행 2:28). 우리에게 그 자신의 영원한 생명을 주시기 위하여 그는 십자가에서 죽음을 당하셨을 뿐만 아니라, 살아 계신 하나님께서는 성령의 능력으로 그를 다시 죽은 자들로부터 일으키셨다(cf. 행 2:32-33; 3:15; 롬 1:4; 8:11, 34). 성경이 명확하게 언명하듯이, "마지막에 멸망받을 원수가 바로 죽음"인데(고전 15:26), 참으로 십자가에서 예수 그리스도의 죽으심과 부활은 그 마지막으로 멸망받을 "죽음의 죽음"(the death of death)이다. 이러한 방법으로 예수 그리스도는 참 생명과 부활의 첫

---

51   Cf. Elmer A. Martens, "Names of God," in *Baker Theological Dictionary of the Bible*, ed. Walter A. Elwell (Grand Rapids: Baker, 1996), 298.

열매가 되셨다: "이제 그리스도께서 죽은 자 가운데서 다시 살아나사 잠자는 자들의 첫 열매가 되셨도다. 사망이 한 사람으로 말미암았으니 죽은 자의 부활도 한 사람으로 말미암는도다"(고전 15:20-21; cf. 15:22-26). 그러므로 예수께서는 다음과 같이 선언하신다:

> 내가 곧 길이요 진리요 **생명**이니(I AM the way and the truth and the life) 나로 말미암지 않고는 아버지께로 올 자가 없느니라. 너희가 나를 알았더라면 내 아버지도 알았으리로다. 이제부터는 너희가 그를 알았고 또 보았느니라(요 14:6-7). 예수께서 이르시되 "나는 부활이요 **생명**이니(I AM the resurrection and the life) 나를 믿는 자는 죽어도 살겠고 무릇 살아서 나를 믿는 자는 영원히 죽지 아니하리니"(요 11:25-26), [그러므로] **영생**은 곧 유일하신 참 하나님과 그가 보내신 자 예수 그리스도를 아는 것이니이다 (요 17:3).

예수 그리스도 안에서 "이 썩을 것이 썩지 아니함을 입고 이 죽을 것이 죽지 아니함을 입을 때에는 사망을 삼키고 이기리라고 기록된 말씀이 이루어지리라"(고전 15:54). 따라서 "죄의 삯은 사망이요 하나님의 은사는 그리스도 예수 우리 주 안에 있는 영생"이라고 했다(롬 6:23). 그리고 "첫 사람 아담은 생령이 되었다 함과 같이" 예수 그리스도, 곧 "마지막 아담은 살려 주는 영(a life-giving spirit)이 되었다"(고전 15:45). 바로 이러한 의미에서 성경이 말하는 바와 같이, "또 증거는 이것이니 하나님이 우리에게 영생을 주신 것과 이 생명이 그의 아들 안에 있는 그것이니라. 아들이 있는 자에게는 생명이 있고 하나님의 아들이 없는 자에게는 생명이 없느니라"(요일 5:11-12). 바울 또한 말하기를, "그러므로 너희가 그리스도와 함께 다시 살리심을 받았으면…너희 생명이 그리스도와 함께 하나님 안에 감추어졌음이라. 우리 생명이신 그리스도께서 나타나실 그때에 너희도 그와 함께 영광 중에 나타나리라"고 했다(골 3:1-4; cf. 갈 2:20). 이것이 바로 "생명의 주인"(the Lord of Life)이신 성부 하나님 곧 "살아 계신 하나님"(the Living God)으로부터 "생명의 영"(the Spirit of life)이신 성령 하나님을 통하여 "생명의 말씀"(the Word of life)이신 예수 그리스도 안에서 누리고 있고, 또한 영원토록 누리게 될 우리의 궁극적인 소망, 곧 "영원한 생명"(eternal life)이다.

마지막으로, 성경은 "하나님은 영"(God is Spirit)이시라고 정의하며(요 4:24; 고후 3:17, 18), 그리고 성령은 특별히 "생명의 영"(the Spirit of Life)으로 정체화된다(롬 8:2). 먼저 구약에서 성령은 "야웨의 루아흐"(Yahweh's *ruach*)이시며,[52] 그것은 죽은 우상들로부터 살아 계신 참 하나님을 구별하는 것이다(cf. 합 2:19). 바로 이러한 의미에서, 성령은 "살아 계신 하나님의 영"(the Spirit of *the Living God* [i.e., Yahweh])으로 불리신다(고후 3:3). 몰트만에 따르면, 루아흐(*ruach*)라는 단어는 "죽은 어떤 것과 대비하여 항상 살아 있는 어떤 것, 혹은 석화되고 고체화된 어떤 것에 반하여 항상 살아 생동하는 어떤 것을 의미한다."[53] 그러므로 야웨의 루아흐는 살아 계신 하나님께서 그를 통하여 우리에게 생명을 주시며, 또한 모든 살아 있는 것으로서 삶을 즐거워할 수 있는 창조적인

---

52   구약성경에 나타난 성령에 대한 깊이 있는 연구들을 위해서는 다음을 참고하라. Eduard Schweizer, *The Holy Spirit*, trans. Reginald H. and Ilse Fuller (Philadelphia: Fortress, 1980), 10-28; Yves Congar, *I Believe in the Holy Spirit*, vol. 1, *The Experience of the Spirit*, trans. David Smith (New York: Seabury, 1983), 3-14; J. Moltmann, *The Spirit of Life: A Universal Affirmation*, trans. Margaret Kohl (Minneapolis: Fortress, 1992), 40-57, George T. Montague, *Holy Spirit: Growth of a Biblical Tradition* (Peabody, Mass.: Hendrickson, 1994), 3-124; Sinclair B. Ferguson, *The Holy Spirit* (Downers Grove, Ill.: InterVarsity, 1996), 15-33.

53   Moltmann, *The Spirit of Life*, 41.

능력을 주시는 삼위일체 하나님의 제3의 위격인 성령 하나님이시다.[54] 참으로 살아 계신 하나님(Yawheh)께서 천지를 창조하실 때에 야웨의 **루아흐**(Yahweh's *ruach*)는 제2의 위격이신 야웨의 **다바르**(Yahweh's *dabar*) 곧 그의 말씀(the Word)과 더불어 함께하셨다(cf. 창 1:2, 3-30; 시 33:6; 골 1:16-17). 특별히 하나님의 인간 창조 기사에 따르면, 흙으로 빚은 사람(the dust-man)이 "생명의 숨결"(the breath of life)이신 야웨의 루아흐에 의해 "살아 있는 존재"(a living being, a living person, 혹은 a being-as-life)가 되었다(창 2:7; cf. 고전 15:45). 현대 생화학적인 견지에서 볼 때, 진흙 사람(the dust-man)은 문자 그대로 수소, 탄소, 산소, 질소, 인 등과 같은 몇 가지 화학 원소들이 뭉쳐진 진흙(the dusts) 덩어리일 뿐이다. 그것에다 생명이시자 살아 계신 하나님, 곧 야웨께서 그의 루아흐(*ruach*)를 불어넣으심으로 그 진흙 사람을 "살아 있는 존재" 곧 "생명의 존재" 혹은 "생명인 존재"(a being-as-life)로 만드셨다(창 2:7). 이것은 인간에 대하여 최소한 다음과 같은 두 가지 중요한 사실을 말해주고 있다: (1) "살아 있는 존재" 혹은 "살아 있는 인격"으로서의 인간은 살아 계신 삼위일체 하나님의 형상(the *imago Dei*)에 따라 창조되었으며, 동시에 (2) 그의 전인적인 생명은 그 자신 스스로의 소유, 즉 자존적인 것이 아니라 "하나님의 선물"(a gift of God)이며 "창조된 생명"(a created life)이라는 사실이다.[55]

하나님의 영은 "창조의 영"이시며, 또한 생명을 주시는 생명의 주인이시다(창 1:2; 욥 33:4). 그러므로 성경은 말하기를, "그가 만일 뜻을

---

54   Moltmann, *The Spirit of Life*, 41.

55   Cf. Gordon J. Wenham, *Word Biblical Commentary*, vol. 1, *Genesis 1-15* (Waco, Tex.: Word Books, 1987), 60-61.

정하시고 그의 영과 목숨을 거두실진대, 모든 육체가 다 함께 죽으며 사람은 흙으로 돌아가리라"(욥 34:14-15)고 했다. 참으로 살아 계신 하나님께서 그의 영을 우리로부터 거두심은 우리의 영원한 영적 죽음을 의미한다. 야웨 하나님께서는 "나의 영이 영원히 사람과 함께 하지 아니하리니 이는 그들이 죽을 육신이 됨이라"(창 6:3)고 말씀하셨다. 이 것은 창세기 3:19에서 "너는 흙이니 흙으로 돌아갈 것"이라고 하신 하나님이 저주의 성취이다. 바로 이러한 의미에서, 하나님의 백성들에게 생명나무가 온전한 영생을 위한 "형식적 조건"(formal condition, 육체적 생명)이라면, 야웨의 루아흐 곧 생명의 영은 영생을 위한 본질적 혹은 "질료적 조건"(the essential or material condition, 영적 생명)이라고 할 수 있을 것이다(cf. 창 3:22-24; 시 104: 29-30; 사 32:15). 그러므로 요엘 2:28-32에서, 야웨 하나님께서는 새 언약을 주시기를 마지막 날에 다시 "내가 내 영을 만민에게 부어 주리라"고 약속하셨다. 만민에게 그의 영을 부어 주시겠다는 하나님의 언약은 죽음으로 향한 우리의 생명에 대한 메시아적 희망이며, 우리를 위한 궁극적인 구원의 선포이다.

신약성경에서 이제 "하나님의 영"(창 1:2)은 예수 그리스도와 함께 하신다(cf. 마 1:18; 3:16). "하나님의 영"(the Spirit of God)은 "하나님의 말씀"(the Word of God)이신 예수 그리스도의 메시아적 사역과 불가분리적 관계로 연결되어 있다. 사실 메시아의 오심에 대하여 하나님께서 주신 증거는 그가 하나님의 영을 가져오며 또 나누어주는 자라는 것이다. 이제 그 언약대로 예수 그리스도께서는 또 다른 보혜사, "진리의 영"(the Spirit of truth, 요 14:16, 15:26)을 보내시겠다고 약속하시며, 그 스스로 "성령을 받으라" 하시며 숨을 내어쉬신다(요 20:22). 그러므로 "살아 계신 하나님의 영"(고후 3:3)이신 야웨의 루아흐는 이제 "예수의 영"(the Spirit of Jesus, 행 16:7), "그리스도의 영"(the Spirit of Christ, 롬 8:9; 벧전 1:11; cf.

삼위일체 하나님과 신학

"예수 그리스도의 영," the Spirit of Jesus Christ, 빌 1:19), 그리고 "그의 아들의 영"(the Spirit of His Son, 갈 4:6)이라 불린다. 마지막으로, 오순절 날 성령은 만민에게 쏟아 부어졌고(cf. 행 2:1-4), 이것은 구약에서 예언자 요엘을 통해 주신 약속의 성취이다(욜 2:28-32; 요 15:26; 행 2:16-21). 따라서 성경은 말하기를, "하나님이 오른손으로 예수를 높이시매 그가 약속하신 성령을 아버지께 받아서 너희가 보고 듣는 이것을 부어 주셨느니라"(행 2:33)고 한다. 성부 하나님, 곧 살아 계신 하나님께서는 그 아들을 죽은 자 가운데서 생명으로 일으키신 바로 그 동일한 성령을 이제 우리에게 주시는데, 그것은 "죽을 것이 생명에 삼킨 바 되게 하려 함"의 보증이다(고후 5:4-5). 바로 이러한 의미에서, "생명의 영"이신 성령 하나님은 성부 하나님과 성자 하나님 사이뿐만 아니라 더 나아가 삼위일체 하나님과 우리 사이의 "생명의 유대"(the Bond of Life)이시다.

> 예수를 죽은 자 가운데서 살리신 이의 영이 너희 안에 거하시면 그리스도 예수를 죽은 자 가운데서 살리신 이가 너희 안에 거하시는 그의 영으로 말미암아 너희 죽을 몸도 살리시리라(롬 8:11).

로버트 젠슨(Robert W. Jenson)에 따르면, 신학적인 견지에서 볼 때 "시간은 성령이 아버지로부터 아들에게 임할 때 발생하는 것"(Time is what happens when the Holy Spirit comes from the Father to the Son)이라고 정의된다.[56] 그것은 또한 성령이 우리에게 임하실 때 일어나는 것인데, 왜냐하면 생명의 영이신 그는 생명이자 부활이신 예수 그리스도

---

56 Robert W. Jenson, *Unbaptized God: The Basic Flaw in Ecumenical Theology* (Minneapolis: Fortress, 1992), 144.

안에서 우리들의 생명을 창조하셨고 또 재창조하시기 때문이다(cf. 시 104:30). 그러므로 살아 계신 하나님의 구속 사역은 생명의 영이신 성령을 통하여 참 생명이신 그의 아들 안에서 죽음으로 향한 우리의 시간으로서의 타락한 시간을 영원한 생명의 시간으로 구원하심에 다름 아니다. 젠슨이 우리의 시간이 종말 이후에 하나님의 시간으로 신격화(deification; 즉 영원한 시간, everlasting time) 된다고 보는 것에 반하여, 필자는 살아 계신 삼위일체 하나님께서 새 하늘과 새 땅에서 우리에게 영원한 생명을 주시기 위하여 새로운 존재형식, 즉 "새로운 시간"(new time)을 우리에게 주신다고 말하고 싶다(계 21:1-2; 벧후 3:13; cf. 사 65:17, 19). 그러므로 성경은 말하기를, 그곳에는 "다시는 사망이 없고 애통하는 것이나 곡하는 것이나 아픈 것이 다시 있지 아니하리니 처음 것들이 다 지나갔다"(계 21:4)고 말한다. 또한 살아 계신 하나님께서는 "보라, 내가 만물을 새롭게 하노라"(I am making everything new!)고 선언 하신다(계 21:5).

이와 같이 오직 참된 성경의 하나님은 "살아 계신 하나님" 곧 그 스스로 "생명"이시며 또한 모든 살아 있는 생명의 주인이신 성부와 성자와 성령의 삼위일체 하나님이시다. 정통적인 삼위일체론에 따르면, "참 생명"(the true Life)이신 살아 계신 하나님 곧 성부 하나님은 "생명의 말씀"(the Word of Life)인 성자를 "낳으셨고"(begot), 또한 양자는 동일한 "생명의 영"(the Spirit of Life)이신 성령을 "내어쉬셨다"(breathed). 참으로 "낳으심"(발생, begetting)과 "숨쉼"(나오심, breathing)의 위격적 사역은 살아 있는 존재(the Living Being), 즉 "생명"의 본질적인 요소들이다. 따라서 살아 계신 삼위일체 하나님께서는 동일본질(homoousios)의 하나의 영원한 생명(the one and the same eternal Life)을 서로 공유하고 계신 것이다. 그러므로 서로 구별되는 삼위 하나님께서는 그 자신의 생명 안에서 하나의 통일체(the one unity)를 이루신다. 말하자면, 성경의 삼위일체 하나님께서는 생명 그 자체로서 살아 계시며 행위하시는(*vita pura et actus purus*) 하나님이시며, 그 자신 안에 영원한 생명을 가지고 계신다. 참으로 성경의 하나님, 곧 삼위일체 하나님께서는 그 스스로 참된 영원한 생명(*vita vera et aeterna*)이시다. 그러므로 성경의 하나님은 추상적이고 정태적인 존재(*Actus Purus, Ipsum Esse*)가 아니라 생명 그 자체로서 살아 생동하고 역동하는 존재(*Actus Purus, Ipsa Vita*)이시다.

2. 삼위일체 하나님의 존재형식으로서의 하나님의 시간, "영원"(Eternity)

지금까지 우리는 성경적인 하나님 이해, 곧 구속사를 통하여 스스로를 "살아 계신 생명의 하나님"으로 계시하심에 대하여 살펴보았다. 즉 성경에 따르면 삼위일체 하나님은 스스로 자존하시는 "영원한 생명"이시다. 그리고 우리는 이미 앞에서 시간이란 바로 "생명의 존재형식"이라는 사실에 대하여도 살펴보았다. 그러므로 이제 우리는 삼위일체 하나님께서는 그 자신의 존재방식인 영원한 생명의 형식으로서 그 자신의 시간을 가지신다고 말할 수 있으며, 우리는 통상 그것을 "영원"(eternity)이라고 부른다. 이와 같이 "하나님의 시간"(God's time) 곧 절대적이고 영원한 시간은 삼위일체 하나님의 절대적인 영원한 생명의 형식, 곧 자존적인 영원한 생명의 존재형식이라고 말할 수 있다. 필자는 이와 같이 "절대적이며 영원적"(absolute and eternal)이라는 속성으로서 하나님의 자존성(self-existence)을 말하고자 한다. 달리 말하자면, 하나님의 자존적 존재형식으로서의 "절대적 시간"(absolute time)은 우리의 창조된 "상대적 시간"(the created relative time) 혹은 죄로 말미암아 타락한 "상실의 시간"(the fallen lost time)에 대비되는 것으로서의 "참된 시간"(*tempus verum*) 혹은 "순수한 시간"(*tempus purum*)이라고 할 수 있을 것이다. 바로 이러한 의미에서 다음과 같은 바르트의 진술은 이해할 만한 것이다.

> 심지어 영원하신 하나님께서도 시간없이 살지 않으신다. 그는 최상으로 시간적이시다. 그의 영원은 진정한 시간성이기 때문에, 또 그러므로 모든 시간의 근원이시다. 그의 완전한 신적 본성 가운데 하나로서 창조되지 않은 자존적 시간 곧 그의 영원 안에서 현재, 과거, 미래, 그리고 어제, 오늘, 내일은 계속적인 것(successive)이 아니라 동시적(simultaneous)이다. 이러한 방식으로의 영원 안에서 하나님께서는 그 자신의 생명을 영위하신다.[57]

그러나 우리의 창조된 상대적인 시간은 하나님의 "절대적인 시간"(달리 말하여, "영원"-Eternity)과는 단순히 양적인 차이가 아니라 "무한한 질적인 차이"(an infinite qualitative difference)를 가진다. 그 자신의 자존적이며 영원한 생명의 형식으로서 하나님의 시간은 시작도 끝도 없다. 왜냐하면 그 자신 스스로가 동시에 시작이요 끝이시기 때문이다. 하나님께서는 "나는 알파와 오메가요 처음과 마지막이요 시작과 끝이라"고 말씀하신다(계 22:13; cf. 계 1:17; 2:8; 21:6; 사 44:6). 이것은 살아 계신 삼위일체 하나님이 그 자신의 생명 전체를 항상 동시적으로 소유하고 계심을 말한다. 그 자신의 영원한 시간 안에서 과거, 현재, 미래라는 시간의 세 계기들의 전체를 항상 동시적으로 소유하심은 성부, 성자, 성령 하나님으로 서로 구별된 삼위 하나님께서 항상 하나(일체, the unity)로 존재하신다는 저 어려운 삼위일체론적 사유와 맥을 같

---

[57] Barth, *CD*, III/2, 437-38.

이하는 것이다. 이것이 바로 "살아 계신 하나님"의 존재형식으로서의 영원에 대한 삼위일체론적 정의이다. 이와 같이 오직 삼위일체론적 사유 속에서만이 하나님의 영원에 대한 유명한 보에티우스(Boethius)의 다음과 같은 정의에 대한 진정한 의미를 이해할 수 있다: "영원은 무한한 생명의 전체적이며 동시적인, 그리고 완전한 소유이다"(Eternity is the whole, simultaneous and perfect possession of boundless life; *Aeternitas igitur est interminabilis vitae tota simul et perfecta possessio*).[58] 다시 말하자면 하나님의 시간, 곧 절대적이며 영원한 시간 안에서 모든 시간, 즉 과거, 현재, 미래는 항상 "동시적"(simultaneous)이며, 또한 그것의 순수지속(pure duration)이다. 이것은 다음과 같은 성경의 언명에서 분명하게 드러난다: "주 하나님이 이르시되 '나는 알파와 오메가라. 이제도 있고 전에도 있었고 장차 올 자요 전능한 자라' 하시더라"(cf. 계 1:4, 8). 이것은 다시 삼위일체론적인 표현으로 다음과 같이 계속된다.

> 그들이 밤낮 쉬지 않고 이르기를 "**거룩하다, 거룩하다, 거룩하다, 주 하나님 곧 전능하신 이여, 전에도 계셨고 이제도 계시고 장차 오실 이시라**" 하고, 그 생물들이 보좌에 앉으사 **세세토록 살아 계시는** 이에게 영광과 존귀와 감사를 돌릴 때에 이십사 장로들이 보좌에 앉으신 이 앞에 엎드려 **세세토록 살아 계시는** 이에게 경배하고 자기의 관을 보좌 앞에 드리며 이르되, "우리 주 하나님이여, 영광과 존귀와 권능을 받으시는 것이 합당하오니 주께서 만물을 지으신지라. 만물이 주의 뜻대로 있었고 또 지으심을 받았나이다" 하더라 (계 4:8-11; cf. 사 6:3).

---

58 Boethius, *The Consolation of Philosophy* in *Boethius*, Loeb Classical Library Vol. 74, trans. S. J. Tester (Cambridge: Harvard University Press, 1973), 5,6 (p. 423).

영원한 찬양과 예배 가운데 계시는 삼위일체 하나님은 오직 유일하게 참된 살아 계신 하나님, 곧 영원부터 영원까지 야웨 하나님, "스스로 계시는 이"(I AM who I AM, 출 3:14)이시다.[59] 칼 바르트는 위에서 인용한 요한계시록 1:8과 출애굽기 3:14의 두 본문을 상호 연관시켜 다음과 같이 신학적으로 해석하고 있다.

나는 그 자신 안에 생명을 가진 자로서 그이다. 달리 말해서, 나는 나의 존재에 대하여 주권적이다. 심지어 현재로서 나는 그였고 또한 그일 것이다. 이 모든 것은 시간 안에서 인간 예수의 존재에 적용되었다. "나는 존재한다"(I AM)는 전 포괄적인 언명은 단순히 순차적으로 이어지는 현재, 과거, 그리고 미래의 세가지 차원을 기각한다.···그것은 다음과 같은 사실을 의미한다: "나는 동시적으로 이 모든 것이다. 나는 똑같이 존재한다; 나는 똑같이 존재했었다; 그리고 나는 또다시 똑같이 올 것이다. 나의 시간은 항상 동시적으로 현재, 과거, 그리고 미래이다." 이것이 왜 내가 알파와 오메가요, 시작과 끝이며, 처음이자 동시에 마지막인 이유이다. 나의 현재는 과거와 미래를 포함하기 때문에 그것은 다른 모든 시간에 있어서도 동시에 처음과 마지막이다. 모든 시간들은 나의 시간 안에서 그들의 시작과 끝을 가진다. 물론 이들 모든 다른 시간들은 실제적인 시간들인데, 그 이유는 그들의 중심에서 내가 시간을 가지기 때문이다. 그러나 다른 시간들은 나의 시간 이전이거나 뒤따라오는 것이다. 그것들은 나의 시간에 의해 여러 시간들로서 그늘지고, 주도되고, 또 나누어진다. 그것들을 과거나 혹은 미래로 규정짓는 것은 바로 나의 현재인데, 왜냐하면 나의 현재는 그 둘을 모두 포함하기 때문이다. 내가 지금 존재하고 살아 있는 바로 그와

---

59   Cf. Mounce, *The Book of Revelation*, 126.

같이 나는 전에도 있었고, 또 장차 올 것이다.…내가 나의 시간 안에서 존재하듯이, 모든 시간은 나의 시간이다.…그는 모든 시간들에 동시적으로 속한다. 그는 동일한 그리스도이시다. 그에게 속하지 않은 시간이란 존재하지 않는다. 그는 참으로 시간의 주인이시다.[60]

또한 필자의 견해에 따르면, 요한계시록 4:8-9에서 나타나는 하나님의 "거룩"에 대한 언명은 피조물과의 질적으로 다른 신적 본성을 나타냄과 동시에 우리의 창조된 상대적인 시간과는 다른 그의 영원한 시간의 "절대성"을 나타내는 것이다.[61] 그러므로 판네베르크가 주장하는 바와 같이 하나님의 시간은 단순히 우리의 창조된 생명을 모두 포함하는 것으로서의 생명의 전체성 혹은 총체성이 아니라, 하나님의 절대적인 시간과 우리의 상대적인 시간 사이에는 "무한한 질적인 차이"(an infinite qualitative difference)가 존재한다고 보아야 할 것이다. 달리 말해서, 우리의 창조된 유한한 상대적 시간 안에서 과거, 현재, 미래의 세 가지 시간의 계기들은 항상 점멸하는 순간들의 깨어진 연속일 뿐이다. 과거는 더 이상 존재하지 않는 것이며, 미래는 아직 존재하지 않는 것이며, 현재는 비존재인 과거를 향하여 끊임없이 사라져가는 찰나적 순간일 따름이다. 그러므로 만일 시간의 주인이신 살아 계신 삼위일체 하나님께서 죽음의 시간으로 정위된 우리의 타락한 시간을 붙들어주시지 아니하면, 우리의 시간은 항상 죽음으로, 비시간(non-time) 혹은 무시간(timelessness)으로 사라져갈 뿐이다. 그와 마찬가지로, 생명의 주

---

60   Barth, *CD*, III/2, 465-66.

61   Cf. Peter Lewis, *The Message of the Living God* (Downers Grove, Ill.: InterVarsity, 2000), 318.

인이신 살아 계신 삼위일체 하나님이 없이는 우리의 생명 또한 영원한 죽음으로 모두 사라져갈 것이다.

이제 우리는 하나님의 "자존적인 영원한 생명"과 우리의 "창조된 유한한 생명" 사이에 하나의 유비적인 관계, 즉 "생명의 유비"(*analogia vitae*, analogy of life)를 생각할 수 있을 것이다. 또한 이미 언급한 바와 같이, 우리가 시간을 "생명의 형식" 혹은 "생명의 존재방식"으로 정의한다면, 하나님의 영원에 대한 이해에 있어 "무시간으로서의 영원"과 "무한한 시간으로서의 영원" 사이의 양자택일적인 소모적인 신학적 논쟁은 극복될 수 있을 것이다. 달리 말하자면, 하나님의 자존적이며 영원한 생명과 우리의 조건적인 유한한 생명 사이에, 또한 그것의 형식으로서 하나님의 절대적인 영원한 시간과 우리의 창조된 상대적인 시간 사이에는 하나의 유비적인 관계가 있다. 그 유비는 바로 **"생명의 유비"**(*analogia vitae*)라고 할 것이다. *Soli Deo gloria!*

V. 나가는 말

우리가 살펴본 바와 같이, 고대 그리스 철학에서와 마찬가지로 현대 분석철학에서도 시간은 "변화"(change)와 관련하여 생각되고 있다. 따라서 현대과학과 철학에서 시간의 본질에 대한 논쟁의 핵심은 그것이 과연 "역동적"(dynamic)이냐, 아니면 "정태적"(static)이냐 하는 것이다. 이 경우에 있어 준거점은 "변화"로서의 시간(즉 측정된 시간, measured time)이다. 그러므로 하나님의 영원성에 대한 신학적 논쟁에 있어서도, 무시간적 영원성을 주장하는 학자들은 주로 "정태적" 시간관(the static theory of time)에 기초를 두고 있다(cf. P. Helm). 반대로 역동적 시간관을

삼위일체 하나님과 신학

주장하는 학자들은 하나님은 본질적으로 시간적(temporal)이라고 주장한다. 그것은 다른 여러 신학적인 이유들 외에도, 결정적인 것은 철학적으로 "역동적" 시간이론(the dynamic theory of time)이 옳다고 보기 때문이다(cf. A. G. Padgett, W. L. Craig). 이와 같은 논쟁적 상황을 고려해볼 때, 시간에 대한 현대 분석철학적 이론체계가 신학자들로 하여금 하나님의 영원성을 이해함에 있어 "무시간성"(timeessness)이거나 아니면 "시간적인 무한성"(everlastingness)으로 양자택일하게 하는 불편한 요구를 강요하고 있는 것 같다. 필자의 판단으로는, 이러한 방법으로 고전 신학자들이 그들의 신개념을 형성함에 있어 고대 그리스 철학의 존재론적 체계에 의해 제한당했던 것과 동일한 형식으로 또 다시 현대 신학자들은 분석철학적 시간개념의 체계 내에서 그들의 신이해를 제한당하는 오류를 반복하고 있는 것 같다. 그러나 문제의 본질은 "무시간성"이던 아니면 "무한한 시간성"이던 간에 두 견해 모두 하나님의 영원성에 대한 성경적인 표상—그것은 영원과 시간 사이의 어떤 본질적인 차이와 실제적이며 적극적인 관계성을 동시에 말하고 있다—을 적절하게 담아내지 못하고 있다는 사실이다.

성경에 따르면 하나님은 창조된 시간에 의하여 어떠한 제한도 받지 않고 그것을 넘어서는 동시에, 참으로 시간 속에서 행위하시며 창조된 시간과 그 시간 속에 있는 그의 피조물들과 적극적으로 관계하신다. 그러므로 여기서 필자의 의도는 고대철학이나 현대 분석철학에서처럼 시간을 "변화"의 준거에서 보는 것이 아니라, 성경적인 관점에서 그것을 "생명의 형식"으로 파악하고 재정의하고자 하였다. 동시에 신학 방법론적으로는 삼위일체론적 "유비적인 이해의 틀"(*via analogiae*)을 통하여 하나님의 영원과 인간의 유한한 시간과의 상관관계를 이해하는 데 있어 기존의 부정의 방법(*via negativa*)으로 영원을 "절대적인 무시간성"(absolute timelessness)으로 보는 견해뿐만 아니라 우월의 방법(*via eminentiae*)에 따라 그것을 단순히 "무한한 시간"(everlastingness)으로 보는 견해의 양자택일적인 한계를 뛰어넘어 시간과 영원에 대한 새로운 이해의 지평을 열어보고자 했다. 이렇게 성경적이며 신학적인 관점에서 시간을 "생명의 존재형식"으로 이해하고 재정의함으로써 우리는 삼위일체 하나님의 존재방식인 "절대적인 시간"으로서의 영원과 피조물의 존재방식인 "유한한 시간" 사이에 있는 무한한 질적 차이와 동시에 역동적인 상호관계를 "유비의 방법"(*via analogiae*)에 따라 보다 적절하게 이해할 수 있을 것이다. 이러한 "생명의 유비"를 통하여 우리는 성경이 표상하고 있는 하나님의 영원과 시간 사이의 어떤 본질적인 차이와 실제적이며 적극적인 관계성—이것은 하나님과 세계와의 관계에 있어 초월성과 내재성으로도 말할 수 있다—을 동시에 말할 수 있는 성경적인 개혁주의 생명신학을 위한 하나의 새로운 신학적 패러다임을 추구해볼 수 있을 것이다.

삼위일체 하나님과 신학

참고 문헌 (Bibliography)

Aristotle. *The Complete Works of Aristotle*. Ed. Jonathan Barnes, 2 Vols. Princeton: Princeton University Press, 1984.

Askin, Yakov F. "The Philosophic Concept of Time." In *Time and the Philosophies*, ed. H. Aguessy, et al. (Paris: Unesco Press, 1977): 127-39.

Augustine, *Confessions*. Trans. F. J. Sheed. Indianapolis: Hackett, 1993.

Baert, Patrick, ed. *Time in Contemporary Intellectual Thought*. Amsterdam: Elsevier, 2000.

Balslev A. N., and J. N. Mohanty, eds. *Religion and Time*. Leiden: E. J. Brill, 1993.

Balthasar, Hans Urs von. *The Glory of the Lord: A Theological Aesthetics*. Vol. VII, *Theology: The New Covenant*. Trans. Brian McNeil. San Francisco: Ignatius, 1989.

_____. *Theo-Drama*, Vol. 5, *The Last Act*, trans. Graham Harrison. San Francisco: Ignatius, 1998.

Barth, Karl. *Church Dogmatics*; III/2, *The Doctrine of Creation*. Trans. H. Knight, G. W. Bromiley, J. K. S. Reid, and R. H. Fuller. Edinburgh: T & T Clark, 1960.

Boethius, *The Consolation of Philosophy*. In *Boethius*, Loeb Classical Library Vol. 74, trans. S. J. Tester. Cambridge: Harvard University Press, 1973.

Boslough, John. "The Enigma of Time." *National Geographic* 177 (1990): 109-32.

Capek, Milic. "Time." In *Dictionary of the History of Ideas*, Vol. 4. Ed. P. P. Wiener (New York: Charles Scribner's Sons, 1973): 389-98.

Cobb, John B., Jr., and David R. Griffin. *Process Theology: An Introduction Exposition*. Philadelphia: Westminster, 1976.

Congar, Yves. *I Believe in the Holy Spirit*; Vol. 1, *The Experience of the Spirit*, trans. David Smith. New York: Seabury, 1983.

Coveney, Peter and Roger Highfield. *The Arrow of Time: A Voyage through Science to Solve Time's Greatest Mystery*. New York: Fawcett Columbine, 1990.

Craig, W. L. *The Tenseless Theory of Time: A Critical Examination*. Dordrecht: Kluwer Academic Publishers, 2000.

Cullmann, Oscar. *Christ and Time: The Primitive Christian Conception of Time and History*. Trans. F. V. Filson. Philadelphia: Westminster, 1949.

Davies, Paul. *About Time: Einstein's Unfinished Revolution*. New York: Touchstone,

1996.

Drees, Willem B. *Beyond the Big-Bang: Quantum Cosmologies and God*. LaSalle, Ill.: Open Court, 1990.

Eichrodt, Walther. *Theology of Old Testament*, Vol. 1. Trans. J. A. Baker. Philadelphia: Westminster, 1961.

Feinberg, John S. "New Dimensions in the Doctrine of God." In *New Dimensions in Evangelical Thought*, ed. David S. Dockery (Downers Grove, Ill.: InterVarsity, 1998): 235–69.

_____. *No One Like Him: The Doctrine of God*. Wheaton, Ill.: Crossway, 2001.

Ferguson, Sinclair B. *The Holy Spirit*. Downers Grove, Ill.: InterVarsity, 1996.

Frame, John M. *The Doctrine of God*. Phillipsburg: P & R Publishing, 2002.

Fraser, J. T. *The Voices of Time: A Cooperative Survey of Man's Views of Time as Expressed by the Sciences and by the Humanities*, 2nd ed. Amherst: The University of Massachusetts Press, 1981.

_____. *Time: The Familiar Stranger*. Amherst: University of Massachusetts Press, 1987.

Fraser, J. T., and M. P. Soulsby. "The Literature of Time." In G. J. Whitrow, *What Is Time? The Classic Account of the Nature of Time* (Oxford: Oxford University Press, 2003): 145–60.

Fretheim, Terence. "Yahweh." In *New International Dictionary of Old Testament Theology and Exegesis*, ed. Willem A. VanGemeren, vol. 4 (Grand Rapids: Zondervan, 1997): 1295–1300.

Gale, Richard M., ed. *The Philosophy of Time: A Collection of Essays*. Garden City: Doubleday, 1967.

Gardet, L., et al. *Cultures and Time* .Paris: Unesco Press, 1976.

Grudem, Wayne. *Systematic Theology: An Introduction to Biblical Doctrine*. Grand Rapids: Zondervan, 1994.

Gutiérrez, Gustavo. *The God of Life*, trans. Matthew J. O'Connell. Maryknoll, N.Y.: Orbis, 1991.

Hall, Edward T. *The Dance of Life: The Other Dimension of Time*. New York: Anchor Books, 1984.

Harris, Errol E. *The Reality of Time*. Albany: State University of New York Press, 1988.

Hasker, William. *God, Time, and Knowledge.* Ithaca: Cornell University Press, 1989.

Hawking, Stephen W. *A Brief History of Time: From the Big Bang to Black Holes.* Toronto: Bantam Books, 1988.

Heidegger, Martin. *Being and Time.* Trans. John Macquarrie and Edward Robinson. San Francisco: Harper San Francisco, 1962.

Helm, Paul. *Eternal God: A Study of God without Time.* Oxford: Clarendon, 1988.

Horvath, Tibor. "A New Notion of Time." *Science et Esprit* 40 (1988): 35-55.

Jenson, Robert W. *Unbaptized God: The Basic Flaw in Ecumenical Theology.* Minneapolis: Fortress, 1992.

Leftow, Brian. *Time and Eternity.* Ithaca: Cornell University Press, 1991.

Lewis, Peter. *The Message of the Living God.* Downers Grove, Ill.: InterVarsity, 2000.

Link, H.-G. "Life." In *The New International Dictionary of New Testament Theology*, ed. Colin Brown, Vol. 2 (Grand Rapids: Zondervan, 1986): 474-84.

Lippincott, Kristen, et al. *The Story of Time.* London: Merrell Holberton, 1999.

Lowe, E. J. *The Possibility of Metaphysics: Substance, Identity, and Time.* Oxford: Clarendon, 1988.

Martens, Elmer A. "Names of God." In *Baker Theological Dictionary of the Bible,* ed. Walter A. Elwell (Grand Rapids: Baker, 1996): 295-300.

Moltmann, J. *The Spirit of Life: A Universal Affirmation.* Trans. Margaret Kohl. Minneapolis: Fortress, 1992.

Montague, George T. *Holy Spirit: Growth of a Biblical Tradition.* Peabody, Mass.: Hendrickson, 1994.

Mounce, Robert H. *The Book of Revelation.* Rev. ed. Grand Rapids: Eerdmans, 1998.

Muilenburg, J. "The Biblical View of Time." *Harvard Theological Review* 54 (1961): 225-52.

Oden, Thomas C. *The Living God: Systematic Theology*, Vol. 1. San Francisco: Harper San Francisco, 1992.

Pannenberg, Wofhart. *Metaphysics and the Idea of God.* Trans. Philip Clayton. Grand Rapids: Eerdmans, 1990.

Pike, Nelson. *God and Timelessness.* New York: Schocken Books, 1970.

Pinnock, C. H. "Systematic Theology." In *The Openness of God* (Downers Grove, Ill.: InterVarsity, 1994): 101-25.

Plato, *Timaeus*. In *Plato: Complete Works*, ed. John M. Cooper. Indianapolis: Hackett, 1997.

Plotinus. *The Enneads*, trans. Stephen MacKenna. New York: Larson, 1992.

Schweizer, Eduard. *The Holy Spirit*. Trans. Reginald H. and Ilse Fuller. Philadelphia: Fortress, 1980.

Shoemaker, Sydney. "Time without Change." *Journal of Philosophy* 66 (1969): 363-81.

Sorabji, Richard. *Time, Creation and Continuum: Theories in Antiquity and the Early Middle Ages*. Ithaca: Cornell University Press, 1983.

Swinburne, Richard. *The Coherence of Theism*. Oxford: Clarendon, 1977.

Turetzky, Philip. *Time*. London: Routledge, 1998.

Walker, Larry L. "Tree of Life." In *New International Dictionary of Old Testament Theology and Exegesis*, ed. Willem A. VanGemeren, Vol. 4 (Grand Rapids: Zondervan, 1997): 1260-61.

Ware, Bruce A. "An Evangelical Reformulation of the Doctrine of the Immutability of God." *Journal of the Evangelical Theological Society* 29 (1986): 434-40.

Weber, Otto. *Foundations of Dogmatics*, Vol. 1. Trans. Darrell L. Guder. Grand Rapids: Eerdmans, 1981.

Wenham, Gordon J. *Word Biblical Commentary;* Vol. 1, *Genesis 1-15*. Waco, Tex.: Word Books, 1987.

Whitrow, G. J. *The Natural Philosophy of Time*, 2nd ed. Oxford: Clarendon, 1980.

Wolterstorff, Nicholas. "God Everlasting." In *God and the Good*, eds. C. Orlebeke and L. Smedes (Grand Rapids: Eerdmans, 1975): 181-203.

제6장

관계 속에 있는 생명

삼위일체 하나님과 구속사적 인간 이해

I. 들어가는 말

시간의 본질은 과연 무엇인가? 전통적으로 철학이나 현대 과학적 이해에 따르면, 시간은 언제나 "변화"(change) 혹은 그것과 밀접하게 연관된 것으로 이해되어왔다. 따라서 "변화"와 관계된 시간 이해와 관련하여 현재 신학적으로 하나님의 존재형식인 영원의 이해에 있어 "무시간성"(timeless view)으로서의 이해와 "시간적 무한성"(everlasting view)으로서의 이해가 서로 날카롭게 대립하고 있다.[1] 그러나 성경적 이해에 기초한 기독교 신학적인 관점에서 볼 때, 오히려 시간의 본질은 "생명"(life)이며, 시간은 "생명의 형식"(the form of life)으로 이해되는 것이 보다 적절하다는 것은 이미 앞서 살펴보았다. 또한 그럼으로써 우리는 신학 방법론적으로 "유비적인 방법"(*via analogiae*)을 통하여 하나님의 영원과 인간의 유한한 시간과의 상관관계를 이해하는 데 있어 기존의 부정의 방법(*via negativa*)으로 영원을 "절대적인 무시간성"(absolute timelessness)으로 보는 견해뿐만 아니라, 우월의 방법(*via eminentiae*)에 따라 그것을 단순히 "무한한 시간의 영속성"(everlastingness)으로 보는 견해 중 양자택일적인 한계를 뛰어넘어 시간과 영원에 대한 새로운 이해의 지평을 열수 있는 가능성을 가늠해 볼 수 있을 것이다.

시간은 인간의 실존형식이며, 우리가 생명을 영위하기 위한 본질적인 조건이다. 즉, 시간이란 우리가 삶을 영위하는 "존재의 집"(the

---

1   현대과학과 철학에서의 시간의 본질에 대한 논쟁의 핵심은 그것이 과연 "역동적"(dynamic)이냐, 아니면 "정태적"(static)이냐 하는 것이다. 이 경우에 준거점은 "변화"로서의 시간 (즉, 측정된 시간, measured time)이다. 그러나 문제의 본질은 "무시간성"이던, 아니면 "무한한 시간성"이던 간에 두 견해 모두 하나님의 영원성에 대한 성경적인 표상 ―그것은 영원과 시간 사이의 어떤 질적이며 본질적인 차이와 동시에 실제적이며 역동적인 관계성을 동시에 말하고 있다― 을 적절하게 담아내지 못하고 있다는 사실이다.

home of being) 혹은 "존재의 그릇"(the vessel of being)이라고 할 수 있다. 인간은 그 자신의 생명의 형식으로서 하나님으로부터 주어진 그 자신의 시간 안에서 살아가며,[2] 또한 그럼으로써 그것으로부터 전혀 도피할 수가 없다. 따라서 시간은 "생명으로서의 존재"(a living being 혹은 a being-as-life; cf. 창 2:7, "생령")의 구성적 형식이며, 존재와 시간은 상호 불가분리적이다. 말하자면, 시간이라는 형식에 담긴 존재, 그것이 곧 "생명으로서의 존재"(a being-as-life)이다. 이와 같이 생명은 언제나 시간을 전제한다. 이러한 의미에서 칼 바르트(K. Barth)는 "인간은 그 자신의 시간 속에서 생명을 영위한다. 이 단순한 진술은…인간 존재의 구성을 드러낸다"고 말한다.[3] 모든 개개인들은 그들 자신의 시간을 가지며, 따라서 모든 피조물들의 시간의 총체는 하나의 전체로서의 역사, 곧 연대기적 시간을 구성한다. 그리고 이러한 이해는 최종적으로 하나

---

2 예를 들어, 이스라엘 왕이었던 히스기야의 생명을 연장시켜 주시며 하나님께서는 "내가 네 생명에 십 오년을 더할 것"(I will add fifteen years to your life, 왕하 20:6; cf. 창 25:7, 47:28; 신 32:39; 시 39:4)이라고 말씀하신다. 즉, 히스기야의 생명을 연장시킴에 있어 하나님께서는 시간을 주신다. 이와 같은 성경의 가르침에 따라, 하나님께서는 우리의 생명을 시간의 그릇에 담아주신 것을 알 수 있다. 이러한 이유로 하여, 필자는 시간이 생명으로 창조된 존재인 우리의 "실존 형식"(the form of existence) 혹은 "존재의 집"(the home of being)이라고 말하는 것이다.

3 Karl Barth, CD, III/2, 437. 바르트는 계속하여 다음과 같이 설명하고 있다: "만일 사람이 살아 있다면, 그는 그의 시간 안에서 산다. 그의 생명은 그 자신의 운동, 의도함, 그리고 움직임의 행위들의 연속이다. 하나의 전체로서 혹은 그 세밀한 부분으로서 이것이 가능하다는 사실은 사람이 이러한 행위들을 성취하기 위한 시간이 필연적으로 전제되어야 한다. 달리 말하자면, 그는 그 자신의 과거로부터 현재를 통하여 그 자신의 미래로 정확하게 움직이는 위치를 점해야만 한다. 그럼으로써 그 모든 변화 가운데서 또한 항상 그 자신의 개인적인 정체성을 유지하면서 그러한 행위들을 성취하여야 한다"(ibid.). 따라서 "만일 사람이 시간을 소유하고 있지 않다면, 즉 그의 존재가 무시간적(timeless)이라면, 그는 생명을 가지지 못할 것이다.…그러므로 시간은 그의 생명을 위하여 없어서는 아니되는 필수적인 조건(the conditio sine qua non)이다. 만일 시간이 없다면, 인간이 그 육체의 영혼으로서 그의 존재와 본성을 완성할 수 없을 것이다. 그는 반드시 시간을 필요로 하며, 그것을 가져야만 한다"(ibid.).

의 전체로서의 세계, 즉 창조된 창조세계 전체를 포괄하는 우주적 시간(the cosmological time)으로 확장된다는 것도 이미 언급한 바 있다.

이와 같이 존재하는 모든 것은 그 자신의 고유한 생명을 가지고 있다. "살아 있는 존재"(a living being) 혹은 "생명으로서의 존재"(a being-as-life)가 된다는 것은 그 자신의 생명을 가진다는 것이며, 또한 그 생명의 존재형식으로서 그 자신의 시간을 가진다는 것을 의미한다. 즉, 시간은 생명으로서의 존재의 "존재 형식"(the form of being-as-life)이다. 그러나 하나의 생명은 항상 또 다른 생명들과의 관계 속에서 존재한다. 따라서 여기서 필자는 이미 "생명의 형식"(the form of life)으로 파악된 시간을 이제 다시 "관계의 형식"(the form of relation)으로 이해함으로써 "관계-속에-있는-생명으로서의-존재"(the being-as-life-in-relation)의 존재 형식에로의 개념적인 확장을 시도해 보고자 한다.

전통적으로 고대 그리스 철학의 존재론적 형이상학에 따르면 "존재"(being)는 하나의 "실체"(substance, *ousia*, *substantia*, or *essentia*)로 이해되어 졌다.[4] 이러한 경우에 하나님은 "최고의 실체"(the Supreme Substance) 혹은 "가장 완전한 존재"(the most Perfect Being)로 이해되었다.[5] 그러나 서구 근대철학에서는 데카르트(René Descartes)의 소위 "나는 생각한다, 그러므로 존재한다"(*cogito ergo sum*)라는 인식론적 전환과 임마누엘 칸트(Immanuel Kant)의 주관주의(subjectivism)와 더불어 인간 존재에 대한 이해는 "자아에로의 전환"(the turn to the self) 혹은 "주체에로의 전환"(the turn to the subject)으로 특징지어졌다.[6] 이러한 경우, 하나님은

---

4   Cf. Christopher Stead, *Divine Substance* (Oxford: Clarendon, 1977).

5   Jürgen Moltmann, *The Trinity and the Kingdom: The Doctrine of God*, trans. Margaret Kohl (San Francisco: Harper & Row, 1981), 10-12.

6   Kevin J. Vanhoozer, "Human Being, Individual and Social," in *The Cambridge Companion to*

삼위일체 하나님과 신학

또다시 하나의 "절대적인 주체"(the Absolute Subject)로 이해되었다.[7] 그러나 최근에 인간 존재뿐만 아니라 하나님의 존재에 대하여 관계론적 이해에 대한 관심이 점증하고 있다.[8] 우리는 이러한 존재에 대한 관계론적 이해의 경향을 근대적 "주체에의 전회"(the modern turn to the self)에 대비시켜 포스트모던적인 "관계성에로의 전회"(the postmodern turn to relationality)라고 부를 수 있을 것이다.[9]

Christian Doctrine, ed. Colin E. Gunton (Cambridge: Cambridge University Press, 1997), 159.

[7] Moltmann, *The Trinity and the Kingdom*, 13-15.

[8] 이 점과 관련하여 다음을 참조하라: John Macmurray, *Persons in Relation* (New York: Harper & Brothers, 1961); John D. Zizioulas, *Being as Communion: Studies in Personhood and the Church* (Crestwood, N.Y.: St. Vladimir's Seminary Press, 1985) and "Human Capacity and Human Incapacity: A Theological Exploration of Personhood," *Scottish Journal of Theology* 28 (1975): 401-48; Alistair I. McFadyen, *The Call to Personhood: A Christian Theory of the Individual in Social Relationships* (Cambridge: Cambridge University Press, 1990); Christoph Schwöbel and Colin E. Gunton, eds., *Persons, Divine and Human* (Edinburgh: T & T Clark, 1991); Alan J. Torrance, *Persons in Communion: An Essay on Trinitarian Description and Human Participation* (Edinburgh: T & T Clark, 1996) and "What Is Person?" in *From Cells to Souls-and Beyond*, ed. Malcolm Jeeves (Grand Rapids: Eerdmans, 2004), 199-222; Stanley J. Grenz, *The Social God and the Relational Self: A Trinitarian Theology of the Imago Dei* (Louisville: Westminster John Knox, 2001); and F. LeRon Shults, *Reforming Theological Anthropology: After the Philosophical Turn to Relationality* (Grand Rapids: Eerdmans, 2003).

[9] Cf. Shults, *Reforming Theological Anthropology*, 11-36.

II. 관계 속에 있는 생명의 존재형식으로서의 시간

1. "관계-속에-있는-생명"으로서의 존재: 성경적 인간이해

존재에 대한 관계론적 이해에 따르면, 인간의 존재는 근대철학에서처럼 아무런 창문도 없이 닫힌 하나의 "단자적 실체"(a monadic substance) 혹은 "고립적 주체"(an isolated self)가 아니라, 본질적으로 타자와의 관계 속에서 존재한다. 존재에 대한 이러한 관계론적 이해야말로 현대 기독교 신학에서 삼위일체론적 신학(Trinitarian theology)이 새로운 르네상스기를 맞이한 여러 이유들 가운데 가장 중요한 요소일 것이다. 말하자면, 이미 우리가 살펴본 바와 같이 성경적인 인간 이해에 따르면, 인간의 본질은 "생명으로서의 존재"(a living being or a being-as-life)이며, 이러한 생명으로서의 존재는 오직 타자와의 관계 속에서만 하나의 온전한 "인격적인 존재"로 실존할 수 있다. 이러한 의미에서, 필자는 이제 인간의 존재를 다음과 같이 재정의함으로써 그 개념적 지평을 확대하고자 한다: "관계-속에-있는-생명으로서의-존재"(*the being-as-life-in-relation*). 예를 들어, 독일의 조직신학자인 볼프하르트 판넨베르그(W. Pannenberg)는 인간 존재를 "세계에로의 개방성"(the openness to the world), 그리고 나아가 "하나님에게로의 개방성"(the openness to God)으로 특징화할 수 있다고 보았다.[10]

그러나 필자는 보다 성경적인 인간 이해로서의 "관계-속에-있는-생명으로서의-존재"인 인간을 영적(spiritual), 사회적(social), 그리고 생

---

10 Wolfhart Pannenberg, *What Is Man?: Contemporary Anthropology in Theological Perspective*, trans. Duane A. Priebe (Philadelphia: Fortress, 1970), 1-13.

물리학적(bio-physical)인 삼중적 관계의 측면에서 보다 전인적으로 이해하고자 하는데, 이들 각각은 인간의 영(the spirit), 혼(the soul), 그리고 육체(the body)에 상응하는 것으로 볼 수 있을 것이다(cf. 살전 5:23, "평강의 하나님이 친히 너희를 온전히 거룩하게 하시고 또 너희의 온 영과 혼과 몸이 우리 주 예수 그리스도께서 강림하실 때에 흠 없게 보전되기를 원하노라").[11] 또한 그들 각각은 하나님에 대한 "영적인 관계"(the spiritual relation to God), 다른 인간 존재에 대한 "사회적인 관계"(the social relation to the other human beings), 그리고 자연 환경에 대한 "생물리-화학적 관계"(the bio-physical relation to the environmental world)로 대별할 수 있을 것이다. 이러한 삼중관계(the triple relationshp) 속에서의 인간이해는 다음과 같은 인간 창조 기사에서 그 성경적 기초를 찾아볼 수 있을 것이다.

(1) 하나님이 자기 형상 곧 하나님의 형상대로 사람을 창조하시되, (2) 남자와 여자를 창조하시고, (3) 하나님이 그들에게 복을 주시며 하나님이 그들에게 이르시되 "생육하고 번성하여 땅에 충만하라, 땅을 정복하라, 바다의 물고기와 하늘의 새와 땅에 움직이는 모든 생물을 다스리라" 하시니라 (창 1:27-28).

상기 본문은 일반적으로 창조시 주어진 "문화 대명령"(the cultural command)이라고 불린다. 그러나 필자의 견해에 의하면, 이 본문은 하나님께서 창조하신 인간생명의 본질을 가장 정확하게 규명해주고 있는 본문 가운데 하나이다. 이 말씀의 핵심은 영원토록 자존하시는 참

---

11   Cf. Cornelis A. van Peursen, *Body, Soul, Spirit: A Survey of the Body-Mind Problem* (London: Oxford University Press, 1966).

생명이신 하나님께서 자신의 형상대로 인간 곧 "인격적 생명"을 창조하시고, 그 충만한 생명을 온전히 누리라고 복을 주신 것이다. 하나님의 인간 창조 기사를 좀 더 상세하게 설명하고 있는 창세기 2장을 보면, 하나님께서는 인간을 창조하시되, 먼저 흙으로 인간을 지으셨다고 했다. 사실 생화학적으로 분석하여 보면, 우리의 육신의 몸은 대부분 단백질과 탄수화물 그리고 지방으로 이루어져 있다. 생화학적 생명의 핵심 구성요소인 단백질은 20여가지의 아미노산으로 이루어져 있으며, 그것은 또한 탄소와 산소, 질소, 또 미량의 칼슘, 인, 철 등의 화학 원소들이 약 30% 그리고 70%의 물로 이루어진 "진흙사람"(dust-man)이다. 이 진흙사람에다 하나님께서 코로 그 생기를 불어넣으시니 "생령"(a living being - 살아 있는 존재, 곧 생명으로서의 존재)이 되었다고 했다.

그러나 상기 성경 본문을 좀 더 면밀하게 분석해보면 하나님의 형상(the *Imago Dei*)으로 창조된 인간 존재는 애초부터 철저하게 타자(the Other)와의 관계 속에서 존재하는 것이며, 우리의 생명은 곧 관계 속에 있는 생명임을 알 수 있다. 즉, 앞서 정의한 바와 같이 인간은 "관계-속에-있는-생명으로서의-존재"이다. 다음의 분석에서 "관계-속에-있는-생명으로서의-존재"인 인간은 삼중적 관계 속에 있는 존재임을 분명하게 알 수 있다.

(1) 하나님과의 관계: "하나님이 자기 형상 곧 하나님의 형상대로 사람을 창조하시되"

　　→ **영적 관계**(Spiritual Relationship)

(2) 사람과 사람과의 관계: "남자와 여자를 창조하시고"

　　→ **사회적 관계** (Social Relationship)

(3) 사람과 자연 환경과의 관계: "하나님이 그들에게 복을 주시며 하나님

이 그들에게 이르시되 "생육하고 번성하여 땅에 충만하라, 땅을 정복하라, 바다의 물고기와 하늘의 새와 땅에 움직이는 모든 생물을 다스리라" 하시니라"

→ **생물리적 관계**(Bio-physical Relationship)

이러한 삼중관계에서 나타난 바와 같이 "관계-속에-있는-생명으로서의-존재"인 인간의 생명에도 다음과 같은 삼중적인 차원이 있다고 볼 수 있을 것이다. 이와 같은 삼중관계 속에서 하나님께서 우리에게 주신 생명은 닫힌 존재가 아니라 열려 있어야 하고, 또한 상호교제와 소통이 있어야 그 생명이 온전할 수 있을 것이다.

(1) 하나님과의 관계-[**Spiritual Life; 영적 생명**]-하나님과의 영적인 교제.
(2) 사람과 사람과의 관계-[**Social Life; 사회적 생명**]-다른 사람과의 관계적 소통, 경제 및 정신적 문화 예술 활동 포함.
(3) 사람과 자연 환경과의 관계-[**Bio-physical Life; 생물리-화학적 생명**]-호흡과 음식의 섭취 및 신진대사 작용, 그리고 육체적 경작 활동을 포함하는 대 자연환경과의 관계.

이와 같이 성경적인 의미에서, 인간은 창문 없이 닫힌 단자적 실체(a closed monadic substance)도 아니며, 만인이 만인에 대하여 적자생존의 대립적인 생존투쟁 관계 속에서 고독한 실존적 자아 혹은 주체(an isolated self or the subject)가 아니라 그 본질적 측면에 있어 상호적인 "관계적 존재"(a relational being)로 이해하는 것이 보다 적절할 것이다. 또한 여기서 필자는 성경적인 인간 존재에 대한 이해로서 "**관계-속에-있는-생명으로서의-존재**"로 이해할 뿐만 아니라, 나아가 시간을 그러한 존재를 가능하게 하는 **관계적-존재형식**(the form of existence or the mode of being)으로 제시하고자 한다.

먼저 성경이 말하는 인간을 이해하려면, "하나님의 형상"(the doctrine of the *imago Dei*)에 대한 이해가 신학적 인간론의 본질적인 기초가 될 것이다. 안토니 후크마(Anthony A. Hoekema)가 말하는 것처럼, 하나님의 형상에 따른 인간의 창조는 "성경적 인간 이해의 가장 독특한 요소"이다(cf. 창 1:26-27).[12] 역사적으로, 하나님의 형상(the *imago Dei*)에 대하여 다양한 해석들이 제시되었는데, 대체로 다음 3가지로 요약해서 분류할 수 있다. (1) 하나님의 형상(the *imago Dei*)은 종종 인간의 이성(지적 능력), 자유의지, 도덕적 능력, 종교적 책임성, 인간본성의 탁월성 등의 어떤 구조적인 요소로 이해되었다—"구조적 혹은 실체론적 하나님 형상 이해"(the structural/substantial understanding); (2) 혹은 하나님의 대리자로서의 창조세계에 대한 통치권으로 이해되었다—"기능론적 하나님 형상 이해"(the functional understanding); (3) 그러나 토마스 아퀴나스(Thomas Aquinas)의 "존재의 유비"(*analogia entis*)를 거부하고 오직 "신앙의 유비"(*analogia fidei*)만을 주장했던 칼 바르트는 하나님의 형상을 어떤 인간의 구조나 특성, 능력 등과 같은 것으로 정의하고자 하는 모든 시도를 거부했다. 반면에 바르트는 "관계의 유비"(*anlogia relationis*)라는 본회퍼(D. Bonhoeffer)의 생각을 받아들여 인간의 "대면적 관계성"(I-Thou relationship)을 하나님의 형상의 본질적인 요소로 보았다—"관계론적 하나님 형상 이해"(the relational understanding).

바르트에 따르면 남자와 여자로 창조된 인간은 그 둘 사이에 "나-당신"이라는 관계성(I-Thou relationship)이 존재하며, 이러한 대면적 관

---

12   Anthony A. Hoekema, *Created in God's Image* (Grand Rapids: Eerdmans, 1986), 11.

계성이야말로 인간에게 있는 삼위일체 하나님의 형상이다. 바르트에 의하면, 창세기 1:26의 "우리의 형상을 따라 우리의 모양대로 우리가 사람을 만들자"라는 말씀의 의미는 삼위 하나님 사이의 "대내적 일치된 합의"(the intra-divine unanimity)를 말한다.[13] 바로 이 문맥에서 바르트는 내재적 삼위일체의 관계성에 기초한 하나님의 형상에 따라 인간을 "남자와 여자"로 창조하셨다는 사실을 강조하면서, 이것이 바로 "상호 간에 대한 나-당신이라는 대면적 관계"를 의미한다고 보았다.[14] 이러한 대면적 관계야말로 영원한 내재적 삼위일체 하나님의 "생명이신 자기 자신의 존재 형식"이다.[15] 바로 이러한 의미에서, 그는 말하기를 "인간은 이 [삼위일체] 하나님의 생명의 형식의 반복, 즉 그것의 복사와 반영이다.…그러므로 하나님과 인간 사이의 유비, 곧 비교의 부분(the *tertium comparationis*)은 바로 서로 대면적 관계 가운데 있는 "나"(the I)와 "당신"(the Thou)의 존재이다."[16] 달리 말하자면, 그것은 동일성을 말하는 것이 아니라 어떤 상이함 가운데 있는 상응, 곧 "관계의 유비"(*analogia relationis*)가 있음을 말하는 것이다. 이러한 방식으로 바르트는 "관계의 유비"(*analogia relationis*)로써 토마스 아퀴나스의 "존재의 유비"(*analogia entis*)를 대체시켰다. 그러나 성경에 따르면 참 하나님의 형상이시며(cf. 고후 4:4; 골 1:15), 스스로 참 하나님인 동시에 참 사람이신(the God-man)

---

13 Barth, *CD*, III/1, 183. 바르트의 해석에 따르면, "형상"과 "모양"은 하나의 반복이기 때문에 그것은 "이 형상의 모양으로"라는 의미이다 (Ibid., 184).

14 Barth, *CD*, III/1, 184. 하나의 관계적 존재로서의 하나님의 형상(the *imago Dei*)에 대한 유사한 해석과 관련해서 다음을 보라: Charles Sherlock, *The Doctrine of Humanity* (Downers Grove, Ill.: InterVarsity, 1996), 34-42. 폴 제웨트(Paul K. Jewett)는 이러한 관계성을 "남성과 여성"의 성적인 관계성에 적용시키고 있다. 그의 저작인 *Who We Are: Our Dignity as Human: A Neo-Evangelical Theology* (Grand Rapids: Eerdmans, 1996), 131-83를 보라.

15 Barth, *CD*, III/1, 185.

16 Barth, *CD*, III/1, 185.

예수 그리스도만이 유일하게 참된 "존재의 유비"(*analogia entis*)이며, 하나님과 인간 사이의 모든 관계의 기초라고 할 수 있을 것이다.

철학의 영역에서 전통적인 단자적 실체(a monadic substance) 혹은 고립적 주체(an isolated self)로서의 인간 이해에 대하여 본격적인 비판을 제기한 철학자 가운데 한 사람이 바로 존 맥머레이(John Macmurray)라고 할 수 있을 것이다.[17] 먼저 그의 저작 『작인으로서의 자아』(*The Self as Agent*)에서, 맥머레이는 "고립적 개인"(isolated individual)인 "주체로서의 자아"(the Self-as-subject) 개념을 거부하는데, 왜냐하면 그것이 근대적 인간 이해에 있어 데카르트적인 정신-육체 이원론에 기초한 "인식의 주체"(the thinking subject)로 파악된 것이기 때문이다. 그는 그것을 "인격으로서의 자아"(the Self-as-*person*) 개념으로 대체시키는데, 이것은 "인격적 존재들의 관계에 의해 구성되는 것"이라고 한다.[18] 즉, 맥머레이에 따르면, 사유하는 주체로서의 자아에 대한 전통적인 개념은 사유의 이론적 세계와 행동의 실천적 세계 사이의 이원론적 분리 문제를 해소할 수 없었다. 그러므로 그는 인간의 존재를 무엇보다 먼저 순수하게 이성적인 관점을 넘어서는 행위의 실천적 관점에 우선성을 두는 하나의 "작인"(agent)으로서의 자아로 파악한다. 그의 말을 빌리자면, "자아는 오직 작인으로서 존재하며" 이때 작인은 육체적인 작인(the bodily agent)이라고 한다.[19] 달리 말하자면, "자아는 작인으로서의 자아

---

17 Cf. John Macmurray, *The Self as Agent* (Amherst, N.Y.: Humanity Books, 1991, reprinted with Stanley M. Harrison's "Introduction," and it was originally published at London: Faber and Faber, 1957), and *Persons in Relation* (New York: Harper and Brothers, 1961). 사실 이 두 권의 저작들은 1953-54에 진행된 맥머레이의 기포드 강연(Gifford lectures)을 출판한 것이다.

18 Macmurray, *The Self as Agent*, 12.

19 Macmurray, *The Self as Agent*, 100, cf. 91.

인 한에 있어 주체"이며, "자아는 또한 주체인 한에 있어 작인"일 수가 있다.[20] 이와 같이 "작인으로서의 자아"(the Self-as-*agent*)라는 개념은 인간을 "사유자"(thinker, thinking)로서만이 아니라 "행위자"(doer, action) 로서 전인적으로 적절하게 이해하는 것을 가능하게 한다. 먼저 인간을 행동하며 사고하는 "작인"으로서 파악한 후, 그의 후속 저작인 『관계 속의 인격』(*Persons in Relation*)에서 맥머레이는 인간을 다시 "인격으로서의 자아"(the Self-as-*person*)로 정의 내리는데, 이러한 존재는 오직 타자(the Other)와의 역동적인 인격적 관계 속에 존재한다고 보았다. 그러므로 그는 결론 내리기를, "(관계적) 소통 가운데 있는 최소한의 두 사람이 존재하기 전까지는 결코 인간은 [인격적으로] 존재할 수 없다"고 주장한다.[21] 그러므로 인간의 존재는 오직 관계 가운데 있는 존재이며, 또한 그러한 역동적인 인격적 관계로서만 참된 인간으로 존재할 수 있다는 것이다.

맥머레이에 따르면, 참으로 "주체는 타자에 대한 [인격적] 관계에 의하여 구성된다." 이러한 진술은 "그것이 자신의 존재를 관계성 속에서 가진다는 것과, 그리고 이 관계성은 필연적으로 인격적인 것"이라는 것을 의미한다.[22] 예를 들어, 사랑이나 두려움과 같은 모든 인격적 행위들은 다른 사람들과 필연적으로 연관되어 있으며, 그것이 바로 모든 인격적 존재를 구성하는 것이다. 그러므로 하나의 인격적 자아(the Self-as-person)인 "내"(I)가 참된 인격적인 존재로서의 나 자신이 되기 위해서는 항상 타자(the Other)인 "너"(you)를 필요로 한다.[23] 맥머레이의

---

20 Macmurray, *The Self as Agent*, 101 and 102.

21 Macmurray, *Persons in Relation*, 12.

22 Macmurray, *Persons in Relation*, 17.

23 Cf. Macmurray, *Persons in Relation*, 69.

견해에 의하면, 하나의 인격으로서 자신(the Self, the I)과 타자(the Other, the Thou)의 관계는 인간의 존재에서 어떤 부가적인 것이 아니라 하나의 본질적인 속성이다. 맥머레이의 타자와의 관계 속에 있는 "인격으로서의 자아"(the Self-as-person)라는 철학적인 인간 이해는 하나님의 형상을 "대면적 관계성"(I-Thou relationship)으로 이해한 바르트의 신학적 인간 이해에 정확하게 상응하고 있다. 우리는 이러한 "관계-속의-인격"(persons-in-relation)으로서의 인간에 대한 거의 유사한 이해들을 다음과 같은 다양한 현대 신학자들의 주장들에서 찾아볼 수 있다: 앨리스테어 맥페이던(Alistair I. McFadyen), 존 지지울라스(John D. Zizioulas), 크리스토퍼 슈뵈벨(Christoph Schwöbel), 콜린 건튼(Colin E. Gunton), 앨런 토랜스(Alan J. Torrance), 리론 슐츠(F. LeRon Shults), 그리고 케빈 밴후저(Kevin J. Vanhoozer), etc.[24] 따라서 테드 피터스(T. Peters)는 결론 내리기를, 이제 학자들 사이에 "관계 속의 인격이라는 개념은 거의 보편적으로 받아들여지는 것 같다"고 평가한다.[25]

2. "관계-속에-있는-생명"의 존재형식: 시간(Time)

본 연구의 주된 관심과 관련하여, 이제 문제는 이러한 "관계속의 존재"라는 인간 이해와 시간에 대한 이해가 서로 어떻게 연관되는지를 살펴보는 일이다. 우리는 그에 대한 한 가지 좋은 예를 엠마뉘엘 레비나스(Emmanuel Levinas)의 타자철학에서 찾아볼 수 있다. 레비나스 역시

---

24 이들 각 저자들에 대한 상세한 참고 문헌 자료는 앞의 각주 8번을 참조하라.

25 Ted Peters, *God as Trinity: Relationality and Temporality in Divine Life* (Louisville: Westminster/John Knox, 1993), 37.

인간을 타자와의 관계 속에서 파악하는 동시에 시간을 다음과 같이 정의하고 있다: "시간이란 고립되고 고독한 주체의 성취가 아니라 주체의 타자에 대한 관계성 자체이다"[26] 레비나스의 주장에 따르면, 이제 "제일철학"(the first philosophy)은 더 이상 고전철학의 실체(the Being, substance)나 근대철학의 주체(the Self)에 대하여 다루는 존재론적 "동일자"의 형이상학이 아니라 "타자"(the Other)의 문제, 즉 타자와의 관계에 있어 책임성의 문제를 진지하게 다루는 것, 그리하여 존재를 넘어 "선"을 추구하는 "윤리학"(ethics)이 되어야 한다. 그러므로 레비나스는 "시간이란 그러한 도덕적 존재의 존재 방식"(time is the moral being's mode of being), 즉 타자의 죽음에 대하여 책임지는 존재로서의 인간의 존재방식이라고 한다.[27] 이것은 타자의 죽음에 대하여 "한 사람이 양도할 수도 없고, 위임 불가능한 책임성을 통해서만이 자기 자신이 된다"는 것을 의미하며, 시간이란 바로 이 관계성의 토대로 이해된다.[28] 그와 같은 타자와의 관계성은 곧 나 이외의 외적 존재, 즉 타자성을 경험하는 하나의 "신비"(Mystery)와의 관계라고 보았다. 그러므로 레비나스에게 타자는 항상 도대체 "어떻게 파악할 방법이 없는 대상"으로서의 당혹스러운 "미래"(the future)로서 이해된다.[29] 이것을 레비나스는 다음과 같이 설명하고 있다:

---

26 레비나스의 원문은 다음과 같다: "Time is not the achievement of an isolated and lone subject, but it is *the very relationship of the subject with the Other.*" Emmanuel Levinas, *Time and the Other*, trans. Richard A. Cohen (Pittsburgh: Duquesne University Press, 1987), 39 (italics mine).

27 E. Levinas, *God, Death, and Time*, trans. Bettina Bergo (Stanford: Stanford University Press, 1993), 43.

28 Levinas, *God, Death, and Time*, 43.

29 Levinas, *Time and the Other*, 76-77.

바로 그러한 타자와의 관계는 미래와의 관계이다. 나에게 있어 시간이라는 주제만을 말한다거나 혹은 순수하게 인격적인 지속으로 말하는 것은 불가능한 것 같다.[30] 미래와의 관계, 즉 현재 안에서의 미래의 현존은 타자와 얼굴을 대면하는 것과 완전히 동일한 것을 성취하는 것 같다. 얼굴을 대면하는 상황은 바로 시간의 성취이다. 미래에 대한 현재의 잠식(encroachment)은 하나의 주체만의 승리가 아니라 주체들 상호 간의 관계이다. 그러므로 시간의 조건은 인간들 간의 관계성에 놓여 있다(The condition of time lies in the relationship between humans).[31]

더 나아가, 에버하르트 윙엘(Eberhard Jüngel)에 따르면, 인간에게 죽음이라는 것은 "관계없음의 사건"(the event of relationlessness)에 다름 아니다. 그러므로 "죽음의 본질적인 성격은 관계없음"을 말하는 것이다.[32] 생명으로서의 우리의 존재와 관련하여 하나의 불가해한 측면은 우리 자신이 유한하고 종국에는 죽음을 맞이할 수밖에 없는 존재라는 사실에 놓여 있다. 즉 "인간의 생명은 항상 죽음과의 관계 속에 마주 서 있다는 것이다."[33] 그러나 윙엘의 견해에 의하면, 또한 우리의 생명은 항상 타자들과의 관계 속에서 결정된다. 그는 이것을 피히테(Fichte)의 말을 빌려 다음과 같이 표현한다: "인간은…오직 사람들 속에 있을 때만 인간일 수 있다."[34] 우리의 생명으로서의 존재, 즉 "관계-속의-생명

---

30 Levinas, *Time and the Other*, 77.

31 Levinas, *Time and the Other*, 79 (italics mine).

32 Eberhard Jüngel, *Death: The Riddle and the Mystery*, trans. Iain and Ute Nicol (Philadelphia: Westminster, 1975), 115 and 135.

33 Jüngel, *Death: The Riddle and the Mystery*, 13.

34 Jüngel, *Death: The Riddle and the Mystery*, 30.

으로서의-존재"(being-as-life- in-relation)에 대한 그러한 본질적인 두 가지 측면을 연결시켜 윙엘은 다음과 같이 주장한다.

> 만일 한 사람의 생명이 항상 그것이 죽음에 대하여 마주하여 서 있는 것으로서의 관계에 의하여 결정된다면, 그때 타자는 항상 나의 죽음에 대하여 관계를 가진 것으로 이해되어야만 한다. 또한 마찬가지로 나의 생명 또한 항상 타자의 죽음에 연관되어 있을 것이다. 인간의 관점에서 볼 때, 죽음이라는 것은 생명 그 자체만큼이나 사회적인 요소이다. "공동체적 생명"(*Vita communis*)은 그러므로 "공적인 죽음"(*mors publica*)에 상응한다.··· 내가 나 자신을 더 이상 소유하지 않는 시간은 곧 내가 더 이상 타자들을 소유하지 않는 그러한 시간이다. 그러므로 생명 안에서 우리는 서로 상호간에 묶여 있다.[35]

이와 같이 윙엘에게 죽음이라는 것은 타자들과의 관계 속에 있는 우리의 생명의 형식으로서의 우리 자신의 시간의 끝이다. 동시에 그것은 "한 사람의 생명 속에서 영위된 관계들이 완전히 깨어지고 단절되는" 사건이다.[36] 이것은 곧 인간은 타자와의 관계 속에 있는 생명으로서 인격적인 존재라는 것이며, 또한 시간은 그러한 그의 존재를 위한 형식임을 말하는 것이다. 결론적으로, 이러한 철학적·신학적 인간 이해를 종합하자면 시간은 한 개인으로서 우리의 생명의 존재형식임과 동시에 타자와의 관계를 위한 형식이라고 할 수 있을 것이다. 이와

---

35 Jüngel, *Death: The Riddle and the Mystery*, 30-31. 윙엘은 시간을 다음과 같이 정의한다: "시간은 인간 실존의 역사성의 형식적인 존재론적 구조이다"(Time is the formal ontological structure of the historicity of human existence, p. 118).

36 Jüngel, *Death: The Riddle and the Mystery*, 113.

같이 우리는 인간을 하나의 "관계-속에-있는-생명으로서의-존재"(a being-as-life-in-relation)로서 이해할 수 있을 뿐만 아니라, 또한 시간을 바로 그러한 "관계-속에-있는-생명으로서의-존재"로서의 인격적인 존재의 형식으로 이해할 수 있을 것이다. 이러한 방식으로 하나의 개별자로서의 우리 자신의 생명의 형식으로서의 시간은 이제 타자들과 더불어, 더 나아가 하나의 전체로서의 세계와의 관계 속에서 연대기적인 시간 곧 하나의 전체로서의 역사, 그리고 우주적인 시간으로 확장된다. 이점을 이해하기 위해서는 호르바트(T. Horvath)의 다음과 같은 설명이 도움이 될 것이다:

> [모든 개별자로서의] 인간의 시간은 중첩된 하부시간들(the multiplicities of sub-times)의 균형과 수많은 "또 다른" 하부시간들의 중첩들의 균형 속에 있는 하부시간 양자 모두이다. 이것은 비인간적 시간들에 더하여 역사는 모든 개인적 인간들의 시간들이 전체 인류의 시간을 형성함을 암시한다. 각각의 개인들은 단지 그 자신의 시간과 그 자신의 역사를 소유할 뿐이다. 그러나 그러한 개인적인 시간은 또한 다른 사람들의 시간과 [상호적인 관계의 얽힘 속에서 연결되어 중첩되고] 타인의 시간을 포함한다. 어느 누구의 시간도 타자의 시간 없이는 성취될 수 없다. [이와 같은 방식으로] 사람들의 시간의 총체는 역사를 구성하며, 그리고 그러한 것으로서의 역사는 한 개인적인 시간의 성취이기도 하다.[37]

---

37   Tibor Horvath, "A New Notion of Time," *Science et Esprit* 40 (1988): 44.

III. 삼위일체 하나님의 내적 관계를 위한 형식: 하나님의 시간 (God's Time)

1. "관계-속에-있는-생명"으로서의 삼위일체: 내재적 삼위일체의 이해

성경적인 신이해에 따르면 하나님은 삼위일체 하나님이다. 이러한 신이해에 있어 가장 먼저 분명한 사실은 살아 계신 삼위일체 하나님(the Trinity)에게는 성부, 성자, 성령 하나님의 서로 구별되는 삼위(the three persons)가 존재한다는 것이다. 기독교 신학과 신앙에 있어 성경에서, 그의 구속 행위 가운데서, 그리고 최종적으로는 그 자신의 영원한 말씀인 예수 그리스도를 통하여 스스로를 삼위일체 되신 하나님으로 계시하신 살아 계신 하나님 외에 다른 하나님은 없다. 그러나 참된 성경의 하나님이 진정 삼위일체 하나님으로 존재하시며, 또한 그것이 진리임을 말하는 기독교 삼위일체론이 단순히 어떤 추상적 사색의 결론이라거나 혹은 전혀 이해 불가능한 하나의 신앙의 신비로만 남겨질 수 없는 것이라면, 그러한 삼위일체 하나님을 인식할 수 있는 가장 구체적이고 적절한 장소는 어디인가? 그것은 예수 그리스도의 삶, 즉 그의 유일하고 독특한 인격과 사역이라고 할 수 있을 것이다. 따라서 기독교 신학의 중심에는 언제나 하나의 기독론 중심의 삼위일체론이 있을 수밖에 없다고 할 것이다. 나아가 이것은 전체 구속사를 통하여 나타나는 삼위일체 하나님의 역사로 확장되며, 이것을 우리는 시간의 영역에서 펼쳐지는 "경륜적 삼위일체"(the economic Trinity)로 이해한다.

그러나 비록 많은 기독교 신학자들이 이러한 기독론 중심의 삼위일체론을 말하고 있긴 하지만, 그것들을 면밀하게 살펴보면 그들의 강조점들은 각기 조금씩 중요한 차이를 보인다. 예를 들면, "성육신"(K.

Barth), "십자가의 고난"(J. Moltmann), "성 토요일"(cf. 그리스도의 지옥강하 사건, H. U. von Balthasar), 혹은 "부활"(W. Pannenberg and R. W. Jenson)에 대한 상대적인 강조와 집중이 바로 그것이다. 이와 같은 각각의 강조와 집중은 그들 신학자들의 독특한 신학적 방법론과 주요 신학적 관심, 그럼으로써 그 각각의 특유한 신학적 강점과 공헌을 반영하고 있다. 그러나 필자의 견해로는 내재적 삼위일체와 경륜적 삼위일체의 통일성 문제를 고려할 때,[38] 우리는 예수 그리스도의 지상 생애의 여러 순간들 가운데 어느 한 순간만을 따로 분리하여 특별히 강조할 수가 없다. 반면에 우리는 예수 그리스도의 지상생애 전체를 이 세상의 시간적 역사 가운데서 그 영원한 내재적 삼위일체의 삶이 계시되고 드러난 하나의 경륜적 삼위일체의 삶으로 이해해야만 하기 때문이다.

먼저, 아들의 성육신 곧 영원한 하나님의 말씀이 육신이 되신 사건은 눈에 보이지 아니하는 하나님을 눈에 보이는 형태로 계시하는 유일하고 독특한 사건이다(요 1:18, "본래 하나님을 본 사람이 없으되 아버지 품속에 있는 독생하신 하나님이 나타내셨느니라"; cf. 마 1:20; 요 1:1, 14; 히 1:3). 발타자르가 적절하게 지적하는 바와 같이, "성육신은 영원의 문서고에 들어 있는 하나의 비극에 대한 n-번째 공연이 아니다. 그것은 유일하고 흠없는 완전히 독창적인 사건으로서, 영원한 지금 그리고 여기에서의(here-and-now) 아버지로부터 아들의 나심이다."[39] 이것은 영원부터 영원까지 성부께서 성령 안에서 성자를 낳으심을 의미한다. 그

---

38   내재적 삼위일체와 경륜적 삼위일체의 통일성에 대한 소위 "칼 라너의 법칙"(K. Rahner's rule)은 다음과 같다: "경륜적 삼위일체가 곧 내재적 삼위일체이며, 또한 내재적 삼위일체가 곧 경륜적 삼위일체이다"(The "economic Trinity is the "immanent" Trinity and the "immanent" Trinity is the "economic" Trinity). K. Rahner, *The Trinity*, trans. J. Donceel (New York: Crossroad, 1997), 22.

39   H. U. von Balthasar, *A Theology of History* (San Francisco: Ignatius, 1994), 39-40.

러므로 그것은 삼위 간의 내재적인 삶 속에서의 영원한 내적인 관계, 즉 내재적 삼위일체를 우리의 눈에 보이는 형식으로 반영하여 계시하는 것인바, 그것은 하나님의 말씀인 성자 하나님의 선재하심이 성경에서 분명하게 드러나기 때문이다.[40] 그러므로 예수 그리스도의 세례 시에 성부께서는 성령을 통하여 "이는 내 사랑하는 아들이라"고 선언하신다(마 3:17; cf. 막 1:11; 눅 3:22). 이것은 "너는 나의 아들이라. 오늘날 내가 너를 낳았도다"라고 하신 말씀의 성취이다(시 2:7; cf. 히 1:5). 이 구절에서의 "오늘"은 "신적인 오늘"(the Divine Today) 곧 "영원한 지금"(the divine eternal Now)으로 이해될 수 있다. 그러므로 삼위일체론을 이해함에 있어 성부가 성령 안에서 성자를 낳으심의 의미를 웨이난디(T. G. Weinandy)는 다음과 같이 설명하고 있다.

아들은 아버지에 의하여 성령 안에서 발생하신다. 그리고 그때 성령은 아들이 발생하신 바로 그 아버지로부터 동시적으로 나오신다. 성령 안에서 낳으신 바 된 그 아들은 동일한 성령 곧 그 자신을 낳으신 (사랑을 받은) 그 안에서 동시적으로 아버지를 사랑하신다. 그리고 그때 성부가 성자를 그 안에서 낳으신 바 된 분으로서 성부로부터 숨쉬어지신(나오신) 사랑의 성령은 동시에 성자를 성자 되게 또한 성부를 성부가 되도록 확정하고 정의하신다. 그 자신 안에서 성부가 성자를 낳으신 분으로서 성부로부터 나오신 거룩한 성령은 성자를 위하여 성부를 성부로서, 그리고 또한 성부를 위하여 성자를 성자로서 정위하신다.[41]

---

40   Cf. Donald Macleod, *The Person of Christ* (Downers Grove, Ill.: InterVarsity, 1998), 45-70.

41   Thomas G. Weinandy, *The Father's Spirit of Sonship: Reconceiving the Trinity* (Edinburgh: T & T Clark, 1995), 17.

이러한 설명을 통하여, 우리는 영원 속에서 삼위일체 하나님의 세 위격 사이에 존재하는 상호침투적(perichoretic)인 내적 관계를 분명하게 이해할 수 있다.

둘째로, 예수 그리스도의 지상 생애를 통한 사역은 하나의 전체로서 그 혼자만의 사역이 아니라 살아 계신 삼위일체 하나님의 상호적인 사역이다. 공생애 기간 동안 성자로서의 메시아 사역을 수행함에 있어 예수 그리스도께서는 그 모든 것을 자신의 뜻이 아니라 그를 보내신 성부의 뜻에 따라 하셨다(cf. 요 4:34; 5:30; 마 26:39). 따라서 예수 그리스도께서는 "아버지께서 내게 하라고 주신 일을 내가 이루어 아버지를 이 세상에서 영화롭게 하였사오니"(요 17:4)라고 말씀하신다. 또한 성부께서는 그렇게 할 수 있도록 성자에게 "모든 것들"과 "모든 권세"를 주셨다(cf. 눅 10:22; 마 28:18; 요 3:35). 이와 같이 아들의 모든 가르침과 사역은 그의 완전한 순종하심 가운데 온전히 아버지를 영화롭게 한 것에 다름 아니다(cf. 요 14:13; 롬 5:19). 그러므로 참된 의미에서 아버지께서는 그 아들 안에 계셨고, 또 아들을 통하여 그의 모든 일을 행하셨다(고후 5:19; 요 14:10-11; cf. 행 10:38).

나아가 성부께서는 그 아들을 지극히 사랑하시고, 또한 그럼으로써 성령을 "한량없이" 주셨다(요 3:34). 따라서 성령께서는 애초에 성자의 성육신 곧 잉태에 관계하실 뿐만 아니라(마 1:18-21; 눅 1:35), 그의 인성의 성장 및 공생애 사역에의 공적 취임식인 세례 받으시는 순간(마 3:16; 눅 3:22)과 더불어 공생애를 위한 광야시험의 과정(마 4:1-11; 눅 4:1-13)에도 성부로부터의 능력 주시는 권위로서 항상 아들과 함께 하셨고, 이후 그의 모든 메시아적 사역에 함께 동참하셨다(마 3:16; 눅 3:22, 4:1, 14-18, etc.). 그러므로 사도행전 10:38에서는 "하나님이 나사렛 예수에게 성령과 능력을 기름 붓듯 하셨으매 그가 두루 다니시며 선한 일을 행하시고 마귀에게 눌린 모든 사람을 고치셨으니 이는 하나 님이 함께 하셨음이라"고 증거한다. 그리고 이제 성령께서는 자기 스 스로를 위하지 아니하시고 아버지를 영화롭게 한 바로 그 아들을 영화 롭게 하신다(요 16:14). 성령께서는 그 자신의 것이 아니라 아들의 것을 말함으로(요 16:13, 14), 아들에 대하여 증거함으로(요 15:26), 그리고 아 들이 말한 모든 것을 우리에게 가르치고 기억나게 하심으로(요 14:26) 그렇게 하신다. 그러므로 모든 영광이 살아 계신 삼위 하나님 모두에 게 속한다: "이는 만물이 주에게서 나오고 주로 말미암고 주에게로 돌 아감이라. 그에게 영광이 세세에 있을지어다. 아멘!"(롬 11:36). 이러한 방법으로, 우리는 삼위 하나님의 각 위격들 사이에 상호적인 자기-구 별하심(the mutual self-distinction)과 더불어 하나의 단일성 안에서 서로 에 대한 상호적인 자기를 내어주심(the mutual self-submission)을 인식할 수 있는데, 이것이 바로 삼위일체 하나님의 상호 내재적 관계 가운데 있는 단일성의 구체적인 형식이다.[42]

셋째로, 예수 그리스도의 십자가와 부활 사건은 그 모든 것 가운 데 가장 유일하고 독특하게 삼위일체적인 사건으로 드러난다. 그러므 로 몰트만(J. Moltmann)이 말하는 바와 같이, 그것은 "역사의 역사"(the history of history)로 규정되는 사건이며,[43] 모든 역사의 중심이라고 할 수 있을 것이다. 이미 언급한 바와 같이 비록 성육신과 고난 받으시기 이 전의 생애 또한 삼위일체 하나님의 계시이긴 하지만, 예수 그리스도 의 십자가와 부활 사건은 삼위일체 하나님의 구별되심과 하나 되심 가

---

42 Cf. Wolfhart Pannenberg, *Systematic Theology*, vol. 1 (Grand Rapids: Eerdmans, 1991), 300-27.

43 J. Moltmann, *The Crucified God*, trans. R. A. Wilson and John Bowden (New York: Harper & Row, 1974), 247.

운데 있는 분리 불가능한 상호적인 관계성을 계시하는 유일하고 독특한 순간이다. 따라서 몰트만이 적절하게 지적하는 바와 같이, "십자가에서 일어난 일은 하나님과 하나님 사이에 일어난 하나의 사건이다. 그것은 하나님께서 하나님을 버리시고 그 자신에 대하여 대적하는 것인 한에 있어 하나님 자신 안에서의 깊은 나누어짐이다. 동시에 그것은 하나님이 하나님과 더불어 하나이시고 그 자신에 상응하는 한에 있어 하나의 단일성이다."[44] 성부로터 성자의 완전한 소외는 예수 그리스도가 십자가상에서 그의 존재의 깊은 심연으로부터 외친 다음과 같은 극한의 절규에서 가장 극명하게 드러난다: "예수께서 크게 소리 질러 이르시되 '엘리 엘리 라마 사박다니' 하시니 이는 곧 '나의 하나님, 나의 하나님, 어찌하여 나를 버리셨나이까' 하는 뜻이라"(마 27:46). 그러나 동시에 그것은 아버지의 뜻에 따라 십자가에서 죽으시기까지 완벽하게 순종하심으로 보여주신 아들의 자기희생의 사랑 속에서 성부와 성자의 완전한 통일성을 가장 극명하게 보여주는 일대 사건이기도 하다. 그래서 성경은 성자께서 "자기를 낮추시고 죽기까지 복종하셨으니 곧 십자가에 죽으심이라"고 했다(빌 2:8; cf. 마 26:39). 바로 이러한 의미에서, 예수께서는 마침내 "다 이루었다"고 선언하셨다(요 19:30). 이것은 성부께서 그 아들로 하여금 수행하시도록 부여하신 메시아적 사역을 완전하게 성취하셨음을 말하는 것이다(cf. 요 17:4).

그러나 십자가에서의 성자의 죽으심이 곧 살아 계신 삼위일체 하나님의 신적 드라마(Theo-Drama)의 마지막을 장식하는 최종적인 장면은 아니었다. 스스로 "자존하시는 생명"이시며 영원부터 영원까지 "살아 계신 하나님"(the Living God)이신 성부께서는 또한 "생명의 영"이신

---

44 Moltmann, *The Crucified God*, 244.

성령 안에서 성자를 죽은 자들 가운데서 부활의 생명으로 다시 일으키셨다. 그리고 이제 성부께서는 성자를 그의 보좌 우편에 앉히시고 "하늘과 땅의 모든 권세"를 주심으로 지극히 영화롭게 하셨다(마 26:64; 28:18; 히 8:1; 12:2). 성자께서 죽은 자로부터 생명에로 다시 부활하신 것은 참으로 "죽음의 죽음"(the death of death)이었다. 성경은 이것을 웅변적으로 "이 썩을 것이 썩지 아니함을 입고 이 죽을 것이 죽지 아니함을 입을 때에는 사망을 삼키고 이기리라고 기록된 말씀이 이루어지리라. 사망아, 너의 승리가 어디 있느냐? 사망아 네가 쏘는 것이 어디 있느냐?"(고전 15:54-55)라고 선언하고 있다.

바로 이러한 의미에서 예수 그리스도의 부활 사건은 죽을 수밖에 없는 생명으로부터 영원한 새로운 생명을 향한 하나의 전체적인 역사에 있어 결정적인 전환점이 되었다. 동시에 그것은 우리를 위한 참 생명이신 삼위일체 하나님의 죽음에 대한 최종적인 승리와 종말론적인 생명의 완성을 예기하고 있다. 따라서 성경은 "맨 나중에 멸망 받을 원수는 사망"이라고 했다(고전 15:26; 계 20:14). 부활 사건에서 생명의 영이신 성령께서는 성부와 성자 사이에 "생명의 결합"(the Bond of Life)이 되셨다. 판넨베르크(W. Pannenberg)가 지적하는 것처럼 "삼위일체의 삼위 하나님 모두가 바로 이 사건에서 함께 동역하신다. 그러나 여기서는 모든 생명의 창조적 근원이신 성령의 사역에 결정적인 중요성이 놓여 있다. 바로 이러한 의미에서 이제 성부와 성자가 성령의 사역에 위임된다고 우리는 말할 수 있을 것이다."[45] 그러므로 십자가와 부활 사건에서 우리는 삼위 하나님 사이의 분명한 "상호적인 자기-구별"과 함께 나누일 수 없는 하나의 단일성 안에 있는 "상호적인 불가분리의 관

---

45   Pannenberg, *Systematic Theology*, vol. 1, 315.

계성"을 확인할 수 있다. 이러한 방법으로, 예수 그리스도의 지상 생애 전체는 스스로 영원한 생명이신 삼위일체 하나님의 내재적인 삶을 구속역사 속에서 직접적으로 계시하는 것이며, 또한 그와 같은 내재적인 삼위일체 하나님(the immanent Trinity)은 완전한 "관계-속에-있는-생명으로서의-존재"(the perfect Being-as-life-in-relation)이심을 계시하여주고 있다.

2. 내재적 삼위일체의 존재형식으로서의 하나님의 시간: 영원(Eternity)

지금까지 우리가 살펴본 것처럼 삼위일체 하나님 안에서 삼위 간의 내적관계에 있어 상호침투적인(perichoretic) 내재적 관계성은 완전한 단일성을 이루게 한다. 그렇기 때문에 살아 계신 삼위일체 하나님은 완전한 "관계-속에-있는-생명으로서의-존재"이시다. 따라서 삼위일체 하나님께서는 완전한 "관계-속에-있는-생명으로서의-존재"이시기 때문에 그러한 그의 존재의 형식으로서 그 자신의 시간을 가지신다. 말하자면, 그 자신의 내적인 관계적 삶을 이루시는 삼위일체 하나님의 상호적인 내적 관계(the *perichoresis*)의 형식으로서의 "하나님의 시간"(God's time) 곧 "영원"(Eternity)은 살아 계신 삼위일체 하나님 자신이다. 그러나 그러한 것으로서의 "삼위일체 하나님의 시간"은 도대체 어디로 부터 오는가? 무엇보다 먼저, 시간은 삼위일체 하나님의 관계 속에서 그 관계의 형식으로서 출현한다. 삼위일체 하나님의 내적인 위격적 관계의 형식으로서의 하나님의 시간(God's time)에 대한 이해를 위해서는 발타자르(H. U. von Balthasar)와 젠슨(Robert W. Jenson)의 신학적 기여를 참고할 만하다.

먼저 발타자르에 따르면, 시간이란 본질적으로 영원 속에서 성자께서 성부로부터 자기 자신의 위격적 존재를 수납하는 형식이다. 설명하자면, "일자"(the One), 곧 영원토록 살아 계시며 생명 그 자체이신 성부께서는 홀로 존재하시는 것이 아니라 본질적으로 "타자"(the Other)인 성자와의 관계 속에 존재하신다. 그러므로 영원 속에서 성부께서 성자를 낳으실 때, 두 위격 사이의 관계의 형식으로서 하나님의 시간이 동시적으로 출현하였다. 발타자르가 말하는 것처럼, "성자의 존재 형식, 곧 그로 하여금 모든 영원으로부터 아들이 되게끔 하는 것(요 17:5)은 아버지로부터 바로 자기 자신의 모든 것을 간단없이 수납하는 것이다."[46] 그러므로 "시간(time)과 시간성(temporality)의 기초는 바로 아버지로부터 그에게로 오는 그 모든 것들에 대한 성자의 수용(receptivity)이다."[47] 영원 속에서 성부의 발생 행위(the act of generation)는 곧 성자를 낳으심인데, 이때 아들은 다른 어떤 다른 것이 아니라 바로 성부 자신의 존재(생명)를 받으신다(cf. 요 5:26).

이러한 생각을 필자 자신의 표현으로 말하자면, 영원토록 생명 그 자체이신 살아 계신 하나님은 야훼(YHWH, "I AM who I AM")이시다. 즉 영원 속에서 성부(the Father, "I AM")께서는 성자(the Son, "who I AM")를 낳으시는데, 그는 아버지와 동일한 존재, 곧 동일한 본질을 가지시지만 또한 구별되는 존재이시다. 그리고 성자께서 아들로서 아버지로부터 그 자신의 존재를 받으실 때, 또한 그는 동시적으로 그의 아들 되심(sonship)에 대하여 상호적인 관계 속에서 성부에게 아버지 되심(fathership)을 드리신다. 그러므로 시간은 성부와 성자 사이의 상호적인 관계의 형식, 즉 "여호와/야훼"(YHWH; I AM, who I AM)의 존재형식

---

46 H. U. von Balthasar, *A Theology of History* (San Francisco: Ignatius, 1994), 30.

47 von Balthasar, *A Theology of History*, 33.

으로 간주될 수 있을 것이다. 이러한 방식으로 우리는 구약에서 모세를 통하여 이스라엘 백성들에게 스스로를 계시하신 살아 계신 하나님의 고유한 성호, 곧 "여호와/야웨"(YHWH, 출 3:14)의 진정한 의미를 오직 삼위일체론적 관점에서만 적절하게 이해할 수 있다. 그러므로 영원한 말씀이신 성자께서 육신이 되신 예수 그리스도의 지상에서의 시간적 존재는, 그가 영원 속에서 성부로부터 그의 "관계-속에-있는-생명으로서의-존재"를 완전한 수용한 것으로서의 그의 존재를 시간적 세계에서 분명하게 자기-계시(the self-revelation) 및 정확한 번역(the exact translation)한 것이라고 할 수 있다. 그리하여 지상생애를 통하여 아들의 존재는 "그의 계속적인 사역 속에서 아버지의 뜻에 대한 열린 수용이며 그의 뜻을 성취하기 위한 낮아지심"으로 분명하게 나타났다.[48] 이점과 관련하여 발타자르는 다음과 같이 말하고 있다.

> 그러므로 성자를 위한 시간의 온전한 기초는 아버지의 뜻에 대한 그의 수용(receptivity)이다. 그러한 수용 속에서 그는 성부로부터 그 (존재)내용뿐만 아니라 (존재)형식으로서 시간을 받는다. 아들이 받은 그 시간은 바로 아버지의 시간이며, 이것은 순간순간 보정된다(qualified). 그에게 있어 "시간 그 자체"와 같은 것은 존재하지 않는다.…그에게 있어 시간을 가진다는 것은 아버지를 위하여 시간을 가진다는 것을 의미하며, 또한 그것은 아버지로부터 시간을 받는다는 것과 동일하다. 그러므로 이 세상에서 아버지를 위하여 시간을 가지는 아들은 곧 다시 하나님이 세상을 위하여 시간을 가지는 바로 그 지점이다. 하나님은 아들을 떠나서는 세상을 위하여 시간을 가지지 않으시고, 오직 그 아들 안에서 모든 시간(all time)을 가지

---

48   von Balthasar, *A Theology of History*, 31.

신다. 하나님께서는 아들 안에서 모든 사람과 피조물을 위하여 시간을 가지시는데, 그와의 관계 속에서 그것은 항상 오늘(Today; cf. the eternal Now)이다.[49]

다른 한편 로버트 젠슨(Robert Jenson)은 시간의 본질을 "살아 있는 모든 것들 안에 있고 또 자신의 존재를 소유하는 모든 것들 안에 있는 것으로의 생명의 내적 지평"(the inner horizon of the life of that one in whom all things live and move and have their being)이라고 정의하는데, 그 의미하는 바는 시간이 생명의 존재형식이라는 것이다.[50] 젠슨에 따르면, "하나님의 생명은 관계들의 구조 안에서 구성된다."[51] 그러므로 참 생명이신 살아 계신 삼위일체 하나님은 그 자신의 생명의 형식으로서 그 자신의 시간을 가지신다. 그리고 그때 "시간은 성령께서 성부로부터 성자에게로 오실 때 일어나는 것이다(Time is what happens when the Holy Spirit comes from the Father to the Son)."[52] 젠슨은 이것을 다음과 같이 설명한다:

> 시간은 성령이 성부가 아니기 때문에 존재하며, 또한 그 두 위격이 성자에게서 만나기 때문에 존재한다. 시간은 하나님 그 자신이 근원(origin)을 가지며 또한 그러함으로써 그것이 자신의 목적(goal)이 아니기 때문에 존재한다. 왜냐하면 하나님은 그 자신의 목적이며, 그것은 근원으로서 자기 존재의 "자연적"(natural) 결과가 아니기 때문이다. 또한 하나님 안에 있는

---

49   von Balthasar, *A Theology of History*, 40-41.

50   Jenson, *Unbaptized God*, 144.

51   Jenson, *Systematic Theology*, vol. 1, 218.

52   Jenson, *Unbaptized God*, 144, cf. 111.

근원과 목적은 비가역적으로 순서 지워진 짝이며, 그리고 성부와 성령은 성자에게서 만나고 화해되기 때문이다. 그러므로 시간은 성령이 아버지로부터 아들에게로 오실 때 일어나는 것이다.[53]

이러한 발타자르와 젠슨의 시간에 대한 삼위일체론적인 신학적 견해들을 종합하자면, 시간은 생명이신 삼위일체 하나님의 세 위격 간의 내적 관계에 의하여 구성되며, 또한 그 관계를 위한 형식이다. 살아계신 하나님 곧 성부(the Father, "WHO WAS, 전에도 계셨고"; 과거적 요소)께서 성자를 낳으실 때(the Son, "WHO IS, 이제도 계시고"; 현재적 요소), 동시적으로 제3위격이신 성령(the Holy Spirit, "WHO IS TO COME, 장차 오실이"; 미래적 요소)께서도 나오시는데(cf. 계 4:8; 1:4, 8), 그는 성부와 성자 사이의 상호적인 관계 속에 있는 생명의 결합(the Bond of Life)이시다. 말하자면, 참 생명이신 성부께서는 자기 자신과 동일한 생명이신 성자를 낳으셨으며, 또한 동시적으로 성부와 성자께서는 똑같이 동일한 생명의 영을 내쉬셨다.[54] 이때 하나님의 시간은 그와 같은 내재적 삼위일체 안에서 세 위격 간의 상호적인 관계를 위한 형식으로 존재한다. 이것이 바로 "관계 속에 계신 영원한 생명"으로서의 삼위일체 "하나님의 시간"(the time of the Trinity, the God's time)이며, 우리는 이것을 흔히 우리 자신을 위해 창조된 시간(time)과 구별하기 위하여 "영원"(Eternity)이라고 부른다.

젠슨에 따르면, 또한 "하나님께서는 그의 시간 안에서 우리를 위

---

53 Jenson, *Unbaptized God*, 144 (italics mine).

54 내재적 삼위일체의 존재형식과 관련하여 삼위 하나님간의 관계형식에 대한 이러한 이해를 통하여 필자는 동서방 교회의 분리의 원천이 되었고, 계속하여 논란이 되고 있는 소위 "필리오케"(*Filioque*) 문제를 극복할 수 있다고 본다.

삼위일체 하나님과 신학

하여 시간을 취하신다. 그것이 곧 그의 창조 행위이다."[55] 달리 말하자면, 그 자신의 선한 뜻에 따른 하나님의 창조 행위는 삼위일체 하나님께서 자신의 내적인 생명 안에서 자기 자신 이외의 타자(the Other)를 위한 하나의 "장소"(place)를 여신다는 것을 말한다.[56] 이 장소가 바로 "창조된 시간"(the created time)이며, 이것이 곧 하나님 자신의 생명으로부터 말미암은 창조를 위한 "여지"(room)다. 이러한 의미에서, 젠슨은 "우리는 심지어 우리의 시간이 곧 하나님께서 그 자신의 삼위일체적 생명 안에서 우리를 위하여 만드신 자리(accommodation)라고도 말할 수 있을 것이다"라고 주장한다.[57] 그러므로 삼위일체 하나님께서 그 자신에 대한 타자로서 세상을 창조하실 때, 동시적으로 하나님과 세상과의 관계의 형식으로서 창조된 시간이 출현했다. 그것은 곧 창조의 형식이며, 또한 창조세계의 존재 형식이다. 물론 우리가 젠슨의 그와 같은 견해를 참조한다 하더라도, 내재적 삼위일체의 내적관계의 형식으로서의 "하나님의 시간"(God's time)과 창조자이신 삼위일체 하나님과 그의 피조물과의 관계 및 우리 자신의 존재형식인 "창조된 시간"(created time) 사이에는 하나의 "무한한 질적인 차이"(an infinite qualitative difference)가 존재한다고 보아야 할 것이다.

따라서 필자는 영원(eternity), 곧 하나님의 시간(God's time)을 무한한 시간적 팽창(an infinite temporal extension)으로 이해하여 "시간적 무한성"(temporal infinity, 이것을 우리는 하나님의 영원에 대한 "시간적 무한

---

55 Jenson, *Systematic Theology*, vol. 2, 35.

56 Cf. R. Jenson, "Aspects of a Doctrine of Creation," in *The Doctrine of Creation: Essays in Dogmatics, History and Philosophy*, ed. Colin E. Gunton (Edinburgh: T & T Clark, 1997), 24.

57 Jenson, *Unbaptized God*, 144.

성"[everlasting view]이라고 이해한다)이라고 보는 젠슨의 견해를 받아들일 수 없다. 왜냐하면 삼위일체 하나님 자신의 존재형식인 하나님의 시간은 유한한 피조물의 존재 형식인 창조된 시간과는 양적인 차이가 아니라 무한한 질적인 차이가 있다고 보아야 하기 때문이다(cf. 벧후 3:8, "사랑하는 자들아, 주께는 하루가 천 년 같고 천 년이 하루 같다는 이 한 가지를 잊지 말라"). 우리는 하나님의 시간을 "무한한 팽창"이라기보다는 오히려 하나의 "무한한 집중"(an infinite intensity), 그리하여 그것은 유비적으로 심지어 더 이상 과거, 현재, 미래의 시간적 계기들로 나뉘거나 단절되어 깨어질 수 없는 마치 하나의 수학적인 점(point)과 같은 것으로 이해해야 할 것이다. 왜냐하면 삼위일체 하나님의 상호침투적인 내적인 관계에는 그 어떤 작은 균열이나 틈새도 존재하지 않으며, 완전한 하나의 단일체를 이루며, 그것은 "전에도 계셨고"(WAS), "이제도 계시고"(IS), 그리고 "장차 오실 이"(IS TO COME)이시기 때문이다(계 4:8; cf. 계 1:4, 8). 이것이 삼위일체 하나님의 존재형식으로서의 하나님의 시간, 곧 영원의 본질이다. 그러므로 영원 곧 "하나님의 시간"에 있어 과거, 현재, 미래의 세 가지 시간적 계기들에 대한 신적인 "동시성"(simultaneity)으로서의 "영원한 현재"(the eternal Now)의 비밀은 오직 이러한 삼위일체 하나님의 위격적 관계의 통일성에 의해서만 온전히 이해될 수 있다.

이러한 의미에서 발타자르가 시간을 "창조자와 피조물과의 거리"라고 이해한 것을 우리는 신학적으로 아주 중요한 관점을 지적한 것으로 고려할 필요가 있다. 말하자면, 우리는 살아 계신 삼위일체 하나님의 세 위격적 관계에는 그 어떤 거리나 차이를 상정할 수 없을 것이다. 따라서 그것은 마치 완전한 하나의 점과 같은 것이기 때문에 삼위일체 하나님의 시간은 "순수시간"(tempus purum)이며, 순수한 "생명 그 자체"(ipsa vita)이신 삼위일체 하나님의 존재형식이다. 그러므로 우리가 그것을 통상 영원(eternity)이라고 부르는 이 "하나님의 시간"(God's time)은 삼위일체 하나님의 완전한 내재적 관계의 형식으로서 "참된 시간"(true time)이며, 또한 "완전한 시간"(the perfect time)으로 이해하여야 할 것이다. 우리가 시간을 이와 같은 방식으로 이해한다면, "참된 생명"(the true Life)이신 하나님으로부터 가장 멀리 떨어져 있는 것은 곧 죽음(death)이며, 그것의 존재형식은 "시간의 없음"(timelessness)이다. 따라서 지옥이야말로 참 생명이신 살아 계신 하나님으로부터 가장 멀리 떨어진 장소(the farthest place), 곧 하나님과의 관계가 단절된 장소(the place of relationlessness with the Living God)이며, 그럼으로써 그곳은 "무시간적인 장소"(the place of timelessness)이자 "죽은 자들을 위한 장소"(the place for the dead)인 것이다.

IV. "관계-속에-있는 생명"으로서의 인간의 구속사적 상태 변화

우리가 이미 살펴본 것처럼, 참된 생명이신 삼위일체 하나님의 내재적 관계의 통일성에 대한 존재형식으로서의 하나님의 시간은 "참된 시간"이며 "완전한 시간"이다. 이러한 하나님의 완전한 시간에 반하여 타락 이후에 우리의 깨어진 시간(the broken time), 곧 죽음의 시간(the mortal time)은 생명의 하나님과 인간 사이의 관계뿐만 아니라 사람과 다른 사람 사이의 관계, 나아가 인간과 다른 피조물들 사이의 관계 또한 완전히 깨어져 있음을 반영하고 있다. 창세기 3장에 나타난 것처럼, 죄의 즉각적인 결과들은 하나님과 사람, 사람과 사람, 사람과 자연환경 간의 관계들의 총체적인 파괴였고, 그 결과는 "반드시 죽으리라"(창 2:17; 3:19)는 것이다. 이것은 하나님의 형상으로 창조함을 입은 "관계-

속에-있는-생명으로서의-존재"인 인간의 삼중관계를 전통적인 개혁주의 신학의 구속사적 패러다임인 "창조-타락-구속-완성"의 틀 속에서 그의 타락 전후, 그리고 예수 그리스도 안에서 구속되어 회복된 관계 및 종말론적인 완성의 과정을 분석함으로써 더욱 분명하게 파악할 수 있다.

1. "관계-속에-있는 생명"으로서의 인간 창조

먼저 인간이 타락 이전에 하나님의 형상으로 창조되었을 때, "관계-속에-있는-생명으로서의-존재"("생령", the created living being; cf. 창 2:7)인 인간의 관계적 상황은 "상대적으로"(relatively) 완전한 것이었다. 왜냐하면 그는 삼위일체 하나님의 형상 곧 "관계의 유비"(*analogia relationis*)에 따라 창조되었기 때문이다. 앞서 우리가 구분하여 제시한 분석적 틀 안에서 생명의 삼중관계 속에서 타락하기 전의 인간의 상황은 다음과 같다.

(1) 하나님과 사람과의 관계 — the Spiritual Life(영적 생명)

먼저 생명의 하나님께서는 인간을 자기의 형상 곧 "생령"(a living being, a being-as-life)으로 창조하시고, 피조물인 그와 교제하시며 영광을 받으시기를 기뻐하셨다. 또한 하나님께서는 창조된 사람을 위하여 아름다운 에덴동산을 창설하시고 생명나무 열매를 먹고 영생할 수 있는 최적의 삶의 환경을 만들어주셨다. 그리고 하나님께서는 동산을 거니시며 인간과 말씀으로 나누시며 친밀하게 교제하시는 모습을 성경은 보여주고 있다. 이와 같이 하나님과의 긴밀한 영적인 관계를 통하여 인간은 "영적 생명"(spiritual life)이 충만했음을 알 수 있다.

(2) 사람과 사람과의 관계 ― the Social(/Ecclesial) Life(사회적/교회적 생명)

하나님께서 아담을 위하여 여자를 창조하여 그에게 데려왔을 때, 아담이 하와에게 "이는 내 뼈 중의 뼈요 살 중의 살이라"고 한 것처럼(창 2:23), 참으로 그들은 완전한 관계 속에서 "한 몸"으로 연합되었다(cf. 창 2:24, "이러므로 남자가 부모를 떠나 그의 아내와 합하여 둘이 한 몸을 이룰지로다"). 따라서 성경은 그들이 벗었으나 "부끄러워하지 아니하였다"(창 2:25)고 함으로써 상호적인 관계 속에서 서로 하나된 모습을 보여주고 있다.

(3) 사람과 자연 환경과의 관계 ― Bio-physical Life(생물학적/육체적 생명)

하나님께서는 흙으로 각종 들짐승과 공중의 새를 지으신 다음 그것들을 아담에게로 이끌어 가셨고, 아담은 그 하나님이 지으신 "모든 가축과 공중의 새와 들의 모든 짐승에게 이름을 주었다"고 하였다(창 2:22-25). 이와 같이 아담이 모든 생물들에게 이름을 지어 주었다는 것은 사람과 다른 피조물, 즉 자연환경 사이에 특별히 조화롭고 아름다운 평화의 관계가 있었다는 것을 의미한다. 성경적인 관점에서 볼 때, 특히 아담이 이름을 지어주는 행위는 인간과 창조세계 사이에 일종의 "언약적 관계"가 있음을 말해준다. 이것은 창조자 하나님께서 인간을 창조하시고 그들에게 이름을 지어주심으로써 언약관계를 창설하신 것을 반영하는 것이며, 이로써 인간은 창조세계에 대하여 창조자 하나님을 대신하는 "대리자"가 된다.

2. "관계-속에-있는 생명"의 타락: 죽음

그러나 이 조화롭고 아름다웠던 하나님의 동산, 곧 창조세계에 죄가 들어왔다. 그것은 하나님의 말씀에 대한 인간의 불신앙과 불순종에 의한 최초의 타락사건이었고, 하나님과의 언약관계의 파기였다. 이와 같이 한번 죄가 세상에 들어오니, 그 결과 하나님께서 경고하신 것처럼 온 세상이 고통과 비참한 죽음으로 가득하게 되었다(cf. 창 2:16-17, "여호와 하나님이 그 사람에게 명하여 이르시되 '동산 각종 나무의 열매는 네가 임의로 먹되 선악을 알게 하는 나무의 열매는 먹지 말라. 네가 먹는 날에는 반드시 죽으리라' 하시니라"). "관계-속에-있는-생명으로서의-존재"인 인간에게 찾아 온 죽음도 삼중관계 속에서 파악될 때 성경이 말하는 전인격적인 죽음의 총체적인 측면들이 보다 정확하게 이해될 수 있다.

(1) 하나님과의 관계 — Spiritual Death(영적 죽음)

타락 이후에 인간은 즉각적으로 하나님을 두려워하게 되었고, 그의 얼굴을 피하여 숨었다(창 3:8, 10). 생명의 하나님께서는 그들을 저주하고 에덴동산으로부터 추방하였으며, 또한 생명나무에로의 접근을 금지시켰다(창 3:16-19, 3:24). 이것은 하나님과의 영적인 관계가 완전히 깨어졌음을 말한다. 결과적으로 하나님의 영은 인간을 떠났다(cf. 창 6:3, "여호와께서 이르시되 '나의 영이 영원히 사람과 함께 하지 아니하리니 이는 그들이 육신이 됨이라'").

(2) 사람과 사람과의 관계 — Social Death(사회적 죽음)

뿐만 아니라 타락 이후에 그들은 즉시 서로에 대하여 수치심을 느꼈고(창 3:7), 서로를 비난하며 소외시켰으며(창 3:12-13), 나아가 하나님의 형상으로 지음받은 사람이 다른 사람을 죽이는 비참한 결과를 낳았다(cf. 창 4:8). 이것은 사람과 사람 간의 사회적 관계가 완전히 깨어졌음을 보여주며, 그 결과는 "사회적 죽음"(social death)이다.

(3) 사람과 자연 환경과의 관계 ─ Bio-physical Death(육체적 죽음)

인간은 결과적으로 하나님께서 저주하신 바대로 그의 죄로 말미암아 육체적인 죽음을 경험하게 되었다(창 3:19, "너는 흙이니 흙으로 돌아갈 것이니라"; cf. 창 5:5; 6:3; 롬 3:10-12; 특히, 창 5장에 나타난 아담의 계보가 강조하여 말하는 결론은 당시 인간들의 수명이 엄청나게 길었다는 데 있는 것이 아니라 하나님의 말씀대로 결국 모든 인간이 "죽었다"라는 사실이다). 또한 사람과 자연 환경과의 관계도 완전히 깨어졌다. 인간의 죄로 말미암아 "땅이 저주를 받고, 가시덤불과 엉겅퀴를 내었다"(창 3:17-18). 이와 같은 상황을 성경은 "피조물이 다 이제까지 함께 탄식하며 함께 고통을 겪고 있다"고 증거한다(롬 8:22).

인간의 타락 사건은 "관계-속에-있는-생명으로서의-존재"인 인간의 모든 관계를 파괴시켰고, 그 결과는 총체적이고도 완전한 죽음이었다. 윙엘이 적절하게 지적한 바와 같이 죽음은 더 이상 "관계없음의 사건"(the event of relationlessness)이다. 참으로 성경이 선언하는 바와 같이 "죄의 삯은 사망"이었다(롬 6:23). 이제 인간은 "죄와 사망의 권세" 아래 놓이게 되었고 그것에 영원히 종노릇하게 되었다. 그리고 죽음은 "생명의 형식"으로서의 시간의 끝이며, 또한 "관계의 형식"으로서의 시간의 단절이다. 하나님과 그의 율법에 대한 불순종의 결과로서의 죄는 곧 하나님과 우리와의 관계 속에 있는 영적 생명의 형식인 우리의 시간의 단절과 깨어짐이며, 나아가 인간과 인간 그리고 인간과 자연 환경 간의 관계의 총체적인 깨어짐이다.[58] 그것은 곧 생명의 죽음이다.

---

58 Cf. von Balthasar, *A Theology of History*, 36-37.

3. "관계-속에-있는 생명"의 구속과 종말론적 완성

"부활이요 생명"이신 예수 그리스도는 우리의 모든 깨어진 관계의 회복을 위한 "화목제물"이시다. 성경은 "모든 것이 하나님께로서 났으며 그가 그리스도로 말미암아 우리를 자기와 화목하게 하시고 또 우리에게 화목하게 하는 직분을 주셨으니 곧 하나님께서 그리스도 안에 계시사 세상을 자기와 화목하게 하셨다"(고후 5:18-19)라고 했다. 그러므로 성령 안에서 성자의 구속사역은 참 생명이신 하나님과 사람 사이의 생명의 관계의 회복을 위한 화목(reconciliation)이며, 나아가 그의 사랑 안에서 인간과 인간의 화목이며, 최종적으로는 인간과 모든 창조세계와의 화목이다(롬 5:10; 고후 5:18-19; 골 1:20; 엡 4:1-6; 요일 4:7-12). 그리고 바로 이것이 참 생명이신 하나님께서 예수 그리스도 안에서 생명의 성령을 통하여 우리에게 주시는 참된 "영생"이다(요 17:3). 이것을 우리에게 주어진 삼중관계의 회복을 통하여 살펴보면 다음과 같다.

(1) 하나님과의 관계 ― New Spiritual Life → "하나님의 새 백성, 참 이스라엘"

창조 기사에서 이미 살펴보았듯이 인간은 원래 진흙(the dusts) 덩어리일 뿐이었다. 그것에다 생명이신 하나님, 곧 야웨께서 그의 루아흐(ruach)를 불어넣으심으로 그 진흙 사람을 "살아 있는 존재" 곧 "생명의 존재" 혹은 "생명으로서의 존재"(a being-as-life)로 만드셨다(창 2:7). 그러므로 성경은 말하기를, "그가 만일 뜻을 정하시고 그의 영과 목숨을 거두실진대, 모든 육체가 다 함께 죽으며 사람은 흙으로 돌아가리라"(욥 34:14-15)고 했다. 참으로 살아 계신 하나님께서 그의 영을 우리로부터 거두심은 우리의 영원한 영적 죽음을 의미한다. 실제로 타락 사건 후 하나님의 영이 인간을 떠났다(창 6:3, "나의 영이 영원히 사람과 함께 하

356 삼위일체 하나님과 신학

지 아니하리니 이는 그들이 죽을 육신이 됨이라"). 그러나 하나님께서는 우리에게 다시 생명의 새 언약을 주셨다. "나는 그들의 하나님이 되고 그들은 내 백성이 될 것이라"(렘 31:31, 33). 그리고 예언자 요엘을 통하여 야웨 하나님께서는 마지막 날에 다시 "내가 내 영을 만민에게 부어 주리라"고 약속하셨다(요엘 2:28-32). 만민에게 그의 영을 부어 주시겠다는 하나님의 언약은 죽음으로 향한 우리의 생명에 대한 메시아적 희망이며, 우리를 위한 영원한 생명에로의 구원의 복음선포이다.

사실 예수께서 약속의 메시아 곧 그리스도이심에 대하여 하나님께서 주신 증거는 "그가 하나님의 영 곧 성령을 다시 가져오시며 또 그 성령을 나누어 주는 자로서 그가 곧 메시아인 줄로 알리라"하는 것이었다. 이제 그 언약대로 예수 그리스도께서는 또 다른 보혜사 곧 "생명의 영"(the Spirit of life; cf. 요 14:16, 15:26)을 보내시겠다고 약속하시며, 그 스스로 "성령을 받으라"하시며 숨을 내어 쉬셨다(요 20:22). 그러므로 "살아 계신 하나님의 영"(고후 3:3)이신 야웨의 루아흐는 이제 "예수의 영"(the Spirit of Jesus, 행 16:7), "그리스도의 영"(the Spirit of Christ, 롬 8:9; 벧전 1:11; cf. "예수 그리스도의 영," the Spirit of Jesus Christ, 빌 1:19), 그리고 "그의 아들의 영"(the Spirit of His Son, 갈 4:6)이라 불린다.

그리하여 약속하신 하신 바대로 오순절 날 성령은 만민에게 쏟아부어졌고(cf. 행 2:1-4), 이것은 구약에서 예언자 요엘을 통해 주신 약속의 성취이자, 예수께서 승천하시며 주신 약속의 성취인 것이다(cf. 욜 2:28-32; 요 15:26; 행 2:16-21). 따라서 성경은 말하기를, "하나님이 오른손으로 예수를 높이시매 그가 약속하신 성령을 아버지께 받아서 너희가 보고 듣는 이것을 부어 주셨느니라"(행 2:33)고 한다. 성부 하나님, 곧 살아 계신 하나님께서는 그 아들을 죽은 자 가운데서 생명으로 일으키신 바로 그 동일한 성령을 이제 우리에게 주시는데, 그것은 "죽을 것이 생명에 삼킨 바 되게 하려 함"의 보증인 것이다(고후 5:4-5). 그러므로 지금 이곳에 우리와 함께 계시고, 또 "하나님의 영으로 말하는 자는 누구든지 예수를 저주할 자라 하지 아니하고 또 성령으로 아니하고는 누구든지 예수를 주시라 할 수 없느니라"(고전 12:3) 했으니, 성령은 이미 예수 그리스도를 주님이라고 고백하는 우리 안에 오셔서 충만하게 내주하고 계신다. 이것은 예수 그리스도 안에서 이미 하나님과 우리 사이의 관계가 회복되었다는 것을 말하는 것이고, 성령으로 말미암아 이미 주님께서 우리에게 약속하신 영원한 생명이 주어졌다는 사실에 대한 보증이다.

> 예수를 죽은 자 가운데서 살리신 이의 영이 너희 안에 거하시면 그리스도 예수를 죽은 자 가운데서 살리신 이가 너희 안에 거하시는 그의 영으로 말미암아 너희 죽을 몸도 살리시리라(롬 8:11).

(2) 사람과 사람과의 관계 — New Social Life → "그리스도의 한 몸 된 교회"

예수 그리스도는 하나님과 사람 사이의 화목을 위한 중보자이실 뿐만 아니라, 사람과 사람 사이의 화목의 중보자이시다. 성경은 죄로 말미암아 서로 원수된 사람과 사람의 관계를 다시 한 몸으로 회복시키신다.

> 그 때에 너희는 그리스도 밖에 있었고 이스라엘 나라 밖의 사람이라 약속의 언약들에 대하여는 외인이요 세상에서 소망이 없고 하나님도 없는 자이더니 이제는 전에 멀리 있던 너희가 그리스도 예수 안에서 그리스도의 피로 가까워졌느니라. 그는 우리의 화평이신지라 둘로 하나를 만드사 원수 된 것 곧 중간에 막힌 담을 자기 육체로 허시고 법조문으로 된 계명의

삼위일체 하나님과 신학

율법을 폐하셨으니 이는 이 둘로 자기 안에서 한 새 사람을 지어 화평하게 하시고 또 십자가로 이 둘을 한 몸으로 하나님과 화목하게 하려 하심이라(엡 2:13-22).

이와 같이 우리는 생명의 영이신 성령 하나님의 역사를 통하여, 예수 그리스도에 연합함으로써 한 몸이 되며, 이것은 그리스도를 머리로 하는 새로운 생명의 공동체 곧 교회로 나타난다(요 15:5, "나는 포도나무요 너희는 가지라"; 엡 1:22-23, "그를 만물 위에 교회의 머리로 삼으셨느니라. 교회는 그의 몸이니"). 예수 그리스도 안에서 한 몸이 되는 것은 "생명의 영"이신 성령의 사역이다. 성령 하나님은 성부와 성자 사이뿐만 아니라, 나아가 생명의 하나님이신 삼위일체 하나님과 우리 사이의 "생명의 유대"(the Bond of Life)이시다. 따라서 예수 그리스도 안에서 성령을 통하여 우리에게 주시는 구원은 단순히 개인적인 것이 아니라 그것은 우리의 "공동체적 생명"(Social Life)의 회복인데, 그것은 이제 "교회적 생명"(Ecclesial Life)으로 대체되고 완성된다. 그것은 우리를 위하여 하나님께서 그리스도 안에서 성령을 통하여 이루어가는 "한 몸 된 교회"이다.

그러므로 이제부터 너희는 외인도 아니요 나그네도 아니요 오직 성도들과 동일한 시민이요 하나님의 권속이라. 너희는 사도들과 선지자들의 터 위에 세우심을 입은 자라. 그리스도 예수께서 친히 모퉁잇돌이 되셨느니라. 그의 안에서 건물마다 서로 연결하여 주 안에서 성전이 되어 가고 너희도 성령 안에서 하나님이 거하실 처소가 되기 위하여 그리스도 예수 안에서 함께 지어져 가느니라(엡 2:19-22).

그러므로 평안의 매는 줄로 성령이 하나 되게 하신 것을 힘써 지키라. 몸
이 하나요 성령도 한 분이시니 이와 같이 너희가 부르심의 한 소망 안에
서 부르심을 받았느니라. 주도 한 분이시요 믿음도 하나요 세례도 하나요
하나님도 한 분이시니 곧 만유의 아버지시라. 만유위에 계시고 만유를 통
일하시고 만유 가운데 계시도다(엡 4:3-6).

(3) 사람과 자연 환경과의 관계—New Bio-physical Life

→ 육체의 부활과 만물을 새롭게 하심

성경은 이미 "누구든지 그리스도 안에 있으면 새로운 피조물이라. 이
전 것은 지나갔으니, 보라! 새것이 되었도다"(고후 5:17)라고 선언한다.
그리고 종말에는 우리의 육체 또한 예수 그리스도 안에서 부활할 것이
며, 썩지 아니할 새로운 신령한 몸으로 그리할 것이다. "죽은 자의 부
활도 그와 같으니 썩을 것으로 심고 썩지 아니할 것으로 다시 살아나
며…이 썩을 것이 반드시 썩지 아니할 것을 입겠고 이 죽을 것이 죽지
아니함을 입으리로다"(고전 15:42, 53). 뿐만 아니라 생명의 하나님께서
는 우리에게 주어질 자연 환경 또한 완전히 새롭게 하실 것이다(cf. 계
21:5, "보라 내가 만물을 새롭게 하노라"). 하나님께서 우리에게 다시 주실
새 하늘과 새 땅을 성경은 다음과 같이 묘사하고 있다.

> 그때에 이리가 어린 양과 함께 살며 표범이 어린 염소와 함께 누우며 송
> 아지와 어린 사자와 살진 짐승이 함께 있어 어린 아이에게 끌리며 암소와
> 곰이 함께 먹으며 그것들의 새끼가 함께 엎드리며 사자가 소처럼 풀을 먹
> 을 것이며 젖 먹는 아이가 독사의 구멍에서 장난하며 젖 뗀 어린 아이가
> 독사의 굴에 손을 넣을 것이라. 내 거룩한 산 모든 곳에서 해 됨도 없고
> 상함도 없을 것이니 이는 물이 바다를 덮음 같이 여호와를 아는 지식이

세상에 충만할 것임이니라(사 11:6-9).

또 내가 새 하늘과 새 땅을 보니 처음 하늘과 처음 땅이 없어졌고 바다도 다시 있지 않더라. 또 내가 보매 거룩한 성 새 예루살렘이 하나님께로부터 하늘에서 내려오니 그 준비한 것이 신부가 남편을 위하여 단장한 것 같더라. 내가 들으니 보좌에서 큰 음성이 나서 이르되 "보라! 하나님의 장막이 사람들과 함께 있으매 하나님이 그들과 함께 계시리니 그들은 하나님의 백성이 되고 하나님은 친히 그들과 함께 계셔서 모든 눈물을 그 눈에서 닦아 주시니 다시는 사망이 없고 애통하는 것이나 곡하는 것이나 아픈 것이 다시 있지 아니하리니 처음 것들이 다 지나갔음이러라"(계 21:1-4).

성경은 마지막 종말에 우리에게 영원한 생명의 상징으로서 금지되었던 생명나무가 다시 주어질 것임을 말한다. "또 그가 수정 같이 맑은 생명수의 강을 내게 보이니 하나님과 및 어린 양의 보좌로부터 나와서 길 가운데로 흐르더라. 강 좌우에 생명나무가 있어 열두 가지 열매를 맺되 달마다 그 열매를 맺고 그 나무 잎사귀들은 만국을 치료하기 위하여 있더라"(계 22:1-2). 그리하여 구속함을 입은 주의 백성들에게는 다시금 이 "생명나무에 나아갈 수 있는 권세"가 주어질 것이다(계 22:14). 이와 같이 참 생명이시며, 살아 계신 삼위일체 하나님께서는 우리에게 약속하신 새 생명 곧 "영생"(영원한 생명, the eternal life)을 주시기 위하여 종말론적으로 완성된 "새로운 시간"(new time)을 주실 것이며, 그것은 곧 우리를 온전히 새롭게 하시는 새로운 "관계-속에-있는-생명으로서의-존재"(a new being-as-life-in-relation)의 존재형식이 될 것이다.

V. 나가는 말

본 연구를 통하여 필자는 서구 사상사 전체를 통하여 끝없이 이어져
온 가장 본질적인 문제인 "존재"와 "시간"(Being and Time)의 이해에 대
한 새로운 성경적 이해의 가능성을 타진하여보았다. 먼저 이 연구에
서 필자는 인간 존재를 성경이 말하는 "하나님의 형상"을 이해함에 있
어 "관계-속에-있는-생명으로서의-존재"(the being-as-life-in-relation)로 이
해하고 정의했으며, 또한 시간은 다름 아니라 그러한 "관계-속에-있
는-생명"이라는 존재의 실존형식으로 이해하고자 했다. 따라서 시간
은 또 다른 어떤 독립적인 의미를 지닌 존재론적 실체가 아니라 "생명"
으로서의 존재자체를 가능하게 하는 "존재의 집"(the home of being)으로
서 기능함으로써, 존재와 시간은 "생명"이라는 하나의 존재론적 실체
를 서로 동시적으로 정위하는 상보적 개념임을 보이고자 하였다.

그리고 창세기 1:27-28에 대한 관계론적 해석에 근거하여 이
러한 "관계-속에-있는-생명으로서의-존재"인 인간은 "삼중적인 관
계"(a triple relationship) 속에서 보다 전일적으로 이해될 수 있음을 보
여주고자 했다. 그러한 삼중관계는 하나님에 대한 "영적인 관계"(the
spiritual relationship), 다른 인간 존재에 대한 "사회적인 관계"(the social
relationship), 그리고 자연 환경에 대한 "생물리적 관계"(the bio-physical
relationship)로 대별할 수 있을 것이다. 그리고 "창조-타락-구속-완성"
이라는 전통적인 개혁주의의 구속사적 패러다임은 이러한 삼중관계
속에 있는 인간 실존의 상태 변화를 파악할 때 더욱 분명하게 이해될
수 있음을 잘 알 수 있을 것이다. 마지막으로, 이러한 "관계-속에-있
는-생명으로서의-존재"라는 개념과 그러한 "생명"의 존재형식으로서
의 시간이해는 인간에 대한 새로운 성경적 이해의 가능성뿐만 아니라,

삼위일체 하나님과 신학

나아가 유비적인 관계를 통해 새로운 삼위일체 하나님에 대한 이해와 그러한 신적 존재방식으로서의 영원(Eternity), 곧 "하나님의 시간"(God's time)에 대한 보다 적절하고도 성경적인 이해의 가능성을 열어줄 것이다. *Soli Deo gloria!*

참고 문헌 (Bibliography)

Barth, Karl. *Church Dogmatics*; III/1, *The Doctrine of Creation*. Trans. J. W. Edwards, O. Bussey, and Harold Knight. Edinburgh: T & T Clark, 1958.

_____. *Church Dogmatics*, III.2, *The Doctrine of Creation*. Trans. H. Knight, G. W. Bromiley, J. K. S. Reid, and R. H. Fuller. Edinburgh: T & T Clark, 1960.

Craig, W. L. *The Tensed Theory of Time: A Critical Examination*. Dordrecht: Kluwer Academic Publishers, 2000.

_____. *The Tenseless Theory of Time: A Critical Examination*. Dordrecht: Kluwer Academic Publishers, 2000.

_____. *Time and Eternity: Exploring God's Relationship to Time*. Wheaton, Ill.: Crossway, 2001.

_____. *God, Time, and Eternity - The Coherence of Theism II: Eternity*. Dordrecht: Kluwer Academic Publishers, 2001.

_____. "Timelessness and Omnitemporality." In *God and Time: Four Views*, ed. G. E. Ganssle. Downers Grove, Ill.: InterVarsity, 2001, 129-60.

Grenz, Stanley J. *The Social God and the Relational Self: A Trinitarian Theology of the Imago Dei*. Louisville: Westminster John Knox, 2001.

Helm, Paul. *Eternal God: A Study of God without Time*. Oxford: Clarendon, 1988.

_____. "Divine Timeless Eternity." In *God and Time: Four Views*, ed. G. E. Ganssle. Downers Grove, Ill.: InterVarsity, 2001, 28-60.

Hoekema, Anthony A. *Created in God's Image*. Grand Rapids: Eerdmans, 1986.

Horvath, Tibor. "A New Notion of Time." *Science et Esprit* 40 (1988): 35-55.

Jenson, Robert. *Unbaptized God: The Basic Flaw in Ecumenical Theology*. Minneapolis: Fortress, 1992.

_____. "Aspects of a Doctrine of Creation." In *The Doctrine of Creation: Essays in Dogmatics, History and Philosophy*, ed. Colin E. Gunton. Edinburgh: T & T Clark, 1997, 17-28.

_____. *Systematic Theology: The Triune God*. Vol. 1. New York: Oxford University Press, 1997.

Jewett, Paul K. *Who We Are: Our Dignity as Human: A Neo-Evangelical Theology*. Grand Rapids: Eerdmans, 1996.

Jüngel, Eberhard. *Death: The Riddle and the Mystery*. Trans. Iain and Ute Nicol. Philadelphia: Westminster, 1975.

Levinas, Emmanuel. *Time and the Other*. Trans. Richard A. Cohen. Pittsburgh: Duquesne University Press, 1987.

_____. *God, Death, and Time*. Trans. Bettina Bergo. Stanford: Stanford University Press, 1993.

Macleod, Donald. *The Person of Christ*. Downers Grove, Ill.: InterVarsity, 1998.

Macmurray, John. *The Self as Agent*. London: Faber and Faber, 1957, and reprinted at Amherst, N.Y.: Humanity Books, 1991.

_____. *Persons in Relation*. New York: Harper & Brothers, 1961.

McFadyen, Alistair I. *The Call to Personhood: A Christian Theory of the Individual in Social Relationships*. Cambridge: Cambridge University Press, 1990.

Moltmann, Jürgen. *The Crucified God*. Trans. R. A. Wilson and John Bowden. New York: Harper & Row, 1974.

_____. *The Trinity and the Kingdom: The Doctrine of God*. Trans. Margaret Kohl. San Francisco: Harper & Row, 1981.

Padgett, Alan G. "God and Time: Toward a New Doctrine of Divine Timeless Eternity." *Religious Studies* 25 (1989): 209-15.

_____. *God, Eternity and the Nature of Time*. New York: St. Martin's Press, 1992.

_____. "Eternity as Relative Timelessness." In *God and Time: Four Views*, ed. G. E. Ganssle. Downers Grove, Ill.: InterVarsity, 2001, 92-110.

Pannenberg, Wolfhart. *What Is Man?: Contemporary Anthropology in Theological Perspective*. Trans. Duane A. Priebe. Philadelphia: Fortress, 1970.

_____. *Systematic Theology*, Vol. 1. Trans. Geoffrey W. Bromiley. Grand Rapids: Eerdmans, 1991.

Peters, Ted. *God as Trinity: Relationality and Temporality in Divine Life*. Louisville: Westminster/John Knox, 1993.

Rahner, Karl. *The Trinity*. Trans. J. Donceel. New York: Crossroad, 1997.

Schwöbel, Christoph and Colin E. Gunton, eds. *Persons, Divine and Human*. Edinburgh: T & T Clark, 1991.

Sherlock, Charles. *The Doctrine of Humanity*. Downers Grove, Ill.: InterVarsity, 1996.

Shults, F. LeRon. *Reforming Theological Anthropology: After the Philosophical Turn to*

Relationality. Grand Rapids: Eerdmans, 2003.

Stead, Christopher. *Divine Substance*. Oxford: Clarendon, 1977.

Torrance, Alan J. *Persons in Communion: An Essay on Trinitarian Description and Human Participation*. Edinburgh: T & T Clark, 1996.

_____. "What Is Person?" In *From Cells to Souls-and Beyond*, ed. Malcolm Jeeves. Grand Rapids: Eerdmans, 2004, 199-222.

Van Peursen, Cornelis A. *Body, Soul, Spirit: A Survey of the Body-Mind Problem*. London: Oxford University Press, 1966.

Vanhoozer, Kevin J. "Human Being, Individual and Social." In *The Cambridge Companion to Christian Doctrine*, ed. Colin E. Gunton. Cambridge: Cambridge University Press, 1997, 158-88.

Von Balthasar, H. U. *A Theology of History*. San Francisco: Ignatius, 1994.

Weinandy, Thomas G. *The Father's Spirit of Sonship: Reconceiving the Trinity*. Edinburgh: T & T Clark, 1995.

Zizioulas, John D. *Being as Communion: Studies in Personhood and the Church*. Crestwood, N.Y.: St. Vladimir's Seminary Press, 1985.

_____. "Human Capacity and Human Incapacity: A Theological Exploration of Personhood." *Scottish Journal of Theology* 28 (1975): 401-48.

김은수. "개혁주의 생명신학의 기초에 대한 탐구(I): 시간과 영원의 이해를 중심으로." 『한국개혁신학』 23 (2008.4.): 153-95.

제7장

개혁주의 기독론 이해

연구방법론적 소묘

– "언약론적/성령론적/삼위일체론적" 접근방법 –

I. 들어가는 말

가이사랴 빌립보 지방에서 그를 따르던 제자들에게 주어진 한 질문, 곧 "너희는 나를 누구라 하느냐?"(마 16:15; 막 8:29; 눅 9:20)라는 예수님의 물음에 대한 답변은 그 질문이 주어지던 그때로부터 오늘에 이르기까지 모든 세대를 통하여 그를 따르려는 참된 그리스도인들이 필연적으로 준비하여야 할 신앙의 본질적인 과제이다. 왜냐하면 예수님의 이질문에 대한 진실된 신앙고백으로서의 참된 대답이야말로 모든 그리스도인들이, 그리고 신앙고백 공동체로서의 참된 교회가 넘어지고 일어서는 바로 그러한 자리이며, 나아가 영원한 생명과 영벌의 죽음을 가르는 예리하게 날선 말씀의 검을 마주하는 자리이기 때문이다. 이것은 초기 교회 이후 그리스도론에 대한 논쟁과 신앙고백이 신학역사에서 핵심적인 위치를 점해왔음에서도 잘 알 수 있다. 그러므로 개혁주의 신학의 입장에서 볼 때, 그리스도론에 대한 논의는 곧 "예수는 그리스도이시다"라는 진술에 대한 성경적·신앙고백적 의미에 대한 체계적 진술에 다름 아니라고 할 수 있을 것이다. 그리고 그 진술의 내용은 예수 그리스도의 인격과 사역의 문제, 즉 "예수는 누구이신가?" 하는 문제와 "그 분이 어떠한 일을 하셨는가?" 하는 문제를 집중적으로 다루는 것이다.

먼저, 복음서에서 이에 대한 가장 명확한 진술은 "너희는 나를 누구라 하느냐?"는 예수의 물음에 대하여 "주는 그리스도시요 살아 계신 하나님의 아들이시니이다"(마 16:16)라고 고백한 베드로의 신앙고백이다. 이와 같이 "예수는 그리스도이시다"(마 16:16; 막 8:29), "예수는 살아 계신 하나님의 아들이시다"(마16:16; 요 1:34; 요일 4:15), "예수 그리스도는 우리의 주님이시다"(빌 2:11; 고전 12:3)라는 신앙고백은 구원

삼위일체 하나님과 신학

과 구속을 추구하는 궁극적인 질문에 대한 결정적인 대답이다. 이 질문은 예수 시대에 이미 그 어디에나 번져 있었다.[1] 빌라도는 그의 앞에 선 예수에게 "당신은 누구요?"라고 물었다(마 27:11; 막 15:2; 눅 23:3; 요 18:33). 그것은 실로 인류가 공통적으로 제기할 물음을 대표한 것이었다. "당신이 유대인의 왕이요?", "당신이 약속의 그리스도시요?", "당신이 하나님 자신이시요? 이제 말하시오!" 이것이 그리스도론의 관심사가 되는 질문이다.[2] 그러나 오늘날에 이 질문은 어떠한가? 우리의 구원 및 구속에 대한 질문이 도대체 아직도 살아 있는가? 이 질문은 세속화된 이 시대를 살아가는 우리에게 어떠한 의미를 가지는가? 그는 과연 누구인가? 이 모든 질문이 바로 그리스도론에 대한 질문이요, 우리의 구원과 자유와 영생에 직결되는 궁극적인 질문이다.

그러나 인간이 제기하는 이 바로 이 질문은 디트리히 본회퍼(D. Bonhoeffer)가 밝힌 바와 같이, 우리를 위해 십자가에서 죽으셨을 뿐만 아니라 또한 부활하신 그분에 의해서 "이와 같이 묻고 있는 너는 누구냐?", "이와 같이 묻고 있는 너는 정말 거기 있느냐?", "내가 너를 소생시키고 의롭게 하고 너에게 나의 은총을 베풀 그때에, 아직도 나에 대해 묻고 있는 너는 도대체 누구냐?"라는 물음으로 대치된다. "당신은 누구시요?"라는 그리스도론적 질문은 마침내 이와 같은 전도된 질문의 소리가 들리는 곳에서만 비로소 올바로 대답되고 체계화될 수 있다.[3] 그러므로 그리스도론은 "너희는 나를 누구라 하느냐?"는 예수의 물음에 대하여, 성경의 가르침에 따라서 우리 자신의 구체적이고도 전

---

1   Walter Kasper, *Jesus der Christus*, 박상래 역, 『예수 그리스도』 (서울: 분도출판사, 1988), 60.
2   D. Bonhoeffer, 『그리스도론』, 이종성 역 (서울: 대한기독교서회, 1991), 38.
3   Bonhoeffer, 『그리스도론』, 44.

인격적인, 그리고 신앙고백적인 대답에 다름 아니다.

그러므로 "너희는 나를 누구라 하느냐?"라고 예수께서 제자들에게 던진 이 질문은 혼란스런 오늘을 사는 우리에게도 똑같은 의미의 무게를 가지고 주어지며, 또 반드시 응답되어야 할 질문이다. 이것은 인류의 모든 존재에게 제시된, 그리고 응답하지 아니할 수 없는 가장 위대하고 궁극적인 질문이다. "바로 이 질문에 대한 대답이 우리의 신앙의 삶뿐만 아니라 전기독교의 신앙고백과 선교를 결정한다."[4] 우리는 과연 어떤 예수를 믿고 고백하며 증거하는가? 이것은 신학과 신앙의 사활이 걸린 문제이다. 신앙과 신학은 이 질문에 대하여 각각의 시대마다 새롭게 대답해야 한다. 이것이 바로 기독교 신앙의 대상이고, 선포의 중심인 그리스도론에 관계된 질문이다. 따라서 이 질문의 근본적인 문제를 추구하고 조명하는 것은 학문적 신학의 과제일 뿐만 아니라, 왜 이 질문에 가장 진실되게 답해야 하는가를 깨달아 아는 것이야말로 역설적으로 우리 자신이 누구인가를, 그리고 어떤 상태에 있는가를 올바로 이해하는 첫걸음이 될 것이다.

우리의 전인격적인 신앙의 결단을 촉구하는 예수 그리스도의 질문에 대한 우리의 신앙고백으로서의 기독론은 "역사적 인격으로서의 나사렛 예수 그분만이 유일하고 독특하게 우리의 그리스도, 곧 언약의 중보자로서 약속된 메시아이시요, 우리의 주님이시며 참 하나님이시다"라는 신앙고백적 언표에 다름 아니다. 그러므로 개혁주의 교의학에 있어 기독론의 구상은 (1) 예수께서는 하나님의 언약의 중보자로서 오신 약속의 메시아이시며, (2) 참 하나님과 참 사람으로서, (3) 우리를 위하여 그리스도와 주가 되심을, (4) 신앙고백 공동체인 교회적인 고

---

4   오영석, "예수 그리스도의 삼중직론", 「신학연구」 31 (1990), 333.

백의 측면에서 다루는 것으로 이루어져야 한다. 그리고 이러한 기독론의 전체적인 구상은 삼위일체론적으로 전개되는 전체 교의학의 구도 속에서 "언약론적-성령론적-삼위일체론적" 관점에서 접근함으로써 구체적으로 밝혀질 수 있을 것이다.

2000년 신학 역사에 있어 "너희는 나를 누구라 하느냐?"라는, 인간에게 궁극적인 결단을 촉구하는 예수 그리스도의 질문에 대하여 답하려는 다양한 시도가 계속하여 있어왔고, 또한 그것은 수많은 교리논쟁과 투쟁의 역사로 점철되어왔다. 세속화된 오늘날에 이 질문은 꼭 마찬가지의 의미와 무게를 지니고 우리에게 결단을 촉구하는 물음으로 마주선다. 따라서 여기서 우리는 이 궁극적인 질문이 요청하는 바, 그 의미와 해석, 그리고 그에 답하려는 다양한 시도들에 대하여 살펴보고, 스스로의 신앙고백적인 입장을 견지하면서 개혁주의 입장에서의 적절한 대답의 방법이 어떠해야 하는지를 간략하게 살펴보고자 한다.

이러한 대답을 시도함에 있어 우리는 먼저 그 기초가 되는 개혁주의 교의학이 가지는 일반적인 특성과 그 가운데 이 기독론적 대답이 가지는 의미와 위치를 살펴볼 것이다. 그리고 역사적으로 시도된 다양한 대답들로서 기독론과 관련한 논쟁사를 간략하게 살펴보고, 또한 현대신학에서 새롭게 전개되고 있는 여러 가지 대답의 시도들에 있어 그 입장과 방법론에 대해서 고찰함과 동시에 그 한계와 문제점들을 분석하여 개혁주의 입장에서의 새로운 접근방법론을 제시해보고자 한다. 즉 개혁주의 입장에서의 그리스도론에 대한 하나의 새로운 방법론은 전통적인 접근방법인 "위로부터의 방법론"과 현대신학이 제공하는 소위 "아래로부터의 방법론"을 동시에 지양하면서, "언약론적-성령론적-삼위일체론적"인 접근방법이 보다 적절하다는 것을 제시해보고자 한다.

예수 그리스도의 오심은 구약에서 주어진 하나님의 영원한 언약의 성취이다. 따라서 그리스도론에 대한 논의는 이러한 언약에 기초해야 하고, 또한 언약에 대한 고찰이 선행되어야만이 중보자로서의 그리스도의 오심의 의미와 중보자로서의 인격의 비밀이 밝혀질 수 있는 것이다. 그러한 언약의 성취자로서 예수의 메시아 되심은 다른 그 무엇보다 성령의 사역에 의하여 확증된다. 즉 구약에서 메시아는 성령으로 기름 부음 받은 자로, 성령을 가져오시는 분으로 약속되었다. 이러한 약속에 따라 예수 그리스도의 나심과 그의 모든 지상에서의 삶은 성령의 함께하심으로 특징지어졌고, 또한 높아지신 예수 그리스도의 첫 번째 사역은 성령의 파송이며, 그가 보내신 성령의 사역으로 그리스도는 현재화되며, 그의 약속대로 세상 끝날까지 우리와 함께 하시는 것이다. 그러므로 그리스도론은 결코 성령론과 분리될 수 없다.

이렇게 정초된 그리스도론은 이제 삼위일체론적으로 종합되어야 할 것이다. 성경의 가르침에 따르자면, 그리스도를 중보자로 내어주심에 대한 언약, 곧 구속언약 자체가 이미 삼위일체적인 사역이고, 또한 그리스도의 오심과 그의 모든 사역은 삼위일체론적으로 접근될 때 비로소 그 모든 의미가 명확해진다. 즉 하나님께서 언약 속에서 약속하신 메시아로서의 예수 그리스도의 오심은 언약의 성취이다. 동시에 말씀이 육신이 되어 오신(cf. 요 1:1-3, 14) 예수 그리스도는 곧 삼위일체 하나님의 자기-계시이다. 우리는 그분을 통해서만 삼위 하나님을 알 수 있고, 나아가 예수 그리스도께서는 성부께서 택하여 부르신 그의 백성들을 위하여 죽기까지 순종하심으로 구속의 사역을 완성하셨다. 나아가 그가 파송하시는 약속의 또 다른 보혜사이신 성령 하나님의 놀라운 역사하심을 통해서만 이제 하나님께서 택하여 부르신 그의 백성들은 예수 그리스도에게 연합되어 그의 구속의 은덕들을 분여 받고 충

삼위일체 하나님과 신학

만한 구원의 은혜에 참여할 수 있다. 이와 같이 그리스도론은 "언약론적-성령론적-삼위일체론적"으로 접근될 때, 비로소 우리는 예수 그리스도의 "참 하나님 되심과 참 사람 되심"(vere Deus, vere Homo)의 비밀을 알 수 있고, 또한 어떻게 한 인격 속에서 "신성과 인성"의 두 본성이 서로 혼합 및 혼동되지 않고 구별되지만, 동시에 서로 나누일 수 없도록 "위격적 연합"(hypostatic union)을 이루는지를 알 수 있을 것이다.

II. 교의학에 있어 그리스도론의 위치

1. 교의학의 학문적 특성

교의학(Dogmatics)은 신지식의 체계이며,[5] 또한 우리에게 스스로를 계시하신 삼위일체 하나님에 대하여 그의 말씀의 가르침에 따라서 이루어지는 우리의 신앙고백적 언표에 다름 아니다. 따라서 교의학은 우리에게 스스로를 계시하신 하나님의 말씀인 성경을 근거로 하여, 시대 문화적인 컨텍스트 속에서, 그 시대의 용어로, 삼위일체 하나님에 대하여 우리의 신앙고백을 체계적이고도 조직적으로 진술하는 데 그 목적이 있다.[6] 그러므로 교의학은 주경 및 성경신학과 역사신학을 그 전

---

5   "하나님에 관한 언설"로서의 "신학"이란 용어는 고대 기독교가 그리스인들로부터 넘겨받은 것인데, 그들에게 있어 "신학"은 신들에 관한 문학과 그것에 대한 비판적인 철학적 해석을 의미했다. 그것이 기독교에는 우선 협의의 신론, 혹은 삼위일체론으로 제한되었으나 중세기에 이르러 교의학의 모든 영역으로 확대되었으며, 곧 신학은 교의학과 동일시 되었다. H. G. Pöhlmann, *Abriss der Dogmatik*, 이신건 역,『교의학』(서울: 한국신학연구소, 1989), 16-17 참조.
6   최홍석,『당신의 말씀은 진리니이다: 교의학의 원리와 방법』(서울: 총신대학출판부, 1991),

제로 하여 서로 연관성을 견지하면서 교회 공동체의 신앙과 실천적인 삶을 비판적으로 검토하는 것으로 진행된다. 그리고 성경과 그 참된 가르침의 핵심 교의를 요약하면서 동시에 오늘의 삶의 정황과 연결시켜 요약된 내용이 현재적 상황에서 기독교적 규범이 되도록 상황화시켜야 하는 과제를 안고 있다. 이러한 교의학의 성격은 교의학을 한낱 사변적인 것으로 이해함을 거부하는 것을 의미한다. 사실 역사적인 고찰을 통하여 볼 때, 교의학이 그러한 비판을 받을 수 있는 일면을 가지고 있는 것도 사실이나, 그러한 잘못된 교의학 방법론을 답습할 필요는 없으며, 개혁주의 교의학의 전개는 하나님의 객관적인 말씀의 증거로서의 성경의 가르침에 철저히 기초함과 동시에 기독교 신앙의 현장인 교회사와 그 역사적 신앙고백의 전통, 즉 교의의 역사를 그 바탕으로 삼고 그 시대의 요구에 대응하여 적절하게 복음을 증거하는 것으로 전개되는 것임을 주지해야 할 것이다. 여기서 우리는 교의학의 일반적인 성격에 대하여 잠시 살펴볼 필요가 있다.

(1) 스스로를 우리에게 알려주시는 하나님의 계시[7]는 교의학의 표준적인 원천이므로, 개혁주의 교의학은 철저히 하나님의 말씀 계시인 성경에 기초해야 한다.[8] 일찌기 『기독교 강요』(*Institutes of the Christian Religion*)를 저술함으로써 개혁주의 교의학의 기초를 마련한 칼뱅도 그의 『기독교 강요』의 저술 목적을 서론에서 다음과 같이 밝히고 있다.

---

44 참조.

7   그것은 "*Deus dixit* - 하나님께서 말씀 하셨다"는 것으로 형식화 된다.

8   게르하르더스 보스는 "하나님에 관한 학문으로서 신학을 정의하면 신학은 마땅히 계시에 기초해야만 한다"고 언명한다. Geerhardus Vos, 『성경신학』, 이승구 역 (서울: 기독교문서선교회, 1990), 19.

본서에서 내가 목적한 것은 신학을 공부하는 사람들로 하여금 하나님의 말씀을 읽도록 준비시키고 가르쳐서 그들이 하나님의 말씀에 쉽게 접근하며 아무 장애 없이 그 말씀 안에서 생의 걸음을 걸어 나갈 수 있게 하려는 것이다. 나는 이 책의 모든 부분에서 기독교의 개요를 개진하였고, 또 그러한 순서대로 그것을 배열하였으므로 누구든지 그것을 바르게 파악하기만 하면 성경 연구의 기본적인 목적이 무엇이며, 성경에 포함된 내용을 어떤 목표에 귀착시켜야 하는가를 결정짓는 데 어떠한 곤란도 당하지 않을 것이라고 생각한다.[9]

신학은 오직 하나님의 말씀으로 말미암아 일어서고 넘어진다. 왜냐하면 하나님의 말씀이 교회의 복음 선포와 신학의 말들을 창조하고 일으키고 도전함으로써 모든 신학적인 언어들이 맞서기 때문이다. 신학은 오고 오는 세대들에게 언제나 하나님과 그의 말씀을 바르게 해석하고 선포하며 증거하기 위해서 부름을 받았다. 신학의 자리는 오늘도 기록된 성경 말씀을 통하여 주어지는 하나님의 말씀과의 직접적인 만남이고, 신학이 자리를 잡고 있고 또 다시금 자리가 주어지는 것도 바로 이 말씀과의 만남이다. 따라서 성령 하나님께서 함께하시는 이 하나님의 말씀의 역사가 곧 신학이 서 있어야 할 자리이다.[10]

(2) 하나님의 말씀의 가르침에 대한 믿음의 수납, 그리고 화답으로서의 교회의 신앙고백(the confession of faith) 즉 교의(Dogma)들[11]은 교의

---

9   John Calvin, 『기독교 강요』(상), 김종흡외 4인 공역 (서울: 생명의말씀사, 1992), 15.

10   Cf. 박봉랑, 『교의학 방법론』(I) (서울: 대한기독교출판사, 1992), 99-101.

11   그것은 "크레도"(*Credo*, 내가 믿습니다)로 형식화 된다.

학의 또 다른 핵심 원천이 된다. 개혁주의 교의학은 삼위 하나님의 섭리로 전개되어온 2000년의 전체 교회사와 교리사적 전통에 기초한다. 즉, 교의학은 항상 교회의 신앙고백적 전통에 인도받아 전개된다. 그러나 하나님의 말씀인 성경과 고백적 전통은 동일 평면에 서지 않는다. 영원한 하나님의 말씀인 성경이 절대적인 권위를 가진 반면에 (cf. *norma normans*; 규정하는 규범), 신앙고백은 언제나 역사적·시대적 한계를 가지기 때문에 상대적인 권위를 가지게 된다(cf. *norma normata*; 규정된 규범). 그러나 비록 상대적이긴 하지만 교회의 신앙고백적 전통은 전제 없는 해석이 불가능한 것과 마찬가지로, 우리의 교의학 진술에서 기초가 되는 성경을 올바로 해석함에 있어 하나의 중요한 기초가된다. 또한 교의학의 이러한 성격은 우리의 교의학이 절대적임을 주장할 수 없다는 것을 인식하게 한다. 따라서 개혁주의 교의학은 절대기준인 하나님의 말씀과 깨닫게 하시는 성령의 조명 사역에 의해 끊임없이 스스로를 개혁해 가는 수고를 마다하지 않아야 할 것이다. 우리의 신학은 항상 "도상의 신학"(*theologia viatorum*)이며, "순례자의 신학"(theology of pilgrim)이다.

그러나 아무리 교회의 신앙고백의 전통이 중요하고, 또한 모든 교회로 말미암아 수용되었다고 할지라도, 그것은 어디까지나 개인의 신앙고백 곧 "나는 믿습니다"(*Credo*)로부터 시작한다. "신학을 하나님에 관한 언표라 할 때 그것은 결코 중립적인 학문이 될 수 없다. 왜냐하면 인간은 하나님에 의해, 그 스스로의 계시의 방편으로 주신 그의 말씀에 붙잡히기 전에는 결코 그분을 알 수도, 이해할 수도 없기 때문이다. 따라서 신학이란 먼저 하나님의 말씀에 근거하여, 그 말씀과 더불어 행하는 선포일 때에만 하나님에 관한 증거가 된다. 따라서 중생한 자들(*regenitorum*)의 신학이 아닌 신학을 우리는 더 이상 신학이라 부를 수 없다."[12] 왜냐하면 신앙고백(Credo)은 본래적으로 말씀에 승복당한 것이고 순종하는 응답이기 때문이다. 그래서 하나님의 말씀과 신앙의 생명의 만남이 바로 신학의 시작과 근거가 된다. 따라서 "어떤 의미에서는 교의학이란, 교의학자 자신의 신앙고백이라고도 할 수 있다."[13] 이러한 의미에서 개혁주의 교의학에 있어 그리스도론 또한 "사람들이 나를 누구라 하느냐?"(마 16:13; 막 8:27; 눅 9:18)에 대한 대답이 아니라, 바로 "너희는 나를 누구라 하느냐?"(마 16:15; 막 8:29; 눅 9:20)라는 예수 그리스도의 물음에 대한 우리 자신의 참된 신앙고백이어야 한다.

(3) 성령은 "영감의 영"이요(딤후 3:16), 말씀은 "성령의 검"이다(엡 6:17). 외적인 말씀은 성령의 영감으로 말미암았으며, 성령은 언제나 말씀과 함께 역사하신다. 따라서 성경을 하나님의 말씀으로 확신케 하시는 성령의 내적 증거 사역(internum testimonium Spritus Sancti)과 더불어 그 말씀을 올바로 이해하고 깨닫게 하시는 조명 사역(illumination)은 개혁주의 교의학의 주요한 내적 원리이다.[14] 네덜란드의 개혁주의 교의학자 헤르만 바빙크(H. Bavinck)는 "성령은 성경을 가지고 신자의 마음속에 증거하신다. 성령은 성경을 가지고 우리를 가르치는 "교회의 교사"(Doctor ecclesiae)"이시라고 말한다.[15] 바로 이 "성령이 교회 안에서 여러 세대를 통하여 바른 길로 인도하신 말씀의 교회가 교리사 가운데

---

12 Pöhlmann, 『교의학』, 29.

13 차영배, 『H. Bavinck의 신학의 원리와 방법』 (서울: 총신대학출판부, 1987), 49.

14 Cf. 최홍석, 『교회와 신학』 (서울: 총신대학출판부, 1991), 13-29. "말씀과 성령의 관계에 대한 논의는 단지 교리적인 교의학적 관심사와 관련된 문제만이 아니다. 그것은 바로 말씀 선포의 사활과 관련된 문제요, 따라서 교회 자체의 존립과 직결된 중대사이다"(p. 13).

15 H. Bavinck, Gereformeerde Dogmatiek, I (1967), 69. 여기서는 차영배, 『H. Bavinck의 신학의 원리와 방법』, 50에서 재인용.

빛나고 있기 때문에, 교리사는 성경의 설명이요 해석이다."[16] 그러므로 우리가 하나님의 말씀에 따라서, 그리고 그것에 근거하여 교의학적 작업을 수행할 때 우리는 언제나 성령의 조명의 은사에 의지해야 하고 또한 이를 위하여 항상 무릎 꿇고 끊임없이 기도해야만 한다. 그러므로 참된 신학은 언제나 머리로 하는 작업(이성적 사유)이기 이전에 말씀 앞에서 무릎으로 하는 것(기도)이어야 한다.

이러한 신학의 원리는 루터나 츠빙글리 그리고 멜란히톤과 같은 개혁자들에게서도 찾아볼 수 있지만 특별히 칼뱅이 강조하였다. 칼뱅은 그의 『기독교 강요』에서 다음과 같이 말하고 있다.

하나님이 교리의 저자라는 사실을 의심치 않고 확신하기 전에는, 교리에 대한 신앙이 수립되지 않는다는 것을 기억해야 한다. 따라서 성경에 대한 최고의 증거는 일반적으로 하나님이 인격적으로 성경 안에서 말씀하시는 사실에서 얻게 된다.…우리는 인간의 이성이나 판단 그리고 억측에서가 아니라 이보다 훨씬 더 높은 근원, 곧 성령의 은밀한 증거에서 우리의 확신을 찾아야 한다.…성령의 증거는 일체의 이론을 훨씬 능가한다고 나는 답변한다. 왜냐하면 하나님 자신만이 자기 말씀의 합당한 증인이 되시는 것처럼, 그 말씀도 성령의 내재적 증거에 의하여 확증되기 전에는, 사람의 마음에 받아들여질 수 없기 때문이다. 그러므로 선지자들의 입을 통하여 말씀하신 바로 그 성령께서 우리 마음에 들어오셔서, 하나님으로부터 위탁받은 말씀을 선지자들이 충성스럽게 선포하였다는 사실에 대하여 우리에게 확증시킬 필요가 있었던 것이다.…오직 하나님의 영이 우리 마음에

---

16 Lange, *Christl. Dogm.* I, 3; Schoeberlein, *Prinzip und System der Dogm.*, 26. *BGD*, I, 62. 여기서는 차영배, 『H. Bavinck의 신학의 원리와 방법』, 47에서 재인용.

인(印)치시는 신앙만이 참된 신앙이다.[17]

신학은 언제나 자신의 근거와 권위 및 운명에 관해서 아무것도 전제할 수 없다. 신학은 결코 인간 자신의 이성에 근거한 추론으로서의 철학이나, 혹은 종교적 경험들에 대한 객관적인 기술로서의 종교학이 될 수도 없고, 되어서도 안 된다. 따라서 칼 바르트(K. Barth)는 신학적 작업에 있어 성령의 사역을 논하는 가운데 다음과 같이 말하고 있다.

그러므로 우리는 신학적 주장들 속에 숨어 있는 참된 힘, 다만 주위와 환경에 대해서만이 아니라 또한 교회에 봉사하는 신학 그 자체에 대해서도 숨어있고 처리될 수 없는 힘에 대해서 말하지 아니하면 안된다. 이 힘은 신학의 명제들이 말하고 있는 내용 속에 있으며, 구속사와 계시의 역사 속에 있으며 성경적 증인들의 들음(Hören)과 말함(Reden)에는 물론 이 증인들에 의하여 생겨난 교회 공동체의 존재와 행동 안에도 있다. 이와 같은 사실이 진리일진대 이 힘은 신학적인 노작에 임재하여 역사하고, 이 신학을 능가하는 힘으로 작용한다. 신학은 결국 이것을 이야기함으로써만 자신의 존립을 영위할 수 있으며 활동할 수 있는 것이다.…신학자는 이 힘을 따라가야 한다. 결코 앞서가서는 안 된다. 신학자는 자기의 사고와 언어가 이 힘에 의하여 통제되게 해야 한다.…이 일을 하시는 분은 주 하나님이신바, 이 분이 바로 성령이시다.…이 성령은 "하나님 안에 있는 것"과 "이 하나님이 우리에게 주신 바"를 우리에게 알리시며 주시려고 우리를 공격해 오시며 우리를 감화시키시고 우리에게 증거하신다. 그리고 이 성령은 "예수는 주님이시다"라고 하는 고백을 깨우치시고 산출

---

17   Calvin, 『기독교 강요』(상), 134f.

하시는 힘이시다.…따라서 교회 공동체와 신학이 항상 새롭게 성령의 임재와 역사를 경험하려면 "창조자 성령이시여, 어서 오시옵소서(Veni creator Spiritus!)"라고 탄식하며 부르짖어 기도해야 한다.…왜냐하면 신학은 성령의 약속을 확고히 붙들고 있기 때문이다. "모든 것을 꿰뚫고 탐구해 들어가되 하나님의 심오한 것까지 알아내는 것은" 신학이 아니라 오직 성령이시기 때문이다.[18]

(4) 개혁주의 교의학은 신앙고백 공동체인 교회에서 수행되어야 하며, 또한 그것은 교회에 맡겨진 본래적 사명이다. "교회는 하나님의 말씀에 의해 창조되었다."[19] 또한 우리의 신앙고백은 개인의 것일 뿐만 아니라, 고백 공동체로서의 교회의 신앙고백이다. 따라서 고백 공동체로서의 교회의 특수한 기능인 교의학적 작업은 무엇보다도 먼저 이러한 교회의, 교회에 의한, 교회를 위한 것이다. 왜냐하면 신학은 교회 안에 있는, 교회를 위한 봉사이고, 그리고 교회의 전통으로부터 일어났기 때문이다.[20] 예수 그리스도로부터 부름을 받았고 또한 파송을 받은 교회는 본래부터 그 자체를 위해서 존재한 것이 아니라 하나의 "사명"을 위해 존재한다. 그것은 복음 선포의 봉사를 위해서 부름을 받았고, 보냄을 받으며 위탁을 받는 것이다(cf. 마 28:18-20). 따라서 본래적으로 "신학은 교회의 기능이다. 그리고 신학의 과제는 교회의 필요에 봉사하기 위한 것이다."[21] 교의학이 가지는 이러한 성격을 칼 바르트(K.

---

18 Karl Barth, 『복음주의 신학입문』, 이형기 역 (서울: 크리스챤다이제스트, 1990), 65-74.

19 박봉랑, 『교의학 방법론』(I), 108.

20 Cf. 박봉랑, 『교의학 방법론』(I), 113.

21 박봉랑, 『교의학 방법론』(I), 79-82 cf. "이것은 슐라이어마허에서 시작을 해서 에밀 브룬너, 칼 바르트, 폴 틸리히, 구스타프 아울렌, 오토 베버 등 모든 현대 신학자들의 공통된 규정

Barth)는 다음과 같이 잘 말해주고 있다.

우리는 교의학의 주체가 교회라고 생각한다. 이것은 바로 누구나 이 학문에 종사할 때 배우거나 가르침에 있어서 그리스도의 교회라는 활동의 지반에 책임적으로 서지 않으면 안 된다는 것을 의미한다. 이것은 필수요건이다(*conditio sine qua non*). 그러나 이와 같이 하는 것이 교회의 삶에 자유로이 관계를 맺으며 그리스도인으로서 이 근본사실에 책임을 지는 것을 내포함을 알아야 한다.[22]

신학이 하나님의 말씀과 그 증인들을 대면함에 있어 신학의 자리는 텅빈 공간이 아니라 가장 구체적으로 개교회로서의 공동체이다.···이 고백 공동체인 교회에서 신학은 또한 그것의 특수한 자리와 기능을 가진다.···교회 공동체 내에 하나의 특수한 활동이 있어야 하는데, 즉 그것은 신학적 활동이다. 이 활동은 전공동체적 행동을 진리물음에 조명하여 직업적으로 검토하며, 이 공동체를 대표하여 이 일을 수행해야 한다. 이것이 바로 신학적인 학문이요, 탐구요, 가르침이다. 신학의 탐구와 가르침은 자신을 위한 것이 아니라 교회 공동체를 위하여 기능하며, 특히 하나님의 말씀을 위하여 봉사한다.···이와 같이 신학이 오늘의 교회를 위하여, 특히 말씀 증거와 신앙의 고백을 위하여 섬김에 있어,···신학은 오늘의 교회 공동체 및 이 공동체의 신앙의 선조들과 더불어 "나는 믿습니다"(*Credo*)라고 말해야 하며, 또한 "나는 알기 위하여 믿습니다"(*Credo, ut intelligam*)라고 계속하여 말해야 한다.[23]

이다. 물론 그 출발점과 내용에 있어 모두 같은 것은 아니다."

22   Karl Barth, *Dogmatics in Outline*, trans. G. T. Thomson (London: SCM Press, 1966), 10.
23   Barth, 『복음주의 신학입문』, 55-64.

(5) 개혁주의 교의학은 삼위일체 하나님께서 세우셨고 영원히 그의 거처로 삼으셨으며, 우리의 신앙생활의 현장으로서의 고백 공동체인 교회를 위하여 봉사해야 하는 실천적인 목적을 가진다. "이 말은 어떤 전문적인 의미에서의 실천신학(설교, 상담, 전도 등)을 의미하는 것이 아니라, 신학은 단순한 신앙의 차원을 넘어 살아 움직이는 것이어야 한다는 것이다."[24] 따라서 트림프(C. Trimp)는 "모든 신지식은 "실천적"이다. 즉 하나님 앞에서의 삶으로 향한다. 이 사실은 신학과목을 이론적 과목과 실천적 과목으로 나누는 일을 전혀 무용하게 한다"고 말한다.[25] 그러므로 "방법론적으로 교의학은 이론적인 동시에 내용적으로 실천적이다. [그러므로 모든] 교의학 과목은 하나님께서 계시하신 실천적 지식을 이론적인 방법으로 연구하는 과목이다."[26] 이와 같이 신학이 본래적으로 삼위일체 하나님에 대한 증거요, 부름 받아서 그리스도의 몸된 교회를 봉사하기 위한 것이라 할 때, 모든 신학은 본질적으로 실천적일 수밖에 없다. 그러므로 바르트도 다음과 같이 말한다. "이론 곁에 있는 어떠한 "실천"도 여기서 권유되지 않는다. 오히려 우리의

---

24 Millard J. Erickson, *Christian Theology*, 2nd ed. (Grand Rapids: Baker Books, 1998), 24.

25 C. Trimp, *Inleiding in Ambelijke Vakken* (Kampen: V.d. Berg, 1978), 10. 여기서는 고재수 (N. H. Gootjes), 『교의신학의 이론과 실제』(서울: 디다케, 1992), 10에서 재인용.

26 고재수(N. H. Gootjes)는 교의학적 지식이 어떻게 실천신학과 목회일선에서 적용되어야 하는지를 다음과 같이 잘 설명해 주고 있다. "교의학은 이론적이라고 말해진다 할지라도 근본적으로 실천적인 것이다. 왜냐하면 교의학이 우리 신앙생활에 실제적인 중요한 문제를 이론적으로 다루기 때문이다. 따라서 교의학 공부의 결과는 신앙생활에 직접적인 영향을 미치게 된다.…신학은 이 사실을 오랫동안 인식해왔다. 예를 들어 P. Van Mastricht라는 학자는 [이론적-실천적 신학(*Theoretico-practica Theologia*, Amstelodami 1677)]이란 제목으로 교의학 책을 썼다. 그는 주제별로 세 부분, 즉 "교의적 부분(pars dogmatica)", "반증적 부분(pars elenchtica)", "실천적 부분(pars practica)"으로 나누었다. 이렇게 함으로써 그는 신학의 모든 주제들이 실제적 의미를 가지는 것으로 나타내었다.…이러한 방법의 출발점 곧, 교의학에 속하는 모든 주제가 실제적인 중요성을 가진다는 것은 좋은 출발점이다." 고재수(N. H. Gootjes), 『교의신학의 이론과 실제』, 11f.

출발점이 되는 "이론"은 실천의 이론이라는 사실이 여기서 확증되어야 한다."[27] 따라서 교의학을 이론신학이라 단정하고, 사변적이라고 주장하는 것은 잘못된 신학이해의 결과이다. 왜냐하면 교의학이 다루는 모든 내용들은 그 자체로서 본래적으로 신앙의 실제적인 문제들을 다루는 것이며, 또한 현실의 삶 속에서 철저한 적용과 실천을 필연적으로 요구하기 때문이다.

(6) 마지막으로 개혁주의 교의학은 우리 시대의 제반 사상적·문화적·역사적 상황에서 우리의 신앙을 변증하는 책임을 가짐과 동시에 그리스도 교회의 선교의 내용을 밝혀야 하는 책임이 있다. 따라서 교의학은 "그 시대의 사조와 정신이 무엇인가를 파악하고 이에 대하여 기독교 진리의 타당성 내지 의미를 제시해야 할 과제를 가진다."[28] 그럼으로써 "신학은 오류와 사상의 혼동, 갈등과 맞서 신앙의 진리를 바르게 이해하고 천명하는 과제를 수행한다."[29] 실로 기독교 신학의 2000년 역사는 그 시대 시대마다의 상황 속에서 우리의 사도적 신앙에 대한 증거와 변증의 역사였다. 칼뱅 또한 "프랑스 왕 프랑수아 1세에게 드리는 헌사"에서 그의 『기독교 강요』가 가지는 이러한 성격을 잘 변증하고 있다.

어떤 사악한 자들의 광포가 극도에 달하여 폐하의 나라에서 건전한 교리가 발붙일 곳이 없다는 것을 알게 되었습니다. 따라서 내가 이 책으로

---

27 Karl Barth, *Der Romerbrief*, 11 (Abdruck der neuen Bearbeitung von 1992, 1976), S,412; 여기서는 김균진, 『기독교 조직신학』(I) (서울: 연세대학교출판부, 1990), 32에서 재인용.

28 김균진, 『기독교 조직신학』(I), 31.

29 오영석, "예수 그리스도의 삼중직론", 333.

저들을 가르치고 나의 신앙고백을 폐하께 보여드릴 수 있다면, 이것으로 나는 보람 있는 일을 하였다고 생각합니다.…그들은 시끄럽게 떠들어 대면서 이 교리는 마땅히 투옥과 추방, 몰수와 화형의 처벌을 받아야 하며, 육지에서나 바다에서 완전히 뿌리째 없어져야 한다고 하나, 나는 여기서 이 교리의 개요를 고백하는 것을 조금도 두려워하지 않습니다.[30]

따라서 교의학은 "그것이 영원한 진리를 취급하는 것이지만, 그것은 현시대의 상황 속에서 이해될 수 있는 언어, 개념 그리고 사상들을 사용해서 표현하여,…오늘날 부딪히는 문제들과 도전들에 대해서 말할 수 있어야 한다."[31] 이제까지 살펴본 모든 내용들은 교의학의 한 분야이며, 하나님의 계시역사의 중심이며 우리의 신앙고백의 중심을 이루는 그리스도론 역시 바로 이러한 교의학의 일반적 특성을 그대로 반영함은 물론이다.

2. 그리스도론의 연구의 중요성

(1) 예수 그리스도는 교의학의 기초이다.

오늘날의 신학은 그 연구와 적용의 분야가 너무나 확대되었고, 또 다양하게 분화되고 전문화되었기에, 실제로 그것을 종합적으로 이해하기란 극히 어려운 실정이다. 따라서 한 분야의 연구에 치중하다 보면, 신학 전체의 의미맥락을 잃어버리게 되고, 자기류의 주장만 내세우는

---

30   J. Calvin, 『기독교 강요』(상), 41-42.

31   Millard J. Erickson, *An Introduction to Christian Theology*, 김광열 역, 『서론』(서울: 기독교문서선교회, 1993), 24-25.

반면 다른 분야에는 문외한이 되는 기현상이 일어나기도 한다. 따라서 이러한 모든 상황을 종합적으로 분석하여 체계적으로 성경의 말씀을 증거하는 교의학적 작업은 더욱더 그 중요성을 가진다 할 것이다.

신학은 스스로를 계시하신 삼위일체 하나님에 대한 우리의 신앙 고백적 언표에 다름 아니다. 영생은 곧 유일하신 참 하나님을 아는 것에 있으며, 또한 그것은 그의 보내신 자 예수 그리스도를 아는 것에 있다(cf. 요 17:3). 그러므로 신학의 여러 분과학문 중에서 교의학은 하나님에 관한 진리와 하나님께서 인간과 세계에 관계하심에 관한 진리를 조직적으로 진술하는 것으로서, 그 모든 중심이 하나님과 하나님의 행하신 일들에 지극히 관심한다. 그러므로 신학에서 가장 중심적인 문제는 "하나님의 문제"라고 할 수 있다. 그러나 그 하나님은 인간과 적극적으로 관계하시는 하나님이며, 우리는 이러한 관계 속에서만 하나님에 관하여 말할 수 있다. 그리고 그러한 관계는 하나님께서 인간과 맺으신 언약 속에서 표출되었다. 그러므로 신학은 언약에 기초해야 한다. 바로 이러한 의미에서 우리가 신앙하고 또 신학이 그에 대하여 진술하는 이 하나님은 어떤 막연한 신(cf. "궁극적 존재", "초월적 존재" 혹은 "절대 타자" etc.)이 아니라 예수 그리스도 안에서 인간의 모습을 취하시고 자기를 계시하시며 행동하시는 하나님이다. 이와 같이 "성경의 중심사상과 2000년 신학사상사를 면밀히 검토해본다면 신학의 중심은 다름아닌 그리스도론이라는 것을 확인할 수 있다. 기독교는 그리스도를 고백하는 신앙의 학문인 만큼 역시 그리스도가 그 중심이요 기초가 된다는 것은 틀림없는 사실이다."[32]

칼 바르트(K. Barth)가 말하듯이 "하나님과 인간 사이에는…예수 그

---

32   이종성, "그리스도에 대한 오늘의 고백", 「현대와 신학」 5/9 (1988), 11.

리스도라는 인격이 서 있다. 그분 안에서 하나님은 인간에게 자기를 계시하신다. 그분 안에서 인간은 하나님을 인식한다. 그분 안에서 하나님은 인간 앞에 서 있고 인간은 하나님 앞에 서 있다." 인간과 세계를 위한 하나님의 계획이 그분 안에 나타나 있으며, 인간에 대한 하나님의 심판이 그분 안에서 집행되었으며, 인간의 구원이 그분 안에서 이루어졌으며, 인간에 대한 요구와 약속이 그분 안에 나타나 있다. "삶과 행위 가운데 있는 하나님의 존재"가 예수 그리스도 안에 있다. 그는 우리 가운데 있는 삼위일체 되신 하나님이다. 그러므로 신학의 가장 중심적인 문제인 "하나님의 문제"는 바로 "그리스도의 문제"이다.[33] 그러므로 "예수는 그리스도이시다. 예수는 주님이시다"라는 신앙고백은 애초부터 그리고 본질적으로 예수의 인격의 비밀인 동시에 하나님의 비밀이었다. 따라서 하나님에 관하여 말하려면 예수 그리스도에 대하여 말해야 한다. 예수 그리스도가 기독교 신앙과 신학의 "중심이요 근거"이다.[34] 우리는 신앙의 모든 내용을 예수 그리스도 안에서, 예수 그리스도와의 관계에서 인식하고 서술해야 한다. 그러므로 예수 그리스도가 "기독교 신앙의 대상과 내용이며 신앙이 말해야 하는 바의 총괄개념이다."[35] 이러한 의미에서 "기독교 신학 전체는 그리스도에 대한 신앙의 설명에 불과하다."[36] 따라서 그리스도론은 교의학의 전체 구성에 있어 한 부분에 불과한 것이 아니라 교의학 체계의 중심이요 왕관이라 해도 지나친 말은 아닐 것이다. 그러므로 그리스도론의 본질은 예수와 하나님의 관계를 성경의 가르침에 따라서 올바로 말하는 것에 있다.

---

33 E. Brunner, *Der Mittler*, 8.

34 W. Trillhass, *Dogmatik*, 247.

35 G. Ebeling, *Dogmatik des Christlichen Glaubens*, Bd. II (1979), 11.

36 E. Brunner, *Dogmatik*, Bd. II, 257.

그리스도론은 인간구원을 위한 하나님의 행위와 계시의 중심이며, 그것에 대한 우리의 신앙고백의 중심[37]인 동시에 그 조직적 기술로서의 교의학의 중심이다. 즉 그리스도론은 삼위일체론과 함께 서고, 함께 넘어진다. 우리는 이 사실을 고대 교회의 교리논쟁에서 삼위일체론 논쟁과 그리스도론 논쟁이 서로 밀접하게 연관되어 있음에서 확인할수 있다. 이러한 관계를 베른하르트 로제(B. Lohse)는 다음과 같이 말한다. "그리스도론과 삼위일체 교리는 교리사에 있어서나 교의학에 있어서 서로 분리될 수 없다. 모든 그리스도론적 진술은 또한 언제나 삼위일체의 특정한 이해를 내포하며, 그 반대로 삼위일체의 진술 또한 그리스도론의 진술을 포함한다."[38] 따라서 우리는 전체 교의학과 그리스도론의 연관성에 대하여 살펴볼 때, 삼위일체론으로서의 신론은 그리스도론의 시작이며, 인간론의 근거와 구속사역의 현장이 된다. 또한 성령론은 구원론과 교회론 그리고 종말론으로 전개되는데, 예수께서 이루신 구원사역의 구체적 적용사역으로서의 구원론과 교회론은 기독론의 확장이며, "이미 그러나 아직"(already, but not yet) 사이의 긴장 속에서 전개되는 종말론은 그리스도론의 완성임을 알 수 있다.

(2) 예수 그리스도는 교의학의 규범이다.

교의학의 근거와 규범은 하나님의 말씀이다. 그러나 그 하나님의 말씀은 "스스로 말씀"(요 1:1, 14)이신 예수 그리스도를 그 구심점으로 하고 있다. 성경의 중심 내지 성경의 주제인 예수 그리스도가 성경 속에서

---

[37] 이것은 우리의 신앙고백의 꽃이라 할 수 있는 "사도신경"의 대부분이 바로 예수 그리스도에 대한 고백에 대한 것이라는 사실에서 확인할 수 있다.

[38] Bernhard Lohse, *A Short History of Christian Doctrine*, trans. F. Ernest Stoeffler (Philadelphia: Fortress Press, 1978), 71.

증거되고 있기 때문에 성경은 근거성과 규범성을 가지는 것이다. 따라서 "하나님의 자기계시인 예수 그리스도가 기독교 신학의 궁극적인 근거요 규범이다. 신학은 예수 그리스도의 계시로 인하여 형성되고 성립된다. 이와 동시에 신학은 예수 그리스도의 계시에 의하여 언제나 다시금 비판을 받아야 하며 자기 자신을 부인해야 한다."[39] 바로 그렇기 때문에 교의학 전체뿐 아니라 모든 신학의 방향을 좌우하는 것은 우리가 어떻게 예수 그리스도에 대해 바르게 고백하느냐에 달려 있다. 그러므로 "기독교 신앙과 신학에서 가장 중심적인 문제는 "예수 그리스도는 누구이신가"의 문제이다. 또한 우리가 예수 그리스도를 누구로 고백하느냐에 따라 성부 하나님과 성령 하나님에 대한 우리의 인식이 결정되며 교회가 취해야 할 선포와 활동의 기본적 방향이 결정되고 그리스도인들의 생활과 행동의 양태가 결정되기 때문이다."[40] 즉 기독론에 대한 이해는 필연적으로 삼위일체론 이해와 맞물려 있다.

우리가 그리스도에 대한 고백을 바로 하지 못할 때, 거기서부터 출발한 모든 교리와 신학 그리고 우리의 신앙까지도 그릇된 길로 가게 된다. 교회의 역사적인 고찰을 통하여 볼 때 많은 이단들이 그리스도론에서 비롯되었고, 교리 논쟁사적으로 볼 때에도 그리스도론에 대한 논쟁이 언제나 그 중심을 이루고 있다. 이와 같이 그리스도에 대한 고백이 올바로 되면 많은 이단들이 존립할 근거가 사라진다. 성경의 올바른 가르침, 특히 바른 그리스도론의 기초 위에 세워지지 않거나 그것을 간과하는 신학은 언제나 신학적 혼란과 참된 신앙의 소멸, 그리고 교회의 쇠락으로 나아가게 된다. 성경해석의 결과로 이루어지는 신

---

39   김균진, 『기독교 조직신학』(I), 15.
40   김균진, "그리스도론의 방법", 「현대와 신학」 7/13 (1990), 33.

학에는 늘 인간적인 부정적 요소가 스며들 수 있다. 그것은 인간의 죄와 그로 인한 전적인 부패의 결과이다. 따라서 "어느 세대든지 기존의 신학적 유산에 의존하는 것으로만 만족하고 자체를 위하여 신적 계시의 그 풍성함과 부요함을 개발하기를 포기할 때 벌써 후퇴의 길을 걷고 있는 것이며 이단이 다음 세대의 몫을 차지하게 될 것이다."[41] 그러므로 신학 전체의 발전을 위해서는 신학과 신앙의 중심 되신 예수 그리스도에 대한 말씀에 근거한 끊임없는 성찰과 그에 근거한 신앙에 대한 자기고백과 연구와 진전이 항구적으로 이루어져야 할 것이다.

(3) 예수 그리스도는 하나님 인식의 근거이다.

마르틴 루터(Martin Luther)는 "십자가에 달린 그리스도 안에 참된 신학과 하나님 인식이 있다"(*Ergo in Christo crucifixo est vera theologia et cognitio Dei*)라고 말한다.[42] 그것은 오직 예수 그리스도를 통해서만 참된 삼위일체 하나님을 인식할 수 있으며, 오직 그분만이 우리의 참된 하나님 인식의 가능성임을 말하는 것이다. 따라서 "하나님의 본질은 예수 그리스도 없이 접근되지 않는다."[43] 현대신학에 와서 이러한 루터의 신학적 인식을 몰트만(J. Moltmann)은 "삼위일체론을 성경의 역사 안에서 파악하기 위하여 우리는 아들 되신 예수의 역사에서 시작해야 한다. 왜냐하면 그는 삼위일체의 계시자이기 때문이며, 그의 역사적이며 종말론적인 역사에서 아버지, 아들, 성령이 가진 차이와 관계와 통일성을 식별할 수 있기 때문이다"라고 진술함으로써 재현하고 있다.[44]

---

41   이근삼, "조직신학의 임무", 「고려신학보」 11, 18.

42   김균진, 『기독교 조직신학』(I), 15에서 재인용.

43   오영석, 『조직신학의 이해』 (서울: 대한기독교서회, 1992), 30.

44   J. Moltmann, *Trinität und Reich Gottes*, 김균진 역, 『삼위일체와 하나님 나라』 (서울: 대한기

그리스도론은 예수 그리스도 안에서 하나님이 우리와 관계하심을 말하는 것이다. 하나님은 오직 그리스도라는 문을 통해서만 우리와 관계하신다. 우리와 관계하심으로 계시하시는 하나님, 이것이 하나님의 전부이다.[45] 우리와 관계를 맺지 않는 하나님, 그리고 성육하신 영원한 말씀이신 중보자 예수 그리스도를 통하지 않는 하나님은 존재하지 않는다. 우리는 성경에서 하나님께서 말씀과 계시 행위를 통해서 자신을 드러내심을 보는데, 마지막으로 예수 그리스도 안에서 최종적으로 말씀하셨기에, 그분은 하나님께서 당신을 나타내시는 계시의 절정이다 (cf. 히 1:1-3). 사도신경에서 가장 먼저 고백되는 첫 번째 위격의 창조자 하나님은 그저 일반적 신이 아니라, 예수 그리스도께서 "아바 아버지"라고 부르신 바로 그 하나님이시다. 나아가 성부 하나님께서는 나의 하나님이 되기 이전에 예수 그리스도의 하나님이시며, 그분은 예수 그리스도를 통해서, 그 안에서만 나의 하나님, 나의 아버지가 되신다. 구속사에서 십자가와 부활 그리고 오순절 이후의 시대를 사는 우리에게 구약의 창조주 하나님은 창조의 계시를 통해서가 아니라(cf. 롬 1:18-23), 오직 예수 그리스도라는 문을 통해서, 또한 그분께서 보내신 바 성령, 곧 그것을 깨닫게 하시고 마음으로 믿게 하시고 입술로 고백하게 하시는 성령의 사역을 통해서만 비로소 우리에게 참된 신지식을 알게 하신다.

"나사렛 예수"라 불리신 바로 그 "역사적 예수" 안에서 하나님께서는 스스로를 온전히 그리고 궁극적으로 계시하셨다. 그 안에서 계시된

독교출판사, 1990), 86.

45   "우리를 위해서"(*pro nobis*)라는 말을 종교개혁자들, 특히 루터와 칼뱅이 많이 사용하고 있다.

하나님 이외의 다른 하나님은 단연코 존재하지 않는다. 그러므로 예수 안에서 일어난 모든 사건들과 운명은 오직 삼위일체 하나님께서 이루어가시는 구속 역사적 근원에서만 이해된다. 따라서 하나님의 인식과 고백에서 가장 기독교적인 것은 예수 그리스도 자신이다. 모든 그리스도인들은 오직 이 예수 그리스도를 통하여 아브라함, 이삭, 야곱의 하나님을 인식하고, 하나님은 그리스도를 통하여 그 자신을 믿는 자에게 계시하시며, 자신의 생명을 내어주시기 때문이다. 신약의 하나님은 구약의 이스라엘에게 언약을 주신 하나님이자 그 언약을 성취하신 예수 그리스도께서 "아바 아버지"라고 부르신 바로 그 하나님이시다. 우리는 바로 그 역사적 예수, 그 유일 독특하신 인격 안에서 하나님의 말씀, 의지, 사랑이 성육신했다는 것과 그가 곧 유일하신 약속의 메시아, 그리스도이심을 믿고 고백한다. 예수의 모든 말씀선포 및 사역, 그리고 그의 운명 안에서 하나님의 말씀과 의지는 인간의 모습을 취했다. 예수 그리스도께서는 그의 모든 말씀 선포와 지상 사역에서, 십자가의 고난과 죽음에서, 그리고 그의 유일하고 독특한 전인격에서 하나님의 말씀과 뜻을 온전히 선포하고 현시하고 계시했다. 그분은 인간의 형상을 취한 하나님 자신의 말씀이시며, 하나님의 구속의 의지의 완전한 실현이자, 우리를 향한 하나님의 무한한 사랑의 계시이시다.

나사렛 예수는 그를 믿는 자들에게 참된 삼위일체 하나님의 실제적인 계시이다. 바로 이러한 의미에서 그는 하나님의 말씀이시고, 그의 영원한 아들이다(요 1:14). 구약에서 아직 숨어 있는 다양한 하나님의 면모는 오직 이 역사상의 한 구체적인 인격, 곧 나사렛 예수 안에서 완전하게 그리고 분명하게 종국적으로 계시되었다. 예수는 그의 존재와 행동, 말씀과 선포, 고난과 죽음 안에서 하나님의 얼굴을, 인간을 위하여 자신의 생명까지 내어주시는 하나님을 나타내셨다. 십자가에 처형되었지만, 생명으로 다시 살아나신 예수 그리스도 안에서 하나님 자신이 현재하고 역사했다. 그를 통하여 하나님 자신이 말씀했고 행동했으며, 그 자신을 완전히 계시했다. 바로 이러한 의미에서 예수는 그리스도인에게 하나님의 아들, 메시아, 그의 계시이고, 영광의 형상이다. 그는 독생하신 참 하나님의 아들이시다. 그래서 예수 그리스도가 있는 곳에 하나님이 현재하신다. 그러므로 우리는 예수 그리스도를 떠나서는 하나님을 말할 수 없게 된다. 동시에 하나님을 떠나서 예수가 누구인지, 그의 말과 행동, 고난과 죽음의 진정한 의미 또한 전혀 알 수 없게 된다. 이 예수 안에서 자신을 계시한 하나님 이외에 다른 영원한 참된 하나님은 없다. 이 그리스도 예수 안에서 하나님께서는 이제 성령을 통하여 우리를 부르신다. 예수 그리스도 안에서 영원히 살아 계신 하나님께서는 우리를 자유와 생명의 길로 부르신다. 예수 그리스도를 믿는 자는 이 고난과 죽음의 그림자로 가득찬 질곡의 현실을 넘어 참된 구원과 종말론적인 생명의 완성을 소망할 수 있도록 부름 받은 자이다. 그러므로 예수의 삶, 행동, 운명 자체는 이 우주적이고 영원한 하나님으로부터 우리를 향한 우주적 의미, 곧 영원한 결정적 의미를 갖는다. 바로 여기에 하나님과 인간의 관계를 위한 예수 그리스도의 유일한 표준적인 의미가 있다.

그러므로 하나님에 관하여 말하려면 예수 그리스도에 대하여 말해야 하고, 하나님에 대하여 알려면 그리스도를 알아야 하며, 그를 본 사람은 이미 하나님을 보았다(cf. 요 12:45; 14:9). 나아가 우리를 향한 그리스도의 사랑은 우리를 향한 하나님의 무한한 사랑의 현시이다. 죄 가운데서 하나님과 원수된 우리를 자신과 다시 화해시키기 위하여 하나님은 그리스도 안에 있었다(cf. 고후 5:16-19). 이와 같이 그리스도론의 본질은 그리스도 예수 안에 나타나신 하나님, 우리를 위한 하나님의 구원, 영원한 생명, 새 창조와 관계된다. 역사의 중심에서 하나님이 실제로 나사렛 예수의 역사 안으로 들어왔다. 이 역사적 예수는 참으로 영원한 하나님의 아들이었고, 그 신적 본질에 있어 하나님 아버지와 동일하시다. 또한 그는 모든 능력과 영광에서 하나님과 동일하시고 동등하시다(cf. 빌 2:6-8). 그러한 영원하신 하나님의 아들, 곧 영원한 말씀이 육신이 되신 이것이 성육신의 신비이고 신앙의 패러독스이다.

이 내용이 요한복음에서는 아버지와 아들 사이의 계시의 일치로 천명된다. 아버지는 아들을 알고 아들은 아버지를 안다(cf. 요 10:15-30). 아버지는 아들 안에 있고, 또한 아들은 아버지 안에 있으므로, 아버지와 아들은 하나이시다(cf. 요 10:30). 여기서 예수는 하나님의 말씀(cf. 요 1:1-14)으로만 아니라, 주와 하나님으로서 지칭된다(cf. 요 10:28; 요일 5:20). 이러한 전망에서 그리스도 안에서 신성의 완전한 충만이 육체적으로 거한다는 것과(cf. 골 2:9), 하나님의 말씀이 성육되었다는(cf. 요 1:14) 그 어려운 말씀이 이해될 수 있다. 동시에 이것은 하나님이 예수 그리스도 안에 현재한다는 의미이다. 이러한 맥락에서 예수는 "하나님으로부터 나온 하나님이시요, 빛으로부터 나온 빛이시요, 참 하나님으로부터 나온 참 하나님이시다.…그는 모든 것을 지으신 아버지와 동일본질이시다"라고 선언한 니케아 신조(the Nicene Creed, 325년)가 이해된다.[46]

이것이 기독교가 고백하는 나사렛 예수 그리스도에 대한 참된 신앙이고 인식이다. 예수 그리스도 자신께서 성령을 통하여 이 믿음을 은혜의 선물로 우리에게 주실 뿐만 아니라, 날마다의 삶에서 새롭

---

46 "니케아 신조"(*Symbolium Nicaenum*), 이형기 편저, 『세계개혁교회의 신앙고백서』 (서울: 대한예수교장로회총회출판국, 1991), 20 참조.

게 갱신하고 보존하시며, 또한 그 믿음으로 성화의 삶을 살아가게 하신다. 그리스도가 성령의 능력과 말씀의 빛 속에서 바르게 선포될 때, 그는 살아 있는 주님으로서 그를 믿고 따르는 자들과 만나시고 함께하신다. 그는 그의 말씀으로 제자들을 불러 모으시고, 자신을 머리로 삼는 신앙과 복음 증거의 신앙 공동체를 창조해나가신다. 그리고 이 신앙 공동체 안에서 자신을 교의, 신앙, 그리고 실천적 삶 등 모든 경우에 있어 결정적인 척도로 만드신다.[47] 따라서 교회의 모든 신앙고백과 실천과 삶은 오직 바로 이 유일하고 독특한 예수의 이름과 삶, 그리고 그의 말씀과 구속 사역에서 그 합당한 근거를 가진다(cf. 행 4:12). 그는 참으로 우리를 위한 모퉁이의 머릿돌이 되셨다(cf. 행 4:11; 벧전 2:7). 이제 모든 그리스도인은 오직 "그리스도 안에서 그 근거를 가지고 삶을 영위한다"(cf. 롬 9:1; 고전 4:7; 빌 3:1; 딤후 1:1). 그리스도 안에서 능력을 얻어 말하고 사역하며 삶의 자유와 기쁨 그리고 새로운 참된 생명을 온전히 누린다. 오직 예수 그리스도 안에서 그리스도인은 죄에서 은총으로, 불의에서 칭의의 은혜로, 죽음에서 생명으로 옮겨진 것이다. 죄와 악, 그리고 죽음의 권세로부터의 참된 구원과 해방은 오직 그 안에서 그를 통해서 시작되고 완성된다. 이 나사렛 예수 그리스도께서 교회의 기초와 머리이시며, 그가 친히 자신의 몸 된 교회를 보호하시고 다스리신다. 그리하여 예수 그리스도에 연합되어 그의 몸 된 교회는 이제 그가 보내신 바 성령의 능력 안에서 온갖 죄악과 죽음이 만연한 이 세상에서 참된 하나님의 공의의 통치와 그 안에서의 자유와 생명의 세계로 나아가는 힘과 지혜를 얻는다. 따라서 예수 그리스도 안에 있는 교회는 참된 하나님의 의와 진리 그리고 자유를 선포하며, 생명의

---

47 Cf. Hans Küng, *Christ sein*, S.399f, 여기서는 오영석, 『조직신학의 이해』, 24에서 참조함.

구속과 종말론적 소망을 증거하는 이 세상의 유일하고도 참된 대안 공동체이다.

III. 그리스도론의 근본 문제들

1. 고대 공교회의 정통 그리스도론 이해

기독교 역사의 초기 5세기 동안 벌어진 가장 심각한 교리논쟁은 삼위일체론과 그리스도론에 대한 것이었다.[48] 그리고 기독교 역사 초기부터 나타난 그리스도론에 대한 이해의 차이는 신학적 사고가 발달해감에 따라 심각한 교리적 논쟁으로 이어졌고, 그것은 초기 교회의 일치와 사랑을 훼손시키는 결과를 가져왔다.[49] 삼위일체론이 성부의 신성뿐만 아니라 아들과 성령의 참된 신성을 고백하면서 동시에 그러한 삼위 하나님에 있어 각 위격들의 존재론적 구성 원리와 관계 그리고 통일성의 물음과 관계하는 반면에, 그리스도론에 있어서는 신적인 것과 인간적인 것이 어떻게 예수 그리스도의 한 인격 안에서 서로 관계하

---

48 기독론의 역사적 발전과 관련해서는 다음의 저작들을 참조하라. Aloys Grillmeier, *Christ in Christian Tradition,* vol. 1, *From the Apostolic Age to Chalcedon(451),* trans. John Bowden (Atlanta: John Knox Press, 1975); Richard A. Norris, Jr., *The Christological Controversy* (Philadelphia: Fortress Press, 1980); Vincent Zamoyta, *A Theology of Christ: Sources* (Beverly Hills: Benziger, 1967); T. E. Pollard, *Johannine Christology and the Early Church* (Cambridge: Cambridge University Press, 1970); Donald J. Goergen, *The Jesus of Christian History* (Collegeville, MN: The Liturgical Press, 1992); Jaroslav Pelikan, *Jesus through the Centuries* (New York: Harper & Row, 1987); Hans Küng, "Excursus I, The Road to Classical Christology," in his *The Incarnation of God,* trans. J. R. Stephenson (New York: Crossroad, 1987), 509-18, etc.

49 Cf. 이장식, "기독론의 발전과 문화적 사고유형", 「기독교사상」 12 (1977), 44.

는가 하는 것이 핵심적인 물음이다.[50] 그러나 역사적으로 보면 그리스
도론의 문제는 삼위일체론의 논쟁의 결과로 나온 셈이지만, 원리적으
로 보면 오히려 삼위일체론이 그리스도론에 대한 최종적인 대답이라
고 할 수 있을 것이다.[51]

초기 교회 그리스도론 논쟁의 정점을 형성하는 니케아 공의회
(325년)는 한 역사적인 인물이었던 나사렛 예수로부터 출발하여 "참
하나님(vere Deus)"과 "참 사람(vere Homo)"이라는 두 가지 관점에서 예
수를 기술하였다. 이로써 니케아 공의회는 성자께서 성부와 "동일본
질"(homoousios)이심을 천명하여 예수 그리스도의 "참된 신성"을 확정함
으로써 그를 하나님의 아들이라 고백하는 신약성경의 진술에 충실하
고자 하였으며, 그럼으로써 구원론적 의미를 지키고자 하였다. 만일
나사렛 예수가 한 인간에 불과하다면 그의 죽음은 우리의 구원을 위한
요구와 의미를 전혀 충족시키지 못하기 때문이다. 그러므로 니케아 공
의회는 예수를 "참 사람"인 동시에 "참 하나님"이라 고백하였다. 여기
서 제기될 수밖에 없는 핵심적인 문제는 하나의 인격적 존재인 예수
그리스도께서 어떻게 성부 하나님과 "동일본질"의 참된 신성을 가지는
동시에 우리와 똑같은 참된 인성을 가질 수 있는가 하는 문제이다.

이 문제에 있어 "참 하나님" 되심을 고수하기 위하여 그의 "참 사람"
되심을 약화시킨 신학적 주장은 영지주의의 영향을 받아 예수의 인간
존재를 가현적이라 보는 가현설(Docetism)로 대변된다.[52] 이후 이러한
가현설적인 경향은 다음 세 가지 견해를 통하여 보다 구체적으로 나타

---

50 Cf. Lohse, *A Short History of Christian Doctrine*, 71.

51 Cf. Paul Tillich, *A History of Christian Thought* (1968), 79.

52 아래의 내용은 Hans Küng, *Menschwerdung Gottes: Eine Einführung in Hegels theologisches Denken als Prolegomena zu einer künftigen Christologie*, 615-19에 근거한 것이며, 여기서는

삼위일체 하나님과 신학

났다: (1) 예수를 한 하나님의 둘째 현상 양식(mode)으로 보고 그의 참 인간 됨을 믿지 않는 양태론(Modalism), (2) 한 존재 안에 전혀 다른 두 가지 요소 곧 신적인 것과 인간적인 것이 공존할 수 없기 때문에 영원한 로고스는 인간적인 영혼을 대체하여 단지 인간의 육신 안에 "거하였다"고 보는 아폴리나리우스주의(Apollinarism), (3) 쇠가 불에 의하여 액체가 되듯이 신성이 예수의 인성을 흡수하여 결국에는 신적인 본성만이 예수 안에 거하였다고 보는 단성론(Monophysitism)이 그것이다.

이와는 반대로 예수의 "참 사람" 되심을 고수하기 위하여 그의 "참 하나님" 되심을 약화시킨 신학적 주장은 초기에 에비온주의(Ebionism)로 대변되었는데, 이 또한 다음 세 가지 형태로 구체화된다: (1) 예수는 본래 인간이었지만 성령의 능력으로 하나님의 양자로 삼았다는 양자론(Adoptianism), (2) 세계가 창조되기 이전에 로고스가 존재하지 않았던 때가 있었는데, 하나님께서 세계 창조를 위한 신적 도구로서 먼저 로고스를 창조하였다고 보는 아리우스주의(Arianism), (3) 예수의 인간적 존재를 엄격히 지키기 위하여 결국 그의 신적 존재와 인간적 존재를 분리시키고, 그의 한 인격을 두 주체로 나누었으며, 그리하여 양자의 완전한 통일성을 거부한 네스토리우스주의(Nestorianism)가 그것이다.

이러한 심각한 기독론과 관련된 교리논쟁을 해결하기 위하여 소집된 칼케돈 공의회(451년)는 초기 교회 교리형성 과정에서, 특히 초기 교회의 그리스도 해석사에서 특별한 의의를 갖는다.[53] 325년 니케아 공의회로 부터 451년 칼케돈 공의회까지의 초기 교회 에큐메니칼 회의의 결정 내용을 기독론적 입장에서 그 특징을 요약하면 다음과

김균진, "그리스도론의 방법", 「현대와 신학」 7/13 (1990), 37-39를 참조함.

53   Cf. 주재용, "칼케돈 신조의 재해석", 「신학사상」 16 (1977), 104.

같다. (1) 반신반인적인 존재로 그리스도를 해석하게 된 아리우스주의(Arianism)를 정죄했던 니케아 공의회는 그리스도께서 완전한 참된 신성을 가진 하나님이심이, (2) 성육신한 로고스의 한 본질을 말한 아폴리나리우스(Apollinarius)를 정죄했던 콘스탄티노플 공의회(381년)에서는 그리스도께서 참된 인성을 가지신 완전한 인간이심이, (3) 키릴로스(Cyril)와 네스토리우스(Nestorius)와의 논쟁 때문에 소집되었던 에베소 공의회(431년)는 인격에 있어 그리스도의 통일성이 각각 강조되었다. (4) 그리고 마침내 칼케돈 공의회(451년)에서는 그리스도에게는 참된 신성과 참된 인성의 두 본성(two natures)이 한 인격 안에서 서로 구별되지만 혼합과 변화됨이 없이, 그리고 서로 나누일 수 없도록 결합되어 있다(위격적 연합, the hypostatic union)는 결론에 도달했다.

이렇게 하여 그리스도론 문제는 초기 교회 역사에서 오랜 투쟁을 거쳐 오늘날 우리가 수납하는 전통적인 양성론적 그리고 속죄론적 기독론으로 정립되었다. "니케아-콘스탄티노플 공의회"(325, 381년)에서는 성자는 성부와 "동일본질"(homoousios)이라고 표현함으로써 예수 그리스도께서 영원히 성부 하나님과 그 신성에 있어 동일한 본질을 가지심과 동시에, 우리를 죄에서 구원하기 위하여 성육신하심으로 인성에 있어서는 우리와 동일한 본질을 가지신다는 신앙, 즉 예수 그리스도의 "참 하나님이심과 참 인간이심"을 선언하였다. 이렇게 니케아-콘스탄티노플 공의회에서 예수 그리스도의 참된 신성과 참된 인성이 그 누구도 거부할 수 없도록 정통신앙으로 확립된 이후에는 필연적으로 예수 그리스도의 한 인격 안에서 신성과 인성의 두 본성이 어떤 방식으로 관계하느냐에 대한 신학적인 질문이 대두되었다. 이 문제 또한 많은 신학적인 논쟁을 거쳐 마침내 칼케돈 공의회(451년)에서는 한 인격 안에 두 본성이 "혼합됨이 없고, 변화됨이 없고, 분할됨이 없고, 분리됨이 없다"고 표현함으로써, 그 형식화의 불충분함에도 불구하고 그 결정이 참 하나님이시며 참 인간이신 예수 그리스도에 대한 진리를 표현한 것으로 깊이 확신되어왔다. 참으로 "이 두 본성은 혼합이 없고(*inconfuse*), 변화도 없으며(*immutabiliter*), 분할될 수도 없고(*indivise*), 분리될 수도 없다(*inseparabiliter*). 그런데 이 구별된 두 본성은 이 연합으로 인하여 결코 없어질 수 없으며, 각 본성의 속성들은 한 인격(*unam personam*)과 한 본체(*subsistentiam*) 안에서 둘 다 보존되고 함께 역사한다. 주 예수 그리스도는 두 인격으로 나뉘시거나 분리되실 수 없다"는 칼케돈 신경의 선언은 기독론에 대한 수백년에 걸친 신학적 논쟁을 요약하고 종식시킨 것으로, 오고 오는 세대들에게 모든 기독론 논의에 대한 하나의 표준적인 원칙을 제시해주었다고 하겠다. 그러므로 우리는 이것을 기독론에 대한 "칼케돈 원칙"(Chalcedonian Axiom)이라 부를 수 있다. 다음은 고대 정통 기독론의 표준적 준거가 된 "칼케돈 신경"(451년)의 전문이다.

우리들은 교부들의 가르침을 따라서 유일하신 하나님의 아들, 우리 주 예수 그리스도를 고백하도록 만장일치로 가르치는 바이다. 그는 신성에 있어서 완전하시고 인성에 있어서 완전하시며, 참 하나님이시며 참 인간이시고(*Deum verum et hominem verum*),[54] 이성적 영혼과 몸(*anima rationali et corpore*)을 가지셨다.[55] 그는 신성에 있어서 아버지와 동일본질이시며 인성에 있어서 우리와 동일본질이시고 모든 면에서 우리와 같으시나 죄는 없

---

54 이 구절은 가현설(Docetism)에 반대하여 예수 그리스도께서 참 하나님이심(신성)과 동시에 참 사람(인성)이심을 선언한 것이다.

55 이것은 아폴리나리우스주의(Apollinarianism)에 반대하여 예수 그리스도께서 육체와 더불어 "이성적 영혼"을 가지신다는 점을 분명히 함으로써 우리와 마찬가지로 완전하고 참된 인

으시다.[56] 그의 신성은 시간 이전에 아버지에게서 나셨고,[57] 그의 인성은 마지막 날에 우리와 우리의 구원을 위하여 동정녀 마리아에게서 나셨으니, 그는 하나님을 낳으신 자(*theotokos*)이다.[58] 그는 유일하신 그리스도시요, 하나님의 아들이시요, 주님이시요, 독생하신 분이신데, 우리에게 두 본성으로 되어 있으심이 알려진 바, 이 두 본성은 혼합이 없고(*inconfuse*), 변화도 없으며(*immutabiliter*), 분할될 수도 없고(*indivise*), 분리될 수도 없다(*inseparabiliter*). 그런데 이 구별된 두 본성은 이 연합으로 인하여 결코 없어질 수 없으며, 각 본성의 속성들은 한 인격(*unam personam*)과 한 실체의 실재(*subsistentiam*) 안에서 둘 다 보존되고 함께 역사한다.[59] 주 예수 그리스도는 두 인격으로 나뉘시거나 분리되실 수 없다. 이분은 동일하신 아들이시요, 독특하게 태어나신 분이시요, 신적인 로고스이시다. 이에 관하여는 구

성을 가지셨다는 사실을 선언하고 있다.

56 이 구절은 성자이신 예수 그리스도께서 성부 하나님과 "동일본질"(*homoousia*)을 가지셨음을 분명히 함으로써, 창세 전에 피조되어 성부와 단지 "유사본질"(*homoiousia*)을 가지셨다고 주장한 아리우스주의(Arianism)를 정면으로 반박하는 것이다.

57 이것은 예수 그리스도께서 우리와 동일한 인간이셨으나 하나님의 아들로 승격되었다는 에비온파(Ebionism) 혹은 양자론(Adoptionism)을 반박하는 것임과, 또한 영원 속에서 성자께서 성부로부터 나셨음을 언명함으로써 성부와 성자를 구분하지 않는 양태론(Modalism) 또는 사벨리우스주의(Sabellianism)을 반박하는 것이다.

58 여기서는 네스토리우스주의(Nestorianism)에 반대하여 동정녀 마리아를 "데오토코스"(*theotokos*) - "하나님을 낳으신 자"(the Bearer of God, 혹은 하나님의 어머니)라고 분명히 언명하고 있는데, 이것은 마리아를 조금이라도 높이려는 의도가 있는 것이 아니라 예수 그리스도의 참된 신성과 성육신의 실제성을 강조하여 말하기 위함이다. 네스토리우스는 예수 그리스도의 완전한 인성을 강조하고자 마리아를 단지 "안트로포토코스"(*anthropotokos*, 사람을 낳은 자, 인간의 어머니) 혹은 "크리스토토코스"(*christotokos*, 그리스도의 어머니)라고 불러야 한다고 주장하였다. 그러나 문제는 그러할 경우 예수 그리스도의 완전한 신성을 담보할 수가 없다는 것이다. 즉, 예수 그리스도께서는 참으로 인간이 되셨지만 결코 신성을 포기하시지 않으시고 두 본성을 동시에 가지신다.

59 이 구절은 유티케스주의(Eutychianism)에 반대하여 예수 그리스도의 한 인격 속에 신성과 인성이 혼동되거나 변화되거나 하지 않고 두 본성이 서로 구별되게 온전히 보존되고 동시에 존재한다는 사실을 언명하고 있다. 또한 한 인격 속에 신성과 인성이 서로 분리됨이 없이 "위격적 연합"(hypostatic union)을 이루고 있음 분명히 밝혀 선언하고 있다.

약의 예언자들, 복음서의 예수 그리스도 자신이 가르치시는 바요, 교부들의 신조(*patrium nobis symbolum*)가 우리에게 전하는 바이다.

나아가 개혁주의 장로교의 신앙 표준인 "웨스트민스터 신앙고백서"(제8장 2항)에서는 이것을 다시 다음과 같이 재천명하고 있다.

삼위일체 중의 제2위격이 되시는 하나님의 아들은 참되시고 영원하신 하나님으로서, 아버지 하나님과 동일한 본질을 가지시고, 아버지와 동등이신데, 때가 차매 사람의 본성을 취하시되, 사람이 가지는 모든 본질적 고유성과 그것으로 인한 공통적 연약성은 가졌으나 죄는 없으시다. 그는 성령의 능력으로 동정녀 마리아의 몸에서 그의 육체를 취하여 잉태되셨다. 그래서 전체적이고 완전하며, 구별되는 두 개의 본성, 곧 신성과 인성이 끊을 수 없이 한 인격 안에서 변질, 합성, 혼합됨이 없이 서로 분리될 수 없도록 결합되어 있다. 이 분은 참 하나님이시며, 참 사람이시나 한 그리스도요, 하나님과 사람 사이에 있는 유일한 중보자이시다.

칼케돈 신경에서 정의된 기독론에 대한 그러한 고백적 진술은 동/서방 교회의 분리(1054년)와 상관없이 양 교회에 의해서 그리고 종교개혁자들에 의해서도 명확하게 고수되었고, 이후 개혁교회들은 이러한 고대 신경을 온전히 수납하였다. 즉 어떠한 역사적 교회들도 그 교리를 포기하지 않았던 것이다. 그러나 18세기에 와서 자유주의 신학이 "역사적 예수 문제"를 제기함으로써 이러한 정통 기독론에 대하여 의문을 제기한 이후, 현대신학에서는 이 기독론의 문제가 초미의 관심사로 재부각되었고, 오늘날에는 기독론에 대한 새로운 해석이 다양하게 시도되고 있다.

2. 근대 고전적 "역사적 예수" 탐구 운동의 전개

"역사적 예수"에 대한 탐구는 전통적인 "위로부터의" 성육신 교의에 대한 반발로 철저하게 "아래로부터의" 기독론을 주장하는 것이며, 이것은 특별히 "이성의 시대"를 풍미했던 18세기 계몽사조의 강력한 영향으로 고무되었다. 그것은 또한 근대의 비판적 합리주의와 경험주의적 실증주의에 근거한 역사-비평적 성경해석의 결과이기도 하다. 계몽주의 이래 근대의 학문적 준거에 따라 관심이 집중된 것은 성경에 대한 철저한 "역사비평적 실증주의"에 입각한 탐구이며, 그것과 관련된 실제 "역사적 예수"의 인격성의 문제에 대한 질문이었다. 이러한 학문적 관심은 신학에서 기독교 역사와 나사렛 예수의 실제적인 역사적 생애에 대한 관심을 집중하게 했다. 이와 같이 역사적 예수의 생애에 관하여 역사 비평적인 실증주의적 관심이 집중된 이유는 예수의 고유한 인격성이 바로 기독교 역사의 시작이자 근거이기 때문이다.[60] 근대 계몽주의의 학문적 풍토 속에서 초기 기독교 공동체의 신앙으로 채색되고 고양된 그리스도가 아니라 실증적인 역사 속에서 "역사적 예수"가 실제로 어떠한 분이고 또 그가 무엇을 했는지, 그리고 그것의 실제적인 의미는 과연 무엇인지를 탐구하려는 일련의 연구는 "역사적 예수에 대한 탐구"(the Quest of the Historical Jesus) 운동으로 알려졌다.[61] 이러한 운동의 저변에는 엄격한 근대 역사 실증주의적 탐구에 의해 실제의 "역사적 예수"는 사도들의 선포에 의해 초기 교회의 신앙 공동체에서 형

---

60   Cf. 안병무, "실존사적 그리스도론", 「기독교사상」 12/2 (1968), 49-50.

61   19세기 이후 현재까지 대체로 3단계로 구분되는 "역사적 예수 탐구"(the Quest of Historical Jesus)에 대하여는 다음의 저작들을 참고하라. David F. Strauss, *The Life of Jesus Critically Examined*, trans. George Eliot (Philadelphia: Fortress Press, 1972); Ernest Renan, *Life of*

성된 그리스도와는 전혀 다른 인물임을 증명하게 되리라는 기대를 가지고 있었다.[62]

잘 알려져 있는 것처럼, 이 운동은 슈트라우스(D. Strauss)와 르낭(E. Renan)에 의해 시작되었다.[63] 그리고 가장 잘 알려졌고 큰 영향력을 행사한 예수의 모습은 하르나크(Adolf von Harnack)의 것이다.[64] 여러 가지 측면에서, 이 하르나크의 작품은 고전적인 역사적 예수에 대한 탐구의 정점이며 마지막 결론을 여실히 보여준다. 그는 신약성경의 복음서들이 예수의 초기 생애에 관하여 거의 언급하고 있지 않기 때문에 예수에 대해 완전한 일대기를 형성할 수 있는 수단을 우리에게 제공하지 않음에 주목한다. 예수의 복음 선포에 대한 하르나크의 평가는 자유주의 신학 노선의 고전적인 진술로 간주되어왔다. 그는 예수의 선포가 자신에 관한 것이 아니라 주로 아버지와 하나님 나라에 관한 것이었음을 지적한다.

그러나 역사적 예수에 대한 연구가 진행되면서, 복음서의 보고들

Jesus, trans. and rev. from the 23rd French ed. (New York: Crosset and Dunlap, 1856); Albert Schweitzer, *The Quest of the Historical Jesus* (New York: MacMillan, 1964); Martin Kähler, *The So-called Historical Jesus and the Historic Biblical Christ*, trans. Carl E. Braaten (Philadelphia: Fortress Press, 1988); James M. Robinson, *A New Quest of the Historical Jesus* (London: SCM Press, 1971); John D. Crossan, *The Historical Jesus* (San Francisco: HarperSanFrancisco, 1991); E. P. Sanders, *The Historical Figure of Jesus* (London: Penguin Press, 1993); Joel B. Green and Max Turner, *Jesus of Nazareth Lord and Christ: Essays on the Historical Jesus and the New Testament Christology* (Grand Rapids: Eerdmans, 1994); Ben Witherington III, *The Jesus Quest: The Third Search for the Jew of Nazareth* (Downers Grove, IL: InterVarsity Press, 1995), etc.

62   Cf. Millard J. Erickson, *The Doctrine of Christ*, 홍찬혁 역, 『기독론』(서울: 기독교문서선교회,1991), 23.

63   Cf. David Strauss, *A New Life of Jesus*, 2nd ed. (London: Williams and Norgate, 1879); Ernest Renan, *Life of Jesus*, trans. and rev. from the 23rd French ed. (New York: Crosset and Dunlap, 1856).

64   Cf. Adolf von Harnack, *What Is Christianity?* (New York: Harper and Brother, 1957).

속에서 발견되는 예수가 그를 연구하는 사람들에 의해 무의식적으로 재구성되고 있으며, 놀랍게도 그 연구가들이 가진 관심과 관점에 철저하게 동화되어버렸다는 불안이 점차 자라나게 되었다.[65] 즉 "역사적 예수"는 각 탐구자들이 가졌던 시대정신(Zeit-Geist)과 의식을 반영한 자화상으로 변질되었고, 다시금 그들의 탐구 의도에 따라 다양한 모습으로 착색되었다는 것이다. 이를테면 합리주의자들은 그를 탁월한 교사로, 이상주의자들은 인도주의자로, 심미주의자들은 예술의 천재로, 사회주의자들은 가난한 자들의 친구와 불의한 사회의 혁명가로 그려냈다.[66] 그리하여 19세기 자유주의 신학에서 예수는 "가장 순수하게 하나님의 아버지됨의 의식과 도덕의식을 구현한 인간"으로(하르나크), "신의식을 가장 순수하게 심화, 발전시킨 인간"으로(슐라이어마허), "인류의 가슴에 영원불멸한 사랑의 나라를 세운 윤리의 모범자"로서(르낭) 묘사되었다. 또한 안더만(F. Andermann)과 블로흐(E. Bloch)등은 그들의 필요와 의도에 따라 역사적 예수를 "로마 식민지의 예속으로부터 유대를 해방시키기 위한 독립해방 투쟁가"로서 이해했다. 그러나 그의 해방투쟁이 실패하자 마침내 복음서 저자들이 그의 정치적 투쟁의 측면을 희석시키고, 그를 하늘의 주로 신화화하고 각색했다는 것이다. 이러한 정치적 혁명가로서의 예수상을 기초로 하여 그들은 기독교적인 혁명의 신학과 윤리를 전개할 수 있었다.

그러나 19세기 자유주의 신학의 "역사적 예수 탐구 운동"에 대하여 특별히 다음 두 저서가 날카롭게 그 마지막 질문을 던지며 마침내

---

65   Cf. Erickson, 『기독론』, 25.

66   Cf. Albert Schweizer, *Geschichte der Leben-Jesu-Forschung* (Tübingen, 1973), S.4; 여기서는 오영석, 『조직신학의 이해』, 52에서 재인용.

종지부를 찍었다. 그 가운데 하나는 슈바이처(A. Schweitzer)의 『역사적 예수에 대한 탐구』(The Quest of the Historical Jesus)이다.[67] 그는 자유주의자들이 사용한 기본적인 역사적 연구방법과 목표를 그대로 사용하여 접근하였으나, 오히려 그들의 연구결과의 객관성에 대하여 심각한 문제를 던짐으로써 그들이 내린 결론에 강력한 이의를 제기했다. 자유주의자들은 교리와 신앙의 베일에 덮인 하늘의 그리스도가 아니라 역사적 예수, 즉 과거에 있었던 날 것 그대로의 실제 예수의 생애와 모습을 재구성하려고 시도했다. 그러나 그런 의도와는 달리 역사적 예수를 파악하려는 다양한 시도들은 그들이 희망하는 관념과 상들을 역사적 예수안으로 역투사하는 결과를 초래하였다. 슈바이처는 그의 연구 결과에서 이러한 점을 명확히 밝힘으로써 마침내 이 운동을 잠재웠다: "메시아로 등장하여 하나님 나라의 윤리를 선포하고 자신의 업적을 최종적으로 성취하기 위하여 죽게 되었던 나사렛 예수는 이 모든 예수상들에는 단 한 번도 존재한 적이 없다."[68] 슈바이처가 복음서의 기록을 진지하게 살펴보았을 때, 그는 전형적인 19세기 자유주의 사상을 전혀 발견하지 못했다. 오히려 그는 예수의 인격과 선포에서 세상의 종말이 곧 임할 것이며, 그 자신의 재림 또한 그 종말과 관련하여 발생할 것을 믿는 철저하게 종말론적인 모습을 발견했다.[69]

다음으로 마르틴 켈러(M. Kähler)의 『소위 역사적 예수와 역사상의 성경적인 그리스도』(The So-Called Historical Jesus and the Historic Biblical Christ)는 이 문제에 대한 분석 속에서 전혀 새로운 입장을 제시했다.[70]

---

67 Albert Schweitzer, The Quest of the Historical Jesus (New York: Macmillan, 1964).

68 Schweizer, The Quest of the Historical Jesus, 14.

69 Schweizer, The Quest of the Historical Jesus, 367.

70 Martin Kähler, The So-Called Historical Jesus and the Historic Biblical Christ (Philadelphia:

그는 역사적 예수에 대한 연구가 아무런 효용성이 없을 뿐만 아니라 성공하지 못했으며, 오히려 우리들로부터 살아 계신 예수를 숨겨버린다고 주장했다. 그리하여 그는 역사적 예수의 탐구 운동에 대한 응답으로서 "현실적인 그리스도는 설교로 전파되는 그리스도이다"라고 역설한다.[71] 그러므로 "역사적 예수"(Historical Jesus)보다는 "역사상의 예수"(Historic Jesus)가 오늘날 우리의 믿음과 삶의 근거가 된다고 주장한다. 그의 주장에 따르면, "우리는 복음서의 기술들 이면에서 객관적이고 사실적인 사건들로서의 역사(Historie)에 결코 접근할 수 없다. 대신에 우리는 우리의 믿음을 예수께서 제자들에게 끼쳤던 영향에 속하는 역사(Geschichte), 즉 의미로 본 역사 위에 세우게 되는 것이다."[72]

이러한 방식으로 켈러(M. Kähler)가 시도한 "역사적 예수"(Historical Jesus/Historie)와 "역사상의 예수"(Historic Jesus/Geschichte)에 대한 구별은 20세기 초에서 중반에 걸친 기간의 그리스도론에 지대한 영향을 미쳤다. 그리하여 점차적으로 그리스도론에 대한 연구는 복음서 기사들의 이면에 있는 역사적 예수의 삶의 실제적 사건들에 그 초점을 맞추지 않게 되었다. 그 대신에 교회의 믿음과 고백이 다시금 관심의 대상이 되었다. 이러한 변화는 루돌프 불트만(R. Bultmann)의 신약성경에 대한 신학적인 비신화화(demythologization) 프로그램 속에서 분명하게 그리고 가장 극단적으로 나타났다. 또한 그것은 칼 바르트(K. Barth)와 에밀 브룬너(E. Brunner) 등 소위 신정통주의 신학자들의 기독론 이해의 특징적인 요소가 되었다.[73] 이들의 신학 속에서 이제 "역사적 예수"

Fortress, 1964).

71   Kähler, *The So-Called Historical Jesus and the Historic Biblical Christ*, 22.

72   Kähler, *The So-Called Historical Jesus and the Historic Biblical Christ*, 65-66.

73   Erickson, 『기독론』, 27.

에 대한 관심은 소멸되고, 다시금 "신앙의 그리스도"가 신학의 중심에 자리잡게 되었다.

이와 같이 19세기 자유주의 신학의 이해에 의하면 예수는 한낱 큰 영향을 미친 역사적 인물 가운데 한 사람에 불과하며, 영원한 신적 로고스가 아니다. 즉 예수는 하나님의 아들이 아니라 비범한 한 인간일 뿐이며, 따라서 니케아 이후 정통으로 고백되어왔던 예수의 "신-인"(God-man)으로서의 그리스도 상은 철저히 거부되었다. 이러한 성경에 대한 역사비평적인 실증적 탐구운동은 전통적으로 이어져온 교회의 정통신앙에 대한 심각한 도전이었고, 역사적 예수에 대한 탐구는 역사-비평적 성경해석의 원인과 결과임이 분명해졌다. 그러므로 오늘날 우리는 근대의 역사실증주의적이고 폐쇄된 세계관에 대하여 심각한 의문을 다시금 제기해야 한다. 사실 이러한 의문의 제기는 20세기 후반에 포스트모더니즘(post-modernism)으로 이어지는 또 한 번의 패러다임 전환에 의하여 신학과 철학뿐만 아니라 전(全)문화적으로 진행되고 있으며, 이것은 가히 오늘날의 시대정신(Zeit-Geist)이라고 할 수 있을 것이다.

근대 과학적 세계관에 근거한 이신론(Deism)에서 보는 것처럼 19세기 자유주의 신학은 하나님의 초월적인 세계 개입을 철저히 거부한다. 따라서 올바른 그리스도론 정립을 위해서는 그 기본 전제가 되는 성경에 대한 이해가 바로 되어야 하는데, 곧 성경을 정확무오한 하나님의 말씀으로 믿는 올바른 성경관이 먼저 정립되어야 한다. 19세기 "예수전" 연구에서 우리가 반증적으로 배울 수 있는 것은 결국 우리가 신약성경의 "증거"들을 과연 어떻게 이해해야 하는가 하는 문제와 밀접하게 연관되어 있다. 성경의 사건 기록들은 신앙고백과 직결되어 있다는 사실을 켈러(M. Kähler)가 이미 분명하게 보여주었다. 또한 현대신학은 흔히 "역사적 예수"(the Historical Jesus)와 "신앙/케리그마의 그리스도"(the Christ of Faith/Kerygma)를 구분한다.[74] 그러나 신약성경에서 가장 흔히 언표되는 "주 예수 그리스도"라는 명칭은 기독론과 관련된 우리의 모든 신앙고백을 한마디로 요약하는 것이며, 각각의 명칭은 결코 서로 떼어 나눌 수 없는 것이다. 만일 그렇게 한다면, 우리가 이미 살펴보았듯이 "그리스도"가 없는 "역사적 예수론"으로 빠지거나, 혹은 역사적 "예수"가 없는 종교다원적인 "우주적 그리스도론"으로 함몰될 것이기 때문이다. 따라서 성경의 가르침에 따라, 우리는 오직 영원한 말씀이 성령으로 잉태되시어 동정녀 마리아에게서 육신이 되어 나신 "역사적 예수" 그분만이 유일한 약속의 "그리스도"(메시아)이시며, 또한 십자가에서 죽으시고 부활하심으로 우리를 구속하신 하나님의 아들 곧 우리의 참된 "주님" 되심을 고백하는 것으로 나아가야 할 것이다.

성경은 나사렛 예수의 인격과 말씀 선포 및 그의 모든 사역과 행적들에 대한 최초의 실제 목격자인 사도들이 증인의 관점에서, 그리고 성령의 영감(inspiration)으로 기록하였다: "너희는 이 모든 일에 증인이라"(눅 24:48). 그리고 예수 그리스도 자신이 이 증인들에 대하여 직접 명령하고 있다: "오직 성령이 너희에게 임하시면 너희가 권능을 받고 예루살렘과 온 유대와 사마리아와 땅 끝까지 이르러 내 증인이 되리라 하시니라"(행 1:8). 그러므로 이러한 최초 목격자인 증인들의 신실한 보고와 증언에 기초하여, 우리는 예수 그리스도 안에서 일어난 모든 일

---

74 Cf. David F. Strauss, *The Christ of Faith and the Jesus of History: A Critique of Schleiermacher's the Life of Jesus*, trans. Leander E. Keck (Philadelphia: Fortress, 1977); 또한 이것을 역으로 조명한 C. Stephen Evans, *The Historical Christ and the Jesus of Faith: The Incarnational Narrative as History* (Oxford: Clarendon Press, 1996)를 참조하라.

들의 역사적 사실성을 정당하게 인정해야만 할 것이다. 그들은 교회와 세상을 향하여 신앙적인 용어로써 그들이 목격한 증거들을 신실하게 보고 및 증언하고 있다. 우리는 바로 여기서 19세기를 풍미하였던 역사적 예수 탐구 운동과 자유주의 신학이 간과한 부분들을 재발견해야 할 것이다. 복음서의 증언은 성령의 영감에 의한 사도들의 증언의 형식을 취한 하나님의 계시이고, "계시란 역사적인 사건들임과 동시에 그것들의 해석"이라는 사실을 분명하게 재인식해야 할 것이다.[75] 그리고 그러한 사도적 증언의 내용은 역사적 예수의 탐구에 의해 제공된 자료를 해석하고 통합하기 위한 전제가 된다. 기독교의 신앙고백은 분명히 역사상의 한 인물인 예수에 대한 고백이 그 기초가 되어야 한다. 또한 우리는 이미 "역사적 예수"의 문제가 제기된 이상 이 역사상의 예수가 과연 어떠한 분인가에 대한 물음을 단순히 간과하거나 무시할 수 없기 때문에, 항상 그러한 "역사성"에 대한 물음을 진지하게 고려해야만 할 것이다. 그러나 역사상의 예수를 연구하는 것은 이후 "역사적 예수의 재탐구"(New Quest of the Historical Jesus)에서 나타난 것과 같이 부득이하게 성경적 증언 속의 예수 그리스도에 대한 연구의 형태로 나타날 수밖에 없다.

3. 현대 그리스도론의 기본적 동향

(1) 고전적 신앙 전통의 재해석

20세기에 들어와서 그리스도론에 대한 논의가 다시금 본격적으로 이루어지게 되었는데, 그것은 모두 칼케돈(Chalcedon) 공의회의 결정사항

---

75 Erickson, 『기독론』, 39.

에 대한 새로운 해석의 시도이다. 이러한 시도들에 어떤 근본적인 목적이 있다면 그것은 "한 인격 안에서 참으로 하나님이요 동시에 참으로 인간"이라는 기독교의 핵심 교의를 최첨단의 과학기술로 무장한 오늘의 문화적 상황 안에서 과연 어떻게 이해할 수 있으며, 현대 철학적 방법과 과학적 범주를 사용하여 어떻게 해석하고 적응시킬 수 있는가를 보여주자는 데 있었다. 즉, 전통적인 케리그마(Kerygma)와 도그마(Dogma)에 전승된 신앙고백 양식문을 현대적 의미로 재해석하려는 시도가 그 첫 번째 시도이다. 이러한 현대 그리스도론의 조류는 다음과 같은 세 가지 구상으로 대별할 수 있다.[76]

① 가장 오래되었고 또한 오늘날에도 계속 시도되는 방법은 그리스도 신앙을 하나의 우주론적 존재론의 지평 안에서 고찰하고자 하는 것이다. 2세기의 "로고스 그리스도론"(Logos Christology)은 이러한 접근방법의 첫 시도였다. 이들은 우주의 어디에서나, 즉 자연과 역사, 철학과 심지어 이교종교에서도 "로고스 씨앗"(로고이 스페르마티코이, *logoi spermatikoi*), 즉 예수 그리스도 안에 충만하게 나타난 동일한 "로고스"의 단편들이 작용하고 있는 것으로 보았다. 현대에 이러한 우주론적 해석을 독창적인 방식으로 재현하고자 시도한 신학자들 가운데 한 사람으로는 테이야르 드 샤르댕(Teilhard de Chardin)을 들 수 있을 것이다. 그는 독특한 창조적 진화론의 세계상 안에서 우주와 인간의 탄생이 어떻게 그리스도의 탄생 안에서 완성되는가를 보여주려 했다.

② 두 번째 접근방법은 인간학적인 시도이다. 특히 칼 라너(Karl Rahner)는 여기서부터 출발하여 하나님이 사람이 되셨다는 성육신의 신비야말로 인간 실재의 본질이 유일회적으로 실현된 최고의 사례로,

---

76 이하의 논의는 Kasper, 『예수 그리스도』, 9-22를 참조하였음.

그리고 그리스도론을 인간학의 가장 근본적 실현으로 이해하려 시도
한다. 그러나 이러한 방법에 따르게 되면, 예수 그리스도는 어떤 진정
한 인간 존재에 대한 암호요 모형에 지나지 않게 되고(부리[F. Buri], 오
그덴[S. Ogden], 죌레[D. Sölle], 벤 뷰렌[van Buren] 등), 이러한 그리스도론은
결국에는 인간학의 한 변증으로 축소되고 만다.

　③ 현대 기독론의 그 세 번째 구상은, 하나의 전체로서의 역사의
흐름과 구성 속에서 예수 그리스도의 인격과 사역의 의의를 찾는 작업
이다. 이러한 접근방법은 우선 어떤 추상적이고 보편적인 인간 그 자
체란 존재할 수 없다는 사실로부터 출발한다. 한 개인으로서의 실제
인간은 항상 연대기적 역사와 생물학적이고도 특정한 경제·사회·문
화적인 총체적 상황 속에서만 실존한다. 여기서 인간의 의미 및 구원
을 추구하는 질문은 이제 역사 전체의 의미 및 구원의 보편성을 추구
하는 질문으로 전환된다. 이렇게 해서 성경의 특수한 구속사가 아니라
하나의 전체로서의 보편사적 지평 안에서 그리스도론이 이해되고 구
성된다. 이렇게 제기된 질문에 대답하려고 적극 시도한 사람이 바로
판넨베르크(W. Pannenberg)이며, 유사한 신학적 맥락에서 이를 내용적
으로 보완 강조한 사람이 몰트만(J. Moltmann)이다. 그러나 이러한 새
로운 기독론적 착상들은 하나같이 모종의 위험을 내포하는데, 즉 이러
한 신학적 기획에 따라 재해석된 예수 그리스도는 이미 미리 전제되고
주어진 신학적인 의도와 도식에 의하여 하나의 철학이나 이데올로기
로 쉽게 변질될 수 있다는 것이다.

(2) "역사적 예수"의 재탐구(New Quest of the Historical Jesus)

이러한 위험에 대처하기 위하여 그리스도론을 새로이 고찰하려는 두
번째 흐름이 일어났는데, 그것은 "역사의 예수"에 관한 질문의 재탐구

라는 특징을 띠고 나타났으며, 그것은 주로 불트만의 제자들(케제만[E. Käsemann], 푹스[E. Fuchs], 보른캄[G. Bornkamm], 콘첼만[H. Conzelmann], 로빈슨[J. Robinson] 등)에 의해 주도되었다. 이들 사이에 공통점이 있다면, 그것은 그들이 모두 역사적 예수와 케리그마 사이의 어떤 연속성을 재확립하기 위하여 노력하고 있다는 것이다. 그들의 공통 관심은 그리스도 이해에 있어 역사의 문제를 아예 무시하며 케리그마와 그 실존적 의미만을 추구한 불트만의 접근방법을 비판적으로 극복하고자 하는 것이며, 기독교 신앙의 확립을 위한 "역사적 예수"의 중요성을 재인식하고 있다는 것이다.[77] 케제만에 의해 촉발된 역사적 예수에 대한 이러한 "새로운 탐구"(New Quest)를 계기로 하여 그리스도론에 있어 성경적 관점에 대한 새로운 관심과 탐구가 일어나기 시작하였다.[78] 이러한 신학적 관심에 따라 특히 20세기 후반기에 들어서면서 많은 교의학자들, 곧 판넨베르크(Wolfhart Pannenberg), 카스퍼(Walter Kasper), 한스 큉

---

77 Cf. 김용옥, "'역사적 예수'의 문제", 「기독교사상」 12/2 (1968), 33.

78 19세기의 "옛 탐구"가 역사적 예수와 교회의 케리그마에 의해서 선포된 그리스도 사이의 차이점을 드러냄으로써 전통적 교의의 불합리성을 보여주려 하였다면, "새 탐구"(New Quest)는 이와 반대로 이 둘 사이의 동일성을 보여주려고 노력한다. 새 탐구자들은 역사적 예수와 케리그마 사이의 관계나 단지 역사적 연속성뿐만 아니라 내용에 있어서의 본질적인 일치성을 이루고 있음을 보여주려고 한다. 특히 이러한 "역사적 예수"에 대한 새로운 탐구 운동 이후 이 주제와 관련하여 계속된 신학적 논의들이 반영된 자료들이 최근에 국내에 다음과 같이 번역 혹은 연구되어 출간되었다: James M. Robinson, 『역사적 예수에 대한 새로운 탐구』, 소기천 역 (파주: 살림, 2008); James D. G. Dunn, 『예수와 기독교의 기원』(상/하), 차정식 역 (서울: 새물결플러스, 2010/2012); John D. Crossan, 『역사적 예수』(개정판), 김준우 역 (고양: 한국기독교연구소, 2014); Marcus J. Borg and N. T. Wright, 『예수의 의미: 역사적 예수에 대한 두 신학자의 논쟁』, 김준우 역 (고양: 한국기독교연구소, 2014); James K. Beilby and Paul R. Eddy, eds., 『역사적 예수 논쟁』, 손혜숙 역 (서울: 새물결플러스, 2014); James M. Robinson, ; Mark A. Powell, 『예수에 대한 다양한 이해: 현대 역사적 예수 연구자들의 신학적 관점』, 최재덕/김의성 공역 (서울: 대한기독교서회, 2016); Larry W. Hurtado, 『주 예수 그리스도』, 박규태 역 (서울: 새물결플러스, 2010); 김영한, 『개혁정통신앙에서 본 나사렛 예수: 역사적 예수 논구와 방법론적 성찰』 (용인: 킹덤북스, 2017), etc.

(Hans Küng), 스킬레벡스(Edward Schillebeeckx), 라너(Karl Rahner), 소브리노(Jon Sobrino), 보프(Leonardo Boff) 등의 학자들이 예수 그리스도에 대하여 다양한 신학적 해석을 시도하고 있다.[79]

기독론적 신앙고백을 위한 교의적 정식화의 의도는 결국 예수의 인격과 사역의 의의를 성경의 가르침에 따라 정확하게 언표하는 데 있다. 그러므로 기독론적 신앙고백을 위한 정식화의 기준은 성경의 역사기록 속에서 증거된 예수 그리스도의 고유하고도 유일하며 독특한 역사적 인격 자신이다. 만일 교회의 기독론적 신앙고백이 역사의 예수에 그 근거를 두지 않는다면, 그때에 예수 그리스도에 대한 우리의 신앙도 역사적 근거가 전혀 없는 하나의 신화적·맹목적 신앙으로 전락하게 될 것이다. 그러나 역으로 그들이 말하는 이 "역사성"의 개념만을 하나의 엄격한 신학적 원리나 공리로 확대 적용하게 되면, 우리가 이미 19세기의 고전적 "역사적 예수 탐구"에서 목격한 것과 같이 이 개념적 준거에 의해 결국 성경 전체가 증거하는 예수 그리스도의 온전한 진면목을 왜곡하는 결과를 초래하게 될 것이다. 그리하여 이 "역사적 예수"(나사렛 예수)를 내세우는 동시에 그분의 보편적이며 궁극적인 의의를 주장한다는 것 그 자체가 이러한 신학에서는 결국 그들의 관심과 의도에 따라 아주 자의적으로 착색되어 묘사될 것이다. 그리고 마침내 그렇게 다양하게 재해석된 역사적 예수의 표상들은 어떤 인간적 관념이나 사회적 실천을 위한 상징과 모형으로 쉽게 전락하게 될 것이다. 나아가 그와 같은 관념이나 실천에 전제되어 있는 가치도 결국에는 상대적일 수밖에 없으므로 급변하는 역사·문화적 상황 속에서 그 시대가 요구하는 가치를 담지한 제2, 제3의 인물에 의해 손쉽게 예수가

79　Cf. 윤철호, "역사적 예수의 신학적 의미", 「교회와 신학」 23 (1971), 463.

대체되는 결과를 가져올 것이다. 따라서 그러한 값싼 신학에 의해서는 결코 기독교적 신앙고백의 독특성은 물론 성경이 가르치는 구원을 위한 복음적 진리의 고유성과 보편성을 정당화시킬 수 없을 것이다.

4. 포스트모더니즘(Post-modernism)과 현대 그리스도론의 과제

지금 우리가 살아가는 시대는 다양성과 다원성을 특별히 강조하는 포스트모더니즘의 시대이고, 또한 이에 근거한 종교다원주의(religious pluralism)의 시대이다. "현대 사회는 동서양을 막론하고 종교다원주의 시대에 돌입하여 기독교가 한 사회를 지배하는 시대는 서양에서도 이미 기대할 수 없게 되었다."[80] 이러한 문화적 상황 속에서, "WCC는 이미 1973년 방콕대회에서 종교다원주의 사회에서 기독교는 타종교에 대해 대화와 공존의 입장을 취해야 한다고 주장하였는데, 오늘날에는 더욱 노골적으로 종교다원주의의 상황에서 기독교의 절대성을 고집하는 것은 시대착오이며 비성경적이라고 말한다."[81] 그리고 현대는 첨단 과학기술이 지배하는 극도로 세속화된 시대로 특징지어지기도 하지만, 동시에 아주 역설적으로 영성이 강조되는 종교부흥의 시대이며 아울러 다양한 종교적 혼합주의가 기독교에까지 깊숙이 침투해 있다.[82] 이와 같이 종교다원주의가 팽배한 현대 사회에서 과연 기독교의 특유성과 유일무이성을 주장할 수 있는 근거는 무엇인가? 우리가 고백하는 신앙은 과연 무엇에 근거하며, 우리가 증거하는 복음의 진리

---

80   전호진, "종교다원주의와 그리스도의 유일성", 「신학정론」 9/1 (1991), 232.
81   전호진, "종교다원주의와 그리스도의 유일성", 125.
82   Cf. 전호진, "종교다원주의와 그리스도의 유일성", 216.

는 무엇인가?

기독교는 다른 존재와 이름으로 대체할 수 없는 구체적인 한 역사적 인격, 곧 예수 그리스도와 관계하기 때문에 특유성을 가진다. 기독교는 유일하고 독특한 한 역사적 인물, 곧 나사렛 예수 그리스도의 삶, 역사, 선포와 사역, 그의 전운명(십자가와 부활) 때문에 생겨났고, 예수 그리스도 자신이 교회의 선포, 선교, 신앙의 진리의 내용이자 대상이다. 기독교의 가장 특이한 점은 바로 이 나사렛 예수가 결정적이며 유일무이하며 최종적인 진리의 척도라는 데 있다.[83] 바로 이 점과 관련하여 케제만은 "예수 그리스도는 우리의 척도이다.…이 모든 것의 가치는 그 자신을 넘어서서 얼마만큼 예수를 주님으로서 따르느냐에 따라 결정된다"고 말한다.[84]

따라서 "너희는 나를 누구라고 하느냐?"라고 예수께서 제자들에게 던진 질문은 혼란스런 오늘을 사는 우리에게도 똑같은 의미의 무게를 가지고 주어지며, 또 반드시 응답되어야 할 질문이다. 이것은 인류의 모든 존재에게 제시된, 그리고 응답하지 아니할 수 없는 가장 위대하고 궁극적인 질문이다. "바로 이 질문에 대한 대답이 우리의 신앙의 삶뿐만 아니라 전기독교의 신앙고백과 선교를 결정한다."[85] 우리는 과연 어떤 예수를 믿고 고백하며 증거하는가? 이것은 신학과 신앙의 사활이 걸린 문제이다. 기독교 신학은 이 질문에 대하여 오고 오는 모든 세대에 걸쳐 새롭게 대답해야 한다. 이것이 바로 기독교 신앙의 대상이고, 선포의 중심인 그리스도론에 관계된 질문이다. 이러한 그리스도

---

83   Küng, *Christ sein*, S.116f. 여기서는 오영석, 『조직신학의 이해』, 16에서 참조함.

84   E. Käsemann, "Das Problem des historischen Jesus", in *Exegetische Versuche und Besinnungen*, Bd. I, 1960 S.187f. 여기서는 오영석, 『조직신학의 이해』, 17에서 재인용.

85   오영석, "예수 그리스도의 삼중직론", 333.

론의 문제는 단지 기독론적 교의 그 자체에만 국한되는 문제가 아니라 삼위일체론과 더불어 신론, 인간론, 구원론, 교회론, 종말론 등 기독교 신학 전체에 급격한 파장을 미치며, 신학의 전반적인 의미구조와 신앙 고백의 본질을 결정짓는 것이기 때문에, 그리스도론이 어떠한가 하는 문제는 정통과 자유주의를 구별하는 시금석이 된다 할 수 있다.

최근에 교회의 본질, 일치 및 구조들에 대한 질문은 현대 사회에 대한 교회의 관계라는 문제와 마찬가지로 학계의 관심을 지배하였다. 그러나 교회의 본질의 근거와 의미, 그리고 현대 세계에서 그 과제를 깊이 반성함으로써만, 교회 내의 여러 가지 혼란스러운 견해의 차이들을 극복할 수 있을 것이다. 교회의 본질적인 근거와 의미는 어떤 관념이나 원리나 설계가 아니다. 그것은 또한 개별적인 신앙교의나 윤리적 도덕률이나 종교적 경험들의 집합일 수도 없으며, 더구나 어떤 일정한 교회적 기구나 사회적 구조일 수도 없다. 오직 교회의 근거와 의미는 하나의 구체적인 역사적 인격이요, 이 인격은 예수 그리스도라는 구체적인 고유인명을 가지고 있는 분이다. 오직 공통점이 있다면, 그것은 말할 것도 없이 이 유일무이한 예수 그리스도의 인격, 그분의 말씀 선포와 사역에 근거하여 그 구속 역사적 의의와 구원론적 의미를 구체화하고, 그것을 현재의 역사와 우리의 신앙과 삶 속에서 현재화하면서 그 종말론적 소망을 현실화하는 데 있다 할 것이다. 이것이 우리의 출발점이자 근거이며 목표이다. 따라서 우리가 제기해야 할 본질적인 질문은 다시금 "예수 그리스도는 과연 누구이신가?" 하는 질문이다. 그것은 "오늘의 우리에게 예수 그리스도는 과연 누구냐?"라는 질문이다.

신약성경에서 가장 많이 표명되는 "예수 그리스도"라는 언표는 "예수는 곧 그리스도이시다"라는 하나의 신앙고백이다. "예수는 그리스도이시다"라는 이 신앙고백은 기독교적 신앙을 집약하는 하나의 약식 신앙고백문이며, 그리스도론은 바로 이 약식 신앙고백문에 대한 성경적이고 신학적인 해결을 가장 진지하게 모색하는 것이다. 이 신앙고백이 말하는 것은 바로 다음과 같다. 나사렛 예수라는 유일하고도 다른 어느 누구와도 혼동될 수 없는 독특한 역사적 인물은 하나님으로부터 보내심을 받은 그리스도, 즉 성령으로 인침을 받은 약속의 메시아시요, 동시에 그의 구속사역으로 말미암아 세상의 구원이 되시며, 역사의 종말론적 완성이라는 것이다. 예수 그리스도에 대한 이 고백은 기독교적인 것이 그 본질에 있어 무엇인가를 비로소 규정하며, 비기독교적인 것과의 혼동을 막아주고 그 특수성과 정체성을 식별케 하는 동시에, 그 우주적인 개방성과 역사적인 책임도 바로 이 신앙고백에 근거한다. 그렇기 때문에 교회론에서 미결로 남은 문제들은 하나의 새로운 그리스도론을 전개함으로써만 그 해결을 기대할 수 있다. 이와 같이 그리스도론은 교회의 정체성과 중요성, 존재와 의미를 완전히 일치시킬 수 있다는 의미에서 현대신학의 가장 중요한 과제가 아닐 수 없다. 그러므로 그리스도론에 대한 새로운 고찰은 오늘날 신학이 사회와 교회의 진정한 정체성의 발견을 위하여 제공할 수 있는, 그리고 당연히 제공해야 하는 소중하고도 시급한 신학적 봉사이다.[86] 그러므로 "예수는 그리스도이시다"라는 신앙고백으로부터 출발하거나, 현재 진행 중에 있는 기독론적 논쟁들을 개관할 때, 결국 현대 그리스도론의 과제는 다음 세 가지로 요약된다.[87]

---

86 Cf. Kasper, 『예수 그리스도』, 17.
87 Cf. 이하의 논의의 내용들은 Kasper, 『예수 그리스도』, 24-38을 참조하였음.

(1) 그리스도론의 기초로서의 "역사성"의 문제

"예수는 그리스도이시다"라는 신앙고백으로부터 출발하는 그리스도론은 성경이 증거하는바, 그분의 유일하고 독특한 인격과 구속사역, 특히 십자가와 부활의 역사적 사실성에 근거하지 않을 수 없다. 그리스도론은 결코 철학적인 인간학으로, 또는 이념적인 사회학이나 윤리학 혹은 종교학으로 연역되거나 환원될 수 없기 때문에 바로 "역사적 예수"의 사실성에 먼저 그 중심이 맞추어져야만 하는 것이다. 그러므로 그리스도론은 다음과 같은 질문을 제기해야 한다. 한 역사적인 인격으로서의 "나사렛 예수"는 과연 누구였는가? 또한 그의 말씀 선포, 그의 구속사역 행위, 그리고 그의 최종적인 운명으로서의 십자가와 부활은 과연 어떠한 것이었는가? 그는 임박한 하나님 나라의 도래를 선포하였는데, 그러한 예수께서 어떻게 "그리스도"로 선포되고 신앙될 수 있었는가 하는 문제이다.

그러나 이러한 기독론적 질문들을 우리 시대에 제기된 다양한 문제의 상황을 진지하게 고려하면서 다루고 답변하려면, 우리는 현대 역사연구에서 제기되는 여러 가지 문제들, 곧 역사적 예수에 관한 질문, 성육신과 십자가 고난과 죽음 및 부활신앙의 역사적 사실성에 대한 질문, 원시 그리스도론적 신앙고백의 역사적인 형성과정에 관한 질문들을 모두 함께 다루지 않을 수 없다. 특히 지난 세기에 라이마루스(H. S. Reimarus), 슈트라우스(D. F. Strauss), 브레데(W. Wrede), 슈바이쳐(A. Schweitzer), 불트만(R. Bultmann) 등에 의해서 제기된 이러한 기독론과 관련된 중요한 질문들은 예수 그리스도에 관한 신앙고백과 교의학적 그리스도론의 구성에 있어 쉽게 간과할 수 있는 성격의 가벼운 질문들이 결코 아니다. 이러한 역사적 질문들은 단순히 역사에 대한 하나의 학문적 관심으로서의 "역사적 예수"에 대한 탐구가 아니라, 기독

삼위일체 하나님과 신학

교 신앙의 역사적 사실성의 확보와 예수 그리스도에 대한 신앙 공동체로서의 교회의 역사적인 존립 근거를 위해서도 결코 회피할 수 없는 중요한 질문들이다. 그러나 이 질문들을 신학적으로 진지하게 다루기 시작하는 순간부터 소위 순수한 신앙이라는 안전지대는 이미 존재할 수 없다. 그러므로 이 질문들은 단순히 역사학적인 관심사만이 아니라, 더 중요하게는 성경이 증거하는 역사적 사실들에 대한 신학적인 의미와 중요성도 아울러 다루어야 할 것이다. 결국 이러한 질문에 대한 신학적인 해결을 모색한다는 것은 기독론에 있어 가장 긴급한 과제들 중의 하나이며, 따라서 "예수 그리스도"에 관한 신앙고백의 역사적 사실성의 근거에 대한 질문은 다시금 새로운 차원에서의 신학적인 해석과 진지한 해명을 요구하고 있다. 참된 기독교 신앙은 항상 철학적·역사적·과학적·시대문화적인 거친 풍파의 시험들과 다양한 신학적 도전들의 역경 속에서 오히려 더욱 단단하게 연단되고 빛을 발할 수 있다.[88]

현대에 이러한 문제를 집중적으로 다루고 있는 일단의 학자들이 앞에서 살펴본 것처럼 불트만의 신학방법론을 비판적으로 극복하려는 그의 제자들, 그리고 그들에게서 신학적인 영향을 받은 사람들이다. 그들이 증명하고자 하는 것은 신앙으로 고양되신 주님과 지상 생애의 역사적 예수가 동일한 분이라는 사실에 있다. 결국 문제가 되는 것은 성육신의 역사적 현실성이요, 예수의 참된 인격이 구원에 대해서 가지는 중요성 내지 유의성이다. 즉 이 질문에 대한 새로운 접근 방법의 중요한 점은 케리그마를 도외시하는 것이 아니라, 초기 기독교의 복음 선포의 핵심 메시지를 중심으로 역사적 예수를 추구하려는 데

---

88 Cf. Kasper, 『예수 그리스도』, 25 참조.

있다. 사실 현대 기독론적 논의에 있어 이러한 신학적 기획들은 결코 케리그마를 뛰어넘어 그 배후로 돌아가자는 것도 아니며, 복음을 단순히 "역사적 예수"로 환원하고 축소하자는 것도 아니다. 계몽주의의 역사비평적 실증주의에 근거한 그러한 기획은 하나의 신기루에 지나지 않는다는 것이 이미 그 동안의 신학적 논의에서 분명하게 판명되었다. 따라서 오히려 그들이 의도하는 바는 신약성경의 증언으로서의 역사적 서술이 케리그마와 신앙의 척도로서 이바지할 수 있다는 것이다. 또한 이들의 신학적 기획의 핵심요점은 "신앙을 역사 서술적으로 밑받침해주자는 것이 아니라, 올바른 메시지를 그릇된 메시지로부터 비판적으로 가려내자는 것이다."[89] 결론적으로 이러한 역사학적 질문제기는, 오늘의 이해 조건을 감안할 때 역사적 예수와 부활하여 현양되신 그리스도가 서로 긴밀하게 상응할 수 있도록 구성하는 것이며, 그럼으로써 역사적 예수를 추구하는 현대의 새로운 질문으로부터 출발하여 고전적인 양성론적 그리스도론의 본래적 의미를 살리면서 하나의 신학적 종합을 시도하려는 것이다.

(2) 그리스도론의 보편적 의미 확보의 문제

그리스도론은 결코 인간학적으로 혹은 사회학적인 요구에 의해서 연역되거나 환원되어서는 안 되지만, 그럼에도 불구하고 기독론적 메시지가 항상 그 시대를 향해 던지는 어떤 구원의 보편적인 의미를 담지해야 한다는 사실을 감안할 때, 결국 그리스도론은 각 시대 특유의 핵심 문제들과 요청에 호응하면서 인간과 사회의 질문 및 요구들을 진지

---

89 Käsemann, *Das Problem des historischen Jesus*, 55. 여기서는 W. Kasper, 『예수 그리스도』, 52 에서 재인용.

하게 고려하면서 구상되어야 하며, 그 나름대로 책임 있는 답변을 제공할 수 있어야 한다. 그리스도론적 신앙고백은 단순히 하나의 개인적인 신앙으로 혹은 교회내에서만 자위적인 것으로 게토(ghetto)화되어서는 안 되며, 성경이 명령하는 바와 같이 이 세상을 향한 복음적 진리를 분명하게 증거할 수 있도록 가능한 한 광범위하고 보편적인 지평안에서 책임있게 제시되어야 한다. 그러자면 그리스도론은 필연적으로 각 시대의 주류를 이루는 다양한 철학적 사상들이나 형이상학과 만나야 하고 또한 그것들과 치열하게 대결하지 않을 수 없다. 즉, 그리스도 신앙에는 본질적으로 각 시대의 문화적인 우상파괴와 철학적, 사상적 이데올로기 비판이라는 하나의 계기가 필연적으로 내포되어 있다. 왜냐하면 기독교 신앙은 그 자체로서 모든 실재하는 것들과 역사의 가장 심오한 의미가 예수 그리스도 안에서 유일회적으로 또한 궁극적으로 계시되었다고 주장하기 때문이다. 또한 이곳에서는 존재와 역사의 총체적인 의미가 하나의 실제적이고도 유일회적인 한 인격의 존재와 역사 안에서 시험당하고 마침내 판가름 난다고 보기 때문이다. 이와 같은 주장에는 하나의 매우 특수한 실재이해가 함축되어 있다. 즉 이러한 기독론적 실재이해는 주로 어떤 사물의 본질을 캐어묻는 그러한 존재론적인 형이상학적 사유가 아니라, 실제의 역사 안에서 실현되었고 그리고 구체적인 한 인격적 실재로 정향된 존재론의 우위를 승인한다.

다만 여기서 문제가 되는 것은 전통적인 존재론적 그리스도론을 흔히 기능적이라 일컬어지는 비존재론적 그리스도론으로 대립시키고 대체하는 데 있는 것이 아니다. 문제의 핵심은, 그리스도론적으로 규정된 역사적이고 인격적인 하나의 실재로서의 존재론을 구상하는 데 있다. 이러한 문제는 더 나아가 그리스도론과 철학과의 관계를 원칙적으로 어떻게 생각하고 조정하느냐에 있다. 여기에는 두 가지 관점이 가능한데, 하나는 라너(K. Rahner)가 요구하고 있듯이 그리스도론은 하나님과 세계간의 관계라는 넓은 연관 안에서 고찰되어야 한다는 것이다. 그러나 이 관점은 신학이 철학으로 변모할 위험을 늘상 안고 있다. 또 다른 관점은, 바르트(K. Barth)가 그러했던 것과 같이 이 하나님과 세계의 관계를 오직 그리스도론 자체 안에서만 모두 규명하고 해소시키려 한다. 그러나 이 또한 신학 전반이 기독론적 중심으로 폐쇄되고 협소화될 위험을 안고 있다. 따라서 우리는 이러한 두 가지 관점을 적절하게 통합할 수 있는 신학적인 접근방법을 강구하여야 할 것이다. 이러한 관점에서 볼 때, 결국 그리스도론은 성경 전체의 가르침과 더불어 교의학 전체 주제들의 상호 긴밀한 연관성에 주의하면서, 각 시대의 문화, 정치 및 그 밖의 다른 여러 분야의 문제의식들도 함께 진지하게 고려하지 않을 수 없다는 것을 보여준다.[90]

(3) 그리스도론과 구원론의 상호관계성

지금까지의 논의의 결과로서, 예수 그리스도의 고유한 인격은 그 보편적인 구원 역사적 의의에서 따로 분리할 수 없고, 역으로 예수 그리스도의 구원 역사적 의의는 그의 고유한 인격에서 따로 분리할 수 없다. 따라서 예수 그리스도의 고유한 인격의 존재론적 의미와 그의 구속사역의 의의는 서로 분리할 수 없도록 직접 연관되어 있다. 그러나 이러한 그리스도론과 구원론의 통일은 다음 두 가지 측면에서 깨어질 수 있다. 먼저, 중세의 스콜라신학은 그리스도론을 예수 그리스도의 인격, 그의 신성과 인성, 그리고 이 양자 간의 일치에 관한 가르침으로서

---

90   Kasper, 『예수 그리스도』, 26-28 참조.

의 존재론적 그리스도론으로 제한하면서, 그의 메시아적 사역 및 구속 행위들에 대한 일련의 가르침으로부터 분리시켰다. 그러나 그러한 존재론적 그리스도론은 하나님이요 인간인 그리스도가 어떻게 존재론적으로 구성되어 있는가를 묻고 따지는 추상적이고 고립된 사변적 신학 논쟁으로 변하고 말았다. 기독교에 대한 많은 현대인들의 무관심은 바로 이러한 형이상학적인 사변적 신학에 대한 반발이기도 하다. 그러나 초기 교회의 모든 그리스도론적 언표들에는 언제나 구원론적 관심이 그 배후에 있었음을 확인할 수 있다. 예수의 참된 신성과 마찬가지로 그분의 참된 인성을 고백하고 변호한 것은 그의 구속행위를 통한 우리의 구원의 현실성을 확보하기 위함이었다. 그러므로 우리가 예수 그리스도에 관한 신앙고백 및 그리스도론적 교의의 구체적 의미를 깨달을 수 있으려면 예수가 우리에 대해 가지시는 구원론적 의의를 반드시 함께 탐구하여야 한다. 이러한 이유에서 그리스도론과 구속론의 스콜라적인 분리는 당연히 극복되어야 한다. 마찬가지로 우리는 그리스도론과 구원론의 일치를 위협하는 또 다른 극단으로서 그리스도론을 단순히 구속론이나 구원론으로 축소하려는 경향 또한 경계해야 할 것이다.

따라서 그리스도론은 전체 교의학의 구도 속에서 각 교의들의 상호연관성 가운데서 그 신학적인 의미가 추구되어야 할 것이다. "예수는 그리스도이시다"라는 신앙고백에서 그의 고유한 인격의 존재론적 의미와 그의 구속 사역의 의의는 서로 불가분리의 것이다. 즉 "참 하나님이심과 동시에 참 인간"이신 예수 그리스도의 고유한 인격의 비밀은 그의 구속 사역에 의하여 비로소 그 구체적인 의미가 현실화될 것이며, 동시에 그의 구속 사역의 의의는 그의 고유한 인격의 비밀에 의해 해명될 것이다. 우리의 신앙의 내용도 신앙의 구체적이고 실제적인 행위를 통하지 않고서는 결코 깨달을 수 없다. 그러나 우리의 신앙 행위 또한 어떤 신앙의 내용을 지향하지 않는다면 결국 맹목으로 흐를 수밖에 없다. 그러므로 존재론적 그리스도론과 기능적(구속론적) 그리스도론 간의 딜레마는 신학적으로 보아 하나의 가짜문제이며, 따라서 이 양자택일의 결과 여하에 따라 어느 쪽이든 일방적으로 기독론을 전개해서는 안 될 것이다. 그러므로 이제 우리가 우리 자신에게 제기해야 할 질문은 다음과 같다: "오늘날 우리를 구원하시는 주 예수 그리스도를 어디서 어떻게 만날 수 있는가?"[91]

IV. 그리스도론의 방법론에 대한 고찰

모든 질문은 항상 하나의 특정한 관점을 전제하고 있으며, 또한 질문의 대상에 대한 특정의 접근방법에 의해 답변된다.[92] 이와 관련하여 특별히 그리스도론을 전개하는 방법에 대하여 최근에 판넨베르크(W. Pannenberg)는 소위 "위로부터의 그리스도론"(Christology from Above)과 구별하여 그 자신의 독특한 "아래로부터의 그리스도론"(Christology from Below)을 주장함으로써 그리스도론의 방법론에 대한 신학적인 논의를 그 근저로부터 새롭게 제기하였다. 간략하게 설명하자면, 먼저 "위로부터의 그리스도론은 예수의 신성으로부터 출발하는 것으로서 성육신 사상이 그 중심에 서 있다. 반면에 아래로부터의 그리스도론은 역사적 예수로부터 출발하여 그의 신성에까지 올라가는 그리스도론으

---

91   Kasper, 『예수 그리스도』, 28-32 참조.
92   Cf. 김균진, 『기독교 조직신학』(II) (서울: 연세대학교출판부, 1991), 154.

로서 먼저 예수의 복음 선포와 십자가 죽음 및 부활에서 출발하여 맨 마지막에 성육신 사상에 이르게 된다."[93] 따라서 여기서는 "예수 그리스도가 누구이신가?"라는 문제를 탐구함에 있어 논의의 대상이 되는 가장 대표적인 두 가지 접근 방법론과 그것이 가지는 한계와 문제점이 무엇인가를 분석하고, 다음으로 개혁주의 입장에서의 보다 적절한 접근방법은 과연 어떠해야 하는가 하는 문제를 집중적으로 고찰하고자 한다.

1. 그리스도론에 대한 "위로부터의 방법" (christology from Above)

(1) "위로부터 방법"의 전개

"우주론적 그리스도론"이라고도 불리는 소위 "위로부터의 그리스도론"(Christology from above)은 초기 교회에서 시도된 고전적인 그리스도론의 전략이며 설명 방법이었다.[94] 또한 그것은 성경의 기록에 대한 역사적인 신뢰성에 관해 아무런 의심이 제기되지 않았던, 근대 역사-비평적 사유가 본격적으로 대두하기 이전 시기에 정통적인 그리스도론으로 확립되었다.[95] 특히 그것의 가장 고대적 형식은 "로고스 그리스도론"(Logos-christology)으로 나타났다. 그것은 삼위일체 하나님의 제2의 위격인 "영원한 말씀"(the Logos)의 선재하신 신성으로부터 출발하는 것으로, 하나님 아버지의 영원한 아들 혹은 신적 로고스의 영원한 선재를 전제하면서, 이 말씀의 성육신과 지상의 생애와 십자가의 고난과

---

93 Pannenberg, *Grundzuge der Christologie* (1976), 26.

94 이 방법은 이미 칼케돈 공의회의 양성론에서 나타났다. 이러한 양성론이 가지는 문제점에 대해서는 주재용, "칼케돈 신조의 재해석", 「신학사상」 16 (1977), 104-20 참조.

95 Erickson, 『기독론』, 28.

부활 그리고 승천을 다루는 순서를 취한다. 이것은 구체적인 역사적 예수에게서 시작하지 않고 선재하는 영원한 말씀, 곧 그리스도에게서 시작한 요한과 바울의 그리스도론에 입각한 것이었으며,[96] 또 한편으로는 고대 그리스 철학의 형이상학적인 우주론적 사고에 기초하여 성경의 가르침을 해석하고 재구성한 것이기도 하다.[97] 고대 교부신학은 이러한 기독론에서는 물론 구원론에서도 우주 중심의 세계가 지닌 이 존재론적인 문제를 함께 다루었다. 초기 교회 교부들은 기독교 신앙의 핵심 교의들을 설명하기 위하여, 또한 그것을 변증하기 위하여 적극적으로 고대 그리스 철학적 개념들과 사유의 틀들을 수용하여 사용하였다. 그러나 바로 이 점과 관련하여 우리가 반드시 기억해야 할 것은, 초기 교회 교부들이 그리스의 철학적 개념들을 적극 수용하여 기독교 교의들을 해명하기 위하여 사용한 것에 대하여 오늘날 우리의 관점에서 쉽게 비난하고 배척하는 것은 공평한 처사가 아니라는 것이다. 왜냐하면 당시 그들의 손에는 그것 외에 크게 도움이 될 만한 개념적 표현이 없었으며 그것 이외의 별다른 가능성이 없었기 때문이기도 하고, 또한 이방선교가 본격화되면서 그들이 이해 가능한 언어와 형태로 기독교 복음의 진리를 제시하고 변증해야 할 필연성도 있었기 때문이다.[98]

고대 형이상학의 우주론적 사유에 의하면, 인간은 그 자신을 대우주로서의 세계질서와 상호조화 속에 있는 존재로 이해하였다. 그것은 우주의 본질과 인간의 본질이 존재론적으로 서로 긴밀하게 연관되어

---

96   Pöhlmann, 『교의학』, 266. 또한 요 1:1이하, 고후 8:9, 빌 2:5이하 참조.

97   Cf. 김균진, "그리스도론의 방법", 「현대와 신학」 7/13 (1990), 35.

98   Cf. Tillich, 『조직신학』(제2권), 238.

있다고 이해하였기 때문이다. 그리고 우주의 본질과 구조를 형성하는 원리로서의 "로고스"는 바로 인간 자신의 내적 본질이요 구조인 로고스 곧 이성으로 연결되어 있다고 이해되었다. 따라서 세계가 대우주를 뜻한다면 인간은 그것을 반영하는 소우주를 뜻한다. 신적인 로고스가 우주의 질서와 구조 그리고 그 내적 본질을 형성하는 동시에 인간의 내적 본질까지도 형성한다. 그러나 이러한 우주론적 사고에 있어서 인간 존재와 신적 존재 사이의 유비적인 관계와 연속성이 전제되는 동시에 양자 사이의 구별과 차이성도 다음과 같이 전제된다. "신적 존재는 영원하며, 하나이며, 무한하며, 변화하지 않으며, 죽지 않으며, 고난을 당할 수 없으며, 자기 자신으로부터 실존한다. 이에 반하여 인간 존재는 땅 위에 있는 모든 존재자들처럼 시간적이요, 다양하며, 유한하며, 변화될 수 있으며, 죽을 수밖에 없으며, 자기 자신으로부터 존재하지 않고 다른 존재로부터 실존한다."[99] 즉, 인간은 신이 아니며 따라서 유한하고 사멸할 수밖에 없는 존재이다. 인간은 하늘에 속한 존재가 아니라 땅에 속한 존재이며 땅의 운명에 묶여 있다. 그렇다면 이와 같이 사멸할 수밖에 없는 유한한 인간이 영원히 살 수 있는 길, 곧 구원의 길은 무엇인가? 그러한 우주론적 사고에 의하면 사멸할 수밖에 없는 인간이 영원히 살 수 있는 길은 우주와 인간의 본래적 본질을 형성하는 영원한 신적 존재에 참여하는 길이다.

이러한 우주론적 구원관에 의하면 예수 그리스도는 하나님의 영원한 아들로 전제되며, 우리 인간이 신적 존재에 참여하여 신격화(deification)되도록 하기 위하여 인간의 본성을 취한 분으로 이해된다.

---

99 J. Moltmann, *Der Weg Jesu Christi*, 김균진 역,『예수 그리스도의 길』(서울: 대한기독교서회, 1990), 79.

제7장 _ 개혁주의 기독론 이해

429

성육신의 그리스도론과 로고스 그리스도론은 바로 이것을 말한다. 성경의 가르침에 의하면, 하나님의 말씀(the Logos)은 영원부터 하나님과 함께 계셨고, 그 자신이 바로 하나님이셨다. 그는 아버지 하나님과 영원부터 함께 계셨던 말씀으로서 하나님의 아들 곧 제2의 위격이신 성자 하나님이시다(cf. 요 1:1-3). 이 영원한 로고스 곧 하나님의 아들이 동정녀 마리아를 통하여 인간의 육신을 입었고 마침내 우리와 동일한 인간이 되었다(cf. 요 1:14). 영원하며 사멸하지 않는 로고스가 시간적으로 제한되고 사멸하는 인간의 본성을 취하였다. 그리하여 우리 인간은 이 육화하신 영원한 말씀에 의하여 신적인 삶에 참여할 수 있게 되었다. 달리 말하자면, 인간이 영원한 하나님의 자녀 신분을 얻게 하기 위하여 하나님의 영원한 아들이 인간이 되었다(cf. 요 1:12). 그는 하나님을 육화한 자신 안에서 보여주고 계시한다. 이리하여 육적 존재인 우리 인간은 눈으로 볼 수 없는 하나님을 그를 통하여 인식할 수 있게 되었고, 이러한 신인식을 통하여 하나님의 본성에 참여할 수 있게 되었다(cf. 요 13:20; 14:9). 그는 참으로 "눈으로 볼 수 없는 하나님의 형상"이요(골 1:15), "하나님과 동일한 본질"이었다(빌 2:6). 이러한 성경의 가르침에 근거하여, 니케아 신조는 그는 "빛에서 나오신 빛이시요, 참 하나님에게서 나오신 참 하나님"이라고 고백하고 있다.[100] 이와 같이 하나님이 인간이 되셨기 때문에 유한하고 사멸할 수밖에 없는 인간은 이제 사멸하지 않고 그분 안에서 영원한 생명을 누릴 수 있게 되었다(cf. 요 3:16).

이와 같이 예수 그리스도의 영원한 선재와 성육신에서 출발하는 "위로부터의 그리스도론"은 니케아 공의회(325년)에서 정통 교의

---

100 김영재, 『교회와 신앙고백』 (서울: 성광문화사, 1991), 31.

삼위일체 하나님과 신학

(orthodox dogma)의 형식으로 정립되었고, 공교회의 공식적인 신앙내용이 되었다. 초기 교회 그리스도론의 최초의 정점을 형성하는 니케아 공의회는 한 역사적 인물이었던 나사렛 예수로부터 출발하여 "참 하나님"(Vere Deus)과 "참 사람"(Vere Homo)이라는 두 가지 다른 관점에서 예수를 기술함으로써, 예수 그리스도의 영원한 참된 신성과 참된 인성을 동시에 확증하였다. 또한 451년에 소집된 칼케돈 공의회는 예수 그리스도를 "서로 혼합되지 않으며, 변화하지 않으며, 서로 분리되지 않으며, 서로 나누어지지 않는 두 본성 안에 있는 분"으로 정의하였다. 이러한 양성론적 정의에 있어 칼케돈 공의회는 예수 그리스도의 한 인격 안에서 신성과 인성이라는 두 본성의 "위격적 연합"(hypostatic union)의 방식으로 통일성을 확보하였다. 칼케돈 공의회의 이러한 신앙고백과 함께 양성론은 초기 교회 기독론의 공식적인 교의가 되었다.

이러한 양성론에 의하면 신적 본성과 인간적 본성이 하나님인 동시에 인간이신 예수 그리스도의 고유한 한 인격 속에서 서로 구별되지만 나누일 수 없도록 연합되었다. 이 "위격적 연합"에서 삼위일체 하나님의 제2의 위격인 영원한 아들 혹은 영원한 로고스가 동정녀 마리아의 몸 안에서 인격이 없는 인간적 본성을 신적 본성과의 결합과 사귐 속으로 받아들인다. 여기서 영원한 로고스의 신적 본성은 예수의 인격을 결정하는 본성인 반면, 인간의 본성은 인격이 없는, 곧 비인격적인 본성이다. 즉, 성육신을 통하여 수용된 인간적 본성은 첫 사람 아담이 타락 이전에 가지고 있던 죄가 없으며 사멸하지 않는 인간적 본성이다. 또한 그것은 동정녀를 통하여 오는 것이므로 인간 아버지를 갖지 않으며 따라서 원죄의 영향을 받지 않기 때문에 당연히 그 결과인 죽음을 벗어나 있으므로 영원히 사멸하지 않는다. 따라서 예수 그리스도의 인격을 구성하는 것은 영원한 아들의 신적 본성의 인격이며, 또한 그러한 그의 인격 안에서 죄가 없는 불멸의 인성을 취하셨고, 그것은 참된 인성이다. 바로 이러한 의미에서 "하나님-인간"(God-man)이신 예수 그리스도께서는 진짜 "참 사람"(the true man)이다. 그는 "참 하나님"인 동시에 "참 인간"(Vere Deus, Vere Homo)이다. 이와 같이 칼케돈 공의회를 통하여 정립된 양성론적 그리스도론은 선재하는 영원한 로고스께서 인간이 되셨고, 십자가에서 고난당하시고 죽으셨다가 부활하여 다시 살아났으며, 비하되었다가 승귀하셨으며, 지나갔으나 현존한다는 신약성경의 본질적인 가르침에 근거하며 또한 이를 전체적으로 보존하려 하였다.

(2) 위로부터의 방법의 한계와 문제점

신학의 역사에 있어 양성론적 그리스도론은 그 형성의 과정에서 많은 교리적 논쟁이 있을 뿐만 아니라, 특히 현대 신학적 논의에 있어서도 그러한 초기 교회의 "위로부터의 그리스도론"에 대하여 여러 측면에서 비판을 제기함과 동시에 다양하게 새로운 해석을 시도하고 있다. 이러한 비판의 중요한 논점들을 몰트만(J. Moltmann)은 다음과 같이 요약하고 있다.[101] (1) 영원한 로고스가 비인격적인 인간의 본성을 수용하였다면, 우리는 그를 한 역사적 인격으로 볼 수 없으며 전혀 "나사렛 예수"에 대하여 말할 수 없다. 이때 예수의 인간적 본성은 영원한 로고스가 취한 어떤 껍질과 같은 것으로 간주되는데, 왜냐하면 그것은 "인격이 없는 인간적 본성"이기 때문이다. 따라서 "부드러운 가현설이 초기 교회의 그리스도론을 관통하고 있다."[102] (2) 만일 영원한 로고스가

101　Cf. Moltmann, 『예수 그리스도의 길』, 85-90의 논의를 참조하라.
102　Moltmann, Der gekreuzigte Gott, 85. 여기서는 김균진, "그리스도론의 방법", 40에서 재인용.

죄없는 인간의 본성을 취하였다면, 그는 그의 신적 본성에 있어서는 물론 그의 인간적 본성에 있어서도 죽을 수 없을 것이다. 왜냐하면 죽음은 바로 죄의 결과이기 때문이다. 따라서 예수께서 죽지 않는 인간적 본성을 취하셨다면, 예수는 십자가의 죽음에도 불구하고 죽지 않았다고 말해야 할 것이다. 그의 신적 본성은 물론 그가 취한 인간적 본성도 죽지 않는 불멸의 것이기 때문이다. 그렇다면 그리스도는 과연 어떤 본성에서 죽음을 당하였으며, 또한 그의 십자가에서의 죽으심은 어떠한 구원의 의미를 가질 수 있는 것인가? (3) 양성론적 그리스도론의 틀에서 예수의 낮아지심과 인간성, 십자가에서의 고난과 죽음에 대한 모든 진술들은 그의 신성과 높아지심과 승리에 대한 진술을 위한 수사적인 것에 불과하다. 나아가 그리스도의 역사는 구체적이고 현실적인 역사 안에서 일어난 것으로 생각되기보다는 영원한 로고스가 성육신하여 이 땅에 내려왔다가 다시 올라간 수직적인 역사로 간주된다. 따라서 이천 년 전 팔레스타인의 역사적 상황 속에서 구체적으로 일어났던 예수의 삶이 가지는 역사적 현실성이 간과되어버리는 경향이 있다. (4) 성육신 그리스도론의 틀을 이루고 있는 두 본성들의 구분은 그리스도 자신의 특별한 삶의 역사로부터 오는 것이 아니라, 그 당시 세계의 보편적인 존재론적 형이상학에서 연역된 것이다.

판넨베르크(W. Pannenberg)는 "위로부터의 그리스도론"의 유익성을 어느 정도 인정하면서도 그가 이 접근방법을 받아들일 수 없는 이유를 다음과 같이 제시한다.[103] (1) 그리스도론의 임무는 예수의 신성에 대한 믿음에 이성적인 근거를 제공하는 일인데, 그러나 바로 이것이 오

---

103   Cf. W. Pannenberg, *Jesus: God and Man* (Philadelphia: Westminster, 1968), 34-35; 여기에 서는 Erickson, 『기독론』, 31-53을 참조함.

늘날의 신학에서 혼란과 논쟁점이 되고 있는 문제이다. 그러므로 "위로부터의 그리스도론"은 예수의 신성을 이미 전제하고 있다는 점에서 받아들일 수 없다. (2) "위로부터의 그리스도론"은 나사렛 예수의 역사적인 모습의 중요성을 경시하는 경향이 있다. 특히, 예수의 삶과 메시지를 이해하는 데 결정적으로 중요한 그 당시 유대주의와의 관련성을 이러한 접근 방법에서는 상대적으로 간과되고 있다. (3) 엄격히 말해서 "위로부터의 그리스도론"은 하나님 그분의 입장에서만 가능한 것이며 우리에게는 전혀 그렇지 않다. 우리는 역사적인 한계가 있으며 세속적인 인간이기 때문에, 실제적인 역사적 인식으로부터 우리의 기독론적 질문을 시작하고 다루어야만 한다.

더불어 한스 퀑(H. Küng)은 양성론의 문제점을 다음과 같이 요약한다.[104] (1) 오늘날 양성론은 그리스의 철학적 언어와 정신에 의하여 형성된 개념들이나 표상들과 더 이상 함께 이해되지 않으며, 실천적 선포에 있어서도 가능한 한 회피되고 있다. (2) 양성론은 칼케돈 이후의 교리사의 증언에 의하면 그 당시의 어려움을 결코 해결하지 못하였다. 오히려 그것은 기독론과 관련한 초기의 심각한 분열을 종식시키지 못하였고, 언제나 새로운 논리적 당혹감 속으로 끌어 들였다. (3) 양성론은 신약성경의 그리스도에 대한 근원적인 메시지와 결코 일치하지 않는다.

"위로부터의 그리스도론"에 대한 이상의 비판을 다시 요약하자면 다음과 같다.[105] (1) 고대교회의 그리스도론은 형이상학인 존재론에서

---

104 Cf. Küng, *Menschwerdung*, 565; 여기서는 김균진, "그리스도론의 방법", 44에서 재인용.
105 Cf. H. J. Kraus, *Grundriss Systematischer Theologie*, 박재순 역, 『조직신학』 (서울: 한국신학연구소,1986), 303f.

출발하며, 그리스의 철학적 언어와 개념으로 설명되고 있다. (2) "위로부터의 그리스도론"은 역사적 예수의 구체적이고 현실적인 인간 존재를 간과하고 있다. (3) 이러한 "위로부터의 그리스도론"은 언제나 예수의 신성을 이미 전제하고 있는데, 오히려 기독론은 예수의 신성을 고백하는 근거를 제시했어야 한다. (4) 세상으로 온 하나님의 아들의 길을 추구하기 위해서는 하나님 자신의 입장에 서 있어야 할 것이다. 그러나 우리는 결코 그럴 수 없다. (5) 헬레니즘적 언어로 채색된 용어들과 표상들을 지닌 두 본성론은 오늘날 더 이상 현실적으로 이해되지 않는다. (6) 신약성경의 본래적인 기독론적 핵심 메시지는 두 본성론에 표현된 것과는 다른 의미를 지니고 있다.

2. 그리스도론에 대한 "아래로부터의 방법"(christology from Below)

(1) 아래로부터의 방법의 내용

전통적인 "위로부터의 방법론"을 비판하며 그 대안으로서 제시되는 "아래로부터의 방법론"은 영원히 선재하는 신적 로고스인 하나님의 아들을 그 출발점으로 삼지 않고, 한 구체적인 역사적 인간으로서의 "나사렛 예수"를 그 중심점으로 삼기 때문에 흔히 "인간학적 그리스도론"이라 불린다. 이러한 아래로부터의 방법은 먼저 고전적인 "역사적 예수"에 대한 탐구로 극명하게 나타났으며, 그 이후의 모든 그리스도론은 예수의 역사성에 대한 물음을 진지하게 고려할 수밖에 없었다. 그것이 추구하는 바가 긍정적이든 부정적이든 간에 이후의 모든 "아래로부터의 그리스도론"은 바로 이러한 문제 인식에서부터 출발한다.

근대에 이르러 인간과 신, 그리고 인간과 자연의 관계에 대한 이해의 패러다임이 이전의 시대들과는 결정적으로 변화되었다. 인류지성사에 있어 "근대성"(모더니즘, Modernism)이라는 현상은 사실상 유일하고 특유한 것으로 인식된다. 즉 역사상 처음으로 인간 자신의 관점에 의하여 이해되고 표상된 세계가 신과 자연의 질서로부터 스스로를 분리시키며, 그 모든 것들은 단지 인간의 관심과 표상에 따라 재구성되고 재조직된다. 그리하여 인간 스스로가 그 자신이 만들어가는 역사의 주체로서 등장하게 된다. 이러한 변혁을 우리는 근대의 "인간학적 전환"(M. Buber), "근대 인간의 주체성에로의 봉기"(M. Heidegger), 사회의 "세속화" 혹은 역사의 "실사화" 혹은 자연의 "비신화화"라 표현한다.[106] 이 시대에 있어서 인간의 중요한 문제는 고대와 같이 인간이 모든 사물들과 함께 경험하는 보편적 유한성의 문제가 아니라, 인간의 것으로 된 세계의 인간화의 문제였다. 그리하여 "주체"(the Self, the subject)로서의 인간이 모든 것의 중심이요, 만물의 척도로 생각되었다.

이러한 시대 사조를 반영하여 그리스도론에 있어 질문의 형태도 극적으로 변화되었다. 이를테면, 고대의 신학에서는 중요한 문제가 "영원한 하나님이 어떻게 예수 안에 있는가?"의 문제였다면, 근대의 신학에서 중요한 문제는 역으로 "인간 예수는 어떻게 하나님이라 불릴 수 있는가?"가 문제가 된다. 즉 초기 교회에서는 그리스도의 양성 곧 신성과 인성, 그리고 그 관계가 중요한 문제였고 이 문제는 유한한 인간의 구원에 관한 문제와 결부되어 있었던 반면, 근대의 교회에서는 예수의 참된 인간존재, 그의 하나님 의식, 그의 내적인 삶이 중요한 문제였고, 이 문제는 인간의 참된 인간성, 그의 본래적 실재, 내면적 자기 동일성에 관한 질문과 긴밀하게 결부되어 있다.

현대신학자 가운데 아래로부터의 그리스도론을 전개하는 대표적

---

106   Cf. Moltmann, 『예수 그리스도의 길』, 90.

인 신학자 가운데 한 사람이 폴 틸리히(P. Tillich)이다. 그는 "하나님이 인간이 되셨다"는 위로부터의 기독론의 역설로부터 출발하지 않고 도리어 예수 그리스도 안에서 본질적 인간 존재의 형상이 실존의 조건들 아래에서 나타났다는 역설로부터 출발한다. 그에게 있어 성육신은 하나의 역설이 아니라 그저 무의미한 진술일 뿐이다. 그러므로 전통적인 그리스도론의 성육신이라는 역설은 예수 그리스도 안에 하나님의 형상이 본질적 인간과 현실적 인간으로 나타났다는 역설로 대체된다. 이러한 실존주의적 이해의 구조 안에서, 마침내 "참 하나님"과 "참 사람"인 그리스도라는 전통적인 기독론적 역설은 "본질적 인간"과 "실존적 인간"인 그리스도라는 역설로 치환된다. 따라서 그리스도론의 본질적인 문제는 "참 하나님과 참 사람"의 문제가 아니라 "참 사람과 현실적 인간"의 문제이다. 그의 견해에 의하면, 예수는 하나님의 아들로서의 그리스도가 아니라, 하나님과 완전히 하나로 결합되어 있는 본질적 존재를 드러내기 때문에 그리스도이시다. 나아가 그의 십자가는 현실적 인간 실존에의 참여를 뜻하며, 부활은 그러한 현실적 인간 실존에 대한 승리를 뜻한다. 따라서 그리스도의 사역도 본질에서 실존으로 넘어가는, 인간 소외라는 죄의 타락을 물리치고 극복하는 데 있다.[107]

또한 "위로부터의 그리스도론"을 비판하며 그의 그리스도론의 방법론으로서 "아래로부터의 그리스도론"을 시도하는 판넨베르크(Pannenberg)의 주장은 다음과 같다.[108] (1) 신약의 케리그마의 배후에 대한 역사적 연구는 기본적으로 가능하며 신학적으로도 필요한 것

---

107 Cf. Pöhlmann, 『교의학』, 266f; 김광식, 『조직신학』(II), 25; 김균진, 『기독교조직신학』(II), 159f 참조.

108 Cf. Pannenberg, *Jesus: God and Man*, 34; Erickson, 『기독론』, 32-36 참조.

이다. 양식비평학은 역사적 예수의 삶에 대한 정확한 연대기에 결코 접근할 수도 없고, 또한 그것을 전혀 재구성할 수 없다고 주장해왔다. 그럼에도 불구하고 사도들의 증언에서 예수의 삶에 대한 주된 특징들을 발견하는 것은 가능하며, 또한 신학적 작업을 위해서 필수불가결한 것이기도 하다. 왜냐하면 만일 우리의 믿음을 단지 케리그마 위에만 두고 실제적인 예수의 삶의 역사적인 사실들에 기초하지 않는다면, 우리의 신앙의 역사적 확실성을 결코 담보하지 못할 것이기 때문이다. 또한 우리의 믿음을 단지 케리그마에만 의지한다면, 신약의 증거들 자체의 다양성의 문제를 결코 신학적으로 해결할 수 없을 것이다. 따라서 그러한 다양한 증거들을 넘어 그것이 모두 가리키는 한 존재인 역사적 예수에게 도달할 때에만 우리는 그러한 다양성 가운데 있는 내적 통일성을 찾아낼 수 있을 것이다. 또한 우리는 현재 살아 계신 주님에 대한 순수한 기독교적 신앙체험을 그릇된 것과 구별하기 위해 케리그마 이면의 역사적 예수에게로 반드시 돌아가야만 한다. (2) 판넨베르크의 독특한 계시이해인 "역사로서의 계시"(revelation as history)의 관점에서 볼 때,[109] 하나님과 예수의 신성은 오직 역사 속에서, 그리고 보편적인 역사를 통해서만 간접적으로 계시된다. 그에 의하면, 역사는 단일한 것이지, 구속사와 일반역사의 이원적인 구조로 구분할 수 있는 것이 전혀 아니다. 그의 죽으심과 부활을 포함하는 예수의 생애와 가르침, 또한 그의 모든 사역은 일반적 역사와는 다른 유일한 양식으로서의 구속사가 아니다. 거기에는 특별한 구속적인 영역이라거나 거룩한 역사로서의 특별한 영역, 또는 의미로서의 역사(Geschichte)나 구속

---

109 Cf. Wolfhart Pannenberg, ed. *Revelation as History*, trans. David Granskou (New York: The Macmillan Company, 1968).

사(Heilsgeschichte), 혹은 또 다른 어떤 것으로 구별할 수 있는 특별한 영역이 있는 것도 아니다. 그리스도의 역사는 전체적인 일반 세계역사의 나머지 부분과 동일한 역사의 일부분일 뿐이며, 따라서 일반역사학과 동일한 이해와 연구방법론이 적용되어야 한다. 그러므로 우리에게는 오직 "아래로부터, 곧 역사적 인간 예수로부터 그의 신성의 의식으로 상승하는 그리스도론"만이 가능할 뿐이다. (3) 그렇다면 이러한 "아래로부터의 기독론"이 우리에게 실제적인 인간 예수를 충분히 전달할 수 있다고 가정한다 할지라도, 남아 있는 진정한 신학적 질문은 "그러한 역사 탐구가 과연 예수의 완전한 신성을 언표하는 것으로 나아갈 수 있는가?" 하는 것이다. 판넨베르크는 이러한 예수의 신성을 그가 "나의 아버지"라고 부른 하나님과의 독특한 관계성 속에서 찾고자 하며, 또한 이에 대한 최종적인 확증을 예수의 부활사건에서 비로소 발견할 수 있다고 주장한다. 이와 같이 판넨베르크의 "아래로부터의 방법"은 비록 아래로부터 출발하지만, 이전의 고전적인 "역사적 예수 탐구"에서와 같이 단순히 인간학적인 사고의 틀에서 예수를 이상적인 인간, 혹은 인간의 원형으로 보려는 것이 아니라 역사적인 인간 예수로부터 출발하여 궁극적으로 그의 신성을 언표하려고 시도한다는 점에서 전통적인 "아래로부터의 방법"과는 구별된다.

(2) 아래로부터의 방법의 한계와 문제점

"아래로부터의 방법"이 가지는 가장 중요한 문제점은 예수의 신성을 약화시키고, 그의 인성으로부터 시작하여 그를 하나의 "이상적 인간"이나 모든 "인간의 원형"으로 혹은 종말에 완성될 "계시의 선취자"로 격하시킨다는 점에 있다. 신약성경이 증거하는 예수는 단순히 하나의 이상적인 인간 혹은 인간의 원형에 불과한 분이 아니다. 그는 성령으로 잉태되었고 "하나님의 아들"로 고백되며, 또한 그의 말씀선포와 수많은 사역들의 증거들로 이것을 분명히 밝혀 계시하고 있다. 특히 예수의 십자가에서의 비참한 고난과 무기력한 죽음의 순간을 고려할 때, 그는 흔히 말하는 이상적인 인간이나 전 인류의 모범이 될 만한 모습을 전혀 보여주지 않는다. 또한 아래로부터의 그리스도론에서는 그러한 예수의 십자가가 지닌 구원의 의미도 쉽게 부인될 수 있다. 왜냐하면 인간학적인 그리스도론에서는 예수와 우리와의 본질적인 차이가 인정되지 않기 때문이다. 슐라이어마허(Schleiermacher)는 우리 인간은 죄로 흐려진 하나님 의식을 가진 반면 예수는 완전한 하나님의 의식을 가진 존재일 뿐이라 하며, 칼 라너(K. Rahner)에 의하면 우리 인간은 자신의 참된 본질을 추구하는 존재인 반면 예수는 인간의 본질이 완성된 존재일 뿐이며, 폴 틸리히(P. Tillich)에게 있어 우리 인간은 실존의 상황 속에서 자기의 참 본질로부터 소외되어 있는 동시에 그것과 관련되어 있는 반면 예수는 인간의 참 본질과 완전히 하나인 존재 곧 "새로운 존재"로 이해될 뿐이기 때문이다. 이와 같이 예수와 인간 일반의 본질적인 차이가 인정되지 않을 경우, 예수가 과연 인간의 참 구원자인가, 그리고 그의 삶과 죽음이 과연 결정적인 구원을 의미하는가 하는 심각한 신학적인 문제가 제기된다. 더불어 아래로부터의 그리스도론도 그 시대의 철학적 전제와 세계관에 의존하고 있으며 성경에 근거하고 있지 않음을 우리는 쉽게 발견할 수 있다. 이것은 바로 "역사적 예수 탐구"가 가지는 문제이기도 하다. 나아가 판넨베르크(Pannenberg)의 주장처럼, 비록 그의 최종적인 부활사건을 통하여 그의 신성이 최종적으로 선언되고 확증된다 하더라도, 우리는 이것이 초기 교회의 양자론(adoptionism)을 교묘하게 변형시킨 현대적인 버전이 아닌가 하는 의구심을 가질 수도 있다.

켈러(M. Kähler)가 역사적 예수의 생애 연구를 종결시키고 역사적-성경적 그리스도를 신앙의 선포된 그리스도로 새롭게 인식할 것을 주장한 이래, 사람들은 이 신앙의 그리스도가 역사적 예수와 결코 다르지 않다고 주장하는 것을 심심찮게 들었다. 물론 복음서의 증거들은 본질적으로 최초 목격자인 증인들에 근거한 보도의 성격을 지니고 있음도 어느 정도 사실이다. 그러나 신약성경의 증언들은 그 본질에 있어 엄격하고 객관적인 역사적 지식을 전달하려는 데 그 목적이 있는 것이 아니라, 역사적 사실들에 근거한 초기 기독교 공동체의 케리그마를 전승한다. 그럼에도 불구하고 또는 바로 그렇기 때문에 오히려 이 역사적 증언들과 보고들은 본질적으로 역사적 자료로 간주되어야 하며 역사적 가치가 있는 참된 지식을 전달한다. 그러므로 다음과 같이 묻는 것은 정당하다: "복음서들 자체가 선포된 그리스도는 인간 나사렛 예수와 동일한 존재라고 주장한다면, 왜 역사가가 또는 신앙인이 그리스도-케리그마로부터 예수의 역사에로 질문을 소급해서는 안 된단 말인가…?"[110] 따라서 우리의 질문은 다음과 같이 간단하다: "역사적 예수"에 대한 연구가 도달할 수 있는 결론은 과연 무엇인가? 이 연구의 목적은 과연 무엇인가?

복음서의 자료의 성격을 분명히 인식한 불트만(R. Bultmann)은 "역사적 예수"에 대한 물음의 여지를 별로 남겨두지 않았다. 그는 나사렛 예수의 선포에서 도래하는 하나님 나라의 "사실"(Dass)과 케리그마를 본래적인 역사적 거점으로 밝혔으며 지극히 신중하게 예수의 역사적 활동에 대한 몇 가지 진술을 하는 데 그쳤다. 역사적으로 신중한 모든 연구는 비판적으로 확인된 최소한의 내용을 지향할 수밖에 없는데, 결

110　Küng, *Menschwerdung Gottes* (1970), 585.

국에는 이 내용 또한 가설적이고 상대적이다. 그렇다면 역사적으로 확인되고 체계적으로 확정된 이 "역사적 예수"는 과연 누구인가? 역사적 예수에 대한 연구는 더 이상의 객관적으로 확실한 결과에 도달할 수 없다. 그러므로 역사적 예수를 그리스도론의 출발점으로 내세우고 논증의 거점으로 삼는 것은 지극히 의문스럽게 보인다. 또한 "역사적 예수"에게서 시작하는 "그리스도론"은 결국 예수의 참된 인간 존재에 대한 인식을 추구하기 때문에 오히려 "예수론"이라 지칭하는 것이 더 적절할 것이다.

그러나 바로 여기서 더 많은 의문이 제기되는데, 먼저 실제로 역사적인 "인간"으로서의 예수는 과연 객관적으로 발견될 수 있는 것인가 하는 문제이다. 또 한 가지, 복음서의 저자들은 현대 역사학이 문제 삼는 그러한 "객관적인 역사성"에 대한 인식을 전혀 가지고 있지 않았다. 따라서 근/현대에 와서 비로소 문제가 된 학문적인 개념을 역으로 소급하여 그들에게 요구하며, 그러한 역사적 증언의 자료들을 모두 용도 폐기하자고 주장하는 것은 심각한 시대착오적인 발상이라고 할 수 있다. 실제로 일반 역사학을 위한 많은 고대의 문헌들과 역사자료들도 그러한 증언과 보고의 형태를 취하고 있음을 우리는 잘 알고 있다. 예수 그리스도는 어제나 오늘이나 동일한 분이다(히 13:8). 그리스도론은 그러한 예수 그리스도의 역사의 전체성, 그리고 그것의 의미와 의의를 규명하는 작업이어야 한다. 우리는 역사적 연구자들에게 점들을 인식시키고, 예수의 인격과 사역, 그리고 그것이 실제로 가져온 변화들과 영향들의 역사적인 사실성과 의의(cf. 초기 기독교 신앙 공동체의 탄생과 급격한 확장 및 지속적인 성장의 역사적 사실성), 이러한 구체적인 역사적 사실성에 근거하여 전체적인 역사적 인식에 있어서 올바로 이해될 수 있도록 해야 할 것이다.

결과적으로 "역사적 예수" 탐구운동의 본질적인 오류는 초기 교회의 케리그마의 바탕 위에서 역사적 예수를 이해하지 않으며, 또한 역사적 예수의 바탕 위에서 케리그마를 이해하지 않은 데서 기인한다. "우리에게 있어서 그리스도론은 결코 역사상의 예수와 케리그마적 그리스도라는 양자택일식으로 전개될 수 없다. 왜냐하면 선포되는 그리스도와 역사상의 예수는 동일 인물이라고 할 때만 그리스도론의 진술이 비로소 의미 있는 진실을 말하기 때문이다. 역사상의 예수와 초기 기독교의 케리그마 사이에는 연속성이 있다는 것은 이해할 수 있는 것이라야 한다."[111] 신약성경의 케리그마가 증거하는 예수는 곧 역사적 예수와 동일한 인물이다. "역사적 예수"를 추구하는 연구들은 그리스도론적 근거설정을 위한 궁극적인 출발점에 결코 도달할 수 없다. 이 모든 연구들은 가설에 근거해 있고 결국에는 단지 상대적인 결론에 도달할 뿐이다. 나사렛 예수의 역사는 실제 역사 속에서 이루어진 그의 모든 행위의 총체성이며, 그의 인격에 대한 신앙고백은 바로 그러한 역사적 사실성에 근거해 있다.[112]

복음서의 증거들과 증언들은 역사의 예수와 관계없는 초기 교회 공동체의 신화적 상상물이 아니라, 오히려 분명히 일어난 사건으로서의 예수의 사실성에 기초해 있다. 따라서 우리는 복음서의 증언 속에서 예수의 역사를 찾을 수 있고, 그 역사 속에서 케리그마를 찾을 수 있다. 역사의 예수와 케리그마의 그리스도는 결코 분리될 수 없으며, 우리는 "지상의 그분과 신앙된 그분의 일치"를 말할 수 있다. 역사의 예수는 그리스도로 선포되고 있으며, 선포되고 있는 그리스도는 역사

---

111 김광식, 『조직신학』(II), 19.

112 Cf. Kraus, 『조직신학』, 306.

의 예수로 실재하였던 바로 그분이다. 역사적 예수가 바로 그리스도이시며, 그리스도는 바로 그 역사적 예수이시다. 부활하신 그리스도는 역사적으로 십자가에서 고난과 죽음을 당하신 예수이시고, 이 예수는 바로 그 역사적 죽음으로부터 부활하신 그리스도이시다. 나아가 바로 그분이 구약에서 하나님께서 언약을 통해 약속하신 중보자이시며, 메시아이심을 성경은 분명히 증거하고 있다. 따라서 "예수론"과 "그리스도론"은 결코 분리될 수 없다. 바로 이러한 의미에서 성경에 증언되어 있는 "예수 그리스도"가 우리의 그리스도론의 출발점이 되어야 한다. 그러므로 우리는 그러한 양자택일을 벗어나서 역사의 예수인 동시에 케리그마의 그리스도이며, 케리그마의 그리스도인 동시에 역사의 예수, 다시 말해서 신약성경 안에 증거되고 증언되어 있는 전체로서의 "예수 그리스도"를 그리스도론의 출발점으로 삼아야 할 것이다. 진리는 부분에 있지 않고 전체에 있다.

V. 그리스도론에 대한 새로운 방법론의 모색

앞에서 살펴본 바와 같이 케리그마 및 도그마 위주의 그리스도론과 마찬가지로 역사적 예수만을 그 기준과 정향으로 삼는 그리스도론도 우리가 마땅히 거부하여야만 한다면, 그리스도론을 새로이 정립하기 위한 길과 방법은 역사의 예수와 케리그마 및 도그마의 그리스도라는 기독교적 신앙고백의 가장 본질적인 두 요소를 진지하게 다루면서, 하나님 나라를 선포하던 예수가 어떻게, 왜, 그리고 무슨 근거로 복음 선포 및 신앙의 대상으로서의 그리스도가 될 수 있는가를 묻고 이를 해명하는 데 있을 것이다. 이러한 관점에서 그리스도론의 정립을 시도한 학자들이 가이젤만(J. R. Geiselmann), 판넨베르크, 몰트만, 윙엘(E. Jüngel) 등으로서, 비록 그 전제하는 바는 다르지만, 역사의 예수와 복음으로 선포된 그리스도 사이의 상호관계를 규명하면서 그리스도론을 새롭게 구축하려는 시도를 하고 있다.[113] 나아가 푈만(H. G. Pöhlmann)은 "위"와 "아래"의 거짓된 구별에 반대하여 아예 "위와 아래로부터의 그리스도론"을 주장하기도 한다. 즉 그는 인식론적으로는 아래로부터의 방법론을, 그리고 존재론적으로는 위로부터의 그리스도론을 말할 수 있다고 한다.[114]

그러나 이러한 모든 시도는 분명히 어떤 한계를 가지고 있음이 드러난다. 그러므로 우리가 기독론과 관련하여 직면하고 있는 신학적, 신앙적, 실천적 현실들은 우리로 하여금 시급하게 이러한 문제를 극복할 수 있는 새로운 방법론을 모색하여야 할 것을 심각하게 요청하고 있다. 이제 이 새로운 접근방법으로서 우리는 "언약론적-성령론적-삼위일체론적 방법"을 제시하고자 한다. 이러한 관점을 취함으로써, 우리는 그리스도론을 통해 근대의 "역사적 예수 탐구"에 기초한 아래로부터의 인간학적 그리스도론의 맹점을 극복할 수 있는 새로운 가능성을 볼 수 있을 뿐만 아니라, 그리스도론적 정통교의의 요약으로서의 "참하나님-참인간"에 대한 그리스 철학의 존재론적 해석의 패러다임에서 벗어난 성경적인 기독론의 정립을 위한 새로운 이해의 지평을 열수 있을 것이다.

---

113 예를 들어 에벨링(G. Ebeling)은 위로부터의 방법과 아래로부터의 방법을 상호보완적인 것으로 보고, 이 두 방법을 종합하는 입장에서 그리스도론을 전개하고 있다. cf. G. Ebeling, *Dogmatik des christlichen Glaubens*, Bd. II, S. 38f.

114 Cf. Pöhlmann, *Abriss der Dogmatik* (1980), 207. 여기서는 김광식, 『조직신학』(II), 26에서 재인용.

1. 언약론적 관점에서의 접근

(1) 언약론적 접근의 중요성

여기서 우리가 제의하고자 하는 이 새로운 방법은 예수 그리스도에 대하여 정경 전체(tota Scriptura)의 관점에서 접근하며, 따라서 먼저 구약성경과의 관련 속에서 이해하는데, 그것은 곧 "언약론적 관점"에서 접근하는 것이다. 우리가 개혁주의 그리스도론을 전개함에 있어 "언약"을 먼저 다루는 것은,[115] 먼저 하나님의 구원의 경륜이 여기서 나타났으며 또한 모든 구속사와 그리스도의 중보사역이 여기에 근거하여 비롯되기 때문이다. 또 한 가지는 현대 그리스도론에서 중대한 관심사가 되고 있는 그리스도론의 출발점의 문제에 답하기 위하여, 그 출발점의 전제로서 언약을 먼저 다루어야만 하는 것이다. 즉 하나님의 영원하신 언약 가운데서 그 언약의 중보자는 메시아로 약속되었고, 신약에서의 그리스도론의 출발점인 "예수 그리스도"는 바로 이 언약의 성취이기 때문이다.

아무 전제가 없는 그리스도론은 존재하지 않는다. 성경은 특히 언약의 형태로 구원의 방법을 제시하고 있다.[116] 언약신학에 대한 본격적인 연구역사는 비교적 길지 않다.[117] 그리스도론의 역사적 전제는 구약

---

115 헤르만 바빙크(H. Bavinck)는 그리스도론을 다루기 전에 "언약"에 대하여 먼저 논하고 있는데, 이것은 아주 좋은 방법이라고 할 수 있다. cf. H. Bavinck, *Magnalia Dei*, 김영규 역, 『하나님의 큰 일』(서울: 기독교문서선교회, 1984); idem, 『개혁교의학』(제3권), 박태현 역 (서울: 부흥과개혁사, 2011). 이러한 접근은 바빙크의 교의학의 영향을 받은 루이스 벌코프(L. Berkhof)도 마찬가지이다.

116 L. Berkhof, *Systematic Theology* (Edinburgh: The Banner of Truth Trust, 1974), 권수경/이상원 역, 『조직신학』(상) (서울: 크리스챤다이제스트,1991), 423.

117 Berkhof, 『조직신학』(상), 422-24 cf. "초기 교회 교부들의 글에서는 언약개념이 거의 발견되지 않는다. 중세 스콜라신학자들의 문헌들과 종교개혁자들의 글에도 후일 언약교리를 구

속에 나타난 하나님의 언약과 메시아의 약속이다. 바로 이러한 의미에서 크라우스(H. J. Kraus)는 "성경적인 적절한 그리스도론은 역사적 예수에게서가 아니라 구약성경에서 시작해야 한다"라고 적절하게 언급한다.[118] 그리스도 예수에 의해서 이루어진 구원사역을 바르게 파악하려면, "구약으로부터 신약으로, 신약으로부터 구약으로 나아가는 이중적인 운동이 필수적이며, 이것이 성경의 내적 관련성과 [통일성]을 규정한다."[119] 그러나 이와 관련하여, "구약이 복음의 이해를 여는 것이 아니라 복음이 비로소 구약의 참된 의미를 밝힌다는 반대명제는 단순한 반대명제가 아니라, 양자의 해소될 수 없는 상관관계를 나타내는 명제이다."[120] 그러나 그리스도 예수에 대한 인식을 가능하게 해주는 것은, 구약의 언약사적 사실을—도래하는 하나님 나라의 운동에 상응

성하게 될 모든 요소들이 이미 내포되어 있었으나 아직 교리로까지는 발전하지 않았다. 언약교리의 발전에 있어 은혜언약의 교리 발전이 행위언약 교리에 선행하였다. 헤페(Hepe)에 의하면, 구원의 방법을 언약적으로 표현한 최초의 저술은 하인리히 불링거(H. Bullinger)의 『기독교 개요』였다. 또한 올레비아누스(Olevianus)는 언약신학을 더욱 발전시킨 실질적인 창시자로 인정된다. 그의 신학 안에서 처음으로 언약의 개념이 모든 신학체계의 구성적이며 결정적인 원리가 되었다. 이후 언약신학은 스위스와 독일의 교회로부터 네덜란드와 영국제도와 특히 스코틀랜드로 파급되어 전성기를 구가했으며, 이러한 언약 교리는 웨스트민스터 신앙고백서와 스위스 일치신조(Formula Consensus Helvetica)에 명시되었다. 그 이후 18세기의 합리주의의 영향으로 언약신학은 그 위광을 잃어갔으나, 아브라함 카이퍼(A. Kuyper)와 헤르만 바빙크(H. Bavinck)의 영향 아래 언약신학의 재부흥이 있었고 개혁파 신학의 확고한 원리로 자리잡게 되었다." 그러나 바빙크는 언약신학의 첫 시작은 츠빙글리의 저작부터라고 보며, 이러한 언약론이 불링거와 칼뱅에게 전수되었고, 나아가 올레비아누스, 우르시누스 등에게 전파되어 개혁신학의 본질적인 요소로 수용되었다고 본다. Bavinck, 『개혁교의학』(제3권), 255 참조.

118 Kraus, 『조직신학』, 288.

119 Kraus, 『조직신학』, 288. "이 운동은 하나의 단선적인 운동으로, 어느 한편의 운동으로 될 수도 없고 되어서도 안 된다. 구약성경은 예수의 성경이다. 그는 구약성경 안에서 그리고 구약성경에 입각해서 살았다. 그러나 다른 면에서 "성경"의 취지는 부활의 빛에서 비로소 밝혀진다(눅 24:27,32)."

120 Vgl. F. Baumgartel, "Der Dissensus in Verstandnis des Alten Testaments," *Evth* 14 (1954), S.299. 여기서는 Kraus, 『조직신학』, 340에서 재인용.

하여—제일 우선적으로 논하는 것이 될 것이다. 그러므로 우리가 "그리스도"(메시아)라고 부르는 것의 내용, 의도, 의미를 실제로 이해하려면, 우리는 구약으로부터 늘 새롭게 배워야 한다.[121]

성경에서 언약의 형태로 구조화되어 있는 구속의 역사는 객관화된 역사로서의 구원역사도 아니요, 어떤 목적에 따라 의도적으로 상호 간의 조정을 시도하는 언약과 성취의 도식주의도 아니다. 오히려 그것은 구약의 예언자들과 증언자들의 증언 및 삶에 의해서 선포되고 약속된 하나님 나라, 세계를 변혁하고 새롭게 하는 하나님 나라가 예수 그리스도 안에서 포괄적으로 성취되었다는 것을 의미한다. 그것은 구약성경을 통해 약속되었고, 이제 신약성경을 통해 역사적 완성에로 나아가는 일련의 언약의 역사인데, 우리는 바로 이 역사의 소진점(Fluchtpunkt)에서 예수 그리스도를 올바로 인식할 수 있다. 신약성경에서 말하는 언어는 구약성경의 야웨 하나님의 언약과 사랑의 구체적인 그리고 역사적인 성취의 언어이며, 예수 그리스도 안에서 그의 백성들을 위하여 싸우시는 하나님의 구원과 최후 승리를 언표하는 종말론적 소망의 언어이다. 그러므로 "그리스도론에서 구약성경의 약속에 대한 전망을 제거하거나 과소평가하는 사람은 자의와 열광에 빠진다. 신약성경에 대하여 아주 엄격하고 또 정확한 주석을 한다고 하더라고 그는 결국 어둠 속을 헤매게 될 것이다."[122]

(2) 언약의 본질

언약의 명칭은 구약에서는 "베리트"(בְּרִית)로 300회 정도 나타나나 어

---

121 K. H. Miskotte, *Wennn die Gotter Schweigen* (1963), 166f.
122 Kraus, 『조직신학』, 289.

원이 불분명하다.[123] 이 용어는 신약과 70인역(LXX)에서 대체로 "디아테케"(διαθηκη, 유언)로 번역되었다(cf. 신 9:15 "마르투리온"; 왕상 11:11 "엔톨레" 제외).[124] 일반적으로 이 용어에는 의무의 뜻도 있지만 관계의 의미가 더 중요하다(cf. 수 24:25). 따라서 이 말은 쌍방 간에 자발적으로 이루어지는 합의 또는 어느 한편이 다른 편에 일방적으로 부과하는 약정을 의미한다. 특히 언약의 "체결"(창 17:10)이라는 말은 언약이 일방적 선포가 아니라 쌍방 간의 관계 속에서 이루어지는 언약임을 강조한다. 그러나 하나님께서 인간과 언약을 세우실 때는 주권적이고도 일방적인 성격이 두드러진다. 왜냐하면 하나님과 인간은 동등한 언약의 당사자가 아니기 때문이다. 또한 성경에서 자주 언급되는 "영원한 언약"(cf. 창 17:7; 대상 16;17; 시 105:10; 겔 16:60; 37:26, etc.)에서 "영원"은 그리스 철학에서처럼 어떤 추상적인 의미가 아니라 "대대로" 혹은 "세세무궁토록"이라는 의미로 볼 수 있고, 이때 "하나님께서 항상 그의 백성들과 함께 하신다"라는 의미에서 영원하다는 것이며, 그것은 바로

---

123 이 용어의 어원은 "베리투"(묶는다)로 간주되며, 구약에서 300회 정도 나타나나 그 정확한 어원은 불분명하다. 그러나 이 용어의 어원 문제는 언약교리를 세우는 데 있어 별로 중요한 것은 아니다. 여기에는 일반적으로 의무의 뜻도 있지만 관계의 의미가 더 중요하기 때문에 (cf. 수 24:25), "계약" 또는 "약정"보다는 "언약"이 더 좋은 번역이라고 할 수 있다(창 15:18; 17:13, "언약을 주셨다", "나의 언약"[בְּרִיתִי]). 또한 "언약"은 때로 문맥에 따라 "약속"으로도 번역할 수 있다.

124 이 단어는 일반적인 그리스어 용법에서 언약을 가리키는 단어로 사용되지 않고 단지 하나의 약정, 유언을 의미한다. 언약에 해당하는 일반적인 단어는 "쉰테케"(συνθηκη)다. 그러면 왜 이러한 용어의 교체가 일어났는가? 그것은 그리스용법에 있어 "쉰테케"가 언약 당사자들의 법적 동등성에 근거한 것이기 때문에, 언약을 체결할 때 우선권이 하나님께 있다는 개념과 하나님 자신의 언약을 주권적으로 인간에게 부과하신다는 개념이 없다. 따라서 용어의 교체는 불가피하다. "디아테케"(διαθηκη)는 많은 다른 단어들과 같이 하나님의 생각을 담는 그릇이 되면서 새로운 의미를 부여 받았다. 이 단어의 신약적인 의미는 몇 군데에서 유언(testament, 히 9:16, 17)으로 번역되는 것을 제외하고는 언약(Covenant)의 개념이 전면에 부각되었고, 신약의 용법은 대체로 70인역의 용법과 일치한다. Berkhof, 『조직신학』(상), 486 참조.

그의 백성들과의 언약에 있어 하나님의 신실하심과 성실하심을 언표하는 것이다.

창조후 인간이 타락하자마자, 하나님의 구원의 경륜이 시작되었다. 하나님은 자발적으로 내려오셔서 인간을 찾으시고 자신에게 돌아오도록 그를 부르신다.[125] 그리고 하나님께서는 인간과 언약을 맺으신다. 언약은 하나님의 약속이다. 언약 개념은 구속의 계시를 통해서 이 개념이 공식적으로 사용되기 전에, 이미 일반적인 역사 속에서 발전되었다. 하나님께서 노아 및 아브라함과 언약을 맺기 전에 이미 인간들 사이에서 언약이 이루어지고 있었다. 그러나 완전한 언약생활의 원형은 하나님의 삼위일체적인 존재 안에서 발견된다. 즉 성부는 언약의 발기자요, 성자는 집행자요, 성령은 적용자이시다. 따라서 삼위일체 하나님의 존재와 사역 속에서 우리는 역사적 언약의 원형 곧 완전한 의미에 있어서의 "언약"(쉰테케, συνθηκη)을 발견할 수 있다.

하나님이 인간과 맺으신 첫 언약은 흔히 "행위언약"으로 지칭되며, 이 언약을 통하여 하나님께서는 첫 사람 아담에게 완전한 순종을 요구하셨고 그 결과로 "생명"이 약속되었다. 반면에 불순종의 결과는 "죽음"이었다(cf. 창 2:16-17).[126] 둘째언약은 인간의 타락으로 첫 언약이 파기된 후 맺어진 것이며, 그것은 통상 "은혜언약"으로 지칭된다.[127] 이 언약의 당사자는 죄인인 인간이며, 예수 그리스도는 이 은혜언약의 당사자가 아니라 중보자이다. 신론과 그리스도론의 연결고리로 볼 수 있는 이 언약(행위언약/은혜언약) 가운데 일반적으로 은혜언약만을 강조하

---

125 Cf. Bavinck, 『하나님의 큰 일』, 281.
126 "웨스트민스터 대요리문답" 제20문, "웨스트민스터 소요리문답" 제12문 참조.
127 "웨스트민스터 대요리문답" 제39문, "웨스트민스터 소요리문답" 제37문 참조.

는 경향이 있다. 그러나 행위언약과 은혜언약은 모두 그 기원에 있어서 일방적으로 하나님이 제정하신 주권적인 약정의 성격을 띠고 있으며, 두 경우 모두 하나님께서 주도권을 가지고 계신다. 따라서 언약의 주도권이 하나님께 있는 것이 아니고 사람에게 있다고 하는 현대신학은 잘못이다. 하나님은 항상 그의 언약 속에서 은혜로 인간을 대하시며, 어느 정도 동등한 입장에서 존중해주신다. 그것은 바로 언약의 중보자이신 그리스도로 말미암아서다. 그리스도 안에서 그는 자신의 요구를 설정하시며 친히 약속을 주신다. 뿐만 아니라 하나님께서는 오직 은혜로 자신이 인간에게 요구하는 모든 것을 선물로 주신다. 이것을 우리가 "은혜언약"이라고 부르는 이유는 이것이 비할 데 없는 하나님의 은혜의 계시이기 때문이며, 인간은 이 은혜에 따르는 모든 복을 하나님의 선물로 받기 때문이다. 또한 언약론을 말함에 있어 잊지 말아야 할 것은 언약의 실제적인 내용이다. 그것은 "내가 너와 너의 후손의 하나님이 되리라"(לִהְיוֹת לְךָ לֵאלֹהִים, 창 17:7), "나는 그들의 하나님이 되고 그들은 나의 백성되리라"(cf. 레 26:9, 12; 렘 31:33; 겔 37:27; 고후 6:16; 히 8:20; 계 21:3)는 것이다. 이 모든 언약의 본질적인 내용은 곧 "내가 너의 씨(자손) 안에서 너의 하나님이 되어 주겠다"는 것이다. 하나님께서 언약을 통하여 주시는 이 약속은 하나님이 언약 속에서 자신을 주신다는 것이다. 따라서 언약에서 중요한 것은 언제나 이 관계다. 예수 그리스도의 오심은 이 언약 관계 안에서의 오심이며, 하나님께서 언약에서 그의 백성들에게 약속하신 것에 대한 주권적이고도 은혜로운 자발적 성취다.

성경은 항상 하나님께서 먼저 우리를 아셨고 또한 우리를 찾아오셨으며, 예수 그리스도 안에서 우리와 언약을 맺으셨음을 증거한다. 인간과 언약을 맺으시기 위해 아브라함을 직접 선택하시고 찾아가신 것이다. 따라서 이것은 언약에 있어 곧 선택을 말한다. 언약에서 중요한 것은 주도권이 하나님에게 있으며, 그의 일방적인 선택에 의해 하나님 자신이 우리를 그의 백성으로 택하시고 지키시며 보호해주시겠다는 것이다. 그러나 이 언약을 받아들인 자는 동시에 의무와 책임이 발생하므로 그저 무의미한 일방적인 것은 아니다. 통상 "계약"은 항상 대등한 쌍방간에 이루어지는 것이다. 그러나 "언약"은 하나님의 주권에 속하는 것이며, 하나님의 일방적인 선택으로 이루어지는 것이다. 따라서 그것은 자연질서(창조질서)에 속한 것이 아니다. 언약은 창조와 동시에 주어진 것이 아니고, 창조 가운데서 인간을 선택하였다는 것을 의미한다. 하나님께서 인간을 당신의 형상을 따라 지으시기를 기뻐하셨고 무에서 유를 창조하시면서 창조된 재료를 통해 구별하여 만드셨고, 또한 하나님의 형상을 따라 만드셨다는 것은 이 언약을 겨냥하고 언약의 대상으로서 만든 것이라는 의미이다(cf. 창 1:26-28; 2:7).

(3) 언약의 중보자이신 예수 그리스도

① **행위언약에서의 중보자 문제**: 우리가 언약을 논하는 이유는 예수 그리스도께서 하나님과 그가 택하신 백성들의 관계를 직접적으로 규정하는 이 언약의 중보자가 되시기 때문이다. 그런데 흔히 중보자의 유무는 언약들을 구분하는 중요한 표지 가운데 하나라고 하며, 은혜언약에는 중보자가 있지만 행위언약에는 중보자가 없다고 말한다. 즉 중보자의 유무로 은혜언약과 행위언약을 구분하는 것이다. 중보자는 언약 안에서 화해의 책임자며 담보자이다. 중보는 "평화의 언약"(또는 "화평의 언약", "평강의 언약"으로 언명됨; cf. 민 25:12; 겔 34:25, 37:26; 말 2:5)에 있어 화해를 위한 것이고, 이것은 항상 피를 요구한다. 그런데 피는 죄가

삼위일체 하나님과 신학

있다는 것이므로 죄가 없을 때는 중보자가 필요 없다는 것이고, 결과적으로 이것은 단지 속죄를 위해 예수 그리스도께서 죽으시기 위해서 오셨다는 것을 의미한다. 즉 인간의 죄 때문에 단지 죽으시기만을 위해서 오셨다는 것이다. 그렇다면 예수 그리스도는 이 세상에 오실 때 중보자의 직위에서 직위해제가 되어야 하나, 그는 지상생애 동안에도 "어린 양"의 직무를 다하셨다(cf. 요 1:29). 나아가 그는 이 어둠의 세상에 오셔서 각 사람들에게 비추는 참 빛이 되셨을 뿐만 아니라, 또한 천국에서도 영원한 빛이 되신다(cf. 마 4:16; 요 1:5, 9; 계 22:5). 만약 그렇지 않다면 천국의 영광 가운데에서는 중보자가 필요 없다는 것이다. 그러나 예수 그리스도께서는 영원한 "어린 양"으로서 종말론적인 완성으로서의 천국에서도 완전한 상태의 중보자의 직임을 다하신다(cf. 계 5:6-13; 19:7-9; 22:1-5).

그렇다면 창세기 3:15에서도 예수 그리스도가 중보자였다는 사실을 주석적으로 어떻게 설명할 수 있는가? 언약에서는 "말"(언어)이 결정적 요소이며, 사실 언약 자체가 말이며 이것이 중요한 연결고리이다. 하나님께서는 언약을 목적하고 인간을 하나님의 형상으로 만들었다. 그것은 인간과 말씀하고 교통하시며 동행하기 위해서이다. 예수 그리스도는 창세기 3:15 이전에 이미 "말씀"으로 창조사역에서 중보하고 계셨다. 그는 태초부터 영원한 말씀이셨고, 하나님과 함께 계셨으며, 그가 곧 성자 하나님이셨다(cf. 요 1:1-3). 요한복음의 "말씀"과 창세기의 "말씀"은 동일한 "영원한 말씀"이다. 사실 요한복음 1:1-3은 창세기 1:1에 대한 성경자체의 주석이요 보다 상세한 설명이라고 할 수 있다. 그 말씀이 육신을 입고 이 땅에 오셨고, 그분이 바로 예수 그리스도이시다(요 1:14). 즉 하나님과 우리 사이의 영원히 화해의 중보자되신 예수 그리스도이시다. 인간의 타락과 죄 이전에도 이미 영원히 선재하셨던, 육신을 입기 전의 예수 그리스도를 성경은 "말씀" 또는 "하나님의 아들"(성자)이라고 언명한다. 생명수가 생명나무와 함께 있는 것에 대하여 아우구스티누스와 같은 교부들은 생명나무를 그리스도라고 주석(모형론)하나 이러한 견해는 창세기 3:15 이전을 구속론으로 보려는 위험을 내포한다. 결론적으로, 하나님의 영원한 말씀으로 선재하셨던 성자 예수께서는 행위언약에서도 우리의 중보자로 함께 하셨다고 보아야 할 것이다.

② 은혜언약 속의 그리스도: 그리스도는 성경에서 언약의 중보자(메시테스, μεσίτης)로 표현된다.[128] 그는 기독교에서 전혀 독특하고도 유일무이한 위치를 차지하고 있다. 그는 이 언약 속에서 약속된 메시아(그리스도)시요, 아버지에 의해서 보냄을 받은 자요, 이 땅에 하나님 나라를 가져오시며, 그것을 마지막 시대까지 확장하시고 영원토록 보증하는 분이시다.[129] 그리스도가 중보자라는 말은 여러 가지 의미를 가진다. 그리스도께서 하나님과 인간 사이에 개입하시는 것은 화평을 청하고 화평을 이루도록 설득하기 위함일 뿐만 아니라, 전권을 위임받아 화평을 이루는 데 필요한 모든 일을 수행하기 위한 것이다. 신약성경에서 "메시테스"라는 용어가 사용되는 것은, 그리스도의 이중적인 중보자직, 곧 보증과 들어가게 하는("프로사고게", 롬 5:2) 직책으로 보는 것을 정당하게 해준다. 그는 객관적인 법정적 영역에서 그리고 도덕적 영역에서, 하나님에게 속한 일과 인간에게 속한 일을 동시에 수행한다. 전자에서 그리스도는 죄책을 속함으로써 하나님의 의로운 진노를 달래시

---

128 Berkhof, 『조직신학』(상), 506.
129 Cf. Bavinck, 『하나님의 큰 일』, 292.

며, 아버지가 자신에게 주신 자들을 위하여 간구하시며, 그들의 인격과 봉사를 하나님이 받으실 만한 것(하나님의 자녀)으로 만들어주신다(cf. 칭의의 은혜). 후자에서 그리스도는 하나님에 관한 진리, 그리고 인간들이 하나님과 맺고 있는 관계와 하나님이 받으실 만한 조건들에 관한 진리를 인간들에게 보여주시며, 인간들을 설득하고 능력을 주어서 진리를 받아들이도록 만드시며, 모든 삶의 상황에서 그의 택한 자들을 지도하고 견인하심으로써, 그의 백성들의 구원을 완성시키신다(cf. 성화의 은혜). 그리고 그가 성령을 통하여 이 일을 이루실 때 하나님은 인간의 사역(행위)을 도구로 사용하신다(고후 5:20).[130]

③ **중보자의 선재성**: 이미 구약시대에 메시아는 그의 백성에게 영존하는 아버지로서 표시되었고(사 9:6), 그의 발생(기원과 원천)은 상고의 영원한 때이다(미 5:2). 신약도 이러한 관념을 그대로 가져오지만, 중보자로서의 그리스도의 선재성을 더욱 분명하게 표현해주고 있다. 그는 말씀으로서 태초에 하나님과 함께 계셨고, 그 스스로 하나님이셨다(요 1:1-2). 그리고 그 말씀으로 만물들이 무로부터 창조되었다(요 1:3; 히 1:2, 10). 그는 모든 피조물보다 먼저 나신 자요 머리요 근본이시고(골 1:15; 계 3:14), 만물보다 먼저 계신 자이다(골 1:17). 모든 피조물들이 그로 말미암아 창조되었을 뿐만 아니라, 그들이 계속해서 함께 그 안에서와 그로 말미암아 존재한다(골1:17). 그리고 그들이 매 순간마다 그의 능력의 말씀으로 붙들린다(히 1:3). 피조물들이 결국 그를 위해 창조되었으니(골 1:16), 하나님의 아들이었던 그를 만유의 후사로 세우셨음이다(히 1:2; 롬 8:17). 그 영원한 말씀이 육신이 되셨다(요 1:1,14). 그는 하나

---

130 Berkhof, 『조직신학』(상), 506.

님의 영광의 광채시요, 그의 자존의 형상이요, 천사들보다 뛰어나며 그들의 경배를 받을 자격이 있으며, 영원한 하나님이요 영원한 왕이시니, 주는 항상 여전하시며 연대가 다함이 없다(히 1:3-13). 또한 스스로 하나님의 형상이셨으니, 본체에 있어서나 지위와 영광에 있어서 하나님과 동등하셨지만 이러한 하나님과 동등됨을 그가 그 자신을 위해 보존하며 사용할 어떤 것으로 생각하지 않으시고(빌 2:6), 그 대신 인간과 종의 형체를 입도록 내어주셨다(빌 2:7, 8). 이와 같이 하늘로부터 나왔고, 땅에서 난 아담과 대조를 이루었던 그는 마침내 주님으로 올려지셨다(고전 15:47). 결론적으로 아버지와 마찬가지로 그리스도는 알파와 오메가요 처음과 나중이요 시작과 끝이다(cf. 계 1:11,17; 22:13).[131]

④ **메시아로 표상된 중보자**: 언약의 중보자인 그리스도의 의미는 이스라엘과의 관계 속에서 조명될 때 더욱 명백해진다. 이스라엘은 하나님께서 은혜로 택하신 그의 백성이었다. 그리고 그리스도는 육체에 따라서는 그들의 조상들로부터 나왔다(롬 9:5). 옛적부터 그는 이스라엘 가운데 거하시며 역사하셨던 언약의 사자, 야웨의 사자였으며, 그로 말미암아 야웨 하나님은 특별하게 자신을 그의 백성에게 계시하였다. 언약의 사자는 이스라엘에게 주님 자신이 그들 가운데 구속과 보존의 하나님으로 서 있다는 확증을 주셨다(사 63:9). 그의 나타나심은 때가 차면 성육신으로 일어날 하나님의 완전한 자기계시에 대한 준비요 선포이다. 구약적인 모든 경륜은 항상 하나님께서 그의 백성에게 가까이 오시고 임재하시며, 그리하여 함께 거하심이다. 결국 그리스도 안에서 영원히 그들 가운데 거하심이다(출 29:43-46). 이것은 곧 임마누엘에

131　Bavinck, 『하나님의 큰 일』, 293f.

대한 약속이며, 마침내 예수께서 우리 가운데 가장 낮아진 모습으로 오셔서 함께하심으로 성취되었다(cf. 사 7:14; 마 1:23).

하나님께서는 이스라엘에게 그의 말씀을 맡기셨다(롬 3:2). 그는 그들을 그의 자녀로 삼으셨고 그들 사이에 영광으로 거하셨으며 그들에게 연속적으로 이어지는 언약의 경륜들, 율법, 예배, 특별히 언약의 중보자인 메시아가 그들에게서 나올 것임을 약속하셨다(롬 9:4, 5). 구약시대에 그의 영을 예언자들에게 보내시고 그의 영으로 말미암아 그 자신의 오심과 사역, 그의 고난과 영광을 전파하고 예시하도록 한 분은 바로 그리스도 자신이시다. 이러한 영의 계시를 통하여 이스라엘은 약속의 메시아께서 오실 것을 알고 기대하고 있었다는 것이 구약의 묵시사상의 핵심이다. 이러한 메시아적 기대는 일반적으로 두 가지로 대별된다. 그 하나는 오실 메시아를 통하여 이루어질 하나님 나라의 미래와 관련된 기대들이다. 이것은 은혜언약의 약속과 가장 밀접하게 관련되어 있다. 이 약속은 하나님께서 그의 백성과 그들의 후손의 하나님이 될 것을 포함하며, 과거와 현재와 미래와 관련된다. 구약은 우리에게 하나님의 뜻의 실현, 즉 하나님 나라가 역사의 내용이요 과정이며 목적이라는 사실을 이해시켜 준다. 따라서 하나님 나라의 도래는 "나는 너희 하나님이 될 것이고 너희는 나의 자녀들이 될 것"이라는 약속의 성취이다.

다음으로, 도래할 하나님 나라에 대한 이러한 기대는 곧 바로 그 하나님 나라를 도래케 하는 어떤 특정한 한 사람, 곧 메시아에 대한 기대로 발전한다. 이것은 이미 창세기 3:15의 "어머니 약속"(the mother promise)에서 뱀의 머리를 상하게 할 "여자의 후손"에 대한 약속에서 나타났다. 그리고 이 약속은 아브라함과의 언약 속에서 보다 구체화되었고(창 17:1-8), 다윗에게서 성취되었으나(삼하 7:9-16; 시 89:19-38), 또한 역사는 다윗의 집에서 난 그 어떠한 왕도 이러한 기대에 미치지 못하였다는 것을 가르쳐준다. 따라서 예언은 점점 더 분명하게 미래를 향하여 다윗의 한 참된 아들이 나타날 것임을 보여주었다(암 9:11; 호 3:5; 렘 19:25; 22:4). 그리하여 점점 더 하나님 나라를 도래케 할 미래의 "다윗의 자손"은 "야웨의 종" 혹은 "메시아"라는 고유한 이름으로 표상되었다. 이것이 신약성경의 가장 초두에서 "아브라함과 다윗의 자손 예수 그리스도의 세계라"(마 1:1)고 언표되는 역사적 이유이기도 하다.

⑤ **구약에 나타난 메시아의 형상:** "메시아"라는 말은 "마샤흐"(기름붓다)라는 히브리어 동사에서 파생된 말로서, 기본적으로 "기름 부음을 받은 자"라는 뜻이다. 또한 이 "기름"은 특별히 성령을 상징하고(cf. 사 61:1; 슥 4:1-6), 하나님께 봉헌된 자에게 성령을 주심을 나타낼 때 "기름 붓는다"고 했다(cf. 삼상 10:1, 6, 10; 16:13-14). 그러므로 성경이 가르치는 "기름 붓는다"의 삼중적 의미는 다음과 같다: (1) 기름 부음을 받은 자가 직위에 임명을 받는다(cf. 시 2편); (2) 하나님께 봉헌된 관계를 세우는 것과 그 결과로 기름 부음을 받은 자가 거룩하다는 것을 나타낸다(cf. 삼상 24:6; 26:9; 삼하 1:14); (3) 기름 부음을 받은 자에게 성령을 주시는 것을 선포하는 의미가 있다(cf. 삼상16:13; 고후1:21-22).

이러한 메시아라는 명칭은 초기에는 이스라엘 안에서 택함을 받아 기름 부음을 받은 몇몇 직책의 사람들을 통칭하는 것이었다. 그것은 특별히 다음과 같은 직책을 가진 사람들이었다: (1) 예언자(왕상 19:16; 시 105:15; 사 61:1 이하), (2) 제사장(출 29:7; 레 4:3,5; 6:22; 8:12, 30; 시 133:2), (3) 왕(삼상 9:16; 10:1; 16:1, 13; 삼하 2:4; 왕상 1:34; 사 45:1). 그럼에도 불구하고 기름 부음을 받은 자, 곧 "메시아"라는 말은 특별히 미래에 다윗의 집으로부터 나오는 왕에 대해서 사용되었다. 오직 그만이 독특한 "기름 부음을 받은 자"이시며, 곧 "메시아"이시다(단 9:25; 요 4:25). 그것은 그가 사람으로 말미암은 것이 아니라 하나님 자신으로 말미암아 임명되고 기름의 표로서가 아니라 제한 없이 성령 자신으로 기름부음을 받기 때문이다(시 2:2, 6; 사 61:1).

⑥ **구약에 예언된 메시아의 신분과 사역:** 메시아의 형상은 구약의 예언에서 여러 가지 방식으로 발전되었으나, 항상 그 배후에 있는 관념은 그의 왕적 직분이었다. 그를 "기름 부음을 받은 자"라고 하는 것은 그가 특히 왕으로 기름 부음을 받았기 때문이다(cf. 시 2:2,6). 하나님께서 그로 영원한 언약을 세우시고 만사를 구비하시고 견고케 하셨다(cf. 삼하 23:35). 미래에 이스라엘의 구원은 다윗 왕가와의 영원한 언약이고, 그 집으로부터 오는 미래의 왕은 동시에 하나님 나라의 왕이다. 진실로 하나님 나라의 직위는 참으로 인간적인 것이지만, 그 존귀에 있어서 모든 인간보다 뛰어난 왕이다. 그는 다윗의 집으로부터 난 사람이요 다윗의 한 아들이며 인자라 불릴 것이다(cf. 삼하 7:12; 사 7:14; 9:5; 미 5:1; 단 7:13). 그러나 그는 언제나 다른 모든 인간들보다 위대하시다. 그는 하나님의 우편에 있는 존귀한 자리에 앉아 계시고(시 110:2), 다윗의 주요(시 110:1), 특별한 의미에서 하나님의 아들이시다(시 2:7). 그는 임마누엘, 곧 우리와 함께 계신 하나님이요(사 7:14), 하나님 자신이 그의 은혜 가운데 그의 백성에게 오셔서 그들과 함께 거하시는 주님 곧 우리의 의이시다(cf. 렘 23:6; 33:16). 이것이 신약 본문의 두 맥락이 메시아적 의미에서 해석될 수 있는 이유와 메시아 안에서 하나님 자신이 그의 백성에게 오시고 그는 인간보다 승하며, 그가 하나님의 계시요 거하심이며, 따라서 신적인 이름들을 취하고 있는 이유다. 즉 "그는 기묘자요, 모사요, 전능하신 하나님이요, 영존하시는 아버지요, 평강의

왕이시다"(사 9:5).

그러나 이 메시아의 존귀가 지극히 큼에도 불구하고 예언은 매우 놀라운 특징 하나를 첨가했다. 즉 그는 아주 초라한 환경과 아주 위험한 시기에 태어날 것이라는 것이다. 즉 메시아가 태어날 그때에 다윗 왕가는 계속 존속할 것이지만, 왕위는 끊길 것이고, 잘린 그루터기와 같은 아주 보잘것 없이 보이는 존재이지만, 새 가지가 나올 것이다(사 11:1; 53:2). 그리하여 처녀가 아이를 낳을 것이요, 그리고 이 아들이 그의 백성의 고난에 동참할 것이다(사 7:14-15). 미가는 다윗 왕가가 유다 족속 중에서 가장 적을지라도 거기서 다스릴 자가 나와 그 위대한 영광이 땅 끝까지 미칠 것임을 말한다(미 5:2). 또한 지극히 낮아진 메시아는 예레미야(렘 23:5; 33:15)와 스가랴(슥 3:8; 6:12)를 통하여 "새로운 나뭇가지", "순(싹)"이라는 이름으로 표현되었다. 메시아의 이러한 낮아지심은 특별히 이사야의 "야웨의 종의 노래"(사 52:13-53:12)에서 야웨의 고난의 종의 형상으로 전환되면서 그 절정에 이른다. 하나님께서는 그 고난의 종 안에서 그의 한량없으신 은혜와 결코 다함이 없는 사랑과 긍휼을 계시하신다(cf. 사 53:11).

2. 성령론적 관점에서의 접근

우리는 역사의 예수와 케리그마의 그리스도의 연속성과 동질성을 직접적으로 주어져 있는 것, 혹은 자연적인 것이라고 생각할 수 없다. 우리는 이러한 연속성을 바로 성령론에서 찾아야 할 것이다. 그리스도론에 대한 성령론적 접근은 전통적인 "위로부터의 방법"과 역사적 탐구운동과 같은 "아래로부터의 방법"들이 가지는 한계점들을 극복하고, 구약성경의 언약의 전망 안에서 하나님의 구속사역을 이해할 수 있게

삼위일체 하나님과 신학

하며, 또한 그리스도 예수 안에서 그의 존재와 사명, 인격과 직책의 통일성이 어떻게 이루어지는가를 설명해줄 수 있을 것이다.[132]

우리가 앞에서 살펴본 것처럼, 구약성경의 언약 속에서 주어진 메시아에 대한 약속에 의하면 그는 바로 이스라엘의 하나님께서 영을 부어준 자이다(사 11:1이하; 61:1이하). 그는 하나님의 영의 부음을 받고 등장한다(사 61:1). 예수께서 언약의 중보자로서의 메시아이심은 다른 어떤 것이 아니라 바로 이와 같은 성령의 사역에 의하여 비로소 확증되는 것이다. 예수는 그리스도 곧 "성령으로 기름 부음을 받은 자", 약속의 메시아이시다. 즉, 구약에서는 메시아를 단적으로 말해서 죄가 세상에 만연함으로써 우리를 떠나신 성령을 다시금 우리에게 가져오는 분으로 기대하고 있었다(cf. 창 6:3; 사 11:2; 마 3:11). 예수께서는 성령으로 기름 부음을 받으심으로써 공식적으로 그리스도의 직분에 취임하신다(마 3:16-17). 이와 같이 예수 그리스도의 역사는 예수 자신으로부터 시작하지 않고 성령으로 말미암아 시작한다. 사실 예수 그리스도의 모든 역사는 곧 성령의 역사이기도 하다. 그러므로 그리스도론은 성령론적 관점에서 시작되어야 할 것이다.[133] 좀 더 자세히 말해서 예수 그리스도 안에서의 하나님과 인간의 중보사역은 오직 "성령 안에서의" 어떤 사건으로서만 비로소 이해될 수 있다. 이 모든 사실들은 우리를 성령론적으로 정향된 그리스도론으로 이끌어준다.

복음서에 의하면, 예수의 잉태와 탄생, 성장, 그리고 본격적인 공생애에의 임직을 위한 세례와 광야 시험, 나아가 이후 모든 사역활동의 발단과 결말, 시작과 완성의 모든 지상 생애는 갈수록 더욱 뚜렷하게

---

132   Cf. Kraus, 『조직신학』, 312.

133   J. Moltmann, *Trinität* (1984), 103. 여기서는 김균진, 『기독교조직신학』(II), 165에서 재인용.

그리고 포괄적으로 성령과 결부되어 있다. 성경이 증거하는 바와 같이 성육신은 물론이요 예수의 전역사와 운명은 "성령 안에서" 이루어진다. 성경은 예수의 생애의 각 단계마다 성령이 역사하셨음을 증거하고 있다. 즉 예수는 "성령으로 말미암아" 동정녀 마리아에게 잉태되어 탄생하였으며(마 1:20; 눅 1:35), 예수의 공사역으로의 파송과 말씀 선포와 모든 사역뿐만 아니라 탄생으로부터 부활 승천까지 그의 지상의 삶 전체는 성령 가운데서 이루어졌다. 그가 공생애를 시작하기 전 세례를 받을 때에 성령이 모든 사람들이 볼 수 있도록 명시적으로 그에게 임하였다(막 1:10). 그는 "성령의 인도로" 광야로 나아가 마귀의 시험을 받았다(마 4:1; 막 1:12). 그는 "성령의 권능으로" 갈릴리로 돌아가 본격적인 그의 공생애의 사역을 시작하였다(눅 4:14). 또한 그는 "하나님의 성령을 힘입어" 귀신을 쫓아낸다(마 12:28). "하나님께서 그분에게 성령을 아낌없이 주시기 때문에" 그분이 하시는 말씀은 곧 "하나님의 말씀"이다(요 3:34). 이와 같이 지상에 살았던 예수는 항상 하나님의 영이 그 위에 있는 "하나님의 영으로 기름 부음을 받은 자" 곧 그리스도였다(사 11:2; 61:1; 눅 4:21; 행 10:38). 왜냐하면 구약에서부터 "그리스도"(메시아)란 바로 이처럼 "하나님의 영으로 기름 부음을 받은 자"를 뜻하고, 그것이 그가 약속된 메시아 되심의 가장 확실한 증표였기 때문이다.

이와 같이 그리스도론을 예수 그리스도의 성령 부음 받음과 근본적으로 관련시키는 것은 매우 중요한 결과를 초래한다. 성령은 본시 연합의 영이시요, 화해의 영이시다. 하나님께서 예수 그리스도 안에서 그리고 그리스도를 통하여 역사하는 데 있어 성령께서는 마치 매개체와 같은 존재요, 이 매개체로 해서 예수 그리스도는 자유로이 십자가에서 죽기까지 순종하는 가운데 드리는 응답의 인간적 화신일 수 있다. 더 나아가 예수께서 하나님의 아들인 것도 이 성령 안에서이다.

삼위일체 하나님과 신학

예수는 독특하게 성령의 권능으로 지음을 받았다. "그러므로 그는 하나님의 아들이라 불릴 것이다"(눅 1:35). 이와 같이 예수가 성령에 의해서 하나님의 아들이신 것과 마찬가지로 그분이 새 아담인 것도 성령 안에서이다. 이처럼 성령론은 마지막으로 다시 한번 그리스도론을 보편적 지평 안에 세워준다. 즉 여기서 두 가지 움직임이 일어나는데, 우선 아버지가 아들에게 사랑 안에서 당신을 내어주시면, 이 사랑은 성령 안에서 자신의 자유를 깨닫게 된다. 이로써 이 사랑은 대외적으로 자신을 내어줄 수 있는 가능성을 성령 안에서 얻게 된다. 이번에는 역으로 성령 안에서 그 반대의 움직임이 일어난다. 하나님의 영으로 충만하게 된 아들이 자유로이 역사적인 모습을 취한다. 이 모습을 통하여 아들은 아버지께 전적으로 순종하고 헌신하게 된다. 그리고 아들의 이 죽음에까지 이르는 헌신으로 인하여 성령은 자유롭게 된다. 예수의 죽음과 부활이 동시에 영의 오심을 중개한다는 것은 이 때문이다(요 16:7; 20:22). 이와 같이 예수 그리스도께서는 오직 성령 안에서 하나님과 인간의 중보자이자, 동일한 성령 안에서 구원의 보편적 중보자가 되신다.

부활 이후부터 만유의 주님으로 현양되신 예수께서는 약속의 성령을 파송하시며, 죽은 자를 살리는 성령 속에서 현존하는 분으로 나타난다. 부활하신 그분은 제자들에게 "성령을 받으라"고 말씀하신다(요 20:22). 그는 제자들에게 약속하신 성령을 보내시고, 또한 교회 공동체에게 성령을 보내시며 이것을 공동체를 통하여 "모든 육 위에" 보내신다(요일 2:20). 그리스도께서 부어주신 성령이 그들의 마음속에 살아 계신다(요일 2:27). 이제 오신 성령께서는 이 그리스도를 증거하며, 가르쳐 기억나게 하며, 깨달아 알게 하시기 때문에 그리스도를 주로 고백하는 자는 오직 성령의 능력 가운데서 이것을 행한다. 그러므로 이제 성령은 "양자의 영"(롬 8:15)이 되며, "믿음의 영"(고후 4:14), "아들의 영" 그리고 "그리스도의 영"이라 불린다. 성령은 아버지로부터 나오시며(요 14:16), 이제 아들에 의해 "보내어진다"(요 15:26).[134] 이와 같은 성경의 증언을 고찰할 때, 우리는 "그리스도론은 이미 성령론을 전제하고 있다"고 말할 수밖에 없으며,[135] 언약 속에서 시작된 그리스도론은 이제 이러한 성령론적 관점과 결합될 수밖에 없다. 그러므로 역사의 예수와 케리그마의 그리스도, 십자가에 달린 예수와 부활하신 그리스도는 성령을 통하여 연속성을 가진다. 즉 이 연속성은 역사적 예수의 인격 안에 주어져 있는 것도 아니고, 본래 없었던 것인데 부활을 통하여 비로소 형성된 것도 아니다. 오히려 그것은 성령 안에 있다.[136]

그리스도는 높아지신 신분에서도 땅에서 시작하였던 그의 사역, 곧 예언자요 제사장이요 왕으로서의 사역을 계속 하신다. 그런 존재로 이미 영원 전부터 그는 기름부음을 입었다. 이러한 언약의 영원한 중보자의 직임을 비하의 신분에서 수행하셨고, 다른 의미에서 이 사역을 하늘에서도 계속하고 계신다. 그러나 그리스도의 낮아지심의 신분에서 이루셨던 사역과 높아지심의 신분에서 성취하시는 사역 사이에는 큰 차이가 있다. 그의 인격이 다른 모양을 나타낸 것처럼 그의 사역도 다른 형식과 형태를 취하였다. 부활 이후에는 그가 종이 아니라 만유의 주님이시며 만왕의 왕이시다. 높아지신 이후에도 그의 중보의 사역은 다른 형식으로 계속되고 있다. 그가 하늘에 오르셨을 때 공허한 안식에 들어간 것이 아니라 아버지께서 항상 일하시는 것처럼 아들도 항

---

134 J. Moltmann, *Trinität und Reich Gottes*, 김균진 역, 『삼위일체와 하나님 나라』 (서울: 대한기독교출판사, 1990), 114.

135 Moltmann, 『삼위일체와 하나님 나라』, 114.

136 김균진, 『기독교조직신학』(II), 152f.

상 일하시니(요 5:17), 지금도 그는 그가 이루신 충만한 구원의 은덕들을 그의 보내신 바 성령을 통하여 그의 교회에 적용하고 계신다. "그리스도께서 아버지 우편으로 올리심을 받으신 후 첫 번째 하신 일이 성령을 보내시는 일이다."[137] 그의 승귀와 함께 그 자신이 구약 시대에 약속하셨던 성령을 아버지로부터 받았고, 따라서 그 자신의 약속대로 이제 그 성령을 땅에 있는 제자들에게 파송하셨다(행 2:33). 그가 보내신 성령은 아버지께로서부터 나와 그를 통하여 아버지께 받은 것이요, 또한 그 자신으로 말미암아 그의 몸 된 교회에 나누어지게 된다(눅 24:49; 요 15:26). 성령을 예수 그리스도의 이름으로 보내시는 분은 아버지 자신이시다(요 14:26). 이와 같이 승귀되신 예수 그리스도의 사역은 그의 영 곧 성령의 보내심이며, 그 성령의 사역을 통하여 그가 이미 이룩하신 바 모든 구원의 은덕들을 그의 택하신 백성들에게 구체적으로 나누어주시고 적용하심으로 그의 몸된 교회를 세워 가시는 것이다. 따라서 높아지신 예수 그리스도의 첫 사역은 성령의 파송이며, 또한 그로 말미암은 결과는 하나의 신앙고백 공동체, 새로운 이스라엘, 새로운 하나님의 백성, 곧 신약 교회의 탄생이다.

오순절날 일어났던 현양되신 예수 그리스도의 보내신 바, 성령의 오심은 창조와 성육신과 더불어 구원역사적 사건으로서의 유일회적 사건이다. 성령으로 기름 부음 받은 예수께서는 왕과 대제사장의 직분을 통해 그를 믿는 모든 자들에게 성령을 보내시고, 또한 성령께서는 모든 좋은 은사들을 넘치도록 부어주신다. 그리스도께서 잉태시에 더 이상 분리될 수 없도록 인성을 입으신 것과 꼭 마찬가지로 오순절에 임재하신 성령은 교회를 결코 자신과 분리될 수 없도록 그의 거처

---

137 Bavinck, 『하나님의 큰 일』, 403.

와 전으로 선택하셨다. 예수 그리스도께서는 성령을 파송하심으로써 그가 낮아지심의 신분으로 이루신 구원의 그 모든 은덕들을 성령을 통하여 그의 백성들에게 값없이 은혜의 선물로 나누어 주시고(cf. 사 55:1; 계 22:17), 그 자신의 몸 된 교회로 그의 백성들을 부르시고 연합하심으로써 그의 백성으로 삼으시고 통치하신다. 성령 안에서 그리스도는 당신의 몸으로서의 교회의 주님이시요 머리이시며(롬 12:4이하; 고전 12:4-13), 새 인류의 머리이며 역사의 주님이고 만왕의 왕이시다(엡 1:22이하; 골 1:18-20). 성령 안에서 그리스도와 교회는 머리와 몸으로서, 서로 나누일 수 없도록 연합되어 있다(cf. 엡 5:23; 골 1:18).[138] 이러한 성령 안에서의 "그리스도와의 신비한 연합"(*unio mystica cum Christo*)을 통하여 그의 몸 된 교회는 그리스도를 주라고 고백하는 참된 신앙의 인식뿐만 아니라(cf. 고전 12:3), 특히 모든 사고, 말, 그리고 행동에 있어 영 부음 받음(*Chrismata*, 은사)에 참여함으로써 하나님의 자녀로 온전케 되고, 나아가 하나님께서 기뻐하시는 모든 선한 일들을 행할 수 있게 된다(cf. 엡 4:12 이하).

　　예수 그리스도는 모든 것을 새로이 창조하는 하나님의 영의 현존과 그 효과적인 작용의 목표요 최고 절정이다. 마찬가지로 예수 그리스도는 또한 성령 파송을 위한 출발점이다. 성령은 그리스도 안에서 그 목표에 결정적으로 도달하였으니, 이 목표란 바로 새 하늘과 새 땅 곧 새로운 창조이다. 이제부터 수행해야 하는 성령의 과업은 그리스도의 실재를 보편화하는 일이다. 성령으로 잉태되었던 예수 그리스도는 이제 이 성령을 "당신의 영"으로 우리에게 선물로 주시고 파견하신다

138　이에 대해서는 "하이델베르크 교리문답"의 32번째 물음을 참고하라. 칼뱅의 원본에 의하면 이 물음에서 그리스도와 그리스도인들은 영 부음 받음을 통해 결합되어 있다.

(눅 24:49; 행 2:33; 요 15:26; 16:7; 20:22). 이제부터 영은 "그리스도의 영"
이요(롬 8:9; 빌 1:19), "성자의 영", "아들의 영"이시다(갈 4:6). 이 성령의
임무는 그리스도를 기억하게 하며, 그 모든 것을 깨닫게 하는 것이다
(요 14:26; 16:13). 영들을 분별하는 가장 결정적인 기준은, 예수를 주님
이라고 고백하는 영이야말로 하나님께로부터 온다는 사실에 있다. 즉
성령에 의해서가 아니면 아무도 예수를 주님으로 고백할 수 없다(고
전 12:3). 이와 같이 성령은 우리로 하여금 세상의 주님으로서 예수 그
리스도를 고백하게 하고 체험하게 하는 힘이요 매체이다. 성령은 또한
교회와 성도 개개인과 그리고 세상 안에 계시면서 역사하고 계신, 현
양되신 주님의 효과적이며 실제적인 현존이다. 따라서 바울에게 "성
령 안에서"라는 표현과 "그리스도 안에서"라는 표현은 상호대체적인
것이다. 성령이야말로 종말론적인 새 것을 가져다주는 참된 권능이다.
그의 사역의 총체적 임무는 예수 그리스도를 언제나, 그분이 가져다준
새로움과 함께 현재화하는 일이다. 그러기에 성령은 또한 예언의 영이
며 그의 임무는 장래의 것을 알려주는 데 있다(요 16:14). 그는 장래에
비로소 나타날 영광의 보증이시다(롬 8:23; 엡 1:14). 따라서 그리스도론
은 이제 성령 안에서, 그리고 성령으로 말미암아 구원론과 교회론으로
그의 사역은 계속된다. 그리고 그의 이러한 사역은 종말론적인 소망
안에서 이미 그 역사를 완성하셨고(already), 또한 종국적으로 완성하실
것이다(not yet). 이와 같이 영원한 성자 하나님이신 예수 그리스도의
중보의 사역은 영원부터 영원까지 세세 무궁토록 계속될 것이다.

3. 삼위일체론적 관점에서의 접근

성령론적 관점에 의해 확대된 언약론적 방법은 이제 삼위일체론적 관

점과 결합될 수밖에 없다. 앞에서 고찰한 바를 요약하면, 예수께서는 성령 가운데에서 활동하는 언약 속에서 하나님의 약속하신 메시아 (그리스도) 곧 중보자이시며, 이스라엘이 기다리던 "장차오실 그분"이었다. 또한 그의 메시아되심은 성령의 사역에 의하여 의심할 수 없도록 분명하게 확증되었다. 성경의 증언에 의하면 이 예수는 하나님을 "아바 아버지", "나의 아버지"라 부른다. 아버지가 그 안에 있고 그가 아버지 안에 있다(요 14:10, 20). 그가 하는 말은 그 안에 계신 아버지의 말씀이요(요 14:10), 그가 하는 일은 그 안에 계신 아버지께서 하시는 일이다. 하나님은 성령과 함께 예수 안에 있었고 그 안에서 역사하셨다. 바로 이것을 말하고자 하는 것이 삼위일체론이다. 오토 베버(O. Weber)의 표현을 빌리자면, "그리스도론적으로 이해할 때 삼위일체론은 성령에 있어서와 같이 예수 그리스도 안에서 하나님 자신이 우리에게 행동하며 우리를 위하여 거기에 계신다는 것을 진술한다." 그러므로 그리스도론은 삼위일체론과 결부되며, 전체적으로 삼위일체론적인 관점에서 전개될 수밖에 없다. 따라서 예수 그리스도의 역사적 삶의 전체역사는 예수와 아버지와 성령 사이에 이루어지는 "삼위일체 하나님의 역사"이며, 예수는 삼위일체 하나님의 계시이다. 따라서 그리스도론은 삼위일체론을 전제하지 않고는 이해될 수 없다.

교회의 삼위일체론은 로고스 신성에 대한 신앙고백 안에서, 즉 삼위일체론이 의도하는 첨예화된 그리스도론 안에서 의심할 수 없는 가치와 의미를 지닌다. 삼위일체론적 고백이야말로 바로 기독교적 신앙의 약식 신앙고백문이다. 동시에 이것은 기독교적 하나님 이해를 밝혀주는 결정적 언명이기도 하다. 이 고백은 계시의 역사를 통하여 신의 개념을 정의하고 이 역사의 근거를 하나님의 본질에 정초한다. 이런 의미에서 영원 속에서의 "내재적 삼위일체"(the immanent Trinity)는 구속역사 속에서 "경륜적 삼위일체"(the economic Trinity)로 계시된다. 그러므로 삼위일체론과 관련하여 이 양자의 관계에 대한 현대적 논쟁에 있어, 우리는 존재론적으로는 영원한 "내재적 삼위일체"가 "경륜적 삼위일체"에 우선하지만, 계시 역사를 통한 신인식에 있어서는 "경륜적 삼위일체"가 "내재적 삼위일체"에 우선한다고 말할 수 있을 것이다. 즉 우리는 예수 그리스도를 통한 계시 역사를 통해 우리에게 알려진 바 "경륜적 삼위일체"에 대한 이해 없이는 결코 영원한 "내재적 삼위일체"의 본질과 관계를 알 수 없다.

이 삼위일체 하나님에 대한 신앙고백이 말해주는 내용은, 하나님께서 예수 그리스도 안에서 자신을 수교하는 사랑으로 실증하셨다는 것이요, 이러한 사랑으로서의 그분이 성령 안에서 우리 가운데 지속적으로 현존한다는 것이다. 그러므로 형이상학과 존재론적으로 정향된 사변적인 하나님 이해를 넘어서기 위해서 우리는 "경륜적 삼위일체론"에 대한 새로운 이해가 모색되어야 한다.[139] 또한 이 경륜적 삼위일체론은 그리스도론적 구조 안에서 다루어져야 하며, 또한 예수 그리스도에 대한 신앙고백을 목표로 하는 삼위일체론의 시발점뿐만 아니라 그 토대도 논구되어야 한다.[140] "이스라엘 백성의 하나님"(행 13:16)은 예수를 통해 비로소 분명하게 계시되고 알려진다. 그 하나님은 예수 안에서 비로소 현실적으로 인식된다(요 17:6). 이와 같은 경륜적 삼위일체론 속에서 "위로부터 아래로" 향하는 사고방식은 지양되고 그리스도론의 설명과 논증은 도래하는 하나님 나라의 언약사의 전망속으로 들어

---

139 구원사와 관련된 "경륜적 삼위일체론"(the economic Trinity)의 개념은 고대 동방 교회 교부인 이레나이우스에 의해 가장 먼저 기초되었다.

140 Cf. Kraus, 『조직신학』, 120f.

오게 되었다. 또한 그렇게 함으로써 소위 "아래로부터의 그리스도론" 즉 역사적 예수에게서 시작되는 그리스도론적 진술도 의문스러운 것으로 입증되었다. 결국 예수 그리스도 안에서의 하나님과 인간 사이의 중보는 삼위일체론적으로만 이해될 수 있다. 하나이요 동일한 인격 안에서 "참으로 하나님이요 참으로 사람"인 예수 그리스도는 삼위일체 하나님에 대한 역사적 주해다(요 1:18). 결론적으로 말하여 개혁주의 그리스도론은 "언약론적-성령론적-삼위일체론적 접근방법"에 의하여 전개되는 것이 보다 적절할 것이다. 이때 우리는 신약성경의 가르침에 더욱 충실하게 예수 그리스도의 역사와 의미를 파악할 수 있을 것이다. 또한 이러한 방법론적 접근이야말로 칼케돈 공의회의 "참 하나님이시며 참 사람"(vere Deus vere Homo)이라는 신앙고백 양식을 더욱 분명하게 이해할 수 있는 신학적 지평을 열어줄 수 있을 것이다.

VI. 나가는 말

이 연구에서 우리는 기독교 신앙고백의 핵심적인 교의적 요소를 다루는 그리스도론을 "너희는 나를 누구라 하느냐"는 예수 그리스도의 물음에 대하여 진지하게 답하려는 것으로 정의했으며, 또한 그 질문과 답이 본질적으로 함축하는 바를 해석적으로 살펴보는 것이라 했다. 이러한 관점에 입각하여 우리는 이제까지 현대 그리스도론이 제기하는 여러 가지 문제점을 살펴보는 가운데, 현대 그리스도론이 시도하는 여러 가지 방법론, 특히 "위로부터의" 방법론과 "아래로부터의" 방법론이 가지는 한계와 문제점을 분석함과 동시에, 개혁주의 입장에서 그 대답의 시도는 "언약론적-성령론적-삼위일체론적" 방법으로 이루어지

삼위일체 하나님과 신학

는 것이 보다 적절함을 밝혔다. 일찍이 안셀무스(Anselm of Canterbury)는 "하나님은 왜 인간이 되셨는가?"(*Cur Deus Homo*)라고 물었다. 본 연구를 통하여 안셀무스가 제기한 이 고전적인 신학적 질문에 답하는 하나의 방법을 고려하자면, 먼저 "언약론적 접근방법"은 "왜?"(Why?)라는 질문에 대하여 성경적인 대답을 제공하는 것이며, 다음으로 "성령론적 접근방법"은 "어떻게?"(How?)라는 질문에 대하여 대답을 제공하는 것이다. 그리고 마지막으로 "삼위일체론적 접근방법"은 그러한 기독교 신앙이 제기하는 그리스도론에 관련된 모든 질문에 총체적인 대답을 제공하는 것이다. 교리사적으로 볼 때, "주님"으로 현양되신 나사렛 예수(역사적 예수)께서 그리스도이심과 그의 "참된 신성"의 문제로 촉발된 기독론의 문제는 결국 삼위일체론의 정립으로 대답되었다.

우리를 구원하시는 하나님께서 그의 영원한 언약에 따라 그의 아들을 성령 안에서 메시아(그리스도) 곧 중보자로 보내셨으며, 또한 성령을 통하여 우리를 예수 그리스도 안에서 택하시고 부르신다. 그리고 "길이요 진리요 생명"이신 그분께서 "나를 따라오라"고 하시며, 또한 바로 그분께서 "내 안에 거하라"고 하실 뿐만 아니라, 바로 그분께서 우리에게 온 천하에 다니며 그를 증거하는 귀한 사역을 맡기셨으며, "세상 끝날까지 영원히 함께 하리라"(마 28:19-20)고 약속하신다. 그리고 그 약속은 성령을 보내심으로 이루어졌으며, 바로 그 성령께서 우리로 하여금 예수를 그리스도로, 우리의 주님으로 마음으로 믿어 입술로 고백하게 하신다. 이제 우리 안에서 살아 역사하시는 성령으로 말미암아 예수 그리스도의 역사, 곧 삼위일체 하나님의 역사는 계속하여 현실화하고 영속화된다.

우리의 신앙의 대상과 기능과 삶의 자리를 성찰하는 그리스도론은 언제나 예수 그리스도에 대한 살아 있는 신앙을 전제한다. "본디오

빌라도에게 고난을 받으시고 십자가에 못박히신" 역사의 나사렛 예수가 언약 속에서 약속된 이스라엘의 메시아(그리스도)이시며, 하나님과 그의 택하신 백성들의 화해자이자 우리의 구원자이며, 살아 계신 하나님의 아들, 곧 우리의 주님이라고 고백될 때, 우리의 신앙은 굳건하게 설 것이다. 또한 오늘도 말씀을 통하여 증거하시며 역사하시는 성령 안에서 역사적 예수가 하나님의 메시아(그리스도)로 고백되는 거기에 올바른 신앙의 삶과 실천이 계속될 것이다. 그러나 이 모든 것이 의심받거나 부인되거나 버림받을 때 우리에게 더 이상 참된 신앙은 존재하지 않는다. 우리가 베드로와 도마의 고백과 같이 "[역사적 예수] 당신은 그리스도시요 살아 계신 하나님의 아들이시며, 나의 주님이십니다"라고 고백하며 그분의 뒤를 따르면서 그분이 맡기신 바 복음증거의 사역을 감당하고 살아가는 한, 우리는 그의 보내신 바 성령의 능력 안에서 살아 생동할 것이다.

예수 그리스도의 중보 사역은 영원 전부터 시작하여 영원히 계속될 것이다. 바로 이러한 의미에서 참으로 "이제도 계시고 전에도 계시고 장차오실 이"(계 1:4)이신 예수 그리스도는 "알파와 오메가요 처음이요 나중이요 시작과 끝"(계 22:13)이시다. 따라서 우리는 영광스런 소망 가운데 "마라나타, 주 예수여 오시옵소서"(고전 16:22; 계 22:20)라고 계속하여 기도하며, 예수 그리스도의 다시오심(파루시아, *Parousia*)을 기다리며, 또한 그분께서 우리에게 맡기신 자신의 증인됨의 사역을 충성스럽게 감당해야 할 것이다. 또한 이것이 신앙고백 공동체인 주님의 몸된 교회를 위해 봉사해야 하는 신학이 감당해야 할 증거사역의 하나로써 교의학의 한 분야인 기독론의 본질적인 사명이기도 할 것이다. *Soli Deo gloria!*

참고 문헌 (Bibliography)

Barth, Karl. *Evangelical Theology: An Intorduction.* Grands Rapid: Eerdmans, 1988.

_____ . 『복음주의 신학 입문』. 이형기 역. 서울: 크리스챤다이제스트, 1990.

Bavinck, Herman. *Magnalia Dei.* 김영규 역. 『하나님의 큰 일』. 서울: 기독교문서선교
회, 1984.

Berkhof, Louis. *Systematic Theology.* Grand Rapids: Eerdmans, 1988.

_____ . 『조직신학』. 권수경/이상원 역. 서울: 크리스챤다이제스트, 1991.

Bonhoeffer, D. *Christology.* 이종성 역. 『그리스도론』. 서울: 대한기독교서회, 1991.

Calvin, John. *Institutes of the Christian Religion.* Philadelphia: Westmister Press, 1960.

_____ . 『기독교 강요』. 김종흡 외 4인 공역. 서울: 생명의말씀사, 1992.

Crossan, John D. *The Historical Jesus.* San Francisco: HarperSanFrancisco, 1991.

Erickson, Millard J. *An Introduction to Christian Theology.* 김광열 역. 『서론』. 서울: 기
독교문서선교회, 1993.

_____ . *The Doctrine of Christ.* 홍찬혁 역. 『기독론』. 서울: 기독교문서선교회, 1991.

Evans, C. Stephen *The Historical Christ and the Jesus of Faith: The Incarnational
Narrative as History.* Oxford: Clarendon Press, 1996.

Goergen, Donald J. *The Jesus of Christian History.* Collegeville, MN: The Liturgical
Press, 1992.

Green, Joel B. and Max Turner. *Jesus of Nazareth Lord and Christ: Essays on the
Historical Jesus and the New Testament Christology.* Grand Rapids: Eerdmans, 1994.

Grillmeier, Aloys. *Christ in Christian Tradition;* vol. 1, *From the Apostolic Age to
Chalcedon(451).* Trans. John Bowden. Atlanta: John Knox Press, 1975.

Harnack, Adolf von. *What Is Christianity?* New York: Harper and Brother, 1957.

Kähler, Martin. *The So-called Historical Jesus and the Historic Biblical Christ.* Trans. Carl
E. Braaten. Philadelphia: Fortress, 1964.

Käsemann, Ernst. *The Testament of Jesus.* 박정진 역. 『예수의 증언』. 서울: 대한기독교서
회, 1982.

Kasper, Walter. *Jesus der Christus.* 박상래 역. 『예수 그리스도』. 서울: 분도출판사, 1988.

Kraus, H. J. *Grundriss Systematischer Theologie.* 박재순 역. 『조직신학』. 서울: 한국신학
연구소, 1986.

Küng, Hans. *The Incarnation of God.* Trans. J. R. Stephenson. New York: Crossroad,

1987.

Lohse, Bernhard. *A Short History of Christian Doctrine*. Trans. F. E. Stoeffler. Philadelphia: Fortress Press, 1978.

Moltmann, J. *Der gekreuzigte Gott*. 김균진 역.『십자가에 달리신 하나님』. 서울: 한국신학연구소, 1987.

_____. *Der Weg Jesu Christi*. 김균진/김명용 공역.『예수 그리스도의 길』. 서울: 대한기독교서회, 1990.

_____. *Trinitat und Reich Gottes*. 김균진 역.『삼위일체와 하나님 나라』. 서울: 대한기독교출판사, 1990.

Norris, Richard A. Jr. *The Christological Controversy*. Philadelphia: Fortress Press, 1980.

Pannenberg, Wolfhart, ed. *Revelation as History*. Trans. David Granskou. New York: The Macmillan Company, 1968.

_____. *Jesus: God and Man*. Philadelphia: Westminster Press, 1968.

Pelikan, Jaroslav. *Jesus through the Centuries*. New York: Harper & Row, 1987.

Pöhlmann, H. G. *Abriss der Dogmatik*. 이신건 역.『교의학』. 서울: 한국신학연구소, 1989.

Pollard, T. E. *Johannine Christology and the Early Church*. Cambridge: Cambridge University Press, 1970.

Renan, Ernest. *Life of Jesus*. Trans. and rev. from the 23rd French ed. New York: Crosset and Dunlap, 1856.

Robinson, James M. *A New Quest of the Historical Jesus*. London: SCM Press, 1971.

Sanders, E. P. *The Historical Figure of Jesus*. London: Penguin Press, 1993.

Schweitzer, Albert. *The Quest of the Historical Jesus*. New York: Macmillan, 1964.

Strauss, David F. *The Life of Jesus Critically Examined*. Trans. George Eliot. Philadelphia: Fortress Press, 1972.

_____. *The Christ of Faith and the Jesus of History: A Critique of Schleiermacher's the Life of Jesus*. Trans. Leander E. Keck. Philadelphia: Fortress, 1977.

Tillich, Paul. *A History of Christian Thought*. New York: A Touchstone Book, 1968.

_____. *Systematic Theology*. 김경수 역.『조직신학』. 서울: 성광문화사, 1978.

Vos, Geerhardus. *Biblical Theology*. 이승구 역.『성경신학』. 서울: 기독교문서선교회, 1990.

Weber, Otto. *Foundations of Dogmatics*, 2 Vols. Grand Rapids: Eerdmands, 1981.

Witherington, Ben III. *The Jesus Quest: The Third Search for the Jew of Nazareth*. Downers Grove, IL: InterVarsity Press, 1995.

Zamoyta, Vincent. *A Theology of Christ: Sources*. Beverly Hills: Benziger, 1967.

고재수.『교의신학의 이론과 실제』. 서울: 디다케, 1992.

김광식.『조직신학』(II). 서울: 대한기독교서회, 1990.

김균진.『기독교조직신학』(I). 서울: 연세대학교출판부, 1990.

_____.『기독교조직신학』(II). 서울: 연세대학교출판부, 1991.

_____. "그리스도론의 방법."「현대와 신학」7/13 (1990).

김영재.『교회와 신앙고백』. 서울: 성광문화사, 1991.

박봉랑.『교의학 방법론』(I). 서울: 대한기독교출판사, 1992.

오영석.『조직신학의 이해』. 서울: 대한기독교서회, 1992.

_____. "예수 그리스도의 삼중직론."「신학연구」31 (1990).

윤철호. "역사적 예수의 신학적 의미."「교회와 신학」23 (1971).

이장식. "기독론의 발전과 문화적 사고유형."「기독교사상」12 (1977).

이종성.『그리스도론』. 서울: 대한기독교출판사, 1984.

이형기 (편저).『세계개혁교회의 신앙고백서』. 서울: 대한예수교장로회출판국, 1991.

전호진. "종교다원주의와 그리스도의 유일성."「신학정론」9/1 (1991).

차영배.『H. Bavinck의 신학의 방법과 원리』. 서울: 총신대학출판부, 1987.

최홍석.『당신의 말씀은 진리니이다: 교의학의 원리와 방법』. 서울: 총신대학출판부, 1991.

제8장

개혁주의 속죄론 이해

도르트 신앙표준의 "형벌대속적 제한속죄론"

I. 들어가는 말

성경에 계시된 복음은 죄로 인하여 죽었던 우리를 다시 영원한 생명으로 구원하신 삼위일체 하나님의 구속사역을 증거하며 선포한다. 물론 성경에 계시된 구속사건 전체가 삼위일체 하나님의 공사역이긴 하지만, 신학적 전유(appropriation)에 의하면, 특히 구속을 위한 성부 하나님의 예정과 선택, 성자 하나님의 십자가에서의 죽으심과 부활을 통한 속죄와 구속의 성취, 그리고 성령 하나님의 구속 은혜의 효과적이고 구체적인 적용 사역으로 나누어 생각할 수 있다. 이 가운데 특별히 속죄(atonement)에 관한 교리는 기독론 가운데서도 우리 주 예수 그리스도의 구속사역, 특별히 십자가에서의 죽으심의 의미와 성격 및 그 의도와 범위에 대한 성경의 가르침을 다루는 분야이다. 특별히 "우리를 위하여"(pro nobis) 예수 그리스도께서 십자가에서 당하신 대속(대리적 속죄)의 고난과 죽음은 성경 구속사를 관통하는 중심되는 사건이요,[1] 기독교 복음의 핵심이며, 신학의 중심에 위치하는 교리이다.

실로 기독교 신학의 내용은 더할 수 없이 풍성하지만, 그럼에도 불구하고 우리는 예수 그리스도의 십자가가 없는 기독교 복음은 상상조차 할 수 없을 것이다. 그러므로 사도 바울은 "내가 너희 중에서 예수 그리스도와 그가 십자가에 못 박히신 것 외에는 아무것도 알지 아니하기로 작정하였음이라"(고전 2:2)고 했으며, "내게는 우리 주 예수 그리스도의 십자가 외에 결코 자랑할 것이 없다"(갈 6:14)고 했다. 나아가 종교개혁자 마르틴 루터(Martin Luther, 1483-1546)는 중세 스콜라신학을 "영광의 신학"(theologia gloriae)으로서 "거짓 신학"이라 격렬하게 비판

---

1   Cf. James Denny, *The Death of Christ*, R. V. G. Tasker, ed. (London: Tyndale, 1951), 171.

하면서, 이와 날카롭게 대비되는 참된 신학의 본질로서 "십자가의 신학"(*theologia crucis*)을 주장하였다. 그는 시편강해를 통해 "오직 십자가만이 우리의 신학이다"(*Crux sola est nostra theologia*) 그리고 "오직 그리스도의 십자가만이 하나님의 말씀의 강요(綱要)이고 가장 순수한 신학이다"라고 했다.[2] 또한 그는 "십자가가 모든 것을 시험하며"(*Crux probat omnia*) "오직 십자가 자체가 가리키는 것만이 진리의 증인이다"(*Crux ipsa sola index est testisque veriatis*)라고 말했다.[3]

　이러한 십자가 중심의 신학적 인식은 비단 루터만의 것이 아니라 성경자체의 증거이기도 하며, 비록 교회사 벽두부터 삼위일체론 및 기독론에 관한 교리가 일차적인 신학적 논쟁의 중심에 위치하지만, 이와 더불어 그리스도의 사역에 대한 교리, 특별히 속죄론(the doctrine of atonement)에 대한 교리 또한 신학적 관심의 중요 요소이기도 했다. 교회사를 통하여 예수 그리스도의 십자가에서의 죽음과 부활로 말미암는 속죄의 성격과 의미, 그리고 속죄의 범위와 의도를 이해함에 있어 다양한 신학적 견해들이 제시되어왔다. 속죄론과 관련한 첫 번째 주된 문제는 예수 그리스도께서 왜, 무엇 때문에 십자가에서 고난과 죽음을 당하셨는가 하는 문제(속죄의 성격과 의미에 관한 문제)이며, 두 번째 문제는 과연 누구를 위하여 십자가의 고난을 당하시고 죽으셨는가 하는 문제(속죄의 의도와 범위에 관한 문제)이다. 특히 이 문제는 종교개혁 직후, 아르미니우스주의자들과 개혁파 신학자들 간에 심각한 신학적 투쟁

2　Martin Luther, *Operationes in Psalmos* (1519-1521), *WA* 5, 176, 32; *WA* 5, 217, 2-3. 유해무, 『신학: 삼위일체 하나님을 향한 송영』 (서울: 성약, 2007), 124, n.9에서 재인용.

3　Luther, *AWA* 2, 325, 1; 그리고 *AWA* 2, 341, 15. cf. Bernhard Lohse, *Luthers Theologie in ihrer historischen Entwicklung und in ihrem systematischen Zusammenhang* (Göttingen: Vandenhoeck & Ruprecht, 1995), 정병석 역, 『마틴 루터의 신학』 (서울: 한국신학연구소, 2002), 65, n.70.

의 논제로 제기되었다. 따라서 여기서는 주로 이 두 가지 문제를 중심으로 도르트 신앙표준(the Canons of Dort, 1618-19)에 나타난 속죄론을 살펴보고자 한다. 이 논쟁에 대한 이해를 돕기 위해, 먼저 교회사에 나타난 속죄의 성격과 관련한 다양한 견해들을 비교하여 살펴보고, 그 연후에 16, 17세기에 속죄론과 관련하여 논쟁의 초점이 된 속죄의 범위와 관련된 논의를 중점적으로 살펴보기로 한다.

II. "속죄의 성격"과 관련한 도르트 신앙표준의 이해

1. 교회사에 나타난 속죄에 대한 주요 이론들[4]

(1) 제1유형의 속죄론: "승리자 그리스도"(고전모델, 동방 교회 모델)

교회사의 가장 초기에 제기되어 1천년 이상 그 영향력을 발휘한 속죄론의 첫 번째 유형은 "승리자 예수 그리스도"(*Christus Victor*) 모델이라고 할 수 있는 것으로서, 주로 동방 교회 교부들에 의해 주장되었다.[5] 이 견해는 죄, 죽음, 그리고 사탄에 대한 예수 그리스도의 승리를 그 기본적인 모티브로 하고 있으며, 특히 그리스도의 죽음을 사탄에 대한 속

---

4   교회사를 통하여 제기된 다양한 속죄론에 대한 일반적인 이해를 위하여는 다음을 참조하라: Robert Letham, *The Work of Christ* (Downers Grove, IL: InterVarsity Press, 1993), 159-75; Bruce Demarest, *The Cross and Salvation: The Doctrine of Salvation* (Wheaton, IL: Crossway Books, 1997), 147-99; Paul R. Eddy and James Beilby, "The Atonement: An Introduction," in *The Nature of the Atonement: Four Views* (Downers Grove, IL: InterVarsity Press, 2006), 9-21; H. D. McDonald, *The Atonement of the Death of Christ: In Faith, Revelation, and History* (Grand Rapids: Baker, 1985).

5   Cf. Demarest, *The Cross and Salvation*, 149.

전(ransom)으로 이해한다.

① 총괄갱신설(Recapitulation Theory):

이것은 신학역사에서 가장 먼저 제기된 속죄론이다. 2세기에 이레나이우스(Irenaeus, ca.140-ca.200)는 그리스도께서 둘째 아담으로서 죄로 말미암아 타락한 첫 사람 아담을 대체하시며, 성육신을 통하여 인간과 연합하심으로써 모든 인류의 대표가 되실 뿐만 아니라, 그의 삶을 통하여 아담의 삶을 반복하심으로써 그의 불순종을 무효화하신다고 보았다.[6] 또한 그리스도께서는 성부 하나님께 대한 철저한 순종과 그의 십자가의 죽으심 및 부활을 통하여 사탄을 파멸시키고 최종적으로 승리하심으로써 모든 인간뿐만 아니라 우주 만물을 총괄적으로 새롭게 회복하시고 갱신한다고 보았기 때문에(cf. 엡 1:10; 롬 5:12-21; 고전 15:20-22), 역사적으로 이 견해를 "총괄갱신설" 혹은 "반복설"(recapitulation theory)이라고 한다. 이러한 견해는 아타나시오스(Athanasius, ca.296-373)와 알렉산드리아의 키릴로스(Cyril of Alexandria, d.444) 등에 의해 계승되었다.[7]

② 고전적 속전설(Classical Ransom Theory):

이 견해는 그리스도의 속죄를 죄, 죽음 그리고 사탄에 대한 우주적인 승리로 이해함에 있어 이레나이우스의 총괄갱신설과 유사한 면이 있으나, 특이한 점은 그리스도의 속죄가 죄인의 형벌을 감당하거나 혹은 하나님의 진노를 가라앉히는 것이 아니라, 그리스도의 십자가의 죽

---

6   Cf. Irenaeus, *Against Heresies*, V.1.1; III.21.10; IV.17.1-5.

7   Cf. Letham, *The Work of Christ*, 161.

으심이 타락으로 인해 사탄의 소유물이 된 인간을 "죽음의 권세를 가진 자"인 사탄을 정복하고 그로부터 해방시키기 위한 속전으로 이해하였다는 것이다(cf. 막 10:45; 골 2:15). 이 모델의 주된 주창자인 오리게네스(Origen, ca.185-ca.254)는 인류가 타락으로 말미암아 사탄의 포로가 되었으며, 성부께서는 그 아들을 속전으로 사탄에게 넘겨줌으로써 지옥에 갇힌 인간의 영혼을 해방시켰으며, 그리스도께서는 그의 신성으로 사탄을 이기고 사흘 만에 부활하셨다고 했다.[8] 이후 니사의 그레고리오스(Gregory of Nyssa, 330-ca.395)도 유사하게 그리스도께서 그의 인성으로 사탄을 속이는 미끼가 되었으며, 그를 삼킨 사탄을 그의 신성으로 파멸시켰다고 말하였으며,[9] 암브로시우스(Ambrose, ca.339-397)도 비슷한 견해를 유지하였다. 또한 다마스쿠스의 요한(John of Damascus, ca.675-ca.749)은 승리의 대상을 사탄이 아니라 최후의 원수인 "사망"으로 보았다.[10]

이 속죄론 유형은 "고전적 모델"(Classical Model)이라 불리며, 20세기에 와서 특별히 스웨덴 출신의 신학자 구스타프 아울렌(Gustaf Aulén, 1879-1978)에 의하여 적극적으로 재조명되었고, 오늘날도 많은 동조자들이 있다.[11] 물론 성경은 인간이 죄와 죽음 그리고 사탄의 종노릇하

---

8 Cf. Origen, *Commentary on Matthew*, XVI.8; *Commentary on Romans*, II.13; *Exodus Homily*, VI.9; *Against Celsus*, I.31 and VII.17을 참조하라.

9 Cf. Gregory of Nyssa, *The Great Catechism*, 24.

10 Cf. John of Damascus, *The Orthodox Faith*, III.1 and 27.

11 Gustaf Aulén, *Christus Victor: An Historical Study of the Three Main Types of the Idea of the Atonement*, trans. A. G. Hebert (Lodon: SPCK, 1931; reprinted, 2010). 이 저서에서 아울렌은 교회사를 통하여 나타난 다양한 속죄이론들을 다음 세 가지로 유형화시켜 정리하였다: (1) 승리자 그리스도(*Christus Victor*, 혹은 고전적) 유형, (2) 객관적(objective) 유형, (3) 주관적(subjective) 유형. 아울렌은 특별히 제1유형의 속죄론과 관련하여 말하기를, 이 "고전적"(classical)이고 "드라마틱"(dramatic)한 속죄론의 주된 관심은 "[우주적인] 신적 투쟁과 승리로서의 속죄의 개념이다. 그리스도-승리자 그리스도(*Christus Victor*)-는 세상

삼위일체 하나님과 신학

고 있다고 말하며, 예수 그리스도의 사역은 이것에 대한 승리라는 분명한 메시지를 계시해주고 있다. 그러나 이러한 고전적 속전설이 가진, 예수 그리스도의 십자가의 사역을 사탄에 대한 속전으로 보는 것에 대하여 많은 성경적·신학적 비판이 제기되었다. 성경은 심지어 사탄까지도 하나님의 주권 아래에 있다고 하며, 모든 창조세계에 대한 주권은 전적으로 하나님께 있음을 분명히 한다. 죄책과 죽음의 저주는 하나님의 법을 어긴 형벌이며, 사탄 또한 권리주장자가 아니라 유혹하는 자요 훼방하는 자 일뿐이다. 그러므로 타락한 인간에 대한 전적인 주권은 사탄에게 있는 것이 아니라 창조자이신 하나님에게 있으므로, 그리스도의 십자가 희생을 사탄이나 사망에 대한 속전으로 이해하는 것은 그 성경적 타당성이 없다고 할 것이다.

(2) 제2유형의 속죄론: "만족/대리 희생"으로서의 속죄(객관적 모델, 라틴 모델)

① 만족설(Satisfaction Theory):
앞서 살펴본 첫 번째 유형의 속죄론이 "사탄"에 주목한 반면, 이 두 번째 유형의 속죄론은 "하나님"께 집중한다. 이 속죄론은 중세 스콜라신학의 아버지라 불리는 안셀무스(Anselm of Canterbury, 1033-1109)에 의해 제시된 견해로서, 그는 그리스도의 십자가의 죽음을 손상된 하나님

의 악한 세력들, 인류를 속박과 고난 아래 묶어 높은 "폭군"들과 싸워 승리하셨고, 하나님께서는 그리스도 안에서 세상을 자신과 화목하게 하신다"고 한다(p. 5). 아울렌 자신이 강조한 "승리자 그리스도" 모델은 최근 다음과 같은 저작들에 영향을 주고 있다: Walter Wink, *The Power That Be: Theology for a New Millenium* (New York: Doubleday, 1999); N. T. Wright, *Evil and the Justice of God* (Downers Grove. IL: InterVasity Press, 2006); Brian McLaren, *Everything Must Change: Jesus, Global Crisis, and a Revolution of Hope* (Nashville: Nelson, 2007); J. Denny Weaver, *The Nonviolent Atonement*, 2nd ed. (Grand Rapids: Eerdmans, 2011), etc.

의 영예 혹은 위엄을 보상하는 것으로 보았다. 안셀무스의 고전적인 저작인 『하나님은 왜 인간이 되셨는가』(Cur Deus Homo)[12]에 따르면, 인간은 하나님께 마땅히 드려야 할 온전한 순종을 드리지 않음으로 죄를 범하였으며, 이것은 하나님의 명예에 손상을 가져왔고 인간은 반드시 그 대가를 치러 보상을 해야만 한다. 그러나 죄인인 인간이 이 보상을 결코 이룰 수 없기 때문에, 성자 하나님께서 성육신하여 인간이 되셨고, 그리하여 죄가 없으신 참 인간이시자 참 하나님이신(God-man) 그리스도께서 십자가의 대속의 죽음을 통해 하나님께 영광을 만족시키시고 인간의 죄로 인한 부채를 보상하셨다. 하나님께서는 이것을 무한히 만족하셨고, 인간의 죄에 대한 형벌을 유보하셨다고 보았다.

안셀무스 이전에 테르툴리아누스(Tertullian, ca.160-ca.225)와 키프리아누스(Cyprian, ca.200-258), 힐라리우스(Hilary of Poitiers, ca.315-368) 등의 고대 교부들에게서도 이러한 속죄개념의 단편들을 찾아볼수 있다.[13] 그러나 이러한 안셀무스의 만족설은 인간의 죄를 대속하기 위해서는 신-인(God-man)이신 예수 그리스도의 유일무이성을 분명하게 보여주었다는 점에서 신학적으로 기여한 점이 있지만, 성경적인 개혁파 속죄론과는 다른 점이 있으므로 그대로 받기 어렵다. 이와 관련하여 제기되는 여러 가지 신학적인 논쟁점 가운데 몇 가지만 지적하자면, 안셀무스의 만족설은 하나님의 공의와 죄에 대한 진노하심, 그리고 인간의 죄책과 형벌보다는 하나님의 손상된 위엄을 강조함에 있어 속죄의 필요성을 분명하게 드러내지 못함과 동시에, 그리스도의 고난

---

12 St. Anselm, *Cur Deus Homo* (Edinburgh: John Grant, 1909). 이 저작의 라틴어/한글 대역판으로는 이은재 역, 『인간이 되신 하나님』 (서울: 한들출판사, 2007)을 참조하라.

13 Cf. Letham, *The Work of Christ*, 163.

과 죽음의 대리적인 성격을 분명히 나타내지 못한다. 뿐만 아니라 그리스도의 속죄 사역의 공로가 단지 하나님과의 거래로 표상되며, 실제적으로 죄인인 우리에게 어떻게 속죄가 실제로 적용되고 전가되는지에 대한 분명한 이해가 없다. 따라서 벌코프(Louis Berkhof)는 "이것은 사실상 로마 가톨릭의 고해 성사교리를 그리스도의 사역에 적용시킨 것"이라고 비판한다.[14]

② **형벌대속설(Penal Substitution Theory)**:

교회사의 이른 초기부터 그리스도의 대속적 희생의 모티브는 다양한 속죄론의 한 부분으로 제기되어 왔는데, 특히 로마의 클레멘스(Clement of Rome), 이그나티우스(Ignatius of Antioch, ca.35-ca.107), 키릴로스(Cyril of Jerusalem, ca.310-386), 아타나시오스(Athanasius, ca.296-373), 아우구스티누스(Augustine of Hippo, 354-430) 등에 의해 주장되었다. 그러나 형벌대속적 속죄론의 온전한 모습은 마르틴 루터(Martin Luther, 1483-1546)와 같은 종교개혁가들의 신학에서 나타났고, 특별히 칼뱅(John Calvin, 1509-1564)의 신학에서 더욱 분명해졌으며, 이후 존 오웬(John Owen, 1616-1683), 프란키스쿠스 투레티누스(Francis Turretin, 1623-1687), 찰스 하지(Charles Hodge, 1797-1878), 벤자민 워필드(Benjamin B. Warfield, 1851-1921), 루이스 벌코프(Louis Berkhof, 1873-1957), 존 머레이(John Murray, 1898-1975), 레온 모리스(Leon Morris, 1914-2006) 등의 개혁파 신학자들에 의해 성경적 구속론 이해의 핵심적인 요소가 되

---

14   Louis Berkhof, *Systematic Theology*, New Combined Ed. (Grand Rapids: Eerdmans, 1996), 386. 또한 헤르만 바빙크(Herman Bavinck, 1854-1921)의 안셀무스의 만족설에 대한 비평은 그의 *Reformed Dogmatics*, vol. 3: *Sin and Salvation in Christ*, trans. John Vriend (Grand rapids: Baker Academic, 2006), 343-44를 참조하라.

었다. 이 견해는 성경에 나타난 언약과 법적인 요소, 즉 객관적인 측면을 강조하며, 인간의 타락과 죄는 필연코 하나님의 거룩하심과 공의에 따라 진노와 형벌을 초래하게 된다고 본다. 그러나 동시에 하나님께서는 당신의 사랑과 자비로운 은혜로 말미암아 성자 하나님이신 예수 그리스도를 대속물로 내어주셨으며, 그리스도께서는 그의 대속적인 고난과 십자가의 죽음을 통하여 우리를 대신하여 그 죄책과 형벌을 감당하셨고, 율법의 요구를 완전히 충족하심으로 하나님의 진노를 가라앉히셨다. 또한 죄인들이 오직 은혜로 주어지는 믿음으로 그리스도에게 연합하게 될 때, 그의 의가 죄인들에게 전가되며, 그 전가된 의로 말미암아 하나님께서는 우리의 죄를 용서하시고 의롭다 하시며, 우리와 더불어 화목을 이루신다고 본다.

(3) 제3유형의 속죄론: 도덕적 이론들(주관적 모델)

① 도덕적 감화설(Moral Influence Theory):
12세기에 페트루스 아벨라르두스(Peter Abelard, 1079-1142)가 주장한 이론으로서, 이 견해에 다르면 그리스도께서는 십자가의 죽음을 통하여 객관적으로는 아무것도 이룬 것이 없으며, 단지 인간의 내적인 변화를 일으키는 도덕적인 영향력을 가질 뿐이라고 했다. 즉 그리스도의 십자가의 죽으심을 통해 나타나는 하나님의 무한한 사랑이 죄인의 저항을 무력화시키고, 그를 회개하도록 하여 하나님과 화해하도록 한다고 주장하였다. 그는 말하기를, "그리스도께서 우리를 위해 죽으신 것은, 인류를 향한 당신의 사랑이 얼마나 큰지를 보여주시며 사랑이 곧 기독교의 본질이라는 사실을 입증하시기 위해서였다"고 했다.[15] 아벨라르두스의 이러한 견해가 상스 회의(Sens, 1140)에서 정죄됨으로써 그

삼위일체 하나님과 신학

는 출교 당했지만, 18세기 이후 많은 자유주의 신학자들이 이러한 주관적 속죄론을 계승하여 다시 주장하였으며, 호레이스 부쉬넬(Horace Bushnell, 1802-1876)과 웨슬리파 신학자 디볼프(L. H. DeWolf, d.1941) 등이 이 견해를 계승하였다.

② 도덕적 모범설(Moral Exemplarism):

종교개혁 시기에 소키누스(Faustus Socinus, 1539-1604)는 개혁파 속죄론에 반대하여 아벨라르두스의 도덕적 감화설을 베드로전서 2:21에 비추어 다음과 같이 변형시켜 도덕적 모범설을 주장하였다. 그에 따르면, 하나님 앞에서 가장 완전한 모범적인 인간으로서 예수 그리스도께서는 자신의 삶과 죽음을 통해 하나님께서 원하시는 도덕적인 삶의 모범을 보이셨으며, 이러한 그의 순종적인 죽음은 인간으로 하여금 죄로부터 떠나 회개하여 다시 하나님의 법을 순종하여 살며, 열심히 의로움과 거룩함을 쫓도록 인도하심에 있어 하나의 도덕적인 모범으로서의 역할을 한다고 주장하였다. 이러한 소키누스의 속죄론은 펠라기우스의 인간론과 그리스도의 참된 신성을 부인하는 양자론적 기독론에 기초한 오류이며, 오늘날 많은 유니테리언(Unitarian)들이 이 견해를 받아들여 주장하고 있다.[16] 바빙크(Herman Bavinck)는 이러한 소키누스파의 속죄론을 개혁파의 형벌대속론에 대한 "가장 심각하고 실질적인 반대"였다고 평가하였다.[17]

---

15 Peter Abelard, *Sentences*, 23. 여기서는 Bruce Demarest, *The Cross and Salvation: The Doctrine of Salvation* (Wheaton, IL: Crossway Books, 1997), 이용중 역, 『십자가와 구원』(서울: 부흥과개혁사, 2006), 228f에서 재인용.

16 Demarest, *The Cross and Salvation*, 153.

17 Bavinck, *Reformed Dogmatics*, vol. 3, 347.

③ 도덕적 통치설(Moral Government Theory):

아르미니우스(Arminius)의 제자이며, 네덜란드의 법률가이자 신학자로서 항론파(Remonstrants)의 지도적 인물이었던 휴고 그로티우스(Hugo Grotius, 1583-1645)는 하나님을 우주의 통치자로서 보며, 그리스도의 죽음은 인간의 형벌을 대속하는 것도 아니고 하나님의 손상된 명예를 만족시키거나 진노를 누그러뜨리는 것도 전혀 아니라고 주장한다. 그것은 단지 세상의 불의에 대한 하나님의 엄정한 통치의 모범을 보여주는 것이며, 그럼으로써 인간으로 하여금 죄를 회개하고 세상의 공의와 법질서를 유지하며 도덕적인 삶을 회복할 수 있는 동기를 제공하는 것이라고 보았다. 그는 말하기를, "하나님은, 그 자체로는 불의함이 없는 만물에 대해 가장 높은 권세를 가지셨고 어떤 법에도 복종할 책임이 없으신 분이지만, 그리스도의 고난과 죽음을 우리 모두의 막대한 죄과에 대한 엄중한 본보기로 삼으시기 위해 이용하시기를 원하셨다"고 주장하였다.[18] 이와 같이 그리스도의 고난과 죽음은 죄에 대한 하나님의 엄중한 통치를 보여줌으로써 인간의 죄에 대한 형벌의 참혹함을 드러내며 두려움을 통하여 죄를 억제하게 한다고 보았다. 이러한 견해는 아르미니우스주의 웨슬리파 신학자인 존 마일리(John Miley, 1813-1895), 케네스 그라이더(J. Kenneth Grider, 1921-2006) 등에 의해 계승되었다. 특히 마일리는 주장하기를, "그리스도의 고난은 형벌적 대속을 통한 속죄가 아니며, 그렇게 될 수도 없다. 그러나 그리스도의 고난은 죄의 실제적인 처벌로서 형벌의 자리를 대신할 수는 없지만, 엄격한 통치적 목적으로서 그 자리를 대신할 수는 있으며 실제로도 그렇다"고

---

18   Hugo Grotius, *A Defense of the Catholic Faith Concerning the Satisfaction of Christ Against Faustus Socinus*, trans. F. H. Foster (Andover, Mass.: Warren F. Draper, 1889), 100. 여기에서는 Demarest, 『십자가와 구원』, 231에서 재인용.

한다.[19] 또한 "십자가는 신적 통치의 가장 탁월한 도덕적 감화력을 구체화한 모든 진리 중에서도 가장 고상한 계시"라고 주장한다.[20]

앞서 살펴본 것처럼 교회사를 통하여 다양한 속죄에 관한 견해들을 일목요연하게 정리하여 보자면 아래의 도표와 같다. 여기서는 그러한 견해들을 크게 세 가지 유형으로 나누었으며, 또한 이러한 각 유형들을 특히 그 강조점에 따라 예수 그리스도의 삼중직(예언자, 제사장, 왕)과 각 유형들에서 특별히 강조되는 중심역할(하나님, 인간, 사탄)에 근거하여 구분해 보았다:

(1) 제1유형(동방 교회의 고전모델): 왕(King)—사탄의 중심 역할 강조
(2) 제2유형(서방 라틴교회 모델): 제사장(Priest)—하나님의 중심 역할 강조
(3) 제3유형(주관적 모델): 예언자(Prophet)—인간의 중심 역할을 강조

---

19 John Miley, *Systematic Theology*, vol. 2 (Peabody, Mass.: Hendrickson Publishers, 1989, reprinted), 176.

20 Miley, *Systematic Theology*, vol. 2, 181.

[표 1]. 주요 속죄론의 유형별 분류

유형	속죄 이론	주창자	주요 모티브	인간의 상태	그리스도의 죽음의 의미	속죄의 결과
제1유형 (고전모델/ Christus Victor 모델- 사탄 강조) King(왕)	총괄갱신설	Ireneaus	새 아담으로서의 예수 그리스도	사탄에 의한 속박	사탄에 대한 속전	인류와 창조세계의 갱신
	속전설	Origen	사탄에 대한 승리	사탄에 의한 속박	사탄에 대한 속전	사탄, 죄, 죽음으로부터 해방
제2유형 (라틴모델/ 객관적모델- 하나님 강조) Priest (제사장)	만족설	Anselm	하나님의 손상된 명예에 대한 보상	하나님의 명예를 손상시킴	하나님의 명예를 만족시키심	인간에 대한 형벌의 유보
	형벌대속설	Calvin	하나님의 공의와 진노에 대한 보상	인간의 전적타락	인간의 형벌을 대신함	그리스도의 의가 전가됨으로 죄용서와 의롭다함을 받음
제3유형 (주관적모델- 인간 강조) Prophet (예언자)	도덕적감화설	Abelrard Bushnell	하나님의 무한한 사랑의 현시	인간은 영적으로 병들어 도움이 필요함	하나님의 사랑의 계시	영적인 자각과 갱신
	도덕적모범설	Pelagius Socinus	도덕적인 삶의 모범	자유의지와 도덕적 능력을 가지고 있음	하나님에 대한 완전한 순종과 헌신의 모범을 보여줌	회개와 도덕적인 삶을 살도록 인도함
	도덕적통치설	Grotius	도덕적 통치의 예시	도덕법을 범함	하나님의 엄정한 도덕적 통치를 보여줌	두려움으로 죄를 억제하고 회개 하게함

2. 도르트 신앙표준과 개혁파의 속죄론: "형벌대속 속죄론"(Penal Substitution Theory)

17세기 개혁파 교회가 개최한 국제적인 공의회라고 할 수 있는 도르트 종교회의(Synod of Dort, 1618-19)에서 제시된 도르트 신앙표준(the Canons of Dort)의 제2조 "그리스도의 죽으심과 이를 통한 인간의 구속"의 제1-3항에서는 그리스도의 속죄사역의 성격, 즉 왜 예수 그리스도께서 고난과 십자가에서 죽으심을 당하셔야만 했는가라는 문제에 대하여 다음과 같이 고백하고 있다.

1. 하나님께서는 지극히 자비로우실 뿐 아니라 지극히 공의로우시다. 그리고 하나님의 공의는 (그의 말씀에서 자기 자신을 계시한 것처럼) 그의 무한하신 존엄성을 침범한 우리의 죄들로 말미암아 우리의 몸과 영혼이 일시적일 뿐 아니라 영원한 형벌로 벌을 받아야 할 것을 요구한다. 하나님의 공의에 대한 보상이 없는 한 우리는 이 형벌을 피할 수 없다.

2. 따라서 우리는 우리자신으로서는 보상할 수도 없고 하나님의 노여우심에서 벗어날 수도 없으므로, 하나님께서는 무한하신 자비로 당신의 독생자를 죄를 범한 우리를 위한 담보로 주셔서 우리를 대신하여 저주를 받게 하시고, 우리를 위하여 그의 공의를 보상하게 하셨다.

3. 하나님의 아들의 죽으심은 죄를 위한 유일하며 가장 완전한 희생이며 속죄제물이다. 그의 죽으심은 온 세계의 죄를 속하기에 충분하고도 남을 정도로 무한히 가치가 있고 값진 것이다.[21]

예수 그리스도의 속죄의 성격과 관련하여 이 항목에서 진술하고

---

21 김영재 편, 『기독교 신앙고백』 (서울: 영음사, 2011), 604.

있는 것은 칼뱅과 개혁파 신학자들이 주장하는 "형벌대속이론"(Penal Substitutional Theory)의 핵심적인 내용에 대한 요약이다. 이러한 도르트 신앙표준에서 고백하는 속죄론의 핵심내용을 다시 분석하여 제시하자면 다음과 같다:

(1) 속죄의 전제는 하나님의 "지극한 사랑과 공의"이다. 이러한 하나님의 본질적인 속성은 나누일 수 없는 것이며, 현대의 많은 신학자들이 그리하는 것처럼 하나님의 사랑만을 취하고, 그의 공의를 폐기할 수는 없다.[22]

(2) 속죄의 원인은 인간의 타락에 의한 죄와 죄책이다. 여기에는 원죄와 우리의 자범죄가 모두 포함된다.

(3) 하나님의 공의는 인간의 타락과 죄로 말미암아 현세에서의 일시적인 형벌뿐 아니라 심판후에 있을 영원한 형벌을 필연적으로 요구한다.

(3) 범죄한 인간은 이 하나님의 공의에 대하여 결코 보상할 수 없고, 또한 하나님의 진노와 형벌을 피할 수도 없다.

(4) 따라서 하나님께서는 그의 지극한 사랑으로 독생자 예수 그리

---

22 벌코프(Louis Berkhof)는 이 문제에 대하여 다음과 같이 잘 설명해 주고 있다: "사랑과 공의의 결합: 이 문제에 있어서 일체의 치우침을 피해야 한다. 만일 우리가 속죄를 오직 하나님의 공의에만 기초한 것으로 묘사한다면, 속죄의 동인인 하나님의 사랑을 올바로 평가하지 못하고, 속죄 만족설(satisfaction theory)을 오직 당신의 영광에만 관심을 가진 보복적 신 관념을 함축하는 것으로 묘사하려 하는 반대론자들에게 빌미를 제공하게 될 것이다. 이와 반대로, 만일 우리가 속죄를 순전히 하나님의 사랑의 표현으로 간주하는 경우, 우리는 그의 공의와 진실을 올바로 평가하지 못하게 될 뿐 아니라 그리스도의 고난과 죽음을 불가해한 수수께끼로 축소시키게 된다. 하나님께서 당신의 독생자를 가혹한 고난과 수치스러운 죽음에 내어주셨다는 것은 단지 그의 사랑의 원리만으로는 설명될 수 없다." Louis Berkhof, *Systematic Theology*, 권수경/이상원 역, 『조직신학』 (서울: 크리스챤다이제스트, 2000), 607.

스도를 우리를 위한 담보(보증, 희생제물)로 내어주시고 우리를 대신하여 저주와 형벌을 당하게 하심으로 공의와 율법의 요구를 보상하게 하셨다.

(5) 성자 하나님이신 예수 그리스도의 이러한 대속적 고난과 죽음은 인간의 속죄를 위한 유일무이하고 완전한 희생과 속죄제물이며, 온 세계의 죄를 속하기에 충분하며, 무한한 가치가 있다.

성경에는 예수 그리스도의 속죄 사역의 성격에 대한 다양한 모티브들이 제시되어 있다. 예를 들어 존 드라이버(John Driver)는 신약성경에서 나타나는 속죄에 대한 이미지들을 다음과 같이 정리하여 제시하고 있다: 갈등/승리/해방(conflict/victory/liberation); 대리적 고난(vicarious suffering); 원형적 인간(archetypal, 즉 대표적인 인간, 개척자, 선구자), 순교자(martyr); 희생제물(sacrifice), 속죄/하나님의 진노(expiation/wrath of God); 구속(redemption); 칭의(justification), 가족입양(adoption-family) 등.[23] 또한 존 머레이(John Murray)는 속죄의 여러 범주들을 좀 더 단순화하여 다음과 같이 4가지로 제시한다: "희생(sacrifice), 속죄(propitiation), 화목(reconciliation), 그리고 구속(redemption)."[24] 우리가 간략하게나마 이미 살펴본 것처럼, 교회사를 통하여 제시된 여러 가지 속죄론들은 이러한 다양한 성경적 모티브들에 기초하고 있다. 그러나 신구약 성경 전체를 살펴보면, 그 가운데 개혁파 신학 및 도르트 신앙표준에서 고백하고 있는 "형벌대속이론"이 성경적 속죄론의 본질적인 핵심임이 분명하다.

---

23 John Driver, *Understanding the Atonement for the Mission of the Church* (Scottdale, Penn.: Herald Press, 1986).

24 John Murray, *Redemption: Accomplished and Applied* (Grand Rapids: Eerdmans, 1955), 19.

참으로 인간의 타락 사건 이후 성경의 구속역사는 예수 그리스도의 골고다 십자가라는 정점을 향하여 굽이쳐 흐른다. 그리고 그 십자가는 바로 우리를 위한 속죄의 자리였다. 먼저, 구약 시대에 이스라엘에게 주어진 속죄제의와 희생제사, 그리고 속죄일과 유월절 의식 등은 모두 예수 그리스도의 십자가의 속죄사역의 그림자요 예표(모형)들로 주어진 것들이다. 뿐만 아니라 예언자 이사야를 통하여 주어진 "고난받는 야웨의 종의 노래"는 오실 메시아의 "형벌대속적"인 속죄사역의 성격과 의미에 대하여 가장 분명하게 선포하고 있는 구약성경의 본문 가운데 하나이다.

그는 실로 우리의 질고를 지고 우리의 슬픔을 당하였거늘 우리는 생각하기를 그는 징벌을 받아 하나님께 맞으며 고난을 당한다 하였노라. 그가 찔림은 우리의 허물 때문이요 그가 상함은 우리의 죄악 때문이라. 그가 징계를 받으므로 우리는 평화를 누리고 그가 채찍에 맞으므로 우리는 나음을 받았도다. 우리는 다 양 같아서 그릇 행하여 각기 제 길로 갔거늘 여호와께서는 우리 모두의 죄악을 그에게 담당시키셨도다(사 53:4-6).

이 성경 본문에 대하여 패터슨(R. D. Patterson)은 "오실 종이신 메시아는 인간의 질병을 자신의 몸에 짊어지고 인간의 슬픔의 무게를 담당하신다. 인간이 하나님의 의를 받아 그분 앞에 의롭게 될 수 있도록 인간의 죄로 인한 형벌을 받으신 그리스도의 대속적 사역을 이보다 더 생동감 있게 묘사할 수는 없다"고 적절하게 말하고 있다.[25]

---

25 R. D. Patterson, "*sabal*," *TWOT*, vol. 2, 616, 여기서는 Demarest, 『십자가와 구원』, 260f에서 재인용.

성경은 "모든 사람이 죄를 범하였으매"(롬 3:23), "의인은 없나니 하나도 없으며"(롬 3:10), 그 결과 "죄의 삯은 사망"(롬 6:23)이라고 분명히 선언한다. 또한 "피흘림이 없은즉 사함이 없느니라"(히 9:22)고 했다. 인간의 타락과 죄는 그에 따른 죄책과 형벌을 필연적으로 요구한다. 이것은 죄를 미워하시며 결코 용납하지 아니하시는 하나님의 공의와 언약관계 속에서 율법이 요구하는 것이다. 그러나 또한 성경은 "하나님은 사랑"이시라고 하며, "하나님의 사랑이 우리에게 이렇게 나타난 바되었으니 하나님이 자기의 독생자를 세상에 보내심은 그로 말미암아 우리를 살리려 하심이라. 사랑은 여기 있으니 우리가 하나님을 사랑한 것이 아니요 하나님이 우리를 사랑하사 우리 죄를 속하기 위하여 화목제물로 그 아들을 보내셨음이라"(요일 4:8-10)고 했다. 따라서 세례 요한은 예수 그리스도를 "세상 죄를 지고 가는 하나님의 어린 양"(요 1:29; cf. 마 20:28; 26:28; 엡 5:2; 벧전 1:19; 3:18)이라고 선포하며, 사도 바울은 "우리의 유월절 양 곧 그리스도께서 희생되셨느니라"(고전 5:7)고 선언한다. 그리하여 "그리스도께서 단번에 죄를 위하여 죽으사 의인으로서 불의한 자를 대신하셨으니"(벧전 3:19), 이와 같이 "하나님이 죄를 알지도 못하신 이를 우리를 대신하여 죄로 삼으신 것은 우리로 하여금 그 안에서 하나님의 의가 되게 하려 하심이라"(고후 5:17)고 분명히 한다. 나아가 예수 그리스도의 대제사장으로서의 속죄사역에 대하여 선포하는 히브리서에서도 "한번 죽는 것은 사람에게 정해진 것이요, 그 후에는 심판이 있으리니 이와 같이 그리스도도 많은 사람의 죄를 담당하시려고 단번에 드리신 바 되셨다"(히 9:27-28)고 증거한다. 참으로 "[구약의] 율법은 장차 올 좋은 일의 그림자일 뿐이요 참 형상이 아니므로 해마다 늘 드리는 같은 제사로는 나아오는 자들을 언제나 온전하게 할 수 없느니라"(히 10:1)고 하며, 그러나 "예수 그리스도께서 몸을 단번

에 드리심으로 말미암아 우리가 거룩함을 얻었노라.…오직 그리스도
는 죄를 위하여 한 영원한 제사를 드리시고 하나님 우편에 앉으사 그
후에 자기 원수들을 자기 발등상이 되게 하실 때까지 기다리시나니,
그가 거룩하게 된 자들을 한 번의 제사로 영원히 온전하게 하셨느니
라"(히 10:10-14)고 했다.

이렇게 아주 간략하게 몇몇 핵심되는 성경의 증거들을 살펴보더
라도, 예수 그리스도의 속죄 사역의 성격과 관련된 신구약 성경이 전
체적으로 가르치는 핵심적인 요소는 우리를 위한 "형벌대속적인 속
죄"임을 명확하게 알 수 있다. 속죄와 관련한 성경의 증거들을 분석하
며 마이클 호튼(Michael Horton)은 다음과 같이 말한다: "이스라엘의 속
죄제라는 제사제도, 고난받는 종에 대한 선지자적 기대, 신약의 주요
기사와 교리적 주제들은 형벌적 대속(즉, 죄인 대신 죄인들의 사법적 판결
을 감당하는 그리스도의 죽음)이라는 개념 속에 수렴된다. 교회는 형벌적
(penal: 이 명칭은 형벌을 뜻하는 라틴어 "poena"에서 유래되었다) 대속교리를
주장하면서 그리스도의 희생제사는 신적 공의에 대한 빚의 지불이라
는 점을 올바로 인식하였다. 예수 그리스도 안에서 신자들이 마지막
심판 때에 예상할 수 있는 저주의 판결은 이제 그들 대신 그리스도에
게 부어졌다."[26]

이러한 형벌대속적인 속죄교리에 대한 인식은 이미 언급한 바와
같이 초기 교회 교부들에 의해서도 단편적으로 주장되었지만, 그 온전
한 형태로의 신학적인 발전은 특히 칼뱅과 개혁파 신학자들에 의하여
이루어졌다. 그리하여 "형벌대속적 속죄교리"는 다음과 같은 다양한

---

[26] Michael Horton, *The Christian Faith: A Systematic Theology for Pilgrims on the Way* (Grand Rapids, MI: Zondervan, 2011), 497f.

개혁파 신앙고백서에도 동일하게 분명히 제시되고 있다.

- 칼뱅의 교리문답서(Calvin's Catechism, 1538):

제20조 4항 - "…인간의 불순종으로 인하여 하나님께서 진노를 일으키셨기 때문에 그리스도께서 스스로 죽기까지 성부께 순종하심을 보여주시고, 그 자신의 순종으로 우리의 불순종을 제거하셨다. 그리고 하나님의 공의를 단번에 그리고 영원토록 진정시키시고, 믿는 자들을 영원히 거룩하게 하시며, 또한 영원한 만족을 충족케 하시기 위하여 그리스도께서는 그의 죽으심으로 자신을 성부께 희생제물로 드리셨다. 그리스도께서는 우리를 향한 하나님의 불타는 진노를 소멸시키시고 우리의 사악함을 깨끗하게 하시기 위하여, 그리고 우리의 구속을 위한 보상으로 그의 거룩한 보혈을 쏟으셨다."[27]

- 벨기에 신앙고백서(The Belgic Confession, 1561):

제21조 - "예수 그리스도는 언약을 통하여 멜기세덱의 반차를 따라 대제사장에 세움을 받아, 우리를 대신하여 아버지 앞에서 십자가에 달려 자신을 제물로 바치시고, 우리의 죄를 씻기 위하여 값진 피를 뿌리심으로써 아버지의 진노를 진정시키기에 충분한 보상을 치르셨다고 우리는 믿는다.…또 의로우신 이가 불의한 자를 위하여 고난을 받으셨으니, 그의 땀이 땅에 떨어지는 핏방울이 될 정도로 그의 몸과 영혼이 다같이 우리의 죄 값에 해당하는 무서운 형벌을 경험하셨다."[28]

---

[27]   James T. Dennison, Jr., *Reformed Confessions of the 16th and 17th Centuries in English Translation*, vol. 1, *1523-1552* (Grand Rapids, MI: Reformation Heritage Books, 2008), 426.

[28]   김영재 편, 『기독교 신앙고백』, 469.

- 하이델베르크 교리문답서(The Heidelberg Catechism, 1563):

제37문답 - "그리스도께서 세상에 사시는 동안 전 생애에 걸쳐, 그리고 특히 생의 마지막에 그 자신의 몸과 영혼으로 전 인류에 대한 하나님의 진노를 짊어지셨습니다. 그가 고난을 받으시고 단 한 번 드리는 속죄 제물로 자신을 드리심으로 우리의 몸과 영혼을 영원한 형벌에서 구속하시며 우리에게 하나님의 은혜와 의를 입혀주시고 영원한 삶을 얻도록 해 주셨습니다."[29]

- 웨스트민스터 신앙고백서(The Westminster Confession of Faith, 1647):

제8장 5항 - "주 예수께서는 완전히 순종하심으로써 하나님께 영원하신 성령을 통하여 자기를 희생제물로 단번에 바침으로 아버지의 공의를 충분히 충족시키셨다. 그럼으로써 그는 하나님과 사람 사이에 화해를 이루셨을 뿐만 아니라, 하나님께서 자기에게 주신 모든 백성을 위하여 하늘나라의 영원한 유업도 얻으셨다."[30]

III. "속죄의 범위"에 대한 도르트 신앙표준의 이해

1. 속죄의 범위에 대한 여러 견해들

지금까지 우리 주 예수 그리스도의 속죄의 성격에 대하여 살펴보았지만, 사실 속죄와 관련하여 17세기에 벌어진 아르미니우스주의자들과

---

29   김영재 편, 『기독교 신앙고백』, 490.

30   김영재 편, 『기독교 신앙고백』, 627.

의 논쟁에서 더 중요한 문제는 속죄의 범위와 관련된 것이었다.[31] 즉 그것은 과연 누구를 위하여 그리스도께서 고난과 십자가의 죽으심을 당하셨는가 하는 문제이다. 이 문제와 관련하여 그동안 교회사를 통하여 제기된 견해들은 대체로 다음 4가지로 정리할 수 있다:

(1) 무제한적 보편속죄론(Unlimited Universalism)

(2) 아르미니우스주의 조건적 보편속죄론(Conditional Universalism)

(3) 아미랄두스주의의 가설적 보편속죄론(Hypothetical Universalism)

(4) 정통개혁파의 제한속죄론(Limited/Definite Atonement).

이 가운데 먼저 무제한적 보편속죄론(Unlimited Atonement)은 알렉산드리아의 클레멘스(Clement of Alexandria, ca.150-220), 오리게네스(Origen, ca.185-254), 아타나시오스(Athanasius, ca.296-373)등의 초기 교회 교부들이 주장하였다. 예를 들어, 키릴로스(Cyril of Jerusalem)는 "예수님은 참으로 만인을 위하여 고난을 당하셨다"라고 주장하였다.[32] 이 견해에 의하면 하나님께서는 모든 인류를 구원하시기를 원하시며, 예수 그리스도께서는 모든 사람의 속죄를 위하여 십자가에서 죽으셨기 때문에 모든 사람들이 구원을 받는 "무제한적 보편구원론"을 주장한다. 심지어 오리게네스는 궁극적으로는 마귀들도 구원받을 것이라고 하였다. 오늘날에도 유니테리언주의자(Uniterians)들을 비롯하여 보

---

31 실제로 도르트 종교회의(1618-19)에서 가장 심각한 논쟁의 쟁점이 된 문제가 바로 "속죄의 범위"(the extent of atonement)와 관련된 것이다. 이 문제와 관련하여 W. Robert Godfrey, "Tensions within International Calvinism: The Debate on the Atonement at the Synod of Dordt, 1618-1619" (Ph.D. Diss., Stanford University, 1974).

32 Cyril of Jerusalem, *Lenten Lectures*, XIII.4. 여기서는 Demarest, 『십자가와 구원』, 233f에서 재인용.

편구원설을 주장하는 이들이 많이 있다. 이 견해가 주장하는 바는 그리스도의 속죄사역을 통하여 모든 사람들이 예외 없이 실제로(객관적으로) 구속함을 받는다는 것이다.

그러나 도르트 대회에서 가장 논쟁적인 문제가 된 것은 아르미니우스(Jacobus J. Arminius, 1560-1609)의 신학적 영향을 받은 항론파에 의해 제시된 소위 아르미니우스주의의 "조건적 보편속죄론"(Conditional Universalism)이다. "항론파의 5대 신조"에 따르면(the Five Articles of the Remonstrants, 1610), 제2조에서 그리스도의 속죄에 대하여 다음과 같이 진술하고 있다.

> [제2조] 성경 말씀대로 세상의 구주이신 예수 그리스도는 모든 사람들과 각 사람을 위하여 죽으셨으니, 그는 십자가 위에서 그들 모두를 위하여 죽으심으로 구속과 사죄함을 성취하셨다. 그러나 요한복음 3:16에 따르면, 믿는 사람 이외에는 실제로 사죄를 받을 수 없다. "하나님이 세상을 이처럼 사랑하사 독생자를 주셨으니 이는 그를 믿는 자마다 멸망하지 않고 영생을 얻게 하려 하심이라." 그리고 요한1서 2:2에는 이렇게 기록되어 있다. "그는 우리 죄를 위한 화목제물이니 우리만 위할 뿐 아니요 온 세상의 죄를 위하심이라."[33]

여기서 항론파가 주장하는 실제적인 의미는, "예수 그리스도의 속죄 사역은 모든 사람의 구원을 가능하게 하기 위한 보편적인 것이나, 실제로 구원 받는 자는 그 자신의 선택에 의한 믿는 자들이라는 뿐이라는 사실"이다. 즉 예수 그리스도께서는 그 의도에 있어 모든 사람의 구원을 위하여 죽으셨고, 보편적인 속죄를 이루심으로 모든 사람을 위

---

[33] 김영재 편, 『기독교 신앙고백』, 596.

한 구원의 가능성을 열어 놓으셨다고 주장한다. 이와 관련하여 웨슬리파 아르미니우스주의자인 마일리(John Miley)는 "죄로 인한 공통의 파멸에 처한 인류 일반을 위한 무한한 사랑의 제공으로서의 속죄는 그 제한 없는 은혜의 제시 및 그리스도 안에서 구원하는 믿음의 요구와 함께 만인을 위한 것이며, 또한 반드시 그래야만 한다"고 주장한다.[34] 그러나 이들의 주장에 의하면, 실제적인 구원은 인간의 협력적 사역에 의해, 즉 오직 믿는 자들의 자의적인 믿음의 선택에 의해 성취된다는 것이다. 그러므로 레이몬드 블랙키터(Raymond Blacketer)는 항론파의 견해를 다음과 같이 요약한다.

아르미니우스에게 있어 그리스도의 십자가 위에서의 사역은 그 어떤 사람들이나 단체들을 위해서도 (화목과 만족, 또는 구속으로 이해되는) 구원의 영향을 미치지 못한다. 대신 그것은 **오직 구원을 가능하게 만들어줄 뿐이다.** 십자가는 하나님께서 결과적으로 인류와 새로운 관계로 들어가는 권리를 가지시고 새로운 조건 하에서 자유롭게 예정하심에 있어 하나의 새로운 법적인 상황을 가져올 뿐이다. 하나님께서 예정하시는 조건은 [인간의] 믿음이며, 그리고 그것은 하나님이 제공해주신 보편적 은혜를 사용하여 그 믿음의 단계를 취하는 각 죄인들에게 달려 있다. 그러므로 **협력적 은혜의 도우심에도 불구하고 구원에 있어 결정적인 요소는 인간의 자유로운 선택이다.** 예정이란 단순히 어떤 사람들이 신앙의 결단을 할 것이라는 사실에 대한 그의 예지(foreknowledge)에 근거하여 믿는 자들을 영원한 생명으로 예정하시는 하나님의 결정이다. **믿음은 선택의 열매가 아니라 선택의 원인이다.**[35]

---

34   Miley, *Systematic Theology*, vol. 2, 239.

35   Raymond A. Blacketer, "Definite Atonement in Historical Perspective," in *The Glory of the*

결과적으로, 이들에 의하면 실로 하나님의 선택과 예수 그리스도의 속죄는 인간의 믿음의 선택에 의하여 좌우된다. 사실 이러한 항론파의 "조건적 보편속죄론"은 중세기로부터 이어져 온 속죄의 "충분성과 유효성"에 대한 계속된 논의에 대한 아르미니우스와 항론파의 해석이라고 할 수 있다. 중세의 여명기에 아퀴타니아의 프로스페르(Prosper of Aquitaine, ca. 390-460)는 "그리스도의 속죄는 모든 사람을 위해 충분하지만, 오직 선택받은 자만을 위하여 유효하다"(sufficienter pro omnibus, efficaciter tantem pro electis, sufficient for all, efficient for the elect)라는 견해를 제기하였다. 이후 이것은 페트루스 롬바르두스(Peter Lombard, ca.1100-1160)에 의해 보다 공식화된 입장으로 계승되었고, 미묘한 해석의 차이는 있었지만 종교개혁기의 거의 대부분의 신학자들이 견지한 입장이었다. 아르미니우스는 자신의 입장도 스스로 만들어낸 것이 아니라 결국은 성경을 어떻게 해석할 것인가의 문제라고 하면서, 자신은 프로스페르(Prosper)의 견해를 따른 것이라고 주장하였다.[36] 그러나 이미 언급한 바와 같이 아르미니우스와 항론파의 입장은 그러한 전통적인 입

Atonement: Biblical, Historical, and Practical Perspectives, eds. Charles E. Hill and Frank A. James III (Downers grove, IL: InterVarsity, 2004), 319. 데이비드 스틸(David Steele)과 커티스 토마스(Curtis Thomas) 역시 유사하게 항론파 견해의 핵심을 다음과 같이 정리한다: 이 견해에 있어 "인간의 반응이 결정적인 요소이다. 하나님께서는 모두를 위해 구원을 제공하셨지만 하나님의 섭리는 자신의 자유의지로 하나님과 협력하고 하나님의 은혜의 선물을 받아들이기로 "선택"하는 이들에게만 효력있게 된다. 핵심적인 점에 있어서 인간의 의지는 결정적인 역할을 한다. 따라서 하나님이 아닌 인간이 누가 구원의 선물을 받을 것인지를 결정한다." David N. Steele and Curtis C. Thomas, The Five Points of Calvinism Defined, Defended, Documented (Phillipsburg, N.J.: Presbyterian and Reformed, 1963), 19. 여기에서는 Linda McNamara Boice and Philip Graham Ryken, The Doctrines of Grace (Wheaton, IL: Crossway Books, 2002), 이용중 역, 『개혁주의 핵심』 (서울: 부흥과개혁사, 2010), 37에서 재인용(강조 첨가).

36 James Arminius, The Works of James Arminius, Vol. 2, trans. James Nicoles (Kansas City: Beacon Hill Press, 1986), 9-10.

장에서 더 나아가 하나님의 예정과 선택이 인간의 믿음의 선택에 좌우된다는 "예지 예정론"을 주장하였다. 그럼으로 해서 항론파들에 의하면, 결국 하나님의 선택도 조건적인 것이며, 동일하게 예수 그리스도의 속죄도 조건적인 것으로 이해된다. 결국 그 결정적인 조건은 인간의 자유의지에 따른 믿음의 선택이다.

여기서 도르트 신앙표준의 "제한속죄론"을 살펴보기 전에, 우리는 칼뱅주의자들 안에서 도르트 신앙표준의 엄격한 제한속죄론을 거부하며, 이를 유화시켜 항론파의 속죄론과의 절충을 시도한 소위 "가설적 보편속죄론"(Hypothetical Universalism)으로 불리는 견해에 대하여 살펴볼 필요가 있다. 이 견해를 대표하는 신학자가 모세스 아미랄두스(Moyse Amyraut, 1596-1664)이기 때문에 이 견해는 "아미랄두스주의"(Amyraldism)이라고 불린다. 이 학파의 속죄론에 의하면, 그리스도께서는 모든 사람을 위하여 죽으셨으나(속죄 사역의 계획과 의도의 보편성), 그 속죄의 효과와 적용에 있어서는 성령 하나님에 의해 오직 선택받은 사람들에게만 은혜의 믿음이 주어지기 때문에, 결과적으로 오직 믿는 자들에게만 구속의 은혜가 성취된다고 본다(속죄 사역의 효과와 적용의 제한성). 이 입장과 아르미니우스주의 항론파들의 견해와의 차이점은 구원의 성취에 있어 인간의 협력과 선택이 아니라 하나님께서 선택하신 자들에게만 실제로 은혜의 믿음이 주어지고, 그 믿는 자들만 구원을 받는다는 것이다. 그러나 원리적으로는 모든 사람들에게 구원의 가능성이 열려 있기 때문에 이를 "가설적 보편주의"(Hypothetical Universalism)라고 부른다. 이러한 속죄론을 주장한 아미랄두스파에는 프랑스 소뮈르 아카데미(Saumur Academy)를 설립하고 신학을 가르친 존 카메론(John Cameron, 1579-1625), 모세스 아미랄두스(Moyse Amyraut), 루이 샤펠(Louis Cappel, 1585-1658), 장 달레(Jean Daille,

1594-1670), 그리고 조제 드 라 플라스(Josue de la Place, 1596-1665) 등
이 있다. 이들의 신학적 오류는 스위스의 여러 도시들에서 활동한 정
통개혁파 신학자들(cf. Francis Turretin—Geneva, Johann Henry Heidegger—
Zürich, Lucas Gernler—Basel)에 의하여 작성된 "스위스 일치신조"(The
Formula Consensus Helvetica, 1675)에서 논박되었음에도 불구하고,[37] 후대
에 여전히 이 견해에 대한 많은 동조자들이 있어왔다. 이러한 신학자
들 가운데는 리처드 백스터(Richard Baxter), 존 번연(John Bunyan), 사무
엘 홉킨스(Samuel Hopkins), 하인리히 헤페(Heinrich Heppe) 등이 있으며,
최근에는 로버트 켄달(Robert T. Kendall)[38]과 브루스 데머리스트(Bruce
Demarest) 등이 이 견해를 주장한다. 예를 들어, 최근 속죄론과 관련된
그의 저작에서 데머리스트는 이 입장을 다음과 같이 대변하고 있다.
조금 길긴 하지만, 이 관점의 입장을 보다 정확하게 이해하기 위하여
인용해 보도록 하자.

> 속죄의 제공(provision)이라는 측면에서 우리는 그리스도가 단지 택한 백
> 성만이 아니라 모든 시대와 모든 장소의 모든 죄인을 위해 죽으셨다고
> 결론 짓는다. 그리스도는 온 세상의 죄를 위해 고난의 잔을 마셨다. 그분
> 은 온 세상의 죄인들을 위한 대속물, 속죄제물, 속전 등으로 죽으셨다. 다
> 시 말해 그리스도는 자신이 십자가 구원의 유익을 적용하려고 작정한 이
> 들보다 더 많은 사람을 위해 구원을 베푸셨다. 속죄의 보편적 제공은, 거

---

[37] James T. Dennison, Jr., *Reformed Confessions of the 16th and 17th Centuries in English Translation*, vol. 4, *1600-1693* (Grand Rapids, MI: Reformation Heritage Books, 2014), 516-30.

[38] Cf. Robert T. Kendall, *Calvin and English Puritanism to 1649* (Oxford: Oxford University Press, 1979).

록하신 하나님과 죄인들 사이의 모든 장벽을 제거하고, 세상에 악을 억제하는 선을 위한 능력을 베풀며, 장차 무덤 속에서 모든 사람의 부활을 보증하고(요 5:28-29), 불신자들의 정죄를 위한 공의로운 근거를 추가적으로 제공하며, 만인에게 복음을 선포할 동기를 부여한다. 아르미니우스주의자들이 속죄의 제공 측면에서의 보편성을 강조하는 것은 옳다.…[이와 같이] 속죄의 **제공적**(provision) 측면은 만인에게 선포해야 할 하나님의 일반 의지에 속한다. 그러나 이런 차원을 넘어, 아버지께서는 "양 떼"를 특별한 사랑으로 사랑하시며, 성령께서는 하나님의 뜻 안에서 그리스도의 죽음의 유익을 "양 떼", 곧 택함 받은 자들에게 적용하신다. 속죄의 **적용적**(application) 측면은 믿음에 이르게 된 이들이 공유하는 하나님의 특별 의지에 속한다. 그리스도께서는 속죄의 유익을 택한 자들에게 적용하실 목적으로 만인을 위한 속죄를 이루시기 위해 죽으셨다는 이러한 결론은 칼뱅주의 중에서 타락후 예비선택설(Sublapsarianism)과 부합된다.…더 나아가 우리의 관점은 복음주의 진영에서 자주 표현하는 다음과 같은 격언보다 더 구체적이다. "속죄는 만인에게 충분하나(sufficient) 택함 받은 자들에게만 효력 있다(efficient)." 더 정확히 말하자면, 이 관점에서는 하나님의 의도로 볼 때 그리스도의 고난과 죽음이 그 **제공적**인 측면에서는 보편적이고, 그 **적용적**인 측면에서는 제한적이라고 주장한다(Christ's suffering and death are universal in its provision and particular in its application).[39]

---

39   Cf. Demarest, 『십자가와 구원』, 288-91.

[표 2]. 속죄의 범위에 대한 주요 4가지 견해의 요약

속죄의 범위	주창자	속죄의 계획/의도	속죄의 효과/적용	구원의 결정적 요인
보편속죄론	오리게네스	보편적	보편적(만인구원론)	하나님의 사랑
조건적 보편속죄론	아르미니우스주의	보편적	제한적(믿는 자)	인간의 선택
가설적 보편속죄론	아미랄두스주의	보편적	제한적(믿는 자)	하나님의 선택
제한속죄론	칼뱅주의	제한적	택함 받은 자	하나님의 선택

2. 도르트 신앙표준의 "제한 속죄론"(Limited Atonement)

속죄의 범위 문제와 관련하여 도르트 신앙표준은 "제한속죄"(혹은 "한
정속죄"/"특별속죄", Limited/Definite/Particular Atonement)라는 입장을 고백
한다. 먼저 제2조 3항과 4항에서 예수 그리스도의 속죄 사역의 무한
한 가치에 대하여 다음과 같이 선언한다.

3. 하나님의 아들의 죽으심은 죄를 위한 유일하고 가장 완전한 희생이며
속죄제물이다. 그의 죽으심은 온 세계의 죄를 속하기에 충분하고도 남을 정도로
무한히 가치 있고 값진 것이다.

4. 그의 죽으심은 이러한 이유에서 무한한 가치와 존엄성을 지닌다. 왜냐하면 이
죽음을 감수하신 분은 참 사람이시고 완전히 거룩하실 뿐 아니라, 하나님
의 독생자이시기 때문이다. 그는 성부와 성령과 함께 동일하시며 영원하
시고 무한하신 본질이시니, 우리의 구주가 되시기에 필요한 자격을 가지
신 분이시다. 또한 그의 죽으심은 죄로 말미암아 우리가 받아 마땅한 하
나님의 진노와 저주를 수반한다.[40]

---

40   김영재 편, 『기독교 신앙고백』, 604-606.

이것은 아르미니우스주의자들의 항론파에 의해 제기된 조건적 보편속죄론에서, 그리스도의 속죄의 "충분성과 유효성"이라는 논쟁점에 대한 개혁파 신학자들과 도르트 신앙표준의 입장 표명이다. 즉 예수 그리스도의 속죄는 세상의 모든 죄를 속하고도 넘칠 만큼 충분하고, 또한 우주적인 가치를 가진다고 보았다. 그 이유는 예수 그리스도께서 참 하나님이시요 참 인간이신 하나님의 독생자, 곧 성자 하나님이시기 때문이다. 그러나 도르트 신앙표준의 이러한 표현은 항론파들이나 아미랄두스주의자들이 주장하는 것과는 달리 우리 주 예수 그리스도의 속죄사역이 그 의도와 계획에 있어 모든 사람들을 위한 것이 아니라, 오직 택함을 받은 자들만을 위한 것이란 것을 분명히 한다.

나아가 제5, 6, 7항에서는 성경의 가르침에 따라 이 예수 그리스도의 속죄 사역으로 말미암는 생명의 구원의 복음이 만민에게 전파되어야 함을 분명하게 언명하며, 또한 구원의 은혜는 그 어떤 선행이나 공로에 의하지 않고, 오직 믿음으로만 구원받음을 선언한다.

5. 더욱이 복음의 약속은 누구든지 십자가에서 죽으신 그리스도를 믿는 사람은 멸망하지 않고 영생을 얻는다는 것이다. 이 약속은 회개하고 믿으라고 하는 명령과 함께 모든 민족들과 모든 사람들에게 차별이나 구별 없이 전파되고 공포되어야 한다. 하나님께서는 이들에게 복음을 내보내시기를 진정으로 기뻐하신다.

6. 그러나 복음으로 부름을 받은 많은 사람들이 회개하지도 않고 그리스도를 믿지 않아 불신앙으로 멸망한다. 그것은 십자가에서 그리스도께서 드리신 희생에 무슨 결함이 있거나 그 희생이 불충분해서가 아니고 전적으로 그들 자신 탓이다.

7. 그러나 그리스도의 죽으심으로 인하여 죄와 파멸에서 놓임을 받고 진정으로 믿

어 구원을 얻는 많은 사람들은 이 구원의 은혜를 오직 그리스도 안에서 그들에게 영원 전부터 주신 하나님의 은혜에 돌리며, 그들 자신의 어떠한 공로에 돌리지 않는다.

마지막으로, 도르트 신앙표준의 제8항에서는 항론파의 "조건적 보편속죄론"(conditioned universal atonement)에 반대하여 "제한속죄론"(Limited Atonement)을 다음과 같이 명확하게 고백하며 선포한다.

8. 왜냐하면 사람을 살리고 구원하시는 그의 독생자의 가장 귀한 죽음의 효력이 택함을 받은 모든 사람들에게 미쳐 그들에게만 의롭게 하는 믿음을 선물로 주셔서 그들로 하여금 어김없이 구원을 얻게 하시는 것이 성부 하나님의 주권적인 결정이요, 지극히 거룩하신 뜻과 목적이었기 때문이다. 즉 그리스도께서 십자가에서 흘리신 피로 새 언약을 굳게 세우심으로써 각 백성과 부족과 민족과 언어로부터 영원 전부터 구원을 얻도록 택함을 받아 성부께서 그에게 주신 모든 사람들만을 마침내 구속하시는 것이 하나님의 뜻이었다. 그리스도께서는, 성부 하나님께서 뜻하신 대로, 그들에게 성령의 구원하시는 다른 은사들과 함께 그들을 위하여 그의 죽으심으로 값 주고 사신 믿음을 주시고, 그들의 원죄나 그들이 믿기 전과 후에 실제로 지은 모든 죄를 정결하게 하시며, 그들을 끝날까지 미쁘시게 보존하셔서, 마침내 그들을 모든 점과 흠에서 자유로운 상태로 그와 함께 영원히 영광의 기쁨을 누리도록 인도하신다.

9. 택함을 받은 사람들에 대한 영원한 사랑에서 나오는 이 목적은 세상의 시작부터 오늘에 이르기까지 지옥문의 온갖 부질없는 반항에도 불구하고 능력으로 성취되어왔고 앞으로도 성취될 것이다. 그러므로 택함을 받은 사람들은 때가 되면 하나로 모이게 되고, 믿는 자들로 형성된 교회는 결코 없어지지 않을 것이다. 교회의 기초는 그리스도의 피로 놓인 것이다. 신랑이 신부를 위하듯이, 그들을 위하여 십자가상에서 자기 생명을 희생

하신 그리스도를 교회는 그들의 구주로 변함없이 사랑하고 충성을 다하여 섬기며, 이 세상에서 그리고 영원히 그를 찬양할 것이다.[41]

이 본문에서 특히 "사람을 살리고 구원하시는 그의 독생자의 가장 귀한 죽음의 효력이 택함을 받은 모든 사람들에게 미쳐 그들에게만 의롭게 하는 믿음을 선물로 주셔서 그들로 하여금 어김없이 구원을 얻게 하시는 것이 성부 하나님의 주권적인 결정이요, 지극히 거룩하신 뜻과 목적이었기 때문이다"라는 표현은 이미 살펴본 "항론파의 속죄론"과는 분명한 차이가 있으나, 속죄의 실제적인 효력이 선택을 받은 자들에게만 적용됨으로써 한정적이라고 보는 "아미랄두스주의"와는 큰 차이점이 없어 보인다. 그러나 도르트 신앙표준에 나타난 정통개혁파(Orthodox Reformed)의 속죄론 이해의 특징을 다른 그 어떤 견해와도 가장 분명하게 구분하는 선언은 바로 다음의 본문이다:

그리스도께서 십자가에서 흘리신 피로 새 언약을 굳게 세우심으로써 모든 백성과 족속과 민족과 방언으로부터 영원 전부터 구원을 얻도록 택함을 받아 성부께서 그에게 주신 모든 사람들만을 마침내 구속하시는 것이 하나님의 뜻이었다. 그리스도께서는, 성부 하나님께서 뜻하신 대로, 그들에게 성령의 구원하시는 다른 은사들과 함께 그들을 위하여 그의 죽으심으로 값 주고 사신 믿음을 주시고, 그들의 원죄나 그들이 믿기 전과 후에 실제로 지은 모든 죄를 정결하게 하시며, 그들을 끝날까지 미쁘시게 보존하셔서, 마침내 그들을 모든 점과 흠에서 자유로운 상태로 그와 함께 영원히 영광의 기쁨을 누리도록 인도하신다.

---

41   김영재 편, 『기독교 신앙고백』, 606(번역 교정).

이 본문에 의하면, (1) 예수 그리스도의 십자가에서 죽으심의 속죄 사역의 의도와 계획이 제한적임과 동시에, (2) 속죄사역의 결과적 성취, 곧 구원의 효과적인 성취 또한 제한적임을 분명히 하고 있다. 그리고 제9항에서는 (3) 그러한 택함을 받은 사람들을 구원하시는 구속성취의 역사가 계속하여 이루어져왔고 또 이루어져갈 것임을 선언하고 있다.

이러한 성경적인 "제한속죄론"은 종교개혁자들 가운데 요하네스 외콜람파디우스(Johannes Oecolampadius, 1482-1531), 마르틴 부처(Martin Bucer, 1491-1551), 피터 버미글리(Peter Martyr Vermigli, 1499-1562)를 비롯하여 칼뱅(John Calvin)이 주장하였고,[42] 이후 테오도르 베자(Theodore Beza, 1591-1605), 프란키스쿠스 투레티누스(Francis Turretin, 16231687), 윌리엄 퍼킨스(William Perkins, 1558-1602), 존 오웬(John Owen, 1616-1683), 요한 코케이우스(Johann Cocceius, 1603-1669), 조나단 에드워드(Jonathan Edwards, 1703-1758)와 같은 정통개혁파 및 청교도 신학자들에 의하여 계승되었으며, 찰스 하지(Charles Hodge), 윌리엄 쉐드(William G. T. Shedd), 루이스 벌코프(L. Berkhof) 로레인 뵈트너(Lorain Boettner), 존 머레이(John Murray) 등의 현대 개혁파 신학자들이 그 뒤를 이었다. 특히 "스위스 일치신조"(The Formula Consensus Helvetica, 1675)의 작성을 주도했던 투레티누스는 그의 주저서인 『논박신학 강요』(Institutes of Elenctic Theology)에서 로마 가톨릭, 루터파, 아르미니우스주의자들, 아미

---

42 "속죄의 범위" 문제에 대한 칼뱅의 견해와 관련된 논쟁과 주요 자료들에 대한 평가에 대하여는 Roger Nicole, "John Calvin's View of the Extent of the Atonement," *Westminster Theological Journal* 47 (1985): 197-225를 참조하라. 로저 니콜은 이 문제와 관련한 칼뱅의 견해에 대한 학자들의 해석들을 면밀하게 평가한 후, "균형잡힌 우리의 결론은 한정속죄가 보편은혜보다 칼뱅의 전체적인 가르침에 더욱 적합하다는 것이다"라고 결론 내린다 (p. 225).

랄두스주의자들과 같은 모든 다양한 형태의 보편속죄론을 철저하게 논박하면서 다음과 같이 말하고 있다.

> 그러나 개혁파의 공통된 견해는 그리스도께서는 모든 사람들이 아니라 특정한 수의 사람들의 구속자와 머리로서 임명되시고 주어졌다는 것이다. 하나님의 선택에 의하여 이들은 그리스도의 신비한 몸을 형성한다. 오직 이들만을 위하여, 그리스도께서는 성부의 선택의 작정과 언약을 성취하시기 위하여 죽기로 의도하셨고, 또 그렇게 하셨다. 뿐만 아니라 그리스도께서는 자신의 죽음의 무한한 가치에 그들의 자리에서 가장 효과적으로 자기 자신으로 대속하려는(to substitute) 특별한 의도를 더하셨고, 또한 그들을 위하여 믿음과 구원을 획득하셨다.[43]

(1) 속죄론에 대한 성경전체의 증거와 가르침:

항론파들은 그들의 속죄론에 대한 근거구절로 먼저 요한복음 3:16의 "하나님이 세상을 이처럼 사랑하사 독생자를 주셨으니 이는 그를 믿는 자마다 멸망하지 않고 영생을 얻게 하려 하심이라", 그리고 요한1서 2:2의 "그는 우리 죄를 위한 화목제물이니 우리만 위할 뿐 아니요 온 세상의 죄를 위하심이라"는 두 증거본문을 중요한 것으로 들고 있다. 그러나 개혁파 신학은 항상 "오직 성경"(*sola scriptura*)과 더불어 "전체 성경"(*tota scriptura*)이라는 원리에 따른다. "전체 성경"의 원리는 단지 몇몇 특수한 성경 본문에 근거하는 것이 아니라 성경 전체의 조화된 가르침을 따라야 한다는 원리를 말한다. 먼저 요한복음 3:16의 "세상"은

---

43 Francis Turretin, *Institutes of Elenctic Theology*, vol. 2, trans. George M. Giger (Phillipsburg, N.J.: P & R Publishing, 1994), II.xiv.8 (p. 458).

그 의미상 "모든 사람"을 의미하는 것이 아니라 하나님과 대적하는 "범죄한 이 세상을 독생자를 주실 만큼 하나님께서 사랑하신다"는 사실을 의미한다. 그러므로 이것은 속죄의 범위 문제가 그 초점이 아니다. 다음으로 요한1서 2:2의 본질적인 의미 또한 편협한 유대주의적 신앙을 가진 자들을 향하여 "그리스도께서 유대적 배경의 신자들뿐만 아니라 이방인들에게 속한 사람들의 죄까지도 위하여 화목제물이 되셨다"는 사실을 의미한다고 볼 수 있다.[44] 이에 더하여, 동일한 사도 요한의 여러 증거본문들에 대한 주의 깊고 균형 있는 해석은 "제한속죄론"을 가르치고 있다: 요한복음 13:1, "세상에 있는 자기 사람들을 사랑하시되 끝까지 사랑하시니라"; 요한복음 17:2, "아버지께서 아들에게 주신 모든 사람에게 영생을 주게 하시려고 만민을 다스리는 권세를 아들에게 주셨음이로소이다"; 17:9, "내가 비옵는 것은 세상을 위함이 아니요 내게 주신 자들을 위함이니이다. 그들은 아버지의 것이로소이다"; 요한복음 10:14-15, "나는 선한 목자라. 나는 내 양을 알고 양도 나를 아는 것이 아버지께서 나를 아시고 내가 아버지를 아는 것 같으니 나는 양을 위하여 목숨을 버리노라." 이뿐만 아니라 속죄의 범위와 관련된 수많은 성경 본문의 증거들에 대한 적절한 해석에 따르자면 성경 전체 (*tota scriptura*)의 가르침은 분명하게 제한속죄론을 가르친다. 그러므로 로버트 레이몬드(Robert Reymond)는 성경의 다양한 제한속죄적인 어휘들과 본문들을 제시하며 "성경 자체가 그리스도께서 위하여 죽으신 자를 특정화한다"고 간결하게 말한다.[45]

---

44 Cf. Letham, *The Work of Christ*, 240-47.

45 Robert L. Reymond, *A New Systematic Theology of the Christian Faith* (Nashville: Thomas Nelson Publishers, 1998), 673.

(2) 하나님의 예정의 확실성과 예수 그리스도의 속죄의 실제성:

하나님의 선택과 예수 그리스도의 속죄 사역은 서로 분리할 수 없도록 연결되어 있다. 만일 하나님의 예정이 절대적이고 주권적이라면, 이에 따른 선택은 확실한 것이며, 그때 예수 그리스도의 속죄는 이 선택받은 자들을 위한 것이며, 실제적인 것으로 귀결된다. 즉 예수님께서는 그의 십자가의 고난과 죽으심을 통하여 단지 속죄의 가능성을 제공하신 것이 아니라, 성부께서 구원하시기로 택하시고 그에게 주신 사람들을 위하여 죽으셨고 실제로 속죄를 성취하셨다. 그러므로 그리스도께서는 십자가상에서 운명 직전에 "다 이루었다"(요 19:30)고 선언하셨다. 그러나 만일 아르미니우스주의자들이 주장하는 것처럼, 하나님의 예정과 선택을 조건적인 것으로 본다면, 그때 그리스도의 속죄는 모든 사람들을 위한 보편적이며 잠정적인 것으로 이해되고, 결과적으로 인간의 선택과 믿음에 의해 좌우되는 조건적인 것으로 생각될 수 있다. 뿐만 아니라 아미랄두스주의자들처럼 "속죄의 보편적인 제공과 유효한 적용"으로 구분하면, 이것은 하나님의 완전한 본성과 능력을 부인하는 결과를 초래한다. 결국 이 논의의 결과는 어느 견해가 더 성경적이며, 또한 교리적/논리적 정합성을 담보하느냐에 달려 있다. 그러나 성경의 가르침에 따른 "역동적 시간 이론"(the dynamic theory of time)과 하나님의 영원성(God's eternity)에 대한 최근의 이해에 따르면, 아르미니우스주의자들이 주장하는 것과 같이 미래적 사건에 근거한 하나님의 예지 예정(foreknowledge predestination)은 불가능하다.[46] 그러므로 오직 하나님의 절대적인 작정 및 주권적인 선택의 확실성과 그에

---

46 시간의 본질에 대한 이해와 이에 따른 하나님의 영원성에 대한 깊이 있는 논의와 관련해서는 Eunsoo Kim, *Time, Eternity, and the Trinity: A Trinitarian Analogical Understanding of Time and Eternity* (Eugene, OR: Pickwick Publications, 2010)을 참조하라.

따른 그리스도의 속죄의 실제성과 완전성을 말하는 정통개혁파의 이해가 보다 성경적이며, 또한 교리적/논리적으로 더욱 정합성이 있는 견해라고 할 수 있다.

(3) 삼위일체 하나님의 사역의 통일성과 하나됨:

성경의 가르침에 근거한 정통개혁파 속죄론의 본질을 정확하게 고백하고 있는 "제한속죄론"은 어떤 취사선택 가능한 가능성들 가운데 가장 그럴듯한 신학적 논리의 귀결이 아니라, 포기할 수 없는 삼위일체 하나님의 구속사역의 본질에 대한 성경적 진리를 바르게 선포하는 것이다. 초기 교회로부터 확정된 공교회 신앙은, 삼위일체 하나님은 그 본질과 모든 행위 및 역할에 있어 항상 공유적이기 때문에 각 위격의 분명한 구별에도 불구하고 삼위일체 하나님의 존재론적 동일본질성(*homoousia*)뿐만 아니라, 이것을 그의 행위(사역)에까지 확장하여 그 하나되심을 "외부를 향한 삼위일체 하나님의 사역은 분리되지 않는다"(*opera trinitatis ad extra indivisa sunt*)라는 원리를 권면하였다. 이러한 신학적 원리에 따르면, 성부 하나님께서는 그의 기뻐하시는 뜻에 따라 주권적인 은혜로써 구원받을 자들을 영원한 예정으로 선택하셨고, 예수 그리스도의 속죄사역은 단순히 모든 사람들을 위한 구원의 가능성을 제공한 것이 아니라, 아버지께서 주신 그의 택하신 백성들을 위한 대리적 속죄의 죽음을 죽으심으로써 실제로 구속을 성취하셨으며, 또한 성령 하나님께서는 그 구속의 은덕들을 오직 성부께서 택하신 자들에게, 효과적으로 적용하심으로써 마침내 삼위일체 하나님의 구속사역을 완성하신다.

IV. 나가는 말

본 연구에서 예수 그리스도의 속죄 사역의 성격과 범위에 대한 문제들을 중심으로 살펴본 바에 따르면, 먼저 성경의 전체적인 가르침과 정통개혁파 신앙고백 및 개혁파 신학은 속죄의 성격에 대해 "형벌대속론"(Penal Substitutional Theory)을 고백한다: "예수 그리스도께서는 우리의 죄를 지시고 우리가 당할 형벌을 대신하여 십자가의 고난과 죽음을 당하심으로써, 하나님의 공의를 보상하셨고 또한 우리를 위하여 의가 되셨다." 그리고 속죄의 계획/범위와 관련된 문제와 관련해서는 "제한속죄론"(Limited Atonement)을 고백한다: "예수 그리스도께서는 온 세상의 모든 사람들을 위해서가 아니라 오직 택함 받은 자들만을 위하여 십자가의 고난과 죽음을 당하심으로써 실제로 속죄를 이루셨다." 우리가 살펴본 도르트 신앙표준(The Canons of Dort, 1618-19)은 성경의 가르침에 기초한 정통개혁파 신학의 속죄론인 "형벌대속적 제한속죄론"(Penal Sunbstitutional Limited Atonement)을 정확하게 요약하고, 고백하며, 선언하고 있다. 이후 이러한 정통개혁파 속죄론의 구체적인 내용은 "스위스 일치신조"(The Formula Consensus Helvetica, 1675)에 다음과 같이 보다 더 정확하고 명확한 형태로 고백된다.

영원으로부터 그리스도께서는 시간 속에서 그의 은혜로 구원함을 받은 모든 자들의 머리(the Head)요, 인도자(the Leader)이며, 그리고 주(the Lord)로서 선택되셨으며, 또한 영원한 선택에 의하여 그 자신의 백성, 그의 씨와 상속자로서 오직 그에게 주어진 사람들만을 위하여 새 언약의 보증(Guarantor)이 되셨다. 성부와의 결정적인 협약과 그 자신의 의도하심에 따라 그리스도께서는 오직 택함을 받은 자들만을(the elect alone) 대신하여 참혹한 죽음을 맞이하셨으며, 오직 그들만을 진노하신 성부 하나님과 화해시켰으며, 율법의 저주로부터 구해내셨다. 그의 백성들을 그들의 죄들로부터 구원하신(마 1:21) 우리 [주] 예수 [그리스도]께서는 그의 목소리를 듣는(요 10:27-28) 그 자신의 많은 양들을 위한 속전으로 그 자신의 생명을 내어주셨다(마 20:24, 28; 요 10:15). 그리고 예수 그리스도께서는 거룩하게 약속된 제사장으로서 세상(the world)을 위해서가 아니라 오직 그들[cf. 자신에게 주어진 양들, 곧 택함 받은 자들]만을 위하여 중보사역을 감당하셨다(요 17:9). 따라서 그리스도의 속죄의 희생 속에서 그들은 그와 함께 죽고, 또한 죄로부터 의롭다함을 받은 것으로 간주된다(고후 5:12). 그러므로 성부 하나님과의 협약에 의해, 구속함을 받기 위해 그리스도에게 주어진 자들은 택함을 받은 자들(the elect) 외에 아무도 없으며, 또한 성령 하나님께서 거룩하게 하시고 영원한 생명의 산 소망으로 인치시는 자들 또한 택함을 받은 자들 외에 아무도 없다. [속죄의 죽음을] 죽으신 그리스도의 의지는 완전한 조화 속에 있는 평화의 협약과 너무나도 일치하며, 그 [협약] 속에서 성부 하나님의 선택(election), 성자 하나님의 구속(redemption), 그리고 성령 하나님의 성화(sanctification)는 하나이며 동일하다(one and the same).[47]

참고로 도르트 신앙표준 문서가 아르미니우스주의에 기초한 항론파들의 "조건적 보편속죄론"(conditional universalism)의 도전에 대한 대답이었다면, 이 스위스 일치신조는 이후 아르미니우스주의와 칼뱅주의 정통개혁파 속죄론을 절충하고자 시도한 아미랄두스주의자들의

---

47   John H. Heidegger with Francis Turretin and Lucas Gernler, "The Formula Consensus Helvetica"(1675), Canon XIII(제13조), in *Reformed Confessions of the 16th and 17th Centuries in English Translation*, Vol. 4, *1600-1693*, James T. Dennison, Jr., ed. (Grand

"가설적 보편속죄론"(hypothetical universalism)의 도전에 대한 정통개혁 신학의 공식적인 신앙고백문이라고 할 수 있다. *Soli Deo gloria!*

Rapids, MI: Reformation Heritage Books, 2014), 524. "스위스 일치신조"(The Formula Consensus Helvetica, 1675)는 아미랄두스(Amyraut), 플라카이우스(Placaeus), 그리고 달레 (Daille) 등에 의해 주도된 소뮈르 학파(Saumur Academy)의 아미랄두스주의에 따른 "가설 적 보편속죄론"을 논박하기 위해 정통개혁파 신학자들에 의해 작성된 신앙고백문이다. 이 신앙고백문은 "도르트 신조"(1618-19)와 "웨스트민스터 신앙고백서"(1647)의 신학적 전 통을 잇는 17세기 후기 정통개혁신학(17th Century Later Reformed Orthodox Theology) 의 핵심적인 요체를 정리한 것(총26개 항목)이라고 할 수 있다.

참고 문헌 (Bibliography)

Boice, Linda M. and Ryken, Philip G. *The Doctrines of Grace*. Wheaton, IL: Crossway Books, 2002. 이용중 역. 『개혁주의 핵심』. 서울: 부흥과개혁사, 2010.

Demarest, Bruce. *The Cross and Salvation: The Doctrine of Salvation*. Wheaton, IL: Crossway Books, 1997. 이용중 역. 『십자가와 구원』. 서울: 부흥과개혁사, 2006.

Lohse, Bernhard. *Luthers Theologie in ihrer historischen Entwicklung und in ihrem systematischen Zusammenhang*. Göttingen: Vandenhoeck & Ruprecht, 1995. 정병석 역. 『마틴 루터의 신학』. 서울: 한국신학연구소, 2002.

Anselm. *Cur Deus Homo*. Edinburgh: John Grant, 1909.

Arminius, James. *The Works of James Arminius*, Vol. 2. Trans. James Nicoles. Kansas City: Beacon Hill Press, 1986.

Aulén, Gustaf. *Christus Victor: An Historical Study of the Three Main Types of the Idea of the Atonement*. Trans. A. G. Hebert. Lodon: SPCK, 1931; reprinted, 2010.

Bavinck, Herman. *Reformed Dogmatics*, Vol. 3: *Sin and Salvation in Christ*. Trans. John Vriend. Grand rapids: Baker Academic, 2006.

Berkhof, Louis. *Systematic Theology*, New Combined Ed. Grand Rapids: Eerdmans, 1996.

Blacketer, Raymond A. "Definite Atonement in Historical Perspective." In *The Glory of the Atonement: Biblical, Historical, and Practical Perspectives*, eds. Charles E. Hill and Frank A. James III (Downers grove, IL: InterVarsity, 2004): 304-23.

Demarest, Bruce. *The Cross and Salvation: The Doctrine of Salvation*. Wheaton, IL: Crossway Books, 1997.

Dennison, James T. Jr. *Reformed Confessions of the 16th and 17th Centuries in English Translation*, Vol. 1, *1523-1552*. Grand Rapids, MI: Reformation Heritage Books, 2008.

_____. *Reformed Confessions of the 16th and 17th Centuries in English Translation*, Vol. 4, *1600-1693*. Grand Rapids, MI: Reformation Heritage Books, 2014.

Denny, James. *The Death of Christ*. Ed. R. V. G. Tasker. London: Tyndale, 1951.

Driver, John. *Understanding the Atonement for the Mission of the Church*. Scottdale, Penn.: Herald Press, 1986.

Eddy, Paul R. and Beilby, James. "The Atonement: An Introduction." In *The Nature of the Atonement: Four Views* (Downers Grove, IL: IVP, 2006): 9-21.

Horton, Michael. *The Christian Faith: A Systematic Theology for Pilgrims on the Way*. Grand Rapids, MI: Zondervan, 2011.

Kendall, Robert T. *Calvin and English Puritanism to 1649*. Oxford: Oxford University Press, 1979.

Kim, Eunsoo. *Time, Eternity, and the Trinity: A Trinitarian Analogical Understanding of Time and Eternity*. Eugene, OR: Pickwick Publications, 2010.

Letham, Robert. *The Work of Christ*. Downers Grove, IL: InterVarsity Press, 1993.

McDonald, H. D. *The Atonement of the Death of Christ: In Faith, Revelation, and History*. Grand Rapids: Baker, 1985.

McLaren, Brian. *Everything Must Change: Jesus, Global Crisis, and a Revolution of Hope*. Nashville: Nelson, 2007.

Miley, John. *Systematic Theology*, Vol. 2. Peabody, Mass.: Hendrickson Publishers, 1989, reprinted.

Murray, John. *Redemption: Accomplished and Applied*. Grand Rapids: Eerdmans, 1955.

Nicole, Roger. "John Calvin's View of the Extent of the Atonement." *Westminster Theological Journal* 47 (1985): 197-225.

Reymond, Robert L. *A New Systematic Theology of the Christian Faith*. Nashville: Thomas Nelson Publishers, 1998.

Steele, David N. and Thomas, Curtis C. *The Five Points of Calvinism Defined, Defended, Documented*. Phillipsburg, N.J.: Presbyterian and Reformed, 1963.

Stott, John R. W. *The Cross of Christ*. Downers Grove, IL: InterVarsity Press, 1986.

Turretin, Francis. *Institutes of Elenctic Theology*, Vol. 2. Trans. George M. Giger. Phillipsburg, N.J.: P & R Publishing, 1994.

Weaver, J. Denny. *The Nonviolent Atonement*, 2nd ed. Grand Rapids: Eerdmans, 2011.

Wink, Walter. *The Power That Be: Theology for a New Millenium*. New York: Doubleday, 1999.

Wright, N. T. *Evil and the Justice of God*. Downers Grove. IL: InterVasity Press, 2006.

김영재 편. 『기독교 신앙고백』. 서울: 영음사, 2011.

제9장

한국장로교 "조직신학"의 발전 역사

평양신학교와 고신/장신/총신/한신/합신을 중심으로

I. 들어가는 말

19세기 구한말, 개화기 격동의 시대를 지나는 동안 이 땅에 기독교(개신교) 복음이 여러 경로로 전래되어, 1883년 황해도 솔내(松川, 소래)에 첫교회인 "솔내(소래)교회"가 자체적으로 세워졌다. 곧이어 1907년에 "예수장로회 대한노회" 이름으로 독노회(獨老會)가 조직되고, 이후 그 산하에 두었던 7개의 "대리회"(代理會)가 노회로 승격됨으로써 1912년에는 "조선예수장로회 총회"(總會)가 조직되었다. 그러나 선교사가 공식적으로 입국하기도 전에[1] 이미 성경이 부분적이나마 자국어로 번역되었고 교회가 먼저 세워졌던 것처럼, 노회와 총회가 조직되기도 전에 이미 이 땅에서 신학교육이 시작되고 있었다. 1885년 4

---

*   이 연구는 "한국장로교 100년간의 조직신학 발전역사"를 살피는 총 3편으로 기획된 논문시리즈 가운데 그 첫 번째 것이며, 여기서는 먼저 한국장로교의 조직신학 발전역사의 근간을 형성해온 "평양신학교"와 이후 그것을 직접적으로 계승하거나 관계된 주요 5개의 장로교단의 목회자를 양성해 온 "신학대학원"(Theological Seminary) ─ 고신/장신/총신/한신/합신 ─ 중심의 조직신학의 발전역사를 중심으로 살펴본 것이다. 따라서 다른 여러 중요한 장로교단(cf. 대신, 백석 등)에서 사역하였거나(사역중이거나), 일반 대학에 속한 신학교(cf. 연세대, 숭실대, 안양대, 평택대 등)와 초교파 독립 신학교 및 지방에 위치한 많은 신학교들에서 사역한 중요한 조직신학자들을 다룰 수 없었다. 그러나 다음 기회에 계속하여 이어질 두 편의 글을 통해 여기서 다루지 못한 여러 중요한 한국장로교 및 타교단에 소속한 조직신학자들의 신학적 공헌 및 특징들을 다룰 계획이다.

1   이 땅에 선교사가 공식적으로 입국한 것은 1884년 미국 북장로교 선교부 소속 의료선교사 알렌(Horace N. Allen, 1858-1932)이 제물포로 들어온 1884년 9월 20일이며, 그는 곧 "광혜원/제중원"을 세워 본격적인 활동을 시작하였다. 뒤이어 1885년 4월 5일 부활절날 미국 북장로교선교부에서 파송한 복음선교사 언더우드(Horace G. Underwood)와 미국 감리교 선교사 아펜젤러(Henry G. Appenzeller) 부부 등 3인이 일본을 통하여 제물포(인천)에 그 첫발을 내디딤으로써 공식적인 선교역사가 시작되었다. 이때 언더우드의 손에는 이수정이 번역한 한글성경 "마가복음"이 들려 있었고, 그는 알렌의 제중원에서 학생들을 가르치기 시작하였다. cf. 허순길, 『한국장로교회사: 고신교회중심』(서울: 영문, 2008), 23-62. 참고로, 1884-1907의 초기 장로교 선교사들의 출신과 파송기관 및 입국일자에 대한 상세한 "입국상황"의 기록은 김남식/간하배(공저), 『한국장로교 신학사상사(I)』(서울: 베다니, 1997), 67-70을 참조하라.

삼위일체 하나님과 신학

월에 입국한 미국 북장로교 선교부 파송 복음선교사 언더우드(Horace G. Underwood)는 1890년 초가을 서울 정동에 있던 그의 집 사랑방에서 "신학반"(theological class)을 열었고,[2] 이어 마포삼열(Samuel A. Moffett, 1890년 입국) 박사가 1901년 미국, 호주, 캐나다 장로회 소속 선교사들로 이루어진 연합공의회의 결정을 거쳐 평양에 있던 그의 사택에서 본격적으로 정규신학교로 시작하였는데, 이것이 한동안 장로교의 유일한 신학 교육기관이었던 "대한야소교장로회신학교"(평양신학교)의 태동이며, 이로써 이 땅에서 공식적인 신학교육이 시작되었다.[3] 그리하여 1907년 그 첫 졸업생들인 7인(길선주, 방기창, 서경조, 송인서, 양전백, 이기풍, 한석진)이 최초로 한국장로교 목사로 배출되었다.[4] 이처럼 이 땅에 공식적인 신학교육기관인 "평양신학교"(장로교공의회에 의해 1907년 정식으로 인준되어, 그 공식명칭은 "조선장로회신학교"로 정해짐)[5]가 세워져 본격적으로 신학이 전수되어 교육되기 시작된 이래 현재까지 한국장로교는 분열과 발전을 거듭하며 약 115년의 역사를 점하고 있다.

---

2   Cf. 양낙흥, 『한국장로교회사』(서울: 생명의말씀사, 2008), 81. 언더우드 선교사는 미국의 네덜란드개혁신학교(Dutch Reformed Theological Seminary)에서 신학훈련을 받았으나, 선교현장에서는 초교파적인 태도를 견지하며 "교파주의"를 극복하려 노력하였으며, 이것이 초기 한국 선교에서 연합운동의 기초가 되었다. 김남식/간하배(공저), 『한국장로교 신학사상사(I)』, 96-99.

3   Cf. 양낙흥, 『한국장로교회사』, 82f; 주강식, "한국장로교회의 개혁신학에 대한 연구: 1884년부터 2000년까지를 중심으로," 「갱신과 부흥」 14 (2014.07), 93. 1901년에 설립된 "평양신학교"의 제1대 교장은 마포삼열 박사(1901-25), 2대 교장은 라부열 박사(Stacy L. Roberts, 1925-38)가 맡았으며, 1938년 일제의 신사참배 강요로 자진 폐교하였다. 그리고 외국 선교사들이 떠난 후, 1939년 제28차 총회의 인준을 받아 1940년 재건되어 "(후)평양신학교"의 3대 교장은 채필근 목사, 광복 후 4대 교장은 김인준 목사, 1947년 이성휘 목사가 5대 교장을 맡았다.

4   Cf. 이상규, 『한국교회 역사와 신학』(서울: 생명의 양식, 2007), 20.

5   양낙흥, 『한국장로교회사』, 69, 90.

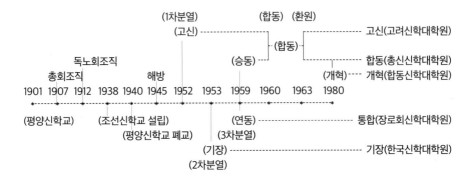

한국장로교의 교단분열과 신학교 설립의 역사를 간략하게 정리하자면, 이미 언급하였듯이 1901년에 설립된 "평양신학교"의 제1대 교장은 마포삼열 박사(1901-25), 2대 교장은 라부열 박사(Stacy L. Roberts, 1925-38)가 맡았으며, 1938년 5월 일제의 신사참배 강요로 자진 폐교하였다. 대부분의 외국 선교사들이 출국한 다음, 이미 성경관 문제 등 자유주의 신학으로 첨예한 갈등을 빚고 있던 김재준 목사를 중심으로 하여 "선교사들의 간섭과 통제로부터 벗어나 한국인의 자체적인 신학교를 세우고자 하는 목적"으로 1940년 서울 승동교회에서 "조선신학교"(현 "한신대학교/신학대학원")가 설립되었다. 나아가 일제하에서 신사참배를 거부했던 한상동 목사를 중심으로 한 출옥목회자들이 주축이 되어 경남노회에서 1946년 평양신학교의 신학적 복원을 염원하며 "고려신학교"(현 "고신대학교/신학대학원")를 설립하여 그 역사를 시작하였고(cf. 한부선, 함일돈, 최이손, 마두원 등의 보수적인 선교사들이 동참함), 그 시초에 박형룡 박사(1947), 곧이어 박윤선 박사가 교장으로 섬

---

6   Cf. 이상규, 『한국교회 역사와 신학』, 30에 있는 도표를 참조하여 수정/보완/확장하였음.

겼다. 남북분단 후, 1948년 평양신학교를 계승하여 서울 남산에서 "장로회신학교"가 개교하여 교장으로 박형룡 박사가 취임하였고, 1951년 한국전쟁 중에 대구에서 총회직영 신학교로 "총회신학교"가 시작되어 1952년 "대한예수교장로회신학교"로 인가되었다. 그러나 1959년 WCC 가입문제로 또다시 "승동"과 "연동"측으로 교회가 분열되었고, 이때 승동(합동)측은 "총회신학교"(현 "총신대학교/신학대학원")로, 연동(통합)측은 1960년 "장로회신학대학"(현 "장신대학교/신학대학원")을 인가받아 설립함으로써, 이후 분열된 각 장로교 주요 교단들의 신학교육을 담당하게 되었다.[7] 나아가 1979년 교권문제로 분열된 대한예수교장로회 총회(합동)와 총신대학교의 개혁과 정화를 요구하던 학생들과 일부 교수들(신복윤, 김명혁, 윤영탁, 박형용, 최낙재)이 박윤선 박사를 중심으로 1980년에 "합동신학대학원"을 설립하여 오늘에 이르고 있다.[8]

이렇게 한국장로교 신학의 역사가 100년을 넘어가면서 그동안 발전의 역사를 돌아보며, 그 발전의 과정과 특징적 요소들을 살펴보는 것은 오늘 우리가 서 있는 자리를 명확히 살피는 일이요, 또한 앞으로 나아가야 할 방향을 가늠해 보기 위해서라도 너무나 중요하고 필요한 일이라 사료된다. 특별히 본 연구에서는 한국장로교 신학을 발전의 모습들을 "조직신학"분과 중심으로 살펴보고자 한다. 그러나 이 짧은 글에서 그 복잡다난한 한국장로교 조직신학의 역사를 일목요연하게 모두 담아 정리하기란 애초에 불가능한 일일지도 모른다. 그러한 연구의 한계와 어려움을 충분히 감안하면서, 여기서는 "매트릭스 방법"(Matrix

---

7   Cf. 최윤배, 『조직신학 입문』 (서울: 장로교신학대학출판부, 2013), 58-61, 특히 "제2장, 한국장로회 조직신학 100년사"를 참조하라.

8   Cf. 20년사편찬위원회 편, 『합동신학대학원 20년사』 (수원: 합동신학대학원출판부, 2000).

methodology)을 사용하여 한국장로교 조직신학의 발전과 전개과정을 정리하고자 한다. 그리고 이 연구의 범위를 제한함에 있어, 먼저 일차적으로 한국장로교 신학의 근간이 된 **평양신학교**와 그것을 직접 계승하였거나 분리되어 설립된 **"5개의 주요 장로교단의 신학대학원"**(고신/장신/총신/한신/합신[가나다순])을 중심하여 연대기적으로 그 신학적 특색에 따라 발전/전개과정을 정리하며, 동시에 각 시대별로 주요 조직신학자들과 저작들, 그리고 중요한 신학적 주제/이슈들 및 이와 연관된 신학자들을 살펴봄으로써 그 통시적(계통적)인 발전과정을 밝히고, 또한 공시적으로 세계교회의 신학적 발전 및 한국교회의 신학의 주요 주제/이슈들과의 상호 연관관계를 살피며 추적 정리하고자 한다. 이렇게 함으로써 기대하는 바는, 한국장로교를 대표하는 각 교단신학의 계통적인 발전과정과 더불어 신학적 정체성과 특징들을 명료하게 하고, 그것을 가능하게 한 주요 신학자들의 신학적 공헌과 특징들을 보다 구체적으로 알 수 있게 되는 것이다. 즉, 본 연구를 통하여 우리는 "한국장로교 조직신학"이라는 전체 숲이 형성되어온 과정과 경관을 조망하면서, 동시에 그 숲을 이루는 각각의 지형적 특징과 그 속의 각종 나무들의 특색까지 가능한 한 입체적으로 살펴보고자 한다.

II. 한국장로교 조직신학의 파종기: 제1세대의 조직신학(1901-1945)

1. 초기 장로교 선교사들의 신학적 특징과 "조직신학"의 착근(1901-1938)

(1) 초기 한국장로교 선교사들

한국장로교 신학의 기초는 초기 한국으로 파송되어 온 선교사들에 의하여 놓여졌고, 이들이 뿌려놓은 신학적 씨앗들은 튼튼하게 뿌리를 내리며 이후에도 계속하여 심대한 영향을 미쳤기 때문에 우리는 가장 먼저 그들의 신학적 정체성과 특징적인 요소들이 무엇인지 살펴보아야한다. 초기 한국장로교의 신학의 정체성을 특징적으로 구체화한 선교사들은 대체로 미국의 맥코믹(McCormick) 신학교, 프린스턴(Princeton) 신학교, 유니온(Union) 신학교 출신들이었다.[9] 미국의 북/남 장로교 선교부에서 파송하여 이 당시 활동했던 선교사들 가운데 극소수를 제외하고는, "세계에서 가장 보수적인 선교사들"이었다.[10] 1922년 당시, 미국 장로교 한국선교부의 연례보고서에 따르면, 한국에서 사역하던 선교사들은 모두 40명이었는데, 이 가운데 프린스턴 출신이 16명, 맥코믹 출신이 11명, 유니온 출신이 3명이었으나, 초기 25년 동안 한국의 장로교 선교와 평양을 중심으로 이루어지던 부흥운동과 전도, 그리고 평양신학교에서 신학교육을 주도한 이들은 맥코믹 출신 선교사들이었다.[11] 이들 선교사 가운데 특히 초기 한국장로교 신학의 기초

---

9   Cf. 박용규, 『한국장로교 사상사: 한국교회와 성경의 권위』 (서울: 총신대학출판부, 1992), 63.

10   박용규, 『한국장로교 사상사』, 64. 초기 한국 장로교 선교에서 결정적인 역할을 한 이들 선교사들의 특징적인 신학과 신앙의 정체성에 대한 간략한 배경에 대하여는 김남식/간하배 (공저), 『한국장로교 신학사상사(I)』, 85-92를 참조하라.

11   Cf. 간하배(Harvie M. Conn), 『한국장로교 신학사상』 (서울: 개혁주의신행협회, 1991),

를 형성함에 있어 가장 큰 영향을 미친 선교사들은 맥코믹 출신 마포삼열(Samuel A. Moffett, 1890 입국), 소안론(W. L. Swallen, 1892 입국), 곽안련(Charles A. Clark, 1902 입국); 유니온 출신의 이눌서(이율서, William C. Reynols, 1892 입국), 구례인(J. C. Crane, 1907 입국); 그리고 프린스턴 출신의 어도만(Walter C. Eerdman, 1906 입국), 라부열(Stacy L. Roberts, 1907 입국), 함일돈(Floyd E. Hamilton, 1920 입국) 등이며, 이들은 평양신학교의 설립자들임과 동시에 지속적인 신학교수사역을 통하여 한국장로교 신학에 정통 보수주의 신학을 착근시킨 직접적인 공헌이 있다.[12]

(2) 초기 한국장로교 선교사들의 신학적 특징

초기 한국장로교 선교사들은 "거의 대부분 [미국 장로교의] 구학파

14; 박용규,『한국장로교 사상사』, 66f. 이들 중에 마포삼열(Samuel A. Moffett), 소안론(W. L. Awallen), 곽안련(Charles Allen Clark), 이길함(Graham Lee), 블레어(W. N. Blair), 무어(S. F. Moor), 로스(Cyril Ross), 버히슬(C. F. Berheisel), 아담스(J. E. Adams) 등이 맥코믹 출신으로서 평양신학교에서 가르쳤던 선교사들이다(p. 67). 따라서 1938년 폐교할 때까지 평양신학교는 "한국의 맥코믹 신학교"로 불리울 만큼 이들의 영향력은 지대했다. Charles Allen Clark, "Letter to Mr. McCaughey" (April 15, 1939) in Robert Culver McCaughey, "A Survey of the Literary Output of McCormick in Chosen," 91. 여기서는 박용규,『한국장로교 사상사』, 74를 참조함. 양낙홍 박사에 의하면, "평양신학교는 설립, 운영, 교수진, 건물 건축에 이르기까지 맥코믹 신학교 출신 선교사들의 손에 의해 움직여졌다. 학교를 설립한 후 20년 이상 평양신학교 교장으로 있었던 마포삼열, 임시 교장직을 두 번 맡았던 번하이젤, 신사참배 시련기에 교장 대행직을 담당했던 곽안련 등이 모두 맥코믹 출신들이었다. 신학교 건물도 맥코믹 여사의 기부에 의해 건축된 것이었다[cf. 1908년 $5,500, 1922년 $35,000 기부함]. 그래서 곽안련 선교사는 1939년 평양신학교를 "한국의 맥코믹 신학교"라고 부를 정도였다. 결국 맥코믹신학교 출신 한국 선교사들의 신학이 바로 [초기] 한국장로교회의 신학이 되었다." 양낙홍,『한국장로교회사』 (서울: 생명의말씀사, 2008), 85.

12 Cf. 박용규,『한국장로교 사상사』, 70-73, 130. 그러나 1925년 라부열(Stacy L. Roberts, 1907) 박사가 평양신학교의 제2대 교장으로 취임하면서, 1920년대 후반부터 30/40년대는 어도만(Walter C. Eerdman), 라부열(Stacy L. Roberts), 함일돈(Floyd E. Hamilton) 등의 프린스턴 출신 선교사들이 중심세력이 되어 제2기 평양신학교를 이끌었다. cf. 김남식/간하배(공저),『한국장로교 신학사상사(I)』, 117, n.101.

(Old School) 신학이 지배하던 신학교 출신"들이며, 그 신학적인 특색은 "극단의 보수주의자 또는 근본주의자들"로,[13] 혹은 "교리적으로 말하면,…청교도주의와 구학파 신학을 포함한 정통 칼뱅주의로 특징지을 수 있을 것"이라고 하나,[14] 대체로 "[이들의] 교파적 배경은 장로교였으나 신학적으로는 엄격한 칼뱅주의라기보다는 보수적 복음주의자들에 가까웠다"고 평가된다.[15] 그들은 당시 자유주의 신학에 대항하여 미국에서 일어났던 근본주의 운동의 핵심교리인 "다섯 가지의 근본 교리들—처녀탄생, 대속의 죽음, 육체적 부활, 그리스도의 역사적 재림, 그리고 성경의 무오성—을 [전혀 의심없이] 확신했다."[16] 또한 미국 성경학교(예를 들어 무디, 뉴욕 등) 출신 선교사들의 열정적이고도 전국적인 광범위한 활동으로 "[성경 무오와 영감의] 성경관에 대한 담대한 변호, 문자적인 성경해석, 그리고 세대주의적인 종말론이 [초기] 한국의 장로교의 신학과 신앙을 특징지어주었다."[17] 그러나 이러한 일반적인 선교사들의 상대적으로 다양한 신학적 경향과는 달리, 평양신학교를 중심으로 신학교육을 담당했던 선교사들은 대체로 칼뱅주의적인 정통개혁파 신학 및 청교도적 신앙전통을 계승한 미국 북장로교회의 "구(舊)프린스턴 신학"(Old Princeton Theology)과 칼뱅주의와 "웨스트민스터 신앙고백서 및 표준문서들"에 기초한 신앙과 실천을 강조했던 "남장로교 신학"(Southern Presbyterian Theology)에 정초하고 있었다.[18] 그리

---

13 Chun Sung Chun, "Schism and Unity in the Protestant Churches of Korea" (Ph.D. Diss., Yale University, 1955), 67. 여기서는 박용규, 『한국장로교 사상사』, 71에서 재인용.

14 박용규, 『한국장로교 사상사』, 70.

15 양낙홍, 『한국장로교회사』, 89.

16 박용규, 『한국장로교 사상사』, 71.

17 박용규, 『한국장로교 사상사』, 69.

18 Cf. 김남식/간하배(공저), 『한국장로교 신학사상사(I)』, 87-92

하여 한국선교 50주년 연례보고서에서 블레어(Herbert E. Blair) 선교사는 "평양신학교의 신학적 특징"에 대하여 다음과 같이 기록하고 있다.

성경만이 강조된 교과서이며, 연구 교과서이다. 모든 목사들에게 한결같이 영향을 끼친 이 신학교는 선교사 교수들의 손에 달려 있었다.…역사적 칼뱅주의의 배경을 지니고 웨스트민스터 신앙표준을 수용하며, 장로 정치를 채용한 장로교인들은 구(舊)프린스턴처럼 성경을 하나님의 말씀으로 의심치 않고 받아들였다. 이러한 입장에서, 그리스도의 십자가에 그 중심이 있는 복음 이야기와 이에 대한 바울의 초자연적 해석을 선교사들이 가르쳤고, 한국 교회는 서슴없이 받아들였다.[19]

이러한 초기 한국장로교의 신학과 신앙의 정체성은 1907년 장로교 "독노회" 조직시에 채택한 "대한예수교 장로회 12신조"와 "웨스트민스터 소요리문답"에 그대로 나타나고 있다. 이 "12신조"는 개혁주의 신앙의 정수가 담긴 "웨스트민스터 신앙고백서"의 요약문이며, 그 "강직한 칼뱅주의 경향"으로 특징지어진다.[20] 동시에 "새 교회는 역시 웨스트민스터 소요리문답을 채택하고 웨스트민스터 신앙고백, 그리고 대요리문답을 "하나님의 말씀에 대한 가치 있는 해석으로, 그리고 우리교회와 신학교에서 가르쳐야 할 체계"로 인정하였다."[21] 그리고 이 "12신조"에 강조되어 있는 철저한 "칼뱅주의는 평양신학교에서 아주

---

19 *Report of the 50th Anniversary Celebration of the Korea Mission*, 121. 여기서는 간하배, 『한국장로교 신학사상』, 22에서 재인용. 또한 김남식/간하배(공저), 『한국장로교 신학사상사(I)』, 187f 참조.

20 김남식/간하배(공저), 『한국장로교 신학사상사(I)』, 131, 813f. 이 "12신조"는 1904년 인도자유장로교회가 먼저 채택한 것이며, 그 전문은 pp. 184-86을 보라.

21 김남식/간하배(공저), 『한국장로교 신학사상사(I)』, 183, n.14.

효과적으로 배양되었다."[22]

(3) "조선 장로교회의 아버지": 마포삼열(Samuel A. Moffett) 박사

초기 한국장로교 신학과 신앙의 특징적인 정체성을 형성함에 있어 전체적인 관점에서 가장 결정적인 영향을 준 인물은 1901년 "평양신학교"의 설립부터 시작하여 1925년까지 교장직을, 이후에는 원로 교장직을 수행하였으며, 또한 1907년 조직된 독노회의 제1회 회장과 1919년에 장로교 총회장을 역임하였고, 1890년 만25세의 나이로 선교사로 파송된 이래 1934년 70세의 나이로 은퇴할 때까지 45년간 그의 평생을 다양한 분야에서 한국선교를 위해 헌신한 **마포삼열 박사** (1864-1939)라고 할 수 있다. 그리하여 곽안련 선교사는 특별히 그를 일컬어 "조선 교회의 아버지" 혹은 "조선 장로교회의 아버지"라고 칭송하였다.[23] 그는 스코틀랜드 언약파(Covenanters)의 후손으로 미국의 구학파 신학전통을 계승하여 타협이 없는 확고한 "보수적 근본주의"/"근본주의적 복음주의" 신학을 지향함으로써 성경의 절대적인 권위와 무오설을 확신하였으며, 이러한 신학적 특징은 그의 평양신학교 사역을 통하여 한국교회 전체에 퍼졌다.[24] 또한 그는 장로교회의 조직과 목회 및 신앙과 삶의 영역에 있어서도, 1907년 조선장로교회의 헌법작성을 주관하였고, 또한 부흥사경회와 새벽기도회 그리고 주일성수의 전통을 가장 먼저 시작하여 확립시킴으로써 초기 한국장로교회의 성경

---

22 김남식/간하배(공저), 『한국장로교 신학사상사(I)』, 186.

23 곽안련, "고 마포삼열 박사에게 봉정함," 「장신논단」 6 (1990), 192. 여기서는 양낙홍, 『한국 장로교회사』, 72, 78f를 참조함.

24 Cf. 김남식/간하배(공저), 『한국장로교 신학사상사(I)』, 100-104; 박용규, 『한국장로교 사상사』, 73-75.

의 절대적인 권위, 축자영감과 무오교리에 기초한 성경중심과 경건주의적인 특징적 정체성을 확립하는 데 큰 영향을 미쳤다.[25] 또한 그는 평양신학교 초기에 지금의 조직신학 분야에 해당하는 많은 과목들을 가르쳤다. 다음의 내용은 1916년까지 평양신학교에서 강의된 주요 조직신학 과목들과 담당 교수들이다.

조직신학 과목과 관련하여 1903년 개교 초기 마포삼열 초대 교장은 "신학 일반과 소요리문답", 배위량(William M. Baird, 1891 입국) 선교사는 "구원론"을 교수하였다. 1916년 이전까지 조직신학 관련 과목과 담당교수는 다음과 같다: "소요리문답", "신학: 구원론(결론), 교회정치와 성례들"(이상 마포삼열[Samuel A. Moffett]); "신학: 적절한 기독교와 신학의 증거들", "신학: 구원론"(이상 배유지[E. Bell], 1893년 입국); "신학: 종말론", "신학: 성령론"(이상 게일[James S. Gale], 1888 입국); "신학적 인간학"(매커첸[L. A. McCutschen], 1902 입국); "윤리학"(왕길지[G. Engel], 1900 입국); "신앙고백 강독세미나"(소안론[W. L. Swallen], 1892 입국); "신학: 성령의 직무와 사역"(언더우드[H. G. Underwood]). 1916년 이후부터 1920년 초(初) 이전까지 조직신학 관련 과목인 "신학"은 마포삼열 박사에 의해 교수되었다.[26]

(4) 한국장로교 최초의 조직신학자: 이눌서(William C. Reynols) 박사

초기 장로교 "조직신학"의 착근과 관련하여 가장 중요한 역할을 한 사람은 이눌서(이율서, William C. Reynols, 1867-1951) 박사와 구례인(John

---

25 Cf. 양낙홍, 『한국장로교회사』, "제3장, "조선교회의 아버지" 마포삼열," 55-79를 참조하라.
26 여기서는 최윤배, 『조직신학 입문』, 69f에서 약간의 정보와 내용을 보완하여 인용함. cf. 장로회신학대학교 100년사 편찬위원회, 『장로회신학대학교 100년사』, 112-17.

삼위일체 하나님과 신학

C. Crane) 박사인데 두 사람 모두 미국 버지니아의 리치몬드에 소재한 "유니온 신학교" 출신이다. 먼저, **이눌서 박사**는 1892년에 입국하여 다양한 선교사역을 감당하던 중 1924년에 평양신학교에 조직신학 담당 교수로 초빙되어 1937년까지 14년간 사역하였고, 총 45년간을 한국 교회를 위하여 일했다. 그는 "남장로교 학파 중에서 가장 탁월한 개혁주의 신학자로 손꼽히는 대브니(R. L. Dabney), 톤웰(J. H. Thornwell)의 [신학과] 사상적 후예였다. 따라서 이눌서 박사는 미국 남장로교의 보수성을 그대로 반영하는 인물이었다."[27] 간하배 박사는, 그를 "넓은 의미로 엄격한 보수주의자였다"고 평가한다.[28] 이때 이눌서 박사가 사용한 조직신학 교재는 중국의 남경신학교와 천진신학교 교수였던 차유밍(cf. 한국명: 가옥명) 박사가 쓴 조직신학서로서 전6권으로 구성되었고, 이것을 이영태, 정재면이 번역하여 1931년에 출판하였으며, 1938년까지 교재로 사용되었다.[29] 차유밍이 쓴 이 조직신학서는 "미국의 개혁주의 신학자였던 찰스 하지의 *Systematic Theology*와 그의 아들 A. A. 하

---

27 박용규, 『한국장로교 사상사』, 71.

28 간하배, 『한국장로교 신학사상』, 30.

29 김광열, "총신에서의 "조직신학" 논의-회고와 전망(I)," 「신학지남」 317 (2013, 겨울호), 63. "가옥명(賈玉明) 저/이영태(李永泰) 역/이눌서(李訥瑞) 감수, 『조직신학 제1책: 기독교증험론(基督敎證驗論)』(평양: 소화6년 5월 29일, 장로회신학교), 제2권부터 6권까지는 정재면(鄭載冕)에 의해 번역되었다. 가옥명(賈玉明) 저/정재면(鄭載冕) 역/이눌서(李訥瑞) 감수, 『조직신학 제2책: 신도론(神道論)』(소화6년 6월 28일), 『조직신학 제3책: 인죄론(人罪論)』(소화6년 6월 15일), 『조직신학 제4책: 구원론』(소화6년 7월 23일), 『조직신학 제5책: 성령론』(소화6년 7월 30일), 『조직신학 제6책: 말세론』(소화6년 6월 27일). 소화6년은 1931년이다. 참고로 제1권 영어표지는 다음과 같이 되어 있다. *Evidences of Christianity* Volume I. of Systematic Theology Translated from the Chinese of Rev. Chia Yu Ming Professor in Nanking Theological Seminary by Y. T. Lee under the oversight of W. D. Reynolds, D.D., LL. D. Professor of Systematic Theology in The Presbyterian Theological Seminary Pyenyang, Korea Published by the Presbyterian Publication Fund 1931. 최근에 출판된 원본은 다음과 같다. 賈玉明, 『神道學〈上〉, 〈中〉, 〈下〉』. 台北: 歸主出版社, 1996/1996/1997." 최윤배, 『조직신학 입문』, 70f, n.141.

지의 *Outlines of Theology*, 그리고 침례교의 보수적인 신학자였던 A. A. 스트롱(A. A. Strong)의 *Systematic Theology*의 내용을 토대로 집필된 책이다."[30] 이종성 박사의 평가에 따르면,

> 이 책의 내용은 철저하게 『웨스트민스터 신앙고백』의 내용을 따르던 침례교회의 스트롱(Augustus H. Strong)의 『조직신학』(1886)과[31] 장로교회의 프린스턴 신학교 교수인 하지(C. Hodge)의 『조직신학』 세 권(1871-1873)에 근거하여[32] 중국식으로 착색된 것이므로, 한국장로교회의 신학은 처음부터 『웨스트민스터 신앙고백』을 따랐[고], 모든 신학적 용어는 이눌서의 번역에 의존했으며, 그의 입을 통하여 "칼뱅주의"와 "정통주의"가 한국장로교회에 전래되었[다]. 역사적으로 볼 때, 이눌서는 "한국 장로교회(예장)의 신학적 건축자"였던 셈이며, 이눌서에 의해서 뿌려지고 다듬어진 "장로교회의 신학(개혁주의적 정통주의)은 그 후 박형룡에게 계승되었다."[33]

(5) 한국장로교 최초의 『조직신학』 저자: 구례인(John C. Crane) 박사

1907년에 입국하여 여러 분야에서 선교사역을 감당하던 **구례인 박사**는 1937년에 이눌서 박사의 후임으로 평양신학교의 조직신학 교수직

---

30   김광열, "총신에서의 "조직신학" 논의-회고와 전망(I)," 63. 김광열 박사는 계속하여 이 차유밍의 조직신학서에 대한 자세한 내용을 분석하고 그 특징적 요소들을 언급하고 있다(pp. 64-67).

31   Augustus Hopkins Strong, *Systematic Theology* (New York: A. C. Armstrong and Son, 1886/1899).

32   Charles Hodge, *Systematic Theology*, vol. 1-3 (Grand Rapids: Eerdmans, 1871-1873/1977).

33   이종성, "한국교회 조직신학 100년의 발자취," 『춘계 이종성 저작전집(37)』 (서울: 한국기독교학술원, 2001), 243. 박형룡 박사는 이눌서 박사로부터 "역사적 전천년설"을 받아들였다. 참고, 김명용, 『현대의 도전과 오늘의 조직신학』 (서울: 장로회신학대학교출판부, 1997), 115. 여기서는 최윤배, 『조직신학 입문』, 71에서 재인용.

을 맡아 한국동란이 일어난 1950년까지 14년간을 사역하였다. 그는 특별히 스스로 조직신학 강의안을 보다 체계적으로 깊이 있게 저술하여 교재로 사용하였고, 은퇴 후에 정식 출판하였는데, 이것이 한국에서 저술되어 출판된 최초의 조직신학서이다.[34] 이 저서에서 구례인 박사는 주로 그가 공부한 남장로교의 전통을 따라가면서 대브니, 벌코프, 찰스 하지, 셰드, 워필드 등 당대의 정통개혁주의 신학자들의 저서들을 많이 인용하고 있다.[35] 간하배 박사는 "한국교회 초기의 보수주의 [신학의] 특징은 넓은 의미의 복음주의 이상이었다. 신학적으로 한국교회는 개혁파 신앙, 즉 칼뱅주의의 독특성을 예리하게 인식하였다. 이는 아주 놀라울 정도이다.…구례인의 『조직신학(組織神學)』은 아르미니우스주의 신학과 칼뱅주의 신학을 명확히 구분하고 있다"고 평가한다.[36] 특히 그는 조직신학 전반에 걸쳐 아르미니우스주의자들을 비판하면서 구원론에서는 칼뱅주의 5대 논점을 분명하게 제시하였다. 뿐만 아니라, "고급 아르미니우스주의자"라고 불린 웨슬리주의의 "완전성화론"이나 성령충만(세례)에 의한 "제2축복신학"을 비판한다.[37] 나

---

34 간하배, 『한국장로교 신학사상』, 30. 구례인 박사의 이 조직신학서는 그의 은퇴 후에 라부열 (Stacy L. Roberts) 학장의 요청으로 먼저 영어로, 다음에 한글로 번역되어 출판되었다. "구례인(具禮仁; J. C. Crane, 크래인) 저/金圭唐 역, 『Systematic Theology 組織神學 上卷』(서울: 대한예수교장로회 종교교육부, 1954.5.30)은 853쪽으로서 내용은 제1편 총론 7장, 제2편 신론 13장, 제3편 인론(人論) 6장으로 구성되어 있다. 구례인(具禮仁; J. C. Crane) 저/金圭唐 역, 『Systematic Theology 組織神學 下卷』(서울: 대한예수교장로회 종교교육부, 1955.2.1)은 902쪽이고, 제목목록 27쪽, 저자목록 13쪽, 난구목록 2쪽이며, 제4편은 구원론(1) 기독론(교리)이고, 제5편은 구원론(2) 기독론(경험)이[며], 제6편 제1부는 교회론, 제6편 제2부는 말세론이다. 참고, J. C. Crane, Systematic Theology, A Compilation, Vol. 1. Specialized Printing Company, 1953." 최윤배, 『조직신학 입문』, 72, n.147.

35 김광열, "총신에서의 "조직신학" 논의-회고와 전망(I)," 69.

36 간하배, 『한국장로교 신학사상』, 38f. cf. 김남식/간하배(공저), 『한국장로교 신학사상사(I)』, 202.

37 김광열, "총신에서의 "조직신학" 논의-회고와 전망(I)," 69-72.

아가 이 저서에서 그는 단순히 정통 개혁파 신앙을 요약하고 정리만 한 것이 아니라, 스스로 당시 일어나고 있던 신정통주의나 현대신학 사조들을 직접 공부하고 연구하여 이를 비판적으로 비교하면서 적극 대응하며, 칼뱅주의적 개혁파 신학과 신앙을 수립하고자 하는 깊은 열정을 보여주었다. 이러한 사실은 나중에 한글로 번역 출판된 그의 영문 저서 1권의 서문에 잘 나타나 있다.

당시 대학교를 졸업한 사람들이 학생단체에 참여하였고, 현대신학 사상에 명백한 관심을 보였기 때문에 현대 사상의 빛에 비추어 개혁파의 입장을 적절하게 설명하는 것이 긴급하였다. 이런 과업을 보다 더 잘 준비하기 위하여 필자는 프린스턴에서 브룬너(Emil Brunner), 파이퍼(Otto Piper), 카이징가(John E. Kuizenga), 스테이스(W. T. Stace/인식론) 및 여러 교수 밑에서 일 년간 수학하였다. 또한 뉴욕 유니온 신학교에서 틸리히(P. Tillich), 모펫(James Moffatt) 및 여러 교수의 강의실을 찾아다니고, 여러 신학 잡지를 뒤져서 발달된 현대 사상가들의 광범위한 서적들을 섭렵하였다.[38]

한 가지 더 언급할 것은, 구례인 박사는 또한 당시 무디(Moody) 성경학교와 뉴욕의 성경학교 출신 등의 근본주의적 입장을 가진 선교사들에 의한 지칠줄 모르는 지방순회 전도, 성경공부, 사경회 등으로 일반성도들에게 광범위하게 전파된 율법폐기론과 성경 예언의 엄격한 문자적 해석과 성취, 그리고 "천국의 미래성"을 강조하는 세대주의 전천년설을 비판하며, 이를 개혁파 무천년설 입장에서 극복하려는 노력

---

38 J. C. Crane, *Systematic Theology a Compliation*, Vol. 1 (Speciallized Printing Company, 1953), vii. 여기서는 간하배,『한국장로교 신학사상』, 34에서 재인용. cf. 김남식/간하배(공저),『한국장로교 신학사상사(I)』, 198.

을 보여주고 있다.[39]

2. 초기 "한국인 신학자"들의 조직신학(1934-1945)

(1) "청교도적 개혁신학"의 수용과 정초: 박형룡 박사

최초의 "한국인" 조직신학자인 **죽산(竹山) 박형룡 박사**(1897-1979)는
1930년 봄에 평양신학교에서 변증학을 가르치는 임시교수로 임용되
었다가 1934년 9월 7일 전임교수로 사역을 시작하였다.[40] 이후 그는
49년 동안 조직신학자로서 그의 선임자들인 외국인 선교사들이 착근
한 "청교도적 정통개혁파" 장로교 조직신학의 전통을 한국인의 손으로
정립함으로서, "한국교회의 정통교리를 확립하고 그 안에 개혁신학의
틀을 세워갔던 한국교회의 보배였다."[41] 그는 숭실전문학교에서 함일
돈, 마포삼열, 허버트 블레어(Herbert Blair)에게서 신학을 배웠고(1920),
남경 금릉대학 영문학과(1923)를 거쳐 구(舊)프린스턴으로 유학하여
워필드(B. B. Warfield), 메이천(J. G. Machen)에게서 신학교육을 받았다
(1923-26). 그 신학적 경향에 있어, 박형룡 박사는 구(舊)프린스턴의
"아치발드 알렉산더(A. Alexander)―하지 부자(C. Hodge & A. A. Hodge)―
워필드―메이천"으로 이어지는 칼뱅주의 청도교적 정통개혁파/보수

---

39 Cf. 간하배, 『한국장로교 신학사상』, 42-45; 김광열, "총신에서의 "조직신학" 논의-회고와
    전망(I)," 72-74.

40 박형룡 박사는 프린스턴 신학교에서 신학사(Th.B)와 신학석사(Th.M) 과정을 마친 다음
    (1923-26), 1926년 켄터키주 루이빌 소재 남침례교 신학교의 박사과정에 입학하여 1933
    년 변증학 분야의 "자연과학으로부터의 반기독교적 추론"(Anti-Christian Inferences from
    Natural Science)이라는 논문으로 철학박사학위(Ph.D)를 받았다. cf. 장동민, 『박형룡』 (파
    주: 살림, 2006), 59, 73.

41 김광열, "총신에서의 "조직신학" 논의-회고와 전망(I)," 74.

적 장로교 신학의 전통을 철저하게 계승한 조직신학자이다.[42] 특별히 그에게 가장 큰 영향을 준 메이천 박사가 미국에서 그러했던 것처럼, 그가 교수사역을 시작할 당시 한국 장로교 안에서 불길같이 번져가기 시작한 현대 자유주의 신학사조와 한치의 타협없이 싸우며 "성경완전 무오"와 "축자영감" 교리를 강력하게 변호함으로써, "한국의 메이천"이라고 불릴 만큼 한국장로교의 정통주의와 보수적인 신학을 지켜낸 보루였다.[43]

박형룡의 신학은 "성경의 무오사상에 입각하는 비타협적인 보수주의 신학"이었다. "성경을 초자연적 영감으로 생각하고 그것을 열심히 연구하며 신앙과 생활의 법칙으로 삼아온 한국 장로교의 전통적 신앙을 가장 잘 대변하는 신학자, 또 그와 같은 한국 장로교회의 〈성경의 권위〉에 대한 〈신념〉을 조장하는 데 그 누구보다도 크게 공헌한 신학자였다." 그의 신학의 특색은 성경의 권위에 기초하여 한국교회에 방향을 제시하는 "지로적 신학"(指路的 神學)이었다.[44]

그는 1935년 11월 신학교 강의안과 「신학지남」에 기고하였던 글들을 재편집하여 『기독교 근대 신학난제선평』(총18장, 847쪽)이라는 조직신학 저술을 출판함으로써 신학자로서 전국적인 명성을 얻었고, 나아가 후에 『교의신학』(전7권, 1955-77)을 출판함으로써 "한국인" 조직신학자로서 최초로 칼뱅주의 신학과 청교도적 개혁주의에 기초한 보

---

42 Cf. 김길성, 『총신의 신학전통』 (서울: 총신대학교출판부, 2013), 19, 25.

43 한승홍, 『한국 신학사상의 흐름(하)』 (서울: 장로회신학대학교출판부, 1996), 84.

44 박용규, 『한국장로교 사상사』, 199f.

수적 장로교회의 조직신학 대계를 완성하여 후학들에게 큰 영향을 미쳤으며, 이러한 그의 모든 저작들은 『박형룡박사 저작전집』(전20권, 1977)으로 출판되었다.[45] 그는 『교의신학(I)/서론』에서 "본서는 정통주의 개혁주의의 입장에서 기독교 교의신학 혹 교의학을 논술하기로 한다"고 천명하고 있다.[46] 그의 조직신학의 기본적인 구조는 벌코프(L. Berkhof)의 조직신학을 따라갔으나(그는 먼저 벌코프의 조직신학 책을 번역하여 교재로 사용하였었다), "자신의 조직신학서에는 Hodge, Warfield, Dabney, Shedd, Smith, Kuyper, Bavinck, 그리고 Vos와 같은 개혁주의의 대표적 신학자들의 정통적 신학사조가 깔려 있다"고 했다.[47] 박형룡 박사는 「신학지남」에 기고한 그의 마지막 논문에서 "장로교회의 신학이란 구주대륙의 칼뱅 개혁주의에 영미의 청교도사상을 가미하여 웨스트민스터 표준에 구현된 신학이다. 한국 장로교회의 신학적 전통이란 이 웨스트민스터 표준에 구현된 영미 장로교회의 청교도 개혁주의 신학이 한국에 전래되고 성장한 과정"이라고 요약하였다.[48] 그러나 정통개혁파 신학과 비교하여, 한 가지 특이한 것은 그가 『교의신학(VII)/내세론』에서 "역사적 전천년설"을 주장하였다는 사실이며, 이것은 일

---

45 박형룡, 『박형룡박사 저작전집(전20권)』 (서울: 한국기독교교육연구원, 1977, reprint 1995), 21.

46 박형룡, 『박형룡박사 저작전집(I): 교의신학/서론』, 21.

47 김광열, "총신에서의 "조직신학" 논의-회고와 전망(I)," 75, 76. 이러한 의미에서, 김길성 박사는 "박형룡 박사의 신학은 구 프린스턴 신학을 대표되는 영미계통의 장로교 신학과 네덜란드계통의 개혁신학의 조화를 일구어 낸 신학으로 평가되어야 할 것"이라고 한다. 김길성, 『총신의 신학전통』, 29.

48 박형룡, "한국 장로교회의 신학적 전통," 「신학지남」 43/3 (1976), 11. 그리하여 박형룡 박사의 신학에는 "역사적 칼뱅주의가 관통하고 있[으며], 그것을 답습 재연한 것이 아니라 근본주의, 세대주의, 부흥운동적[/청교도적] 경건주의, 한국의 문화적, 시대적, 교회적 요인 등을 곁들여 한국형 개혁파 정통신학을 조형해 내었다"고 평가되기도 한다. 최덕성, "박형룡 신학전통," 『고신의 인물과 신학사상』, 기독교사상연구소 편 (서울: 영문, 1996), 56.

제하의 특수한 시대적 상황과 관련이 있었다.

(2) 한국장로교 안에서의 "자유주의 신학"의 대두: 김재준 목사와 "조선신학교"의 설립

한국장로교 안에서의 자유주의 신학은 시초는 선교 초기부터 주로 캐나다 장로교 소속 선교사들에게 그 뿌리가 놓여 있다. 그들은 초기에는 한국 선교에서 주도적인 역할을 했던 보수적인 미국 장로교 선교사들 때문에 그 영향력이 미미하였다. 그러나 1925년 캐나다 장로교 선교부가 회중교회 및 감리교회와 더불어 연합교회 선교부(회장: 서고도[William Scott] 선교사)를 구성함으로 인해 자유주의자들의 영향력이 커졌다.[49] 또한 1920년대 일본에서 자유주의/진보적 신학교육을 받은 인물들이 귀국하여 본격적으로 활동함으로 인하여 1930년대에는 한국장로교회와 신학교에서도 그 영향력이 더욱 커져갔고, 그 중심인물들은 채필근, 송창근, 김재준 등이었다.[50] 그리하여 "1930년대는 종종 "전환점", "신학적 변천의 시대" 또는 "혼돈의 시대"로 상징된다. 이들의 도전 가운데 가장 중심적인 문제들은 [성경의] 고등비평, 모세오경의 모세의 저작권 부인, 자유주의 성경해석과 이적 및 성경의 다른 초자연적 특성들의 부인과 같은 것이었다."[51] 그 이전에 **남궁혁 박사**(1882-1950, 신약신학)는 평양신학교와 미국 프린스턴 및 유니온 신학

---

49 Cf. 김양선, 『한국기독교 해방십년사』 (서울: 대한예수교장로회총회 종교교육부, 1956), 185; 박용규, 『한국장로교 사상사』, 171. 참고로, 주재용 박사는 초기 한국교회 안에서 주도적인 역할을 한 선교사들의 신학적 유형을 다음과 같이 세가지로 구분한다: "(1) 모페트와 레이놀즈, 그리고 클라크 선교사를 중심으로 한 선교사 시대의 역사적 칼뱅주의의 보수신학, (2) 헐버트와 스코트를 중심으로 한 선교사 시대의 역사 첨여적 진보주의 신학, (3) 초기 선교사들과 감리교 선교사 하디를 중심으로 한 성령부흥주의 신학." 주재용, 『한국 그리스도교 신학사』 (서울: 대한기독교서회, 1998), 97.

50 Cf. 김남식/간하배 (공저), 『한국장로교 신학사상사(I)』, 213-25.

51 박용규, 『한국장로교 사상사』, 148.

교에서 신학교육을 받고 1927년 최초로 평양신학교의 한국인 교수가 되었으며, 자유주의 신학에 대해 관용적이었고, 김재준 목사는 그를 통하여 평양신학교와 관계를 맺게 되었다.[52]

"한국 자유주의 신학의 아버지"라 불리는 **장공(長空) 김재준 목사** (1901-1987, 구약신학)는 "극단적인 자유주의 신학"의 본산지였던 일본 아오야마(청산)학원(1925-28)과 미국의 프린스턴(1928)을 거쳐 송창근 목사가 있던 피츠버그 소재 웨스턴(Western) 신학교(1929-32)로 옮겨 신학교육을 받았고(신학석사, S.T.M.), 처음부터 근본주의적인 보수적 장로교 신학에 대하여 아주 적대적이었다.[53] 그의 신학적 경향은 대체로 "자유주의를 용납하는 신정통주의 신학"(K. Barth, E. Brunner, R. Niebuhr, P. Tillich, etc.)이었고, 성경의 고등비평(R. Bultmann, etc.)과 진화론을 적극 수용하였을 뿐만 아니라, 칸트, 헤겔, 슐라이어마허, 리츨, 하르낙 등의 19세기 자유주의 신학을 적극 옹호하였다.[54] 1938년 신사참배 문제로 평양신학교가 자진 폐교(cf. 1940년 「신학지남」 폐간/1954년 복간, 1941년 교수회 해체)하고 난 후, 채필근, 김영주, 함태영, 송창근, 김재준 등의 주도하에 보수적인 신학에 반대하며, 선교사들의 간섭을 받지 아니하고 자유주의 신학을 추구하는 사람들을 중심으로 1939년 신학교 설립기성회를 조직하여 1940년 서울에서 **"조선신학교"**를 설립함으로써 이후 한국교회의 진보적 자유주의 신학의 중심요람이 되었다. 조선 신학교의 모든 주도적인 교수들은 그 당시 세계 신학의 주류를 형성하

---

52   Cf. 김남식/간하배(공저), 『한국장로교 신학사상사(I)』, 226.

53   Cf. 김양선, 『한국기독교 해방십년사』, 189; 박용규, 『한국장로교 사상사』, 148.

54   Cf. 박용규, 『한국장로교 사상사』, 180-81. 김재준 박사의 신학적 특징에 관하여는 다음을 참조하라: 한승홍, 『한국 신학사상의 흐름(상)』, 529-65; 김영한, "장공 김재준의 신학적 특징: 복음적 사회참여 신학," 「한국개혁신학」 38 (2013): 8-50; 김홍만, "장공 김재준의 신학 여정," 「한국개혁신학」 38 (2013): 81-116.

고 있던 신정통주의 신학노선을 추구하였고, 김재준 박사는 이 신학교의 초석이 되었다.[55]

III. 한국장로교 조직신학의 형성기: 제2세대의 조직신학(1946-1980)

1. 고신에서의 조직신학의 발전

(1) 고려신학교(고신)의 설립과 "정통개혁주의 신학"의 정초: 박윤선 박사/이상근 박사

1938년 9월 제27차 장로교 총회가 일제에 의해 강요된 신사참배를 가결한 이후, 신사참배를 반대하다 1940년 구금되어 감옥생활을 하던 **한상동 목사**(1901-1976)는 "조선신학교"에 맞서 평양신학교의 정통개혁주의 신학적 전통을 잇는 신학교의 설립을 계획하였고, 일제의 패망으로 조국광복과 함께 출옥 후 1946년 9월 20일 주남선, 박윤선, 이상근, 한명동 및 한부선, 함일돈 등 일부 선교사들과 더불어 "고려신학교"를 설립하였다.[56] 이후 박형룡 박사가 봉천(심양)의 만주신학교로부터 귀환하여 1947년에 잠깐 초대 교장을 맡았다 떠남으로 인하여, 뒤이어 박윤선 박사가 제2대 교장을 맡게 되었다. 1952년 고신측 총노회가 조직됨으로써 한국장로교는 1차 분열하였으며, 1960년 다시 분열된 승동측과 연합하였다가 1962년 고려신학교의 복교 및 1963년 대한예수교장로회 총회(합동)로부터 고신은 다시 환원하였다.

   정암(正岩) **박윤선 박사**(1905-1988)는 한국장로교 조직신학의 기초

---

55   Cf. 김남식/간하배(공저), 『한국장로교 신학사상사(I)』, 256-60.
56   Cf. 기독교사상연구소(편), 『고신의 인물과 신학사상』 (서울: 영문, 1996), 9-15.

를 놓은 박형룡 박사와 더불어 한국장로교 "정통개혁주의" 성경신학의 기초를 놓았다. 그는 평양 숭실대학과 평양신학교를 졸업한 후(1934), 미국 웨스트민스터 신학교에서 메이천 교수 밑에서 신학석사(Th.M)를 마친후(1936) 귀국하여 가르치다, 다시 2차 도미하여 변증학과 성경원어를 연구하였고(1938-39), 후에 네덜란드 암스테르담 소재 자유대학교에서 신약학을 연구하였으며(1953-54), 미국 페이스(Faith) 신학교에서 명예신학박사 학위를 받았다(1954). 그는 평생을 은사이자 동역자였던 박형룡 박사와 함께 혹은 뒤이어서 평양신학교(성경원어 강사), 만주신학교(1941-43), 고려신학교(교장서리/제2대 교장, 1946-60), 총회신학교(1963-80, 교장/대학원장), 그리고 마지막으로 합동신학교(1980-85, 초대 교장)에서 교수사역을 감당하였다.[57] 그는 성경 주석가로서의 평생의 신학여정을 통해 1944년에 탈고한 요한계시록 주석 원고를 1949년에 출판한 이후, 한결같이 성경주석에 치열하게 정진하여 마침내 신구약 성경 전권에 대한 주석서(전20권, 1979)를 완간함으로써 한국장로교 성경신학과 주경신학의 기초토대가 된 화려한 금자탑을 쌓았다.[58] 더불어 한 가지 특기할 만한 것은, 그가 2차 미국 유학 중에 반틸(C. Van Til)의 변증학을 청강하고 네덜란드어를 직접 배워 헤르만 바빙크(H. Bavinck) 및 아브라함 카이퍼(A. Kuyper)의 조직신학을 원어로 읽었으며 흐레이다누스(Greijdanus)와 흐로샤이데(Grosheide)의 구속사적인 주석들을 깊이 있게 연구하였을 뿐만 아니라,[59] 나중에는 잠깐 동

---

57 Cf. 김길성, 『총신의 신학전통』, 51-53.
58 정암 박윤선의 구약 주석(12권)은 7,347페이지, 신약 주석(8권), 4,225페이지, 20권 총 11,602페이지의 방대한 분량이며, 여기에는 1,053편의 설교와 41편의 소논문이 포함되어 있다. cf. 김홍석, "정암 박윤선의 생애와 신학사상", 『고신의 인물과 신학사상』, 84.
59 Cf. 기독교학술원(편), 『박윤선 신학과 한국신학』 (서울: 기독교학술원, 1993), 18-22, 29.

안 직접 네덜란드 자유대학교에 유학하여 연구함으로써 한국장로교 안에 "네덜란드 정통개혁주의 신학"의 전통을 착근시켰고, 그를 뒤이어 많은 후학들이 네덜란드에 유학하여 정통개혁주의 신학을 본격적으로 연구할 수 있도록 길을 열었다는 것이다. 그리하여 박윤선 박사는 구프린스턴과 웨스트민스터 신학자들로 대표되는 "영미 청교도적 개혁주의 전통"과 "네덜란드 정통개혁주의 신학전통"이 균형있게 조화된 개혁파 신학체계를 구성하였다.[60] 이러한 신학적 기초위에서 그는 "한국교회에 성경신학에 기초하여 신학함의 초석"을 놓았고, 또한 "성경신학과 조직신학의 접목이라는 새로운 [신학적] 장르"를 개척하였다.[61] 그리하여 그는 신구약 성경 전권에 대한 주석(전20권)뿐만 아니라, 『성경신학』(1971)과 조직신학적 저술들을 모아 유작으로 출판된 『웨스트민스터 신앙고백서』(1989), 『개혁주의 교리학』(2003) 등을 남겼다.[62]

박형룡 박사가 고려신학교에 잠깐동안 머물다 떠난 후에 항상 박윤선 박사와 함께하며 조직신학을 교수했던 **이상근 박사**(1911-2011)는 일본 청산학원과 평양신학교(1937)를 거쳐 일본 고베 개혁신학교에서 3년간 수학한 후 1948년 고려신학교에서 교리신학을 가르치다 다시 웨스트민스터 신학교(1949-51)에 유학후 1952년부터 고려신학교에

---

60 그리하여 박윤선 박사의 신학에는 구프린스턴(Old Princeton)과 웨스트민스터 신학교의 신학자였던 C. Hodge, B. B. Warfield, J. G. Machen, C. Van Til, G. Vos의 영미 전통의 개혁주의 신학전통뿐만 아니라 H. Bavinck, A. Kuyper, S. Greijdanus, K. Schilder, H. Ridderbos, G. C. Berkouwer 등의 네덜란드 개혁주의 신학전통이 조화롭게 녹아들어 있다. cf. 기독교학술원(편), 『박윤선 신학과 한국신학』, 22, 29, 60-61.
61 김길성, 『총신의 신학전통』, 61, 71. 이러한 신학적 전통은 미국 웨스트민스터 신학교에서 게르하르더스 보스 등에 의해 시도되고 정착된 신학방법론이다.
62 박윤선, 『성경신학』(서울: 영음사, 2001); idem, 『개혁주의 교리학』(서울: 영음사, 2003).

서 조직신학을 가르쳤다. 이후 박윤선 박사와 함께 신학교를 옮겼고, 1963년 고신이 환원할 때 총신(합동)에 남아 1976년까지 조직신학을 가르쳤으며, 그의 조직신학 전반에 걸친 강의안(전7권)은 미출판된 책의 형태를 갖춘 프린터물의 바인더 형태로 남아 있다.[63] 그는 박윤선 박사의 영향으로 성경신학에 근거한 조직신학을 전개하였고, 또한 사도신경 및 웨스트민스터 표준문서들에 기초한 신앙고백적 신학에 특별한 관심을 가졌다.[64]

(2) "네덜란드 정통개혁주의 신학"의 본격적인 수용과 전개: 이근삼 박사

1963년 고신의 환원 이후, 고려신학교의 제2세대 신학자들로서 신학교육을 이끌었던 이들은 소위 "3인의 동방박사"라는 별칭으로 불렸던 홍반식(구약신학), 오병세(신약신학), 이근삼 박사(조직신학)였다. 이 가운데 **이근삼 박사**(1923-2007)는 1946년 고려신학교의 개교와 함께 입학하여 1951년 졸업후 미국 고든(Gordon) 칼리지, 페이스(Faith) 신학교, 카버난트(Covenant) 신학교(M.Div, Th.M, 1957), 웨스트민스터 신학교(변증학, 1957-59)에서 수학한 후, 네덜란드 자유대학교에서 베르카우어 (G. C. Berkouwer)와 바빙크(H. J. Bavinck) 교수의 지도 하에 한국인으로는 처음으로 박사학위(1958-62, Th.D)를 취득하였다. 또한 1962년 귀국 후에 고려신학교에서 조직신학 교수로 사역을 시작하였고, 고신대학교 총장(1993-94)을 역임하였다.[65] 그는 『칼빈, 칼빈주의』(1972), 『개혁주의 신학과 교회』(1985), 『칼빈주의 특성과 강조점』(1986), 『기독

---

63 Cf. 김길성, 『총신의 신학전통』, 114-16, 125.

64 Cf. 김길성, 『총신의 신학전통』, 118, 120, 136.

65 Cf. 기념논집발행위원회 편, 『하나님의 주권과 은혜: 이근삼박사 사역 50주년 기념논집』 (서울: 총회출판국, 2002), 27-28.

교의 기본교리』(1990), 『개혁주의 신앙과 문화』(1991) 등의 저술을 남겼고, 이러한 그의 모든 저작들은 『이근삼 저작전집』(전10권, 2007)으로 출판되었다. 이근삼 박사는 철저한 칼뱅주의자로서 "칼뱅주의 신학"과 더불어 직접 유학하여 배우고 연구한 "네덜란드의 역사적 정통 개혁주의 신학"을 적극 수용하여 전개하였고, 특별히 신칼뱅주의 신학자인 아브라함 카이퍼(A. Kuyper)의 언약사상에 기초하여 "하나님의 절대주권"과 "일반은총"을 강조하였다. 또한 이를 구체화하여 단순히 개인적인 구원에 머무르지 않고 교회 안에서만이 아니라 삶의 모든 영역 속에 하나님의 주권적 통치가 새롭게 실현되도록 하는 문화적 변혁을 추구하는 개혁주의 문화관을 강조하였는데, 이러한 그의 개혁주의 문화변혁적 신학사상은 『개혁주의 신앙과 문화』에 잘 나타나 있고, 특히 고려신학대학원과 고신대학교를 통한 교육사역을 통하여 칼뱅주의 신학을 실천하기 위해 심혈을 기울였다. 또한 네덜란드와 남아공, 호주, 일본 및 미국 개혁파 교회와 신학교들과의 교류에 큰 노력을 기울였고, 많은 제자들을 그곳의 신학교로 유학시켜 후학양성에 힘썼다.

2. 한신에서의 조직신학의 발전

(1) 한신(기장)의 설립과 "진보적 신정통주의 신학"의 정초: 김재준 박사

한국장로교회 내에 진보적 자유주의 신학을 정초시키고, 그 신학적 요람인 **"조선신학교"**(현 "한신대학교/신학대학원")의 신학적 기초를 놓은 이는 이미 언급하였듯이 **장공**(長空) **김재준 박사**(1901-1987)다. 1953년 9월 자유주의 신학노선을 추구하는 목회자들과 교회들이 마침내 "대한기독교장로회"(기장)로 2차 분열했다. 이러한 성경관 논쟁과 교회분열의 중심에 김재준 박사가 있었고, 이후 한신(기장)의 신학적 주요 관심은 다음 두 가지 형태로 나타났다. (1) 그 첫 번째 형태는 "신정통주의 자유주의 신학"을 지향한 것인데, 그는 신정통주의는 "그리스도교의 가장 근본적인 요소들을 누구보다 강력하게 주장"하는 것이므로, "자유주의, 정통주의, 신정통주의의 세 가지 주류의 신학사상 가운데 신정통주의가 취할 만한 것이고 가장 성경적"이라고 하였고,[66] "정통주의와 대결하여 싸우려는 철저한 자유주의 신학자"였다.[67] 이와 더불어, (2) 한국전쟁 후 1960, 70년대의 혼란스러운 한국사회 정치적 상황 속에서, 그는 "역사/사회 참여적 신학"을 추구하며 "사회와 문화"적인 상황에 관심을 가지고 신학화를 시도하였을 뿐만 아니라 정치/사회적 현실에 적극 참여하기 시작하였다. 이러한 신학적 작업은 한신(기장)을 중심으로 이루어졌는데, 1960년대 이후 먼저 "토착화신학"/"문화신학" 및 "세속화 신학"에 대한 본격적인 논의가 시작되었고, 1970년대의 시대상황과 맞물려 "민중신학"이라는 역사/사회 참여적인 정치신학의 형태로 그 구체적인 모습이 나타났다.

(2) "신정통주적 자유주의 신학"의 수용과 전개: 박봉랑 박사

한신(기장)의 기독교 사상가요 실천가로서의 김재준 박사의 첫 번째 신학형태인 "신정통주의적 자유주의 신학" 노선을 충실하게 계승하여 조직신학자로서 신정통주의적 자유주의 신학을 체계적으로 수용하며 전개한 사람은 **박봉랑 박사**(1918-2001)이다. 그는 일본 동경신학교(현, "도쿄신학대학", 1941)와 조선신학교(현, "한신대학교")를 졸업하고 미

---

66 김재준, "신학의 길," 『하늘과 땅의 해후』, 187. 김영재, 『뒤돌아보는 한국기독교』 (수원: 합동신학대학원, 2008), 334에서 재인용.

67 김양선, 『한국기독교 해방십년사』, 190, 199.

국 에즈버리 신학교(B.D.)와 하버드 신학대학원에서 "칼 바르트의 성서론"을 연구하여 신학 박사학위(Th.M, Th.D, 1958)를 취득했다.[68] 그는 1958년 한신대 조직신학 교수로 부임한 이래 1984년 퇴임때 까지 칼 바르트의 신학을 중심으로 한 교의학 연구에 주력하는 한편, "민중신학"에 대하여는 비판적이었고, 주로 다양한 현대신학 사조와 한국교회의 신학적 실존문제에 관심을 갖고 칼 바르트의 신정통주의 관점에서 "복음적 교의학"을 발전시켰다. 또한 1980년 한국바르트학회의 활동을 통하여 한국교회에서의 칼 바르트의 신학에 대한 재평가를 시도하며 "복음주의적 신정통주의"를 정립하기 위하여 노력하였다. 그의 주요저서에는 『기독교의 비종교화: 본회퍼의 연구』(1975), 『신의 세속화』(1983), 『교의학 방법론(I)/(II)』(1986/87), 『신학의 해방』(1991) 등이 있다.

(3) 현대 "급진적 자유주의 신학"의 수용과 "민중신학"의 전개: 서남동 박사

김재준 박사의 두 번째 신학형태인 "역사/사회 참여적 신학" 노선은 죽재 서남동 박사(1918-1984)를 통하여 구체화되어 나타났다. 그는 일본 동지사대학(同志社大學) 신학과(1941)를 거쳐 캐나다 토론토 임마누엘 신학교에서 신학석사(B.D., Th.M) 과정을 마쳤고(1955), 1984년 토론토 대학교에서 명예신학박사 학위를 받았으며, 한국신학대학과 연세대학 교수를 역임하였다. 서남동 박사는 그의 신학여정을 통하여 거의 모든 현대 자유주의 신학사조들과 철저히 마주하였고, 그것들을 적극

---

68 박봉랑 박사의 학위논문 전문이 그의 『신학의 해방』 (서울: 대한기독교출판사, 1991): 45-376에 번역되어 수록되어 있다. 이것은 1947-53년 한국장로교 안에서의 성경관 논쟁과 교회분열에 있어 김재준 박사와 조선신학교의 입장을 칼 바르트의 성서론에 근거하여 논한 것이다.

수용하며 흡수하였다.[69] 그 주된 것들은 "신정통주의 신학"(바르트, 부룬너, 니버)과 "실존 신학"(불트만, 다드), 그리고 특히 폴 틸리히의 "철학적 문화신학"과 디트리히 본회퍼의 "세속화 신학"(cf. 하비 콕스, 존 로빈슨)의 영향이 컸으며, 더불어 "신죽음의 신학"(반 뷰렌, 반 퍼슨, 토마스 알타이저), 몰트만의 "정치신학", 그리고 화이트헤드의 "과정철학/신학"(존 콥)과 테이야르 드 샤르뎅의 유신진화론에 근거한 "생태/생명신학" 등이다. 그의 이러한 다양한 현대 자유주의 신학에 대한 편력과 섭렵은 1975년 이후 본격적인 그 자신의 "민중신학"을 착안하고 전개함에 있어 밑거름이 되었다.[70] 그러므로 "민중신학은 토착화된 세속화 신학"이라고 할 수 있다.[71] 그는 자신의 신학을 "방외자의 신학(方外神學)" 혹은 "거리의 신학"이라고 하여 기존의 지배계급과 유착된 존재론적 이론신학을 비판하며, 강단을 뛰쳐나와 사회정치적 억압과 고난받는 민중의 삶의 현장으로 직접 뛰어들어 실천적인 "행동신학"(doing theology)을 추구하였다.[72] 이러한 맥락에서 그는 지배 이데올로기적인 전통신학으로부터의 "탈신학"(脫神學) 혹은 "반신학"(反神學)을 주장하였으며, 또한 기

---

69 서남동 박사의 신학적 여정에 대하여는 『전환시대의 신학』(서울: 한국신학연구소, 1976)의 자신의 "머리말"과 강원돈, "서남동의 신학," 『한국신학 이것이다』(서울: 한들출판사, 2008): 195-225; 한승홍, "서남동의 신학사상" 『한국 신학사상의 흐름(상)』, 630-63을 참조하라.

70 Cf. 나용화, 『민중신학 평가』(서울: 기독교문서선교회, 1987), 13-18. 민중신학의 형성에 관여한 학자들은 서남동, 김정준, 안병무, 김용복, 현영학 등이나, 그 핵심적 역할을 담당한 이는 조직신학자 서남동이다. 민중신학의 태동은 1973년 발표된 "한국 그리스도인 선언"이라고 할 수 있으며, "민중 신학"의 개념은 서남동, "예수, 교회사, 한국교회" 「기독교 사상」(1975년 2월호)에서 처음으로 출현하였고, 그의 "민중의 신학"(4월호), "성령의 제삼시대"(10월호)에서 더욱 구체화 되었다. cf. 유동식, 『한국신학의 광맥(전면개정판)』(서울: 다산글방, 2000), 309-10.

71 유동식, 『한국신학의 광맥(전면개정판)』, 309.

72 서남동, 『민중신학의 탐구』(서울: 한길사, 1983), 3.

존의 그리스도론 중심의 신학을 탈피하여 "성령의 신학"("성령의 제3시대")을 강조하였다. 그의 주요 저서로는 『전환시대의 신학』(1976), 『민중과 한국신학』(1979), 『민중신학의 탐구』(1984) 등이 있다.

3. 총신에서의 조직신학의 발전

1947년 만주에서 귀국한 박형룡 박사는 잠깐동안 고려신학교 교장을 맡았다가 서울로 올라와 1948년 5월 서울 남산에서 "장로회신학교"를 개교하였으나(1949년 제35회 총회에서 직영신학교로 인가됨), 조선신학교와의 갈등으로 총회는 두 학교 모두 총회직영 인가를 취소하고 1951 피난지 대구에서 "총회신학교"를 설립하여 박형룡 박사가 교장이 되었으며, 1955년 다시 "대한예수교장로회신학교"로 개명하였다. 그러나 1959년 제44회 총회에서 WCC 가입문제(에큐메니칼 운동에 대한 입장차이)로 승동(합동)측과 연동(통합)측으로 분열하였으며, 이때 승동(합동)측은 1960년 용산에서 "총회신학교"를 다시 시작하였고, 곧 고신과 합동을 하였으나 1963년 신학교 운영문제로 고신이 다시 환원한 후, 1965년 지금의 사당동으로 옮겨 오늘에 이르고 있다(1983년 용인시 양지에 총신대학교 신학대학원 설립). 특히 이 시기의 총신에서의 조직신학의 발전은 박형룡 박사와 이상근 박사의 뒤를 이어 박아론 박사와 차영배 박사에 의하여 이루어졌다.

(1) "청교도 개혁주의 정통신학"의 계승: 박아론 박사

먼저 **박아론 박사**(1934-)는 일찍부터 미국으로 유학하여 유니온 신학교(Th.M.)를 마치고 뉴욕 대학교 대학원과 캘리포니아 신학대학원 공동 박사학위(Ph.D.)를 취득하였다. 1964년부터 총신에서 변증학, 험증

삼위일체 하나님과 신학

학, 현대신학 등을 가르치기 시작했고, 후에는 조직신학(종말론)을 가르쳤다. 그는 선친인 박형용 박사의 신학적 전통을 온전히 계승·전수하고자 노력하였고, 그 신학적 특징을 보수적인 "청교도 개혁주의 정통신학"이라고 정의하였는데, 이것은 인본주의적 자유주의 신학과 은사주의적 신학이 아닌 "하나님의 절대주권과 생활의 경건이라는 두 바퀴를 가지고 성경 66권의 궤도를 굴러가는 신학"이라고 했다.[73] 또한 그는 자신의 변증학을 전개함에 있어 네덜란드의 헤르만 도예베르트(1894-1977)와 특히 코넬리우스 반틸(1895-1987)의 전제주의적 입장을 충실하게 따랐다. 나아가 그는 종말론의 천년기설에 대한 해석에 있어 역사적 정통개혁주의 신학의 입장인 "무천년설"보다는 박형룡 박사와 박윤선 박사의 입장을 따라 "역사적 전천년설" 입장을 고수하였고, 이것은 총신의 종말론에 대한 기본 입장이 되었다.[74] 그의 주요 저서에는 『현대신학은 어디로?』(1970), 『기독교의 변증』(1988), 『현대신학연구』(1989), 『보수신학연구』(1993) 등이 있다.

(2) "네덜란드 정통개혁주의 신학"의 수용과 발전적 확장: 차영배 박사

이 시기에 총신(합동)에서의 네덜란드 개혁파 신학의 수용과 발전적 계승은 특히 **차영배 박사**(1929-)에 의하여 이루어졌는데, 그는 네덜란드 개혁신학대학원(Kampen)에서 박사학위를 취득하였고(1968), 이후 총신에서 오랫동안 조직신학을 가르쳤다(1976-1995). 그는 총신의 신학적 주류로 자리잡아온 구프린스턴 학파(하지, 워필드, 메이천)의 신학 전통을 넘어서, 특별히 네덜란드의 정통개혁파 신학를 대표하는 헤르

---

73 Cf. 김길성, 『총신의 신학전통』, 171f.
74 Cf. 김길성, 『총신의 신학전통』, 182.

만 바빙크(H. Bavinck)의 신학을 적극 수용하며 소개하고자 하였다. 또한 그는 교부들의 삼위일체론의 발전과 전개과정을 교리사적으로 정리하여 정통적인 삼위일체론을 제시함으로써 한국교회 안에서 양태론적인 경향으로 잘못 이해된 삼위일체론(특히 "웨스트민스터 신앙고백서" 제2장 3항의 해석과 관련하여)을 분명하게 교정하려고 시도하였다.[75] 그러나 무엇보다도 그가 한국장로교의 보수적인 정통개혁신학에 큰 논란을 일으키며 기여한 것은 성령론 분야라고 할 수 있다. 주로 구프린스턴 신학자들(하지, 워필드)과 네덜란드 개혁파 신학자 아브라함 카이퍼의 영향을 받은 장로교 보수적 정통신학에서는 오순절 성령강림의 단회성을 주장하고 연속성을 부인함으로써 "은사종결론"(cf. 예언이나 방언, 병고침, 기적의 중단)을 주장하였고, 이것은 총신의 신학적 기초를 놓은 박형룡 박사와 박윤선 박사의 입장이기도 하였다. 그러나 차영배 박사는 오순절 성령강림을 과거에 있었던 "단회적인 구속사적 사건"이 아니라 오히려 지속적인 "구원의 서정"에 속한 것으로 볼 것을 주장하며, 그러한 성령의 역사를 통한 "은사지속론"을 주장하였다. 다른 한편으로, 그는 오순절주의자가 말하는 "제2의 축복론"을 인정하지 않고, 중생과 성령세례를 동일한 것으로 주장함으로써 개혁파 신학체계 안에서 성령론과 구원론 이해에 있어 교정을 시도하였다.[76] 그의 저서에는 『개혁교의학(II/1): 삼위일체론』(1982), 『H. Bavinck의 신학의 방법과 원리』(1983), 『성령론: 구원론 부교재』(1987), 『성령론』(1997) 등이 있다.

---

75 Cf. 차영배, 『개혁교의학(II/1): 삼위일체론』 (서울: 총신대학출판부, 1982), 237-49.

76 Cf. 차영배, 『성령론: 구원론 부교재』 (서울: 경향문화사, 1987).

4. 장신에서의 조직신학의 발전

(1) 에큐메니칼적인 "통전적(統全的) 신학"의 정초: 이종성 박사

1959년 WCC 가입문제로 분열한 후, 통합측은 1960년 서울 광장동 광나루에 **"장로회신학대학교"**를 설립하였다. 이렇게 시작된 장신(통합)의 새로운 신학적 기초토대를 놓았고, 총신(합동)의 박형룡 박사 이후 한국장로교(통합)의 조직신학 대계를 이룩한 신학자는 **춘계(春溪) 이종성 박사**(1922-2011)다. 그는 일본 도쿄신학대학(東京神學大學, 1951), 미국의 풀러 신학대학원과 루이빌 신학대학원(Th.M.)에서 수학한 후 샌프란시스코 신학대학원에서 철학박사(Ph.D, 1963)을 취득하였고, 일본 도쿄신학대학에서 명예신학박사학위를 받았다(1985). 이종성 박사는 연세대학교(1959-65)를 거쳐 장신(1966-87)에서 조직신학을 가르쳤다. 이 기간 동안 그는 『조직신학대계』(전12권, 1975-93)를 완성하였고, 이것을 포함하여 그의 모든 저작들은 『춘계이종성 저작전집』(전40권, 2001)으로 출간되었다.[77] 그는 평생을 통하여 자신이 추구하고자 노력했던 신학을 "통전적(統全的) 신학"으로 정의하였으며, 이것을 "성서적이고 복음적이며, 자유하면서도 자유주의 신신학에 물들지 않으며, 보수적이면서도 폐쇄적이 아닌 통전적이고 열린 복음주의와 열린 보수주의 신학"이라고 강조한다.[78] 그는 자신의 신학에 가장 큰 영향을 미친 세 명의 신학자들로 아우구스티누스(Augustine)와 칼뱅(J. Calvin) 그리고 칼 바르트(K. Barth)를 말하며, 그 이유는 그들의 신학이 "성서

---

[77] 이종성, 『춘계이종성 저작전집(전40권)』 (서울: 한국기독교학술원, 2001).

[78] 이종성, 『춘계이종성 저작전집(1)』, 6. cf. 이종성/김명용/윤철호/현요한, 『통전적 신학』 (서울: 장로회신학대학교출판부, 2004).

적이고 복음적이며 은총주의적"인 신학이기 때문이라고 했다.[79] 이러한 근거에 의해 그는 "성서적 복음주의 신학"을 추구하는 "통전적 신학"을 주창하였으며, 그것은 또한 "에큐메니칼적 신학"이라고 했다.[80] 이것은 오늘날 장신(통합)의 신학노선인 "통전적 신학"의 정체성을 규정하는 것으로, "본 대학의 신학 노선과 방향은 본 교단의 노선인 웨스트민스터 신앙고백의 노선과 에큐메니칼운동 노선에 근거하여 성서적 복음주의 신학을 영위해 나가는 것"이라고 했다.[81]

(2) 에큐메니칼적 "중심(中心) 신학"의 정초: 김이태 박사

이 시기(1970-84)에 장신에서 조직신학을 가르쳤던 **김이태 박사**(1936-84)는 장로회신학대학(1965), 미국 오스틴 신학대학원(Th.M, 1968), 그리고 호주 멜버른 신학대학원에서 판넨베르크의 기독론 방법론에 대

---

79 이종성, "나를 신학자로 만들어 준 신학자들," 『춘계이종성 저작전집(38)』, 40-41.

80 Cf. 이종성, "우리가 지향하는 신학," 『춘계이종성 저작전집(22)』, 172-80. "통전적 신학은 두 가지 중요한 측면이 결합된 신학이다. 통전적 신학은 방법론적으로 모든 것을 통합하다는 의미를 갖고 있는 신학이다. 통전적 신학의 통(統)이란 말은 모든 것을 통합한다는 의미를 지니고 있다. 그러나 통전적 신학은 모든 것을 통합하는 것(integrity)에 머무는 신학이 아니다. …통전적 신학은 모든 것을 통합해서 온전함(Wholeness)에 이르고자 하는 신학이다." 이종성/김명용/윤철호/현요한, 『통전적 신학』, 53-54.

81 장로회신학대학교100년사 편찬위원회, 『장로회신학대학교 100년사』, 474. 김명용 박사는 한국장로교회의 신학을 크게 세 가지로 분류할 때, 박형룡 박사는 "합동측"의 신학을, 이종성 박사는 "통합측"의 신학을, 김재준 박사는 "기장"의 신학을 대변한다고 말한 뒤, "박형룡의 신학은 옛 프린스턴의 신학자들(C. Hodge, A. A. Hodge, B. B. Warfield)과 메이천(Machen)과 벌코프(L. Berkhof)로 연결되는 신학선상에 있는 개혁교회의 신학 가운데 근본주의 성향이 아주 강한 극단적으로 보수주의적인 개혁신학"이며, "김재준의 신학은 바르트(K. Barth)의 신학적 영향"을 많이 받은 신학이지만, "이종성의 신학은 대체로 칼뱅(J. Calvin)의 신학과 바르트(K. Barth)의 신학 양쪽에 뿌리를 두고 있는 개혁교회의 신학의 중심부에 가까이 존재하고 있는 신학"이며, "한편으로는 근본주의 성향의 개혁신학을 반대하고 또 한편으로는 자유주의 성향의 개혁신학을 반대하는 특성"을 가진 신학으로 평가한다. 김명용, 『열린신학 바른교회론』(서울: 장로회신학대학교출판부, 1997), 177-79.

한 연구로 박사학위(Th.D, 1976)를 취득하였다.[82] 특히 그는 장신(통합)의 신학을 "중심(中心)에 서는 신학"의 방향으로 추구했고,[83] 이것은 장신에서 "통전적 신학"의 개념으로 발전했다. 그는 "변두리(邊)가 아니라 중심(中心)에 서는 신학"을 주장하면서, 그 신학의 특징은 "포괄적이며, 긴장 속에 있으며, 선풍적이 아니라 점진적"이라고 하였다.[84] 나아가 그는 장신의 신학이 앞으로 보완해야 할 점으로 "새롭게 대두되는 사회문제에 민첩하게 대처하는 신학, 새로운 사상과 학설에 과감하게 자신을 노출시키는 신학을 주문함으로써 전통과 혁신이라는 두 긴장관계 속에서 본 대학의 신학적 현 위치와 특성과 미래를 주장했다."[85] 이러한 방향에서 장신의 신학적 특징을 요약하면, "장신 신학은 성서적이고 복음적이며 종교개혁의 전통과 개혁신학의 맥락에 서 있으며, "중심에 서는 신학"을 지향할 뿐만 아니라 "통전적 신학"으로 심화 확대되어가고 있다. 또한 현대 복음주의 신학과 에큐메니칼 신학의 장점들을 수용하며 단점들을 비판적으로 극복함으로써 에큐메니칼 복음주의 신학 또는 복음적 에큐메니칼 신학을 지향한다."[86] 그는 유작으로 그의 박사학위 논문의 번역인 『판넨베르크의 기독론의 방법론적 구조비판』(1985)과 『중심에 서는 신학: 김이태의 신학세계』(1994)를 남겼다.

---

82   김이태, 『판넨베르크의 기독론의 방법론적 구조비판』(서울: 장로회신학대학출판부, 1985).

83   김이태, "장신대 신학의 위치와 그 특성 - 전통과 혁신이란 긴장관계에서의 검토," 『교회와 신학』 14 (1982): 103-33; 고 김이태교수 저작출판위원회 편, 『중심에 서는 신학: 김이태의 신학세계』(서울: 장로회신학대학출판부, 1994), 209-240.

84   고 김이태교수 저작출판위원회 편, 『중심에 서는 신학: 김이태의 신학세계』, 222-33.

85   최윤배, 『조직신학 입문』, 78. cf. 고 김이태교수 저작출판위원회 편, 『중심에 서는 신학: 김이태의 신학 세계』, 236-39.

86   신옥수, "중심에 서는 신학, 오늘과 내일: 장신신학의 정체성 형성에 관한 소고," 『장신논단』 40 (2011), 65.

IV. 한국장로교 조직신학의 발전기: 제3세대의 조직신학(1980-현재)

1. 합신에서의 조직신학의 발전

이 시기에 한국장로교회 안에서 일어난 중요한 사건 가운데 하나는 예장(합동) 총회가 교권투쟁으로 주류와 비주류로 사분오열되어 혼란한 상황 가운데서, 더불어 일어난 학내사태와 관련하여 일부 교수들과 학생들이 총회와 신학교의 개혁을 요구하며 박윤선 박사를 중심으로 합동신학교(현 합동신학대학원)를 새롭게 설립한 일이라 할 수 있을 것이다(1980.11.11.). 이때 합신(개혁)의 설립에 동참한 교수들은 신복윤, 윤영탁, 김명혁, 박형용, 최낙재 등이며, 그 설립 정신인 "칼뱅주의 정통개혁주의 신학"의 기초위에 "바른신학, 바른교회, 바른생활"의 정립을 통하여 신학의 개혁, 교회의 개혁, 신앙과 삶의 개혁을 실천하려 노력하고 있다.

(1) 합신(개혁)의 설립과 "칼뱅주의 정통개혁주의 신학"의 정초: 신복윤 박사

초창기 합신에서 조직신학의 기초토대를 놓은 신학자는 **신복윤 박사** (1926-)이다. 그는 캘리포니아 신학대학원에서 "칼빈의 신지식"에 대한 연구로 박사학위(Ph.D)를 취득하였고, 총신(1972-80)에 이어 1980년 이후에는 합신에서 교수사역을 감당하였다. 신복윤 박사는 1953년 기장과의 분열, 1959년 WCC 가입문제로 예장(통합)과의 분열이라는 역사적 현장에 직접 참여하여 박형룡 박사의 보수적 개혁주의 신학적 노선에 충실하였고, 그를 이어 조직신학을 전개한 한국장로교 제2세대 조직신학자이다(따라서 그는 앞선 시기에 속하는 신학자로 분류되어야 하나, 합신의 조직신학을 정초한 제1세대이기에 여기서 다루게 되었다). 특히 그는 "청교도적 개혁주의"의 뿌리가 되는 "칼뱅주의 신학"에 깊이 천착하여, 한국장로교회 안에 침투한 "세대주의, 근본주의, 신비주의, 경건주의" 등의 부정적 요소들을 일소하고 "올바른 정통개혁주의 신학"을 세우기 위하여 노력하였다.[87] 이러한 그의 노력들은 다양한 분야에서 나타났는데, 곧 "한국칼빈학회"에서의 활동 및 합신 내에 "칼빈사상연구소"를 설립하여 칼뱅신학에 대한 연구가 지속될 수 있는 인프라를 구축함과 동시에, 칼뱅의 『기독교 강요』(공역), 벌코프의 『기독교 신학개론』, 헨리 미터의 『칼빈주의 근본원리』, 클루스터의 『칼빈의 예정론』등 일찍부터 "칼뱅주의 정통개혁신학"의 기초가 되는 저서들을 번역하여 한국교회에 소개함으로써 칼뱅주의 정통개혁신학의 저변확대에 큰 기여를 하였고, 스스로도 칼뱅신학에 대한 연구에 매진하여 『칼빈의 신학사상』(1993), 『종말론』(2001), 『교의학 서론』(2002), 『칼빈의 하나님 중심의 신학』(2005), 『개혁주의 신학의 특성들』(2007) 등의 저서들을 출간하였다.

(2) 칼뱅주의 정통개혁주의 신학의 확장과 발전적 전개: 김재성 박사

합신 출신의 칼뱅주의 정통개혁주의 신학자로서 **김재성 박사**는 미국 칼빈 신학대학원(Th.M)과 웨스트민스터 신학대학원(Ph.D)에서 "칼뱅의 성령론"을 연구하였고, 합신에서 한동안 가르치다 지금은 국제신대원에서 교수사역을 계속하고 있다. 그는 특히 칼뱅의 신학과 이후 500년 동안 발전된 칼뱅주의 정통개혁신학의 다양한 흐름들에 대한 깊이 있는 분석과 연구를 통하여 이를 발전적으로 전개하였다. 나아가 그는 한국장로교회의 정체성을 형성하고 있는 다양한 그룹들을 "분리적인

---

87   신복윤, 『개혁주의 신학의 특성들』(수원: 합신대학원출판부, 2007), 15, 292-99.

근본주의", "경건주의적 신앙고백주의", "교세확장적인 부흥주의", "지역주의에 근거한 교단 정통주의", "세대주의적 보수주의", "신정통주의적 절충주의", "토착적인 문화주의"로 구분함과 동시에,[88] 또한 한국교회의 위기를 불러온 여러 가지 "세속화 요인들"(실용주의, 상업주의, 물질주의, 인본주의 신학, 신학의 개별화), "신학과 경건의 분리", "성경에서 이탈한 설교와 목회"의 문제들을 적시하며, 이러한 "장로교회"의 정체성 상실의 위기에 처한 한국장로교회의 갱신을 위하여 칼뱅의 신학과 정통개혁주의 신학의 재정립을 주장하며, "개혁된 교회는 계속하여 항상 개혁되어가야 함"을 실천할 것을 강조한다. 또한 그는 한국교회 내에 상존하는 잘못된 영성신학 및 영성운동의 문제점과 위험성을 지속적으로 경고하며, 이를 칼뱅의 성령론에 대한 연구와 정통 개혁주의 성령론의 전개를 통하여 극복하려는 시도를 하고 있다.[89] 그의 주요 저서에는 『칼빈과 개혁신학의 기초』(1997), 『칼빈의 삶과 종교개혁』(2001), 『성령의 신학자, 장 칼뱅』(2004), 『개혁신학의 광맥』(2001), 『개혁신학의 정수』(2003), 『개혁신학의 전망』(2004), 『개혁주의 성령론』(2012) 등이 있다.

(3) 정통개혁주의 신학의 실천적 성찰과 현실에의 적용: 송인규 박사

미국 시라큐스(Syracuse) 대학교에서 신학과 철학(Ph.D)을 공부한 송인규 박사(1949-)는 특히 국제기독학생회(IVF)에서 간사와 총무로 봉사했던 실천적 경험으로 인하여 단순히 이론중심의 조직신학을 전개하기 보다는 기독교 세계관, 일반은총과 문화 등, 정통개혁주의 신학을

88   김재성, 『기독교신학, 어떻게 세워야 하나』 (수원: 합신대학원출판부, 2004), 232-36.
89   Cf. 김재성, 『기독교신학, 어떻게 세워야 하나』, 309-40; 『칼빈과 개혁신학의 기초』 (수원:

한국교회의 실천적, 신앙적인 문제들에 깊이 적용하는 일에 큰 관심을 가지고 신학작업을 수행함으로써 "생활 신학자"라고 불리기도 했다. 그는 이러한 특유의 신학적 관점을 "실천지향적인 신학적 성찰"이라고 부르며, 신학의 내용(성경적/신학적 지식)과 목회경험(개인의 의식/목회적 활동)의 통합을 지향하였고, 신학이 현실적 삶에 참여하는 것은 필수적인 것이라고 강조한다.[90] 이러한 그의 활발한 실천적인 신학적 성찰의 산물들은 다음과 같은 저서들에 담겨 있는데,『세계를 품은 그리스도인』(1992),『복음과 지성』(1995),『예배당 중심의 기독교를 탈피하라』(2001),『새로 쓴 기독교, 세계, 관』(2008),『일반 은총과 문화적 산물』(2012) 등이 그것이다.

(4) 정통개혁주의 신학의 성경적 정초와 실천적 적용: 이승구 박사

스코틀랜드 세인트앤드류스(St. Andrews) 대학교에서 박사학위(M.Phil, Ph.D)를 취득한 **이승구 박사**는 국제신대원에서 가르치다 합신에서의 교수사역에 동참하였다. 그동안 그는 지속적으로 개혁주의 신학과 관련된 다수의 많은 고전적인 저서들을 번역 소개함으로써 한국장로교 개혁신학의 저변과 이해의 폭을 확대하는 데 큰 공헌을 하였다. 또한 영미 개혁신학의 단순한 수용을 넘어 현대 개혁신학의 다양한 발전의 흐름 속에서 나타나는 장점과 문제점들뿐만 아니라 다양한 현대 복음주의 신학의 흐름들을 정통개혁주의 입장에서 비평적으로 날카롭게 분석하여 제시함으로써 이에 대한 정확하고 바른 이해의 깊이를 더하

합신대학원출판부, 1997), 249-92.

90 송인규, "또 하나의 씨름,"「신학정론」26/2 (2008), 5-11; "신학적 성찰과 실천 지향성," 「신학정론」27/2 (2009), 181-86.

는 데 많은 도움을 주고 있으며,[91] 더불어 이러한 튼실한 신학적 작업들은 장차 한국장로교회의 주체적인 신학의 전개를 가능하게 하는 든든한 기초가 될 것이다. 나아가 그 자신의 개혁신학을 전개함에 있어 칼뱅의 신학방법이자 합신 정통개혁신학의 기초인 박윤선 박사의 신학방법이기도 한, 보다 정확한 성경 주석적 근거와 신앙고백적 기초 위에 정통개혁주의 신학을 정초하려고 시도하며, 또한 이를 통하여 교회를 섬기는 개혁신학을 추구함과 동시에, 나아가 한국교회와 현대사회가 당면하고 있는 다양한 현실적/실천적인 문제들에 깊이 적용하며 적극적으로 실천하는 방향으로 정통개혁주의 신학을 전개하려 노력하고 있다. 이러한 그의 다양한 신학적 노력들이 담긴 저서에는『현대 영국신학자들과의 대담』(1991),『개혁신학 탐구』(2001),『하이델베르크 요리문답강해(1/2)』(1998/2001),『21세기 개혁신학의 방향』(2005),『전환기의 개혁신학』(2008),『기독교 세계관이란 무엇인가?』(2009),『사도신경』(2009),『광장의 신학』(2010),『톰 라이트에 대한 개혁신학적 반응』(2013),『우리 이웃의 신학들』(2014) 등이 있다.

(5) 개혁주의 정통신학의 발전적 계승과 교회적 적용: 김병훈 박사

미국 칼빈 신학대학원에서 "삼위일체론"에 대한 연구로 박사학위(Ph. D.) 취득한 **김병훈 박사**는 목회를 겸하여 가르치다 최근에 와서 교수사역과 신학연구에 전념하고 있다. 그는 정통개혁신학의 기초인 칼뱅의 신학에 대한 연구와 더불어, 특별히 "17세기 개혁주의 정통신학"에 깊은 관심을 가지고 신학작업을 전개하고 있다. 나아가 17세기 정통개

---

91 Cf. 이승구,『현대 영국 신학자들과의 대담』(서울: 엠마오, 1991);『전환기의 개혁신학: 20세기 후반 영미 개혁신학의 동향』(서울: 이레서원, 2008);『톰 라이트에 대한 개혁신학적 반응』(수원: 합신대학원, 2013),『우리 이웃의 신학들』(서울: 나눔과 섬김, 2014).

혁주의 신학과 신앙의 핵심요체가 집대성된 신앙고백서들, 특히 "하이델베르크 교리문답", "도르트 신경", 그리고 "웨스트민스터 표준문서"에 기초한 정통개혁주의 신학의 확고한 정초를 통하여 한국장로교회를 개혁신학과 신앙고백 위에 두고 그 토대를 견고히 하는 데 심혈을 기울이고 있으며, 저서에는 『소그룹 양육을 위한 하이델베르크 요리문답(I/II)』(2008/2012)이 있다.

2. 고신에서의 조직신학의 발전

(1) 정통개혁신학의 "공교회적 확장"과 "한국개혁신학의 자립"에의 시도: 유해무 박사

고신의 제2세대 조직신학자로 네덜란드 개혁신학대학교(Kampen)에서 "정통주의 개혁파 예정론"에 대한 연구로 박사학위(Th.D)를 취득하였고, 1991년부터 교수사역을 시작한 유해무 박사는 특별히 "개혁신학의 보편성과 공교회성"을 추구한 신학자이다. 따라서 그는 정통개혁주의 신학의 단순한 수용을 넘어, 그 기초 위에서 특히 칼뱅의 공교회적 신학전통과 헤르만 바빙크(H. Bavinck)의 보편적 개혁신학의 정신과 노선을 따라[92] 독창적으로 한국교회에서 공교회적 정통개혁신학을 추구하고 시도하는 신학자라는 데 그 독특성이 있다. 이러한 "공교회적 개혁신학"을 추구함에 있어 그는 두 가지 방향으로 나아가는데, 먼저 정통개혁신학의 입장에서 조직신학에서 다루는 각 교의들의 의미를 살피되, 성경주석적 근거와 고대 공교회 신조 및 정통개혁주의 신앙고백서들이 가르치는 교의들을 루터파, 웨슬리파, 가톨릭 신학 등 다양한 신학들과의 "공시적인 대화"를 통하여 그리하였고,[93] 다음으로 공교회적

---

[92] Cf. 유해무, 『헤르만 바빙크: 보편성을 추구한 신학자』(서울: 살림, 2004).

개혁신학의 뿌리가 되는 고대 동/서방 교부들의 원전들을 직접 연구하여 "통시적인 대화"를 통하여 이를 추구하였는데, 특히 동방 교회 교부들에 대한 연구의 중요성을 강조하였으며,[94] 나아가 중세 신학과 종교개혁자들의 기독교 고전들에 대한 치열한 연구를 강조한다. 이러한 전체적인 공교회적 개혁주의 신학의 작업들을 통하여, 그가 도달하고자 하는 궁극적 목표는 정통개혁신학에 입각한 "한국개혁신학의 자립"이다. 즉 정통개혁신학의 단순 번역과 수용의 단계를 넘어 한국교회의 신학의 자립에의 추구야말로 한국장로교 개혁신학의 온전한 성숙을 이루는 것이며, 또한 세계교회와 신학계에 대한 한국교회와 신학의 마땅한 기여라고 그는 강조한다. 이러한 관점에서, 그는 한국장로교 개혁신학이 계속하여 추구해야 할 것으로 "박형룡과 박윤선의 개혁사상의 창조적 계승, 교회현장을 위한 개혁신학, 기독교 고전연구를 통한 한국개혁신학의 자립, 교회연합에 기초한 공교회성 확립, 예배의 개혁" 등을 특히 강조한다.[95] 나아가 그가 전개한 조직신학의 특징은 "본래적 의미에서의 신학(*theologia*)"인 삼위일체론에 대한 강조와 더불어 전체 교의학의 삼위일체론적 구조와 전개, 그리고 신학의 송영적 성격을 분명히 드러내는 것이다. 이러한 그의 신학적 수고의 산물들은 『개혁교의학: 송영으로서의 신학』(1997), 『헤르만 바빙크: 보편성을 추구한 신학자』(2004), 『신학: 삼위일체 하나님을 향한 송영』(2007), 『삼위일체론』(2010), 『코람데오: 시편51을 통해서 본 루터의 십자가 신학』(2012), 『예배의 개혁, 참된 교회개혁의 길: 고대교회 예배로 돌아가

---

93   Cf. 유해무, 『개혁교의학: 송영으로서의 신학』 (서울: 크리스찬다이제스트, 1997).

94   Cf. 유해무, 『신학: 삼위일체 하나님을 향한 송영』 (서울: 성약, 2007).

95   Cf. 유해무, "한국에도 개혁신학이 가능한가?", 「개혁신학과 교회」 15 (2003), 187-201; "한국신학의 자립을 갈망하면서," 『신학: 삼위일체 하나님을 향한 송영』, 277-98.

자』(2013) 등의 저서에 담겨 출간되었다.

(2) 정통개혁신학의 "올바른 성령론의 정립"과 목회적 적용: 박영돈 박사

미국 칼빈 신학대학원과 풀러 신학대학원을 거쳐 최종적으로 웨스트민스터 신학대학원에서 "성령론" 연구로 박사학위(Ph.D)를 취득한 이후, **박영돈 박사**는 고신에서의 교수사역에 동참하였다. 그는 성령론을 전공한 관계로 주로 정통개혁신학의 관점에서 성령의 사역에 대한 관심을 가지고 오랫동안 집중하여 연구하였다. 또한 그는 그 결과로서 구원론과 교회론의 올바른 정립, 그리고 이것을 실제의 목회현장과 신앙의 삶의 부분에 실천적으로 적용하는 문제에 깊이 천착해왔다. 즉 그동안 정통개혁주의 신학에 있어 상대적으로 가장 취약한 부분으로 거론되던 성령론의 다양한 주제들을 깊이 있게 연구하고 다룸으로써 한국교회에 만연해 있는 오순절주의적 은사운동의 문제점들을 지적할 뿐만 아니라, 또한 그는 은사중지론으로 인해 소멸되다시피 한 성령의 사역과 은사에 대한 정통개혁파 성령론을 "성령충만의 회복"이라는 개념을 통하여 성경적으로, 교의적으로, 그리고 실천적으로 올바르게 재정립함으로 극복하고자 심혈을 기울이고 있다.[96] 나아가 그는 이렇게 올바르게 재정립된 개혁주의 성령론을 통하여 칭의와 성화의 삶이 균형잡힌 한국장로교회의 구원론의 재정립의 문제와 더불어, 올바른 개혁주의 교회론의 재정립과 이것의 목회적 적용과 실천을 강조함으로써 성장주의에 물든 한국교회를 바로 세우는 일에 많은 노력을 기울이고 있다. 이러한 그의 신학적 성찰과 목회적 실천에 대한 노력의 결과들이 담긴 저서에는 『성령충만, 실패한 이들을 위한 은혜』(2008), 『일

96　박영돈, "고신 교단의 성령론적 전망," 「개혁신학과 교회」 19 (2005), 109-29.

그러진 성령의 얼굴: 한국교회 성령운동, 무엇이 문제인가』(2011), 『일 그러진 한국교회의 얼굴: 한국교회 무엇이 문제인가』(2013) 등이 있다.

3. 총신에서의 조직신학의 발전

(1) 정통개혁신학 안에서 계시신학과 기독론 중심의 신학의 정초: 서철원 박사

미국 웨스트민스터 신학대학원(Th.M)을 거쳐 네덜란드 자유대학교에서 기독론과 관련한 주제를 연구하여 박사학위(Th.D, 1982)를 취득한 서철원 박사는 개혁신학연구원(1982-91)과 총신(1991-2007)에서 교수사역을 감당하였다. 그는 총신에서 주로 조직신학 서론, 기독론, 현대신학, 교리사 등을 중점적으로 가르쳤다.[97] 그는 자신이 전개한 신학의 특징을 "성경으로만 신학하기", "믿음만으로 신학하기" 그리고 "그리스도만으로 신학하기"로 규정하며, "성경의 그리스도가 내 신학의 처음이고 마지막이다"라고 강조한다.[98] 바로 이 진술에 그의 신학방법론과 조직신학 내용의 정수가 그대로 표명되고 있다. 나아가 그는 자신이 추구한 개혁신학을 정의하여 말하기를, "우리의 신학은 개혁교회의 신학 곧 개혁신학이므로 개혁교회의 신앙고백을 규범과 근본으로 삼는다. 그리고 칼뱅과 그의 후계자들의 신학을 기초로 삼는다. 특히 칼뱅의 『기독교 강요』에 나타난 신학전개와 그의 주석에 나타난 성경이해를 준거해서 신학한다"고 했다.[99] 이것은 그가 칼뱅주의 정통개혁신학 안에서 신학작업을 하려고 노력하였다는 것을 의미한다. 그는

---

97 Cf. 김길성, 『총신의 신학전통』, 194.

98 서철원, "나의 신학," 『성경과 개혁신학』, 서철원박사 은퇴기념논총위원회 (서울: 쿰란출판사, 2007), 41, 56.

99 서철원, 『신학서론』(서울: 총신대학교출판부, 2000), 103.

이러한 정통개혁신학을 전개함에 있어 특히 이성/철학에 근거하지 아니하고 오직 믿음으로만 신학하기를 주장함으로써 배타적인 방법론을 취하며, 이것은 나아가 오직 성경에 근거한 신학, 곧 계시신학을 정초하기 위함이다. 또한 그는 계시인식으로부터 종말론 이해까지 개혁주의적인 그리스도 중심의 신학을 정초하려 시도한다. 특별히 기독론 이해에 있어 모든 형태의 "상승 기독론"(아래로부터의 기독론)을 거부하며, 오직 "하강 기독론"(위로부터의 기독론)만이 성경적인 참된 기독론임을 강조하였다. 이러한 조직신학의 전개와 더불어, 그는 원전연구에 기초하여 기독교 주요교리의 근원을 역사적으로(제7차 공의회까지) 정리함으로써 한국장로교 신학에 중요한 신학적 공헌을 남겼다. 그의 주요 저서에는 『복음과 율법의 관계』(1987), 『하나님의 구속경륜』(1989), 『성령신학』(1995), 『신학서론』(2000), 『기독론』(2000), 『교리사』(2003) 등이 있다.

(2) "총신의 신학 전통"의 확고한 계승과 전수: 김길성 박사

미국 트리니티(Trinity)복음주의 신학대학원(Th.M, 신약학)을 거쳐 웨스트민스터 신학대학원에서 "메이천의 교회론"에 대한 연구로 박사학위(Ph.D, 1992)를 취득한 김길성 박사는 1992년부터 총신에서 교수사역을 시작하였다(1992-2014). 그가 웨스트민스터에서 먼저 "성경해석학" 전공으로 박사과정을 이수한 후에 다시 "조직신학"으로 전공을 바꾸어, 스스로 "메이천의 교회론"이라는 주제를 선택하여 학위를 하였다는 사실은[100] 역사적으로 총신신학의 기초가 된 박형룡 박사와 박윤선 박사의 신학적 전통과 계보를 잇는다는 의미가 있다. 그는 신학을 공

---

100   Cf. 이상웅, "송암 김길성박사의 생애와 신학적 관심들: 하나님, 성경, 교회중심의 신학과

부할 때나 이후 조직신학을 가르치며 연구할 때도 그가 직접 연구하고 쓴바,『총신의 신학전통』(2000)을 계승하고 전수한다는 분명한 의식과 사명감을 가지고 임하였다. 따라서 그는 자신의 신학과 사상이 총신의 신학전통인 "역사적 개혁주의, 정통 칼뱅주의, 청교도 장로교회의 신학의 물줄기에 서 있음"을 분명히 밝히고 있다.[101] 실제로 그가 연구하여 기고한 많은 논문들이 다루었던 주제들을 살펴보면 거의 대부분이 "칼뱅의 신학사상, 개혁주의 신앙표준문서들, 구프린스턴 신학, 메이천의 신학사상, 그리고 박형룡 박사의 신학사상"의 분석 연구에 집중되어 있다.[102] 또한, 그가 스스로 전개한 조직신학 내용의 주요 근거자료들도 칼뱅, 하지, 바빙크, 벌코프, 박형룡 박사의 저작들이며, 이에 더하여 주로 현대 개혁주의 신학자들(올리버 버스웰, 로버트 레이몬드, 마이클 호튼 등)과 건전한 복음주의 신학자들(밀라드 에릭슨, 웨인 그루뎀)의 저작들이었다.[103] 그의 주요 저서들에는『개혁신학과 교회』(1996/2004),『개혁신앙과 교회』(2001),『총신의 신학전통』(2013) 등이 있다.

4. 장신에서의 조직신학의 발전

이 시기의 장신(통합)의 신학을 살펴보면, 비록 이종성 박사의 "통전적(統全的) 신학"과 김이태 박사의 "중심에 선 신학" 등으로 규정된 장신(통합)의 기본적인 신학적 지향성은 함께하나, 그 실제적 내용에 있어

삶,"「개혁논총」 30 (2014), 29-30.

101 김길성,『총신의 신학전통』, 5;『개혁신학과 교회』, 4.

102 김길성, "송암 김길성박사 약력과 논저목록", 12-16; 이상웅, "송암 김길성박사의 생애와 신학적 관심들," 47-55.

103 Cf. 이상웅, "송암 김길성박사의 생애와 신학적 관심들," 33f.

서는 다소 강조점의 차이를 보여주고 있다. 즉 "통전적 신학"의 기본방향에 기초하여 (1) "칼뱅신학을 비롯한 역사적 개혁주의 신학을 강조하며 이것을 현대적으로 재해석하여 확장하고자 하는 흐름"(역사적 개혁주의 신학의 통전적인 계승과 확장), (2) "칼 바르트의 신정통주의 신학을 현시대에 맞게 적용하고 발전적으로 확장하고자 하는 흐름"(신정통주의 신학의 통전적인 계승과 확장), 그리고 (3) "다양한 현대 자유주의신학 사조와 적극적으로 대화하며 비판적 수용을 통하여 신학적 외연을 확장하고자 하는 흐름"(다양한 현대 자유주의신학의 통전적인 수용과 확장)이 곧 그것이다.

(1) 역사적 개혁주의 신학의 통전적인 계승과 확장: 이수영 박사/최윤배 박사

먼저, 첫 번째 흐름인 "통전적인 역사적 개혁주의의 확장"을 강조하는 신학자는 **이수영 박사**(1946-)이다. 그는 프랑스 스트라스부르(Strasbourg) 대학교에서 "칼뱅 신학"을 연구하여 박사학위(Th.D)를 취득하였고(1984),[104] 분명한 칼뱅주의자로서 장신(통합)의 "통전적 신학"의 구도 안에서 "칼뱅주의적인 성경적, 복음적 개혁주의 보수신앙"을 대변하는 노선을 고수하였다.[105] 특히 그는 장로교회의 신학의 특징을 "개혁신학"으로 정의하고, 이 "개혁신학은 루터교신학과 더불어 개신교의 가장 오랜 전통의 신학"임을 강조하며, 이 개혁신학의 올바른 발전을 위해 "개혁신학의 첫 번째 완성자"인 칼뱅신학과 종교개혁신학의

---

104 그의 신학박사학위 논문은 "La notion d'expérience chez Calvin d'après son *Institution de la Religion Chrestienne*, Thèse, Strasbourg, 1984)"이다.

105 Cf. 이수영, 『개혁신학과 경건』 (서울: 장로회신학대학교출판부, 2006), 100. cf. 이수영, "칼뱅신학의 특징과 한국교회," 한국기독교사상연구소 편, 『改革神學』 (서울: 대학촌, 1989), 37-50.

핵심주장인 "오직 믿음", "오직 은혜", "오직 성경"의 내용을 "개혁신학의 기초"로 삼을 것과,[106] 계속하여 "개혁되어야 할 교회"로서 한국장로교의 "개혁성"을 강조한다.[107] 이러한 입장에서, 그는 장신 내에서 "역사적 개혁신학"에 대한 보다 깊은 관심을 촉구함과 동시에, 나아가 한국장로교회 전체가 협력하여 이 "역사적 개혁신학"을 깊이 연구하고 현대적으로 적용할 것을 강조한다.[108] 그리하여 그는 "다양성 속에서 중심을 모색하는 다소 불투명하고 막연히 온건 중도 보수 통합신학"에서 보다 철저하고 분명한 "성경적/복음적/개혁적 신학"의 실재가 분명히 드러나는 신학을 주장한다.[109] 이와 더불어, 그는 전통적인 장로교회의 보수신앙을 지키면서도 학문적 폐쇄성과 배타성을 지양하고, 모든 다양한 신학사상들과의 학문적 대화를 통하여 건전한 것은 수용하려는 자세를 견지한다.[110] 그의 저서에는 『깔뱅, 교회를 말하다』(2003), 『깔뱅, 신앙을 말하다』(2004), 『깔뱅, 하나님의 백성을 말하다』(2008) 등이 있다.

장신(통합)내에서 이러한 "통전적 역사적 개혁주의의 확장"의 노선을 계속 이어가고 있는 **최윤배 박사**는 네덜란드 기독개혁신학대학원(Apeldoorn)에서 종교개혁자 마르틴 부처(Martin Bucer)와 칼뱅의 신학을 연구하여 박사학위(Th.D)를 취득하였다. 그는 장신(통합)의 신학적 정체성과 관련하여 가장 중요한 두 가지 관점으로 "개혁전통과 복

---

106 이수영, 『개혁신학과 경건』, 110, 335-46.

107 이수영, 『개혁신학과 경건』, 404f.

108 Cf. 이수영, 『개혁신학과 경건』, 392-95.

109 이수영, "개교90주년을 맞은 장신의 내일," 「신학춘추」 사설(1991.5.21); 『개혁신학과 경건』, 514.

110 이수영, 『개혁신학과 경건』, 391f. cf. 이수영, "한국 개혁신학의 한계와 그 극복을 위한 제언," 『목회와 신학』 (1989.8): 86-89.

음전통"을 강조한다. 그는 첫 번째 관점이 장신(통합)의 신학적 독특성을, 두 번째 관점은 세계기독교와 공유해야 할 기독교 보편성을 반영한다고 하며, 이 두 관점을 "중심에 서는 신학"/"통전적 신학" 속에서 "성경적/복음적/개혁적 신학"으로 발전시키고자 한다. 그는 이 가운데 "개혁전통"은 츠빙글리, 칼뱅, 부처(Bucer)를 출발점으로 하여 20세기의 바르트와 몰트만에 이르는 약 500년의 역사를 가진 "역사적 개혁신학" 속에서 핵심적으로 발견하며, 또한 "복음전통"은 기독교가 공유하는 성서와 복음신앙 중심의 성서적, 복음적 신학으로서 복음주의신학과 에큐메니칼신학의 약점들이 극복되고 그들의 장점들이 균형 있게 수용된 성경적/개혁신학적/복음주의적/에큐메니칼적 신학 속에서 발견된다고 말한다.[111] 그의 저서에는 『그리스도론 입문』(2009), 『성령론 입문』(2010), 『잊혀진 종교개혁자 마르틴 부처』(2012), 『깔뱅신학 입문』(2012), 『조직신학 입문』(2013) 등이 있다.

(2) 신정통주의 신학의 통전적인 계승과 확장: 김명용 박사

두 번째 흐름인, "통전적인 신정통주의의 확장"의 신학노선을 추구하는 신학자는 **김명용 박사**인데, 그는 독일 튀빙엔(Tübingen) 대학교 신학부에서 박사학위(Th.D)를 취득하였다. 그는 자신의 신학적 입장으로 "에큐메니칼적 정통주의 신학"을 선택한다.[112] 나아가 장신(통합)의 신학 방향 또한 "에큐메니칼적 정통주의 신학" 방향으로 규정하며, 그것

---

111 Cf. 최윤배, "21세기 교단신학의 정체성," 「장신논단」 28 (2007): 95-139; 최윤배, 『조직신학 입문』, 85-86.

112 김명용, 『이 시대의 바른 기독교사상』 (서울: 장로회신학대학교출판부, 2001), 329. 그는 한국 신학을 여섯 가지의 종류, 즉 "토착화신학과 문화신학", "민중신학", "보수적 정통주의 신학", "에큐메니칼적 정통주의 신학", "복음주의 신학", "오순절 성령운동의 신학"으로 구분한다.

은 "[단순히] 신정통주의 신학이 아니라 종교개혁자들의 신학에서부터 옛 정통주의 신학 그리고 신정통주의 신학에 이르기까지의 개혁신학과 정통주의 신학의 위대한 정신을 계승하고, 성경을 바탕으로 출발하는 신학을 의미하는데, 옛 신학만을 옳다하고 새로운 신학을 무조건 배격하는 수구주의적 신학이 아니라 새로운 신학에 대하여 개방하며 이를 책임적으로 수용하는 신학이다. 현재 장신대의 신학은 개혁신학과 정통주의 신학의 장점을 계승하는 신학이고, 성경중심적인 신학이고, 복음적인 동시에 사회와 민족 역사의 문제에 책임적으로 대처하려는 신학이고 새로운 신학에 대해 개방해서 연구하지만 이를 비평적으로 수용하려는 신학"이라고 한다."[113] 그리하여 그는 자신과 장신의 신학이 모든 면에서 복음주의적이면서도 에큐메니칼적인 신학, "균형 있고, 조화 있게 형성된 신학", "중심에 서 있는 신학"이 되기를 원하며, 또한 그것이 "통전적 신학"임을 주장한다.[114] 따라서 그는 "역사적 개혁신학"의 중요성을 인정하지만, 개혁신학의 2대 거장인 칼뱅과 바르트를 종합적으로 이해하려고 하며,[115] 바르트 신학에 대한 정당한 평가의 필요성과 그 가치의 중요성을 강조한다.[116] 그의 저서에는 『현대의 도전과 오늘의 조직신학』(1997), 『열린신학 바른 교회론』(1997), 『이 시

---

113 김명용, 『이 시대의 바른 기독교사상』, 330-31.

114 김명용, 『이 시대의 바른 기독교사상』, 331-39; 그는 통전적 신학을 "교부 신학, 중세신학, 종교개혁신학, 17세기 개신교 정통주의, 경건주의신학, 19세기 자유주의 신학, 현대의 로마 가톨릭신학, 희랍 및 러시아 정교회와 20세기 후반의 모든 개신교신학들"을 비판적으로 받아들여 성서에 입각해서 건설적이고 창조적인 신학을 추구하는 것이라고 주장한다. 김명용 외 3인 공저, 『통전적 신학』, 109-16.

115 김명용, 『열린신학 바른교회론』, 214-15, 172.

116 김명용, 『칼 바르트의 신학』 (서울: 이레서원, 2007), 330-32. 그는 개혁교회의 신학은 문자 그대로 개혁교회의 신학으로서 츠빙글리와 칼뱅의 종교개혁을 통해서 탄생했지만, 500여년의 역사를 통해서 지금도 바르트, 브룬너, 몰트만 등을 통해서 계승되고 있다는 점을 강조한다. 김명용, 『열린신학 바른교회론』, 170.

삼위일체 하나님과 신학

대의 바른 기독교 사상』(2001), 『칼 바르트의 신학』(2007) 등이 있다.

(3) 다양한 현대 자유주의신학의 통전적인 수용과 확장: 윤철호 박사/현요한 박사

윤철호 박사는 미국 프린스턴 신학대학원(Th.M)과 노스웨스턴(North-western) 대학교(Ph.D)에서 공부했다. 그는 한국장로교 신학의 두 극단적 입장(근본주의/보수주의 vs. 급진적 자유주의/혁명적 진보주의)을 그 나름의 "통전적(統全的, wholistic, 또는 integral) 신학"으로 극복하고자 하며,[117] 그러한 신학은 복음에의 적합성(적절성), 현실에서의 설득력(이해가능성), 그리고 창조적 변혁의 능력이라는 신학적 요소들이 잘 조화되고 균형 잡힌 신학이라고 말한다.[118] 즉 그는 신학적 주제들에 있어 역사적 접근과 신학적 접근 그리고 실천적 접근방식을 해석학적 관점에서 통합하고자 시도하며, 이것이 "통전적(統全的, wholistic) 또는 통합적(統合的) 방법론"이라고 말한다.[119] 이와 같이 그는 역사적 이해와 더불어 현대 자유주의신학의 다양한 사조들과 깊이 있게 대화하며, 그것을 통전적인 신학적 지평 안에서 비판적으로 극복함으로써 새로운 통합적 이해를 구축하고자 시도하고 있다. 그의 주요 저서에는 『현대신학과 현대개혁신학』(2003), 『세계와의 관계성 안에 계신 하나님: 틸리히와 캅의 신학에 대한 비교연구를 중심으로』(2006), 『신뢰와 의혹: 통전적인 탈근대적 기독교 해석학』(2007), 『신학과 말씀』(2008), 『삼위일체 하나님과 세계』(2011), 『너희는 나를 누구라 하느냐: 통전적 예수 그리스도론』(2013) 등이 있다.

---

117 윤철호, 『현대 신학과 현대 개혁신학』 (서울: 한국장로교출판사, 2003), 246-52.

118 윤철호 외 3인 공저, 『통전적 신학』, 170.

119 윤철호, 『예수 그리스도(상)』 (서울: 한국장로교출판사, 2008), 4-5; cf. 윤철호, 『너희는 나를 누구라 하느냐: 통전적 예수 그리스도론』 (서울: 대한기독교서회, 2013).

다음으로 **현요한 박사**는 미국 프린스턴 신학대학원(Th.M, Ph.D)에서 신학을 공부했으며, 통전적 신학의 구체적인 내용으로 "하나님의 평화로운 생명"을 제시하며, 특히 "통전적 생명"이라는 패러다임을 사용하여 규명하려고 한다.[120] 나아가 그는 이것을 하나의 새로운 통전적 패러다임의 성령론을 통하여 전개하려 시도하며, 미래의 신학은 성령론적 패러다임의 신학이 될 것임을 예견한다.[121] 또한 그는 신학과 영성의 조화와 통합에 대한 시도를 하였고,[122] 신학과 과학 사이의 건설적인 대화에 큰 관심을 가지고 있다.[123] 그의 저서로는 『성령, 그 다양한 얼굴』(1998), 『생명의 영으로 충만한 삶』(1998) 등이 있다.

5. 한신에서의 조직신학의 발전

(1) "칼 바르트의 신정통주의 신학"의 계승과 확장: 오영석 박사

이 시기에 한신(기장)에서 칼 바르트의 신정통주의 신학을 계승하여 신학을 전개한 이는 **오영석 박사**(1943-)이다. 그는 한신을 거쳐 칼 바르트가 가르쳤던 스위스 바젤(Basel) 대학교에서 신학박사(Th.D, 1982)를 취득한 후 1984-2005년에 한신에서 교수사역을 감당했다. 그는 한신(기장) 신학의 중심주제를 "현실과 변혁"으로 파악하며, 이것을 바르트 신학의 실천적 측면을 강조하며 계승하려고 시도했다. 왜냐하면

---

120 현요한 외 3인 공저, 『통전적 신학』, 234-35, 269-70.

121 현요한, 『성령, 그 다양한 얼굴: 하나의 통전적 패러다임을 향하여』 (서울: 장로회신학대학교출판부, 1998), 8-9.

122 현요한, 『신학은 하나님 배우기: 신학, 영성, 실천의 재연합』 (서울: 대한기독교서회, 2011); 현요한, "수도(修道)로서의 신학," 「장신논단」 29 (2007), 75-102.

123 현요한 편, 『기독교와 과학』 (서울: 장로회신학대학교출판부, 2002), 175; 현요한, "현대과학의 신학적 인간이해에 대한 도전," 「한국조직신학논총」 19 (2007), 51-80.

"신학은 모든 현실을 결정적으로 새롭게 규정하는 하나님을 말하기 때문이다."[124] 그에 의하면, 바르트가 이해한 "복음은 하나님, 정치적인 현실과 인간의 내적이고 외적인 모든 관계에 대한 가장 엄격하고 구체적인 책임과 역동적인 개방성을 요구"하며, 따라서 "신학은 예수 그리스도의 복음에 나타난 본래적인 사회/정치적인 차원에 불가피하게 관여할 수밖에 없다. 하나님의 보편적인 말씀은 그때그때 상황에서 구원과 해방의 사건으로 표현되어야 한다."[125] 나아가 그는 이러한 바르트의 정치신학적 측면이 오늘날의 혁명의 신학, 희망의 신학, 해방신학으로 발전적으로 전개되었다고 이해하며, "케리그마를 깊이 이해할수록 신학은 정치적이며, 정치적인 신학일수록 더 깊은 케리그마의 이해가 필요하다"고 강조한다.[126] 그는 1993년 이신건, 김광식, 김균진, 최종오, 김명용, 정미현 등과 함께 "한국바르트학회"를 설립하여 함께 활동하였고, 이 학회를 중심으로 바르트의 『교회 교의학』 전권의 번역 출판을 통하여 한국교회에 칼 바르트의 신학을 깊이 있게 정초하려 노력하였다. 그의 저서에는 『사도신조 해설』(1991), 『조직신학의 이해』(1992), 『신앙과 이해』(1999) 등이 있다.

(2) 역사/사회책임적 신학전통의 문화신학적 계승과 한국적 종교신학의 정초: 김경재 박사

한신(기장)의 역사/사회 참여신학은 미국 클레어몬트 대학교와 네덜란드 위트레흐트 대학교에서 "폴 틸리히의 신학"과 "종교신학" 연구로 박사학위(Ph.D)를 받은 **김경재 박사**(1940-)에 의하여 "한국적 문화신학"

---

124 오영석, 『조직신학의 이해』 (서울: 대한기독교서회, 1992), 4.
125 오영석, 『신앙과 이해』 (서울: 대한기독교서회, 1999), 247f.
126 오영석, 『신앙과 이해』, 248.

의 형태로 계승되고 "한국적 종교신학"의 형태로 확장되었다. 그는 자신의 신학 형성에 가장 큰 영향을 미친 인물로 "김재준, 함석헌, 그리고 바르트, 틸리히, 니버 형제, 테이야르 드 샤르댕, 본회퍼, 존 캅" 등을 들고 있으며, 이로써 그의 신학의 정초와 전개의 방향을 우리는 짐작할 수 있다.[127] 그는 먼저 폴 틸리히(P. Tillich)의 신학에 깊이 천착하며 틸리히의 문화신학의 개념과 "상관관계"의 신학방법론을 한국의 민중신학에 접목하여 한국적 문화신학을 전개하려 시도하였다. 나아가 1970년대에 정치/사회적으로 억압받던 민중 속으로 직접 뛰어들었던 민중신학은 1980년대 제2세대들을 통하여 민중들의 삶의 내적 현실이 응축된 민중문화로 신학적 관심이 확장되었고, 이것은 자연스럽게 민중신학과 문화신학의 융합과 더불어 한국 종교신학으로 그 외연이 넓어졌다. 그리고 1990년대 이후, 민중신학과 문화신학은 상보적 협력을 통하여 "복음의 토착화 과정"을 더 성숙한 형태로 발전시키려 하며, 이것은 한국 문화신학의 정치신학적 측면이다.[128] 또한 그는 현대 종교다원주의 신학에 대한 비판적인 한국적 수용을 통하여 한국적 종교신학을 정초하려 하며, 이것은 그의 "영성신학"에 대한 연구로 이어졌다. 그는 이러한 한국적 종교신학이 "비교종교학"이나 "종교혼합주의"가 아니라 "하나님의 백성을 돕는 봉사의 학문으로 새롭게 정립하려 하는 것"이라고 강조한다.[129] 그의 주요 저서에는 『폴 틸리히 신학 연구』(1987), 『한국문화신학』(1983), 『문화신학 담론』(1997), 『해석학과 종교신학』(1997), 『그리스도교 신앙과 영성』(1997) 등이 있다.

---

127 김경재, 『해석학과 종교신학: 복음과 한국종교와의 만남』(천안: 한국신학연구소, 1997 재판), 6.

128 Cf. 김경재, 『문화신학 담론』(서울: 대한기독교서회한국신학연구소, 1997), 19-21.

129 김경재, 『해석학과 종교신학』, 18.

V. 나가는 말: 한국장로교 조직신학의 정체성과 미래를 위한 제언

우리는 지금까지 1901년 평양신학교의 시작으로부터 현재에 이르기까지 약 115년간의 한국장로교 조직신학 발전의 역사를 통하여 그 주된 계통적 흐름의 대략을 살핌에 있어, 한국장로교 신학의 근간이 된 평양신학교의 신학적 정체성과 이후 한국장로교회 분열의 역사를 통하여 계승과 분리를 통하여 형성된 고신/장신/총신/한신/합신의 신학적 정체성과 특징들을 주로 그곳에서 사역을 감당했던 조직신학자들을 중심으로 고찰하였다. 이제 이 논문을 마감하면서, 초기 평양신학교를 통하여 정초된 신학과 분열된 각 장로교단 신학교를 통하여 이제까지 전개된 조직신학의 특징들을 몇 가지로 정리함과 동시에 앞으로 나아가야 할 방향과 관련하여 한국장로교 조직신학의 발전을 위한 몇 가지 제언을 제시하고자 한다. 먼저 우리는 한국장로교회 신학의 근간이 된 평양신학교의 신학적 정체성과 이후 계승 발전된 주요 한국 장로교단의의 신학적 정체성을 분석하기 위하여, 그 배경에서 영향을 미쳐온 세계 개신교 신학의 주요흐름을 살펴볼 필요가 있으며, 대략적으로 다음과 같이 정리할 수 있을 것이다.

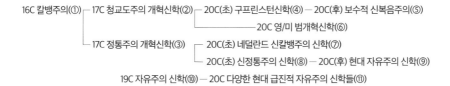

* [세계 칼뱅주의/개혁신학의 흐름]

16C 칼뱅주의(①) ─ 17C 청교도주의 개혁신학(②) ─ 20C(초) 구프린스턴신학(④) ─ 20C(후) 보수적 신복음주의(⑤)
　　　　　　　　　　　　　　　　　　　　└ 20C 영/미 범개혁신학(⑥)
　　　　　　　└ 17C 정통주의 개혁신학(③) ─ 20C(초) 네덜란드 신칼뱅주의 신학(⑦)
　　　　　　　　　　　　　　　　　　　└ 20C(초) 신정통주의 신학(⑧) ─ 20C(후) 현대 자유주의 신학(⑨)
　　　　　　　19C 자유주의 신학(⑩) ─ 20C 다양한 현대 급진적 자유주의 신학들(⑪)

나아가 우리는 위의 도표에서 언급된 세계 신학의 흐름들과 관련하여, 이제까지 분석한 평양신학교와 이후 각 장로교단의 신학정체성은 대략적으로 다음과 같이 정리할 수 있을 것이다.

1. 평양신학교의 신학: 청교도주의 정통개혁신학/보수적 복음주의 계승과 전수-①/②/④

2. 총신(합동)의 신학:
   (1) 청교도주의 정통개혁신학/보수적 신복음주의 계승과 발전적 확장-①/②/④/⑤
   (2) 네덜란드 정통개혁신학 전통의 수용과 발전적 확장 -①/③/⑥/⑦

3. 고신의 신학: 네덜란드 정통/청교도 개혁신학 전통의 수용과 발전적 확장-①/②/③/④/⑤/⑦

4. 합신(개혁)의 신학: 네덜란드 정통/청교도 개혁신학 전통의 수용과 발전적 확장-①/②/③/④/⑤/⑥/⑦

5. 장신(통합)의 신학:
   (1) 칼뱅 및 (범)역사적 개혁신학의 수용과 발전적 확장-①/⑤/⑥
   (2) 신정통주의 신학의 수용과 발전적 확장-⑧
   (3) 현대 자유주의 신학의 수용과 발전적 확장-⑨

6. 한신(기장)의 신학:
   (1) 신정통주의 자유주의 신학의 수용과 발전적 확장-⑧/⑨/⑩
   (2) 급진적 자유주의 신학의 수용과 발전적 확장-⑧/⑩/⑪

위에서 살펴본 것처럼, 한국장로교 신학의 정체성과 특징은 본질적으로 칼뱅주의 개혁신학을 그 근간으로 하여, 그 이후 계승 발전된 청교도주의 정통개혁신학과 보수적 복음주의 및 네덜란드 정통개혁

삼위일체 하나님과 신학

신학과 더불어 현대의 신정통주의 신학과 몰트만 등 자유주의 신학, 나아가 급진적인 자유주의 신학에 이르기까지 아주 광범위한 영역에 이르고 있다는 사실을 분명하게 보여주고 있다. 이것은 한국장로교회의 신학적 정체성에 있어 폭넓은 다양성과 더불어 많은 부분에서 본질적 일치를 추구할 수 있는 여지가 있음을 보여준다고 하겠다. 이제 이러한 한국장로교회의 다양한 신학적 특징과 정체성을 보다 구체적으로 살펴보면서, 우리는 한국장로교 신학이 앞으로 전개될 역사 속에서 어떻게 진행되어가야 할지 다음과 같이 몇 가지로 제시해보고자 한다.

(1) 모든 한국장로교회가 자신의 신학적 정체성을 항상 반성적으로 살피며, 스스로의 신학을 치열하게 전개하는 가운데 "개혁된 교회는 항상 개혁되어가야 한다"(*ecclesia reformata est semper reformanda*)는 종교개혁의 원리에 보다 더 충실할 필요가 있다. 즉 이러한 종교개혁의 원리에 근거하여 각 장로교회의 교단들이 스스로의 신학과 교회와 신앙의 삶에 있어 더욱 본질적이고도 철저한 개혁을 추구하면서, 아래에서 언급할 문제들에 집중하여 그 신학과 신앙의 삶에 있어 동질성을 회복하도록 노력하면서, 교회로 하여금 "성령이 하나 되게 하신 것을 힘써 지키라"(엡 4:3)고 하신 그 역사적 책임과 과제를 외면하거나 현실에 안주하지 말고, 더욱 진지하고 철저하게 수행해 나가야 할 필요가 있다.

먼저 **"신학적인 문제들"**과 관련하여 몇 가지 사항들을 언급하자면 다음과 같다.

(2) "네덜란드 정통개혁신학"과 "영미 청교도주의 개혁신학" 전통
뿐만 아니라 그것을 계승한 신학들인 미국의 구프린스턴/네덜
란드의 신칼뱅주의/현대 영미 범개혁신학, 나아가 칼 바르트
의 신정통주의 및 몰트만 등의 신학도 그 근원에 있어서는 모
두 칼뱅주의 신학에 그 원천적 뿌리를 두고 있다고 볼 수 있다.
그러므로 극히 일부 신학자들을 제외하고는 모든 한국장로교
회가 스스로 인정하는 장로교 신학의 원천인 칼뱅의 신학을 창
조적으로 계승하면서 보다 더 철저히 할 필요가 있다.[130] 그리
고 종교개혁 당시에 그가 교회연합을 위하여 기울였던 노력과
공교회적 신학을 추구한 그의 신학 정신을 계승하여, 우리시대
에 한국장로교회의 신학적 동질성의 회복 및 교회의 연합을 위
하여 보다 철저하게 실천하고 노력할 필요가 있다.[131]

(3) 나아가 한국장로교회는 그 신학적 정체성과 실천적 지향성이
어떠하든지 간에, 그것이 참으로 참된 기독교 신학이길 원하고,
또한 성경이 가르치는 복음의 진리에 기초한 참된 신학이길 원
한다면, 모두가 칼뱅의 신학방법의 기초 원리이기도 하며 역
사적 개혁교회(개신교)의 신학원리인 "오직 성경"(*Sola Scriptura*)
이라는 원리에 충실하여, 신학과 신앙과 삶의 실천에 있어 성
경의 권위를 인정하고 하나님의 말씀인 성경에 기초한 신학을
보다 철저히 전개할 필요가 있다.

---

130 한국장로교회 안에서의 칼뱅 신학의 연구사에 대하여는 이상규, 『한국에서의 칼빈연구 100
년』 (서울: 개혁주의신행협회, 1985); 박경수, "한국에서의 칼뱅 연구사," 『한국칼빈학회 50
년의 발자취: 회고와 전망』 (성남: 북코리아, 2014): 9-29를 참조하라.

131 칼뱅신학의 특징과 한국개혁신학의 과제에 대한 논의로는 김은수, "칼빈신학의 특징과 개
혁신학의 과제", in 『칼빈과 개혁신앙』 (서울: SFC, 2011): 16-56을 참조하라.

삼위일체 하나님과 신학

(4) 또한 모든 기독교회의 신학과 신앙의 기초인 "고대 공교회 신경"들 및 장로교회의 신학과 신앙, 그리고 삶의 표준인 되는 "웨스트민스터 표준문서"들과 "개혁교회의 신앙고백서"에 기초한 신학을 보다 철저히 할 필요가 있다. 이 가운데 특히 한국장로교회가 스스로 신앙과 삶의 표준으로 채택한 "웨스트민스터 표준문서"들은 공통의 기초로서 더욱 중요한 역할을 할 수 있을 것이다.[132]

(5) 더불어, 모든 한국장로교회는 이제 자신의 신학과 삶의 자리에서 보다 창조적인 신학작업을 통하여 그동안의 단순 번역과 번안을 통한 유럽과 영미신학에의 추종적이고 수용적인 입장에서 벗어나, 진정한 의미에서 "한국장로교 신학의 자립"을 위하여 가일층 노력하여야 할 것이다. 또한 이것은 2000년 정통 공교회 신학 및 종교개혁신학의 전통을 충실하게 계승함과 동시에 100년 한국장로교회의 신학적, 교회적, 신앙적 삶의 경험과 문제의식이 녹아든 것이어야 할 것이며, 이를 통하여 세계교회와 신학에 대한 독창적이며 창조적인 기여를 할 수 있어야 할 것이다.

다음으로 "신앙의 삶과 사회적 실천의 문제들"과 관련하여 언급할 것은,

---

132 한국장로교회는 그 시초에 웨스트민스터 신앙고백서의 내용을 압축하여 요약한 "12신조"와 "웨스트민스터 소요리문답"을 채택하였고, 1963년 합동(총신)측이 웨스트민스터 표준문서들을 정식으로 채택하였으며, 1967년 통합(장신)측이, 1969년 고신측이, 합신(개혁)은 1987년에 채택하였고, 그리고 기장(한신)은 1953-1972년까지 기존의 한국장로교 총회가 채택한 것을 그대로 사용하다 1972년 새로운 신앙고백서를 만들어 채택하였다. 주강식, "한국장로교회의 개혁신학에 대한 연구", 119f.

(6) 먼저, 칼뱅의 신학과 목회적 실천에서 이미 잘 나타나 있기도 하거니와, 이것을 창조적으로 잘 계승한 네덜란드의 신칼뱅주의(Neo-Calvinism) 신학에서 더욱 분명해진 일반은총론과 영역주권이론에 근거한 "문화변혁적인 개혁주의 신학"과 민주화시대 이후 많이 변화된 진보적인 "역사/사회참여 신학"은 그 실천의 다양한 영역들에 있어 서로 공유할 수 있는 많은 접점들이 있을 수 있고, 또한 한국교회와 한국사회가 당면하고 있는 많은 문제들에 대처하기 위하여 함께할 수 있는 많은 부분들이 있을 수 있다: 생태/환경문제, 생명과학(생명윤리) 문제, IT 등 과학기술의 문제, 사회적인 문제들, 문화적인 문제들, etc. 이렇게 긴급한 실천적 문제들에 대하여 함께 신학적으로 분석하고, 실천적인 해결 방안들을 모색함에 있어 교회의 연합은 더욱 긴요하고도 필수불가결한 요소가 될 것이다.

(7) 또한 모든 한국장로교회는 심각한 문제의식을 가지고 통일한국을 준비하며, 통일로 가는 과정뿐만 아니라 통일 이후의 많은 일들을 대비하기 위하여 모든 장로교회가 하나 되어 신학적인 기초작업과 더불어 실천적인 문제들을 해결하기 위하여 함께 지혜를 모을 필요가 있다. 이 일을 추진하는 가운데 나누어진 장로교회가 다시 연합할 수 있는 실제적인 계기가 될 수 있고, 또한 연합된 한국장로교회의 노력으로 한국장로교 신학의 근간이 된 평양신학교가 그곳에서 다시 재건될 때, 한국장로교회와 신학은 새로운 시대를 함께 열어갈 수 있을 것이다.

이 땅에 복음의 씨앗이 심긴 이래 그동안 한국장로교회에 부어주신 하나님의 은혜가 참으로 크다. 오직 그 크신 은혜(*Sola Gratia*)로 인하

삼위일체 하나님과 신학

여 한국교회는 세계교회사적으로도 그 유래를 찾아보기 힘들 정도의 발전과 성장을 이루어왔다. 그러나 또 한편으로는 교회의 급속한 성장으로 말미암아 교회의 분열과 많은 실천적인 문제점들을 노출함과 동시에 신학적으로도 심각한 도전에 직면해 있는 현실이다. 이러한 위기에 처한 한국교회의 현실을 통회하는 마음으로 직시하며, 우리는 종교개혁의 정신과 신학 그리고 성경적인 참된 신앙으로 다시 돌아가야 할 엄중한 시대적 요청 앞에 마주 서 있음을 깊이 재인식하여야 할 것이다. 그리하여 "항구적으로 개혁되어가야 하는 교회"(*ecclesia reformata est semper reformanda*)로서의 한국장로교회와 신학은 앞으로 계속 이어질 역사 속에서 그 "본질에 있어 하나 됨"과 동시에 그 "적용에 있어서의 다양성"을 관용하며, "일치 속에 있는 다양성"과 "다양성 가운데 하나 됨" 즉 "본질의 일치와 다양성의 연합"이라는 아름다운 조화와 공명을 이루며,[133] "하나님 앞에서"(*Coram Deo*) 성령 하나님의 인도하심 가운데 오직 예수 그리스도의 십자가와 부활의 복음의 진리 안에서 참으로 신실하게 스스로를 개혁하며, 항상 새롭게 스스로를 갱신하며, 우리 앞에 주어진 다음 100년의 역사를 역동적으로 힘차게 써나가야 할 것이다. *Soli Deo gloria!*

---

133   Cf. 김은수, 『개혁주의 신앙의 기초(II)』 (서울: SFC, 2011), 180f.

참고 문헌 (Bibliography)

간하배(Harvie M. Conn).『한국장로교 신학사상』. 서울: 개혁주의신행협회, 1991.

강원돈. "서남동의 신학."『한국신학 이것이다』(서울: 한들출판사, 2008): 195-225.

기념논집발행위원회(편).『하나님의 주권과 은혜: 이근삼박사 사역50주년기념논집』. 서울: 총회출판국, 2002.

기독교사상연구소(편).『고신의 인물과 신학사상』. 서울: 영문, 1996.

기독교학술원(편).『박윤선 신학과 한국신학』. 서울: 기독교학술원, 1993.

김경재.『해석학과 종교신학: 복음과 한국종교와의 만남』(재판). 천안: 한국신학연구소, 1997.

_____.『문화신학 담론』. 서울: 대한기독교서회, 1997.

김광열. "총신에서의 '조직신학' 논의-회고와 전망(I)."「신학지남」317 (2013, 겨울호): 58-83.

김길성.『총신의 신학전통』. 서울: 총신대학교출판부, 2013.

김남식/간하배(공저).『한국장로교 신학사상사(I)』. 서울: 베다니, 1997.

김명용.『열린신학 바른교회론』. 서울: 장로회신학대학교출판부, 1997.

_____.『이 시대의 바른 기독교사상』. 서울: 장로회신학대학교출판부, 2001.

_____.『칼 바르트의 신학』. 서울: 이레서원, 2007.

김양선.『한국기독교 해방십년사』. 서울: 대한예수교장로회총회 종교교육부, 1956.

김영재.『뒤돌아보는 한국기독교』. 수원: 합동신학대학원, 2008.

김영한. "장공 김재준의 신학적 특징: 복음적 사회참여 신학."「한국개혁신학」38 (2013): 8-50.

김은수.『개혁주의 신앙의 기초(II)』(개정판). 서울: SFC, 2011.

_____.『칼빈과 개혁신앙』. 서울: SFC, 2011.

김이태. "장신대 신학의 위치와 그 특성 - 전통과 혁신이란 긴장관계에서의 검토."「교회와 신학」14 (1982): 103-33.

_____.『판넨베르크의 기독론의 방법론적 구조비판』. 서울: 장로회신학대학교출판부, 1985.

김이태교수저작출판위원회(편).『중심에 서는 신학: 김이태의 신학세계』. 서울: 장로회신학대학교출판부, 1994.

김재성.『칼빈과 개혁신학의 기초』. 수원: 합신대학원출판부, 1997.

_____.『기독교신학, 어떻게 세워야 하나』. 수원: 합신대학원출판부, 2004.

김홍만. "장공 김재준의 신학여정." 「한국개혁신학」 38 (2013): 81-116.

김홍석. "정암 박윤선의 생애와 신학사상." 기독교사상연구소(편), 『고신의 인물과 신학사상』. 서울: 영문, 1996: 83-104.

나용화. 『민중신학 평가』. 서울: 기독교문서선교회, 1987.

박경수. "한국에서의 칼뱅 연구사." 『한국칼빈학회 50년의 발자취: 회고와 전망』. 성남: 북코리아, 2014: 9-29.

박봉랑. 『신학의 해방』. 서울: 대한기독교출판사, 1991.

박용규. 『한국장로교 사상사: 한국교회와 성경의 권위』. 서울: 총신대학출판부, 1992.

박영돈. "고신 교단의 성령론적 전망." 「개혁신학과 교회」 19 (2005): 109-29.

박윤선. 『성경신학』. 서울: 영음사, 2001.

_____. 『개혁주의 교리학』. 서울: 영음사, 2003.

박형룡. "한국 장로교회의 신학적 전통." 「신학지남」 43/3 (1976): 11-22.

_____. 『박형룡박사 저작전집(전20권)』. 서울: 한국기독교교육연구원, 1977, reprint 1995.

송인규. "또 하나의 씨름." 「신학정론」 26/2 (2008), 5-11.

_____. "신학적 성찰과 실천 지향성." 「신학정론」 27/2 (2009): 181-86.

서남동. 『전환시대의 신학』. 서울: 한국신학연구소, 1976.

_____. 『민중신학의 탐구』. 서울: 한길사, 1983.

서철원. 『신학서론』. 서울: 총신대학교출판부, 2000.

_____. "나의 신학." In 서철원박사 은퇴기념논총위원회(편). 『성경과 개혁신학』. 서울: 쿰란출판사, 2007.

신복윤. 『개혁주의 신학의 특성들』. 수원: 합신대학원출판부, 2007.

양낙흥. 『한국장로교회사』. 서울: 생명의말씀사, 2008.

오영석. 『조직신학의 이해』. 서울: 대한기독교서회, 1992.

_____. 『신앙과 이해』. 서울: 대한기독교서회, 1999.

유동식. 『한국신학의 광맥』(전면개정판). 서울: 다산글방, 2000.

유해무. 『개혁교의학: 송영으로서의 신학』. 서울: 크리스찬다이제스트, 1997.

_____. "한국에도 개혁신학이 가능한가?." 「개혁신학과 교회」 15 (2003): 187-201.

_____. 『헤르만 바빙크: 보편성을 추구한 신학자』. 서울: 살림, 2004.

_____. 『신학: 삼위일체 하나님을 향한 송영』. 서울: 성약, 2007.

윤철호. 『현대 신학과 현대 개혁신학』. 서울: 한국장로교출판사, 2003.

_____. 『예수 그리스도(상)』. 서울: 한국장로교출판사, 2008.

_____.『너희는 나를 누구라 하느냐: 통전적 예수 그리스도론』. 서울: 대한기독교서
회, 2013.

이상규.『한국에서의 칼빈연구 100년』. 서울: 개혁주의신행협회, 1985.

_____.『한국교회 역사와 신학』. 서울: 생명의 양식, 2007.

이상웅. "송암 김길성박사의 생애와 신학적 관심들: 하나님, 성경, 교회중심의 신학과
삶."「개혁논총」30 (2014): 17-64.

이수영. "한국 개혁신학의 한계와 그 극복을 위한 제언."『목회와 신학』(1989.8): 86-
89.

_____.『개혁신학과 경건』. 서울: 장로회신학대학교출판부, 2006.

이승구.『전환기의 개혁신학: 20세기 후반 영미 개혁신학의 동향』. 서울: 이레서원,
2008.

_____.『톰 라이트에 대한 개혁신학적 반응』. 수원: 합신대학원, 2013.

_____.『우리 이웃의 신학들』. 서울: 나눔과 섬김, 2014.

이종성.『춘계이종성 저작전집(전40권)』. 서울: 한국기독교학술원, 2001.

이종성/김명용/윤철호/현요한(공저).『통전적 신학』. 서울: 장로회신학대학교출판부,
2004.

장동민.『박형룡』. 파주: 살림, 2006.

장로회신학대학교100년사 편찬위원회.『장로회신학대학교 100년사』.

주강식. "한국장로교회의 개혁신학에 대한 연구: 1884년부터 2000년까지를 중심으
로."「갱신과 부흥」14 (2014.07): 92-132.

주재용.『한국 그리스도교 신학사』. 서울: 대한기독교서회, 1998.

차영배.『개혁교의학(II/1): 삼위일체론』. 서울: 총신대학출판부, 1982.

_____.『성령론: 구원론 부교재』. 서울: 경향문화사, 1987.

최덕성. "박형룡 신학전통." 기독교사상연구소(편).『고신의 인물과 신학사상』. 서울: 영
문, 1996: 55-81.

최윤배. "21세기 교단신학의 정체성."「장신논단」28 (2007): 95-139.

_____.『조직신학 입문』. 서울: 장로교신학대학출판부, 2013.

한숭홍.『한국 신학사상의 흐름 (상)/(하)』. 서울: 장로회신학대학교출판부, 1996.

허순길.『한국장로교회사: 고신교회중심』. 서울: 영문, 2008.

현요한.『성령, 그 다양한 얼굴: 하나의 통전적 패러다임을 향하여』. 서울: 장로회신학
대학교출판부, 1998.

_____. "수도(修道)로서의 신학."「장신논단」29 (2007): 75-102.

_____."현대과학의 신학적 인간이해에 대한 도전."「한국조직신학논총」 19 (2007): 51-80.

_____.『신학은 하나님 배우기: 신학, 영성, 실천의 재연합』. 서울: 대한기독교서회, 2011.

20년사편찬위원회(편).『합동신학대학원 20년사』. 수원: 합동신학대학원출판부, 2000.

제10장

레비나스의 타자 철학에 있어 "존재론적 모험"

"주체의 출현"으로부터 "타자에로의 초월"에 이르기까지

I. 들어가는 말

흔히 20세기의 마지막 철학자라고 불리는 엠마뉘엘 레비나스 (Emmanuel Levinas, 1906.1.12-1995.12.25)는 러시아계 유대인으로 리투아니아 카우나스(Kaunas)에서 태어나 독일과 프랑스에서 교육받고 활동한 철학자이며, 나치에 의하여 고통 받으면서 이제까지의 동일자 중심의 존재론적 철학과는 철저히 "다르게" 사유함을 통하여 그것을 근원적으로 극복할 수 있는 "타자를 위한 철학"을 제시하고자 하였다.[1] 레비나스는 고대 그리스 철학의 시작인 파르메니데스(Parmenides, ca.510 BCE-ca.450 BCE)로부터 하이데거(M. Heidegger, 1889-1976)에 이르는 서구 고전철학 전통의 존재론적인 사유와 더불어 특히 데카르트 (René Descartes, 1596-1650) 이후 근대철학의 "주체"(the self) 중심의 철학적 사유 모두가 "동일자" 중심의 철학으로서 개인적인 측면에서뿐만 아니라, "타자"를 자기와 동일화하여 지배하거나 혹은 철저하게 배제하는 집단 이기주의에 근거한 전체주의와 배타적 인종주의의 근원으로 작용하였다고 진단한다. 그리고 이것이 1, 2차 세계대전과 나치주의에서 그 결정적 폐해를 노출하였고, 이후의 냉전체제도 그 결과에 다름 아니라고 보았다. 왜냐하면 그러한 동일자 중심의 존재론적

---

1   레비나스의 생애에 대한 자세한 내용은 Marie-Anne Lescourret, *Emmanuel Levinas* (2nd ed., 2006), 변광배/김모세 역, 『레비나스 평전』 (파주: 살림, 2006)을 참조하라. 그리고 그의 생애에 대한 간략한 연대기는 Simon Critchley, "Emmanuel Levinas: A Disparate Inventory," in *The Cambridge Companion to Levinas*, eds. Simon Critchley and Robert Bernasconi (Cambridge: The Cambridge University Press, 2002): xv-xxx을 보라. 더불어 그의 생애와 특징적인 철학적 사유와 주제에 대한 간략한 소개는 강영안, "레비나스, 그는 누구인가?", 『타인의 얼굴: 레비나스의 철학』 (서울: 문학과 지성사, 2005), 19-44; Colin Davis, *Levinas: An Introduction* (Notre Dame, IN.: University of Notre Dame Press, 1996), 주완식 역, 『처음 읽는 레비나스: 타자를 향한 존재론적 모험』 (서울: 동녘, 2014)을 참조하라.

인 철학적 사유는 철저하게 타자를 자기와 동일화하여 지배하거나, 혹은 "타자"를 거부하고 배제함으로써 "주체/자아"의 존재와 그 지배력을 확대, 연장 및 공고화하는 것을 지지하며 최고의 가치로 여기기 때문이다.

레비나스는 그러한 동일자 중심의 사유에 의해 철저하게 "타자"를 배제하고 거부하며 말살하려고 하는 것이 "악"(惡)의 근원적인 실체라고 파악하였다. 따라서 그의 모든 철학적 사유는 이러한 "근본적인 악"과의 치열한 투쟁이며, 그것을 "타자를 위한 철학"을 통하여 극복하려 시도하였다. 즉 그는 "타자"를 거부하고 말살하려는 근원적인 "악"은 오직 타자를 적극적으로 "수용"하고 "환대"할 뿐만 아니라, 특히 "타자의 얼굴"로 나타나는 사회적인 약자들을 "대속적으로 책임"지는 행위, 곧 "타자를 위한 대속적 섬김"으로서의 "선"(善)을 통해서만이 극복될 수 있다고 보았기 때문이다. 나아가 레비나스에게 있어 인간의 참된 주체성의 완성과 초월은 타자를 폭력적으로 배제하고 힘으로 지배함으로써 자아를 확고하게 유지하고 확장함으로써가 아니라, 오히려 타자를 적극적으로 수용하고 환대하며, 그의 헐벗음과 고통을 대리적으로 무한히 책임지는 실천적인 섬김을 통하여 이루어질 수 있다고 주장한다. 그러므로 레비나스에게서 궁극적인 주체의 완성과 자기 초월로서의 타자를 위한 자기희생과 섬김은 "타자에 대한 무한한 대속적 책임"으로 나타난다. 이것이야말로 레비나스에게 있어 기존의 "동일자 중심의 철학"의 종언을 넘어 전혀 새로운 "제일철학"(the first philosophy)으로서의 "타자를 위한 철학"의 등극임과 동시에 철학에 의한 인류에 대한 봉사이며, 인간의 최종적인 희망으로 나타난다.

이와 같은 레비나스의 독창적인 철학적 사유를 깊이 이해하기 위해서는 먼저 그의 생애와 지적인 배경에 대한 이해가 반드시 필요하다. 레비나스는 그가 사망했을 때 프랑스 신문 「리베라시옹」 (*Libération*, 1995.12.25)의 표현대로 독특한 "네 문화의 철학자"로 불리며,[2] 스스로의 삶을 통하여 경험한 다양한 문화적·사상적 배경 속에서 타자 지향적인 독창적 사유를 통하여 현대 철학의 새로운 이정표를 제시하려고 시도하였다. 그는 리투아니아 발트해 연안지역의 한 도시인 카우나스(Kaunas, 러시아에서는 코브노[Kovno]로 부름)에서 유대인으로 출생하였고, 스트라스부르(Strasbroug) 대학교와 독일 프라이부르크 대학교에서 공부하였으며, 에드문트 후설(Edmund Husserl 1859-1938)의 현상학(Phenomenology)에 대한 연구로 박사학위를 취득한 후 프랑스에 귀화 정착하여 계속 활동한 현대 철학자이다. 이와 같이 그는 "러시아, 유대, 독일, 프랑스라는 네 개의 문화교차로에 서서 이 문화적 배경들을 한결같은 정열을 가지고 탐구했던 사람이다."[3] 레비나스에 대한 영향력 있는 평전을 펴낸 레스쿠레(Marie-Anne Lescourret)는 레비나스의 주요한 지적 배경과 지속적 활동영역에 대하여 분석하면서 다음과 같은 두 가지 중요한 사항을 제시하고 있다: "하나는 자신의 새로운 유대주의 개념에 따른 방향이었고, 다른 하나는 현상학의 영향 하에 있었던 현대 프랑스 철학에서 독특한 하나의 노선을 만들어가는 방향에서였다."[4] 따라서 전체적으로 볼 때, 레비나스의 "타자 철학"에 있어 어린 시절 심취한 러시아 문학의 휴머니즘과 그의 또 다른 지적 활동의 축인 유대교적 전통이 "질료적(내용적) 요소"(material factors)를 구성하였다면, 후설과 하이데거의 독일철학의 현상학과 현대 프랑스 철학적 사유

---

2   Cf. 강영안, "에마뉘엘 레비나스: 타자의 사유", 『현대 프랑스 철학사』, 한국프랑스철학회 편 (파주: 창비, 2015), 169.
3   Lescourret, 『레비나스 평전』, 26.
4   Lescourret, 『레비나스 평전』, 28.

의 여러 측면들은 "형식적(방법론적) 요소"(formal factors)를 제공하였다고 볼 수 있다.

그러나 다른 한편, 그러한 레비나스의 전(全)생애는 그 자신 스스로 일종의 "이방인으로서의 경험"의 연속이었다. 정치적으로 그리고 민족적으로 유럽의 변경 지역인 리투아니아 카우나스에서 항상 적대적인 환경에 처했던 어린 시절의 러시아 유대인 공동체에서의 삶으로부터 프랑스 소르본 대학교 교수가 되기까지, 러시아 혁명으로부터 나치 독일에 의한 아우슈비츠의 비극을 거쳐 구소련의 해체와 발칸반도의 위기와 분쟁 및 국제적 테러리즘의 전격적인 부상(浮上)과 이러한 상황이 일상화된 시기에 이르기까지 철저하게 타자를 적대시하며 반인간적(anti-humanism)인 혁명과 전쟁, 그리고 테러리즘의 광기가 휘몰아쳤던 20세기의 역사를 온 몸으로 맞부딪치며 살아내야 했던 삶의 궤적, 그리고 이성적이고 지성적 전통을 강조한 "미트나게딤"(Mitnagedim, 반대자들) 유대교 전통으로부터 명징하고 체계적인 독일철학 및 자유분방한 프랑스 철학과 문화에 이르기까지 아주 다양한 지적 배경과 문화적 상황 속에서의 노마드(nomad)와 같은 삶의 여정이 그 어떤 특정의 문화와 철학적 사유에 배타적으로 함몰되거나 예속되지 않고, 계속하여 전적으로 "낯선 것", "이방인" 즉 "타자"(他者, the Other)에 대한 끝없는 열망과 더불어 타자를 향해 열려 있는 열정어린 사유를 지속적으로 가능케 한 근원적 토대가 되었을 것이다.

그와 같은 레비나스의 독창적인 타자 지향적인 철학의 전개과정은 그가 『후설 현상학에서의 직관이론』(La théorie de l'intuition dans la phénoménologie de Husserl, 1930)으로 스트라스부르 대학교에서 박사학위를 취득한 이후 발간된 그의 주요 핵심 저작들을 통하여 통상 다음의 세 단계로 구분된다: (1단계) 초기-『존재에서 존재자로』(De l'existence à l'existant, 1947)와 『시간과 타자』(Le Temps et l'Autre, 1947); (2단계) 중기 – 『전체성과 무한』(Totalité et Infini, 1961); (3단계) 후기 – 『존재와 다르게 또는 존재사건 저편에』(Autrement qu'être ou au-delà de l'essence, 1974). 요약하자면, "그의 초기 철학이 '그저 있음'(il y a)이라는 익명적 존재 체험과 '홀로서기'(hypostase)로서의 주체의 자기정립 과정으로 이행해간 '존재론적 모험'으로 특징지어질 수 있다면, 중기는 홀로 서 있게 된 주체가 어떻게 무한한 타인의 얼굴을 마주하며 [자기를 초월하면서] '타자를 향한 존재'로 거듭 나는지를 기술하고 증명했다고 볼 수 있을 것이다. 마지막으로 후기에는 타인과의 만남이 어떻게 존재 사건과 존재 물음의 지평을 넘어선 플라톤적 '선'(善)의 경험이 될 수 있는지, 또한 주체가 어떤 식으로 타인을 아래에서부터 떠받치는(sub-jectum) 메시아와 같은 자로 서게 되는지를 철저하게 분석하고 해명하는 작업을 펼쳤다"고 볼 수 있다.[5] 여기서는 이러한 그의 주요 저작들과 또 다른 주요 문헌들에 대한 분석을 통하여 그의 전체적인 철학적 사유의 핵심적인 얼개들을 요약적으로 추적하면서, 동시에 그 실천적 의미를 함께 고찰하고자 한다.

---

5   Emmanuel Lévinas, 『탈출에 관해서』, 김동규 역 (서울: 지식을 만드는 지식, 2012), 9-10. 국내에 소개된 레비나스의 철학에 대해 분석한 자료들에는 다음과 같은 것들이 있다: 강영안 외 5인, 『레비나스 철학의 맥락들』 (서울: 그린비, 2017); Jacques Derrida, Adieu à Emmannuel Lévinas, 문성원 역, 『아듀 레비나스』 (서울: 문학과 지성사, 2016); Colin Davis, Levinas: An Introduction (Notre Dame, IN.: University of Notre Dame Press, 1996)/[한역] 주완식 역, 『처음 읽는 레비나스: 타자를 향한 존재론적 모험』 (서울: 동녘, 2014); 윤대선, 『레비나스의 타자 철학: 소통과 초월의 윤리를 찾아서』 (서울: 문예출판사, 2013); 우치다 타츠루, 『레비나스와 사랑의 현상학』, 이수정 역 (서울: 갈라파고스, 2013); 박원빈, 『레비나스와 기독교』 (서울: 북코리아, 2010); 강영안, 『타인의 얼굴: 레비나스의 철학』 (서울: 문학과 지성사, 2005); 김연숙, 『레비나스: 타자윤리학』 (고양: 인간사랑, 2001) etc.

II. 주체의 출현: "그저 있음"(Il y a)으로부터의 "자기정립"(hypostase)

레비나스의 "타자"를 향한 전혀 새로운 시도와 도전으로서의 "존재론적 모험"은 그 첫 번째 단계로서 "익명적 존재"의 깊은 어둠으로부터 시작하여 "존재자"(주체)의 출현으로 나아간다. 이러한 레비나스의 시도는 이른바 "철학(형이상학)의 종언"을 선언한 하이데거의 철학적 기획에 대한 의도적인 완전한 역전이라고 할 수 있다.[6] 하이데거가 그의 역작인 『존재와 시간』(Sein und Zeit)에서 펼쳐낸 형이상학적 기획은 구체적인 현실 속에 있는 인간의 실존으로서의 "세계-내적인-존재"(das-Sein-in-der-Welt)임과 동시에 "시간-내적인-존재"(das-Sein-in-der-Zeit)인 "존재자"(현존재, Dasein)에 대한 현상학적 분석을 통하여 "존재"의 궁극적인 의미를 밝히려는 것이었다. 그러나 레비나스는 하이데거가 "존재"와 "존재자"를 구별하는 "존재론적 차이"(ontologische Differenz)에 대한 사유를 아주 중요한 것으로 받아들이지만, 그의 존재론적 기획을 완전히 역전시켜 오히려 "존재"로부터 시작하여 구체적인 "존재자"(주체)에 대한 현상학적인 분석으로, 그리고 다시 그러한 "주체"의 의미를 "타자" 중심의 철저한 사유를 통하여 온전히 밝힘과 동시에 궁극적으로 "타자에로의 주체의 초월"에 이르는 것으로 나아간다. 레비나스는 이러한 그의 형이상학적 기획을 일종의 "존재론적 모험"이라고 불렀다.[7]

---

6 Cf. Martin Heidegger, *The End of Philosophy*, trans. Joan Stambaugh (New York: Haper & Row, 1973); Colin Davis, *Levinas: An Introduction* (Notre Dame, IN.: University of Notre Dame Press, 1996), 34; [한역] 주완식 역, 『처음 읽는 레비나스: 타자를 향한 존재론적 모험』 (서울: 동녘, 2014), 58.

7 Emmanuel Levinas, 『존재에서 존재자로』, 서동욱 역 (서울: 민음사, 2003), 55. cf. 강영안, 『타인의 얼굴』, 85.

그는 이러한 일련의 존재론적 모험의 과정을 지속적인 "벗어남"(ex-cendance) 혹은 "탈출"(évasion)로서의 "넘어감" 혹은 "초월"의 과정이라고 보았다.[8] 그것은 익명적 존재로부터 탈출한 존재자가 이 세계 속에서 자아 중심적이며 이기적인 "동일자"(the Same)로서의 주체로 계속 머무르거나 아니면 익명적 존재로 다시 되돌아감으로써 존재의 깊은 어둠 속으로 함몰되지 않고, 오히려 뒤에서 논의될 "타자"(the Other)와의 관계에 대한 새로운 사유를 통하여 "무한성"으로 초월하는 것으로 나아간다. 그는 이것을 "무한에의 욕망"(Désir de l'Infini)이라고 부르는데, 이것은 그가 시도하는 새로운 형이상학적 사유의 근원적 추동력이며 최종적인 지향점이라고 할 수 있다. 또한 그는 형이상학의 기초가 더 이상 파르메니데스(Parmenides)로부터 하이데거(Heidegger)에 이르기까지 서구철학의 "제일철학"(the first philosophy)으로 군림해왔던 일원론적이고 전체주의적인 "존재론"(Ontology)이 아니라 "타자와의 관계" 즉 존재를 넘어서는 "선"(善)의 문제, 곧 "윤리학"(Ethics)이 되어야 함을 강조하여 말한다. 레비나스는 진정한 형이상학이 "존재"보다 더 선행하는 것, 그리고 존재 너머에 있는 "선"을 추구하는 것이며, 그것은 바로 타자에로의 주체의 초월, 곧 무한에로의 자기 초월이라고 보았다.

이와 같은 일련의 철학적 기획의 의도성을 레비나스는 그의 초기 저작의 타이틀에서부터 분명하게 드러내고 있는데, 우리는 그것을 『존재에서 존재자로』(De l'existence à l'existant, 1947), 『시간과 타자』(Le Temps et l'Autre, 1947)에서 곧바로 알아차릴 수 있다. 그리하여 레비나스

---

8   레비나스의 이러한 "탈출" 혹은 "초월"로서의 존재론적 모험에 대한 전체적인 착상은 그의 독창적인 철학적 사유가 표출된 첫 번째 작품인 『탈출에 관해서』(1935)에서 처음으로 간략하게 제시되었고, 그러한 관심은 그의 마지막 작품인 『존재와 다르게 또는 존재사건 저편에』(Autrement qu'être ou au-delà de l'essence, 1974)에 이르기까지 일관되게 관철되고 있다.

는 "존재"의 깊고 무거운 어두움으로부터 시작하여 "존재자"의 주체로
서의 출현 및 정립의 과정과 그 한계를 현상학적으로 치밀하게 분석
함과 동시에, 결국에는 죽음에 이르고야 마는 "존재자"(주체)의 한계를
오히려 "타자"에의 사유를 통하여 마침내 그리고 궁극적으로 "주체의
초월"(혹은 "주체의 완성")에 이르는 길을 치열하게 모색한다. 이와 같이
"존재 일반"으로부터 "존재자"(주체)로, 그리고 다시 동일자(자기) 중심
적 "존재자"(주체, 자아)로부터 자기 바깥에 있는 "타자"에로의 형이상학
적 초월의 과정이 바로 레비나스가 전생애에 걸쳐 열정적으로 추구하
며 걸어간 철학적 사유의 기나긴 여정이며, 그의 철학 전체가 의도하
는 철학적 기획의 요약이다. 본 글의 목적은 바로 이러한 레비나스의
"존재론적 모험"의 전체적인 여정을 압축적으로 살펴보면서, 그 의미
를 간략하게 고찰하고자 하는 것이다.

1. "그저 있음"(il y a): 존재의 어둠 속에서

이미 언급한바와 같이 레비나스는 그의 "존재론적 모험"을 "있음"(존
재함), 더 정확히 말하자면 "그저 있음"(il y a)에 대한 사유로부터 시작
한다. 사실 레비나스가 사용하는 이 용어는 그의 철학을 위하여 의도
적으로 도입한 많은 용어들 가운데 특히 나중에 언급될 "얼굴"(visage)
이라는 단어와 함께 가장 이해하기 어려운 용어로 평가된다. 레비나
스에 의하면 "비가 온다", "밤이다", 혹은 "덥다" 등의 언표와 같이 동
사적 형태로서의 "있다"(il y a)는 것은 아직 그 어떤 구체적인 실체 혹
은 인식의 대상으로서의 "명사"로 지칭되거나 구체화되지 않은 익명적
이고 비인격적인 상태로서의 "그저 있음"의 상태를 묘사하는 말이다.
그는 이러한 상태의 "있음(il y a) 일반은…비인격적인 형식이며…그

저 있음은 본질적으로 익명"이라고 말한다.[9] 따라서 그것은 아직 무엇으로 인식되거나 혹은 어떤 실체로 지칭될 수 없는 말 그대로의 그냥 "있음"의 상태, 즉 "존재 일반"을 말한다. 이러한 익명적이고 비인격적인 "있음" 즉 "존재자 없는 존재"의 상태를 레비나스는 "비인간적 중립성"(inhumaine *neutralité*)이라고 부르기도 한다.[10] 레비나스의 표현을 빌리자면, 그것은 "우리가 어린 시절부터 간직하고 있으며, 침묵이 공명하고 공허가 충만할 때 불면 속에서 다시 나타나는 기묘한 짓눌린 상태들(obsessions) 중 하나에서 원천적으로 발견된다."[11]

레비나스는 이러한 "있음" 혹은 "존재" 자체가 어디에서 기원하는지, 혹은 그 본질이 구체적으로 무엇인지에 대하여 형이상학적으로 추적하거나 사유하지 않는다. 오히려 "그저 있음"(il y a)은 말 그대로 그냥 주어진 현실로 나타나며, 단지 이미 주어져 있는 그러한 "그저 있음"의 상태를 설명하기 위해 그는 후설과 하이데거의 철학적 방법론을 수용하되 철저하게 현상학적인 방법을 사용하여 치열하게 분석하고자 한다. 그러나 그렇게 함에 있어 레비나스는 어렵고도 난해한 철학적 용어들이 아니라 치밀한 현상학적인 분석방법론을 통하여 "밤/불면/잠"과 같은 우리의 삶에 밀착된 경험 속에서 너무나도 친숙한 현상들과 용어들을 사용하여 철학적 작업을 수행해 나가는데, 이러한 방법은 그의 철학적 사유와 서술에 있어 가장 특징적 요소 가운데 하나이다. 그러나 이러한 일상적이고도 평이한 용어들의 사용에도 불구하고 그의 독특한 철학적 서술 방법은 아주 난해해 보이며, 독자들에

---

9 Levinas, 『존재에서 존재자로』, 94.

10 Levinas, "제2판 서문"(1978), 『존재에서 존재자로』, 11.

11 Levinas, 『존재에서 존재자로』, 11.

게 그 본질적인 진면목을 결코 쉽게 드러내지 않는다. 그의 철학적 진술들은 마치 끊임없이 앞서간 물결들을 지우며 또다시 휘몰아치는 바닷가의 거센 파도 물결과 같이, 앞서 진술한 내용 혹은 의미들을 거부 혹은 지양하면서 또 다른 의미들을 창출하며 새로운 철학적 사유의 지평을 지속적으로 열어가기 때문이다.

레비나스는 그의 철학적 사유를 먼저 "존재자 없는 존재"의 상태로부터 시작하는데,[12] 그것은 익명적이고 비인격적인 "그저 있음"의 상태를 말하는 것이다. 이러한 상태는 흔히 우리가 일상의 삶 가운데서 아무것도 구별할 수 없는 어두움이며 무겁게 짓누르는 공포로 경험하게 되는데, 레비나스는 이것을 "밤의 경험"으로 설명한다.

> 밤은 "그저 있음"에 대한 경험 자체라고 말할 수 있을 것이다. 사물들의 형상이 밤 속에서 녹아버릴 때 대상도 대상의 성질도 아닌 밤의 어둠이 마치 현전처럼 침범해 온다. 밤 속에서 우리는 어둠에 얽매여 있으며 아무 것도 하지 못한다. 그러나 여기서 아무것도 아님(rien)은 순수 무로서의 아무것도 아님이 아니다. 이것 또는 저것이라 부를 수 있는 것, 즉 "어떤 사물"은 더 이상 존재하지 않는다. 그러나 이 보편적 부재(alibi)는 하나의 현전, 절대적으로 불가결한 하나의 현전이다.[13]

즉 "그저 있음"이란 "없음" 혹은 "무의 경험"이 아니라, 존재하기는 하기는 하지만 도대체 "그 어떤 무엇"이라는 실체로서 인식되지 않는, 그리하여 딱히 어떤 구체적이고도 개별적인 명사로서 분명하게 지칭

---

12 Levinas, 『존재에서 존재자로』, 93.

13 Levinas, 『존재에서 존재자로』, 93-94.

할 수 없는 존재의 익명성, 분간할 수 없는 어두침침함으로서의 "있음"을 말하는데, 그것이 바로 어둠 속에 깊이 묻혀 있는 "밤의 경험"이다. 이러한 밤의 익명성과 비인격성, 그 어둠 속에서 "있음"은 오직 전율하게 하는 무거운 웅성거림과 소리로 가득 차 있다. 그 침침한 어둠 속에서, 모든 사물들은 "그 밤 자체 속에 휩쓸려버리며, 밤에 의해서 침범당하고 비인격화되고 질식되어버린다."[14] 그러나 레비나스에 의하면, 그럼에도 불구하고 이러한 "밤의 공간"은 더 이상 텅 빈 공간이 아니라 "어둠이 내용물을 가득 채우고 있는 충만한 공간"이다. 그 어떤 사물도 식별되지 않는 채로 밤의 어두움 속에 "그저 있음"의 웅성거림만이 가득차 있다.

> 모든 [개별적] 사물들이 [밤의 어둠 속에] 사라지고 [인격적] 자아가 사라진 뒤에는 사라질 수 없는 것이 남는다. 즉 싫든 좋든 간에, 자발적인 주도권도 없이 익명적으로 모든 자들이 참여(participer)하는 존재(cf. 그저 있음 [il y a])의 사실 자체가 남는다. 존재는 힘의 장으로서, 어떤 인격에게도 속하지 않는 어떤 무거운 분위기(ambiance)로서 머문다. 그러나 또 존재는 이 존재에 균열을 내는 부정의 한 복판 자체로 회귀하는, 그리고 이 부정의 모든 단계로 회귀하는 보편으로서 머문다.[15]

레비나스에게서 "존재"는 하이데거에게서 처럼 "어떤 선물"이나 은총과 같은 혜택이 아니라 오히려 모든 것을 집어 삼키는 "어두운 밤"처럼 공포와 전율, 그리고 무거운 짓눌림으로 사유된다. 그러한 "존재 일

---

14   Levinas, 『존재에서 존재자로』, 94.

15   Levinas, 『존재에서 존재자로』, 94-95.

삼위일체 하나님과 신학

반", "보편적 존재"가 가지는 존재의 무거움, 그 전율스런 공포로부터의 "탈출" 혹은 "벗어남"이 곧 "존재자"(주체)의 출현이다.

다음으로 그와 같은 "존재자 없는 존재", "그저 있음"(il y a)의 상태를 설명하기 위하여 레비나스가 사용하는 또 다른 현상학적 경험의 좋은 예는 바로 "불면의 경험"이다. 이것을 레비나스는 다음과 같이 설명하고 있다.

> 침입해 들어오는, 피할 수 없는, 존재의 익명적 소음을 분쇄하지 못하는 불가능성은 우리가 잠을 자려고 해도 잠들 수 없는 몇몇 순간들을 통해 특히 잘 나타난다. 그 어떤 것도 우리를 깨우지 않고 또 깨어 있어야 할 아무런 이유가 없는데도 우리는 깨어 있다. 중압감에 시달리는 현전의 벌거벗은 사실은 우리가 존재에, 존재함에 얽매여 있다는 것이다. 우리는 모든 대상으로부터, 모든 내용으로부터 떨어져 나올 수 있지만, [여전히] 현전은 존재한다. 무의 배후에서 솟아 나오는 현전은 **하나의 존재**(en être)도 아니요, 공허에 대해 발휘되는 의식의 기능도 아니다. 그것은 사물들과 의식을 포괄하는 "그저 있음"의 보편적 사실이다.[16]

이러한 "불면 상태"는 아무 것도 없는 "무"(無)에 대한 경험이 아니라, 피할 수 없는 숙명적인 존재들의 소음에 열중하고 있으나, 그 어느 것도 식별되지 않는 "밤 그 자체만큼이나 익명적인 상태"를 말한다. 레비나스는 "불면의 깨어 있는 상태에는 주체가 없다"고 말한다.[17] 왜냐하면 불면의 상태 속에서 주체는 스스로를 전혀 주도할 수 없는 상태

---

16 Levinas, 『존재에서 존재자로』, 108.

17 Levinas, 『존재에서 존재자로』, 109.

이기 때문이다. 그러므로 사유할 수 있는 주체의 의식이 아니라 잠들려 하나 전혀 잠들지 못하는 상태, 의식은 있으나 잠들 수 없는 철저히 무기력한 불면 상태 속에서 우리는 비인격화되어 그냥 그렇게 어둠속에서 깨어 존재 일반의 "그저 있음"(il y a)에 참여하며 무겁게 미끄러지며 끊임없이 어둠 속으로 가라앉는다. 레비나스는 이러한 불면의 상태를 "비인격적인 깨어 있는 상태 속에의 참여"라고 말한다.[18]

> [불면 상태의] 깨어 있음은 익명적인 것이다. 밤에, 불면 속에 나의 깨어 있는 상태가 있는 것이 아니다. 깨어 있는 것은 밤 자체이다. 그것은 깨어 있다. 이 익명적인 깨어 있음 속에서 나는 완전히 존재에 노출되어 있다. 이 깨어 있음 속에서, 나의 불면을 채우는 모든 사유는 그 어느 것에 대해서도 중지되지(고정되지) 않는다. 사유는 버팀목 없이 존재한다.[19]

이와 같이 밤의 어두움, "그저 있음"의 상태 속에서 우리의 불면 상태의 의식은 끊임없이 미끄러지며 그 존재의 어둠 속에 침몰한다. 왜냐하면 밤의 어둠 속에서 사유하는 주체의 자기 자신뿐만 아니라 그 주체의 사유의 대상이 되는 그 어느 것도 구별되어 인식될 수 없으며, 오직 어둠 속에 침묵의 "그저 있음"만이 웅얼거리며 존재하기 때문이다. 따라서 불면의 밤, 그 어둠 속에서 우리 자신 또한 잠들지도 못하고 도피하지도 못하며 이름도 얼굴도 없이 "존재 일반", 그 익명적이고 비인격적인 "그저 있음" 속에 참여하며 깊이 잠겨 있다. 그리하여 레비나스는 "우리는 불면 속에서 비인격화하여 이 존재에 다다른다.

---

18 Levinas, 『존재에서 존재자로』, 98.
19 Levinas, 『존재에서 존재자로』, 110-11.

이 존재는 사라지지 않고, 속지 않으며, 망각되지 않는다"고 말한다.[20] 나아가 "[그러한 존재자 없는 존재의] 비인격성은 지배자의 부재에서, 즉 그 누구의 것도 아닌 존재에서 기인하는 것이다. 불면은 우리를, 명사의 범주들과의 단절이 모든 대상의 사라짐뿐만 아니라 주체의 소멸을 뜻하는 그런 상황 속으로 몰아넣는다."[21] 그러므로 그러한 존재의 어둠 속에 주체는 없다. 그곳에는 모든 식별 가능한 사물들이 부재하며, 단지 "그저 있음"만이 존재할 뿐이다. 이것이 바로 "존재자 없는 존재"의 상태이며, 존재의 깊은 어두운 밤이다.

2. "자기정립"(홀로서기, hypostase): 익명적 존재로부터의 "주체"의 출현

마치 어두운 깊은 밤 한가운데서의 불면의 상태처럼, 깨어 있되 스스로 "자아"로서 인식하지 못하는 비인격적인 존재상태, 익명적인 깨어 있음의 그러한 모순적인 "존재자 없는 존재"의 상태로부터 "사유하는 주체"로서의 인격적인 "존재자"는 어떻게 출현하는가? 레비나스에 의하면 그것은 "자리 잡기"(la position)를 통하여 이루어진다. 사유하는 주체, 즉 데카르트의 "코기토"(cogito, 생각하는 자아)는 하나의 실체(hypostasis), 곧 "자리를 확보한 어떤 것"을 말하는 것이다. 그러므로 사유하는 주체의 출발점은 "의식의 위치화" 즉 "자리 잡기"로부터 시작한다. 레비나스는 "의식의 위치화(자리잡기)는 주체적(subjective)이 아니라, [바로] 주체의 주체됨(subjectivation)"[22]이라고 말하는데, 이것이 바

---

20   Levinas, 『존재에서 존재자로』, 110.

21   Levinas, 『존재에서 존재자로』, 112.

22   Levinas, 『존재에서 존재자로』, 115.

로 인격적 실체로서의 "존재자"(주체)의 출현이며, 주체(자아/나)의 "자기정립"(홀로서기, hypostase) 사건이다.

익명적인 그저 있음 속에서 자리를 잡음으로써 주체는 스스로를 확립한다. 그 말의 어원학적 의미에서 확립(긍정, affirmation)은 단단한 터전 위에, 기반 위에 자리 잡음, 조건 지음(conditionnement), 기초를 세움(fondement)이다. 그저 있음의 익명적인 불면 상태로부터 떨어져 나온 주체는 사유나 의식 또는 정신으로서 나타났다.…[이와 같은] 자기정립(hypostase), 명사의 출현은 단순히 새로운 문법적 범주의 출현이 아니다. 그것은 익명적 있음의 중지, 사적 영역의 출현, 이름의 출현을 의미한다. 그저 있음의 [깊은 어둠의] 바닥으로부터 존재자가 솟아오르는 것이다.…자기 정립을 통하여 익명적 존재는 이제 그것이 가졌던 그저 있음의 성격을 상실한다. 존재자, 즉 존재하는 것(ce qui est)은 동사 "존재하다"의 주어[cf. 주체]이다. 그리고 이를 통해 존재자는 존재의 숙명을 지배하며, 존재는 존재자의 속사(속성, attribut)가 된다. 존재(exister)하는 누군가가 존재를 인수한다. 그리고 그때부터 존재는 [더 이상 익명적이고 비인격적인 "그저 있음"이 아니라] 바로 그의 존재이다. [23]

레비나스에 의하면, 이것은 기존의 철학에서 말하는 사유의 주체로서의 자아와 인식 대상으로서의 세계와의 낡은 대립으로 출발하는 것이 아니라 오히려 비인격적인 "그저 있음"(il y a)의 존재 일반으로부터 "존재자"의 출현, "동사적인 익명의 존재"로부터 "명사적인 실체"(hypostase)의 출현이며, 이름붙일 수 있는 "인격적 주체"의 출현을

---

[23]   Levinas, 『존재에서 존재자로』, 138-39.

새롭게 규명하는 작업이다.[24] 이러한 주체의 "자기정립"을 위한 의식의 끊임없는 미끄러짐의 정지, 곧 "사유의 위치화"(자리 잡기)에서 중요한 두 가지 조건은 바로 "장소"와 "시간"인데, 더 정확하게 말하자면 **"여기"**와 **"현재"**(지금)다.

레비나스에 의하면, 먼저 주체는 의식이 "하나의 장소"에 "자리 잡기"를 통하여 비로소 익명적 존재로부터 탈출할 뿐만 아니라, 독립적인 개별적 실체로서 "자기정립"을 실현한다. 이때 의식의 위치화(자리 잡기)를 위한 조건은 단순히 어떤 장소가 아니라 개별적인 고유한 존재자로서 존재하기 위한 필수불가결한 토대로서의 "하나의 기반이며 하나의 조건"인데, 그것은 바로 그의 **"신체"**(몸)다. 즉 사유하는 주체의 자기정립의 자리인 "여기"는 바로 자신의 "신체"(몸)다. 그러므로 레비나스는 전통적인 관념론이나 정신/물질(신체) 이원론적 사유체계를 처음부터 거부하며, 오히려 "신체는 의식의 출현 자체"임과 동시에 "신체가 바로 주체의 자기정립을 위한 자리"라고 분명히 한다. 그리고 이때 "신체는 익명적 존재 속에서 위치화(자리 잡음)의 사실 자체로부터 출현한다."[25] 따라서 이 광활하고도 무한하게 펼쳐져 있는 "그저 있음"의 공간, 존재의 어둠 속에서 흩날리는 하나의 먼지 혹은 보잘 것 없는 하나의 점과도 같은 우리의 몸(신체)은 비로소 인격적 "존재자"인 주체로서 나의 의식을 분명하게 비끄러맬 수 있는 독특하고도 유일한(unique) "자리"다. 이러한 측면에서 볼 때, 레비나스는 "인간(주체)은 그 무엇보다 몸(신체)적 존재"라는 사실을 분명히 한다. 따라서 나의 의식은 나의 신체와 분리하여 생각될 수 없으며, 그것은 바로 나의 "신

---

24 Cf. Levinas, 『존재에서 존재자로』, 138-39.

25 Levinas, 『존재에서 존재자로』, 119.

체(몸)의 의식"이다. 왜냐하면 익명적이고도 비인격적인 "존재 일반"
으로부터 스스로를 구분하여, 비로소 "나의 것"으로 독점적으로 소유
하며 지배할 수 있는 것으로서의 신체(몸)는 "존재자"(주체)의 "자기정
립"(hypostase)을 위한 유일하고 독특한 조건이요, 그 확고한 공간적 기
반, 즉 "자리 잡음"을 위한 기초 토대이기 때문이다. 이와 같이 스스로
의 존재를 책임지는 주체의 자기정립에 있어 독특한 장소성(공간성)으
로서의 "여기" 곧 신체(몸)는 주체에게 개별적인 실체, 고유한 인격적
존재자로서의 그 시작을 위한 출발점을 제공한다. 그러므로 레비나스
에 의하면, 이러한 의식의 신체적 자기화로서의 "자리 잡기는 시작 개
념 자체의 시작이다."²⁶ 그것은 바로 고유한 인격적 "존재자", "주체"로
서의 존재에의 출발점이요 시작이기 때문이다.

이와 같이 주체의 자기정립을 위한 장소로서의 "여기", 곧 의식의
출발점일 뿐만 아니라 끊임없이 다시 자기 자신으로 회귀하여 주체의
"자기 동일성"을 확인할 수 있는 것은 바로 "신체"(몸)이다. 이러한 주
체의 "자리 잡기"를 설명하기 위한 현상학적 경험의 좋은 예로서 레비
나스가 제시하는 것은 바로 "잠"(그리고 "휴식")이다. 레비나스에 따르면,
"잠자리에 눕는 것, 그것은 바로 존재를 하나의 장소에, 구체적인 자
리에 제한하는 일이다."²⁷ 그것은 우리가 잠자리에 들면서 의식과 몸
의 활동을 정지함과 동시에, 또다시 어둠 속 잠에서 깨어남을 통하여
의식은 자기 자신에게로 끊임없이 되돌아와서 자기 자신을 확인할 수
있는 자리이기 때문이다. 이와 같이 레비나스에 의하면, "익명적 존재
속에 하나의 존재자(주체)가 자리 잡기 위해서는 자기를 떠났다가 다

---

26 Levinas, 『존재에서 존재자로』, 118-19.
27 Levinas, 『존재에서 존재자로』, 116.

시 자기에게로 되돌아오는 일이 가능해야만 한다. 즉, 자기 동일성의 작업 자체가 가능해야 한다."[28] 바로 이것을 가능하게 하는 것이 "잠"이다. 잠자지 못하는 사람은 깨어남을 경험할 수도 없다. 의식의 "깨어남"을 경험하기 위해서는 반드시 "잠"이 필요하다. 그러므로 잠을 통하여 사유하는 주체의 의식은 비로소 "자기정립"을 실재적으로 경험한다. 우리는 레비나스의 다음과 같은 말에서 이것을 확인할 수 있다: "의식은 이미 깨어 있음에 참여한다. 그러나 의식을 의식으로서 규정하는 것은 잠자기 위해서 〈뒤로〉 물러날 수 있는 가능성을 늘 보유하는 것이다. [그러므로] 의식은 잠잘 수 있는 능력이다."[29]

다음으로 레비나스에게 주체의 "자기정립"에 있어 또 다른 중요한 요건은 "**현재**"라는 순간, 곧 "**지금**"이라는 시간성이다. 즉 비인격적 "존재 일반"으로부터 떨어져 나온 인격적 실체로서의 "존재자"(주체)의 "자기 정립"에 있어 "여기"(신체/몸)가 공간적인 측면이라면, "현재"(지금)라는 순간은 시간적인 측면을 말한다. 주체의 "자리 잡기"에 있어 이 "현재"라는 순간의 출현에 대하여 레비나스는 다음과 같이 설명한다.

자리 잡기를 통하여 의식은 잠에 참여한다. 휴식의 가능성, 자기 안으로 돌아올 수 있는 가능성, 그것은 기반 위에 내어줄 수 있는 가능성, 잠잘 수 있는 가능성이다. 이 가능성은 자리 잡을 수 있는 한에서 의식에 속한 것이다. 삶의 한복판에서 자기에게로 되돌아옴으로서의 잠은 자리 잡기로

---

28   Levinas, *Time and the Other*, trans. Richard A. Cohen (Pittsburgh, Penn.: Duquesne University Press, 1987), 52; 강영안 역, 『시간과 타자』 (서울: 문예출판사, 1996), 47.

29   Levinas, 『시간과 타자』, 45.

서 의식 속에서 수행된다. 그러나 자리 잡기는 바로 현재로서의 순간이 발생하는 사건 자체이기도 하다.[30]

이와 같이 레비나스에게 주체의 "자기정립"을 위하여 시간에 대한 사유, 즉 "순간"으로서의 "현재"는 아주 중요한 의미를 가진다. 앞서 살펴보았듯이, "존재자 없는 존재"의 상태, 비인격적인 익명의 상태인 "그저 있음"은 끝없는 지속으로서의 "영원"의 측면을 표상한다. 왜냐하면 모든 사물들이 부재하는 현전으로서의 "존재 일반"에는 시작도 없고 끝도 없이 깊은 어두움 속에서 "그저 있음"으로 마냥 존재하기 때문이다. 그러한 존재 일반의 상태는 시간적인 측면에서 볼 때, 어떤 시간의 순간들, 즉 과거, 현재, 미래를 결코 실체적으로 분절해낼 수 없다. 그러므로 익명적 존재는 시간 속의 하나의 끝없는 "지속"(persistence, 영속성)의 상태를 말하며, 그 "지속을 실현하는 어떤 것"이다.[31] 그렇다면 그러한 익명적 존재의 끝없는 지속으로부터 주체의 자기정립을 위한 "순간", 즉 주체가 자기 자신을 인식하는 순간으로서의 "지금"(현재)은 어떻게 출현하는가? 레비나스에 의하면, 그것은 "현재"로서의 "순간"이 그러한 존재의 지속을 그 시간의 영속성으로부터 순간으로 분절하여 정지시킴으로써 출현한다. 바로 여기에 "현재"라는 순간이 가지는 "시간"의 심오한 신비가 놓여 있다.

현재는 정지이다. 그 까닭은 현재가 정지되어 있기 때문이 아니라, 현재가 지속을 중지시키고 그 끊어진 지속을 또다시 비끄러매기 때문이다. 현재

---

30 Levinas, 『존재에서 존재자로』, 120.
31 Cf. Levinas, 『존재에서 존재자로』, 125.

는 자기로부터 출발하여 이 지속으로 [되돌아]온다. 시간 속에서의 현재의 소멸에도 불구하고, 아니면 오히려 이 소멸 덕택에, 현재는 한 주체의 실현이다.[32]

더 나아가 레비나스에 따르면, 이러한 "현재"는 다른 어느 곳에서 주체에게 주어지는 것이 아니라 "그 자신으로부터 출발해 존재하는 것"이며, 바로 "이 현재 속에서 시간의 무한 또는 영원성의 무한은 중단되고 다시 시작된다." 계속하여 레비나스는 그러한 "현재는 존재 속에서 일어나는 하나의 상황"이며, 이 상황 속에 "존재 일반뿐만 아니라 하나의 존재, 하나의 주체가 있다"고 말한다.[33] 여기서 시간이 존재와 가지는 관계는 "순간"이 가지는 독특한 기능 때문에 아주 중요한데, 그것은 "순간이 진정한 의미에서 존재의 실현"이며, "각각의 순간은 하나의 [존재에서 존재자에로의] 시작이며 탄생"이기 때문이다.[34] 이러한 의미에서 레비나스는 다음과 같이 순간을 구성하는 "시작의 역설"을 말한다.

시작이자 탄생으로서의 순간은 하나의 독자적인 관계, 존재와의 관계,

---

32 Levinas, 『존재에서 존재자로』, 122-23.

33 Levinas, 『존재에서 존재자로』, 121-22.

34 Levinas, 『존재에서 존재자로』, 127. 레비나스의 다음과 같은 설명은 이것을 이해하는 데 도움이 될 것이다: "홀로서기[자기정립]의 사건, 이것은 현재이다. 현재는 자기로부터 출발한다. 더 정확히 말하자면 자기로부터의 출발이 곧 현재이다. 현재는 시작도 끝도 없는 무한한 존재의 씨줄에 생겨난 하나의 균열(찢어짐)이다. 현재는 찢어내고 다시 맺는다. 현재는 시작한다. 그것은 시작 자체이다.…홀로서기를 현재로 설정하는 것은…이미 구성되어 있는 시간에서 전달해 낸 현재, 즉 시간의 한 요소를 말하고자 하는 것이 아니다. 여기서 말하고자 하는 것은 비인격적인 존재의 무한 속에 균열(찢어짐)을 일으키는 현재의 기능이다." Levinas, 『시간과 타자』, 47.

존재에로의 시작이다.…시작은 시작에 선행하는 순간에서 출발하지 않는다. 시작의 출발점은 귀착점, 즉 자기에게 되돌아오는 충격 속에 포함되어 있다. 현재의 한가운데로 돌아옴을 기점으로 현재가 출현되며, 순간이 수용된다.[35]

이와 같이 레비나스에게 있어 익명적 존재로부터 존재자의 출현은 이 독특한 매순간들을 자신의 "현재"로 징발함으로써 주체의 "자리 잡기"를 통하여 이루어지며, 이것이 곧 주체가 그 순간을 시작점으로 하여 존재의 무게를 스스로 짊어지는 "자기정립"의 사건이다. 그러므로 "여기서 순간이란, 그 안에서 현재와 "나"의 존재가 피할 도리 없이 실현되는 특권적인 상황이다. "현재", "나", "순간"은 단 하나의 동일한 사건의 국면들이다."[36] 이것을 레비나스는 다음과 같이 설명하고 있다: "존재자(existant)와 존재(existence) 사이의 관계의 절대성은, 순간 속에서 존재(existence)에 대한 존재자(existant)의 지배로 이루어지는 동시에, 존재자(existant)에게 부과되는 존재(existence)의 무게[를 스스로 짊어짐으로써] 이루어진다."[37] 이와 같이 주체는 매순간들마다 자기 자신으로 돌아와 자기 동일성을 확인함으로써 자기 자신을 소유하는 존재자이며, 이로써 주체는 순수 지속으로서의 익명적 존재의 비시간성에 대항하여 매순간을 자신의 새로운 "현재"로 소유함으로써 다시금 매 순간마다 새로운 "시작"을 시작할 수 있다.[38] 그러므로 "현재는 [항상] 순수한 시작이다."[39] 이와 같이 "현재" 그리고 "여기"(자리 잡기) 속에서 나

35　Levinas,『존재에서 존재자로』, 128.

36　Levinas,『존재에서 존재자로』, 134-35.

37　Levinas,『존재에서 존재자로』, 129.

38　Cf. 강영안,『타인의 얼굴』, 100.

의 의식이 수행하는 자기정립의 결과로서 비로소 하나의 개별적인 인격적 실체, 존재자, 즉 주체가 비인격적인 익명적 존재로부터 극적으로 출현한다.[40] 그러므로 "의식, 자리, 현재, '나'는 자기정립이다."[41]

III. 주체의 성취와 확장: 향유, 거주와 노동

1. 향유(jouissance): 세계 안에서의 삶의 영위

레비나스는 "그저 있음"(il y a)으로서의 존재 일반의 어두운 밤, 그 비인격적인 익명적 존재로부터 "존재자"의 출현, 즉 "자기정립"(홀로서기, hypostase)을 통하여 "존재"를 온전히 자신의 소유로 수용하여 독점적으로 지배하는 것을 인격적 주체로서의 인간이 가지는 근원적인 "자유"로 파악한다. 이것은 "존재에 대한 존재자의 지배의 자유"임과 동시에, 하나의 주체로서의 "새로운 시작의 자유"이다. 또한 이것이 바로 모든 존재자(주체)가 인격적 존재로서의 그 자신만이 가지는 고유성과 존엄성의 근거이기도 하다. 이것을 레비나스는 다음과 같이 설명하고 있다.

> 현재, 〈나〉 – 홀로서기는 자유이다. 존재자는 존재의 주인이다. 존재자는 그의 존재에 주체의 남성적 힘을 행사한다. 그는 자신의 힘으로 어떤 것

---

39 Levinas, 『존재에서 존재자로』, 133.

40 Levinas, 『존재에서 존재자로』, 23.

41 Levinas, 『존재에서 존재자로』, 140.

을 소유한다. 최초의 자유. 그것은 아직 자유로운 선택의 자유가 아니라 시작의 자유이다. 이제 어떤 것으로부터 출발하는 존재가 있다. 모든 주체 속에 담긴 자유, 주체가 있고 존재자가 있다는 사실 속에 담긴 자유. 존재에 대한 존재자의 지배의 자유.[42]

이와 같이 존재자는 진정 자유함 속에서 스스로를 "주체"(존재자)로 정립하지만, 또 다른 한편으로 그러한 주체는 그 "존재"를 자신의 것으로 수용하고 소유함으로써 이제 그 존재의 무게 또한 온전히 자신의 것으로 오롯이 짊어져야 하는 존재에의 무거운 책임이 주어진다. 다시 말해 존재자의 출현은 "존재를 떠맡는 일"(assumer l'être)이며, 이러한 방식으로 홀로 선 주체로서 "자아는 자기를 소유한다."[43] 그것은 오직 주체가 스스로에게 가지는 관계로서 "자기 자신에 대한 얽매임"이며, 이것은 어떤 값싼 은총과 같은 가벼운 자유가 아니라 자신이 스스로 떠맡은 존재에의 한없는 무거움이며, 피할 수 없는 대가로서 "존재 유지"를 위해 끊임없는 분투를 필연적으로 동반하는 무거운 책임이다. 따라서 레비나스는 "나는 책임 없이 존재하지 않는다. 나의 존재(être)는 소유(avoir)와 겹쳐진다"고 말한다.[44] 즉, 존재자로서 주체의 자기정립 사건은 바로 나 자신에 대한 구체적인 "존재 가짐"의 사건이다.

나아가 이렇게 홀로 선 존재자(주체)는 그 본질에 있어 아주 "고독"하다. 존재 일반으로부터 탈출을 통하여(cf. 이것이 곧 "자기정립"의 사건이다) 홀로 선 존재자로서의 주체는 이제 오직 홀로 자기 자신의 존재

---

42 Levinas, 『시간과 타자』, 50.

43 Levinas, 『존재에서 존재자로』, 41, 54-55.

44 Levinas, 『시간과 타자』, 54.

삼위일체 하나님과 신학

의 무게를 감당하고 짊어져야만 하는 고독한 존재일 수밖에 없다. 그리고 이것이 존재자인 주체가 가지는 자기 존재에로의 자유에 따르는 필연적인 "비극"이기도 하다.[45] 고독한 존재자로서의 주체는 그 자신으로부터 출발하지만, 또한 자기 동일성의 확보를 위하여 언제나 또다시 자기 자신에게로 귀환해야 한다. 이렇게 "자아는 숙명적으로 자기 자신에게로 회귀한다."[46] 왜냐하면 자기정립의 사건으로서의 "현재"는 존재자가 자기 자신에게로 되돌아옴으로써 일어나는 사건이기 때문이다. 이처럼 주체는 어쩔 수 없이 자기 자신에게 얽매여 있으며, 그것이 바로 주체의 자기 정체성의 근거인 "자기 동일성", "자아" 곧 "내재성"이다.[47]

또한 이미 살펴본 것과 같이, "신체"(몸)적 존재자로서의 주체의 "존재 가짐" 곧 "자기정립"(hypostase)은 본질적으로 "물질적 구조"이며, 자기 자신에게 얽매여 몰두하는 "물질성"을 가지게 된다. 따라서 레비나스는 "물질성은 필연적으로 존재자의 자유 안에서의 주체의 출현에 함께 수반되는 것"이라고 말한다.[48] 나아가 이러한 주체의 물질성은 자신의 "존재 유지"를 위하여 필연적으로 "물질적 욕구"를 가질 수밖에 없는데, 그것은 "의/식/주"(음식과 의복, 그리고 거주)에 대한 일상적인 필

---

45 이러한 사실을 레비나스는 다음과 같이 설명한다: "나는 늘 그 나의 고유한 존재 속에 확실한 기반을 가진다. 모든 것에 대해 외부인 나는 그 자신에 대해서는 내재적이며, 그 자신과 묶여 있다. 자아가 자기일 수 없는 그런 불가능성은 자아의 근본적인 비극, 즉 자아는 자아의 존재에 비끄러매여져 있다는 사실을 표시한다." Levinas, 『존재에서 존재자로』, 141-42.

46 Levinas, 『존재에서 존재자로』, 132.

47 Levinas, 『시간과 타자』, 52. "자기와의 결부, 그것은 자기 자신을 처치할 수 없다는 불가능성이다. [자기와의 결부는] 성격이나 본능과의 결부일 뿐 아니라, 그 안에서 이중성이 지각될 수 있는 자기 자신과의 소리 없는 연결이다. 자아임[자아로 존재함], 그것은 자기에 대해 존재함(être pour soi)일 뿐 아니라, 자기와 함께 존재함(être avec soi)이다." Levinas, 『존재에서 존재자로』, 148.

48 Levinas, 『시간과 타자』, 54.

요, 결핍에 대한 끝없는 욕구들로 나타난다. 나아가 주체의 이러한 물질적 욕구들은 그에게 주어진 삶의 환경인 "세계"로부터 다양한 "먹거리들"을 자신의 것으로 섭취하고 소유함으로써 충족되는데, 레비나스는 이것을 "세계를 통한 구원"이라고 말한다.[49] 즉 자기정립을 통하여 고독하게 "홀로 선" 주체는 이제 그에게 "주어진 것으로의 세계"와 마주하며 관계하게 되는데,[50] 이렇게 하여 주체는 마침내 "세계-내적인-존재"로서 자기 자신을 확립하고 성취한다. 그리고 이것이 바로 홀로 선 주체가 그의 존재 환경으로서의 세계에 관계하는 일차적이며 근원적인 구조이다.

이 "세계"를 "도구들의 집합"으로 본 하이데거에 반대하여, 레비나스는 그것을 오히려 주체의 존재 유지를 위한 "먹거리의 총체"(un ensemble de nourritures)로 파악한다.[51] 주체로서의 인간은 이 세계 안에서 그 모든 먹거리들을 섭취하고 소유함으로써 그의 존재를 유지하며 삶을 영위한다. 이 세계는 햇빛, 공기, 깨끗한 물, 꽃, 경치, 좋은 음식들, 놀이, 노동, 생각, 과학, 이념, 정치 등 우리가 삶속에서 누리고 즐기며 행하는 그 모든 것들로 구성된다.[52] 그리하여 스스로 존재의 짐을 짊어지고 홀로선 고독한 주체가 그의 삶의 환경으로서 세계와 가지는 모든 관계, 곧 "존재하기 위해 필요한 모든 것과의 관계"를 레비나스는 "**향유**"(jouissance)라고 부른다. 그것은 일차적으로 주체가 그의

---

49 Levinas, 『시간과 타자』, 64.

50 Levinas, 『존재에서 존재자로』, 73.

51 Levinas, 『시간과 타자』, 64. cf. 강영안, 『타인의 얼굴』, 103.

52 Levinas, *Totality and Infinity: An Essay on Exteriority*, trans. Alphonso Lingis (Pittsburgh, Peen.: Duquesne University Press, 1969), 110. cf. Levinas, 『존재에서 존재자로』, 67-73; 『시간과 타자』, 65.

존재 유지, 곧 그 자신의 삶(living)을 위하여 환경인 세계 속에서 그 모든 것들을 "누림과 즐김"의 관계에 있음을 의미한다. 그리고 이러한 주체가 세계와의 관계 속에서 자신의 존재유지를 위하여 행하는 일체의 일상적 삶의 행위로서의 향유는 "익명적 존재"로부터는 탈출하여 해방되었지만, 이제는 자기 자신에게 필연적으로 얽매인 "고독한 존재자"로서의 주체에게 자신과의 관계로부터의 분리이자 틈(간격/거리)을 야기시킴으로써 자기 자신으로부터의 일종의 불완전한 초월, 즉 "내재성"(interiority)으로부터 "외재성"(exteriority)에로의 해방의 계기를 제공한다.[53] 이때 자아성을 의미하는 내재성의 대립항으로서의 외재성은 물론 레비나스에게 있어 "타자"를 의미하며, 그것은 자아인 나의 "바깥에 존재하는 모든 것", 곧 "자기 밖의 다른 것"이다. 홀로선 주체인 내가 가장 먼저 조우하는 것은 바로 이러한 향유적 삶의 요소, 즉 환경으로서의 물질의 세계이다.

> 이 세계 안에서 인간의 삶은 세계를 채우는 대상들을 넘어설 수 없다.…세계 안에서의 우리의 실존을 특징짓는 것은 먹거리들이다.…[그리고 이 세계를 가득 채우고 있는] 대상과의 관계, 이것을 우리는 **향유**(jouissance)로 특징지을 수 있다. 모든 향유는 존재의 방식일 뿐 아니라 동시에 감각작용, 다시 말해 빛과 인식이다. 앎, 곧 밝음은 본질적으로 즐김(luminosité)에 속한다.[54] 그러므로 물질성은 욕구를 초월하는 그 순간, 주체를 먹거리

---

53 주체가 "세계"와 가지는 모든 관계, 곧 "향유"가 자아가 자기에 대하여 분리와 거리를 제공하는 일종의 자기 초월적 계기이기는 하나, 그것이 불완전한 이유는 자기 자신에게 속박된 주체가 가지는 본질적인 자기 동일성으로 인하여 필경 자기 자신에게로 귀환하며, 결국에는 세계의 대상들을 자기에게 동화시켜 오히려 주체의 "자기성"을 강화하기 때문이다. 그러므로 레비나스는 이것을 잠간동안의 "자기 망각", "최초의 포기", 혹은 "최초의 체념"이라고 표현한다. cf. Levinas, 『시간과 타자』, 64-65.

에, 먹거리로서의 세계에 마주보게 하면서 주체에게 자기 자신으로부터의 일종의 해방을 제공한다. 세계는 주체에게 향유의 형식으로 존재에 참여할 수 있도록 해주며 결과적으로는 자기에 대해 거리를 두고 존재할 수 있도록 허용한다. 주체는 자신이 흡수하는 객체 속에 흡수된다.[55]

또한 존재자로서의 주체가 세계와의 관계에 대한 본질적인 성격을 규명함에 있어 레비나스는 다시 한번 하이데거를 비틀고 역전시킨다. 즉 세계 내에서의 주체에 의한 이러한 삶의 향유, 그것은 하이데거에 있어서처럼 "염려"나 "불안"이 아니라 오히려 본질적으로 "누림"과 "즐김"으로 파악된다. 레비나스에 의하면, 인간은 "무엇을 위하여 사는 것"이 아니라 근원적인 의미에 있어서 "먹고 마시며, 누리고 즐기는 것", 그 모든 것들의 향유, 그것이 바로 삶의 내용이며, 그리고 그것을 즐김으로서 누리게 되는 "**행복**" 자체가 바로 삶의 목적이다. 우리는 먹기 위해서 살지도 않고, 살기 위하여 먹는 것도 아니다. 오히려 음식을 먹는 것을 즐기고 누리는 그 자체가 바로 삶이며, 그 내용물이다. 삶의 모든 행위, 그 모든 것들이 그러하다.[56] 이것이 바로 레비나스가 주체의 삶의 특징을 "~으로 살아감"(vivre de ~ / life from ~)이라고 표현하는 진정한 의미이다.[57] 이러한 "향유로서의 삶"의 본질적인 특징을 레비나스는 다음과 같이 설명한다.

우리 존재를 만드는 것은 우리 존재 자신이다. 우리는 숨쉬기 위해 숨쉬

---

54 Levinas, 『시간과 타자』, 65, 72.

55 Levinas, 『시간과 타자』, 72.

56 Cf. Levinas, 『시간과 타자』, 65.

57 Levinas, *Totality and Infinity*, 110; 강영안, 『타인의 얼굴』, 103, 127.

삼위일체 하나님과 신학

며, 먹고 마시기 위해 먹고 마시며, 거주하기 위해 거처를 마련하며, 호기심을 만족시키기 위해 공부하며, 산책하기 위해 산책한다. 이 모든 일은 살기 **위해서** 하는 일이 아니다. 이 모든 일이 삶이다. 삶은 하나의 솔직성이다.…세계, 그 안에서 우리는 거주하고, 산책하고, 점심과 저녁을 먹고, 누구를 방문하고, 학교에 가고, 토론하고, 체험하고, 탐구하고, 글을 쓰고, 책을 읽는 그런 세계이다.[58]

레비나스가 주장하듯이, 이렇듯 이 환경 세계 안에서 주체의 삶의 본질은 향유이다. 이와 같이 주체는 그에게 주어진 세계 안에서 그 모든 "먹거리"들의 향유를 통하여 자기 자신을 "성취"하고 "확립"하는데, 그것이 곧 "자아실현"이며 "자기성취"이다. 그리고 이것이 주체가 세계와의 관계에 있어 가지는 "일차적인 관계"요, 또한 "최종적인 목적"이다. 이렇듯 향유는 주체가 세계 안에서 존재하는 하나의 근원적인 방식이다.

향유는 나의 삶을 채우는 모든 내용에 대한 최종적인 의식이다. 이 내용들을 향유는 모두 안고 있다. 내가 관여하는 삶은 **벌거숭이**의 살이(une *nue existence*)가 아니다. 나의 삶은 노동과 양식(糧食)이 있는 삶이다. 그것들은 삶을 선점할 뿐만 아니라 또한 삶을 "채우며", "즐기는" 내용들이기도 하다. 바로 그러한 것으로서의 삶, 그것이 향유이다. 삶을 채우는 내용을 확보했을 때조차 수단은 곧 목적으로 추구되고 그 목적을 추구하는 것이 다시 목적이 되어버린다. 사물들은 이렇게 생존에 필수적인 것 이상으로 존재한다. 사물들은 [항상 필요 이상으로 거저 주는] 삶의 은총(grâce)을

---

58   Levinas, 『존재에서 존재자로』, 70.

베풀어준다. 우리는 우리의 삶을 확실하게 보장하는 노동으로 삶을 유지한다. 하지만 우리가 노동을 하는 것은 그것이 우리의 삶을 채워주기(기쁨을 주거나 혹은 슬픔을 주거나) 때문이기도 하다.[59]

이와 같이 향유는 주체의 삶의 내용을 넘치도록 풍족하게 채워줄 뿐만 아니라 삶의 가치를 높이고 아름답게 가꾸며, 또한 즐기고 누리게 함으로써 자신의 삶을 온전히 성취할 수 있게 한다. 그러므로 레비나스는 "삶은 곧 삶에 대한 사랑이다(Life is *love of life*).…우리가 우리 자신에게 관계함에 있어 그것은 이론적인 것도 실천적인 것도 아니다. 이론과 실천을 넘어 이론적, 실천적 즐거움이 있다. '삶은 곧 자기애'(the egoism of life)이며, 그 최종적인 관계는 향유(enjoyment) 곧 '행복'(happiness)이다.…순수한 존재(pure being)가 냉정함이라면, 행복은 성취"라고 거듭 강조하여 언명한다.[60]

또한 이러한 주체의 향유적 삶의 본질은 본질적으로 자기중심적이며 "이기주의"(egoism)이다. 그러므로 레비나스는 "이기주의는 곧 삶이다(egoism is life): ~으로 사는 것(life from ~), 혹은 향유"라고 간명하게 규정한다.[61] 이와 같이 향유의 형식을 통하여 주체는 자신의 삶을 살아감으로서 자아(moi)를 형성할 뿐만 아니라, 그 자신의 삶 자체를 즐긴다. 배고픔과 추위와 같은 모든 결핍으로 말미암은 존재 유지를 위한 필요와 욕구의 충족과 더불어 나아가 그러한 만족 자체를 누리고 즐기는 향유의 향유, 또한 그것이 본질적으로 이기적일 수밖에 없음

---

59   Levinas, *Totality and Infinity*, 111; cf. 강영안, 『타인의 얼굴』, 126-27.
60   Levinas, *Totality and Infinity*, 113.
61   Levinas, *Totality and Infinity*, 175.

이 주체의 향유적 삶의 실체적 본질로서 규명된다. 이렇게 향유적 삶에 있어 주체는 절대적으로 자기 자신을 향하며, 몸이 온갖 먹거리들로부터 영양분을 섭취하여 자신을 살찌우듯이 요소인 세계를 향유함으로써 그것을 흡수하고 내면화함과 동시에 자신의 결핍과 욕구를 충족시키며 만족을 누린다. 그것이 바로 주체의 이기적인 향유적 삶을 통한 행복의 성취이다. 그러므로 레비나스에게 있어 이러한 향유적 삶을 통한 행복은 바로 **"개별화의 원리"**(the principle of individuation)로 파악된다.[62] 즉 향유의 행복 속에서 각 주체의 개별화, 자기-인격화, 실체화, 자아의 독립이 이루어진다. 이와 같이 향유는 몸적 존재로서의 주체의 실존이다.

> [주체는] 향유(la jouissance)의 양식에서 자신의 삶을 사는 삶으로부터 자아(moi)를 형성하게 된다. 즉 충족은 충족으로 채워진다. 삶은 자신의 삶 자체를 즐긴다. 마치 살게하는 것과 마찬가지로 먹고 살아가게 되는 것처럼. 좀 더 정확하게는 마치 "먹고 사는 것"이 이중적 준거를 가지기라도 한 것처럼. 모든 반성과 자아로의 전적인 복귀에 앞서 향유는 언제나 그 자신에게 부족한, 만족이 예정된 이 같은 결핍을 채우게 되는, 만족의 초조한 과정으로부터 이미 만족하게 되는 자신의 식욕을 즐기는 향유의 향유이다. 모든 반성 이전의 향유의 향유. 그러나 시간이 "보여진 것"을 향해 돌아보는 것처럼 향유 속에서 향유를 목표로 삼지 않는 향유. 보여질 수 있는 것들이 이미지로 배가되는 너머에 있는 향유는 자신 위로 돌돌 말리는 행위 속에 있는 자아의 독특한 현상이다. 실타래의 감김 같은 이기주의적 움직임 자체.[63]

---

62 Levinas, *Totality and Infinity*, 147.

그렇다면 그러한 것으로서의 주체의 향유적 삶에 있어 그에게 주어져 있으며, 스스로 흠뻑 젖어들어 몸담고 있는 이 "세계"의 본질은 무엇인가? 레비나스에 의하면 주체의 향유적 삶에 있어 "세계"는 무엇보다 먼저 삶을 위한 "요소"(l'element)로서 체험된다. 그것은 우리가 삶을 영위하는 삶의 터전, 곧 "환경"(milieu)이다. 그러한 것으로서의 세계는 무엇보다 먼저 무규정성을 특징으로 하며, 또한 특정한 그 어느 누구에게도 소유된 것이 아니다. 우리가 "요소"라고 부르는 것은 대상으로서의 사물들이 아니며, 대지(땅), 바다, 빛, 도시와 같이 본질적으로 소유 불가능한 것을 말한다. 레비나스에 의하면, "요소는 그것을 담아낼 [특정의] 형식들이 없기에, 그것은 형식 없는 내용이다."[64] 그것의 외양이 있다면, 그것은 바로 "바다 혹은 들판의 표면", "바람의 끝"과 같이 규정될 수 없고, 어디에서 시작되며 어디에서 끝나는지 알 수도 없이 그저 한계지어지지 않는 그러한 형식으로 나타난다. 따라서 이러한 환경(cf. 요소로서의 세계)의 외양(모습)은 사물들을 구성하는 분명한 형식을 취하지 않는다. 물론 환경으로서의 요소 또한 그 자체의 깊이, 넓이, 그리고 길이와 같은 그 나름의 차원의 모습을 드러내지만, 그것은 마치 수평선이나 지평선처럼 그것이 사라지는 곳까지 "시작도 없고 끝도 없이" 마냥 뻗쳐 있고 펼쳐져 있는 것이다. 그러므로 "요소들은 그 어디에서 우리에게 오는 것이 아니다. 우리에게 나타나는 그것의 외양은 하나의 대상으로 결정되지 않고 철저하게 익명으로 남아 있다. 그것은 바람, 땅, 바다, 하늘, 공기이다."[65] 우리는 그러한 요소적 환경

---

63   Levinas, *Otherwise than Being or Beyond Essence*, trans. Alphonso Lingis (Pittsburgh, Penn.: Duquesne University Press, 2000), 73; [한역] 김연숙/박한표 역, 『존재와 다르게: 본질의 저편』 (고양: 인간사랑, 2010), 141-42.

64   Levinas, *Totality and Infinity*, 131.

으로서의 세계 안에서 단지 그것에 "흠뻑 젖어들어" 그것들을 온전히 향유함으로써 우리의 삶 자체를 영위할 뿐이다. 레비나스는 그러한 요소로서의 환경 세계의 특징을 다음과 같이 묘사한다.

지금 내가 살고 있는 이 땅으로 나는 충분하다. 나를 떠받쳐주는 땅은, 무엇으로 나를 떠받쳐주는가를 알려고 하지 않아도 나를 떠받쳐주고 있다. 내가 살고 있는 세계의 한 모퉁이, 일상적 처신의 세계, 이 도시, 이 지역, 또는 이 거리, 내가 살고 있는 이 지평, 이들이 보여주는 외모에 나는 만족한다. 이들에게 나는 폭넓은 체계 속에 설 땅을 제공하지 않는다. 나에게 설 땅을 주는 것은 오히려 이들이다. 이들을 생각하지 않은 채 나는 이들을 영접한다. 나는 이 사물들의 세계를 순수한 요소처럼, 떠받쳐주는 이 없는, 실체 없는 성질처럼 즐기고 향유한다.[66]

2. 향유적 삶의 확장: 거주와 노동

세계 안에서의 주체는 그에게 "요소"로 주어진 환경으로서의 세계를 마음껏 누리고 즐기며 향유함으로써 자기 자신을 실현하고 성취한다. 그러나 레비나스에 의하면, 이러한 환경으로서의 세계에 대한 주체의 관계는 이중적으로 나타난다. 먼저, 주체가 자기 자신 안에서 자신을 온전히 실현하지 못하고 자신과는 다른 "타자"인 세계를 향유함으로써만이 자신을 성취할 수 있다는 것은 세계에 대한 주체의 본질적인 "의존성"을 의미한다. 그는 자신의 존재 유지, 곧 삶을 영위하기 위하여 물

---

65   Levinas, *Totality and Infinity*, 132.
66   Levinas, 『전체성과 무한』, 110-11; 여기에서는 강영안, 『타인의 얼굴』, 129에서 재인용.

을 마셔야 하고, 공기를 숨 쉬어야 하며 음식을 섭취해야만 생존할 수 있다. 이와 같이 주체는 요소 세계에 의존하지 않고서는 잠깐 동안도 살 수가 없고, 어느 한 순간도 자신의 존재를 유지할 수가 없다. 이러한 인간의 향유적 삶에 있어 그의 환경인 세계에의 의존성은 이제까지의 인간중심적인 사고방식에 일대 전환이 필요함을 말하는 것으로서 아주 중요한 시사점을 제공한다.

그러나 동시에, 주체는 그 누구에게도 의존하지 않고 개별적인 향유를 통하여 요소로서의 세계를 온전히 그 자신의 것으로 누리고 즐김으로써 또한 그 자신의 고유한 개별적 "독립성"을 유지한다.[67] 뿐만 아니라 주체는 그러한 세계의 향유에 있어 지극히 "이기적인 존재"이다. 그러므로 앞서 언급한 바와 같이 향유의 행복이야말로 "개별화의 원리"이자 근원적 토대라고 레비나스는 말한다.[68] 즉, 향유는 오직 각 개별 주체에 의하여 고유하고도 독립적으로 이루어진다. 따라서 레비나스는 이러한 몸적 존재자의 "향유의 개별성"이 곧 각 개별 주체의 "주체화", 인격의 "자기-인격화", "실체화", 곧 주체의 "자기성"(나의 나됨) 및 "독립성"의 본질적인 기원이라고 본다. 이와 같이 세계의 향유를 통하여 각 개별 주체들은 요소들을 끊임없이 자신의 것으로 독점적으로 소유하고 동화시킴으로써 자기성, 즉 "자기 내면성"을 확립하고 강화시키는데, 이것이 곧 "자아실현"의 과정이다. 이러한 주체의 내면성의 확립을 통하여 비로소 "타자"(자신과 다른 것)로 부터의 "분

---

67 이러한 이중적인 상황을 레비나스는 다음과 같이 설명한다: "확실하게도 나(the I)는 행복이고 자신과 함께 집 안에 있는 현존이다. 그러나 비충족 안의 충족으로서, 자아는 비자아(the non-I) 안에 여전히 남아 있다. 자아는 "그 어떤 것"에 대한 향유이지 결코 자신에 대한 향유가 아니다. 자신이 아닌 것에 뿌리내린 자생적인 자아는 그럼에도 불구하고 이 뿌리내림 속에서 독립적이고 분리되어 있다." Levinas, *Totality and Infinity*, 143.

68 Levinas, *Totality and Infinity*, 147.

리"(separation)가 일어난다. 또한 각 개별 주체들에 의한 향유의 "개별
화"는 그 무엇으로도 환원될 수 없는 고유한 행위이기 때문에, 이것이
각 개별적 주체의 인격적 "고유성"과 "존엄성"의 기초가 된다.[69]

내가 존재의 주체가 되는 것은 단지 내가 다른 사람과 마찬가지로 존재
한다는 사실에 있는 것이 아니고 존재의 짐을 스스로 짊어진다는 사실
에 있는 것도 아니라 내면성의 확보를 통해, 즉 향유를 통해 단순한 존재
를 초월한다는 사실에 있다. 이와 같이 존재 초월이 가능한 존재가 "인간"
이다. [각 개별 주체에 의한] 내면성의 확보는 향유를 통한 것이다. 향유
는 다른 누구에게도 환원할 수 없는 개별적 주체의 고유한 행위이다.…개
인은 저마다 향유의 주체로서 신비를 지니고 있다. 개인은 종족으로, 혈통
으로, 또는 사회집단으로 또는 누구와의 관계로 환원할 수 없다. 이것은,
나의 나 됨(자기성)과 타자의 타자성은 결코 상대화할 수 없는 절대적 성
격을 띠고 있음을 말한다. 이런 의미에서 인격은 철저하게 다원적이다. 인
격은 어떤 명목으로도 전체화할 수 없다는 것이 레비나스 철학의 기본 신
조이다.[70]

이와 같이 주체는 그에게 주어진 환경을 자유롭게 향유함으로써
자신의 고유한 인격과 자아실현을 확립하고 성취하지만, 그러한 요소
세계는 주체에 대하여 항상 독립적이고 익명적이며 무규정적으로 남
아있기 때문에 항상 주체가 자신의 힘으로 전적으로 소유하거나 통제
하지 못하는 "자신과는 다른 그 무엇", 곧 "타자"로 나타난다. 바로 여

---

69 Cf. 강영안, 『타인의 얼굴』, 132f.
70 강영안, 『타인의 얼굴』, 133.

기에서 비로소 주체의 "불안"과 "염려"가 무섭게 엄습해 온다. 그것은 무규정적인 요소로서의 세계가 나에게 존재유지를 위한 필요의 충족과 더불어 누림과 즐김이라는 향유의 혜택을 주기도 하지만, 동시에 때때로 전혀 통제가 불가능한 엄청난 위협으로 다가오기 때문이다. 즉 우리는 항상 물을 마시고 공기를 숨 쉬며 삶을 향유하지만, 때때로 불현듯 덮쳐오는 통제 불가능의 거대한 홍수와 태풍은 우리의 삶을 송두리째 집어 삼키기도 한다. 마찬가지로 우리가 발로 밟고 서 있는 대지, 땅은 우리의 존재를 떠받치는 확고한 기반이기도 하지만, 갑작스레 닥쳐오는 거대한 화산 폭발, 지진과 땅 꺼짐은 일순간에 우리의 존재와 삶의 기반 자체를 뒤집어놓고 함몰시키기도 한다.

이와 같이 주체가 스스로의 힘으로 어찌할 수 없는 통제 불가능의 요소 세계의 위협과 그것으로부터 오는 불안들을 제거하고, 존재 유지와 내일의 안전한 삶을 확보하기 위한 것이 바로 **"거주"**와 **"노동"**이라는 행위이다. 그러므로 인간이 집을 짓고 거주하며 노동을 하는 것은 "자신의 독립성"을 보다 확고하게 성취하고, 나아가 자신의 향유적 삶을 지속적으로 유지하고 확장하기 위한 가장 기본적인 행위들이다. 먼저 주체가 환경 세계와 자신을 분리하여 "자기성"(ipseity)을 확립하고 성취하는 것은 울타리를 치고 벽을 쌓아 집을 지어 "거주"하는 것으로 구체화된다. 이것은 주체가 본질적으로 자기 자신과는 다른 "타자로서의 세계"로부터 자신을 분리하는 행위임과 동시에, 자신의 내면성을 확보하고 안전하게 존재 유지를 강화하기 위한 본질적인 행위이다. 이렇게 주체가 자기 자신의 존재를 유지하는 것은 가장 우선적으로 "나 자신과 함께 집에 있는 존재를 구성하는 것"이다. 그러므로 "집, 거주는 이기적인 자아에 있어 하나의 본질에 속한다. 자기 자신과 부합하지 않는 익명적인 있음, 공포, 전율, 혼란, 불안과는 반대로 향유의 행복은

삼위일체 하나님과 신학

자신과 더불어 집에 안주하는 것을 분명하게 한다"고 레비나스는 말한다.[71]

　나아가 레비나스에 의하면, "집"은 거주를 위해 없어서는 안 될 하나의 도구이기는 하지만, 다른 많은 삶을 위한 도구들과는 달리 아주 특별한 중요성을 가진다. 즉 "집이 가지는 특별한 역할은 그것이 인간 활동의 목표라는 데 있는 것이 아니라 오히려 그것의 조건이며 시작이라는 데 있다. 자연을 표상하고 가공하여 일차적으로 세계로서의 형태를 취하려면 [내면으로의] 전향이 필수적인데, 이것이 집으로 성취된다."[72] 즉 우리는 바깥 세계로 나아갔다가 끊임없이 자기 자신의 집으로 되돌아옴으로써 우리 자신의 존재와 동일성을 유지하게 된다. 이렇게 보면 내가 거주 하는 "집"은 바로 나 자신의 "신체(몸)"가 세계 속에서 곧바로 확장된 형식이라고 볼 수 있다. 이렇듯 내밀한 "사적인 공간"으로서의 집의 내면성은 삶을 충족하기 위한 익명적인 향유의 요소들 가운데서 주체가 지배하는 일종의 안전한 "치외법권 지역"을 만들어준다.[73] 그러므로 "집이 대상 세계에 속해 있는 것이 아니라, 오히려 대상 세계가 나의 집과의 관계를 중심으로 놓여 있다"고 보아야 할 것이다.[74] 이와 같이 "집에서의 거주"는 주체의 향유적 삶의 영위에 있어서 아주 본질적이고도 특권적인 중요성을 가짐을 알 수 있다. 인간은 외부 세계의 불확실성과 위협으로부터 스스로를 보호하며, 안전하게 이 집 안에 머무름과 동시에 또한 바깥 세계로 나아가 노동을 시작하고, 그 노동의 결과물들을 가지고 돌아와 자신의 소유물로 축적함으로

71　Levinas, *Totality and Infinity*, 143.

72　Levinas, *Totality and Infinity*, 152.

73　Levinas, *Totality and Infinity*, 150.

74　Levinas, *Totality and Infinity*, 153.

써 자기성을 공고화할 뿐만 아니라, 또한 언제나 이곳으로 다시 되돌아와 머물고 휴식을 취한다. 이러한 집의 내면성, 친숙성은 일종의 성취이며 "분리의 힘"(an *en-ergy* of separation)으로 작용한다.[75] 즉 위협적이고 익명적인 세계와 분리된 친밀한 공간의 확보는 "집에서의 거주"로서 실현되는데, 그것은 곧 주체의 "내면성"을 강화하는 것이다. 이러한 친밀하고 익숙한 환대의 장소, 거주 공간으로서의 집을 통하여 주체는 자신의 존재를 보다 확고하게 성취하고 실현한다.

> 그러므로 "존재한다"(to exist)는 것은 바로 "거주한다"(to dwell)는 것을 의미한다. 거주한다는 것은 어떤 존재가 자신의 뒤로 던진 돌멩이처럼 존재에로 내던져진 존재자의 익명적인 현실을 말하는 것이 아니다. 거주한다는 것은 하나의 전향, 자신에게로 돌아옴, 은신처와 같이 자신에게로 물러서는 휴식을 위한 집이다. 여기에는 환대(hospitality), 기대(expectancy), 그리고 인간적인 영접(human welcome)이 있다.[76]

이와 같이 집에서의 "거주"가 외부 세계와의 분리를 통하여 스스로 안으로 물러나 안전과 향유를 통한 행복을 성취하기 위한 소극적 행위라면, 반대로 "노동"과 그 결과물을 장악하는 "소유"의 행위는 바깥 세계로 나아가 세계를 정복하고 지배함으로써 자기를 끊임없이 확장하는 주체의 적극적인 존재 방식이라고 할 수 있다. 세계와의 관계에 있어 향유는 주체가 세계를 소유하는 것이 아니라 단순히 즐기고 누리는 것이라면, 노동은 그의 "손"으로 요소 세계를 거머쥐고 자신의 것으로

---

75 Levinas, *Totality and Infinity*, 155.

76 Levinas, *Totality and Infinity*, 156.

장악하여 소유하고자 하는 보다 적극적인 행위이다. 그러므로 "노동은 바로 그 획득의 힘(the very en-ergy of acquisition)이며, 그것은 주거를 가지지 않는 존재에게는 불가능한 일이다."[77] 또한 이러한 노동에 있어 특히 "손"(the hand)의 역할이 중요한데, 레비나스에 의하면, "소유물을 획득하는 것, 곧 노동에 의해 성취되는 소유는 손의 운명이며, 손은 바로 거머쥐고 장악하는 기관이다."[78]

> 요소 세계는 거머쥐는 손의 활동을 통해 제1질료가 된다. 손은 요소 세계를 질료로 만듦으로써 요소 세계가 안고 있는 익명성의 탈을 벗겨내고 이름 부를 수 있는 만물을 빚어낸다. [이와 같이] 요소 세계의 익명성과 무규정성은 노동을 통해 해제되고 요소 세계는 하나의 사물로서 분명한 의미와 기능을 가지게 된다. 손은 이렇게 노동을 통해 요소 세계의 위협을 차단하고 미래를 예측, 통제한다. 주체가 노동의 결과로서 사물을 소유할 때 요소 세계는 지속성을 가진 사물, 곧 "실체"의 세계로 전환한다. 노동을 통해 요소 세계는 한계와 영역, 각각의 고유한 영역을 가진 사물들의 세계로 전환한다.…나아가 사물들은 [이제] 노동을 통해 하나의 "동산"(動産)이 된다. 실체로서의 사물 또는 동산으로서의 사물은 집(oikos)의 관리 또는 거주 관리(oikonomia)인 경제와 관련된다. [그리하여] 사물의 존재는 경제를 통해 그것의 가치를 인정받는다.[79]

이와 같이 신체로 육화된 몸적 실존으로서의 각 주체는 환경으로

---

77   Levinas, *Totality and Infinity*, 159.
78   Levinas, *Totality and Infinity*, 150.
79   강영안, 『타인의 얼굴』, 141.

서의 세계 속에서 집을 지어 거주함으로써 안전한 향유적 삶을 성취하고, 또한 노동과 소유를 통하여 끊임없이 자기 자신을 확장한다. 레비나스에 의하면, 이러한 "거주"와 "노동"은 두 가지 차원의 의미를 갖는다. 먼저, 그것은 환경으로부터의 주체의 "해방"을 의미한다. 인간은 벽을 쌓아 집을 짓고 거주함으로써 익명적이고 불확실하며, 위협적인 요소 세계로부터 스스로를 분리시킴으로써 스스로의 안전을 도모하고 친숙하고 내밀한 사적인 공간을 확보함으로써 존재 유지와 더불어 자아 성취를 위한 향유적인 안락한 삶을 추구한다. 그리고 노동을 통하여 요소 세계를 자신의 손 안에 장악하고 통제함으로써 미래의 불확실성을 제거하고 주체의 자율성, 곧 자유를 성취한다. 그러므로 레비나스는 바로 그러한 의미에서 "노동은 욕구(필요)가 아니라 존재에 영향을 미치는 미래의 불확실성에 기인하는 빈곤을 극복할 수 있게 한다"고 말한다.[80] 이와 같이 "몸-주거-노동-소유-경제의 양태를 보이는 몸적 생명체로서의 인간존재는 자신의 자아성을 확보하며 세계로부터의 거리지움, 확고한 분리를 이룬다."[81]

이와 동시에, 거주와 노동이 가지는 또 다른 본질적인 측면은 철저하게 "자기-중심적"이라는 사실이다. 즉 각 개별 주체는 환경으로서의 세계에 대한 향유적 삶, 그리고 거주와 노동을 통하여 자기와는 낯선 이질적인 것, 곧 "타자"로서의 세계를 "자신의 것", 즉 자신의 소유로 장악하고 통제함으로써 외재적인 것으로부터 자신을 분리시켜 내면성, 곧 자기성을 강화할 뿐만 아니라 그것을 끝없이 확장해가는데, 이것이 곧 "전체화"의 과정이다. 즉 낯선 것, 이질적인 것, 타자를 끊임

---

80   Levinas, *Totality and Infinity*, 146.
81   김연숙, 『레비나스: 타자윤리학』, 69.

없이 동일자, 곧 주체의 영역으로 환원하여 자기 자신을 중심으로 하는 동일성의 영역으로 전환시키고 내면화한다. 그러므로 거주와 노동(육체노동뿐만 아니라 정신노동으로서의 인식행위를 포함하여)의 일체의 행위들은 주체의 끊임없는 자기성취와 확장을 위한 것인데, 그것은 동일자(주체, 자아) 중심의 "전체화"의 과정이며, 끝없는 세계의 자기화, 곧 자기성의 공고화 및 확장의 과정이다. 따라서 "인간의 자아성은 향유, 몸, 노동, 소유, 경제, 욕구, 내면성, 이기주의로 특징지을 수 있는 자아중심의 전체성을 나타낸다."[82] 이와 같이 레비나스의 사유에 있어 향유적 존재구조는 "몸-집(거주)-노동-소유-경제"의 형태로 확장된다.

IV. 타자의 출현과 수용: 타인의 얼굴과 환대

1. 타자의 출현: "얼굴의 현현"

지금까지 우리가 살펴본 것과 같이, 익명적 존재로부터 홀로 선 각 개별 주체는 세계를 향유함으로써 자신을 성취하며, 거주 및 인식과 노동을 통하여 세계를 장악하고 지배하고자 할 뿐만 아니라 소유를 통해 끝없이 자기 자신을 확장해간다. 이러한 자아의 성취 및 확장의 과정은 끊임없이 "동일자"(주체/자아) 중심의 세계를 구축해가는 과정이며, 레비나스는 특히 이러한 과정을 자기 동일성의 강화를 위한 "전체주의"(전체성의 강화)라고 규정한다. 그리고 그러한 존재론적 일원론은 어쩔 수 없이 전체주의적 힘의 폭력성을 함축하고 동반하는 것이다. 이

---

82   김연숙, 『레비나스: 타자윤리학』, 13.

와 같은 인식하에, 레비나스의 중기 철학을 대표하는 그의 저작『전체성과 무한』(Totality and Infinity)은 전통적인 철학적 논제인 "동일자와 타자"의 범주를 자신의 의미로 새롭게 변용 및 대비시켜 그 특징을 보다 명징하게 드러내고자 하는 것이다. 여기서 "전체성은 동일자의 지평이고 인간의 자기실현의 원 속에서 무한히 자기를 확장해가는 힘이다. 무한자는 이와 반대로 이 동일자, 자기성의 원 속에 포섭될 수 없다. 무한자는 그 원 밖에서, 우리의 존재 지평 밖에서 들어오는 것이다."[83] 이와 같이 주체에 의한 자기 내면성과 동일성의 확장운동으로서의 "전체성"에 반대하여 자기와는 다름, 타자성, 타자의 환원 불가능성, 절대적인 외재성의 존재론적 의미를 말하고자 하는 것이 바로 "무한"의 개념이다. 여기서 "무한"이란 말 그대로 결코 주체에 의하여 장악되거나 동일자로 환원 또는 통합될 수 없는 타자의 절대적인 다름, 타자성을 말하는 것인데, 그것은 유한은 결코 무한을 내포할 수 없기 때문이다. 타자를 통해 현현하는 그러한 무한의 개념은 레비나스에게 있어 대체로 다음과 같은 것으로 표상된다.

[무한은] 유한한 자아의 사유작용을 벗어나 있는 것들, 죽음의 예측 불가능성, 죽음 이후의 자아의 주도성 상실, 시간의 지속적 흐름 속에서 늙어가는 것, 인고[고통], 미래의 예측불가능성, 절대적으로 현재화할 수 없는 시간의 흐름, 그 속에서 기억과 역사와 수집을 벗어나 미끄러져 가는 무한한 과거의 시간들, 에로스를 통해 출산되는 어린 타자에게 속하는 무한한 미래의 시간성, 이 모든 것들이 유한한 자아를 넘어서 가는 타자의 무한성의 흔적들이다. 무한의 흔적을 보여주는 타자는 주체의 사유구조를

---

83   강영안,『타인의 얼굴』, 147.

628   삼위일체 하나님과 신학

넘어서는 충만성을 지닌다. 요컨대 타자는 의식의 사유작용인 주제화나 개념화를 벗어난다.[84]

이미 언급한 것과 같이, 각 개별 주체(나 자신/자아)의 관점에서 보자면 타자와의 관계는 일차적으로는 오직 자신의 존재 유지와 자기연장을 위한 수단이 될 뿐이다. 요소적 환경세계 속에서 주체로서 "자기정립"을 추구하는 인간은 자신의 삶을 전적으로 향유하고자 하며, 나아가 "존재 유지"를 위하여 거주와 노동을 통해 끊임없이 자기 자신의 지배를 확장해가는 가운데 타자를 만나게 되는데, 이때 나의 지배와 힘의 확장, 곧 권력 의지는 타자를 자신의 힘으로 장악하고 정복하여 지배하거나 혹은 부정하고 배제함으로써 끝없이 자기성을 연장 및 확장하고자 한다. 이것이 곧 자기 자신을 중심으로 타자를 동일화시키는 "전체화"의 과정이다.

이러한 자기중심적이며, 본질적으로 철저하게 이기적인 자기 확장은 사회정치적 차원에서는 흔히 "종족주의" 및 "집단 이기주의"의 형태로 나타나기도 하는데, 이것은 자신과 동일한 혈연, 지연, 학연, 혹은 같은 종교의 테두리 안에 있는 사람들만 수용하고 그 밖의 사람들은 배제시키거나 제거해버린다. 여기에 타자에 대한 배려는 전혀 고려되지 않으며, 타자에 대한 부정은 더 나아가 타인에 대한 증오로 나타난다. 그리고 타인의 존재에 대한 부정과 증오가 극단화하면, 마침내 타자의 존재를 소멸시키거나 제거하고자 시도하는데, 이것이 곧 살인 혹은 전쟁과 같은 폭력적인 방식으로 표출되는 것이다. 나치주의의 인종주의에 근거한 유대인 학살과 근래 세계적으로 확산 일로에 있는

---

84 김연숙, 『레비나스: 타자윤리학』, 107.

폭력적인 테러리즘은 그 단적인 예라고 할 것이다. 오랫동안 우리 한국 사회 안에 만연한 지역주의, 혈연주의, 학연주의, 정치적 이념과 경제적 차원의 사회계층 간의 갈등과 같은 고질적이고도 복합적인 사회 양극화 현상도 동일한 원리로 이해할 수 있을 것이다. 이와 같이 타인을 배제하고 부정하며 자기중심적인 동일화와 전체화가 팽배한 곳에는 더 이상 평화가 없으며, 가능하지도 않다. 그곳에는 오직 타자를 향한 배타적인 갈등과 폭력, 만인의 만인에 대한 투쟁과 전쟁이 있을 뿐이다. 우리는 이러한 사실을 레비나스의 다음과 같은 언명에서 찾아볼 수 있다: "존재의 욕심은 서로 서로 다투는, 만인과 만인이 대항관계에 있는 이기주의에서, 서로 서로가 전쟁상태에 있으면서 민감하게 반응하는 다양한 이기주의에서 극적으로 야기된다. 전쟁은 존재의 이익추구의 드라마 또는 몸짓이다."[85]

레비나스에 의하면 타자와의 관계에서 이와 같이 타자로서의 타인을 부정하고 증오하며 끊임없이 배제하고자 하는 것, 그것이 바로 "악"(惡)이다. 이와 같이 레비나스의 사유에서 "악"은 어떤 선험적이거나 추상적인 철학적 개념이 아니라 바로 "타자와의 관계"로부터 실천적으로 이해되고 규정된다. 그렇다면 우리는 타인과의 관계에서 어떻게 그러한 갈등과 폭력적 투쟁의 비참한 상황, 비극적인 "악"의 문제를 극복할 수 있을 것인가? 그리고 타인과의 관계에서 평화는 어떻게 가능한가? 레비나스에 의하면, 그것은 이제까지와는 전혀 다른 존재에 대한 새로운 접근방법과 이해로부터 가능할 것이다. 즉 1인칭(나 자신, 자아/ego, 동일자/the Same) 중심의 이해가 아니라 2인칭(타자/the Other) 중심의 관점, 즉 "타자에 대한 새로운 존재이해"를 통하여 비로소 가능

---

85 Levinas, 『존재와 다르게』, 20.

하다. 그것은 이제까지의 "동일자"(자아) 중심의 이해가 아니라 "타자 중심의 존재이해"를 말하는 것이며, 그러한 "타자의 출현"은 각 개별 주체의 존재방식뿐만 아니라 형이상학의 전체적인 구조와 의미에 있어 극적인 전환을 가져오게 된다. 바로 여기에서 레비나스의 "존재론적 모험"은 또 다른 놀라운 비약을 시도하며 존재론적 해방과 탈출을 감행한다. 그것은 곧 자기중심적 주체로부터 자신과는 전적으로 다른 "타자"에로의 해방이며 탈출이다. 이러한 각 개별 주체의 타자를 향한, 곧 무한에로의 존재론적 비약과 탈출은 어떻게 가능해지는가?

> 이 가능성을 레비나스는 나의 존재 유지, 나의 내면성에서 찾지 않고 나의 바깥, 나의 존재와는 전혀 다른 차원, 다시 말해 나와 타인 사이에 일어나는 "윤리적 사건"을 통해 찾아낸다. 이를 통해 나의 존재 유지에서 유래한 자유에 바탕을 둔 책임과는 전혀 다른 차원의 책임을 드러내고 이를 통해 윤리학의 [새로운 가능성의] 조건을 찾아낸다. 레비나스가 말하는 윤리적 사건은 한마디로 타인의 얼굴의 출현이다.[86]

그렇다면 각 개별 주체에 있어 이기적이며 자기중심적인 자기성으로부터의 해방과 탈출의 계기를 제공하게 되는 타자는 어떠한 방식으로 출현하는가? 먼저 레비나스의 철학적 사유에서 **"타자"**(the Other)는 여러 가지를 의미하는데, 그것은 본질적으로 나 자신과는 전적으로 다른 것, 나 자신의 바깥에 있는 모든 것, 곧 "외재성"을 의미한다. 보다 구체적으로, 레비나스에게 타자는 "요소로서의 세계"(환경), "시간의 미래", "타인", 그리고 "신"(神) 등을 의미한다. 여기서는 우선적으로 "타인

---

86   강영안, 『타인의 얼굴』, 176-77.

으로서의 타자"를 중심으로 살펴보기로 하자. 레비나스에게 있어 가장 먼저 "타자"(the Other)는 동일자(the Same)인 주체에 의하여 장악되거나 지배할 수 있는 그 어떤 대상으로 환원 불가능한 것이기에 **"무한자"**(the Infinity)로 인식된다. 이 무한자로서의 타자는 주체가 예측하고 인식하며 파악할 수 있는 것으로 드러나지 않는다. 무한성은 본질적으로 주체에 의한 자기동일성의 전체화에 포섭되거나 온전히 장악될 수 없는 것이기에 "한계가 없는 존재방식"이며, "맥락없는 의미화"요, 그 자체로 고유하며 전혀 독특한 "나의 바깥에 있는 것", "낯선 것"으로서의 "외재성"을 말한다.

주체의 자기중심적 동일성의 세계에 이러한 전혀 이질적인 낯선 타자의 출현을 레비나스는 그의 독특한 개념인 **"얼굴의 현현"**으로 표현한다. 특히 이 "얼굴"(le visage)이라는 말은 레비나스가 그의 철학을 전개하면서 독창적으로 사용하는 용어들 가운데 가장 유명하고 신비로운 것으로 알려져 있다.[87] 레비나스에게 있어 이 "얼굴"은 우리가 볼 수 있는 것이긴 하지만, 그렇다고 단순히 시각적인 사물로서의 얼굴을 의미하는 것은 아니다. "얼굴은 지각이나 지식의 대상이기보다는 [오히려] 현현 혹은 계시이다. 얼굴이라는 개념은 자아와 무한자와의 만남이 갖는 역설적 본질에 의해 제기되는 문제를 요약한다."[88] 레비나스는 이 "얼굴"에 대하여 다음과 같이 설명하고 있다.

> 얼굴을 통해서 존재는 더 이상 그것의 형식에 갇혀 있지 않고 우리 자신 앞에 나타난다. 얼굴은 열려 있고 깊이를 얻으며 이 열려 있음을 통하여

---

87 Davis, 『처음 읽는 레비나스』, 74.

88 Davis, 『처음 읽는 레비나스』, 75.

삼위일체 하나님과 신학

개인적으로 자신을 보여준다. 얼굴은 존재가 그것의 동일성 속에서 스스로를 나타내는 다른 어떤 것으로 환원할 수 없는 방식이다.[89]

타인은 그의 의미를 어떤 무엇에도 의존해서 갖지 않는다. 주변 세계, 자신이 처한 문화, 역사, 생명의 진화, 체계 등이 나에게 출현하는 타인에게 의미를 주지 않는다. 타인은 역사적이거나 심리학적이거나 문화적이거나 간에 어떤 종류의 의미 부여의 맥락도 초월한다. 타인은 한마디로 유일하며 독특하다. 타인은 어떤 종족이나 가족, 어떤 민족도 초월한다. 타인은 그야말로 "벌거벗음 가운데 나타나는 얼굴"이며 "자기 자신에 의한 현현"이며 "맥락없는 의미화요" "전체성의 깨뜨림"이다. 타인은 단적으로 나에게 "낯선 이"이다.[90]

이와 같이 "타인의 얼굴"은 나에게 자신을 스스로 드러내 보이지만 동시에 나의 이해와 인식 및 나의 주도권과 지배를 벗어나며, 예측하거나 표상할 수 없는 것을 일컬음이다. 따라서 레비나스에게 있어 주체에 의해 그 무엇으로 결코 환원되지도 않고, 환원될 수도 없는 "무한자"로 이해되는 "타자"가 출현하는 방식, 곧 나와는 전혀 다른 "외재적인 존재의 드러남"을 독특하게 표현하는 것이 바로 "얼굴의 현현"이다. 즉 타자는 주체의 인식의 대상으로서의 현상이 아니라 "나타남", "현현", 혹은 "계시"로서 전혀 예기치 못한 순간에, 또한 나의 의도와는 전혀 상관없이 그렇게 그 스스로 불현듯 출현한다. 그러므로 타인은 나의 인식행위에 의하여 그 의미를 규정당하지 않으며, 또한 나의 의지와는 상관없이 그 자체 스스로 "현현"(epiphany) 혹은 "계시"(revelation)

---

89   Levinas, 『어려운 자유』, 20; 여기에서는 강영안, 『타인의 얼굴』, 148에서 재인용.

90   Levinas, 『전체성과 무한』, 46-49; 강영안, 『타인의 얼굴』, 177에서 재인용.

의 방식으로 나에게 그의 얼굴을 드러낸다.[91] 이것은 주체와 타자의 관계에 있어 타자의 출현 혹은 조우의 계기가 주체에게 있지 않으며, 오히려 그 주도권이 타자에게 있음을 강조하여 말하는 것이다.

그렇다면 이처럼 주체인 나에게 계시처럼 현현하는 "타인의 얼굴"은 도대체 어떤 의미를 가지는가? 타인의 "얼굴"은 그 무엇보다도 그 어떤 것으로의 환원이 불가능한 독자적이며 절대적으로 고유한 "인격성"을 의미한다고 볼 수 있다. 따라서 "타인의 얼굴"은 어떤 소유나 통제, 독점할 수 있는 대상으로서의 "사물"이 아니라는 사실이 우선적으로 강조될 필요가 있다. 말하자면 그것은 눈, 코, 입을 가진 고유하고도 독특한 존재의 인격적인 얼굴이다. 레비나스에게 있어 그것은 인간의 얼굴, 즉 또 다른 고유한 주체로서의 존재자(l'étant)를 나타낸다. 그것은 단적으로 다른 사람의 존재를 보여주는 존엄한 인격적 얼굴이다. 일반적으로 주체에 의한 인식과 행위의 대상으로서의 "사물"은 주체가 가지는 의미 맥락과 이해의 지평 속에서 일정한 형식의 틀 안에서 의미를 부여받을 때 비로소 나름의 어떤 "의미"를 가질 수 있다. 그러나 "타인의 얼굴"은 전혀 그렇지 않다. 레비나스는 "얼굴은 나의 표상과 나의 자유에 의존하지 않으면서 그 자체로 존재하고 그 스스로 드러내 보여주는 타인의 존재방식"이라고 거듭하여 강조한다.[92] 즉 타자는 주체인 나를 넘어 서 있는 그 자체로 고유하고 독특한 또 다른 "인격적 존

---

91 레비나스는 여기서 "현현"(l'épiphanie)과 "현상"(phénomène)을 개념적으로 대립시키고 있다. 즉 "현상이 동일자의 의식의 대상으로 나타난다면, 현현은 동일자의 의도와 무관하게 타인이 그 스스로 벌거벗은 얼굴로 보여주는 것이다.…[타인의 얼굴은 나에 의해 개념화될 수 있는 사유의 대상으로서의] 현상이 아니라 오히려 현상학의 개념으로는 정의 할 수 없는 수수께끼(énigme)이다.…[이와 같이] 레비나스는 타자의 존재방식을 계시, 현현, 수수께끼로 설명한다." 김연숙, 『레비나스: 타자윤리학』, 120-21.

92 강영안, 『타인의 얼굴』, 178.

재"이다. 또한 그렇기 때문에 "타인의 얼굴"은 어떤 소유의 대상물로서 환원 불가능한 "존재자의 존엄성"을 나타낸다. 나아가 그것은 주체의 인식, 통제를 벗어나는 "무한자"로서 현현한다. 따라서 그것은 결코 주체에 의해 파악되어 장악되거나 소유되어 통제될 수 없고, 자기 동일화 혹은 내면성으로 환원될 수 없다.

그런데 레비나스에 의하면, 우리의 일반적인 예상과는 달리 "타인의 얼굴"은 나에게 어떤 폭력적인 강요나 힘의 압박으로서 나타나는 것이 아니라, 오히려 나 자신에 의하여 쉽게 상처 받을 수 있는 약자의 모습으로, 무저항의 가난과 궁핍의 모습으로 다가온다. 말하자면, 얼굴의 현현은 순전히 비폭력적이다. 그는 "이방인이고 아무런 보호막도, 변호자도, 기득권도 없는 '나그네와 과부와 고아'이다."[93] 이렇게 연약한 약자의 모습으로 나타나는 타인의 얼굴은 오히려 우리에게 정의로울 것을 호소하는 윤리적인 힘을 가지고 있다. 뿐만 아니라 그것은 그 자신의 시선으로 우리를 마주하여 바라보고, 말을 걸어온다. 이와 같이 "얼굴"이 표상하는 바는 우리가 "타인과의 인격적인 대면관계" 속에서 있다는 것을 의미하는 것이다. 나아가 바로 그러한 대면관계 속에서 타인의 얼굴은 우리에게 스스로를 표현하고 말을 건넴으로써 대화와 소통의 관계를 형성한다. 따라서 "얼굴의 현현은 그 자체로 이미 담론이다."[94]

또한 타인의 얼굴이 보여주는 "자기표현"은 나에게 항상 전적으로 새로운 것이고, 나의 예측과 기획을 뛰어넘는 것이다. 그런데 레비나스에 의하면, 그 얼굴이 우리를 응시하며 말을 건넴으로써 호소하며

---

[93] Levinas, 『전체성과 무한』, 49; 강영안, 『타인의 얼굴』, 181.

[94] Levinas, *Totality and Infinity*, 66.

요청하는 것은 놀랍게도 "나를 죽이지 마시오, 살인하지 말아주시오!"라는 것이다. "타인은 그의 비참함 가운데, 자기 방어가 불가능한 가운데, 신체적, 도덕적 우월성을 상실한 가운데, 정말 낮고 비천한 가운데, 쉽게 상처받을 수 있는 가운데, 나에게 [다가오며] 요구하고 호소한다. 여기서 타인의 얼굴은 윤리적 사건이다. 비천함에 처한 타인이 나에게 간청으로 호소해올 때, 그 호소로 인해 나의 자유가 문제시 될 때, 이 때 비로소 윤리적 관계가 등장한다."[95] 그것은 바로 정의에 대한 요구이며, 도덕적인 명령으로 다가온다. 이렇게 "얼굴은 직설법이 아니라 명령법으로, 한 존재가 우리와 접촉하는 방식이다. 그것은 얼굴을 통해 모든 것을 벗어나 있다."[96]

이와 같이 타자는 항상 우리에게 연약하고 비천한 모습으로 나타나지만, 역설적으로 그것은 우리에게 정의로움을 요구하고 명령하는 주인으로서 나타난다. 레비나스의 설명에 의하면, "타자는 타자로서 높은 비천함의 차원에 처해 있다. 영광스러운 비천함. 타자는 가난한 자와 나그네, 과부와 고아의 얼굴을 하고 있는 동시에 나의 자유에 대하여 정의로울 것을 요구하는 주인의 얼굴을 하고 있다."[97] 이러한 타자의 얼굴의 현현은 나로 하여금 이 세계가 전적으로 나만의 소유가 아니라는 것을, 그리고 자유로운 향유적 삶을 통해 이루어지는 나의 지배, 통제, 소유의 정당성에 대하여 깊은 의문을 제기한다. 또 그럼으로써 나의 존재 유지, 세계의 향유, 끝없는 권력의지에 의한 힘의 확장에의 욕구와 자유를 심각하게 문제 삼고, 타인의 굶주림과 고통, 그 비

95 　강영안, 『타인의 얼굴』, 181.

96 　Levinas, 『어려운 자유』, 270; 강영안, 『타인의 얼굴』, 149에서 재인용.

97 　Levinas, 『전체성과 무한』, 229.

참함에서의 호소에 따른 윤리적인 도전과 함께 회피할 수 없는 깊은 질문을 던진다. 참으로 "얼굴의 현현, 그것은 우리에게 윤리적으로 행동하도록 호소하고 명령하는 윤리적 근원어를 의미한다."[98]

이러한 방식으로 현현하는 타자의 얼굴은 나 자신의 철저하게 이기적인 소유욕과 자기중심적인 자유가 결코 정당하지 않음을 일깨우며 고발한다. 이것은 그동안 서구 철학에서 추구되고 긍정되었던 개인의 자발적인 자유에 대하여 그것이 결코 무한정으로 추구될 수 없다는 것을 말하는 것이며, 나아가 그것이 결코 정의롭지 않다는 것을 단적으로 표명할 뿐 아니라, 주체로서의 개인의 자유는 타자와의 관계 속에서 오는 책임과 함께 어떤 한계가 있어야 함을 강조하는 것이다. 그러나 레비나스에 의하면, 놀랍게도 그것은 결코 타자에 의한 힘이나 폭력에 의하여 강제되는 것이 아니다. 만일 그렇게 된다면 그것은 레비나스의 타자철학에 있어 논리적으로 말이 되지 않을 뿐만 아니라, 또 다른 심각한 갈등의 문제를 야기하게 될 것이다. 즉, 타자에 의한 힘의 의지와 폭력성의 문제가 제기되는 것이다. 그러므로 레비나스는 "타자의 얼굴"의 출현이 연약하고 비천한 가운데 제기되는 "**호소와 간청의 형식**"으로 나타난다고 거듭 강조한다. 따라서 진정한 "타자와의 인격적인 대면관계"는 오히려 주체에 의한 수동적인 "**타자의 수용과 환대의 방법**"으로 말미암아 가능해진다. "힘없는 타자의 호소를 인정할 때 나는 나의 자유, 나의 실현을 무한정 추구할 수 없다. 얼굴의 현현을 통해 나의 자발성에 제동이 가해진다. 타자의 곤궁과 무력함에 부딪힐 때 나는 내 자신이 죄인임을, 부당하게 나의 소유와 부와 권리를 향유한 사람임을 인식한다. 타자의 경험은 내 자신의 불의와 죄책에

---

98   김연숙, 『레비나스: 타자윤리학』, 125.

대한 경험과 분리할 수 없다."[99]

이와 같이 이 세계에서의 향유를 통한 나의 자기실현과 거주 및 노동을 통한 존재확장의 과정에 불현듯 나타나는 "타인의 얼굴"의 출현은 이제까지의 나의 자기중심적인 존재방식과 향유적 삶의 자유와 소유에 대한 욕구, 그리고 끝없이 추구되는 권력의지에 대하여 심각한 윤리적 도전과 더불어 어떤 "균열"을 일으키고 깊은 "상처"를 남기게 된다. 따라서 이제 나는 나에게 호소해 오는 "타인의 얼굴"을 마주보며 그것을 계속하여 외면하고 거부할지, 혹은 그것을 수용하고 환대할지 결단해야 하는 막다른 기로에 서게 된다. 그것은 바로 타자를 향한, 타자를 위한 주체의 결단이다. 동시에 그것은 주체의 이기적인 자기중심적 세계로부터의 해방과 탈출을 향한 결단이며, 전체성의 꽉 닫힌 세계로부터 무한성으로 활짝 열린 세계를 향한 존재론적 비약의 결단이다. 결국 레비나스에게 "존재"를 넘어서는 상위개념으로서의 "선"(善)이란 타자를 향한 끊임없는 초월적 운동이며, 동시에 그것은 자기로부터의 탈출이고, "존재의 저편, 곧 존재를 넘어서" 무한에로의 존재론적 해방이다.[100] 이것을 레비나스는 다음과 같이 쓰고 있다: "만일 초월이 의미를 지닌다면, 초월이 존재, 존재 사건, 본질에서 존재의 타자로 이행한다는 사실이다."[101]

---

99 강영안, 『타인의 얼굴』, 150.

100 Cf. Emmanuel Lévinas, *Autrement qu'être ou au-delà de l'essence*, 김연숙/박한표 역, 『존재와 다르게: 본질의 저편』(고양: 인간사랑, 2010). "플라톤의 "선의 이데아로 향한 에로스의 무한한 충동, 열망의 움직임"의 이념은 레비나스의 무한의 이념에 대한 열망, 보이지 않는 것에 대한 열망, 타자로 나가는 움직임, 타자로의 초월의 개념으로 되살려진다. 레비나스는 형이상학을 "존재보다 선한 것"에로 향함, 존재의 영역을 넘어서는 초월적 운동으로 표현한다." 김연숙, 『레비나스: 타자윤리학』, 22-23.

101 Levinas, 『존재와 다르게』, 17.

삼위일체 하나님과 신학

2. 타자의 수용과 환대

이미 살펴보았듯이 레비나스에 의하면, 나와는 전적으로 다른 "낯선 이"로서의 "타인"은 먼저 나와 전혀 동등하거나 친밀한 관계에 있지도 않다. 그는 나와는 분리되어 있고, 거리를 두고 있는 "절대적으로 다른 낯선 이"이며, 또한 그 자체로 "고유한 인격적 존재"이다. 따라서 타인은 언제나 나에게 파악되거나 포섭되어 나의 동일성 안으로 결코 환원될 수 없는 "무한자"로 나타난다. 즉 타인은 주체에 의하여 동일화되지 않고, 계속하여 마지막까지 자기 자신과는 다른 "낯선 이"로 남아 있기에 "무한자"로 사유되는 것이다. 그러나 동시에 레비나스에 의하면 주체에게는 오히려 "무한자"로 현현하는 타자를 통하여 비로소 유아론적이며 이기적인 자기 내면성으로부터 탈출하여 무한의 외재성으로 해방되고 비상할 수 있는 특별한 계기가 주어진다. 그것이 주체로부터 타자에게로, 내면성으로부터 외재성에로, 자기중심적 전체성으로부터 타자로 표상되는 무한에로의 초월이다. 이와 같이 "레비나스는 타자를 자아 안으로 동화시키거나 통합시키지 않고 타자의 절대적 다름, 타자의 타자성을 보존하고 유지시키면서 타자와 관계 맺는 방법을 열망(dèsir)과 초월의 운동으로 설명한다. 타자에 대한 열망과 초월은 우리가 유아론적인 이기주의에서 벗어나 타자와의 화해, 대화, 평화의 관계를 형성해 갈 수 있는 중요한 계기라고 할 수 있다."[102]

---

102 김연숙, "레비나스의 인격론: 타자를 위한 책임에서 정립되는 인격", in 『인격』, 진교훈 외 (서울: 서울대학교출판문화원, 2014), 271. "레비나스는 『전체성과 무한』의 "형이상학과 초월"에서 초월(transcendance)을 동일자와 타자 사이를 이어주는 개념으로 설명한다. 그에게서 철학의 [진정한] 문제는 존재, 존재임, 존재자들에 관한 문제가 아니라 동일자와 타자의 관계에 대한 것이다. 이 같은 관계의 궁극적 지평이 초월이다. 그러므로 동일자와 타자의 관계는 거리, 분리, 초월 등의 개념으로 설명된다. 형이상학 또는 초월은 외재성에 대한 열망

타자—절대적으로 다른—가 스스로를 드러내는 얼굴은 동일자를 부정하지 않으며, 의견이나 권위 혹은 마술적이고 초자연적인 것이 저지르는 것과 같은 폭력을 동일자에게 저지르지 않는다. 얼굴은 환대하는 이와 상응하게 남는다. 얼굴은 이 지상에 남는다. 얼굴의 제시는 현저히 비폭력적이며, 그것은 나의 자유를 침해하는 대신 나에게 책임을 상기시키고 책임을 근거 짓는다. 그럼에도 비폭력으로서 얼굴은 수많은 동일자와 타자를 그대로 유지한다. 그것이 **평화**이다.[103]

그러나 여기서 우리가 반드시 짚어야 하는 본질적인 문제는 다음과 같은 질문들이다. 앞서 살펴보았듯이, 그 자신의 향유적 삶에 있어 본질적으로 이기적이며 자기중심적인 주체는 어떻게 하여 타자를 자기 안으로 수용할 수 있는가? 어떻게 하여 자신 앞에 나타나 말을 건네오며 비참함 가운데서 호소하는 "타인의 얼굴"을 외면하지 않고, 그것에 귀 기울이며 타자를 환대할 수 있는가? 어떻게 하여 자신의 이기적인 내면성을 열어젖히고 외재적인 것으로, 그리하여 마침내 "무한성"으로 탈출할 수 있는가? 이러한 질문에 답하기 위하여 레비나스는 인간의 본질에 대한 새로운 이해가 필요함을 역설한다. 이미 언급한 바와 같이, 레비나스에 있어 인간은 본질적으로 데카르트적인 개념에서처럼 어떤 정신적인 존재이기 이전에 살과 피를 가진 "신체적(몸적) 존재"임을 강조한 바 있다. 마찬가지로 레비나스에 의하면, 인간은 "이성적 존재"이기 이전에 **"감성적 존재"**임을 강조하며, 보다 직접적인

에서 인식된다. 열망(désir)은 타인의 다름을 존중하며 자아에 의해 다해질 수 없는 타인의 무한 의미를 대하는 방식이다. 타인의 다름을 열망하는 태도에서 타자에로의 초월은 가능해진다." 김연숙, 『레비나스: 타자윤리학』, 110.

103 Levinas, *Totality and Infinity*, 203.

감관에 의한 인식과 "**감성적 직관**"의 중요성을 말한다. 감성은 "이성적인 반성" 이전에 이미 느끼는 배고픔과 상처의 고통처럼 신체적 존재인 인간이 피부로 느끼는 직접성과 근접성을 말하며, 상처에의 노출과 상처받기 쉬운 수동성을 말한다. 그러므로 레비나스에 의하면, "주체는 살과 피로 이루어진, 배가 고파지고 먹어야 하는 인간이며, 몸통 안의 내장이며, 자신의 입의 빵을 줄 수 있고 자신의 살을 줄 수 있는 인간이다."[104] 이것이 바로 이기적인 주체의 자기성의 타파, 자기 존재의 열어젖힘, 그리고 타자에 대한 수용과 환대를 가능하게 하는 본질적인 기초이다. 이것을 레비나스는 그의 독특한 문체로 다음과 같이 설명하고 있다.

> 감관에 의해 받아들이게 되는 인식 형이상학의 역할로 축약될 수 없는 감성적인 것의 직접성은 향유 속에서의 상처에의 노출, 상처에의 노출이자 향유에의 노출이다. 그것은 자신 안에서 자족하고 대자적으로 자리한 주체의 주체성을 상처에 이르게 한다.…그것은 곧 감성의 맥박인 불완전한 행복의 "탈핵화"이기도 하다. 자아와 그 자신의 불일치, 현재로의 회복 저편에 있는 불안, 불면, 자아를 당혹시키는 고통 또는 즉자 대자적으로 자리한 그가 지향적 움직임 속에서 상처 입히는 타자를 "받아들이는 것"을 방해함에 있어 상처받기 쉬움에서 동일자를 고무시키는 타자의 전도가 발생하도록, 심연처럼 현기증 속에서 그를 잡아끄는 고통. 고통, 의미가 무의미로 넘어가도록 하는 무의미에 의한 의미의 넘침. 의미, 즉 타자를 위하는 동일자. 수동성 또는 상처받기 쉬움의 인내는 거기까지 가야만 한다! 그 안에서 감성은 의미이다. 타자에 의한 그리고 타자를 위한. 다

---

104 Levinas, 『존재와 다르게』, 148.

른 이를 위함. "문학"에서 고양되는 감정들에서가 아니라 타자에게 주기 위해서 입 속에 먹고 있는 빵을 뱉어내는 때와 같은 자아의 핵심이 조직되는 향유의 탈중심화.[105]

더 나아가 레비나스에 의하면, 인간은 그의 감성에 있어 결코 타자의 호소와 요청으로부터 회피할 수 없고, 그 책임에서 면책될 수 없다. 레비나스는 감성의 수동성, 상처입기 쉬움, 그 직접성과 근접성으로부터 타인의 호소를 수용하고 환대할 뿐만 아니라 마침내 타자를 위해 스스로 상처 입는 책임까지 감내하는 작용의 메카니즘을 이해한다. 냉담하고 초연한 이성의 작용이 아니라, 비천하고 고통 속에 있는 타인의 얼굴이 호소하는 그 요청을 외면하지 않고, 그것으로 말미암아 스스로 불안하고 불편해 하며 고통스러워하는 "수동성" 곧 "타자에로의 노출"의 가능성은 바로 그러한 몸적 존재로서의 즉각적인 감성의 작용이다. 단적인 예를 들자면, 우리가 물에 빠져 허우적거리는 어린아이를 보았을 때, 미처 자신이 처할 위험에 대한 그 어떤 이성적인 계산과 분석 없이 즉각적으로 그 아이를 구하기 위하여 물로 뛰어드는 것은 그러한 즉각적인 감성의 작용에 의한 것이다. 바로 이러한 "감성에서 타자는 회피 가능성이 없는 소명을 요청한다. 면책 속에서 어떤 가능한 회피가 없는, 상처 입히는 소명에 대해 회피할 수 없는 책임과 주체의 동일성 자체에 상처를 입히는 소명을 요청한다."[106]

[이와 같이] 타자의 불행에 대한 도덕적 책임의 감수에 있어서 레비나

---

105 Levinas, 『존재와 다르게』, 126-27.

106 Levinas, 『존재와 다르게』, 148-49.

스가 주목하는 부분은 인간의 몸-감성의 측면이다. 밖으로 열려 있는 몸적 존재는 타인의 호소와 요청에 노출되어 있고, 타인에 의해 선택되고 불리고 지명된다. 밖으로 열려 있는 몸이야말로 외부로 노출되어 외부의 영향을 받아들이는 수용성, 수동성으로 나타난다. 몸의 수동성, 감성의 수동성의 의미는 타자에게 노출된 상처 입을 가능성이다. 이 같은 수동성은 타자의 요청, 타자가 요구하는 윤리적 짐을 진 자가 그 무게로 고통 받으면서도 도덕적 짐을 부과하는 타인에게 응답하는 상황이다. 이 같은 고통의 짐, 윤리적 의무를 짊어지는 고통은 타자로부터 가해지는 고통으로, 여기에 타자를 위함의 의미가 나타난다. 윤리적 주체의 핵심은 타자가 부여하는 윤리적 요청으로 고통 받는 상처 속에서도 박해자에 대하여 책임을 짊어지는 것에 있다.[107]

다음으로 주체가 타자를 환대하며 수용하는 두 번째 이유는 타자의 "얼굴의 현현"이 나에게 명령법으로 나타나기 때문이다. 이때 주체는 전혀 수동적이다. "타자의 얼굴은 단지 내 "밖에서" 오는 것이 아니라 내 "위에서", 저 높음으로부터 오는 것이기 때문이다. 내 "위에서" 오는 타자는 나의 자유를 문제 삼고 나의 소유권을 문제 삼는다. 내가 타자를 내 집으로 받아들이는 것, 즉 그를 내 손님으로 환대하는 가운데 구체적인 윤리성이 시작되며 내 자신은 내면성, 내재성의 세계를 벗어나 진정한 초월적 주체, 도덕적 주체가 될 수 있다."[108] 전혀 예측 불가능한 모습으로 불현듯 나타나 나에게 도움을 요청하며 배고픔을 호소하는 타자의 얼굴은 나의 존재 유지 및 자기 확장의 욕구에 대

---

107   김연숙, 『레비나스: 타자윤리학』, 18.
108   강영안, 『타인의 얼굴』, 152.

하여 심각한 상처를 입히며 도덕적 한계를 설정하는 것으로 나타난다. 이렇게 타자는 나의 자유로운 향유적 삶, 그리고 거주와 노동을 통해 이 세계에서 나의 안전과 행복만을 추구하는 나의 이기심을 질타하며, 오히려 타인의 결핍과 고통에 대하여 책임을 지는 윤리적인 존재로서, 타자를 영접하고 환대하는 윤리적 주체로서 스스로를 재정립하도록 호소하고 명령한다. 그러나 이때에도 타자는 나의 존재를 위협하고 침몰시키는 가해자가 아니라 오히려 나의 이기적인 내면성의 닫힌 세계를 밖으로부터 깨뜨려 무한히 열린 외재성의 세계로의 초월을 가능케 하는 존재로 현현한다. 이와 같이 주체의 진정한 주체성의 완성, 그리고 존재의 열어젖힘은 나의 바깥에서 꽉 막힌 모나드적 존재의 문을 두드리며 다가오는 타인을 자기 안으로 수용하고 환대하며, 타인의 호소와 비참함에 대하여 윤리적인 책임 관계를 형성할 때 비로소 가능하다.

이러한 주체에 의한 타자의 수용과 환대의 또 다른 예는 "**대화**"(dialogue)를 통하여 표출된다. 서로가 말을 주고받는 대화는 "얼굴을 가진 인격적 타인"을 전제로 한다. 대화는 혼자서 하는 독백(monologue)이 아니기 때문이며, 또한 타인을 진정으로 존중하며 수용하고 환대함이 없이는 진정한 대화가 불가능하기 때문이다. 따라서 타인의 얼굴을 마주 바라보며, 그 얼굴의 표정과 말 건네 옴에 대하여 화답함으로써 대화하는 것은 바로 타인을 수용하고 환대하는 소통행위이다. 나아가 이러한 소통적 대화를 통하여 우리는 타자를 나 자신에게 동일화시키지 않는다. 왜냐하면 참된 대화는 타인을 나와는 다른 인격적 "타자"로서 존중하고 유지시킴으로써만 가능하기 때문이다. 레비나스는 "말함은 서로 가까워지는 것이며, 다가섬의 참여, 타자를 위하는 자, 의미화의 작용 자체"라고 말한다.[109] 그러나 레비나스 의하면,

진정한 소통은 타자를 위한 희생, 타자를 위한 대속적 책임을 짊어지는 데까지 나아가며, 그렇게 함으로써 타자와의 소통을 통하여 주체는 비로소 자신의 존재를 초월할 수 있다. 다음과 같은 레비나스의 언명은 이러한 사실을 잘 드러내 보여주고 있다.

> 서로 소통하는 것은 틀림없이 서로 개방하는 것이다. 그러나 만일 개방이 승인을 엿보는 것이라면, 그것은 전적인 것이 아니다. 개방은 "볼거리"로 혹은 타자의 승인에 자신을 열면서가 아니라 타자를 위한 책임을 지면서 전적으로 이루어진다. 타자를 위한 열어젖힘의 강조는 책임에서 타자를 위함으로 선회하는 타자에게 드러냄의 타자를 위함인 대속에까지 이르는 타자를 위한 책임감이다.…본질적으로, 소통은 우리가 책임져야 할 자에 대한 접근인 희생에 의해서만 가능하다. 타자와의 소통은 무릅써야 할 위험처럼 위험스런 삶으로서만 초월적일 수 있다.[110]

V. 주체의 타자에로의 초월: 대속적 책임

레비나스는 형이상학의 본질, 즉 "제일철학"(the first philosophy)은 기존 철학에서처럼 "존재론"이 아니라 존재를 넘어서 있는 타자를 위한 "선"(善)의 추구, 곧 "윤리학"이라고 강력하게 주장한다. 그러나 레비나스가 말하는 윤리는 일종의 **"책임 윤리학"**이며, 또한 그것은 주체의 자유와 자발성에 근거한 것이 아니라 특히 얼굴로 현현하는 타자에 의하

---

109 Levinas, 『존재와 다르게』, 22.

110 Levinas, 『존재와 다르게』, 226-28.

여 야기되는 책임 곧 "타자에 의한, 타자를 위한 책임"이라고 말한다. 그러나 우리가 앞서 살펴보았듯이 이 세계 안에서 자기 존재에 대한 책임을 떠맡은 홀로선 주체, 즉 나의 존재는 철저하게 "자기중심적"이고 "이기적"일 수밖에 없는데, 이것은 그 자체로서 전혀 문제가 되는 것은 아니다. 왜냐하면 세계 안에서 홀로선 모든 주체(존재자)들은 요소 세계 속에서 향유적 삶을 통하여 각기 자신의 존재를 유지하고 보존해야 할 고유의 자유와 책임이 있기 때문이다. 이러한 각 개별 주체에 있어 원초적인 존재에의 책임은 결코 타인에 대한 책임이 아니며, 오직 자기 자신과의 내적인 관계, 즉 나 자신의 존재 유지에 대한 책임이다. 따라서 "인간은 자기 존재를 유지하고자 하는 각고의 투쟁과 노력 가운데서 자신을 인식하고 파악하며 자신을 확립할 뿐만 아니라 끝없이 자기 확장을 추구한다. 그것은 자유이며, 각 개별주체의 인격적 존엄성의 기초이기도 하다."[111]

그러나 주체가 자기의 존재를 짊어져야 하는 "홀로서기"의 책임, 자기 존재유지에 대한 책임이 아니라 "타인과의 관계"에 있어 나의 자유와 권력의지에 대하여 심각하게 문제를 제기하며 출현하는 "낯선 타인의 얼굴", 그의 비참함 가운데서의 호소와 요청에 따른 책임의 관계, 즉 "타자에 의한" 그리고 "타자를 위한" 책임의 문제가 비로소 등장하며, 이것이 바로 레비나스가 말하는 자기 존재에의 욕구를 초월하는 타자를 위한 책임의 관계, 선(善)을 향한 열망 곧 윤리학의 참된 근거이다. 따라서 레비나스가 주장하는 윤리학은 주체중심의 윤리학이 아니라 타자중심의 "타자윤리학"이라고 할 수 있다.[112] 다시 말하자면, 레

---

111 강영안, 『타인의 얼굴』, 167-68.
112 Cf. 김연숙, 『레비나스: 타자윤리학』, 13.

비나스는 아리스토텔레스의 "목적론적 윤리학"이나, 칸트 철학에서의 정언명령에 근거한 "의무 윤리학"이 아니라 타자와의 관계에서 드러나는 "타자에 의한" 그리고 "타자를 위한 책임"을 짊어지는 것, 타자를 위하여 나를 내어줌으로써 자신을 희생하는 것, 그것이 곧 "선"(善)이며 윤리의 진정한 기초라고 언명한다.

이것이 또한 기존의 존재론적 철학적 사유를 넘어서 "선"(the Good)을 향해 존재(the Being)를 초월하는 진정한 형이상학이며, 이로써 윤리학은 이제 "제일철학"(the First Philosophy)으로 등극하게 된다. 따라서 레비나스의 사유에 있어 윤리학은 "동일자"(the Same/주체, 자아) 중심의 철학이 아니라 철저하게 "타자"(the Other) 중심의 형이상학적 체계임이 분명하게 드러난다. 이러한 인식은 다음과 같은 레비나스의 설명에서 잘 알 수 있다.

> 동일자에 대하여 의문을 제기하는 것이 타자에 의해 야기되는데, 이것은 동일자의 이기적인 자발성 내에서는 결코 발생할 수 없다. 우리는 타자의 현존에 의하여 나의 자발성에 대하여 의문을 제기하는 이것을 윤리학이라 일컫는다. 타자의 낯섦, 그를 나와 나의 생각과 소유에로의 환원 불가능성은 정확하게 나의 자발성에 대하여 의문을 제기하는 것, 곧 윤리학으로 확립된다. 형이상학, 초월, 동일자에 의한 타인의 환대, 나에 의한 타자의 환대는 구체적으로 타인에 의한 동일자에 대한 의문을 제기하는 것으로, 다시 말해 지식의 비판적 본질을 확립하는 윤리학으로 발생한다. 그리고 비판이 도그마에 선행하듯이, 형이상학은 존재론에 선행한다. 이제까지의 서구철학은 대부분 하나의 존재론이었으며, 그것은 존재에 대한 이해를 보증하는 중간적이며 중성적인 용어의 삽입으로 타자를 동일자로 환원시키는 것이었다.[113]

이와 같이 이전 철학의 동일자 중심의 존재론적 사유와는 달리 레비나스가 말하는 타자중심의 책임윤리학으로서의 형이상학의 강점은 바로 신체적 존재로서의 인간의 자기 존재의 확립과 보존, 그리고 그 고유한 인격성과 내면성을 유지하는 동시에 타자의 고유한 인격적 내면성도 함께 보존할 수 있는 평화로운 관계를 확립하고자 하는 데 있다. 그러나 이것이 도대체 어떻게 가능한가? 먼저, 레비나스에 있어 각 개별 주체에 의한 향유적 삶의 본질은 본질적으로 개별화, 내면성의 강화로 나타나며, 이것은 타자에 대한 자기동일화의 과정이고, 이러한 과정을 통하여 세계 및 모든 타자와의 "분리"가 일어난다. 레비나스에 의하면, 그다음 단계의 타자에 의한 주체의 자기성의 초월을 위한 자기 내면성으로부터의 탈출, 자기성의 해방으로서의 형이상학적 열망은 이와 같은 각 개별 주체들 사이의 철저한 거리지움과 분리를 전제하고 또한 계속 유지할 것을 요구한다. 만일 각 개별 주체들 간의 이러한 분리가 계속 유지되지 않으면 타자는 자아에 의해 통합되거나 동일화 되어버리고 말 것이다. 또는 그 역도 가능하다. 그러므로 주체와 타자와의 형이상학적 초월의 관계에서 주체의 자기 내면성과 타자의 타자성은 절대적으로 함께 유지되고 존중된다.

또한 동시에 레비나스는 각 개별 주체들 간의 분리와 더불어 각 주체는 자기의 유아론적 자아, 내면성, 동일성, 존재유지에 함몰되지 않고 본질적으로 "보이지 않는 것", 타자, 곧 무한에로의 열망을 가지고 있다고 말한다. 그리고 그러한 "형이상학적 열망은 전적으로 다른 어떤 것, 절대적인 다른 것에로 향한다."[114] 주체의 자기초월, 곧 무한에

---

113 Levinas, *Totality and Infinity*, 43.

114 Levinas, *Totality and Infinity*, 33.

로의 초월 열망은 타자에 대한 열망으로 구체화되어 나타난다. 그리고 신체적 존재로서의 인간은 자신의 존재유지를 위하여 결핍에 대한 "욕구"(besoin[필요], need)는 스스로의 향유적 삶을 통하여 어느 정도 충족될 수 있지만, 이와는 달리 "전적으로 다른 것", 타자에 대한 열망(désir)은 결코 충족될 수 없는 것이다. 왜냐하면 타자의 타자성은 주체에 의하여 결코 파악되어 장악되거나 통합되어 내면화, 자기 동일화될 수 없는 "절대적인 다름", 곧 무한성으로서의 절대적인 타자성을 의미하기 때문이다. 바로 여기에 주체와 타자와의 윤리적인 관계가 성립하는 기초가 놓인다. 달리 말하자면, 존재유지를 위한 "욕구"는 존재에 대한 것이지만, 타자를 향한 열망은 형이상학, 즉 윤리적 사건이며 선(善)을 향한 "도덕적 절박성"이기 때문이다. 이러한 주체와 타자와의 분리와 거리지움 속에서 주체와 타자의 관계는 어느 일방에 의한 통합과 동일화의 관계가 아니라 주체의 자기 안으로의 내면성의 유지와 함께 타자의 타자성, 그 절대적인 다름과 차이성을 동시에 보존하는 관계, 즉 "얼굴과 얼굴을 마주봄"의 관계가 성립된다. 더 나아가 그것은 주체에 의한 타자의 수용과 환대, 곧 자아의 타자를 향한 열망, 곧 자기 초월의 움직임을 통하여 무한에로의 탈출의 계기가 주어진다. 이와 같이 레비나스는 주체로서의 인간을 자기 안으로 향하여서는 고유한 자기 중심적 내면성을 유지하는 동시에 밖으로 향하여서는 외재성, 곧 타자로 표상되는 무한을 향한 초월적 열망을 가진 존재로 인식한다.

그렇다면 이제 우리는 그러한 타자와의 관계, 사회적 관계 속에서 어떻게 주체의 타자에로의 초월 운동이 구체적으로 작동하는지를 살펴보기로 하자. 먼저 타자와의 대면관계 속에서, 계시로 현현하는 타인의 얼굴이 나에게 제기하는 윤리적 호소는 향유적 삶을 통하여 나만이 온전히 누리던 자유가 부당함을 고발하며 일깨운다. 그리하여 나로 하여금 그 비참함의 호소에 "응답"하도록 요청한다. 이와 같이 "응답을 요구하는 타인의 부름에 내가 "응답할 때", 나 자신을 "응답할 수 있는" 존재로 세울 때 나는 비로소 "응답하는 자"로서 "책임적 존재" 혹은 윤리적 주체로 탄생한다."[115] 타인의 얼굴이 요청해오는 호소에 대하여 "내가 여기에 있습니다"(*me voici*)라고 기꺼이 내 자신을 내어놓으며 응답하는 것은 타인을 수용하고 환대하는 것이다. 또한 그러한 응답은 나의 것을 내어놓고 타인을 받아들이며, 그의 비참과 고통을 대신 짊어지는 것으로 나아간다. 바로 그러한 타인의 호소와 요청에 응답하여 그의 고통을 대신 짊어지는 것, 그것이 곧 타인에 대한 **"대속적 책임"**이다. 즉 대속이란 "타인을 대신하여 타인의 자리에 내가 책임적 존재로 세움 받는 것"이다.

배고프고 헐벗은 가운데, 사회적 불의 가운데 나에게 호소해 오는 타인은 지금까지 제한없이 자유를 행사하던 나에게 충격으로 다가온다. 타인은 그의 벌거벗은 얼굴을 통해 나를 판단하고 정죄한다. 타인은 나를 고발하고 나를 소환한다. 나는 타인에게 주격(Moi)으로서가 아니라 목적격(Soi)으로, 다시 말해 죄 있는 자로 고발된다. 나는 타인에게 갇힌 자로, 타인에게 "볼모"로 붙잡힌다. 타인의 얼굴의 호소를 통해 나는 나의 자기중심적 삶에 대답하도록 요구받는다. 이 요구로 인해 나는 상처받고 고난 받는다. 도망을 시도해도 불가능하다. 타인은 나를 끝까지 따라온다. 그러므로 레비나스는 타인이 나를 정죄하고 사로잡음을 "끝까지per-" "따라와secui" 괴롭힌다는 뜻으로 "핍박persecution"이라고 부른다.[116]

---

115 Levinas, 『전체성과 무한』, 153; 강영안, 『타인의 얼굴』, 182f.
116 강영안, 『타인의 얼굴』, 182.

타자가 자신이 처한 비참함과 결핍, 연약하고 비천함, 그 배고픔의 절박함 속에서 호소하고 간청해올 때, "내가 여기에 있습니다"라고 환대하며 응답하는 것은 타자에게 나에 대한 처분을 전적으로 내맡기는 것이다. 이것이 레비나스가 말하는 "타자를 위한 책임윤리"의 근거이고 정의이다. 그리하여 그러한 타자의 출현으로 인해 나의 풍족한 향유적 삶의 자유에 문제를 제기하고 깊은 상처를 입힐 때, 우리에게 요구되는 행위는 어떤 추상적이고 관념적인 것이 아니라 바로 우리 자신의 입에 들어갈 빵을 빼내 그 비천함과 배고픔의 절박함 속에서 호소해오는 타인의 입 안에 그것을 넣어주는 너무나 현실적(물질적)이고 구체적인 것이다. 이것이 바로 타인의 배고픔과 고통에 대한 "대속적 책임"이다. 레비나스는 이것을 다음과 같이 설명하고 있다.

> 타자에로의 노출은 "타자의 필요를 돌봄"으로서만, 타자의 불행과 실수를 돌봄으로서만, 다시 말하면 준다는 것으로만 의미를 갖는다. 그러나 준다는 것은 단지 자아를 갖지 않는 것이 아니라 자신에 반하여 자기로부터 빼내는 것으로서만 의미를 갖는다. 자신에 반하여 자기로부터 빼낸다는 것은 향유의 자기만족에서 빼내는 것으로만 의미를 갖는다. 즉 자신의 입에서 빵을 뱉어내는 것, 단지 먹는 주체만이 타자를 위한 것일 수 있으며 의미화하는 것일 수 있다. 의미화, 타자를 위하는 자는 살과 피의 존재들 사이에서만 의미가 있다.…상처의 수동성, 타자를 위함의 출혈은 충만한 향유를 맛보는 입에서 한입의 빵을 빼앗는 것이다.…향유 속의 삶에 대한 직접적인 손상, 삶을 살고 누리는 삶에 대한 직접적인 손상.…"손상"된 박탈 속에서 고통스럽게 박탈당하는 줌. 마음의 증여가 아니라 자기 입의 빵을 주는 것, 자신의 빵 한입을 줌. 지갑을 여는 것을 넘어서 대문을 여는 것: "걸식자와 함께 너의 빵을 나누라, 너의 집으로 비참한 이를

들여라"(이사야 58:7). 이와 같이 감성의 직접성은 자신의 고유한 물질성의 타자를 위함, 타자의 직접성 또는 근접성이다. 타자의 근접성은 접촉의 직접성에 의해 변질된 향유의 직접성, 물질의 물질화, 맛의 직접성을 타자를 위하여 즉각적으로 토해내는 것이다.[117]

그러나 놀라운 사실은, 레비나스는 이러한 타자를 위하여 대속적 책임을 짊어짐에 있어 이것이 주체의 자발성과 주도권에 기초한 것이 아니라 오히려 타인의 절박한 요청과 호소, 그 부름에 대한 응답으로서 철저하게 수동적으로 세워짐을 당하는 것임을 강조한다. 즉, 타자에 대한 대속적 책임은 우월한 지위에 있는 내가 비천함 속에서 호소해 오는 타자에 대하여 주도권을 가지고 자발적으로 베푸는 연민이나 시혜가 결코 아니다. 오히려 그것은 타자에 의한 타율적 수동성에 의한 것이며, 명령으로 다가오는 윤리적 요청에 수용과 환대로 응답하며 내 자신을 기꺼이 내어놓는 것이다.[118] 그러므로 심지어 레비나스는 이러한 주체의 타자에 대한 대속적 책임에 대하여, "사로잡힘", "인질", "박해받음"이라는 격한 표현을 사용하여 그 수동적 성격을 강조하

---

117 Levinas, 『존재와 다르게』, 142-43.

118 레비나스에게 있어 "나는 나에게 법이 아니라 타자가 나에게 법으로, 명령으로 등장한다. 타인에 대한 책임은 나의 주도권에 근거를 두지 않는다. 타인에 대한 나의 책임은 나의 자유에 선행한다. [타인의] 얼굴의 나타남으로 [인하여] 나는 내가 요구하지 않은 상황에서 [전혀 수동적으로] 이미 "응답하는" 존재로, "책임적인" 존재로 세워졌다. 그러므로 나의 자연적인 경향이나 이타적 본성, 고통받는 사람에 대한 연민이나 공감, 희생정신이 타인에 대한 책임의 근거가 될 수 없다.…책임은 어떤 특별한 사람, 몇몇 엘리트의 전유물이 아니라 인간을 인간이게, 주체를 주체이게 하는 [근본] 조건이 되기 때문이다.…타인에 대한 나의 책임은 내가 주도권을 쥐고 나서기 전에, 나의 존재 이전에, 나의 의식 이전에 벌써 나에게 "침투"했다. 얼굴은 나에게 책임을, 아니 좀 더 근원적인 뜻으로, "응답할 수 있는 가능성"을, 그리고 "응답해야 할 의무"를 일깨워준다. 이것을 레비나스는 "타인에 의한 나의 일깨움"이라 부른다.…그러므로 나의 [타인에 대한] 책임은 타인으로부터, 2인칭으로부터 온 책임, 곧 "타인에 의해" 일깨움을 받은 책임이다." 강영안, 『타인의 얼굴』, 184-85.

며, 이러한 "동일성이 전도되는 대속 속에서, 지명된 자의 무력한 수동성 너머에 있는 행위와 결합된 수동성보다 더 수동적인 이 같은 수동성 속에서 자신은 자신을 용서받는다"라고 말한다.[119]

[그러므로] 타인에 대한 책임은 주체에게 일어나는 우연한 사건이 아니라 주체에게서 존재성에 앞서는 것이다. 이 책임은 타인을 위한 참여가 행해지게 될 자유를 기다리지 않았다. 나는 아무 짓도 하지 않았으나, 언제나 소송 중에 있었다. 즉, 박해당하고 있었다. 자기성은, 동일성의 **아르케** 없는 그 수동성 속에서, 볼모다. 나(Je)라는 말은 **내가 여기 있습니다**(me voici)를 의미한다. 그것은 모든 것과 모든 사람에게 응답한다. 타자들을 위한 책임은 자신으로의 회귀였던 것이 아니라, 동일성의 한계들이 고정시킬 수 없는 접골 불가능한 경련이었다.…[이와 같이] 사로잡힘 속의 책임은 자아가 원하지 않았던 것에 대한, 즉 다른 사람들에 대한 자아의 책임이다.[120]

뿐만 아니라 "타인이 바로 지옥"이라는 사르트르의 언명과는 달리, 레비나스는 "가장 수동적인 이 같은 수동성 속에서 자아는 윤리적으로 모든 타자로부터 그리고 자신으로부터도 해방된다"고 말하면서, 오히

---

119 Levinas, 『존재와 다르게』, 217. 레비나스는 다음과 같이 말하기도 한다: "근접성 속의 타자에 의해 압도된 자아의 유일성은 동일한 마음속에 있는 타자이다. 그러나 타자들의 인질은 바로 나, 자기이지 타자가 아니다. 자기에게 속하는 것일 뿐 타자에게 속하지 않는 나의 존재는 대속으로 해체된다. 내가 "타자"가 아니라 바로 나인 것은 이 같은 대속에서이다.…인질로서의 주체성."(p. 141). "엄격하게 말하자면 타자는 "목적"이고 나는 인질, 책임, 대속이다. 나는 기소당하는 박해로까지 가는 회피할 수 없는 지명의 소통성에서 지탱하는 대속이다"(pp. 241-43).

120 Levinas, 『존재와 다르게』, 216-17. cf. Jacques Derrida, 『아듀 레비나스』, 110.

려 "타자"야말로 진정한 주체의 자기 초월과 해방의 계기임을 분명히 한다.[121] 또한 레비나스에 의하면, 이렇게 주체가 타자를 수용하고 환대하는 수동적 행위, 그 대체할 수 없는 타자에 대한 대속적 책임 속에서 그 어느 것도 소외되지 않음을 분명히 한다.

> 동일자 안의 타자는 책임에 따른 타자에 대한 나의 대속이기 때문에 소외가 아닌 것이다. 책임에 있어 나는 다른 것으로 대체할 수 없는 것으로 지정된다. 타자에 의해, 타자를 위해 그러나 소외 없이. 즉 영감을 받는 것. 마음인 영감. 그러나 자신의 살 속에 있음 같이, 자신의 살 속에 타자를 가짐과 같은 육화로서 이같이 소외 없는 동일자 속의 타자성을 의미할 수 있는 마음.[122]

나아가 타자를 위한 이러한 대속적 책임에 있어, 주체는 다른 어떤 것으로 대체할 수 없는 유일성을 그 특징으로 한다. "교환할 수 없는 것, [바로] 나, 유일한 것이 타자를 대신한다. 어느 것도 놀이가 아니다. 이런 식으로 존재는 초월한다."[123] 그것이 존재의 초월인 이유는, 자기 동일성과 그것의 확장으로서의 존재 그 자체를 초월하는 것이기 때문이다. 그것은 바로 "존재하는 것과는 달리 자신인 것, 이해관계를 벗어나는 것, 그것은 타자의 불행과 파산 그리고 타자가 자아에 대해 가질 수 있는 책임까지도 짊어지는 것이기 때문이다. 인질의 조건인 자신이 된다는 것은 언제나 더 많은 책임의 등급, 타자의 책임을 위

---

121 Levinas, 『존재와 다르게』, 217.
122 Levinas, 『존재와 다르게』, 217.
123 Levinas, 『존재와 다르게』, 221.

한 책임을 갖는 것이다."[124] 이와 같이 레비나스에 의하면, 인간의 진정한 본질은 자기성과 자기 존재유지 욕구에 함몰되지 않고, 자기의 존재(cf. 주체로서의 자기 자신)를 넘어 궁극적으로는 선을 향하여, 그리고 마침내 무한에의 열망으로 계속하여 타자를 향하는 자기초월의 존재이다.

VI. 나가는 말

우리는 지금까지 서구의 전통적인 동일자 중심의 존재론적 사유체계를 극복하기 위한 하나의 시도로서 기획되고 수행된 레비나스의 타자를 위한 철학의 "존재론적 모험"에 대한 핵심 얼개를 간략하게 살펴보았다. 그것은 "그저 있음"(il y a)으로 명명된 존재일반으로부터 주체의 출현과 향유적 삶을 통한 자기성취, 그리고 거주, 노동, 소유, 경제활동으로 말미암은 자기성/전체성의 확장으로 진행되며, 그리고 마침내 "타자의 얼굴"의 출현을 계기로 하여 타자를 위한 대속적 책임을 수행함으로써 자기로부터 무한으로 초월해가는 과정이었다. 이 과정에서 주체든 타자든 그 어느 것도 소외되거나 소멸되지 않고 스스로를 완성하며 초월한다. 이것이 레비나스가 말하는 존재 및 그 존재의 무게를 홀로 짊어진 존재자로서의 주체로부터 타자, 그리고 선을 향한 형이상학적 전환이며, 무한에로 향한 자기초월의 위대한 "존재론적 모험"의 여정이다.

또한 레비나스는 그러한 타자에 대한 수용과 환대, 대속적 책임으

---

124 Levinas, 『존재와 다르게』, 222.

로서의 자기비움과 타자에 대한 희생과 섬김은 개인적인 차원을 넘어 그의 "제3자"에 대한 사유와 함께 실천적으로 보편적 형제애에 기반한 공동체적인 연대의 구성을 통하여 타자지향적인 평등하고 정의로운 사회 공동체를 구축함으로써 경제적인 측면에서 분배적 정의와 정치적 측면에서 사회적 정의와 평화를 구축하는 것으로 발전될 수 있다고 주장한다. 이러한 레비나스의 "타자를 위한 철학"은 서구 철학사에 있어 그것이 고전철학에서의 존재 일반의 개념이든 혹은 근대 철학에서의 주체의 개념이든 간에 "동일자" 중심의 "존재론적 형이상학"(ontological metaphysics)을 넘어 오히려 "타자"와의 관계, 타자를 위해 대속적 책임을 짊어지는 "선"을 추구하는 "윤리학"(ethics)을 형이상학의 "제일철학"(the First Philosophy)으로 세우려는 시도로 나타났다. 이것은 철학적 사유의 역사에서 또 하나의 "근원적인 패러다임의 전환에의 시도" 혹은 "코페르니쿠스적인 혁명"이라고 할 수 있을 것이다. 즉, 레비나스는 종래의 "존재"(Being) 혹은 "주체"(the Self) 중심의 "동일자"(the One, the Same)의 철학으로부터 철저하게 "타자"(the Other) 중심의 사유와 철학을 전개하였으며, 이러한 그의 철학적 사유에 근거하여 활발하게 사회참여와 실천을 지향하였다. 이러한 측면에서 볼 때, 레비나스의 사유는 오늘날 우리 사회 안이나 국제사회 속에서 난무하는 자기중심의 폭력적 전체주의, 인종주의, 집단적 이기주의라는 "악"의 근원을 노출시키고, 나아가 타자중심의 철저한 사유를 통해 마침내 그 악을 극복하고 "선"을 향한 형이상학적 초월을 지향하는 치열한 노력이었다고 할 수 있을 것이다. *Soli Deo gloria!*

삼위일체 하나님과 신학

참고 문헌 (Bibliography)

Critchley, Simon. "Emmanuel Levinas: A Disparate Inventory." In *The Cambridge Companion to Levinas*, eds. Simon Critchley and Robert Bernasconi (Cambridge: The Cambridge University Press, 2002)

Davis, Colin. *Levinas: An Introduction*. Notre Dame, IN.: University of Notre Dame Press, 1996.

_____. 『처음 읽는 레비나스: 타자를 향한 존재론적 모험』. 주완식 역. 서울: 동녘, 2014.

De Saint-Cheron, Michaël, *Entretiens avec Emmanuel Levinas 1992-1994*. 김웅권 역. 『엠마누엘 레비나스와의 대담, 1992-1994』. 서울: 동문선, 2008.

Derrida, Jacques. *Adieu à Emmannuel Lévinas*. 문성원 역. 『아듀 레비나스』. 서울: 문학과 지성사, 2016.

Heidegger, Martin. *The End of Philosophy*. Trans. Joan Stambaugh. New York: Haper & Row, 1973.

Lescourret, Marie-Anne. *Emmanuel Levinas*. 2nd ed., 2006. 변광배/김모세 역. 『레비나스 평전』. 파주: 살림, 2006.

Lévinas, Emmanuel. *Time and the Other*. Trans. Richard A. Cohen. Pittsburgh, Penn.: Duquesne University Press, 1987.

_____. *Totality and Infinity: An Essay on Exteriority*. Trans. Alphonso Lingis. Pittsburgh, Peen.: Duquesne University Press, 1969.

_____. *Otherwise than Being: Or Beyond Essence*. Trans. Alphonso Lingis. Pittsburgh, Penn.: Duquesne University Press, 2000.

_____. *Théorie de L'intuition dans la Phénoménologie de Husserl*. 김동규 역. 『후설 현상학에서의 직관이론』. 서울: 그린비, 2014.

_____. *Dieu, la Mort et le Temps*. 김도형/문성원/손영창 역. 『신, 죽음 그리고 시간』. 서울: 그린비, 2013.

_____. 『탈출에 관해서』. 김동규 역. 서울: 지식을 만드는 지식, 2012.

_____. 『존재에서 존재자로』. 서동욱 역. 서울: 민음사, 2003.

_____. 『시간과 타자』. 강영안 역. 서울: 문예출판사, 1996.

_____. 『존재와 다르게: 본질의 저편』. 김연숙/박한표 역. 고양: 인간사랑, 2010.

강영안. 『타인의 얼굴: 레비나스의 철학』. 서울: 문학과 지성사, 2005.

_____. "에마뉘엘 레비나스: 타자의 사유." In『현대 프랑스 철학사』. 한국프랑스철학
회 편. 파주: 창비, 2015: 168-94.

강영안 외 5인.『레비나스 철학의 맥락들』. 서울: 그린비, 2017.

김연숙.『레비나스: 타자윤리학』. 고양: 인간사랑, 2001.

_____. "레비나스의 인격론: 타자를 위한 책임에서 정립되는 인격." In『인격』. 진교훈
외. 서울: 서울대학교출판문화원, 2014: 269-82.

박원빈.『레비나스와 기독교』. 서울: 북코리아, 2010.

우치다 타츠루.『레비나스와 사랑의 현상학』. 이수정 역. 서울: 갈라파고스, 2013.

윤대선.『레비나스의 타자철학: 소통과 초월의 윤리를 찾아서』. 서울: 문예출판사,
2013.

삼위일체 하나님과 신학

Copyright ⓒ 김은수 2018

1쇄발행 2018년 2월 28일
지은이 김은수
펴낸이 김요한
펴낸곳 새물결플러스

편집 왕희광 정인철 최율리 박규준 노재현 한바울 신준호 정혜인
　　　김태윤 이형일 서종원
디자인 김민영 이재희 박슬기 이새봄 이성아
마케팅 임성배 박성민
총무 김명화 이성순
영상 최정호 조용석 곽상원
아카데미 유영성 최경환 이윤범

홈페이지 www.holywaveplus.com
이메일 hwpbooks@hwpbooks.com
출판등록 2008년 8월 21일 제2008-24호
주소 (우) 07214 서울특별시 영등포구 양평로 11, 4층(당산동5가)
전화 02) 2652-3161
팩스 02) 2652-3191

979-11-6129-051-5 93230

책값은 뒤표지에 있습니다.

이 도서의 국립중앙도서관 출판예정도서목록(CIP)은 서지정보유
통지원시스템 홈페이지(seoji.nl.go.kr)와 국가자료공동목록시스템
(nl.go.kr/kolisnet)에서 이용하실 수 있습니다. CIP2018005267